■ 普通高等学校政治学与行政学系列教材

A Comparison of Political Institutions

比较政治制度

◎ 古洪能　陈天柱　徐华府　张继兰　编著

WUHAN UNIVERSITY PRESS
武汉大学出版社

图书在版编目(CIP)数据

比较政治制度/古洪能,陈天柱,徐华府,张继兰编著．—武汉:武汉大学出版社,2010.11(2024.12 重印)
普通高等学校政治学与行政学系列教材
ISBN 978-7-307-08232-8

Ⅰ.比…　Ⅱ.①古…　②陈…　③徐…　④张…　Ⅲ. 比较政治学—高等学校—教材　Ⅳ.D0

中国版本图书馆 CIP 数据核字(2010)第 192591 号

责任编辑:胡国民　　责任校对:王　建　　版式设计:马　佳

出版发行:**武汉大学出版社**　(430072　武昌　珞珈山)
(电子邮箱:cbs22@ whu.edu.cn 网址:www.wdp.whu.edu.cn)
印刷:湖北云景数字印刷有限公司
开本:720×1000　1/16　印张:32.25　字数:573 千字　插页:1
版次:2010 年 11 月第 1 版　2024 年 12 月第 7 次印刷
ISBN 978-7-307-08232-8/D・1045　定价:65.00 元

目　录

第三编　综合比较

序

人类是怎样产生的？不同的种族是否有着一个共同的祖先？这可能还是个谜，相信人们还会就此问题争论下去。不过，从世界历史的角度看，人类都经历过农业社会，后来，在资本主义世界化的过程中，世界各国先后进入了工业社会。今天，虽然还有一些地区处在农业社会的历史阶段，而主要的国家都已经实现了工业化或达到了工业社会的发达阶段。在漫长的农业社会历史阶段中，世界是以区域化的形式存在的，不同地区之间是分割开来的，它们之间很少交往，即便肯定不同地区的人有着共同的祖先，而每一个地区的人们也是把其他地区的人们视为异类的。每一个地区都是一个完整的、封闭的社会，拥有自足的经济基础和心理状态，至于一个地区的人们向其他地区的人们学习和借鉴什么，不会被想到，更不会被付诸行动。虽然中国有一条通往西域的“丝绸之路”，但是，在这条路上所出现的更多的是物品的交易，就超越于物品之外的交流而言，根据我们现有的知识，还是很难作出判断的。这是因为，丝绸之路所代表的是个体意义上的人们的以物易物行为，没有制度化的承认和支持，没有理论去证明这种交易的合法性以及对社会生活的影响，没有一个政治性的实体去为这种交易开辟道路，没有一个类似于国家机构的管理部门去为这种交易活动提供保障……

从时间的角度去看人类历史上的农业社会和工业社会，可以发现，农业社会是非常漫长的，它大概持续了几千年甚至几万年的历程，而工业社会的历史只有几百年。这说明人类社会的发展呈现出加速度的状况。为什么会这样呢？显然，不同民族、不同国家间的交流和交往发挥了人类社会发展助推器的作用，使人类社会的发展不断地提速。这就是我们所说的，在农业社会的历史阶段中，世界是分割为不同地区的，区域化的共同体处在一个自然发展的过程中，地区之间无论在政治上还是经济上都不存在相互影响的问题。到了近代，才出现了国家和民族间交往和交流的明显迹象，特别是在资本主义世界化的过程中，随着资本的世界性流动，奠基于资本之上的和由资本所承载起来的政治以及文化因素也流遍世界。不过，它主要表现为西方国家把其政治、经济、文化等方面的内容强加于那些被其征服的地区，而这些被征服的地区则缺乏自觉、自主的学习和借鉴。也就是说，不是在对西方国家的政治、经济、文化进行深入研究的基础上而加以学习和借鉴的。只是随着后发展国家民族意识的觉醒，才出现了对各国、各民族的政治、经济、文化的比较研究，并有意识地从中去选择那些进步的因素，使之与自己的传统因素相结合，自觉地去塑造自身的政治、经济、文化及其发展模式。即使是在西方国家，自觉地进行比较研究也是在“二战”后才成为时尚的，如所谓的“行政生态学”、“政治文化研究”、“文明冲突论”等，就是从战后才开始被美国学者意识到的比较研究课题。

在中国，大致是从“洋务运动”开始掀起了向西方学习的热潮。不过，根据一些学者的意见，中国在“洋务运动”时期向西方学习的东西主要是“器物”层面的内容。在此同时，日本有所不同，日本所关注的则是西方政治制度层面的因素。学者们用此来解释中国近代的社会发展之所以落后的原因。实际情况并不尽然，梁启超在访欧时也表现出对西方国家的政治制度甚至思想文化的高度关注。特别是到了五四时期，中国思想界对欧洲政治文明的热情是非常高涨的。所以，造成中国近百年历史以及现实的因素是非常复杂的。不过，我们倾向于作出这样的判断：在一个动荡的、自我无法自主的条件下，自觉地学习和借鉴都是不可能发生的；相反，在一个和平的、自主的环境下，则需要拥有自觉的学习和借鉴意识。而今天的环境正是我们自觉地去向世界各国学习的最佳时机。一旦谈到学习的问题，就又有了学习什么和怎样学习的问题，从而逻辑地导向了对比较研究的重视。只有通过比较研究，我们才能发现所要学习的内容。事实上，比较研究本身就是一个学习的途径，是我们向西方学习和向世界学习的一个重要途径。只有通过比较研究，才能达成对人类文明进步因素的把握，才能汲取各国、各民族的文明要素以充实自身。

文明是一个有着广泛内涵的概念，它的广泛性甚至达到了让人无法给它下定义的地步，以至于我们在使用这个概念的时候必须给它一个定语，去确定我们所指的是人类社会生活中的哪个方面的文明。也就是说，文明是包含在人类社会生活和行为中的一切方面的进步形态，可以以观念的形态出现，也可以由物化的形式来承载。对于一个国家或一个民族来说，它的文明类型可以进行纵向的历史比较，这是从属于对本国、本民族的历史遗产加以继承和发展的需要。但是，更为积极的比较研究往往是在世界的范围内对不同国家、不同民族的不同文明类型进行比较，从中去发现那些代表了人类社会发展方向的或有益于人类社会发展的因素，然后加以汲取和消化，以壮大自身。而在所有领域以及所有方面的比较研究中，对政治制度的比较研究一直被看做最为重要的研究课题。这是因为，人文社会科学发展到了现代，突出了制度文明的地位，即发现了制度文明是理解任何一个时代、任何一个国家、任何一个民族的历史和现实的最好切入点，也决定了一个国家在学习和借鉴的过程中所应当选择的内容。从另一个角度看，要理解一个国家或一个民族在一定时期内所取得的成就，也需要在其制度框架下去加以认识，而最为基本的制度是政治制度。正是在此意义上，突出了比较政治制度研究的意义。

20世纪后期，后工业化的问题被提了出来。如果说在从农业社会向工业社会的转型过程中是以世界化的形式出现的，那么，与后工业化相伴随的则是一场全球化运动。世界化作为一场运动表现为某个或某些率先发展起来的国家或地区对世界的征服，对于征服者而言，并不介意被征服的地区和被征服者需要什么，征服者所关注的是要把自己已经拥有的什么强加于被征服地区和被征服者，被征服者要么以暴力的或非暴力的方式加以拒绝，要么就是接受，因而不存在选择的问题。在后工业化进程中发生的全球化运动完全不同，它表现为各国、各民族间的交往互动，每一个民族和每一个国家都需要站在自己的立场上去看世界，通过理性的认识和科学的比较去从他国、他民族那里发现值得学习和借鉴的因素并加以接受。这就是比较研究在今天得以成立的重要根据。由此看来，比较政治制度研究不仅必要，而且也能够在后工业化和全球化进程中发挥不可替代的作用。当然，今天所能从事的比较研究大多是在历史的维度上去进行横向比较，即对已经发生和已经存在的历史事实进行比较，然而，历史是通向未来的捷径，如果在对各国、各民族的历史比较中形成理性的、科学的认识，那么走向未来的道路就会更少曲折。

我去过乐山，了解到乐山师范学院的几位同仁潜心于比较政治制度研究。当时，我表达了一个愿望，希望能够成为他们研究成果的第一批读者。现在，他们写出了著作，邀我写序，因而，我也如愿而真正地成为了第一批读者。说是写序，实际上是要借机谈一下自己的学习体会。

应当看到，在我国，比较政治制度方面的著作已有多种。但是，从编排体例上看，主要是依据近代西方国家的政治制度模式及其结构为蓝本而展开的比较性叙述。在我们阅读的时候，总感到或多或少地包含着西方中心主义的话语霸权痕迹。也就是说，西方发达国家的既有制度构成要素被作为进行比较的坐标，是在这个坐标上引入中国的要素来进行比较并得出一些结论的。我们知道，近代以来的世界是一个以西方为中心的世界，后发展国家或次发达国家都处于世界的边缘，有的地区还具有明显的农业社会痕迹，即尚未实现工业化。

如果在这样一个中心—边缘结构的世界构图中去进行比较的话，把西方国家既有的制度模式、结构以及构成要素作为进行比较的坐标，然后再把后发展国家或次发达国家的要素放置到这幅图中去，能够得出什么样的结论呢？显然，我们得到的是一个从暗到明的光谱，走向光明的道路就是通向西方发达国家。假设人类永远处在工业社会的历史阶段的话，这样的比较研究所指示的方向是没有问题的。但是，20世纪后期以来的社会发展在全球展现出来的是另一幅图景，那就是人类必将超越工业社会而走向后工业社会的历史阶段。这样一来，用后发展国家和次发达国家的“落后”与发达国家的“先进”相比较是否能够指示出一条通向后工业社会的道路？就是值得疑问的了。在阅读这本《比较政治制度》时，我们的问题得到了解决。因为，这本书所反映出来的是一种不拘泥于拿西方工业社会的政治制度模式与中国进行比较的编写方式，而是打开了一个全球性视野，在全球范围内对不同国家的政治制度进行比较。虽然这本书所做的还是初步工作，但是，它表明编者试图突破现有的比较政治制度研究思路的追求。其实，人类走向未来的道路是用各国、各民族历史上所积累起来的“砖石”铺设起来的，只有把视野打开，在更大的范围内对世界各国、各民族的政治制度进行比较，才能发现更多“砖石”，去铺设人类走向未来的道路。

从学术的角度看，这也是一个科学研究的客观性问题，即不以某种先在的“前见”为根据，不是站在既定的某个中心去看周围的世界，而是客观地把希望比较的对象放置到一个平面上去加以认识。具体地说，对于中国学者而言，无论是以中国为中心还是以西方发达国家为中心去进行比较政治制度的研究和叙述，都是不可取的，而是需要撇开任何中心，把世界各国、各民族平等地放置在一个平面上去进行比较。虽然每一个人都明白科学研究应避免先入为主的道理，但是，如何把这一点落到实处，却不是所有从事研究工作并进行写作的人都能够自觉地去做的，即使希望去做了，也并不是每个人都能够找到正确的路径。这本《比较政治制度》给予了我们有益的启示，那就是先把需要加以比较的要素铺陈出来，然后再对它们进行剖析和比较。这看似简单，却是许多比较研究方面的著作没有引起重视的问题。就比较政治制度方面的已有著作来看，大致存在着两种情况：其一，先设定政治制度是由几个模块构成的，然后把这些模块排列起来，形成著作的叙述结构，在叙述实际展开的过程中，从历史资料和文献中去挑选那些能够被纳入比较框架中来的要素并排列起来，而很多无法被直接纳入比较框架中来的因素，则被搁置一边了。结果，读者能够看到的是作者强加给他们的历史和现实，虽然看上去也完全是真实的，却是经过作者剪裁过的“真实”。其二，另一种被称作为比较研究的著作是对各国或各民族的历史和现实分别进行介绍，至于“比较”方面的任务，则交给了读者自己，或者说，读者读后愿意比较就去比较，不愿意比较也就算了。这后一种做法表面来看是遵循了科学研究的客观性原则，其实不然。因为，它至多只能被看做是一种叙述上的客观性，而不是研究意义上的客观性。这本《比较政治制度》反映出了试图超越上述两种做法的努力，是一部既有分类介绍又有综合比较的著作，所以，是在叙述中表现研究成果的做法。这是值得肯定的。

在我们的日常生活中，如果我们的眼睛视物模糊，那被认为是一种病，可能会让医生来确认是近视、弱视还是“老花”了。但是，在阅读的时候，我们是不是会把那些似是而非的论述看做病态的叙述方式呢？可能并不是每一个读者都能够意识到的。就比较研究而言，如果我们所进行的比较是一些空泛的论述，所得到的至多是一些轮廓，而对具体的情况，所得到的只能是一些模糊的认识，也就是说了解个大概。这也就是我们读过了很多、学过了多年还对一些希望了解的东西不甚了了的原因。不是我们没有读到，是因为作者没有写到。在我们看来，既然是做比较，就不可不重视细节，有的时候，恰恰是细节能够反映出本质。在这方面，这本《比较政治制度》做出了一些值得肯定的努力。比如，从现有的一些比较政治制度的著作中，对各国的选举制度如何落实在具体的做法上都未见清晰的介绍，而选举制度恰恰是要在具体的做法上来加以认识的，是具体的做法决定了选举制度的性质。在这本《比较政治制度》中，我们看到，作者在介绍德国的选举制度时，对其具体做法有着详尽的介绍，能够通过制作和引用图表来加以比较，这就使我们能够获得“原来如此”的感受。其实，这本书在每一处需要运用图表的地方都尽可能运用这一方式，使读者能够直观地去获得许多需要接受的知识。同时，它又不刻意地滥用图表，而是用之适当。

一本著作如果能够有一些新的内容或新的立意，就是对科学发展的贡献。这本《比较政治制度》做到了这一点，它采用了一些新的资料，追踪了各国政治发展的最新趋势，是在各国政治变动的新起点上来重新审视历史的。所以，我倾向于把这本书看做一项研究成果。更为可贵的是，这本《比较政治制度》还试图表达对一些既定的成见进行挑战的追求。比如，谈及政党制度，显然人们已经习惯于将政党制度分为“一党独大制”、“两党制”和“多党制”等，但这本书的编者却指出，这种划分不是在政治制度的意义所进行的分类，而仅是属于政党政治运作模式意义上的现象区分。在本书的编者看来，真正的政党制度所涉及的是公民结社组党权利的制度规范问题。这实际上是一种改变我们传统的关于政党制度认识视角的努力。就此而言，本书是包含着编者的创新追求的。有进步就值得肯定，一部科学发展史也正是由一篇篇、一部部作品中那些进步的因素积累起来的。这也就是我愿意接受作序的荣誉并向读者推荐这部著作的原因。

张康之

2010年2月

导　论

政治制度研究是政治学研究的一个重要方面，并且具有悠久而深厚的传统。政治制度之所以受到人们重视，是因为它具有重要的实践价值。可以说，政治制度的发明是人类的一项重要成就，它使人类的社会政治生活秩序化、文明化，从而是文明的人类所必不可少的。当然，这还仅仅是相对于完全无规则的“丛林状态”而言的，实际上，在不同的时代、不同的地方，政治制度也存在差异，因为文明的人类不但需要政治制度，而且还需要优良的且适合的政治制度。那么怎样才能确定政治制度之优良与适合呢？为解决这个问题，我们就需要对政治制度进行比较研究，也就是说，首先我们必须要清楚，不同时代或地方的政治制度究竟是怎样一种状况，它们在结构和功能上有何差异和共同点，并且为什么会造成这种差异或共同点，然后才是根据一定的政治价值标准，对这种比较的结果进行评判，由此确定各种政治制度之优劣，并于优良的政治制度中确定适合的。显然，这种对政治制度所进行的比较研究具有双重性质，即既有科学研究的性质，又有价值研究的性质，而且这两方面必须结合起来才能达到比较研究的目的。

无疑，对政治制度的比较研究可以多方面、多层次地进行。在时间上，我们可以囊括古今，也可以选择某一个时代；在空间上，我们可以放眼全球，也可以选择某一个地区；我们还可以对不同层次或不同方面的政治制度，比如选举制度、立法制度等进行比较研究。究竟如何选择比较的方面或层次，这当然是根据我们的需要来决定的。由于我们是要为大学教学写作一部教材，基于这种需要，所以我们决定以当代为界限，以全球为范围，对各国的政治制度进行比较。这样选择是为了在开拓眼界的基础上，使这种比较具有现实的意义。

一、基本概念与比较框架

为方便对当代世界各国的政治制度进行比较，我们就需要澄清一些基本的概念，并由此确定基本的比较框架，否则我们将难以把握当代世界上多样的政治制度。

（一）政治制度

首先就面临着政治制度这个核心的概念。这是个组合性质的概念，为此我们需要分别确定政治与制度的概念。

的确，尽管政治学的历史已有上千年，而人类的社会政治生活则更是难以确定其确切的起始年代，但人们对于政治概念的界定，却一直难以达成一致意见。但通过辨析这些不同的界定，还是能够发现其中有一些共同的要素，比如政治是一种活动，而且是一种权力活动，还是具有公共性特征的权力活动。正是基于这种辨析，我们才说，可以将政治界定为人类的一种具有公共性特征的权力活动。① 关于这个政治概念，我们必须要说明的是，政治天生就是一种社会性活动，因为权力活动并不是一个人的单独活动，而总是人与人之间的互动性活动。这种互动，就是有人意图支配他人并采取行动去支配他人，并且也引起了他人或反抗或服从的反应。应当说，这样的权力活动在人类的社会生活中是很普遍的，但按照习惯，通常人们并不把所有的权力活动都看成政治活动，而只有那些产生了公共性效应的才是。所谓公共性效应，就是说对一定范围内的公众产生了影响，引起了他们的反应，比如关注甚至参与。从这个角度来说，政治确实都是重大的社会活动，它对公众产生全面的影响，而且通常都会影响到公众中每一个人的利益，所以是公众不得不面对的。

至于说制度，按照新制度主义的界定，它是指普适的行为规范或规则。②也就是说，制度意味着对人的行为提出某种规范性要求，并且是针对普遍范围内的人所提出的。至于说这种规范性要求是什么，则因情况而异。从内容上说，这种要求要根据具体的行为及其情势而定，比如它可能是有关于我们的社交、交通或商业等方面行为的要求，由此就分别形成为礼仪、交通、商业等行为规范；但在形式上，这种要求则可能是禁止性或命令性的，也就是说，它要求人们不得作为或必须作为，由此分别形成禁止性规范和命令性规范。再就规范的具体对象来看，这种要求还可能是仅仅针对人们行为的目标的，而不涉及行为的手段或方式，这样就形成原则性规范。不管是怎样的行为规范，它都形成为制度，只不过通常我们仅把具体的单条行为规范视为制度的单位，而把制

① 古洪能：《政治博弈论》，中国言实出版社 2008 年版，第 59 页。
② 古洪能：《政治博弈论》，中国言实出版社 2008 年版，第 288 页。

度看成这些单位的系统化。比如说司法制度，就包含了一系列的司法行为规范，且使这些规范系统化。

在政治与制度这两个概念得到界定之后，政治制度的概念也就清楚了。简单地说，政治制度就是政治活动的行为规范。但这里面有一独特之处必须要指出来，就是政治活动永远都是社会性活动，它关乎人际互动，所以政治制度就绝不会是仅对政治活动中的某一方才提出规范性要求，而是对双方都有规范性要求。正是基于这个独特性，我们就可以以游戏作比喻，而把政治制度看成人们参与政治活动的游戏规则。

（二）国家政治制度

由于政治是具有层次性的，所以政治制度也具有多个层次。政治的层次性源自于它的公共性特征。由于它所影响的公众范围并无绝对的标准与界限，所以随着这个范围的伸缩，政治便表现出范围不等的层次。追溯人类交往范围的扩展史，我们就能看到，人类早期的交往范围通常仅限于一个氏族或部落，那么这就限定了其公众的范围，由此形成氏族或部落政治。在此以后，随着人类交往范围的扩大，超越血缘姻亲关系的国家形成了，公众也就超出了氏族或部落的范围，而成为国家范围内的臣民或公民，由此便形成国家政治。而在国家形成以后，跨国的交往也就不可阻挡，公众的范围便超越了国界，由此形成国际政治。到今天，整个地球都已遍布全人类交往的足迹，所以今天的公众范围可以说已经扩展到最大，即地球人或全球公民，由此形成全球政治。既然政治具有层次性，那么政治制度也就相应地有不同的层次。在这里，我们只关心国家政治层面的政治制度，即国家政治制度。

要明确国家政治制度是什么，就要先明确国家的概念。国家是一个政治社会的概念，换言之，国家意味着一种社会形式，但它是通过政治活动而形成和维系的。人类早期以一种依靠血缘姻亲关系而维系的氏族或部落社会形式而生活，但在人类交往突破氏族或部落的界域后，这种社会形式便在冲突中为新的国家社会形式所取代。与旧的氏族或部落社会形式相比较，新的国家社会形式的特点在于：在其中生活的人们被分成了两部分，相互之间没有血缘姻亲关系，他们能够被组织在一个社会中生活，依靠的是统治—被统治的政治活动，即一部分人使另一部分人服从于他们。① 由此可见，国家政治的基本内容，就是统治—被统治，当然也包括被统治者反抗统治者的情况。所以，国家政治制

① 古洪能：《政治博弈论》，中国言实出版社 2008 年版，第 99—102 页。

度，就是这种统治—被统治或统治—反抗统治的国家政治活动的行为规范，或者说，就是参与国家政治生活的游戏规则。谁该成为统治者和被统治者，怎样成为统治者，成为怎样的统治者，以及成为怎样的被统治者，这些国家政治生活的方方面面，都是国家政治制度所要规范的内容。

由于国家政治生活的参与者总是可以分为两方，即统治者与被统治者，所以国家政治制度的基本框架也可以大致分为两部分。

首先是有关统治者的组织，即政权，及其运作的政治制度。通常，我们是从纵向和横向两个角度来进行观察的。由于任何国家都具有一定范围的空间领域，所以除非地域非常狭小的袖珍国，一般说来，任何国家的政权都具有纵向的结构，这就是一国的国家结构制度。也就是说，一国除了肯定设置一个全国性政权外，还不得不按照地域分布的情况而设置不同的区域性政权，那么如何设置这些政权以及安排它们之间的相互关系，这就是国家结构制度所要解决的主要问题。

抛开纵向的角度，横向地看，则不管是区域性政权还是全国性政权，我们都可以称为政府。这些全国性政府或区域性政府，它们都有一个自身如何组织与运作的问题，那么解决这个问题就是国家政府制度的任务了。显然，一国之政府制度，既包括全国政府制度，也包括区域政府制度。在政治学上，一般也把国家政府制度称作政体。总之，除袖珍国外，任何国家有关统治者的组织与运作的政治制度，即有关政权的政治制度，都包括国家结构制度与国家政府制度或政体两方面。

除统治者外，任何国家都存在被称为被统治者的另一部分人，那么这些人如何参与国家的政治生活，在这方面可能也会有相应的政治制度，这就是政治参与制度。在现代的宪政民主国家中，政治参与制度主要包括结社组党①与选举制度、集会请愿抗议示威制度以及公投制度等。非民主国家在这方面的政治制度就极其薄弱，甚至可以说根本就没有，特别是前现代国家，由于统治者根本不希望甚至害怕民众积极主动参与国家的政治生活，他们只希望民众是消极被动、只知一味服从的臣民，所以政治参与制度就可以说不存在。比如说中国古代，民间结社的事实是有的，但都只能隐于地下，因为朝廷根本不容许民间结社，一旦发现苗头，便进行镇压、瓦解或者收买。但反过来，在现代的极权国家中，极权统治者则经常调动大规模的民众参与，比如经常举行场面极其宏

① 需要说明的是，结社并不仅限于组建政党，但与政治参与最为相关的，还是组党活动。

大的集会，成立多种多样的组织，等等，那么这是不是意味着现代极权国家的政治参与制度就极其发达呢？不是的，因为这些都是按统治者的意愿而发动并由其操纵的，民众只是他们的道具，所以并非真正的政治参与。比如那些经常举行的场面极其宏大的集会，就不是由民众自发组织起来以表达某种诉求的，而仅仅是作为领袖训话、向领袖尽忠、烘托气氛、煽动情绪的途径。如果有民众胆敢自主集会的话，那就一定会成为被镇压的对象。极权国家里那多样的组织也不是民众自发成立的，而是由极权统治者组织起来并严加控制的，这些组织的作用也不是民众用以实现某种诉求的手段，而是极权统治者用以控制民众的手段。同样地，如果有民众胆敢自主成立某个组织，那也一定会成为被镇压的对象。所以在现代极权国家里根本就无所谓政治参与制度的存在，不仅如此，甚至也可以说，极权国家根本就没有政治制度可言，因为极权国家政治运作的常规形态不是按制度运作，而是秉承领袖意志的无规则的政治运动，运动就是一切。①

统治者和被统治者参与国家政治生活的这些政治制度，就是国家政治制度的基本框架，也是我们对当代世界各国政治制度进行比较的基本框架。

（三）国家政治制度的分类

诚如前所述，且不说过去时代的情况，就是在当代，世界各国的政治制度也是非常多样的。所以为方便把握这些多样的国家政治制度，就必须进行分类处理。当然，分类的角度与标准会因人而异。

由于任何国家都有其政府制度，并且除了袖珍国外，还有国家结构制度，此外一般还有政治参与制度，所以我们对国家政治制度的分类就可以从这三个方面来进行。如果就国家结构制度进行分类而言，则在这方面，我们都知道，世界各国的国家结构制度基本上可以分为单一制和复合制两大类型。这两种类型的差异，在很大程度上是国家的形成方式或途径存在差异的结果。一般说来，单一制国家是军事打压或征服所造成的结果，而复合制国家则是自主联合的结果。由于存在这种差异，所以这两类制度的差异也就很大，特别是在全国性政府与区域性政府之间的关系上。通常而言，在单一制的情况下，全国性政府是国家政权的中心，一般也被称为中央政府，具有最高的地位和权力，区域性政府则一般被称为地方政府，是由中央政府来设置、改变或撤销并确定其权

① 参阅［德］汉娜·阿伦特著：《极权主义的起源》，林骧华译，北京三联书店 2008 年版，第 12—13 章。

限的。不过在单一制类型中，也存在亚类型的区分。中央集权制是刚性的单一制，在这种制度下，地方政府完全服从于中央政府，但在地方自治制度的情况下，地方政府则具有相对独立于中央政府的自主权，特别是地方政府由民众选举产生，而非由中央政府任命，且地方政府有相对自主的财税权。这些权力或者是在宪法中明确的，或者是通过中央政府所制定的法律来授予的。至于说在复合制的情况下，则区域性政府并不是由全国性政府来设置的，全国性政府也不能改变或撤销区域性政府，反倒是先有区域性政府，而后才由此产生全国性政府。复合制也有两种亚类型，表现出复合制国家不同的松散程度：一种是邦联制，另一种是联邦制。邦联制国家很松散，全国性政府的权力很小，主要取决于区域性政府的意愿和支持，因而邦联制国家更像是国际联盟。相比之下，联邦制国家则要紧密得多，这主要是因为全国性政府，即联邦政府被赋予了维护国家统一的职责和权力，但联邦政府并不因此就具有单一制情况下全国性政府那样的地位和权力，实际上它与区域性政府，即各州政府之间的地位是平等的，相互之间只是一种分权制衡的关系，由宪法来明确划分各自的权限。一般说来，联邦政府承担着维护国家统一，以及其他具有全国性的，而为各州政府所难以承担的职责，比如外交、国防等，从而具有相应的权力，其他权力则全部归属于各州。联邦制与地方自治制度实际上比较接近，而中央集权制和邦联制则是两个极端，如下图所示。

中央集权制　联邦制　地方自治制度　邦联制

集中←————————————————→分散

再看国家的政府制度，即政体的分类。应当说这是政治学研究的一个传统，早在古希腊时期，柏拉图和亚里士多德就提出过几种政体类型，并且这种分类对于后世产生了长远的影响。基本上，这是在区分有法与无法或正义与非正义的基础上，再按照统治者的人头数来进行的分类，由此形成君主制/僭主制、贵族制/寡头制和民主（平民）制/暴民制等政体类型，并且还在此基础上形成混合政体或共和政体的思想。不过，我们认为这种传统的分类方式有欠妥之处（除混合政体或共和政体思想外），因为诚如意大利宪法学家加塔诺·莫斯卡所指出的那样，从来都是少数人统治多数人，所以按照统治者人头数来进行分类便失当了。① 近代以来，坚持主权学说的人认为任何国家均存在一个

① ［意］加塔诺·莫斯卡著：《统治阶级》(《政治科学原理》)，贾鹤鹏译，译林出版社 2002 年，第 97 页。

至高无上的完整不可分割的主权，谁拥有这个主权，谁便是这个国家的统治者。如果这个学说成立，则传统的政体分类似乎仍可行。但是，主权学说至多只指出了一种国家模式（主权模式），而不适用于分权的抗衡模式。① 可见传统的政体分类还是不妥。鉴于此，我们决定转换视角和思维方式，以统治者的权力是否受到宪政约束为标准，将政体分为专制的和宪政的两种基本类型。由于在专制政体下，统治者是独裁的，而宪政政体通常都包含着民主的要素，所以我们也可以将这两种政体分别称为专制独裁政体与宪政民主政体。② 具体而言，按照约翰·洛克版本的，即自由主义的社会契约论，人类最初是生活在完全自由且相互平等的自然状态中，由于在这种状态下有一些不便于保护人们的自由与财产的地方，所以人们便缔结契约，同意结成社会来生活，并同意建立政府（由此形成的社会是政治社会形式，即国家），让这个政府来保护人们的自由与财产，这便是政府之所以产生和存在的唯一的合理性与合法性基础，并且由此也界定了它的权限。任何政府，只要是违背了这一宪政宗旨而滥用权力，即施行暴政，人们便可以撤换甚至推翻它。如果一国之政府制度即政体，是按照这一宪政观念来设计和运作的，则它就是宪政民主的，反之则是专制独裁的。

当然，专制独裁政体与宪政民主政体的划分还是比较粗略笼统（所以只能称之为基本类型），实际上在这两种类型中，各自还包括一些亚类型。比如在专制政体类型中，就有威权主义与极权主义之区分，或者换个角度，君主专制与政党专制之区分，等等；而在宪政政体类型中，又有君主立宪制与民主立宪制之区分，或者换个角度，议会制与总统制之区分，等等。不过需要指出的是，以近代以来世界各国的实际情况来看，凡实行宪政政体的国家，莫不采行混合政体或共和政体的结构，而非纯粹的所谓君主制或民主制。在这个意义上，宪政国家中的君宪与民宪之区分，顶多是个形式上的标志，即国家元首有所不同，而无太大的实际意义。但议会制与总统制的区分还是有意义的，这也是我们后面将要采取的分类框架。

---

① ［美］司各特·戈登著：《控制国家：从古代雅典到今天的宪政史》，应奇等译，江苏人民出版社 2005 年版，第 18 页。

② 必须指出的是，尽管相互之间有一定的关联，但专制与独裁并不是同义的，宪政与民主也不是同义的，我们之所以在这里将这些不同义的术语组合在一起使用，完全是为了照顾如今流行的用语习惯。关于这些术语的具体含义，可查阅［英］戴维·米勒、韦农·波格丹诺主编，邓正来中译本主编：《布莱克威尔政治学百科全书》，中国政法大学出版社 2002 年版。

至于被统治者的政治参与制度，由于在传统时代，统治者不希望被统治者积极主动，而被统治者平时也只知服从，多是消极被动的，所以很难称得上存在政治参与及其制度，而极权国家的政治参与又是虚假的，也很难称得上存在政治制度，所以政治参与制度主要存在于近现代以来的宪政民主国家。在这种情况下，政治参与可以因民众参与的诉求、方式等的差异而异，但都符合宪政宗旨，均受国家法律的保障，从而制度化。这些政治参与制度可以关涉民众的结社、选举、创制、公投、集会、请愿、示威、游行、游说等多方面的政治参与行为。

以上对国家政治制度的分类，也是我们对其进行比较的基本框架。

（四）国家政治制度的表现形式与实际

和一切制度一样，国家政治制度也是人们的行为规范，但与其他制度不同，国家政治制度通常是以由国家强制力来保障的法的形式来表现的。当然，这种表现一国政治制度的法，可以是成文的，也可以是不成文的，不过总的趋势是成文化。此外，也不是所有的法都表现一国的政治制度，只有一部分法，即国家法或者政治法才具备此种功能。近现代以来，这些国家法通常以宪法和宪法性法律为主要，从而成为研究一国政治制度的基本凭据。①

但是，一国政治制度的表现形式并不一定就等同于其实际情况，这包括两种情形：一是一国成文的国家法并未完全涵盖其政治制度的实际运作，有一些已经制度化的政治活动，并未在国家法中予以载明。比如美国的司法审查制度，美国宪法从一开始就未作此规定，而且迄今为止也仍未载入。这种情况在英国更是常见。另一种情形是，一国成文的国家法形式化，并未落实在实际中。应当说，这种情形在当代世界的许多国家中都存在。比如说在当今世界上，几乎所有国家都制定有名为宪法的东西，但好些国家的宪法只是写在纸面上的文字规定而已，并未落实在现实中。不管是哪种情况，这都提醒我们在比较各国政治制度的时候，要避免误入文本陷阱，要多注意考察实际。

（五）国家政治制度的产生

了解一国政治制度的产生，有助于我们解释各国的政治制度为什么会存在

① 但是需要注意，宪法的概念来自于宪政的理念，宪法就是宪政理论（自由主义的社会契约论）中所说的那个契约。所以，除非一国的宪法是符合宪政宗旨的，否则即使冠以宪法之名，也无宪法之实，而只能称为一般意义上的国家组织法。实际上，这种情况在现实中并不鲜见。

差异或共同点。和任何制度一样，国家政治制度也是人类创作的文化产物，因此就其过程来看，一国之政治制度的产生，必包括两个不可分割的方面：

一是制度方案的形成或设计。制度方案的来源可以是经验的，也可以是理性的，也就是说，可以是通过归纳总结政治生活实践而形成的，也可以是基于一定的理念而理性设计出来的。① 在前一种情况下，通常是首先形成了某种政治习惯，然后人们赋予其规范的意义，从而形成一种政治制度方案。英国的很多政治制度方案就是这样形成的。在后一种情况下，政治制度方案则是人们以实现某种政治价值为目标，在对人性或社会政治生活进行理性思考的基础上主观设计出来的。比如在美国宪法制定的过程中，大州方案与小州方案的提出，便是一例。法国 1958 年宪法所设计的政治制度方案，也是如此。不管政治制度方案的来源如何，它们都不可能是“自然”的产物，而只可能是人的作品。对于那些在经验基础上形成的政治制度方案来说，如果没有人们赋予其规范的意义，则它就只是一种政治习惯，而不是规范意义上的政治制度方案。至于说那些理性设计的政治制度方案，其人为的特征就更是自不待言了。正因如此，不同的政治制度方案便体现了不同的价值诉求和对人性或社会政治生活的不同认知。显然，如果某项政治制度方案的提出，其目的是为了维护统治者的专制独裁，那么我们就很难想象这样的政治制度方案会包含有限制政府权力的内容；同样，如果某项政治制度方案的提出，是建立在对人性的乐观认知的基础之上的，那么我们也很难想象这样的政治制度方案中会包含有分权制衡的因素。就此而论，一国的政治文化状况如何，的确与其政治制度的形成有很大的关系。

二是制度方案形成后，还要经历一个被采行的过程，才能最终成为一国之正式的政治制度。至于说制度方案如何被采行，这里也存在方式的差异。基本上，一国采行某种政治制度方案，不外乎民主或独裁的方式。所谓独裁的方式，就是说，统治者自己制定政治制度方案，然后在未经被统治者同意的情况下就强行将其实施。显然，这种方式在传统时代是很常见的，就是在现代的许多国家中也不鲜见。而通过这种独裁方式而采行的政治制度，通常也是专制独裁的。反之，民主的方式则意味着，政治制度方案的制定与选择是经由各方人士共同商讨而确定下来的，然后在此基础上施行。通常这种方式表现为由各界代表人士组成制宪会议，制定宪制方案，然后提交全民表决，或者由各地方表决，或者由民选的代表会议表决。由此方式而采行的政治制度几乎不可能不是

---

① 古洪能：《政治博弈论》，中国言实出版社 2008 年版，第 313—314 页。

宪政民主的。一国究竟可能会以何种方式来采行某种政治制度，这不但与该国的政治文化状况有关系，而且与该国的形成路径有莫大的关系。通常来说，一国之形成不外乎两种路径：或者通过军事暴力而建立，或者通过民主协商而建立。在前一种情况下，在军事中获胜者，便成为新国家的创建者和统治者。这些统治者之制定和施行某种政治制度，多是为了维护其自身的统治权力和地位，因此他们基本上不会让被统治者参与这个过程，由此所采行的政治制度也就很难不是专制独裁的。而在通过民主协商而建国的情况下，则必须要有各方参与才能制定并施行某种政治制度，否则这个国家也不可能建立起来。而通过这种方式所采行的政治制度，也就很难不是宪政民主的。

二、内容与结构安排

如前所述，我们将以当代世界各国的政治制度为比较对象，我们也知道，现在全世界总共有200多个国家，所以最好是把所有这些国家全部纳入考察与比较的范围，就像当年亚里士多德对150多个城邦的政治制度进行考察和比较一样。但是对于我们来说，这样做既缺乏条件，也是不必要的，我们只能选择其中一些国家来进行比较。那么如何进行选择？为使我们的比较具有较强的理论与现实意义，我们认为在选择待比较的国家时，须考虑以下几个因素：其一，具有代表性或者说典型性。也就是说，所选择的国家的政治制度是某一类典型，而且这些国家还具有地域方位、宗教文化、经济发展水平等方面的差异与典型性。基于这个考虑而进行选择，就可以免除要将全部国家纳入比较范围而产生的苦恼。其二，具有理论价值。也就是说，通过比较所选择的国家的政治制度，可以有助于回答比较研究中所出现的那些理论问题，比如各国政治制度在结构与功能上为何会存在差异或共同点。其三，具有教学价值。说到底，本书只是一部供教学使用的教材，而且是供中国的大学使用的，所以我们选择国家也应考虑到这方面的针对性。基于这些考虑，这里我们就主要选取了当代世界上的一些宪政民主国家来进行考察和比较，其中包括英国、德国、瑞士、日本、澳大利亚、印度、土耳其、南非、匈牙利、美国、巴西、法国、俄罗斯、韩国。当然，按照国际通行的标准，当代世界上的宪政民主国家还不止这些，但我们无法也不必一一涉及。我们选择这些国家，是基于上述三点考虑而慎重做出的决定。

坦白地说，实际上宪政民主国家在当代世界上并不占据多数，更多的国家是非宪政民主的，或者其政治制度处于变化的、未定型的不稳定状态中，甚至有些国家还处于非制度化的状态中——这些国家便只是一个地理概念。对于这些占据多数的国家，我们之所以未予涉及，主要是考虑到：其一，在这些占据多数的国家中，即使有一些国家具有比较稳定的政治制度，它们也不具有制度优势，因为它们多是专制独裁的，而且它们的政治制度并不具有多大的国际影响力，几乎不成为他国学习的对象，更何况这些国家会不时发生由专制独裁的统治者的指示或政策，甚至由其所发起的政治运动来取代按制度运作的情况，这样一来，对这些国家政治制度的探讨就既可能会失效，也使其理论与实践意义都打了折扣。其二，在这些占据多数的国家中，还有一些国家处于变化的、未定型的不稳定状态甚至是非制度化的状态中，从而难以甚至根本不可能对其进行制度研究。比如对于那些发生政治制度转型不久，从而尚不稳定成熟的国家，如阿富汗和伊拉克来说，由于未来仍存在变数，所以虽说不是不能对其进行制度研究，但做出任何结论都需谨慎，从而其理论与实践意义都有限。有政治学家提出 19—20 年的标准，以判断一国之民主政治制度是否稳定成熟，可资参考。① 而对于那些军事政变的国家，如南亚和非洲的一些国家来说，这些国家在一段时期内完全依靠军人的军事武力而维持其存在与运转，很难说存在什么定型的稳定的并发挥实效的政治制度，并且其未来走向也不明朗，所以对这些国家进行制度研究的可行性既成问题，也无甚意义。至于说还有一些国家甚至根本没有制度化，比如处于混战之中的国家，则更是根本无法对其进行制度研究了。所以，并不是任何国家都可以纳入制度研究的范围，一个根本未制度化或者制度化程度不够的国家，是无法或难以对其进行制度研究的。鉴于上述两点考虑，我们才没有将非宪政民主国家纳入本书考察和比较的范围。

任何比较政治制度的研究都需要选择一些国家作为研究对象，但在此之后，如何对这些国家的政治制度进行比较，则方式各异。基本上，现在国内外所流行的比较方式，就是两种：一种是以国家为单位，分国别考察各国的政治制度，然后再相互进行比较；另一种则是不区分国家单位，而按照所设定的政治制度框架的各个模块，比如选举制度、议会制度、政府行政制度等，来比较各国的政治制度。的确，这两种比较方式各有优劣，但最好是综合起来操作，所以本书就打算这样来安排内容：我们仍以国家为基本的介绍单位，考察一国政治制度之详情。但在这样做的时候，我们是按照政治制度类型来分类介绍各国的。在考察完每一类型的各国政治制度之后，便对这一类型国家的政治制度进行比较，从而概括出这一政治制度类型的基本模式与亚类型区分。最后，再

① 参见［美］阿伦·利普哈特著：《民主的模式：36 个国家的政府形式和政府绩效》，陈崎译，北京大学出版社 2006 年版，第四章。

将这些政治制度类型进行综合比较，这就相当于上述的第二种比较方式。我们之所以采取这样的比较方式，是考虑到人的基本认知模式。既然我们所要比较的政治制度总是生长于每一国家之中，所以就不能脱离具体的国家来考察这些政治制度，就此而论，上述第二种比较方式完全违背了人的基本认知模式。我们不可能在尚不清楚一国政治制度的情况下，就进行所谓的制度模块比较了，那种比较只能是第二层次的工作。而且，一开始便进行高层次的模块比较，这也割裂了各国的政治制度，使我们无法获得对一国政治制度的整体认知。当然，按国别介绍各国的政治制度，也确实显得散乱，容易偏离比较的需要，所以我们这里是按照类别来介绍各国政治制度的，以此弥补这个缺陷。

具体来说，对于这里所选取的 14 个宪政民主国家，我们将根据其政体的具体差异，首先将其分为两大类，即议会制国家与总统制国家，然后在每一类别下介绍相应国家的政治制度，再分别比较议会制国家与总统制国家，最后进行综合比较。

第一编

议会制国家

本部分所选取的宪政民主国家，其政府制度（政体）都属于议会制类型，但又具有各方面的代表性。英国是被称为议会之母的国家，可以说开创了议会制这种政体，当然首当其选。德国和瑞士与英国一样，都是欧洲国家，但在其他方面却有所不同：德国不是以世袭终身制的国王作为国家元首，且行联邦制，瑞士也没有国王，并且也是联邦制，但瑞士联邦政府的行政部门却是一种特殊的委员会。日本、澳大利亚、印度、土耳其和南非则分别分布于亚洲、大洋洲和非洲，因而具有地域的代表性。不仅如此，这些国家在其他方面也具有一些代表性，比如日本的东亚文化背景、印度的印度教文化背景、土耳其的伊斯兰教文化背景、南非的种族文化背景和特殊的政府形式等。最后，尽管匈牙利也是欧洲国家，但因为它是第三波民主化的产物，且制度转型已达20年，所以有选取价值。当然就此而论，实际上东欧有一批国家都可以入选，但选择其中一个代表足矣。

在当代世界上的宪政民主国家中，议会制国家的数目最多，但我们不可能将其全部纳入考察的范围，而只能选择其中一些国家，使其尽可能在各方面都具有代表性。不仅如此，就是在被选中的这9个国家中，我们也不得不区别对待。我们只能以最具有代表性的英国和德国为重点，对其政治制度进行详尽的介绍，至于其他被选中的议会制国家，则只好相对粗略地进行介绍了。这样安排，既有助于控制本书的篇幅，也有助于教学时间的合理分配。

第一章

英　　国

英国的全称是大不列颠及北爱尔兰联合王国（The United Kingdom of Great Britain and Northern Ireland），简称联合王国（The United Kingdom）或英国(Britain)。英国的领土包括大不列颠（英格兰、威尔士和苏格兰）、北爱尔兰和一些海外领地，总共有24万多平方公里。英国现在的人口有6000多万。

图 1-1　英国的国旗与国徽

英国的首都为伦敦。英国的国旗为“米”字旗，由深蓝底色和红、白色“米”字组成。此旗产生于1801年，是由原英格兰的白底红色正十旗、苏格兰的蓝底白色交叉十字旗和爱尔兰的白底红色交叉十字旗重叠而成。旗中带白边的红色正十字代表英格兰守护神圣乔治，白色交叉十字代表苏格兰守护神圣安德鲁，红色交叉十字代表爱尔兰守护神圣帕特里克。英国的国徽即英王徽，其中心图案为一枚盾徽，盾面上左上角和右下角为红底上三只金狮，象征英格兰；右上角为金底上半站立的红狮，象征苏格兰；左下角为蓝底上金黄色竖琴，象征爱尔兰。盾徽两侧各由一只头戴王冠、代表英格兰的狮子和一只代表苏格兰的独角兽支扶着。盾徽周围用法文写着一句格言，意为“恶有恶报”。

盾徽的下端悬挂着嘉德勋章，饰带上写着“天有上帝，我有权利”；上端为镶有珠宝的金银色头盔、帝国王冠和头戴王冠的狮子（见图 1-1）。英国的国歌为《上帝保佑女王》(God Save the Queen，如在位的是男性君主，则改为 God Save the King)。

第一节　英国的形成

作为一个国家，英国的形成路径十分特殊。基本上，它是以英格兰地区为基点和主干，通过战争、谈判、妥协和联合等多途径交互运用，逐步地将威尔士、苏格兰和爱尔兰地区整合进来而形成的。

英国本土位于欧洲西北部的不列颠群岛，在这片土地上，有文字的历史记载是从凯尔特人开始的。凯尔特人是从欧洲大陆迁来的，在罗马人侵入不列颠之前，凯尔特人已经在不列颠的南部地区建立了一些小国。从公元 43 年起，今之英格兰的大部分地区和威尔士地区为罗马帝国所占领，成为罗马帝国的行省。罗马人在这里的统治延续了 300 多年，但是罗马文化对于不列颠却没有产生什么历史性的影响。

在罗马人撤离不列颠的前后，来自北欧的盎格鲁-撒克逊人和朱特人侵入了不列颠，原先的土著凯尔特人则逃往苏格兰和威尔士山区。此后的两个世纪中，盎格鲁-撒克逊人逐渐在英格兰地区定居下来，成为英格兰地区的主要民族（英格兰这个地区也得名于这些部族的名称），并一度在该地区建立了 7 个小王国。9 世纪时，来自斯堪的纳维亚的北欧海盗入侵不列颠并定居下来，为对付北欧海盗的侵犯，7 个王国结成联盟，由威塞克斯王国的国王阿尔弗烈德大帝任领袖，这可以说是英格兰地区形成一个国家的开始。但是阿尔弗烈德的一个继任者埃塞尔累德却把英格兰王国交给丹麦国王卡纽特，直到 1035 年卡纽特去世，而继任的英格兰国王、埃塞尔累德的儿子爱德华又对国家治理不感兴趣，国家事务再次易手，落在了诺曼底公爵的手中。爱德华死后，诺曼底公爵于 1066 年率军登陆英格兰，攫取了英格兰王国，结束了盎格鲁-撒克逊人的统治，英格兰便进入“诺曼征服时期”，诺曼底公爵也被称作征服者威廉。威廉成为英格兰国王之后，大行分封，英格兰因此也就形成为封建社会。1337—1453 年，英格兰与法兰西王国之间因为领土争夺问题，断断续续地进行了一场“百年战争”。百年战争加强了英格兰国王的权力，又引起以红玫瑰为家徽的兰开斯特家族与以白玫瑰为家徽的约克家族之间争夺王位的“玫瑰战争”(1455—1485 年)。最后，都铎家族的亨利七世夺得王位，建立了都铎王朝，自此以后，英格兰王国的秩序便稳定下来。

在英格兰地区形成一个王国并逐渐强大的过程中，威尔士地区一直是凯尔特人的堡垒，但却不断受到英格兰人的威胁。1282 年战争后，威尔士终被置于英格兰人的统治之下。最后，通过 1536 年和 1542 年的联合法令，英格兰和威尔士联合为一个新的国家。这就是最初形成的英国。

随后被整合进英国的是苏格兰地区。在整个中世纪，强大的英格兰王国一直威胁着苏格兰的独立。1603 年，英格兰王国的国王、都铎家族的伊丽莎白一世去世，后继无人，只得由该家族的远亲、苏格兰王国的国王詹姆斯六世（即后来人所共知的詹姆斯一世）继位，英格兰便进入斯图亚特王朝统治时期，并且在此一时期，英格兰和苏格兰共拥一位国王。不过除了在克伦威尔统治时期，英格兰和苏格兰曾一度被强行联合在一起之外，实际上在整个 17 世纪，两个王国一直是相互独立的。直到 1707 年，双方才同意建立一个单一的大不列颠议会，算是联合为一个国家，但苏格兰仍然保留自己的司法制度和宗教社区。

最后被整合进英国的是爱尔兰地区，但其过程与结果都很曲折。1169 年，英格兰国王亨利二世对爱尔兰发动战争，并获得英格兰籍教皇阿德里安四世的授权，成为该地区的最高统治者，于是爱尔兰大部分地区都落到了盎格鲁-诺曼权贵的手中。不过在中世纪时期，英格兰王国几乎没有在此直接行使管辖权，只是到了都铎王朝时期，几位国王才倾向于干预爱尔兰，伊丽莎白一世就曾对爱尔兰发动过一系列战役。在英国内战期间（1642—1652 年），爱尔兰地区又爆发了多次起义，但都被克伦威尔镇压了下去。1688 年詹姆斯二世被废黜之后，英格兰与爱尔兰之间又接连爆发战争。18 世纪末，英国政府为谋求稳定做出了多方努力：1782 年，建立于中世纪的爱尔兰议会获得了立法自主权，与英国在宪法上的唯一纽带是共戴一位国王。1801 年，爱尔兰终于与英国联为一体，从此时起，现代意义上的英国才算最终形成。不过由于诸多原因，后来只有北爱尔兰地区才留在了英国境内，其他地区则最终于 1949 年成立为爱尔兰共和国，由此导致英国的国名也从大不列颠及爱尔兰联合王国改为现在的大不列颠及北爱尔兰联合王国。

第二节　英国宪政史

相对而言，作为一个国家，英国形成得较晚，但就是这个晚生的国家，后来却成为近代以来世界上第一个宪政民主国家。追溯历史，实际上英国的宪政历程起步很早。的确，甚至我们可以将英国宪政的起源追溯到诺曼征服以后的封建时代。一般认为，1215 年《大宪章》(The Great Charter，拉丁文名为 Magna Carta) 的签订，是英国宪政史上的一个标志性事件，可以视为是英国宪政历程的开端。

诺曼征服以后，英格兰地区开始建立起一套以国王与贵族之间的封建权利义务关系为基本内容的封建制度，但此后遭到了一些国王的破坏，1199 年继承王位的约翰尤为如此，从而引起贵族们极大的不满。1202 年 4 月，由于诺曼底领地的争端，约翰率军进攻诺曼底，英法战争爆发。为筹措军费，约翰滥用封建领主的权利，巧立名目，横征暴敛。他几乎每年都征收免役税，还提高了税额；他强制推行分担制，要求每九名骑士要负担供应第十名骑士的装备；他强迫封臣的遗孀或女继承人服从他的婚姻安排，如有违抗，便处以重罚；他滥用领主监护权，竭力提高监护期间的领地收入，甚至把监护权转让或出卖给亲信；他经常以莫须有的罪名，没收封臣土地或进行敲诈。总之，为搜刮钱财，约翰完全置封建法则于不顾。为慑服贵族，约翰还经常采用恐吓、酷刑、处死等残暴手段。约翰在英格兰贵族和平民面前展示了一个惨无人道的暴君形象，这就酝酿了贵族的反叛行动。1203 年，约翰的军队被赶出了诺曼底，不久，安茹、曼恩等英属大陆领地也相继落入法王之手。是年年底，除阿奎丹和普瓦图外，英格兰在法国的领地丧失净尽，约翰所发动的对法战争彻底失败，致使英格兰贵族遭受了巨大的损失。贵族们由此意识到，约翰不仅是一个任意践踏封臣权利的“暴虐领主”，而且还是一个没有尽到领主责任的“失职领主”。贵族们忍无可忍，最终联合起来发动了反抗约翰王的武装起义。由于为搜刮钱财，约翰对城市平民同样不择手段，漫无限制地向平民征收各种苛捐杂税，还经常以没收城市自治特许状为要挟，向平民敲诈勒索，所以当贵族们发动起义之后，广大平民就站到了贵族一边。约翰的失败是无可避免的。1215 年 6 月 15 日，获胜的贵族们与约翰王相会于伦敦附近泰晤士河畔的兰尼米德草地，开始谈判。贵族们把一份预先拟好的羊皮纸文件交给约翰，走投无路的约翰只得在文件上签字署印，这就是英国历史上著名的《大宪章》。

1215 年的《大宪章》共有 63 条，其中大部分是针对当时的状况而制定的，但其中的第 39 条对后世影响深远，因为由它而衍生了人身保护的观念：除非经过由普通法官进行的法律审判，或者根据法律行事，否则任何自由的人都不应被拘留或囚禁，或被夺去财产、被放逐或被杀害。总的说来，《大宪章》确立了平民所享有的一些基本权利与自由，保障了教会不受国王的控制，同时改革了法律和司法，限制了国王及王室官员的行为，它的主旨就在于限制王权即国家权力而保障社会成员的权利，因而的确堪称为英国历史上的第一部“宪法”。

虽然第一次发布的《大宪章》只维持了数星期，而且约翰死后，亨利三世及其继承人曾多次规避和破坏《大宪章》的规定，整个中世纪期间，英王的权力也是有增无减，不过，同样在整个中世纪期间，英格兰国王曾 30 次重新发布《大宪章》，这就证明国王终究不能忽视它的存在，从而英格兰的宪政基础得以保存，形成了英格兰甚至后来整个英国的宪政传统。今天，1297 年那次发布的《大宪章》仍是英国宪法的一部分，尽管只有开始的数句、中间三条以及结束语才有效（其余的 34 条都已被废除），而且尽管《大宪章》的实际法律效用已很小，只在司法过程中偶尔被控辩双方和法官所引用。不过《大宪章》的宪政精神宗旨是永不磨灭的，它构筑了英国宪政的基础，是英国宪政的起点，开启了英国宪政的传统。中世纪结束以后，到了 17 世纪，随着国王与议会之间不断发生争执，《大宪章》的作用日益凸显。这期间出现的许多维权法，都是基于《大宪章》而提出或制定的。

应当说，以《大宪章》为标志，英国人的第一次宪政经历是成功的，但这只是英国宪政历程的起点而非终点。英国人第二次重要的宪政经历，便是进入 17 世纪以来，议会与国王之间的对抗，由此产生了一系列重大的宪政成果，特别是最终在英国确立了君主立宪制和代议民主制。在这一波宪政运动的过程中，最先出现的宪政成果便是《权利请愿书》。1628 年 3 月，国王查理一世为解决财政问题，提出征收特殊捐税，在其要求遭议会拒绝后，就实行“强迫借贷”，严惩拒绝缴费者。而议会也不甘示弱，向查理一世提出了《权利请愿书》。该文件共有 8 条，历数了查理一世滥用权力的行为，重申了过去限制国王征税权的法律，强调非经议会同意，国王不得强行征税和借债，还重申了《大宪章》中有关保护公民自由和权利的内容，规定非经同级贵族的依法审判，任何人不得被逮捕、监禁、流放和剥夺财产及受到其他损害，并规定海陆军队不得驻扎民宅，不得根据戒严令任意逮捕自由人，等等。尽管查理一世出于权宜的考虑，最初接受了《权利请愿书》，后来则寻机解散了议会，并抛弃《权利请愿书》，但《权利请愿书》的成果并不是查理一世可以一时扼杀掉的。后来议会在与国王的对抗中获胜以后，便对《权利请愿书》重新进行解释，赋予其新的内涵，并将其认定为英国宪法的渊源之一。

这一波宪政运动的第二项重要成果是《人身保护令》。查理二世复辟了斯图亚特王朝后，大肆迫害新教徒和反王权派。鉴于此情形，议会援引旧例，于 1679 年制定了《人身保护令》，迫使查理二世签署。该文件共有 20 条，规定非依法院签发的载明缘由的逮捕证，不得逮捕羁押；已依法逮捕者应视里程远近，定期移送法院审理；经被捕人或其代理人申请，法院可签发人身保护状，着令逮捕机关或人员申述逮捕理由，解送、保释或释放被捕人，违者可处罚金。显然，《人身保护令》既是对英国民众人身权利的保护，同时也是对英国司法机关权力的限制，因而直到现在仍是英国宪法的一个渊源，尽管经过几次修订。

最后，这一波宪政运动的最重要的成果是以《权利法案》为标志，最终在英国确立了君主立宪制。詹姆斯二世继位后，议会由于担心国王进行宗教迫害，并且不满于詹姆斯二世向法国靠拢，1688 年，议会邀请詹姆斯二世的女婿、荷兰执政、奥兰治亲王威廉来英国，将王位传于他和原本的继承者玛丽，即詹姆斯二世的女儿、威廉的妻子。11 月 5 日，威廉率军登陆英国后，詹姆斯二世只得仓皇出逃，议会得以重掌大权。1689 年 1 月，在伦敦召开的全体会议上，议会宣布詹姆斯二世逊位，而由威廉和玛丽继位，称威廉三世和玛丽二世。议会同时向威廉提出一个《权利宣言》，威廉接受宣言所提出的要求。是年 10 月，宣言经议会正式批准而成为法律，此即《权利法案》。《权利法案》的全称是《国民权利与自由和王位继承宣言》(An Act Declaring the Rights and Liberties of the Subject and Settling the Succession of the Crown)，标题即表明了其内容主要涉及两个方面：

一是限制国王的权力，树立议会的权力，从而确定和保障臣民的一些自由和权利。该法规定：凡未经议会同意，以国王权威停止法律或停止法律实施，即为僭越权力；以国王权威擅自废除法律或法律实施之僭越权力，为非法权力；设立审理宗教事务之钦差法庭之指令，以及一切其他同类指令与法庭，皆为非法而有害；凡未经议会准许，以国王的特权为借口，为国王而征收，或供国王使用而征收金钱，超出议会准许之时限或方式者，皆为非法；向国王请愿，乃臣民之权利，一切对此项请愿之判罪或控告，皆为非法；除经议会同意外，平时在本王国内征募或维持常备军，皆属违法；凡臣民系新教徒者，为防卫起见，得酌量情形，并在法律许可范围内，置备武器；议会议员之选举应是自由的；议会内之演说自由、辩论或议事之自由，不应在议会以外之任何法院或任何地方，受到弹劾或讯问；不应要求过多的保释金，亦不应强课过分之罚款，更不应滥施残酷非常之刑罚；陪审官应予正式记名列表并陈报之，凡审理叛国犯案件之陪审官应为自由世袭地领有人；定罪前，特定人的一切让与及对罚金与没收财产所做的一切承诺，皆属非法而无效；为申雪一切诉冤，并为修正、加强与维护法律起见，议会应时常集会。

二是处理王位继承的问题。该法宣称詹姆斯二世的一些行为已经违反了上述约定，因此是非法的，并宣布已逃离英国的詹姆斯二世退位，确立威廉与玛丽是詹姆斯二世的继承人，并规定罗马天主教徒不得成为英国国王。

1701 年，议会又通过《王位继承法》，作为《权利法案》的补充。该法规定，今后英国的王位应该传给汉诺威选帝侯夫人索菲娅的有血缘关系的后代，而且继承者不得是天主教徒，也不得嫁或者娶一名天主教徒。该法还规定，王位的继承是由议会来决定的，而非君主本人。正是通过这两个法律，英国的国王便被明确地施加了宪政约束，从而确立了君主立宪制；同时，这两个法律也正式地确立了英国议会的权力，从而奠定了代议民主制的框架。显然，这二者是直到今天仍存在的英国政治制度的基本框架，所以确实可以说，《权利法案》(包括《王位继承法》）是英国宪政史上自《大宪章》以来最重要的宪法性文件。

应当说，到此为止，英国宪政的基本任务已经完成，自此以后，英国人的宪政任务不过是因应环境和社会变化，对这一制度框架进行适当地调整和修缮，但绝不是大修大改的问题。

由于英国的宪政历程很特殊，所以它所造成的结果也很特殊，这特别表现为，在英国，不存在一部整合起来的成文宪法文件，由此英国也被称为是不成文宪法国家。因为英国的宪政运动并不是以前后断裂的方式来进行的，相反总是在继承从前的宪政成果的基础上，继续推进宪政运动，由此产生新的宪政成果。由于整个过程并无任何一个人或者一个群体进行总体的设计或安排，而至多只有对同一个精神宗旨，即宪政的追求，所以最后就不可能产生出一部整合起来的成文宪法文件，而只能是多部宪法性文件的汇集。① 由于英国人具有浓厚的保守情结，他们极为尊重传统②，所以他们也完全尊重并认可这些在不同年代所产生的宪法性文件，以至于至今大多数仍有效。像这样的宪法性文件，在英国有多部，比如 1215 年的《大宪章》，1259 年的《人民公约》，1295 年的《无承诺不课税法》，1628 年的《权利请愿书》，1679 年的《人身保护令》，1689 年的《权利法案》，1689 年的《抗命法》(为 1881 年的《陆军法》所替代)，1701 年的《王位继承法》，1706 年的《英格兰与苏格兰合并法》，1800 年的《大不列颠与爱尔兰合并法》，1832 年、1867 年的《选举改革法》，1884

① 像英国这样的政治变革道路，通常也被人们看成渐进式演变的典型。

② 英国人的这种保守情结可以理解，因为所保守、所尊重的是宪政传统，这表明了他们一以贯之的对宪政精神宗旨的追求。

年、1918年、1928年、1948年、1969年的《人民代表法》，1911年、1949年的《议会法》，1925年的《司法法》，1936年的《退位法》，1937年的《国王的大臣法》，1963年的《贵族法》，1924年、1933年、1972年、1985年、1992年、2000年、2003年的《地方政府法》，1931年的《威斯敏斯特条例》，1972年的《欧洲共同体法》(承认《罗马条约》)，1998年的《人权法》，等等。这些宪法性文件产生于不同的年代，前后相距竟达8个世纪，足见英国宪政传统之深厚；就其产生方式而言，早期的宪法性文件主要产生于政治抗争中，近代以来，则主要是以议会立法的形式通过，包括议会批准的国际条约；再就其内容来看，这些宪法性文件首先明确了人民的基本自由和权利，其次则是有关国家政治制度的规范，包括国家结构制度、政府制度和政治参与制度。

这些宪法性文件尽管很零散，但毕竟是成文的，而且也构成为英国宪法最主要的部分。但是一般认为，英国宪法还不止于此。英国法院的一些判例，特别是具有宪法性质的判决，如有关法官特权、人民控诉国家官员、颁发人身保护状和议会特权的判决，也被认为具有宪法的效力或作用，从而是英国宪法的一部分。不管是宪法性文件，还是法院的判例，这些总还有文字记载，除此之外，一般认为英国宪法中还有一部分是不成文的，这就是政治惯例，比如英王的一些特权，下院多数党组阁，英王任命首相，大臣对议会和国王负连带责任，等等。这些都是在英国的政治实践中产生出来的习惯性做法，而无成文的规定，但是英国人已经赋予了这些习惯性做法以规范的意义，同样不得违反，所以也成为宪法的一部分。

总之，作为一个宪政民主国家，英国的宪法是我们考察和研究其政治制度的基本依据，但是需要注意英国宪法具有很强的特殊性，由此也不得不注意其政治实际。

第三节　国家结构制度

英国有关国家结构制度的规定，散见于许多宪法性法律中，比如1972年的《地方政府法》，1972年的《(北爱尔兰) 地方政府法》，1989年的《地方政府和住宅法》，1994年、1998年的《(威尔士) 地方政府法》，1973年、1975年、1994年的《(苏格兰) 地方政府法》，1999年的《地方政府（最优价值和财政）法》，1999年的《大伦敦政府法》，2000年、2003年的《地方政府法》，2003年的《大区议会（筹备）法》，等等。根据这些宪法性法律的规定，英国的国家结构制度属于单一制类型。不过，由于英国签署并批准了

《欧洲议会地方自治章程》，并且自1997年后已经着手实施，所以英国的国家结构制度正全面地朝着地方自治制度演变。如前所述，英国主要是由英格兰、威尔士、苏格兰和北爱尔兰这四个地区所组成的，所以英国的地方自治，首先就是在这几个地区（目前英格兰地区尚不在此例）的层次上实行。换言之，一个地区就是一个地方自治单位。在地区以下的各地方层次，一般也都实行地方自治。鉴于英国各地区的行政区划与自治情况都存在很大的差异，这里只好进行分述。

一、英格兰地区

与其他三个地区不同，英格兰地区一级现在并未设立自治的立法机关，而是由英国的中央政府直接治理。在中央政府的有关部门中，现由副首相府（ODPM）来负责英格兰地区地方政府的有关政策，而中央政府的有关国务大臣也有权对英格兰地区内未提供服务的地方政府进行干预。根据1999年的《地方政府（最优价值和财政）法》，中央政府的有关国务大臣被授予了广泛的干预权，包括有权责令审计委员会（Audit Commission）① 实行最优价值审查，有权责令地方政府采取国务大臣认为为取得最优价值而需要采取的任何行动。在特别情况下，国务大臣甚至有权责令地方政府采取其认为合适的行动，包括将某一地方政府的责任移交给另一地方政府或第三方。英格兰地区为英国中央政府直辖的局面，今后有可能会朝向地方自治变化，因为2003年的《地方政府法》已经允诺英格兰地区通过公民投票方式，决定是否建立本地区的议会。

英格兰地区的行政区划分为四个层级：

大区（Region），一共有9个，包括英格兰东北、英格兰西北、约克郡与恒伯、东密德兰、西密德兰、东英格兰、大伦敦、英格兰东南、英格兰西南。

大区是应《欧洲联盟条约》的需要而于1994年成立的，并从1999年起成为欧洲议会在英格兰地区的选区单位。除此之外，大区的主要功能是协调消防和警力，以及作为医疗保健和通信服务区。

这9个大区中，目前只有大伦敦设有一级地方政府，包括由选民直接选举产生的议会和市长，实行地方自治，其余的均不设一级地方政府，而仅设有英

① 根据《地方政府财政法》而于1983年建立，其成员由英国内阁的社区与地方政府部（DCLG）任命。审计委员会审计地方政府的账户，对地方政府进行财政监督，还有权审查地方政府的绩效并提出报告。

国中央政府的大区行政办公室（大伦敦也设有），负责协调中央各部在大区的政策实施。不过在1998年，中央政府允诺可自发成立代表大区声音的大区机构，目前也已成立了一些由地方议会议员和各界代表所组成的组织，对大区的经济、社会、环境和福利问题拥有发言权。此外，2003年的《大区议会（筹备）法》也已作出规定，如经英格兰地区的公民投票批准，大区也可设立议会，从而在大区一级实行自治。

郡（County）。大区以下为郡级行政区划，但是名誉郡不在此例。名誉郡是根据英国议会于1997年所通过的《郡长法》(Lieutenancies Act）而成立的，所委任的名誉郡长只是英王的个人代表。名誉郡只适用于确定当地居民的身份，并作为英国议会下院在英格兰地区的选区单位，而非一级行政区划。真正作为郡级行政区划的有四类：(1）都市郡（Metropolitan County)，成立于1974年，共有6个：大曼彻斯特郡、默西赛德郡、南约克郡、泰恩-威尔郡、西约克郡、西米德兰兹郡。(2）非都市郡（Non-metropolitan County)，也成立于1974年，共有34个。(3）单一管理区（Unitary Authority)，成立于1990年，共有41个。单一管理区下面划分为民政区。(4）大伦敦（Greater London）之下的伦敦市（City of London）和32个伦敦自治市（London Boroughs)。

区（District），包括两类：都市区（Metropolitan District)，是都市郡的下级行政区划，通常兼具自治城镇的地位；非都市区（Non-metropolitan District)，是非都市郡的下级行政区划，通常与其上级的郡分享自治权，但其运作方式与都市区有所不同。

民政区（Civil Parish，或简称为Parish）。这是英格兰地区最低一级的行政区划，只有大伦敦下面不设，其他地方均设有。

英格兰地区自郡以下的各级行政区划均设一级地方政府，即民选的议会，实行地方自治。各地方议会的议员任期四年，均按得票最多者当选（即相对多数当选制）的小选区制选出，每一选区选出议员1—3人不等。选民必须年满18周岁，并经选民登记，且应是当地居民和英国、欧盟或任何英联邦国家的公民。年满21周岁的选民即可被选为地方议会的议员。

按照历史形成的立法行政不分割的传统（即议行合一制），地方政府的所有权力都归于议会。但除少数重要问题由地方议会会议讨论之外，几乎所有的有关事务都交由地方议会内设的各委员会去处理和决定，而议会会议上所审议的事项，也主要依据各委员会的报告和建议来确定。根据设立条件的不同，委员会分为法定的（Statutory）和自选的（Permissive）两类。不过由于地方议会的议员通常是兼职的，从而需要大量常任的专家和职员从事行政的、技术的和日常的事务性工作，所以在地方议会中，除设立各种委员会外，还聘用各种通用人才和专门官员，如主任消防员、社会事务主任、主任教育官等。大多数地方议会还设有首席执行官，担任议会雇员的领导，并负责议会的运行和政策的协调。

2000 年的《地方政府法》对英格兰（包括威尔士）地区的地方政府机构作出了重大改革，着重加强执行机关，以期提高地方政府决策的效率、透明度和工作责任心，并加强监督和审查。根据该法的规定，地方议会应由直接选出的市镇长、主席和议员组成，地方议会的执行机关则必须采取以下四种模式中的一种：直选市镇长—内阁制、直选市镇长—议会经理制、领导人—内阁制、自由选择模式。此外，该法还要求地方议会必须设立一个审查监督委员会。

对于英格兰地区的各级政府，普通公民有一种进行监督和获得救济的途径，就是如果他认为地方政府的决定侵犯了自己的合法权益，则他就可以向作为中央政府官员的英格兰地方政府督察专员（Local Government Ombudsman in England）① 进行投诉。

二、威尔士地区

1997 年威尔士地区进行权力下放的公民投票后，次年，英国议会通过了《威尔士政府法》(Government of Wales Act)，据此而建立了威尔士国民议会(National Assembly for Wales)，威尔士地区开始实行自治。不过在 2006 年《威尔士政府法》生效前，威尔士国民议会还只能有限度地行使立法权，例如威尔士政府的财务预算仍是英国议会的保留权力，威尔士国民议会则暂时只在权力下放的事务上进行附属性立法（与原创性立法相对），包括农业、古籍和历史性建筑、文化、经济发展、教育和培训、环境、健康和卫生服务、高速公路、住房、工业、地方政府、社会服务、体育和休闲、旅游、城市和国家计划、交通和道路、威尔士语等领域。英国议会制定的法律也适用于威尔士。此外，英国内阁保留一名威尔士国务大臣（the Secretary of State for Wales），该国务大臣可以参加威尔士国民议会，只是没有投票权。而且威尔士大臣有权就威尔士地方政府事务制定规章，并监督政策的实施。

① 共有三位，根据 1974 年的《地方政府法》而设置，由英王根据首相提名而任命产生。根据 2007 年的“Regulatory Reform（Collaboration etc between Ombudsmen）Order”，从前的英格兰地方政府督察专员、议会督察专员和英格兰健康服务督察专员三职已合并为一体。

威尔士国民议会由60名议员（Assembly Member，简称AM/AC）组成，按得票最多者当选（即相对多数当选制）的小选区制选出，每一选区产生3—5名议员。其中40名同时为英国议会下院的议员。议员再选出威尔士国民议会的执行机关，即威尔士议会政府（Assembly Government）。具体而言，国民议会只选举产生议会政府的首席部长（First Minister of Wales），然后由他组阁，向国民议会集体负责，各阁员则负责个人领域的事务，如卫生、教育。威尔士议会政府随威尔士国民议会的第一次选举而产生，成立于1999年。不过不像其他地区，实际上威尔士国民议会在宪法上并无立法行政两功能的分离。

威尔士地区的行政区划很简单，只有一级，即划分为22个单一管理区（Unitary authority），其中包括郡（County）、市（City）和郡级自治市镇（County Borough）。威尔士地区的各个地方也设置议会，实行自治。

如果有人认为威尔士各级政府的决定侵犯了自己的合法权益，他就可以向作为中央政府官员的威尔士公共服务督察专员（Public Services Ombudsman for Wales）① 进行投诉。

三、苏格兰地区

1997年9月11日，苏格兰地区举行了全民公投，结果绝大多数苏格兰人赞成成立拥有税收变更权的苏格兰议会（Scottish Parliament）。次年，英国议会通过《苏格兰法》(Scotland Act)，据此成立了苏格兰自1707年以来的首个议会，苏格兰地区开始实行自治。

苏格兰议会的首次选举于1999年5月6日举行。苏格兰议会的选举实行两票制，每位选民可投两票：第一票选举他所在选区的候选人，实行单选区相对多数当选制（亦称为最多票数当选制），由此产生选区议员73人；第二票则选举苏格兰议会地区的政党名单候选人或个人候选人，总共有8个苏格兰议会地区，每个地区产生7名议员，由此一共产生56名区域议员。在每个议会地区，各政党则根据其所获得的选区议员数目以及第二票得票数来按比例分配议席。所以苏格兰议会总共有129名议员（Member of Scottish Parliament/MSP）。在这些议员中，有一些同时是英国议会下院中的议员，但不得担任英

① 该职务由一人担当，根据英国议会于2005年通过的《公共服务督察专员（威尔士）法》而设置，由英王根据威尔士国务大臣与威尔士国民议会协商后所提议的人选而任命产生，取代了过去的威尔士地方政府督察专员、威尔士健康服务督察专员、威尔士行政服务督察专员、威尔士国民住宅督察专员等职务。

国内阁的大臣。苏格兰议会议员将选举他们当中的一人担任议会主席（Presiding Officer），并选举两人担任副主席（Deputy Presiding Officer）。议会主席和副主席的职责是主持议会的会议，召集并主持议会局（Parliamentary Bureau）会议，就有关议会进程的规则问题做出决议，在与其他议会或政府机关的讨论中代表议会，以及担任苏格兰议会法人团体的主席。

苏格兰议会的权力完全来自于英国议会于1998年所通过的《苏格兰法》，苏格兰议会超越该法的任何立法均无效。此外，任何违背1998年《人权法》（Human Rights Act）的法令也无效。在此限制之下，苏格兰议会可以通过影响苏格兰内务的法律，并可将个人所得税的基本税率在3%以内进行调整。具体而言，苏格兰议会的立法范围包括教育与培训，卫生和社会工作，地方政府、住房和规划，司法、警察和消防，环境、农业和渔业。不过英国内阁仍保留一位苏格兰国务大臣，就中央政府的保留事项代表苏格兰选民，并且联系内阁和苏格兰行政院。此外，苏格兰国务大臣还有权就苏格兰地方政府事务制定规章，并监督政策的实施。

除苏格兰议会外，苏格兰地区还设立苏格兰行政院（Scottish Executive）。苏格兰行政院的成员来自于议会的多数党，或政党联合组阁，以首席部长为内阁首脑。苏格兰行政院的工作须接受苏格兰议会的审议，二者之间类似于英国内阁与英国议会之间的关系。1999年后，英国内阁的苏格兰事务部（Scottish Office）和其他政府部门已将所有授权事务的责任都转移至苏格兰行政院。

苏格兰地区的行政区划也很简单，只有一级，即划分为32个统一管理区（Unitary Authority Region）。这是根据1994年的“苏格兰地方政府法”，而于1996年4月1日起开始实施的。苏格兰各地方也设置议会，实行自治。

同样，如果有人认为苏格兰各级政府的决定侵犯了自己的合法权益，则他就可以向作为中央政府官员的苏格兰公共服务督察专员（Scottish Public Service Ombudsman）① 进行投诉。

四、北爱尔兰地区

1998年，全面政治解决北爱尔兰问题的《贝尔法斯特协议》签署后，英

① 由一人担当（至少有三位副手的辅助），根据2002年苏格兰议会通过并为英王所批准的《苏格兰公共服务督察专员法》（Scottish Public Services Ombudsman Act）而设置，由英王根据苏格兰议会的提名而任命产生，取代了过去的苏格兰议会与健康服务督察专员、苏格兰地方政府督察专员和苏格兰住宅协会督察专员。

国议会也通过了《北爱尔兰法》(Northern Ireland Act)，据此，北爱尔兰地区举行了选举，产生了北爱尔兰议会（Northern Ireland Assembly）及其执行机关(Northern Ireland Executive)，开始实行自治。

北爱尔兰议会共有108个议席，议员按照多选区单记名可转让制（STV，比例代表制的一种形式）选出，每一选区产生5—7名议员。北爱尔兰议会的立法权限还是比较宽泛的，在不违反欧盟法和欧洲人权公约，以及不带歧视的情况下，可就北爱尔兰地区非中央政府保留之事务制定独立的法律。不过英国内阁的北爱尔兰国务大臣有权就北爱尔兰地方政府事务制定规章，并监督政策的实施。北爱尔兰议会的执行机关则由12名执行委员组成，其中首席部长和副部长由议会选举产生，其余的成员则由各政党按其所拥有的议席比例而分配。

北爱尔兰地区的行政区划同样很简单，也只有一级，共划分为26个行政区。各行政区也设议会，实行自治。

和其他地区一样，如果有人认为北爱尔兰各级政府的决定侵犯了自己的合法权益，他就可以向作为中央政府官员的北爱尔兰督察专员（Northern Ireland Ombudsman）进行投诉。

五、地方政府联盟

为进行合作与交流，英国各级地方政府均可自由组成联合体，由此形成了多层次和多元的地方政府联盟。层次较低的如伦敦地方政府联合会（ALG），它是32个伦敦自治市和伦敦市的联盟。在地区层面上，在苏格兰有苏格兰地方政府会议（SoSLA），在北爱尔兰有北爱尔兰地方政府联合会（NILGA）。在跨地区的层面上，又有地方政府联合会（LGA），英格兰和苏格兰的所有地方政府均加入其中，威尔士地方政府联合会（WLGA）也是它的一部分。全国地方议会联合会（NALC）也是跨地区的地方政府联盟。在这个层次之上还有地方政府国际联合会（LGIB），各地方政府联合会就是其成员，在国际事务方面，地方政府国际联合会还代表北爱尔兰地方政府联合会。

第四节　英国议会

在介绍了英国的国家结构制度并一道简要介绍了英国的地方政府制度之后，我们再来看英国中央政府制度的情况。英国的中央政府包括议会、国王、行政部门（亦即狭义上的政府）等部分，其中议会掌握立法权，国王作为国家元首，名义上也是议会的组成部分之一，还是名义上的行政首脑，但实际的行政权掌握在以首相为首的内阁手中，另外，议会与枢密院（作为行政部门的一部分）掌握司法权（但现正处于改革之中）。首先来看英国议会（The Parliament of the United Kingdom of Great Britain and Northern Ireland）。

英国议会是随英国国家的形成而一道形成的。在中世纪时期，英格兰、苏格兰和爱尔兰三个地区均设有自己的议会。威尔士地区最先与英格兰整合为一个国家，所以共设一个议会。而后是根据1707年的联合法，苏格兰议会与英格兰议会合并成为大不列颠议会。最后是根据1800年所通过的联合法，爱尔兰议会并入大不列颠议会，形成联合王国议会，即今之英国议会。

与英国的形成是以英格兰为主体，所以带有强烈的英格兰色彩相一致，英国议会实际上也是以英格兰议会为基干而形成的，所以带有强烈的英格兰议会色彩。一般认为，英格兰议会的起源可追溯到盎格鲁-撒克逊时期。那时的盎格鲁-撒克逊国王通常由一个咨议院（Witenagemot，又称作“贤人会议”）来辅佐，而咨议院的成员除了国王的儿子和兄弟外，郡守（Earldormen）或各郡的行政司法长官，以及高级神职人员在其中也拥有席位。法律的制定必须根据咨议院的建议（以及后期咨议院的同意），但国王还是拥有最终的决定权。

咨议院并未保存下来，只是对后世产生了一定的影响。在诺曼征服时期，征服者威廉将法国的封建制度（Feudal system）带到了英格兰，将土地赐予其重要的军事支持者，这些人再将土地赠与他们的支持者。那些直接从国王手中得到土地的人被称为领主（Tenants-in-chief），他们的领地叫采邑（Manors）。按照这种封建制度，威廉在制定法律之前都要咨询由领主和神职人员所组成的大会议（Magnum concilium）。① 但大会议的规模太大，不能经常召开，所以威廉又建立了一个小会议（Curia Regis，亦称御前会议），主要由国王的高级大臣和一些贵族组成，负责向国王提供立法、行政和司法等各方面事务的咨询意见，并且执行国王的决定。

大、小会议都只是国王的咨询机构，还谈不上具有现代议会的性质，英格兰议会的出现实际上是在1215年《大宪章》签订以后的事情。《大宪章》签订以后，贵族们组成了一个委员会，以监督国王遵守《大宪章》。1258年，在与国王抗争的过程中，贵族们甚至在牛津召开了一个名为“议会”的会议，制定了《牛津条例》，确立了该议会的常设性质，而且要求国王的高级大臣们

① 到1640年时，大会议还召开过一次，但以后便再也未召开过。

必须向它和国王负责。可以说，牛津议会才是英国议会的真正开端。最初的时候，牛津议会主要由贵族组成，后来经过下层的骑士和平民阶层的争取，下层代表也能参加议会，从而形成等级会议。1343 年，等级会议分为两院分别开会，神职人员与贵族组成上院，骑士与自治市镇代表组成下院，此即英国议会之为两院制的肇因。

在都铎王朝时期，英格兰议会的权力为国王所限制，但英格兰议会终究未被废除，一直保存至近代，从而再次发挥作用，最终成为英国议会的前身。

英国议会一般被称作“议会之母”，但追溯历史，显然准确地说，英格兰议会才是议会之母。

按照惯例，英国国王是英国议会的首领，而议会又分为上下两个议院，这三个部分都是英国议会的组成部分，但相互间却是分立的：首先，法律禁止两院议员相互兼任；其次，尽管没有法律的明文规定，但按惯例，英王并不参加任何一院的投票；再次，尽管议会所通过的所有议案必须经英王的批准才能成为法律，英王还有权召集和解散议会，但是英王的这些权力只是形式的，因为他是依据首相或其他内阁大臣的建议而行使这些权力的。鉴于此，英国议会实际上是由上、下两院所组成的。由于这两院的分立并存在显著的差异，所以需要分述之。

一、上院

英国议会的上院（Upper House）就是贵族院（House of Lords）。

（一）组成与结构

我们可以从多个角度来观察上院的组成和结构：

1. 议员

上院共有 700 多名非选举产生的议员（见表 1-1），他们的正式称呼是“与会大不列颠及北爱尔兰联合王国议会之受尊崇的灵职与俗职们”（The Right Honourable The Lords Spiritual and Temporal of the United Kingdom of Great Britain and Northern Ireland in Parliament Assembled）。

上院议员分为灵职议员（Lords Spiritual）与俗职议员（Lords Temporal）两大类。上院中代表英国国教会（即英国圣公会）的议员就是灵职议员，包括英国国教会的大主教和主教，共 26 名。灵职议员在其保有神职身份的期间，都担任上院议员，一般也被称为议会缙绅（Lords of Parliament）。之所以目前的灵职议员中仅有英国国教会的代表，是因为其他几个地区的教会都放弃了代表资格。威尔士圣公会于 1920 年放弃国教地位后，其灵职代表权也告终止；苏格兰国教会（Church of Scotland，即长老会）根据其教义不设主教，所以在英国议会上院中没有灵职议员代表；爱尔兰圣公会（Church of Ireland）在 1801 年大不列颠与爱尔兰联合之后，曾一度获得了代表权，但 1871 年，爱尔兰圣公会放弃了国教地位，并终止了其在英国议会上院中的灵职代表权。

表 1-1　　**截至 2007 年 5 月 1 日，上院议员的概况**

所属政党	终身贵族	世袭贵族			灵职议员	总计
		政党选出	全院选出	职掌王室职务的世袭贵族		
工党	207	2	2	0	0	211
保守党	157	39	9	0	0	205
自由民主党	72	3	2	0	0	77
中立议员	174	29	2	2	0	207
其他	10	2	0	0	0	12
灵职	0	0	0	0	26	26
总计	620	75	15	2	26	738

注：本表不包括 12 名休假的贵族。

灵职议员曾经占据上院的多数席位，起初包括英国国教会的大主教、主教、男修道院院长和女修道院院长在内。1539 年之后，由于修道院被解散，从而无法产生男女修道院院长，所以就只剩下大主教和主教参加议会了。在英国内战期间，灵职议员曾被全部驱逐出议会，但《1661 年神职法》(Clergy Act 1661) 制定后，又恢复了他们的席位。不过《1847 年曼彻斯特主教职位法》及之后的各项法律，都对灵职议员的名额施加了限制。到今天，灵职议员不得超出 26 名，包括英国国教会最重要的坎特伯里大主教、约克大主教、伦敦主教、达拉谟主教和曼彻斯特主教，以及其他最资深的教区 21 名主教。

自修道院解散之后，俗职议员就占据了英国议会上院的多数席位。与灵职议员不同的是，俗职议员一般具有较强的党派倾向性；当然也有无党派倾向的议员，他们被称为中立议员（cross-bencher）。俗职议员又分为两小类：

(1) 世袭贵族议员。需要注意的是，这类议员之所以被称为是世袭的，只是因为他们的贵族爵位（分为公爵、侯爵、伯爵、子爵和男爵五级）是通过世袭而来的，这并不意味着他们可以世袭议员资格，而且也不是所有的世袭贵族都能进入上院而成为议员。过去贵族获得世袭爵位，须由英王册封，现在则是由在任首相向英王作出册封建议。

原先俗职议员中有很多都是世袭贵族，1999 年上院改革后，世袭贵族就丧失了 600 多个席位。根据《1999 年上院法》的规定，上院仅保留 92 个世袭贵族议员席位，其中两个由英国纹章院院长（Earl Marshal）和掌礼大臣（Lord Great Chamberlain）当然占据，在另外的 90 个席位中，15 个由上院全体议员选举产生，其余 75 个则按政党分配，由各政党自行挑选。① 若选出的世袭贵族议员去世了，则按顺位投票制（Alternative Vote）举行差额补选。不管去世的世袭贵族议员是由全院选出的还是由各政党议员团体选出的，其接替者都要以与原先相同的方式选出。

(2) 终身贵族议员。在世袭贵族议员席位被大量削减之后，终身贵族议员就不仅是俗职议员中最多的，实际上也是全院议员中人数最多的了。

终身贵族意味着他们无法将贵族头衔传给后代，而只限于己身。终身贵族也是由首相提请英王册封的，不过首相经常会允许各党领袖选拔数位终身贵族，以维持上院中的政治均势。至于其他无党籍的终身贵族，则由独立的上院任命委员会（Appointments Commission）提名，但其数量由首相决定。目前上院中所有的终身贵族都是男爵爵位，这是根据《1958 年终身贵族法》(Life Peerages Act 1958) 而册封的。此外，在 2000 年的时候，英国政府还设立独立任命委员会，从 3000 位申请人中选出了 15 名人民贵族（People's Peers）。这些人民贵族被认为是各领域的精英人物，整个挑选过程接受媒体评判。

一般而言，一个人获得了终身贵族的册封，就可以进入上院而成为议员了。而且首相有时为了使某人进入上院而提请英王册封终身贵族，但在历史上也曾有过许多终身贵族不被允许进入上院的案例，因为担任上院议员还需要其他的一些资格条件。

不管是成为哪一类的上院议员，都是有若干资格限制的。除了上述神职或贵族身份资格限制外，上院议员的年龄还须达到 21 岁，且具有英国、英联邦

① 各政党根据在上院的世袭贵族数，按比例分配这 75 个世袭贵族议席，其中保守党 42 席、工党 2 席、自由民主党 3 席、中立议员 28 席。

(Commonwealth of Nations)① 或爱尔兰共和国的公民身份。受破产限制令(Bankruptcy Restrictions Order，在英格兰与威尔士地区）处理，或经破产判决（在北爱尔兰地区），或房产遭没收（在苏格兰地区）的公民不能获得上院议员的资格。被判决为犯叛国罪者，在服刑期满之前不能获得上院议员资格，除非得到赦免。不过因叛国罪以外的罪行而服刑者，在刑期中并不自动丧失议员资格。最后，原本女性即使身为贵族也不具备成为上院议员的资格，不过《1958 年终身爵位法》通过后，女性获得了资格。而《1999 年上院法》(House of Lords Act 1999) 通过后，女性世袭贵族也具备了入选上院的资格。不过现在上院中的女性议员全都是俗职，因为目前英国国教会还不容许女性出任主教。

上院议员，除非出任内阁大臣、议会党团的党鞭或者反对党领袖等少数几个职务可享有年薪，其他的没有工资。英国之所以这样安排，是因为上院议员都是贵族，不存在生计问题。不过上院议员出席上院的各种会议，也享有住宿费、伙食费、交通费、文秘费等津贴补助。

2. 委员会

在英国议会的上院中，议员们是被组织在不同类型的委员会中而进行工作的，其中最常见也是最经常运作的是全院委员会（Committee of the Whole House)。全院委员会的成员包括全体上院议员，所以就是上院的全院大会，不过全院委员会更主要是全院大会的一个阶段形式，通常是全院大会审议法案进入“二读”(Second Reading) 阶段后达到两周，就启动全院委员会。进入全院委员会阶段后，所有议员都可以对法案提出修正意见，随后就分组对修正意见进行审议。在全院委员会的阶段上，法案将被逐条地予以审议，而且即使没

① 甚至还在“一战”后，大英帝国就开始瓦解，其所占领的殖民地纷纷谋求独立。1931 年，英国议会通过了《威斯敏斯特条例》，创设了英联邦（British Commonwealth of Nations)，以取代过去的大英帝国。现在它由 53 个独立国家组成，多数为大英帝国的前殖民地，其成员国基于共同的历史背景，彼此独立但维持自由平等合作的关系。英联邦的元首为英国女王伊丽莎白二世，她也身兼英联邦中 16 个成员国的国家元首。1946 年，英联邦改名为现在的“Commonwealth of Nations”。

现在除了美国、埃及、苏丹、缅甸（1948 年独立)、爱尔兰（1949 年建立爱尔兰共和国后脱离)、南也门（1967 年独立，不过统一后的也门申请加入英联邦)、香港（1997 年后脱离)、津巴布韦（2002 年因其执政者藐视人权并在大选中舞弊，被暂停会籍一年，该国遂由此主动退出)、斐济（2006 年 12 月发生军事政变而被取消会籍)、巴基斯坦（曾被中止会籍四年，2004 年 5 月恢复，2007 年后又被中止会籍）外，从前大英帝国版图内的所有地方都留在英联邦内。南非曾经退出，后又加入。莫桑比克原为葡萄牙的殖民地，但在 1995 年也以特殊身份加入。卢旺达和柬埔寨也在申请加入。

有争议，每条也要获得赞成方可。全院委员会阶段断断续续地可能要占用几天的会议时间，最后形成对法案的修正案，并对修正案进行审议和表决，甚至可能采取分门表决（Divisions）的方式。当全院委员会对于法案的审议达成最终结论后，它就回到全院大会的形式，并报告法案（带有或者不带有修正案）。在全院委员会的阶段上，会议是由其他委员会的主席或副主席，也就是上院的副议长们来主持的，而非由上院议长来主持会议；而且全院委员会的议事规则也有其独特性，主要表现为议员可在议事过程中发言一次以上（而在一般的全院大会上，议员们只能发言一次）。

绝大多数法案都会进入全院委员会的阶段而予以审议，如果没有进入，则大多数这样的法案会提交大委员会（Grand Committees）来给予审议。大委员会和全院委员会一样，都是由全体上院议员组成的，其程序和全院委员会也一样，除了两点：一是大委员会不进行表决，二是大委员会不在上院议事厅中而在威斯敏斯特宫中另外一个叫做“摩西厅”(The Moses Room）的地方议事。由于大委员会不进行表决，所以对法案的审议就必须做到全体一致，这样一来，大委员会所审议的一般都是无争议的法案。

除全院委员会和大委员会外，现在上院其他的委员会就主要是专责委员会(Select Committees）了。这些专责委员会大体上又分为三小类：第一类可称为专题委员会。与下院不同的是，这些专题委员会并不负责监督行政部门，而仅利用议员们的专长和相对充裕的时间，就特定领域的议题，主要是英国宪法、科学、经济和欧盟四个方面进行调查并作出报告，相应地也就有宪法委员会(the Constitution Committee)、科技委员会（the Science and Technology Committee)、经济事务委员会（the Economic Affairs Committee）和欧盟委员会(the European Union Committee）四个专题委员会。这些委员会的成员在议会每一个会期开始的时候都要重新任命。各委员会也都设主席一职，一般是由上院领袖提名，经全院大会通过。主席的主要职责是领导本委员会的工作，还负责主持上院全院委员会的会议。主席们都被要求超越党见，而公正地为全院工作。

第二类专责委员会是联合委员会（Joint Committee），也负责对某些专题进行调查并作出报告，只不过是由两院议员联合组成的。现在两院的联合委员会主要有贿赂法草案委员会（Joint Committee on the draft Bribery Bill）、联合法案委员会（Joint Committee on Consolidation, &c., Bills）、人权委员会（Joint Committee on Human Rights）、法律文件委员会（Joint Committee on Statutory Instruments）和税法改写法案委员会（Joint Committee on Tax Law Rewrite Bills）。

最后一类专责委员会，总称为院内事务委员会（Domestic Committee），比如行政与工作委员会（Administration and Works Committee）、代表权力与规制改革委员会（Committee on Delegated Powers and Regulatory Reform）、上院委员会（Lords House Committee）、信息委员会（Information Committee）、联络委员会（Liaison Committee）、法律文件指标委员会（Committee on the Merits of Statutory Instruments）、特权委员会（Committee for Privileges）、程序委员会（Procedure Committee）、茶点委员会（Refreshment Committee）、遴选委员会（Committee of Selection，负责将议员们分配到各个专责委员会），等等。这些委员会主要负责上院自身的管理，为议员们开展工作提供服务。

3. 议会党团

绝大多数上院议员都参加了政党，所以英国的几个主要政党，包括工党、保守党和自由民主党在内，在上院都设有议会党团，以协调本党议员的行动。各议会党团由各党在上院的全体议员组成，并设一名总督导员和若干名督导员。督导员也被称作党鞭（Whip），负责维护本党的纪律，要求并组织本党议员参加重要会议或其他活动。总督导员则负责领导本党督导员的工作。各党的总督导员每周都要碰头，以协商制定全院大会在下一周的议程。总的来说，上院议会党团对议员的约束力远不及下院。

4. 职务

上院有一些专设的职务很重要，不过担任这些职务的不一定都是议员。首先值得一提的就是上院的议长（Lord Speaker）。传统上，上院并未设置议长一职，而是由大法官（Lord Chancellor）任当然主席，相当于上院议长。但自《2005年宪制改革法》通过后，上院专设了议长一职，要求该职位必须由贵族出任，由上院议员选出，再由英王委任，而且上院议长必须政治中立。① 首任上院议长已于2006年5月4日选出。上院议长的主要职能是主持上院的全院大会，间接负责上院自身的管理。议长的副手，即副议长可代行其职权，而依

① 英国之所以作此改革，仍是出于严格遵循分权制衡原则的考虑。在这以前，上院的大法官不仅是上院的议长，而且也是内阁成员，另外还兼任英格兰与威尔士的司法首长，即英格兰与威尔士最高法院院长，从而一身兼掌立法、行政、司法三权。鉴于此，工党政府力主撤销大法官一职，不过此一主张遭到上院驳回，最后只撤销了大法官办公厅（Lord Chancellor's Department），而改组为宪政事务部（Department for Constitutional Affairs），至2007年又改称司法部。此一改革得到了《2005年宪制改革法案》的支持，并且不再保证由大法官担任上院议长，而允许上院自行选出议长。所以现在的大法官只是英国内阁中的司法大臣，而且也不一定就是由上院议员担任。2007年6月，大法官一职首次由下院议员担任，这样上院中就不再有大法官的角色了。

据传统，英王委任上院各委员会的主席、首席副主席或其他副主席兼任上院的副议长。尽管法律并未明文规定议长与副议长应为上院议员，但这些职位由上院议员出任已是长久以来形成的不成文规则。

除议长和副议长外，具有政党属性的上院领袖（Leader of the House of Lords）也是一个重要的职务。上院领袖是执政党（即组阁的议会多数党）在上院的议会党团的领导者，他由首相指派，是内阁成员，一般兼任枢密院院长（Lord President of the Council）、掌玺大臣（Lord Privy Seal）或者兰开斯特公爵领地大法官（Chancellor of the Duchy of Lancaster）。上院领袖除了负责促使由内阁所提出的议案在上院获得通过外，在全院大会中也起着很大作用：一是对外作为发言人，代表上院陈述上院的意见和要求，维护上院的利益和特权；二是当上院全院大会出现争执和疑难问题时，提出解决办法；三是领导上院各党的总督导员们安排上院每周的议程；四是与下院执政党领袖一道安排议会两院的年度立法规则。首相还可另外指派一位副领袖（Deputy Leader），在上院领袖缺席或不能视事时代行其职权。

还有一些非由议员担任的职务也很重要。上院设有管理局（Management Board），由议会执行秘书（Clerk of the Parliaments）领导，他是上院的首席行政官，由英王指派，是除议长之外最重要的为全院服务的专职人员。他负责全院大会的进程，法案文本的起草，为法案背书，保存上院的记录，于必要时负责洽商世袭贵族的选举，管理上院的账目，安排议会办公室其他工作人员的工作，以及签署命令与传票。助理执行秘书（the Clerk Assistant）作为执行秘书的助手并担任宣读秘书（reading clerk），由议长指派，经院内通过。黑杖传令官（Gentleman Usher of the Black Rod）负责礼仪安排，全院门禁，并承院内指示，采取行动压制议场内失序或失控的行为，还掌管院内警卫（Serjeant-at-Arms）办公室。黑杖传令官的职权可由黑杖传令士或助理警卫代理。

（二）会议与议事

英国议会的两院均设在大伦敦威斯敏斯特市的威斯敏斯特宫（Palace of Westminster，见图 1-2），即议会大厦（Houses of Parliament）内，只不过是分厅而设。其中，上院议事厅设在宫殿的南侧，是上院全院大会（包括全院委员会）的议事场所①，大厅装潢得富丽堂皇，厅内的长椅呈红色，故上院有时

① 上院其他委员会（主要是专责委员会）的会议，一般都不在议事厅内举行，而在宫内其他的小厅室举行。

图 1-2　英国议会大厦（威斯敏斯特宫）

也被称作红厅（Red Chamber）。厅内正前方的尽头是英王伊丽莎白二世（及其丈夫）的座椅，王座正前方的大厅中摆放着两副宽大的、以羊毛充塞的、被称为羊毛袋（Woolsack）的红色坐垫，那分别是议长和副议长们的座位。羊毛袋的正前方，议事厅的正中央，还摆放着一张议事桌（the Table of the House）。其余的议员则分别坐在厅内的红色长椅上，其中执政党议员坐在羊毛袋的右边，反对党议员坐在羊毛袋的左边，中立议员（Cross-bencher）则坐在羊毛袋的对面。大体上，上院的工党与保守党议员也有前座与后座之区分。有意思的是，上院议事厅的座位总共不到 300 个，并不能为全部上院议员提供座位，不过好在上院议员大多不参加会议，所以一般不存在座位不够的问题。如果座位已满，那么迟到的议员就只好在大厅内或者在大厅门口临时找个地方参加会议（见图 1-3、图 1-4）。

除为上院议员开会议事之用外，上院议事厅里通常还会举行多种正式的典礼，其中最引人注目的就是英国议会于每个新会期，即年会开始时所举行的开幕大典（State Opening of Parliament）。英国议会的法定任期为五年，但是上院议员并非是选举产生的，且都是终身制，所以无任期可言，而且，下院议员尽管是选举产生的，都有任期，但下院却可能由于政治原因而被提前解散，从而导致实际的任期与法定的不符，所以整个地说，英国议会的任期并无太大的实际意义。因此，英国议会每年都召开一次开幕大典，以象征新一年的议会正式

图 1-3　上院议事厅

图 1-4　英国议会的开幕大典

召开。开幕大典在上院议事厅里举行，届时两院议员齐聚于此，英王也现身会场，发表演说，勾画施政事宜。其中，上院议员全体着装红色长袍，而下院议员则是由上院的黑杖传令官去下院议事厅宣召而来的。在他宣召前，下院议事厅的大门会紧紧闭上，象征外人不得干涉下院议事。这时，黑杖传令官就会用他的黑杖敲打大门三次，随后大门打开。黑杖传令官进入议事厅后，向下院议员宣告英王已经等候接见，而后全体下院议员穿过连接在两院中间的走廊而进入上院议事厅，全部站在上院议事厅大门口处的走廊里，恭听一年一度的英王致辞。

英国议会的年会开始时间并不固定，而由内阁灵活掌握，现在一般是在每年的11月份开幕，于次年的10月份结束，中间圣诞节休会二至三周，复活节一周，春季公假一周，夏季公假11—12周。这样在正常情况下，英国议会的年会会期共约170天。英国议会的年会工作规则是，本年度的各项议案，除上院的司法工作外，不得拖到下一年，没有完成的就废弃，这就叫做“年会不继续”的原则。

就上院来说，在年会的会期时间内，全院大会是其最主要的运作方式，甚至可以说是上院运作的形象，它体现了英国人自己的理念。我们知道，在当代西方很多国家，比如美国的议会中，各种小型的专门委员会是议会运作的主要方式，起着至关重要的作用，相对而言，全院大会的作用反倒轻了很多。但英国人却坚持只有全院大会才能代表议会，各种小型的专门委员会只是全院大会议事和作决断的辅助机构，这样就造就了全院大会的重要地位和作用。所以我们这里所说的上院会议与议事，也就是指全院大会的会议与议事程序。

在年会的会期时间内，上院一般一周开会四至五天，每天近八个小时。除星期五外，每天晚上都要到十点左右才散会。自20世纪70年代以来，上院一年开会的天数都在140天以上。

总的来说，上院议员在议事厅内议事，一般都是按照“提出动议—正、反方议员先后发言—正、反方其他议员轮流发言—正、反方代表总结—表决（如果需要的话）”的流程来进行。上院议员在发言前无须征得议事主席（即主持人）的同意，若有两名以上议员同时起身发言，则以全体鼓掌通过的方式来决定先听取哪一方的发言。上院领袖通常会对发言次序提出建议，一般也会受到尊重。发言时，议员须向全体议员，而非仅向主席一人致意，口称“My Lords”。议员之间也不用第二人称，而是用第三人称互称，如“尊贵的公爵、伯爵、勋爵或吾友”等。每位议员在每次会议期间，最多只能发言一次（当然会议的召集人可以在会议的开始和结束时各发表一次演说），但是发言时间却没有限制，除非主持人动议“兹不再听取尊贵的议员先生发言”(That the Noble Lord be no Longer Heard）并得到全体通过。主持人也可动议“兹对该议题即刻停止发言”以终结辩论，若此种动议获全体通过，则辩论结束，议题直接付诸表决，这种情况就被称作迳付表决（Cloture 或 Closure，也叫 Guillotine)，不过在上院中极其少见。

一旦针对某项议题的发言已达成结论，或迳付表决时，该议案即可交付表决。上院要求出席全院大会的法定最低人数（Quorum），在进行一般表决或程序表决时是 3 人，在进行法案表决时是 30 人，若不足法定的出席人数，则表决无效。首先以口头方式进行表决。议事主席先宣布待表决的议题："现在决定的问题是：……"，然后就宣布："凡赞成的请说'赞成'（Content），凡反对的请说'反对'（Not-Content）。"在听完议员们的呼声后，主席就作出裁决："我认为赞成（或反对）方胜。"由于议事主席完全是根据议员们的呼声大小来判断哪一种意见占多数的，所以这种表决结果很难做到准确。如果有任何一位议员对此种表决结果表示质疑的话，则随即进行分门表决（Divisions）。如果议长或副议长也在场参与表决的话，则他们可直接在羊毛袋上表达意向。进行分门表决时，首先由议事主席宣布清理投票走廊，这时议事厅内响起铃声，工作人员开始清理投票走廊。议员们必须在 8 分钟内赶到投票走廊，逾时不得进入，从而丧失投票权。投票走廊上有赞成和反对两个门口，主席将任命四位议员为计票人（Teller，以执政党与反对党各两名党鞭充任），其中两位把守赞成门，两位把守反对门。其后议员们依次穿过赞成门或反对门，记录员（上院的工作人员）则在一旁逐一登记其姓名。待其他议员完成投票后，计票人最后穿过赞成门或反对门而步入议事厅，在将计票结果报告给议会执行秘书后，获胜方计票人就高声宣布表决结果，议事主席则予以确认。若分门表决的结果为平手（赞成票与反对票持平），则议案被否决，除非多数议员主张对旧法规进行修订，或者主张通过新法案。

（三）职权与功能

上院的权力曾一度凌驾于下院之上，然而自 19 世纪以来，上院的权势逐渐衰落，现在已远不如下院，从而其功能也大为衰减。总体而言，现在上院的主要职权与功能在于立法与司法。

1. 立法

尽管上院仍具有立法的权限与功能，但现在也已遭到了严重的削弱。首先，绝大多数的立法案（Bills）① 都是在下院提出来的。② 其次，上院无权提出税收或岁入的相关法案，也无权对岁入案作出任何修订，还不能通过修订法

---

① 在英国，提交议会审议的法案叫做 Bill，而为议会所通过并为英王所批准从而成为正式法律的法案，则叫做 Act。

② 不过有一类立法案叫私法案，尽管都是向下院提交的，但大多会转至上院，由上院来审议。

案以插入税收或岁入的相关规定。① 最后，上院所具有的搁置否决权（Suspensive Veto）也遭到了限制。根据 1911 年和 1949 年的《议会法》（Parliament Act），对于所有由下院所通过的法案，上院最多可搁置 12 个月，但不可直接驳回，且对于包括预算案在内的拨款案，上院不可搁置超过一个月。而且根据索尔斯伯利惯例（Salisbury Convention），对于列入内阁竞选宣言（Manifesto，即 Party Platform）的法案，上院不应表示反对。此外根据《议会法》的规定，有几类法案可不经由上院通过，而由下院直接呈请英王批准（Royal Assent）。

在这一系列的限制之下，上院的立法权便很有限了，不过立法仍是上院最主要的活动。上院的立法过程大概包括如下几个阶段（见图 1-5）。

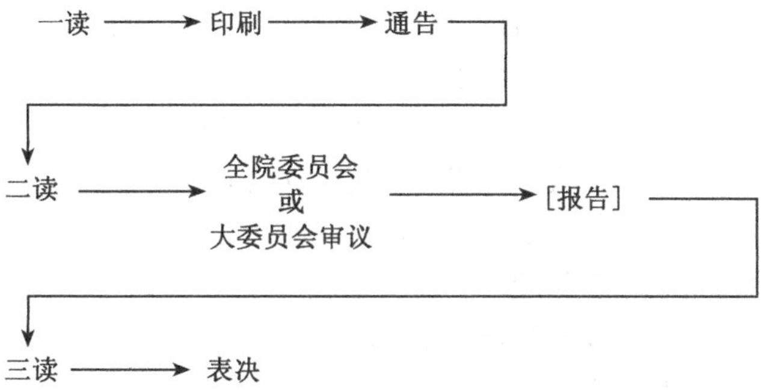

图 1-5　上院立法过程

（1）一读（First reading）与后续程序。在此阶段中，一项法案将在上院的全院大会上提出，其标题被宣读，然后法案交付印刷。这个阶段上不会产生对法案的争议。

如上所述，实际上绝大多数的法案都是在下院提出来的，所以上院所审议的，就主要是来自于下院经三读通过后所提交的法案。一般而言，在下院通过法案的当天或者次日，下院的执行秘书就会将法案提交至上院，同时附一份关于下院已通过该项法案的说明。上院在召开全院大会时，执行秘书在宣读此项说明后，上院领袖就提出对法案进行一读的动议，如果上院领袖缺席，则由其他政党领袖提出一读动议。出于礼节以及本阶段没有上院议员对其正式负责，法案一般不会引起辩论就通过一读。一读结束后，法案交付印刷，后面不载明

① 不过下院经常放弃这项特权，而允许上院对法案作出影响经费的修改。

任何上院议员的名字。

除由下院提交的法案外，上院议员也可以提出法案，尽管为数不多。一名上院议员也可以代表其他上院议员提出法案。在上院宣布公告和日程之前，或者在公共事项开始之时，或者（极少数情况下）在议会休会之前公共事项结束之时，议员都可以通过起立，以宣读详细标题的方式提出法案，并提出一读动议，议长则就此交付表决。由于在此阶段上，议员们对于法案的内容没有太多了解，所以法案通常不会引起争论或反对意见即获通过。随后，法案交付印刷。与下院比较，通常一项法案在上院提出后就能立即交付印刷。印刷的法案后写明提案者姓名，但不附加其他人的名字。

一项法案经过一读阶段，就被列入上院议事录中“等待二读”的法案名单中，待二读的日期确定后，就在议事录中发出通告。

（2）二读（Second reading）与后续程序。在此阶段，全院大会将对法案的总原则进行审议，然后进行详细审议。

在执行秘书宣读二读通告后，负责法案的上院议员①就提出二读动议，并解释法案的宗旨。该议员发言完毕后，反对党的前排议员随即发言，上院的前排议员之间展开辩论，随后是后排议员之间展开辩论。在二读时，议员们可阐明他们认为法案应当修改的理由，以及建议进行修改的一般原则。

二读通过后，法案就将被提交至全院委员会或者大委员会进行逐条逐条地审议，最后一般会形成对法案的修正案。

委员会阶段过后，法案返回到全院大会，全院大会再对委员会阶段所提出的修正案进行审议，全体议员均可发言和参加表决，最后有可能对委员会所提出的修正案作出进一步的修改。这个程序被称作报告阶段（Report stage）或深思阶段（Consideration stage）。不过如果在委员会阶段并未对法案作出修改，那么这个程序就将直接跳过，而进入三读阶段。

（3）三读（Third reading）与后续程序。三读意味着对法案作出最终的修订，但在这个阶段上不能再作实质性的修改，所以通常只是作出文字上的修改。

在三读阶段，当有议员提起“现在通过法案”的动议并获通过后，就对法案进行表决。

由于上院所审议的通常都是之前已在下院经三读程序通过的法案，所以当

① 对于下院三读通过后所提交的法案，任何一名上院议员都可以作为法案负责人而提出二读动议，以及其他阶段的动议。

法案经上院三读通过后，这就意味着立法过程结束，随后法案提交英王批准后，便成为正式的法律。当然，如果上院三读通过的是原创法案（首先在上院提交或者审议的法案），则在此之后还要提交下院三读通过并交由英王批准，才能成为正式的法律。

2. 司法

除立法外，上院还拥有司法权，承担着司法功能，即作为英国最高上诉法院而存在，这是英国议会的一大特色。上院的司法权能源自于诺曼王朝时期的御前会议（Curia Regis），当时御前会议负责宣读臣民给国王的请愿书。

不过并非所有的上院议员都需要承担司法职能，而是仅由其中一批被称作法律贵族（Law Lords）的议员来承担，其中最主要的就是常任上诉法官（Lords of Appeal in Ordinary），此外还包括一般上诉法官（Lords of Appeal，上院内其他具有高等司法职位的议员）。根据1876年《上诉司法法》(Appellate Jurisdiction Act）的规定，常任上诉法官（不含已退休者）限额12名，但可依法变更。常任上诉法官和一般上诉法官均由司法大臣推荐，首相提名，再由英王任命。只有担任高级司法官员①超过两年者，或作为诉讼律师执业达15年者，才能被任命为常任上诉法官。常任上诉法官和一般上诉法官均须于70岁退休，或经由政府延长任期后，于75岁退休，不过逾龄退休的常任上诉法官和一般上诉法官不得再审议任何司法案件。常任上诉法官和一般上诉法官终身保有上院议员资格，即便在卸任司法职务后仍是上院议员。常任上诉法官和一般上诉法官一般不介入政治争端，以维持司法独立。

也不是所有的常任上诉法官都出席审理案件，“二战”以来，都是由各个上诉委员会（Appellate Committees）专门负责审理。上诉委员会一般有5个成员，由资深法律贵族议员选定，而审理重大案件的上诉委员会可能会包含更多的成员。上诉委员会分别于各个会议室举行会议，再在上院议事厅中宣读判决结果。

对于英国国内的绝大部分案件来说，上院都是最高上诉法院，其判决是终审判决。上院对于英格兰、威尔士、北爱尔兰地区的上诉案件，无论是民事的还是刑事的，都具有最高的司法管辖权，对于苏格兰地区的民事案件也具有最高司法管辖权，但是苏格兰高等法院却是当地的刑事最高上诉法院。

除普通司法权外，上院也有审理弹劾（Impeachment）案的司法权。与行

① 这里所说的高级司法官员包括英格兰和威尔士上诉法院、苏格兰高等民事法院内庭以及北爱尔兰上诉法院的法官。

使普通司法权不同的是，审理弹劾案是上院全体议员共同行使的权力，而不是仅仅交由法律贵族议员来负责。在英国，弹劾案由下院提出，弹劾的对象仅限于内阁阁员和一般大臣。上院在审议弹劾案时，仅全院简单多数赞成即可通过弹劾。不过在英国，弹劾案几无发生，最近一次发生的弹劾案都已是1806年的事情了，所以上院审理弹劾案的权力也就基本上废置了。

在过去，上院还是审理贵族受叛国罪或重罪指控案件的法庭，但这种贵族接受特别法庭审理的制度已于1948年废弃，现在贵族与平民同样在普通法院接受案件审理。

所以总的来看，上院的司法权能主要就体现在它作为英国最高上诉法院，但是这一状况也将不再维持下去。如前所述，根据《2005年宪制改革法》，上院的司法权以及枢密院司法委员会（Judicial Committee of the Privy Council）的部分司法权，都将为新设的英国最高法院（Supreme Court of the United Kingdom）所接管，新的最高法院坐落于米德尔塞克斯市政厅（Middlesex Guildhall）。常任上诉法官将改任联合王国最高法院法官，并在卸职前禁止入席上院或参与其中的表决。这项改革主要是为了更严格地贯彻分权制衡原则。在这一改革生效后，实际上英国上院的职权与功能就仅限于立法了。由于上院的权能不断缩小和被限制，人们也就难免不思考一个问题：上院是否还有存在的必要？这个问题在英国人当中也引起了热议，成为近年来英国议会改革的一个热点问题。估计英国人不会贸然地废除上院的设置，而会按照分权制衡的原则，将其改造为一个更为严格的议会上院。

二、下院

下院（lower house）即英国议会的平民院（House of Commons）。人们一般以为，下院的名字表明了下院议员都是平民出身的事实，从而与由贵族所占据的上院（House of Lords）相区别。这当然是最直观的解释，也不无道理，不过从语言学的角度来看，其实Commons是从诺曼法语communes演变而来的，意指议员们所代表的社区，具有地理上的意义。也就是说，平民院的名字所表明的是，这些议员是按地区由选民选举上来的，代表各个选区。

（一）组成与结构

我们同样可以从多个角度来观察下院的组成与结构：

1. 议员

下院现有646名议员（见表1-2），统称为MPs（Members of Parliament）。

尽管上院也是议会的一部分，但 MPs 却仅指下院的议员。不过下院议员的正式称呼是“尊贵的与会大不列颠及北爱尔兰联合王国下院议员”。(The Honourable the Commons of the United Kingdom of Great Britain and Northern Ireland in Parliament assembled)

与上院不同，下院议员都是经选举产生的。也因此，下院议员也就有任期限制，即五年，五年之后下院就要被英王宣布解散而重新大选。不过这种任期在英国政治实践中并无太大的实际意义，因为下院经常会由于政治原因而被提前解散，重新选举，所以下院议员的实际任期不一定都能达到五年。至于下院会在什么时候被解散，则往往是由首相来决定的，但最多不可超出五年，除非上下两院一致通过法案将任期延长，而且该法案必须获得英王御准方能生效。

表 1-2　　**下院议员概况，截至 2007 年 7 月 20 日**

所属政党	议员数	所属政党	议员数
工党	353	社会民主工党	3
保守党	195	独立党	2
自由民主党	63	独立工党	1
民主统一党	9	北爱尔兰统一党	1
苏格兰民族党	6	尊重团结联盟	1
新芬党	5	正、副议长（政党中立）	4
威尔士党	3	总数	646

由于每一位下院议员都是由一个选区的选民选出的，且当选后就在议会代表该选区，所以在进行下院议员的选举时，首先就需要划分选区。由于下院议员的选举实行单选区制（Single-member Constituency），即一个选区选出一名议员，所以选区的划分同时还意味着各地区下院议员名额的分配。当然，单选区制是在 19 世纪选举改革后才出现的，从前并非如此。经过 1885 年的改革，绝大部分“一区两席”的选区都被改为“一区一席”了，而到 1948 年，仅存下来的一些“一区两席”选区也悉数被废除，同年，所有的大学选区（牛津、剑桥大学和苏格兰地区的一些古老的大学）也被废止，从而确立了英国现在的下院议员选举的单选区制。选区的边界由四个常任且独立的边界委员会来确定，这四个边界委员会分别代表英格兰、威尔士、苏格兰和北爱尔兰地区，不过这四个边界委员会已被并入在 2000 年成立的选举委员会。边界委员会每

8—12 年就会对选区边界进行一次全面性评估，其间还进行中期评估。一般而言，选区边界是根据人口状况依法确定的。在确定选区边界时，委员会通常都会参考地方行政区划的边界，但为避免各选区之间的人口数量出现过大的差距，选区边界与地方行政区划边界也可能不相符合。委员会所确定的选区边界须经议会批准才能生效，不过委员会可以拒绝议会所提出的修订。按规定，英格兰、苏格兰和威尔士地区一共必须拥有大约 613 个选区，其中威尔士地区不可少于 35 个，剩下的北爱尔兰地区的选区数则为 16—18 个。就当前而论，现在下院共有 646 位议员，所以全英国就有 646 个选区，其中英格兰地区有 529 个，威尔士地区 40 个，苏格兰地区 59 个，北爱尔兰地区 18 个。

参选下院议员是有资格条件限制的。第一，参选者须年满 18 岁。根据已于 2006 年生效的《选举行政法》，参选年龄已由之前的 21 岁降至 18 岁。第二，《1981 年英国国籍法》通过以后，参选者还必须拥有英国公民、任一英国海外领土公民、爱尔兰共和国公民或任一英联邦成员国公民之身份。第三，凡被法庭颁布破产限制令（Bankruptcy Restrictions Order，在英格兰与威尔士地区）的，或经法庭宣布破产（在北爱尔兰地区）的，或遭没收财产（在苏格兰地区）的，也无资格成为下院议员。第四，凡精神错乱者皆无资格成为下院议员。根据《1983 年精神健康法》，假若有一名下院议员患上精神病，经两名专家诊断并上报议长后，其所属议席即可被宣布为空缺。另外，根据一项自 18 世纪开始引用的普通法规定，凡聋哑者皆不具有成为下院议员的资格。不过此规定已很少被引用，即使引用也很可能会被法庭所推翻。第五，任何人一经被判决犯有叛国罪，则在服刑期满之前均不得拥有下院席位，除非得到英王的赦免。凡被法庭判决入狱一年或以上者，也丧失参选资格。另据《1983 年人民代表法》之规定，任何人一旦触犯与选举有关的罪行，就将丧失参选资格 10 年。

除上述限制外，参加下院议员选举还有职务身份的限制，这对于贯彻分权制衡的原则来说很重要。首先，任何上院议员都不可参选下院议员，甚至在选举下院议员时不可以参加投票。其次，根据《1975 年下院丧失资格法》的规定，任何高级司法官员、公务员、军队常规成员、外国立法机关成员（爱尔兰共和国与英联邦国家之立法机关成员除外）以及数种在法案列出的皇室官员，皆不具有成为下院议员的资格。不过，虽然行政部门的大臣也是皇室官员，但他们却具有成为下院议员的资格，所以哪些皇室官员不能成为下院议员，这是在该法中明确罗列了的。

按照上述之资格条件限制，凡符合条件且有意参选的候选人，都要提交提名文件，内附 10 名来自候选人参选选区的居民的签名。候选人还要缴纳 500 英镑的保证金，这是为了避免无聊人士捣乱，最后只有获得选区总票数 5%或以上的候选人，才能取回保证金。

下院大选的投票日期是由首相决定的，不过根据传统，投票日通常都选在星期二。参加投票的选民必须是英国居民，并拥有英国公民、英国海外领土公民、爱尔兰共和国公民或英联邦成员国公民之身份。任何迁居海外的英国公民，在迁居后的头 15 年内仍有投票权。每位选民只能在一个选区内投票。每一选区选出一名议员，在各竞争者中，得票最多的候选人即当选，这在英国被称作领先者当选制（First-Past-The-Post，简称 FPTP 或 FPP），亦即相对多数或简单多数当选制（Relative/Simple Majority Voting）。

下院议员当选后，将一直供职至下院解散时为止。如果议员逝世或丧失资格的话，其议席就发生空缺；另外，下院也有权开除那些严重失职或者参与刑事犯罪活动的议员，这也会造成议席的空缺。一旦出现议席空缺，则议席所属选区就会补选出新议员，其过程与方法跟大选是一样的。

从中世纪起，下院议员就开始享有在议会中的言论免责权和人身保护权，一直延续至今。此外，凡当选为下院议员者，均可在其姓名后加上“MP”的字样。在很长一段时间内，下院议员都无薪酬，直到 1911 年起才开始领取少量的生活补助金。1975 年，下院议员们主张议员应领取与助理大臣级别相当的薪水。1983 年，议员们的要求终于得到满足，以后议员的年薪与文官的较高级别挂钩，从而成为名副其实的薪俸。现在下院的议员人均每年可获得大约 59095 英镑的薪酬，如果兼任其他职位，比如兼任下院议长，其薪酬还会上调。除薪金外，议员还有津贴。就目前而论，平均每名议员可获得 10—15 万英镑的津贴。津贴主要是用于和议员工作有关的事情，比如议员办公室的开支、邮费和交通费。此外，来自伦敦以外的议员还可获得在伦敦居住的津贴。除薪酬和津贴外，议员们还有退休金保障。议员退休金的提议出现于 1963 年，当时的劳伦斯委员会建议议会为年满 65 岁的议员提供退休金，认为设立议员退休金将减轻老年议员谋求连任的压力。议会最后接受了这一建议，通过了《1965 年大臣薪俸及议员退休金法》，首次建立了议员退休金制度。该制度后经多次立法而修改，大体上退休金的来源，除了国家财政支出外，也从议员个人的年薪中按比例扣除。最后，对于每次大选后不再担任议员的前议员来说，他们均可领取一笔安置费，其金额依其年龄和担任议员的时间而定，一般是其最后一次年薪的 50%—100%。

下院在 1623 年明令下院议员不可放弃自己的议席，但事实上，下院议员仍有办法辞职，比如他可以提出要求，去担任两个礼节性皇室官职的一个，即奇尔特恩诸邑皇室管家兼郡副司法长官、诺斯特德庄园皇室管家兼郡副司法长官。这两个职位实际上是不理事的，但却带薪，其设立的目的仅在于让下院议员有“辞职”的途径，因为按照法律规定，这两种皇室官员是不能兼任下院议员的。这两个职位都是由内阁的财政大臣负责任命的，按照惯例，凡有下院议员向财政大臣提出此要求，他一般都会照办不误，以便议员能够辞职。

2. 委员会

同上院一样，下院议员也是被组织在不同类型的委员会中而开展工作的。不过与上院相比较，下院的委员会更为正式，其类型更为丰富，作用也更为突出。下院也设置全院委员会（Committee of the Whole House），而且也是作为全院大会的一个阶段形式出现，通常是在全院大会审议法案的二读阶段结束后，就有可能进入全院委员会审议的阶段。在全院委员会阶段，法案将被逐条逐条地予以审议。由于下院其他一些委员会也负责法案的审议，在二读程序结束后，也可能进入这些委员会审议的阶段，所以在二读完成之后而启动全院委员会程序所要审议的法案，就与其他委员会所审议的有所不同，通常都是一些重大的法案，比如有关宪制的法案。下院的全院委员会也不由议长，而是由筹款委员会①的主席或副主席，即下院的副议长们来主持。

除全院委员会外，下院其他的委员会基本上可分为两大类：总责委员会（General Committees）② 和专责委员会（Select Committees）。其中，绝大部分的总责委员会都是负责审议一般法案的公共法案委员会（Public Bill Committee），此外还有一些负责审议专项法案和事项的总责委员会，与上院议员共同组成的联合委员会（Joint Committee），也多属总责委员会的性质。公共法案委员会是根据所要审议的法案而成立的，并且也以法案来命名。每一个公共法案委员会由16—50人组成，其成员分布反映了各党在下院中的议席分布状况。公共法案委员会将逐条逐条地审议法案，如果有必要，他们也可以向议会外的官员或专家进行取证（口头的或书面的）。公共法案委员会完成对法案的审议后，将返回全院大会，向大会报告其结论和修正案（如果有的话）。以

---

① 筹款委员会是下院内早先曾经存在过的一个组织，已于1967年废除，不过有关这个组织的一些传统职称，比如筹款委员会主席、第一和第二副主席等，却被保留下来，并且继续兼任下院的副议长。

② 这是自2006—2007年会期以来才启用的名称，取代了从前的常设委员会（Standing Committees）。

2008—2009 年会期为例，下院的公共法案委员会主要有学徒、技能、儿童与学习法案委员会（Apprenticeships, Skills, Children and Learning Bill），边界、公民身份与移民法案委员会（Borders, Citizenship and Immigration Bill，上院法案），验尸官与司法法案委员会（Coroners and Justice Bill），平等法案委员会（Equality Bill）、拨款法案委员会（Finance Bill），绿色能源（界定与促进）法案委员会［Green Energy（Definition and Promotion）Bill］，健康法案委员会（Health Bill），地方民主、经济发展与建设法案委员会（Local Democracy, Economic Development and Construction Bill，上院法案），治安与犯罪法案委员会（Policing and Crime Bill），福利改革法案委员会（Welfare Reform Bill）等。

除公共法案委员会外，其他的总责委员会主要负责审议一些具体领域中的事项和法案，比如有关苏格兰、威尔士、北爱尔兰地区和欧盟的事务，由此也分别设置相应的总责委员会。以 2008—2009 年会期为例，这一类的总责委员会只设有公司税法案-二读委员会（Corporation Tax Bill-Second Reading Committee）、授权立法委员会（Delegated Legislation Committees）、欧洲委员会（European Committees）和威尔士大委员会（Welsh Grand Committee）四种。

下院还设立多种专责委员会，基本上可分为四类：第一类是部门专责委员会（Departmental Committees），其主要职能在于对口监督行政部门的开销、政策和行政管理情况。由于是对口监督，所以行政部门设置了多少个部，基本上下院就设置多少个部门专责委员会。现在下院的部门专责委员会主要有商业与企业委员会（Business and Enterprise Committee，负责监督商业、企业与规制改革部），儿童、学校与家庭委员会（Children, Schools and Families Committee，负责监督儿童、学校与家庭部），社区与地方政府委员会（Communities and Local Government Committee，负责监督社区与地方政府部），文化、传媒与体育委员会（Culture, Media and Sport Committee，负责监督文化、传媒与体育部），国防委员会（Defence Committee，负责监督国防部），能源与气候变化委员会（Energy and Climate Change Committee，负责监督能源与气候变化部），环境、食物与农村事务委员会（Environment, Food and Rural Affairs Committee，负责监督环境、食物与农村事务部），外交事务委员会（Foreign Affairs Committee，负责监督外交与英联邦事务办公室），卫生委员会（Health Committee，负责监督卫生部），内政事务委员会（Home Affairs Committee，负责监督内政部），革新、大学、科学与技能委员会（Innovation, Universities, Science and Skills Committee，负责监督革新、大学与技能部），国际发展委员会（International Development Committee，负责监督国际发展部），司法委员会

（Justice Committee，负责监督司法部），北爱尔兰事务委员会（Northern Ireland Affairs Committee，负责监督北爱尔兰办公室等部门），苏格兰事务委员会（Scottish Affairs Committee，负责监督苏格兰办公室等部门），交通委员会（Transport Committee，负责监督交通部），财政委员会（Treasury Committee，负责监督财政部等部门），威尔士事务委员会（Welsh Affairs Committee，负责监督威尔士办公室），就业与退休保障委员会（Work and Pensions Committee，负责监督就业与退休保障部）。每个部门专责委员会由至少十人组成，并互选产生一位主席。为有效地监督行政部门，部门专责委员会有权进行取证，并向下院报告调查中的发现，且报告会在议会网站上公布，而行政部门通常有60天的时间来回应部门专责委员会的调查和建议。

第二类专责委员会可称之为综合专责委员会，这类专责委员会与部门专责委员会的职能一样，只不过它们不是对口监督行政部门，而是就某一方面对行政部门进行监督，所以通常会跨越多个部门。这类专责委员会有公共账目委员会（Committee of Public Accounts）、环境审计委员会（Environmental Audit Committee）、武器出口控制委员会（Committees on Arms Export Controls）、欧洲监视委员会（European Scrutiny Committee）、公共行政委员会（Public Administration Select Committee）、规制改革委员会（Regulatory Reform Committee）等。

第三类是大区专责委员会(Regional Committees)，主要负责监管英格兰地区的大区(大伦敦除外)，主要有东密德兰委员会(East Midlands Committee)、东英格兰委员会(East of England Committee)、东北委员会(North East Committee)、西北委员会(North West Committee)、东南委员会(South East Committee)、西南委员会(South West Committee)、西密德兰委员会(West Midlands Committee)、约克郡与恒伯委员会(Yorkshire and The Humber Committee)。

第四类专责委员会是院内事务委员会（Domestic Committee），负责下院自身的管理与运作，并向议员们提供服务，这和上院的情况类似，主要有行政委员会（Administration Committee）、财务与服务委员会（Finance and Services Committee）、联络委员会（Liaison Committee）、议员报酬评估委员会（Members Estimate Committee）、议员津贴委员会（Committee on Members' Allowances）、议员报酬评估审计委员会（Members Estimate Audit Committee）、程序委员会（Procedure Committee）、标准与特权委员会（Standards and Privileges Committee）、遴选委员会（Committee of Selection）、主席团（Chairmen's Panel）。

3. 议会党团

相对于上院来，下院的议会党团要重要得多。英国现在的大党主要是工党、保守党和自由民主党，它们均在下院中设有议会党团。

保守党议会党团是保守党最重要、权力最大、历史最悠久的机构，它只接受党的领袖和内阁成员（或影子内阁成员）的指导和监督。保守党议会党团由下院全体保守党议员构成，包括前座议员和后座议员，其中又包括以下一些主要的组织：（1）作为核心成员的内阁或影子内阁。（2）督导员（党鞭），分为总督导员、副总督导员和一般督导员，他们由党的领袖任命，直接对领袖负责。督导员是议会党团中专职的党务工作者，负责维持纪律、发布指令、指导本党议员出席会议和进行表决，还协助领袖处理下院内的总务工作。（3）后座议员委员会，主要负责在领袖和后座议员之间进行沟通，促进双方在重大问题上进行协商。（4）顾问委员会，这是保守党在野时才存在的组织，由领袖任命20名左右的资深议员或者有发展前途的议员组成。委员会的每一位委员都有专门的职责，负责向执政党提出质询并说明本党的立场。（5）24个专题委员会，其成员是保守党内对该专题有特长的议员，每一个专题委员会负责研究本领域的立法和政策。（6）7个地区委员，由相应地区的保守党议员组成，专门研究各地区的问题。

工党议会党团由上下两院的全体议员组成，它没有像保守党后座议员委员会那样的后座议员组织。20世纪80年代以前，工党议会党团在工党内的权力很大，此后经过领袖选举制度、议员候选人遴选办法和党的纲领制定等方面的改革，议会党团的权力受到了很大的限制，但仍然非常重要，因为工党的内阁或影子内阁成员都从议员中产生，党的领袖和副领袖也从议员中产生，并且在选举领袖和副领袖时，只有议员才享有提名权，而议会党团拥有领袖选举团近1/3的选票。此外，工党的全国执行委员会要与议会党团共同商定有关大选的政策声明，而全国执委会中一半左右的成员都是工党议员。最后，工党的下院督导员是由议会党团自己选举产生的。

工党议会党团主要包括以下一些组织：（1）议会委员会，它是工党议会党团的专门领导机构。工党在野时，议会委员会由工党领袖、副领袖、下院议会党团主席、上院工党领袖、两院总督导员和一些议员代表等人组成，执政时则由内阁代替议会委员会。（2）督导员，他们是由议会党团选举而非由领袖任命产生的。督导员主要负责协助工党领袖了解党的情况，督促本党议员遵守纪律，用强制的办法使本党议员按党所规定的方针在议会中发言和投票，对不听从命令的议员采取惩戒措施，直至建议领袖将其开除出议会党团。（3）14

个专题委员会和8个地区委员会，与保守党议会党团内的相应组织类似。

自由民主党是英国议会中的第三大党，第二大反对党，在下院也组成议会党团，有时本党的上院议员也参加议会党团的会议。自由民主党议会党团的组织结构比较简单，一般是由领袖主持会议，督导员协助。

4. 职务

同上院类似，下院也设有一些重要的职务，其担任者也不一定都是议员。首先是下院议长一职，其主要职责是监理下院的运作，并主持下院的会议，在下院进行辩论时安排议员发言。如果有议员认为有人破坏了会议常规，他就可以向议长提出有关议事程序的问题，然后由议长决定是否成立。与上院议长相比，下院议长显得更具权力，因为他有权对违反会议常规的议员作出处分。

下院议长是由下院全体议员选出的，而选举一般会在每届议会开幕或议长一职空缺时举行。议长当选后，还要得到英王的任命方可正式生效，尽管这只是礼节性的惯例。在议长之下，一共设有三名副议长，其中居首者为筹款委员会主席，其余二位则分别是筹款委员会第一和第二副主席。下院议长与副议长都是下院的议员，但按照惯例，议长与副议长都须保持中立，淡化其与所属政党的关系，所以他们在会议中通常并不会参加投票，而且也不会参加所属政党的活动，即使议长在以后离开了下院，他仍会尽量与所属政党保持距离。

除议长和副议长外，下院还有一些由非议员担任的职务，首要的就是下院执行秘书，他负责向议长就有关议事规则与议事程序方面的事务提供意见，并负责签署法令与官方传票，以及批准和签署草案。下院执行秘书同时掌管下院管理局，该局另有六名成员，他们分别是下院内六个部门的首长。执行秘书下设副手，即助理执行秘书。下院另一个主要的职位是警卫官，他负责院内的门禁、秩序和安全。警卫官还负责保管一把礼仪性的权杖，该权杖象征下院与英王的权威，下院每日开会时，权杖都须放置于议长坐席之前的议事桌上。最后，下院还设图书馆馆长一职，管理下院图书馆。

（二）会议与议事

下院议事厅位于威斯敏斯特宫的北端，也是下院召开全院大会（包括全院委员会）的场所。① 下院设在威斯敏斯特宫内的议事厅原本为圣士提凡礼拜堂，但1834年遭大火焚毁，现在的下院议事厅就是在礼拜堂的原址上重建的，

① 下院其他委员会（包括总责与专责委员会）的会议，一般也都不在议事厅内举行，而在威斯敏斯特宫内其他的小厅室举行。

其设计也大抵仿照原礼拜堂的布局。比起上院议事厅来，下院议事厅的面积更小，装饰朴实，以绿色为主调。议事厅沿中轴线有一条过道，将大厅一分为二，过道两边各置数排座椅。议长的坐席位于过道一端的尽头，其正前方摆放着议事桌，在会议进行时，桌面上会放上权杖。下院执行秘书坐在议事桌边靠向议长坐席的一方，以便在会议进行时向议长提供意见。下院的其他议员则分党派而坐：执政党议员占据议长右手边的座椅，左手边座椅则为反对党议员所占有。在中间过道的地毯上，左右两边各画有一条红线，两条红线之间的距离大约等于两把宝剑的长度。过去，两边的议员在进行辩论时是不可跨越红线的，一旦踏过红线，那就意味着他们可以进行决斗了。左右两边红线后的第一排座椅，分别是执政党内阁议员与反对党影子内阁议员，即“前座议员”的位置，坐在其余位置上的议员则都叫做“后座议员”。和上院一样，下院议事厅只有427个座位，并不能为全部下院议员提供座位，所以，如果有议员因迟到而无座位的话，那他就只好站在议事厅的入口处参加会议了。自1999年议会进行改革以后，下院也会用威斯敏斯特宫内的威斯敏斯特室，即从前的“大委员会室”作为会议场地，不过在这里所举行的会议，其议题一般不具有争议性，而且多与党派利益无关，所以任何必须通过投票来解决的会议，一定要在议事厅内进行。

从1946年起，每周一至周四，下院都会在议事厅内召开全院大会，有时周五也会有会议，当国家遇上危机的时候，甚至假日里也要召开会议。周一至周四的全院大会是从下午2：30开始，一般到晚上10：30结束，周五的会议则从上午9：30开始，到下午3：00结束。平时之所以不在上午开会，主要是为了给大臣处理政务的时间，也让各党团有开会的时间；而周五之所以较早开会，则是为了方便议员赶回选区。迄今为止，历史上曾有20次连续开会24小时的记录。此外，现在每逢周二、周三和周四，威斯敏斯特室内也都会召开会议，不过如果下院有其他会议同时进行的话，则威斯敏斯特室的会议通常都会取消。在威斯敏斯特室内，周二与周三的会议横跨午饭时间，故会议又分作上午和下午两段。

下院的会议一般都向公众开放，现在下院的辩论都由BBC负责通过电台和电视台进行广播，下院的辩论也有文字记录，这是会议过程的正式记录。由于下院会议通常是对外开放的，所以会议遭人打断的事件时有发生，最常见的是示威者从楼座抛掷宣传单、粪肥、面粉、催泪气体等到议事厅内。

下院也可以投票决定进行闭门会议，但这种情况自1950年以来仅发生过两次。在过去，由于下院与英王的关系紧张，所以议员们往往借此手段来保密

图 1-6　下院议事厅

会议。在那时，如果有议员希望会议闭门进行，他只要提出“有不怀好意的陌生人在场”，那么下院就会以简单的多数投票来决定是否进行闭门会议。但由于这个做法后来被人滥用来拖延或打断会议，所以这种简便的闭门会议程序就在 1998 年被废除了，自此以后，如果有议员希望进行闭门会议，那就要启动正式的动议程序才行。

下院在进行辩论时，所有议员在发言前都必须首先征得议长（如议长不在，则为副议长）的许可才行。一般说来，根据传统，议长会让执政党和反对党的议员轮流发言，不过首相、反对党领袖和其他党派的党魁，在和其他多名议员都要求发言的时候，有优先发言权。以往兼有枢密院顾问官头衔的议员也有优先发言权，但 1998 年的改革废止了这个特权。

议员在发言前，还必须先称呼会议主持人，即“议长先生”、“议长女士”、“副议长先生”或“副议长女士”，只有会议主持人才有权无需加称呼而直接发言。根据传统，议员之间也不直接呼名，而以议员的选区为称呼，即“某某选区的议员阁下”，对于兼有枢密院顾问官衔的议员，则称呼“某某选区的尊贵议员阁下”。

根据会议常规，下院没有限制议员的辩论时间，但如果有议员持续地作出沉闷而重复、与议题毫不相干的发言，那么议长有权终止其发言。此外，在从前，议会党团之间经常就辩论的时限订下非正式的协议，通过提出“时间分配动议”（又称“断头台动议”），一般就可以使辩论提早结束，但有时议长也会拒绝这种动议，以保护议会少数派的发言权。现在，下院在辩论前多会制定时间表动议，以使各项辩论可以按时进行，自实行这种做法后，“断头台动议”就很少出现了。

每当一场辩论完结或提早结束，就会进入投票表决阶段。下院法定至少要有40名议员参加投票，否则投票就是无效的。投票表决时，首先进行口头表决，由议长或副议长宣布表决事项，然后议员们口头回答“同意”(Aye)或“反对”(No)。口头表决完成后，会议主持人就宣布结果。但若有任何一位议员对此结果表示质疑，那么接下来就要进行分门表决（Divisions）。但是如果会议主持人认为口头表决的结果十分清楚，那么他也可以否决进行分门表决的要求。一旦决定进行分门表决，议员们就要前往议事厅外的“同意厅”或“反对厅”，在那里，每一个厅分别有两名由议员兼任的计票员，执行秘书则负责记录议员的名字。分门表决结束后，计票员就把结果告知会议主持人，再由会议主持人宣布结果。如果表决结果是赞成与反对票持平的话，那就由会议主席（即主持人）择门投上决定性的一票。根据传统，表决结果为平手，这意味着议案并未获得明显多数的支持，所以会议主席一般都会投反对票，以便使议案得到更进一步的讨论。

其实在下院即使有投票表决，在投票前也能大概猜到其结果，这是因为有议会党团的运作。各议会党团的党鞭负责指示本党议员进行投票，而议员们一般也不会违抗党鞭的指示，因为违抗指示可能会使他们失去将来在党内出任要职高位的机会，或者在下次选举时不再被该党列为候选人，更甚者，则可能在投票完结后被直接开除出党。对于那些同时具有政府官员等身份职位的议员来说，若违抗党鞭的指示，则有可能使他们失去这份兼领差事。鉴于此，下院议员的独立性是比较低的，尽管偶尔也会发生“后座叛乱”。当然，如果投票表决的事项牵涉到议员所属选区的利益，那么他的投票与所属政党的要求出现偏差也是无可厚非的；甚至在有些时候，政党也会呼吁议员们投“自由票”，即让议员们依其意愿投票，不过这种情况下所表决的议题一般都比较棘手，比如堕胎、死刑之类的议题。

在下院的整个会议过程中，议长都负责执行会议常规，可对违反常规的议员加以警告或惩处。如果有人无视议长的指示，这将被视为严重破坏会议常规，从而极有可能被驱逐出议事厅。而在会议严重失控的情况下，议长还有权不通过投票而径自宣布中止会议。

（三）职权与功能

下院的主要职权和功能在于立法和监督行政部门。

1. 立法

如前所述，尽管上院也有立法的职权和功能，但现已遭到严重地限制和削弱，所以立法就变成了下院的主要职权和功能。就法案的提出来说，英国立法过程中所出现的立法案，绝大多数都是在下院提出来的。一般说来，在上院提出的多为次要的法案，且数量不多，而在下院提出的法案不但数量多，而且都很重要，一般争议性都很大。而且依据一个比《议会法》还要古老的宪政惯例，只有下院才有权提出有关财税方面的法案，上院则不但无权提出这类法案，甚至也无权修订财税法案，只是在实践中，下院通常会让上院进行一定的修订。

下院所审议的法案可分为两大类：一是原创法案，也就是首先在下院提出并予以审议的法案；二是在上院首先提出并为其三读通过的法案。而首先在下院提出的原创法案，实际上也有好几种不同的来源：

一是内阁法案，也称作政府法案，即由英国内阁所提交的法案。在下院所审议的公共法案中，绝大多数都是内阁法案，而且这类法案在审议时具有优先性。内阁在财政部内专设起草室，对内阁法案的起草工作实行统一控制。内阁也制定有立法计划，其中的重要法案，通常会由英王在每年11月份的议会开幕大典演说中予以公布，随后就送交两院中的任何一个审议，但通常都是限送到下院。由于执政党在下院中占有多数议席，所以内阁法案一般能够通过。

二是议员法案，即由下院非内阁议员所提交的法案。议员们可以利用“十分钟规则”和“普通提交法”提出法案。这类法案在下院每年所审议的法案中，大概只占1/10，而且议员法案只在每周五由抽签决定是否交付审议。在议员法案的审议过程中，提案者没有议会党团的支持，只能依靠个人的努力来说服全院接受，所以其通过率都比较低。不过议员法案仍具有重要价值，可以起到对内阁法案拾遗补阙的作用。

三是私法案，这是由议会外的个人、团体或地方政府，通常是由地方政府所提出的法案，然后由议员代交至下院的私法案办公室。不过私法案大多会转给上院处理。①

① 一般说来，内阁法案和议员法案都是公共法案，所影响的是全体公众，而私法案所影响的则是一小部分人群或者某个地区。但有时候会出现一种混合法案，既具有公共法案的性质又具有私法案的性质。一项法案是否属于混合法案，这是由下院私法案办公室或议长来裁决的。一般而言，混合法案会提交给一个特别委员会来处理，其程序与对私法案的审议差不多。

下院的立法也要经过三读程序（如图 1-7）：

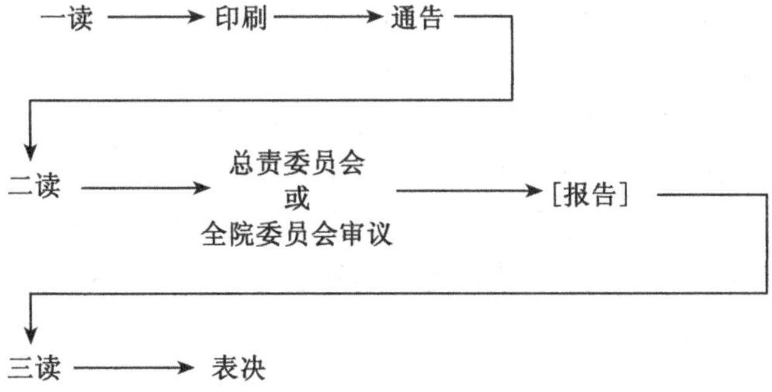

图 1-7　下院立法过程

首先是一读及其后续程序，这和上院的立法过程是类似的，只有两点不同：一是如果提交的是内阁法案，则议长会要求相关的大臣或党鞭来介绍该法案；二是对于上院三读通过后而提交至下院的法案，如果有一位下院议员通知执行秘书，他想对此法案负责，则该法案就被视为在当日已通过一读，从而将直接进入二读程序。

二读及其后续程序与上院的立法过程也类似，但在委员会阶段上有所不同，就是下院专设负责法案审议的总责委员会，所以在二读之后，大多数法案会交由这些总责委员会，尤其是其中的公共法案委员会来进行详细审议。二读之后，有一些为数不多的重大法案也会提交给全院委员会来详细审议，但下院不设置大委员会，所以不存在大委员会审议的情况。

三读及其后续程序也与上院的立法过程类似，只是有一些类型的法案，下院在三读通过后，可以直接提交英王批准而成为正式法律，而不必再提交上院三读通过，但大多数法案在下院三读通过后，还是会提交到上院。

总体而言，立法是英国议会两院共同的、也是最主要的事务，需协作完成，但在直接立法之外，英国议会也会授权行政部门对某些事项进行立法，这就是委托立法。一般的做法是，议会所通过的法案只规定一般的原则，其细则则授权给行政部门以法令的形式来规定。

2. 监督行政部门

除立法外，下院的另一项主要职权和功能就是监督以内阁为核心的政府行政部门。基本上，下院对行政部门的监督主要有三种途径：

①对内阁进行不信任投票。按照英国的宪政惯例，英王任命下院多数党的

领袖为首相，并且任命其他由首相提议的内阁大臣。而以首相为首的内阁必须向下院负责，要设法取得下院多数的支持。当下院中有议员（主要是反对党议会党团）对以首相为首的内阁产生了不信任的看法时，就会提出对内阁进行不信任投票的动议。不信任投票动议通常会使用诸如“本院对女王陛下政府尽失信心”一类明确而不客气的语调，不过有时候也会比较客气。不信任投票动议的提出可以基于多方面的原因，但一般都是政治的原因。有一种特殊情况，即：尽管没有信任投票动议被明确提出，但其情形却相当于进行信任投票，这就是下院审议一些属于内阁施政纲领范畴的重要议案，比如一年一度的财政预算案，其效果与对内阁投信任票相当。如果这类议案在下院顺利通过，则表示内阁得到了下院的信任，否则内阁在下院就面临着不信任的危机。

如果对内阁的不信任投票在下院通过，那么以首相为首的内阁就要集体辞职，这就叫倒阁。不过内阁对下院也有反制措施，即首相可以不选择内阁集体辞职，而是提请英王解散下院，提前举行大选。但除非对下院未来的大选抱有比较大的信心，使本党可以再次成为下院的多数党，否则首相也不会轻易作此选择。

②质询。对内阁进行不信任投票，这可以说是下院监督行政部门最严厉的措施了，所以除非情势所迫，下院一般也不会走这条途径。在平常，下院监督行政部门最常见的一个途径是质询。在下院的全院大会上，有一个“首相的问题”的时段，专供议员们向首相和阁员们提问。此外，每逢周三，下院还会抽出30分钟作为首相答问环节，供议员们专门向首相提问。议员可以以口头或书面的方式发问。而议员们所提的问题，必须针对该官员在所属行政部门的活动，而不是其所属政党的党务或所属选区的事务。根据传统，执政党与反对党议员也会在答问环节中轮流发问。

③专责委员会的监督。如前所述，下院设有一批专门负责监督行政部门的开销、政策和行政管理情况的专责委员会，这些委员会有对口监督的，也有进行综合监督的。这些委员会不仅有调查取证的权力，而且还会将结果公之于众，而行政部门也必须在法定时限内予以回应。专责委员会对行政部门的监督也是平时的一个常规途径。

最后，下院仍然保留着对涉嫌违法的行政部门官员的弹劾权（Impeachment）。弹劾案由下院提出，上院审议，经上院简单多数通过便可定罪，但处罚仅以免职为限。不过由于下院已掌握了倒阁权，而且弹劾程序过于繁琐，所以下院基本上早就不行使弹劾权了。下院最后一次成功的弹劾发生在1806年，此后在1848年曾启动过一次不成功的弹劾程序，再以后则是在2006年，当时一些反战的下院议员认为英国首相布莱尔带领国家于2003年参加伊拉克战争是有罪的，所以对他提出了弹劾，但也未获成功。

下院对行政部门的监督是其一项主要的职能，但总体来看，在实践中，这种监督的效果还是比较有限，这主要是因为组阁的执政党是下院的多数党，加之现代的英国政党组织严密，议员个人的独立性比较有限。纵观整个 20 世纪，下院对历届内阁，只有三次通过了不信任投票（1924 年两次，1979 年一次）。不过也不能因此得出极端的结论，以为英国下院对于行政部门的监督纯属摆设。要知道，毕竟在英国的下院还存在一个强大的反对党议员团体，尽管这个团体不占据下院的多数，但是与执政党相比，其所占据的议席数也不会少很多，而且反对党议员还组成影子内阁，所以下院对行政部门的监督，在大多时候并且在很大程度上，都是来自于下院的反对党议员团体，这可以说是下院对行政部门进行监督的实际途径。此外，下院对于行政部门的监督作用也不能仅以倒阁是否成功的结果来判断，实际上这个过程本身就已能起到一定的监督制约作用了，更何况，下院对于行政部门的监督并不仅限于倒阁一途，此外还有包括质询、专责委员会甚至弹劾在内的多种途径。

第五节　英　　王

英王是由英国宪法所规定的世袭的国家元首，而且名义上还是英国议会的首领、中央政府的行政首脑、法院的首领、联合王国全部武装部队的总司令、英国国教的世俗领袖和英联邦元首。英王个人享有崇高的荣誉和尊严，不得被侵犯，而且还有不纳税、不被起诉等特权。

英国国王是从英格兰国王演变而来的，从最早出现的英格兰国王算起，迄今英国总共经历了 12 个王朝。如果王位在同一个家族的男性成员中传承时，则一般就以该家族的姓氏来命名一个王朝，并沿袭不变；反之，若王位传给女王的后代，由于国王的家族发生了改变，这时就会以新国王的家族姓氏或封地命名一个新王朝，直到国王的家族再次发生改变。

最早出现的英格兰国王可追溯至盎格鲁-萨克逊时期。在这个时期，英格兰地区曾一度建立了七个小王国，这些王国在第一次维京时期中渐渐消亡，最后在 9 世纪时，威塞克斯王国成功地统一了英格兰地区的其他王国。但威塞克斯的国王阿尔弗雷德大帝（Alfred the Great）并没有称英格兰国王，他的称号是“盎格鲁-萨克逊之王”。不过到 10 世纪时，阿尔弗雷德大帝的继承者使英格兰地区正式合并为单一王国，建立了英格兰王国的雏形，从而始有英格兰国王之称。盎格鲁-萨克逊时期之后是诺曼征服时期。诺曼底大公威廉于 1066 年征服了英格兰，成为英格兰国王，称威廉一世，此即诺曼王朝的开始。取代诺曼王朝的是安茹王朝，亦称金雀花王朝（12—14世纪）。此后英格兰经历了英法百年战争和争夺王位的玫瑰战争，其间先后出现了兰开斯特王朝（14—15世纪）和约克王朝（15世纪后半期），最后归诸于都铎王朝（始于16世纪）。正是在都铎王朝时期，根据《1535—1542年威尔士法》（Laws in Wales Acts，1535—1542），威尔士与英格兰合并为联合王国，所以自此以后，英格兰国王也就是英国国王了，只是英国或者说联合王国的含义在不断变化。

1603年，伊丽莎白一世逝世，都铎家族后继无人，只得由其远亲、苏格兰国王詹姆斯六世继承英格兰王位，称詹姆斯一世，从而开始了斯图亚特王朝的时代。在斯图亚特王朝时期，英格兰王国（包括威尔士地区）与苏格兰王国虽然共尊一位国王，但这两个王国仍然保持分离状态，直到1707年，两个王国才合并成大不列颠联合王国。

1688年6月20日，国王詹姆斯二世得子，导致其信仰英国国教的长女玛丽没有希望继承王位。为避免信奉天主教的詹姆斯二世传位给刚出生的儿子，议会中的辉格党人（the Whigs）与部分托利党人（the Tories）策动政变，将詹姆斯二世废黜，而将王位传于玛丽及其丈夫、时任荷兰奥兰治执政的威廉，称玛丽二世和威廉三世。议会认为这一做法是一箭双雕：既保证了王位继承的正统性，又保证了继任的国王是新教徒。但王位继承的危机仍存在。由于玛丽夫妇没有子嗣，而詹姆斯二世的次女安妮公主的子嗣也都早逝，所以只剩下安妮公主是唯一拥有王位继承权的人了。议会唯恐已逊位的詹姆斯二世再次夺取王位，便于1701年通过了《王位继承法》，规定在安妮公主之后，仅威廉的远方表妹、信仰新教的汉诺威选帝侯夫人索菲亚的后代才有王位继承权。1702年，威廉三世随玛丽之后也去世了，于是安妮公主继承王位。

安妮女王于1714年去世，汉诺威选帝侯继位，称乔治一世，从而宣告斯图亚特王朝彻底终结，汉诺威王朝开始。汉诺威王朝则终结于在英国历史上在位时间最长的维多利亚女王，1901年，维多利亚女王的儿子爱德华七世继位为国王，此即萨克森-科堡-哥达王朝的开始。1917年，当时仍处于“一战”期间，国王乔治五世为了安抚民心以及显示对抗德国的决心，舍弃了自己的德国姓氏，而将王室名从萨克森-科堡-哥达改成为温莎，于是萨克森王朝也就随之变成了延续至今的温莎王朝。

乔治五世在1936年驾崩后，由爱德华八世继位，但是爱德华八世宣布要娶一位曾经离过婚的美国女子华里丝·辛普森，纵使英国国教会对此表示反对，爱德华八世仍然坚持己见，所以只得宣布退位。英国议会以及海外领地均接受国王的要求，爱德华八世及其子嗣也就从王位继承名单中被消除了。继承王位的是爱德华的弟弟乔治六世。1952 年乔治六世驾崩后，因其无子，故由其女伊丽莎白二世继位，这就是今天仍在位的英国国王。女王伊丽莎白二世的全称是“蒙上帝恩惠，大不列颠及北爱尔兰联合王国与其他国土和领地之女王，英联邦的元首，基督教的保护者伊丽莎白二世”。王储是伊丽莎白的长子威尔士亲王查尔斯王子，也就是下一位英国国王。

根据 1701 年《王位继承法》的规定，英国国王是世袭的，且王位继承者必须是新教徒。该法还确立了男性优于女性和长子继承的原则。也就是说，王位首先由国王的长子继承，如果国王长子已死，则由其后嗣继承，如果长子死亡而又无后代，则由次子或其后嗣继承，如果国王无男性后裔，则由其长女或其后嗣继承，如果国王子女全无，则传给旁系亲属或其后裔，比如国王的弟妹及其后裔。据此规定，那么现在的英王王位继承顺序，排名前十位的依次就是：女王伊丽莎白的长子查尔斯王子、长孙威廉王子、次孙哈利王子、次子安德鲁王子、三子爱德华王子、女儿安妮公主、外孙彼得·菲利普斯、外孙女扎拉·菲利普斯、妹妹玛格丽特公主、林利子爵（玛格丽特公主之子）。此外，按照 1937 年、1943 年和 1953 年《摄政法》的规定，英王因未成年或其他原因暂时不能行使职权时，根据不同情况分别由成年的王位顺序继承人、大法官/上院议长、下院议长、高等法院院长、上诉法院院长等人中的某些人摄政。

现在英王主要居住在白金汉宫（Buckingham Palace）。1530 年以前，英王则主要住在威斯敏斯特宫，不过该宫殿早已为英国议会所占据。从此以后，白厅（Whitehall）就成为英王在伦敦的王宫，直到 1698 年白厅发生大火，英王的主要王宫就迁移到了圣詹姆士宫。最后到 1837 年，英王才把主要王宫迁至现在的白金汉宫，不过圣詹姆士宫仍在继续使用，比如英王在那里接见外国使节，以及当国王驾崩后，在那里召开继任会议。圣詹姆士宫还是王室其他成员所居住的地方之一。不过其他王室成员也有其他的住所，比如克雷伦斯宫是查尔斯王子的住所。

从前英王是有实权的，而且权力很大，他掌握着未分割的一切国家权力，或者说就是国家权力之源。1688 年“光荣革命”确立君主立宪制后，英王的权力受到了重要的限制，并且王权也被分割开来，英王转而主要掌握行政权，立法权交由议会掌握，司法权则由议会和法院共同掌握。进入 18 世纪后，由于一系列很偶然的原因，英王的行政权也逐步转移到以首相为首的内阁手中，从此以后，英王便丧失了实际权力，成为统而不治的虚位国家元首。具体来说，在法律上亦即名义上，英王享有任免首相、各部大臣、高级法官和各属地总督，召集、停止和解散议会，批准法律，册封贵族和授予荣誉称号，进行审判，统帅军队，宣战与媾和等广泛权力，但实际上这些权力大都由内阁和议会来行使，英王则只是在内阁的安排下，或者按照宪法惯例，象征性、礼仪性或程序性地行使这些权力。例如解散议会，英王就是根据首相和内阁的意见而行使这项权力的。又如任命首相［任命仪式称为吻手礼（Kissing Hands）］，英王必须根据宪法惯例，任命下院多数党领袖为首相。如无政党占多数议席（这种情况少有发生），则两个或两个以上的政党会组成联盟，英王则任命政党联盟所议定的领袖为首相。再如，英王名义上是英国国教会的最高领袖，但实际上坎特伯里大主教才是国教会的精神领袖。

所以总的来说，尽管表面上英王的法定权力十分广泛，但实际上都是虚置的，当然这也就引起了人们对英王的功能作用的思考和争论。在英国就有一部分人主张废除国王，而将英国改制为共和国，不过绝大多数英国人还是坚持保留国王。的确，在英国废除国王的可能性不大，这不仅跟英国的保守主义政治文化有关系，实际上英国国王也确实具有一些不可替代的政治作用。比如说，英王作为国家元首，是国家统一和团结的象征，更何况任何国家也都需要有人去承担国家元首的功能；其次，尽管英王的活动多是象征性、礼仪性和程序性的，但在现行的英国政治制度下，这些活动却正好起着润滑剂的作用，使英国的政治制度得以顺畅运作；最后，在某些特殊的关键性时刻，比如组阁困难或者面临重大决策的情况下，英王也可以通过其显赫的地位和声望而发挥作用，帮助解决一些难题。

第六节　中央行政部门

在英国的中央政府中，前面所提到的议会主要是立法机关，英王是国家元首，这里所说的行政部门则是主要掌握行政权的行政机关。人们一般也把这样的行政机关称作政府（狭义的），但为避免用语的混乱，在本书中，我们均不这样使用，而直接称行政部门或行政机关。

英国中央政府的行政部门有一个正式的官方名称，即“女王陛下政府”（Her Majesty's Government）。① 英国中央政府的行政部门之所以使用这样的名

① 当英王是男性时则称为“英王陛下政府”。不过“女王陛下政府”也是以前英联邦成员国政府所使用的名衔，所以在国际场合，为避免混淆，英国中央政府的行政部门一般使用“女王陛下的联合王国政府”或“女王陛下的不列颠政府”这样的名称。

称，是因为根据英国的宪法，行政权归属于英王，但由其大臣们（Ministers）代为行使。由于英王的行政权为其大臣们代为行使，所以英王就成了虚位的（名义上的）行政首脑，实际的行政首脑则是众大臣之首，即首相，而首相府位于伦敦唐宁街十号，所以那里通常也被看做是英国中央政府之行政部门的所在地。但从制度上分析起来，实际上英国中央政府的行政部门比较复杂：名义上英王是掌握行政权的行政首脑，实际上内阁首相才是真正的行政首脑；名义上辅助英王行使行政权的枢密院才是中央行政机关，实际上从枢密院中分化出来的内阁才是真正的中央行政机关。之所以会发生这种名实不符的情况，这主要是因为英国的政治制度从君主制向君主立宪制发生了很大的演变。所以从理论上说，要将英国中央政府的行政部门说清楚，就要先从英王开始，然后是枢密院，最后才是内阁。关于英王，我们已在上一节作了介绍，这里就从枢密院开始。

一、枢密院

（一）历史

我们知道，现今的英国政治制度是从君主制演变过来的，在君主制时代，国王掌握一切国家权力，并且这种君权没有分割，是一个整体。但国王毕竟只是一个个体，受学识与精力所限，国王不可能充分地行使这一巨大的君权，所以就设立咨询机构（辅政机构）来辅助其行使权力，枢密院（Her Majesty's Most Honourable Privy Council）就是这样的产物。

在议会一节我们就曾提及，早在诺曼王朝时期便设有一个御前会议（Curia Regis），负责就立法、行政和司法等事务向国王提供意见，并且执行国王的决定。在此后的岁月里，御前会议发生了巨大的变化。首先是法院从御前会议中分化出来，由其主要负责司法事务，但御前会议仍保留有司法权。到15世纪时，御前会议正式改称枢密院。作为国王的辅政机构，枢密院实际上掌握着全面的权力，而国王也利用枢密院来行使和巩固自己的君权。例如在15世纪，日后成为星室法院（Court of the Star Chamber）的一个枢密院委员会，就有权在没有证据的情况下，判处犯人死刑以下的任何刑罚。亨利八世在位期间，他甚至可以只通过咨询枢密院就宣布法律生效，而无须议会同意。也正是在国王与枢密院相互依赖的都铎和斯图亚特王朝时期，后来所谓的内阁就已具雏形。由于枢密院人数众多，难以发挥应有的咨询作用，因此国王经常只依赖于枢密院内的一小部分人，这一小部分人后来就发展为内阁。

近代以来，枢密院的命运跟英王与议会之间的权力争斗密切相关。英国内战后，查理一世被处决，王室被废除，国王的枢密院自然也就失去了存在的根基。但斯图亚特王朝复辟后，国王查理二世重新成立了王家枢密院。① 不过，枢密院的机构可以恢复，但其权力却不可能恢复如初了。经过议会与国王之间的斗争，在复辟时期，实际上英王及其枢密院的权力已经被分割开来，受到了很大的限制，只不过这个时期的分权并不严格，也不稳定。直到1688年光荣革命以后，英王的君权被分割和限制才最终确定下来：立法权由议会掌握，司法权由议会和法院共同掌握，国王及其枢密院主要掌握行政权，兼及部分司法权。②

1688年以后，枢密院仍然在发生变化。开始的时候，英王是有实权的，在枢密院的辅助之下，主要掌握行政权。但到乔治一世做国王的时候，由于他不懂英语，所以行政权便转移到了枢密院。但由于从前一直存在英王倚重枢密院中一小部分人的惯例，所以等到枢密院取代英王而掌握行政实权后，这一小部分人便又取代了枢密院而掌握行政实权，这就是如今之内阁的由来。

由于发生了这一系列的巨大变故，所以在今天，尽管枢密院这个机构仍存在，并且名义上仍是英国中央政府之行政部门的正式官署，但实际上行政大权早已转移到内阁，而仅剩下一些程序性和礼仪性的权力与功能。这种情况与英王的虚位化如出一辙。

（二）组成

枢密院的成员均叫做顾问官（Privy Counsellor），人数没有限制，现在一般维持在三百人左右。英王有权任命所有的枢密院顾问官，但人选多是由内阁提供的。一般说来，王位的法定继承人、英国国教会地位最高的三位人士，即坎特伯里大主教、约克大主教和伦敦主教，以及一些高级法官，例如常任上诉法官、英格兰与威尔士上诉法院（Court of Appeal of England and Wales）的法官、北爱尔兰上诉法院（Court of Appeal in Northern Ireland）的法官和苏格兰高等民事法院（Court of Session）的内庭法官，都会被聘任为枢密院顾问官。

① 在这一时期，查理二世仍然像从前的国王那样，只向枢密院内的一小部分人征求意见。

② 不过必须指出的是，英国中央政府内的分权从一开始就不严格，甚至直到今天仍如此——尽管布莱尔内阁已开始谋求改变。之所以会形成这样的局面，这主要是因为英国的政治制度是通过点滴的修改而逐渐形成的，而非整体设计的结果。后人如孟德斯鸠，从英国的政体中发现分权制衡的要素，从而有意识地按照分权制衡原则来设计政体，但当初的英国却缺少这样的条件。

不过以上的人士仅占少数，绝大多数的枢密院顾问官还是政治家，包括首相、内阁阁员、反对党领袖、内阁秘书和女王私人秘书，这些人在上任时必然会被英王任命为枢密院顾问官。此外，下院一些主要党派的党魁、部分资深的下院议员以及一些在内阁以外供职的高级官员也都会被任命为顾问官。最后，虽然枢密院基本上是一个英国本土的政治机构，但来自于英联邦国家的官员，比如新西兰的总理、资深政客、首席法官和上诉法院法官，往往也会被任命为顾问官。通常而言，凡以英王为元首的英联邦国家，其总理都会被任命为枢密院顾问官。

所有枢密院顾问官在上任时，都必须作以下宣誓①：

> "你谨向全能的上帝发誓，身当女王陛下真心忠诚的仆人，在陛下的枢密院中效力。一切有损陛下本人及其荣誉、王位、王室尊严的言行和企图，均无所涉，而且一旦得悉，必须运用自己最大的力量去阻止，并向陛下本人禀报，或经由陛下的枢密院向陛下禀报。你必须凭本心和良知，就枢密院中所动议、办理、讨论的所有事务，真心忠诚地表明你的想法和见解；在枢密院中获悉的一切，或当在枢密院中机密办理的事务，皆须保守秘密。如有任何议决和奏议关涉枢密院中成员，你得保密，不可向他透露，直至陛下或枢密院准许公开。你要尽全力忠于陛下、拥戴陛下，在他国君主要员教士政权或首领之前，协助和维护上天赋予陛下、议会立法申明王位应有的全部裁决权、尊位和权威，或其他。总而言之，就一切事情，你都要尽陛下忠诚真心之仆的本分。愿主助佑你恪守此誓。"

对于那些政治家出身的顾问官来说，如果因倒阁而失去了行政职务，转为反对党议员，则其顾问官身份仍然保留，只不过他们不会再被传召到作为枢密院一个委员会的内阁，而且要遵守"枢密院条款"。

英王有权驱逐枢密院的成员，枢密院成员也可通过自动辞职来避免被驱逐。最近一位被驱逐出枢密院的，是 1921 年的埃德加·施派尔爵士（Sir Edgar Speyer，1st Baronet），原因是他在第一次世界大战期间参与亲德活动。而在整个 20 世纪，只有三名顾问官自动从枢密院辞职。最近一位自动脱离枢密院的是艾特勤（Jonathan Aitken），他于 1997 年因涉嫌伪证罪而辞职。

一旦英王驾崩，则枢密院将在六个月后自动解散，所有成员的会籍亦因此

① 此誓词原先是高度机密的，只是近些年才被透露出来。

而告终。① 但按惯例，继位的英王通常会重聘他们，就此而言，枢密院顾问官可以说是终身制的。

枢密院顾问官有一些特权。一旦获任，每位枢密院顾问官就都可以在其姓名后加上“阁下”(The Right Honourable）头衔，若本身已是贵族的顾问官，则还可以再在其姓名后缀上“PC”字样。每位枢密院顾问官与贵族一样，也都有权私自觐见英王，不过觐见的议题只限于向英王就公众事务提供意见。在每届议会开幕时，身兼顾问官的下院议员可以在继议长和下院之父（担任下院议员时间最长的人）后作效忠宣誓，然后才轮到其他议员。最后，在上院进行辩论时，枢密院顾问官有权在上院议事厅中王座前的台阶上就座。

枢密院内设有一些专门的职位，其中最重要的当属枢密院院长（Lord President of the Council）一职。院长负责主持枢密院会议，并经英王的同意，发出枢密令（Orders-in-Council)。总体而言，枢密院院长这个职务本身并不繁重。不过枢密院院长还是内阁成员，是内阁中排名第四的国务大臣。近年来，枢密院院长通常还兼任下院领袖，如果他是贵族的话，则兼任上院领袖。如果把这些兼职考虑在内的话，则枢密院院长的担子便不轻了，当然这也凸显了他的重要地位。除院长外，文书是枢密院内的另一个重要职位，所有的枢密令都要由文书签署方能生效。院长与文书均在枢密院办公室（Privy Council Office）内办公，前者是办公室的总负责人，后者则负责日常的运作。枢密院办公室设于伦敦市的唐宁街，它既是枢密院的也是枢密院司法委员会的秘书机构。

枢密院内还设有多个委员会，内阁就是其中之一（由原来英王最为倚重的外交委员会演变而来)，枢密院的绝大部分权力其实都是由内阁来行使的。除内阁外，枢密院还设有司法委员会，主要承担枢密院所具有的司法职能，此外还有其他的一些委员会。关于内阁和司法委员会，我们将在后面介绍。

（三）会议

一般而言，无论英王是否在国内，枢密院每月都会举行一次会议。英王在时，通常都会亲自主持会议，但有时也会由两名或两名以上的国务顾问(Counsellor of State)② 代理。在主持枢密院会议时，英王一般都会站着，这样

① 这一现行规例是在安妮女王时期确立的，而在此之前，枢密院会在英王驾崩后立即解散。

② 1937 年的《摄政法》建议国务顾问由英王的配偶或王位继承顺序名单上排名前四的人（其中王储必须为 18 岁或以上，其余人等则必须年满 21 岁）出任。

与会者也就都只能站着，从而可使会议变得简短。在会议中，枢密院院长会读出一系列等候批准的法令，而英王只需说“同意”即可。①

在一般情况下，枢密院的每次会议都只有很少的顾问官出席，而且只会在获得内阁邀请的情况下才出席。但如果是在英王宣布大婚或驾崩的情况下，则枢密院全体成员都要出席会议。在英王驾崩的情况下，枢密院将会同上院的灵职和俗职议员以及伦敦市市长（Lord Mayor of London）、伦敦市市府参事（Aldermen）和英联邦代表，发表公告，宣布王位的继任者。然后枢密院会召开特别的登基会议（Accession Council），宣告新国王登基，并见证国王宣读法定誓词。

（四）职权与功能

从枢密院的演变史我们知道，原先枢密院也掌握着很大的权力，但现在却不同了。具体说来，现在的枢密院主要行使的职权和功能有：

第一，英王在枢密院的建议下，发出枢密令（Orders-in-Council），以行使其行政权力。枢密令的主要作用是制定简单的政府条规，或作人事任命，或者御准王家属地立法机关所通过的法律。但是枢密令一般是由内阁所撰写的，可见发布枢密令这项权力不仅对于枢密院，就是对于英王来说，都只是一种形式的程序化的权力。

第二，枢密院的成员有权不受英王的干预而制定枢密院令（Orders of Council）。枢密院令的主要作用是为公众机构制定规章，其中所涉及的事务可谓林林总总，诸如铸币、大学地位、规管墓地、制定银行假期、合并或分割行政部门等。枢密院的这项权力是由《议会法》所赋予的。

第三，英王在枢密院的建议下发出王家特许状（Royal Charter）。特许状可赋予公司以特别地位，也可赋予市镇以自治的地位。

第四，英王在枢密院（Crown-in-Council）承担一定的司法职能。换言之，这种司法权力与职能名义上是属于英王所有的，但实际上却是通过枢密院来行使的，更具体地说，是通过枢密院的司法委员会来行使的。

可见，总体而言，枢密院的职权与功能是与英王的存在分不开的，这就在英国形成了一种政治惯例，就是当英王遵照枢密院的建议行事时，一般会冠以“国王会同枢密院”（King-in-Council）或“女王会同枢密院”（Queen-in-

① 英王也是可以说“拒绝”的，但自安妮女王以后，就一直未发生过。这就是英王的虚位化，也早已变成英国的宪政惯例。

Council）的名义。

二、内阁

如前所述，尽管直至今日，枢密院仍是英国中央政府行政部门的正式官署，但实际上行政大权早已转入内阁，内阁才是今天英国真正的中央行政机关。

（一）历史

内阁是由枢密院内设的外交委员会演变而来的。1066 年，诺曼底公爵威廉征服了英格兰，开始设立御前会议，作为他的咨询和办事机构。到了 15 世纪，御前会议发展为枢密院，以后枢密院中又分设若干委员会，分管各项事务。如前所述，由于枢密院规模太大，不能经常召开，所以差不多一直以来，英王都倚重于枢密院中的一小部分人，主要就是枢密院的外交委员会。英王经常与该委员会的少数亲信大臣聚集一堂，秘密开会，处理内政、外交等事宜。到了斯图亚特王朝查理二世至威廉三世—安娜女王当政的时期，又形成了这样一种惯例：英王在庞大的枢密院会议讨论政务之前，总要事先咨询一些主要大臣们的意见。正是这些惯例奠定了后来形成内阁的基础。到威廉三世时，枢密院外交委员会就已经开始被称作内阁了。内阁（Cabinet）一词源于法文，本义是小房间、密室，当时被用来专指英王同亲信大臣们举行秘密会议的议事厅，可见这时的内阁还只是一个绰号，而非正式的官署机构名称。内阁形成为一个单独的机构，既有掌权之实又有正式之名，这是后来才逐渐出现的，而且所经历的是一个先有实后有名的路径。

内阁侵占以至最终在很大程度上取代了枢密院乃至英王的实权，除了上述的惯例基础外，还得益于一个偶然的契机。1714 年，根据《王位继承法》，来自德意志的汉诺威亲王继承了英国王位，称乔治一世。乔治一世不懂英语，所以经常不主持也不参加内阁和枢密院的会议。于是从 1717 年开始，内阁会议改由一位资深大臣主持，从而开创了内政首席大臣（后来被称作首相）主持内阁会议并领导内阁，而英王不得参加内阁会议的先例。这可以说是内阁取代枢密院乃至英王的行政实权，从而枢密院和英王都虚位化的开端。

取得了实权的内阁进一步与议会和政党政治联系起来，最后形成为责任内阁制。1721 年，财政大臣罗伯特·沃波尔（Robert Walpole）负责主持内阁会议，由于当时的辉格党在下院占有多数席位，所以沃波尔所领导的内阁就由辉格党人组成。一般认为，沃波尔内阁就是英国的第一届责任内阁。1742 年，沃波尔首相提请英王解散下院重新大选，但辉格党却未在新选出的下院中获得多数席位，于是沃波尔的辉格党内阁便集体辞职。1783 年，托利党人小威廉·庇特（William Pitt）出任首相，但内阁在第二年却未得到下院的多数支持，于是他就提请英王解散下院而重新大选，结果托利党人赢得了下院的多数席位从而再度组阁。正是沃波尔和小皮特内阁开创了内阁必须获得下院的多数支持，否则就要集体辞职或者提请英王解散议会重新大选的先例，这样就确立了英国的责任内阁制。

有趣的是，尽管英国的责任内阁制早已确立，但却是有实无名，直到 1937 年《国王的大臣法》通过以后，内阁和首相的名称以及责任内阁制才取得法律的明确认可。

（二）组成

内阁由首相及其挑选的最资深的大臣所组成。首相在组建或改换内阁时，需要使用作为英王特权的任命权（Powers of Patronage），换言之，名义上所有的内阁大臣，包括首相在内，都是由英王来任免的，首相并不能自封以及直接任免其他的内阁大臣，而只是提供其他内阁大臣的人选。但在实际上，英王任免内阁成员只是一个程序或者说仪式，因为首先，按照英国的宪政惯例，英王只能任命下院的多数党领袖为内阁首相；其次，除首相外的所有其他内阁大臣的人选，都是由首相提出来的，同样按照英国的宪政惯例，英王只能根据这些人选来任免，而且不会表示异议。由于内阁是枢密院属下的一个委员会，所以所有获得任命而进入内阁的成员都是枢密院顾问官，并因此拥有“阁下”的称号。

按照英国的宪政惯例，这种经政治任命而产生的内阁成员都必须是上院或下院的议员，虽然有时也会有议会外人士获得政治任命，但随后他们多会通过下院补选或被英王册封为贵族而进入议会。更具体地说，自近代内阁形成以来，绝大部分的内阁成员都来自于下院而非上院。一般来自于上院的内阁成员多是大法官和上院领袖，但 2007 年 6 月，大法官亦破天荒地由下院议员出任①，这样来自于上院的阁员就更少了。不过，上院议员还是有机会被任命担当国防大臣之类的职务，从而进入内阁。最后，内阁的大多数成员都是掌管英国中央行政各部的国务大臣。

---

① 这是由英国的宪政改革取消了大法官作为上院议长的角色，而将之转变为司法大臣所导致的结果。

在内阁的这些成员中，首相无疑是最重要的角色。首相代表英王执掌国家最高行政权力，领导内阁，有权制定内阁会议的议程，也可邀请非内阁成员的人士参加内阁会议。一般说来，下院多数党领袖或执政联盟的首领自动成为首相人选，然后经英王确认并任命后，正式成为首相。1721 年，辉格党领袖沃波尔爵士（Sir Robert Walpole）被英王乔治一世任命为内阁首领，是为英国首相一职之始，但当时的正式职位名称却不是首相，而是“第一财政大臣”(First Lord of the Treasury)，这个名称后来也一直为首相保留着。1905 年，在任命亨利·坎贝尔-班纳曼爵士（Sir Henry Campbell-Bannerman）的英王敕令上，首相这一前缀词首次出现。自 1902 年以来，历任首相都是下院议员出身，只是在 1963 年的时候，上院议员霍姆伯爵曾被任命为首相，但他在获任命后不久就放弃了贵族爵位，而以亚历克·道格拉斯-休姆爵士的身份被选入下院。

截至 2009 年 6 月 5 日，英国内阁的组成情况为：首相、第一财政大臣、文官大臣，由戈登·布朗（James Gordon Brown）担任；副首相（空缺，在有需要时则由掌玺大臣 Harriet Harman 担任）；掌玺大臣、下院领袖、妇女与平等大臣，由哈丽特·哈曼（Harriet Harman）担任；第一国务秘书、枢密院院长、商业、创新与技能大臣兼贸易委员会主席；财政大臣、第二财政大臣；外交与英联邦事务大臣；司法大臣、大法官；内政大臣；环境、食物与农村事务大臣；国际发展大臣；社区与地方政府大臣；儿童、学校与家庭事务大臣；能源与气候变化事务大臣；卫生大臣；北爱尔兰事务大臣；上议院领袖、兰开斯特公爵领地大法官；内阁办次官、奥林匹克运动会大臣、财政部主计长；苏格兰事务大臣；就业与退休保障大臣；财政部首席秘书；威尔士事务大臣；国防大臣；交通大臣；文化、传媒与体育大臣。

内阁中也设有多个委员会，分别关注不同的政策领域，特别是那些横跨多个部门、需要协调的政策领域。委员会有常设的，也有为处理特定问题而临时成立的。各委员的成员，除了内阁各部的国务大臣外，各部的政务次官(Junior Ministers）也常常包括在内。

（三）会议

内阁定期召开内阁会议，通常是每周四早上。会议时间的长短取决于首相个人的风格以及政治形势，如今内阁会议一般只开 30 分钟就结束。

现在的内阁会议更倾向于交流资讯和大致讨论日常的政治问题，对于重要决策则只是象征性地进行讨论并做出决定，实际上，内阁的主要决策是由内阁委员会，或者非正式的团体——经常是首相和某个国务大臣两人——来商定的。此外，许多首相都组建有由其信任的顾问所组成的智囊团（亦被称作厨房内阁），其中的成员有阁员，但更多的是首相的私人顾问。这个智囊团对于首相和内阁的决策起着重要的作用。

鉴于英国首相可以通过避开内阁的有效讨论而操纵内阁，而内阁又有能力支配议会的议程，这样就使得首相大权在握，像个独裁者，这一现象被一些人称作“民选的独裁”。这种情况在从前的撒切尔夫人和托尼·布莱尔担任首相期间，都表现得很突出。一些人认为这些首相的行事风格体现出了总统制倾向，在任时将自己的观点强加给她/他的内阁，而没有把内阁当做一个集体决策的机构，违背了首相为阁员之首的管理原则。应当说这种现象是存在的，这不仅和首相个人的行事风格有关系，比如撒切尔夫人就是著名的“铁娘子”，而且也的确和议会内阁制本身有关系，可以说这是所有实行议会内阁制的国家都有可能出现的现象。但是否就可以因此认为，议会内阁制一定会孕育出一个独裁者来，这倒是可商榷的，因为我们不能忽略两党或多党政治运作的效果。

三、执行部门与文官

不管内阁本身是如何运作的，至少内阁作为英国实际上的中央行政机关，这一点确定无疑。不过内阁仅负责决策，至于决策的执行，则由其下所设立的诸多执行部门来负责。

英国中央行政机关的执行部门总体上分为两大类：首先是内阁部门（Ministerial Departments），比如外交与英联邦事务部（FCO）、国防部（MoD）、财政部（HMT）、内政部（HO）、社区与地方政府部（DCLG）、司法部（LSLO）、北爱尔兰事务办公室（NIO）、律政部（MOJ）［含公共信息办公室、国家档案处、苏格兰事务办公室（Scotland Office）和威尔士事务办公室（Wales Office）］等。内阁部门均由作为内阁阁员的国务大臣（Secretary of State）领导，其地位十分重要。每位国务大臣一般由几名政务次官（Junior Ministers）辅助，这些政务次官和国务大臣一样，也是政务官，经由政府任命产生，并随内阁共进退。除此之外，每个内阁部门均有一名名为常务次官（Second Permanent Secretary）的资深公务员，负责部内日常管理与执行工作。常务次官是事务官（文官），是通过考试而被任用的，无过错即可任职至退休。常务次官还必须保持政治中立，不能参加任何党派的活动。

其次是非内阁部门（Non-ministerial Government Department），如皇室（Royal Household）、选举委员会、女王陛下税务及海关总署（HMRC）、教育

标准署（OFSTED）、政府采购署（OGC）、国家统计署（ONS）、公平贸易管理署（OFT）、水务监察署（OFWAT）等。这些部门通常由常务次官或副常务次官掌理。

我们已经看到，在这些执行部门中，除了那些经由政府任命产生并承担政治责任的政务官外，其余大量的都是一般的公务员。英国的公务员原本被称作国王的仆人（Crown Servant），近代以后才改称文官（Civil Servant）。在英国，文官仅指中央行政机关中的事务官，这些事务官是通过考试择优录用的，无过错即可任职至退休，而不会因为政务官的变动而发生变动。不过文官也必须严守政治中立，不能参加任何党派的活动，所以文官不负责政策的制定，不必承担政治责任，而只负责执行政策。

第七节 法　　院

英国法院掌握司法权，但须说明的是，基于司法独立的原则，全英国的法院是自成独立系统的，在这方面，国家结构的划分不具有实质性的意义。换言之，整个英国范围内的法院都属于同一个司法系统，它们都只服从法律，相互之间仅存在司法管辖权限的分工（地区和案件类型）和层级（上诉审层级），而不存在属于中央政府的或属于地方政府的法院之区分，至多可以说有设在中央的和设在地方的法院之区分。但是我们又不能不注意到：第一，基于英国的单一制国家结构制度，全英国的整个法院系统的确更倾向于受中央政府所控制，比如中央政府掌握着所有法官的遴选与任命权，英国议会的立法在全英国法院中普遍适用，英国议会上院和枢密院司法委员会（现在二者均已为联合王国最高法院所取代）掌握终审权。但是，说英国法院更倾向于受中央政府控制的含义也就到此为止了，而不能再引申出更多的含义来，毕竟，司法独立原则是不可侵犯的，而且像苏格兰地区的高等法院还具有本地区刑事案件的终审权，这都是对中央政府控制法院的抵制或者说抗衡。第二，英国法院的设置在各个地区存在巨大差异。基本上，英格兰和威尔士地区的法院设置是一个模式，苏格兰和北爱尔兰地区又分别是另外的模式。这和各地区的行政区划与地方政府各不相同是类似的。之所以会是这样，这也跟英国特殊的形成路径有关。第三，设在各地区的法院不仅存在设置模式的差异，而且司法权限也有一些差异，如上所述，苏格兰地区的高等法院就具有对本地区刑事案件的终审权，而其他三个地区的任何法院都不具有任何案件的终审权。第四，在法律的适用方面，尽管由英国议会所制定的法律自然在全英国范围内均适用，任何地方的法院都不得拒斥，但是近年来，英国的地方自治全面铺开，各级地方亦逐渐掌握了一些立法权，所以那些设在各地方的法院，也不能不将地方立法纳入适用的范围内。① 最后，英国各地方的法院设置还有一个显著特点，就是分成民事、刑事等功能性法院，而不是设置为综合性法院。

英国的法院系统的确比较复杂，这里我们也不准备全面涉及，而仅以设在英格兰和威尔士地区的法院为例，来说明英国法院在各地方的设置情况以及相互关系，然后再介绍一下设在中央的英国最高上诉（终审）司法机构，从而将英国整个法院系统的框架勾画清楚。最后再介绍英国的法官制度。

一、设在英格兰和威尔士地区的法院

设在英格兰和威尔士地区的法院（Courts of England and Wales）十分多样，除普通的民事和刑事法院外，还有其他一些类型的法院。不过如果从司法管辖权限的层级来看，则这些法院基本上可以分为低级法院和高级法院两级（如图 1-8）。

（一）低级法院

在英格兰和威尔士地区设置最普遍的低级法院主要是治安法院、少年法庭和郡法院，这些法院负责普通刑事和民事案件的审理。此外还有一些特殊类型的低级法院。

1. 治安法院、少年法庭与郡法院

在英格兰和威尔士各地的司法管辖区内均设有治安法院（Magistrates' Courts），主要受理轻微的刑事案件，以及审理一般的牌照申请，不实行陪审制。治安法院均由一批非专业的治安法官（Magistrates）或受过专业训练的区域法官（District Judges，旧称 Stipendiary Magistrate）来主持。其中，区域法官都是具备资格的律师，通常在一些比较繁忙的治安法院供职，所审理的案件也比较复杂。区域法官单独审理案件，而治安法官则在课刑上的权力受到一定限制。

少年法庭（Youth Courts）所负责的案件，其被告均是 10—17 岁的少年，而且很多案件的性质也比较严重。少年法庭由一些经过特别训练的治安法官或区域法官来主持。少年法庭审理案件时不对外开放，只有家属和有关人等可以入庭旁听。

---

① 必须说明的是，各地方的自治并不包括掌握自治的司法权，司法权并不归属于自治的地方政府。

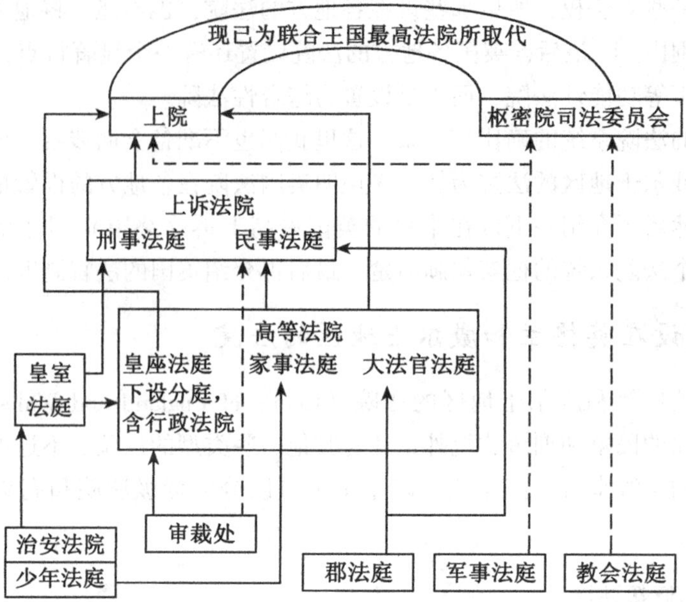

图 1-8　设在英格兰和威尔士地区的法院

注：图中带箭头的连线表示上诉途径，其中粗线表示最主要的上诉途径，细线则表示该上诉途径不是最主要的，虚线表示本图省略了上诉的中间环节。对于审裁处来说，案件提交到高等法院叫司法复核。

郡法院（County Courts）是法定的纯粹民事法院，不是按行政区划而是按司法管辖区而设置的。除极少数案件，比如涉及警民冲突的案件，需要陪审团外，郡法院一般都由区域法官或巡回法官（Circuit Judge）单独主持。通常，一般的民事案件可在英格兰和威尔士地区的任何一所郡法院提起诉讼，此外，郡法院之间也经常会移送案件。

2. 其他特殊类型的低级法院

首先有一类名为“审裁处”（Tribunal）或类似的机构，相当于行政法庭，比如劳资审裁处（Employment Tribunal）、劳资上诉审裁处（Employment Appeal Tribunal）、租赁土地评估审裁处（Leasehold Valuation Tribunal）、土地审裁处（Land Tribunal）、增值税及税捐审裁处（VAT and Duties Tribunal）、首席专员（General Commissioner）和特别专员（Special Commissioner）、租金评估委员会（Rent assessment committee）等。尽管这类机构未有法院之名，但其所承担的职能与一般的法院并无太大的差别。这类机构所审理的案件，一般都由专设的审裁处或指定的法院负责上诉审理，比如劳资审裁处的上诉案件由劳资上诉审裁处受理，劳资上诉审裁处的上诉案件由上诉法院受理，租赁土地评估审裁处的上诉案件由土地审裁处审理。如果审裁处没有特设的上诉机构，那么案件就可提交至高等法院作司法复核（即裁决行政部门的决定或行为是否合法，与上诉不同）。

死因裁判法庭（Coroners' Court）由死因治安法官（即验尸官）主持，负责裁定死因，主要针对那些死因可疑，或者在交通运输或高度监视情况下死亡的人。

教会法庭（Ecclesiastical Court）主理有关教会财产和神职人员犯错的案件。每个教区都由一位“大法官”（Chancellor）来担任教会法庭的法官，这些“大法官”均由诉讼律师或事务律师出任。教会法庭的案件可向坎特伯里的大法院（Arches Court）和约克的大法官法院（Chancery Court）、教会诉讼保留法院（Court of Ecclesiastical Causes Reserved）以及枢密院司法委员会逐级上诉，枢密院司法委员会是教会案件的终审机构。

除上述法院外，还有军事法庭（Court-martial）、骑士法庭（Court of Chivalry，审理纹章案，但很少开庭）、锡矿法庭（Stannary Court，康瓦耳的采矿法庭）和巴沐尔法庭（Barmote Court，德比郡的铅矿法庭）等特殊类型的法院。

（二）高级法院

英格兰与威尔士的高级审判法院（Supreme Court of Judicature of England and Wales）由上诉法院、高等法院和皇室法庭三大机构组成，但这几所法院并非总是具有同等的地位。此外，在《2005年宪制改革法》实施后，英格兰与威尔士的高级审判法院将会更名为“英格兰和威尔士高级法院（Senior Courts of England and Wales）”，以此与新成立的联合王国最高法院相衔接。

上诉法院（Court of Appeal）由民事法庭（Civil Division）和刑事法庭（Criminal Division）组成，其中，民事法庭受理来自高等法院、郡法院和某些审裁处的民事上诉案件，刑事法庭则主要受理来自皇室法庭的刑事上诉案件。

高等法院（High Court）既是重大民事案件的原讼法院，也是一些刑事案件的上诉法院，它由皇座法庭（Queen's Bench Divisions）、大法官法庭（Chancery Divisions）和家事法庭（Family Divisions）三个分庭组成，不同的案件依其性质分别交由其中一庭审理。其中，在皇座法庭之下还设有一所特别的行政法院（Administrative Court），主要负责英格兰和威尔士地区的行政法事宜，监察下级法院和审裁处，并负责处理司法复核申请。

皇室法庭（Crown Court）是一所刑事法院，受理重大的原讼刑事案件和上诉的刑事案件，还有限地受理原讼和上诉的民事案件。当皇室法庭在审理来自治安法院的上诉案件或在审理民事案件时，只是低级法院，受司法复核所管辖。皇室法庭的案件由一位记录法官（Recorder）、巡回法官或高等法院法官来负责审理，并实行陪审制，至于具体由哪种法官来负责审理，则依案件的严重程度和复杂程度而定，而陪审团也只是在被告不认罪的情况下才会参与审判。

二、设在中央的英国最高上诉司法机构

对于不管是设在英格兰和威尔士地区的所有法院，还是设在苏格兰、北爱尔兰地区的所有法院来说，设在中央的英国议会上院和枢密院司法委员会都是它们的最高上诉机构，也就是终审机构。不过如前所述，《2005 年宪制改革法》已经下令成立新的联合王国最高法院，专门作为英格兰、威尔士和北爱尔兰地区所有案件以及苏格兰民事诉讼案件的终审法院（苏格兰地区的高等法院对于本地区的刑事案件具有终审权）。在联合王国最高法院成立后，上院和枢密院司法委员会的司法权则尽数丧失，而转移至新成立的最高法院。不过对于涉及联合王国入境条例的案件，《2005 年宪制改革法》仍将这类案件的审理权保留给政治庇护与入境审裁处（Asylum and Immigration Tribunal）。

在过去，尽管上院与枢密院司法委员会同为英国的最高上诉司法机构，但比较起来，实际上绝大部分的上诉案件（主要是四个地区的普通民事和刑事案件，苏格兰地区的刑事案件除外）都归上院审理，枢密院司法委员会则仅对某些上诉案件享有终审权。关于上院的司法职权与功能，前面我们已经作了说明，这里着重来看看枢密院司法委员会。枢密院司法委员会是枢密院内设的一个机构，由身兼枢密院顾问官的法官所组成，它不但是英国的一个最高上诉司法机构，而且也是英国海外领地、皇家属地和部分独立英联邦国家的最高上诉法院。设在伦敦市唐宁街的枢密院，内设大厅供司法委员会开庭审案。就英国国内而言，枢密院司法委员会仅受理来自宗教法庭的上诉案、有关地方自治（devolution）的争议、涉及《1975 年下院丧失资格法》（House of Commons Disqualification Act 1975）的有关争议以及其他若干次要案件。具体说来，枢密院对以下的本土案件享有终审司法权：来自皇家属地（根息和泽西两地）和马恩岛上诉法院的上诉案件；由《1998 年苏格兰法》、《1998 年威尔士政府法》与《1998 年北爱尔兰法》所引起的关于地方自治问题的案件，比如有关苏格兰议会、苏格兰行政院、威尔士国民议会和北爱尔兰议会在合法性与职能

上的纠纷；来自皇家兽医学院纪律委员会和英国医学总会的上诉案件；有关不满教会专员（掌管英国国教会的房产）的计划的上诉案件；来自教会法庭的、牵涉非教义性特许权的上诉案件；来自五港同盟海军法庭的上诉案件；来自捕获法庭的上诉案件；有关《1975 年下院丧失资格法》的纠纷。

既然联合王国最高法院是英国的终审法院机构，所以按常理，一切案件经终审后就不能再提起上诉了，但是英国已经加入欧盟，所以其司法主权实际上要受到欧盟法律的一些限制。比如经上院终审判决的案件，如果事关欧盟法律，则还可上诉至欧洲法院（European Court of Justice）①。此外，一些原讼案件，例如申请废除某条欧盟法律，或向欧盟机构索偿的案件，都可以向欧盟的原讼法庭或其他审裁处提出诉讼，而且可上诉至欧洲法院。最后，在联合王国的任何一个地方，只要诉讼当事人认为英国法律侵害了他们的权利，就都有权到欧洲人权法院提起诉讼。不过欧洲人权法院所作出的裁决只具有参考意义，并不会改变英国人在英国法律下的权利，其判决完全由英国政府决定是否采纳。英国的法院在审理案件时，也没有义务参照欧洲人权法院的判例，但如果引用了《欧洲人权公约》，那就必须顾及欧洲人权法院的观点了。《欧洲人权公约》对于英国的法院还是具有拘束力。

三、法官

无疑，英国所有的法院都是由法官所组成的，不过英国许多法官在执行职务上都具有流动性，也就是说，他们并不固定于某个法院，而是按照法律的规定，由相应的法官组成审判庭，在某个法庭审理案件。所以一位法官可能今天在这个法庭开庭，明天则出现在另一个法庭。

英国法官总共分为七级，即：（1）不领薪的治安法官，在低级法院中任职，一般都没有受过系统的法律教育和专门训练，是业余法官；（2）领薪治安法官，是经过专门训练的专职法官，可独立审理简易案件；（3）记录法官，是由高级律师兼任的业余法官；（4）巡回法官，是职业法官，大多数都固定于某一郡法院或刑事法院，但司法大臣有权予以调动；（5）高等法院法官，是职业法官中最重要的一类，高等法院法官的退休年龄为 75 岁；（6）上诉法官，是英国上诉法院的专职法官；（7）上院中的常任上诉法官，他们都是英

① 不过这里所说的上诉，并非通常意义上的上诉，而主要是指寻求欧洲法院对有关欧盟法律的解释。英国的每一所法院都可以向欧洲法院进行咨询，就某条欧盟法律寻求解释，但欧洲法院的权限也仅止于此，它并不能插手案情本身并对案件作出裁决。

国著名的法学家。

在英国，担任法官的资格条件十分严格，其基本的要求是，必须具有法律知识和经验以及判断和分析能力，有良好的决断与交流技巧，富有权威、道德和公正心，能理解普通人和社会，性格温和，有礼貌和尊严，对社会服务具有责任感。显然，这些任职资格条件既涉及专业性的知识、经验和技能，也涉及个人的人品。此外，除治安法官外，所有法官都只能来自于全国四个法学会的成员（出庭律师），而且担任低级法院的法官（不领薪的治安法官除外）必须要有做出庭律师至少七年的经历，担任高级法院法官则必须要有做出庭律师十年以上的经历或者做低级法院法官两年以上的经历，而担任最高上诉法院的法官，必须具有15年以上的出庭律师经历，或者担任高级法院法官两年以上的经历。

凡具备资格者，经过提名和任命两道程序，便可成为正式的法官。只有司法大臣（也就是原先的大法官）和首相才有权提名法官候选人，也就是说，上院内的常任上诉法官、上诉法院的法官、高等法院的法官，均由司法大臣和首相共同提名，而其他法官则由司法大臣提名。提名法官候选人主要遵循三项原则：业绩原则，看重的是看候选人个人的业绩状况，而不考虑种族、婚姻状况、性别、性倾向、政治关系、宗教以及是否残疾等状况；听取意见原则，着重征求那些了解候选人的法官、司法人员和律师对此人的意见和看法；察看原则，即申请担任法官的候选人要在兼职法官的职位上先干上几年，在对其能力和稳定性有进一步的了解后，才决定正式提名。法官候选人在获得提名后，还须得到任命才能正式成为法官。具体来讲，上院的常任上诉法官、上诉法官的法官和高等法院的法官以及其他除治安法官以外的法官均由英王任命，至于治安法官，则直接由司法大臣任命。

如果仅从法官的产生来看，似乎可得出英国的司法受行政部门控制，从而既非独立也不公正的结论，但这是肤浅的。事实上，英国的司法独立和公正性都是有保障的：其一，由于担任法官须具备严格甚至苛刻的条件，所以英国法官的素质和公正心都是有一定保证的，这可以说是英国司法公正性的内在保证。其二，所有法官均由任命而非选举产生，这恰恰就是基于保证司法独立公正的考虑。如果法官也像议员那样，由选民直接选出，那么他们在司法过程中就有可能为取悦选民而出现偏私的情况。让法官由任命而非选举产生，就是为了让法官免受民众利益诉求的牵制和影响，而只服从于法律，以保证司法的独立性和公正性。其三，所有法官在获得任命后便获得了独立性，从而免除了任命者的控制。保障英国法官独立性的有任职终身制和固定的高薪制等途径。最后，获得了独立性的法官也不是就可以为所欲为了，因为他们同样会受到监督甚至被免职。下面我们着重来说明最后两点。

为保障法官的独立性，在英国，主要有身份保障和经济保障两种途径。英国是最先产生法官保障制度的国家。17 世纪时，当时的大法官柯克（Coke）为维护司法的独立与公正，不愿完全听命于国王詹姆斯一世，从而时常与其发生冲突，以至于被解职。在此以后，国王查理一世、二世和詹姆斯二世也经常解除不按王室意见作出裁判的法官。由于有过这些前车之鉴，所以在 1688 年光荣革命以后，英国就开始实行法官保障制度。1701 年，英国议会所制定的《王位继承法》(Act of Settlement 1701）就规定，法官行为良好便可继续任职，且收入固定，除非议会基于合法理由将其弹劾。1760 年的《乔治三世法》(Act of George Ⅲ）则重申，法官在履职期间，只要行为良好，就应继续留任并享有充分的职权，国王依据议会提出的合法理由可以解除法官的职务。1876 年的《上诉管辖法》(Appellate jurisdiction Act 1876）和 1981 年的《高级法院法》(Supreme Court Act 1981）均规定，法官行为良好即应留任，除非议会提出合法理由才应将其免职。基于这些法律的规定，英国法官基本上就是终身任职，除非退休（一般都是基于本人自愿）或者被免职。不仅如此，英国法官也有经济保障，即固定的高薪制。以 1997 年为例，初级法官和地区法官的年收入为 64,889 英镑，巡回法官为 79,669 英镑，高级法院法官为 108,425 英镑，上诉法官为 121,062 英镑，大法官为 127,680 英镑，首席大法官为 136,906 英镑。法官的收入水平比起政务官和文官来都要高些。

给予法官以身份和经济的保障，这样就可免除其后顾之忧，保障其独立性，从而维护司法的公正。但法官也不是天使——尽管英国的法官们素质都很高，所以对其进行监督也是不可少的。上述给予法官以保障的所有英国法律，无不提到一个前提条件，就是法官的行为良好，这就是法官需要被监督的地方。在英国，对法官的监督主要来自于英国议会，其方式主要有两种：调查、谴责和批评法官的司法行为，以及提请英王将法官免职。

自 19 世纪 60 年代以来，英国议会对于法官的监督问题已经形成共识，即议会有权调查不端的司法行为，并通过谴责不端司法行为的决议，甚至有义务批评法官。但是议员和议会不能对法官正在审理的未决案件发表任何言论，并且除非议员提出要求下院投票表决的动议，也不能对法官的行为品头论足。因此议会的调查、谴责和批评对于法官来说仅仅是形成一种压力，而不会影响法官继续审理案件，也不会影响法官的薪俸和职位。但是考虑到议会的特殊地位以及批评的公开性（通过媒体），显然这种压力也是法官所不能忽视的，从而尽管议会没有干预具体的案件审判，但对法官也多少起到了监督作用。

如果有议员提出调查某位法官行为的动议，那么就只有在指控该法官的初步证据相当充分且一经证实就将导致法官免职时，才会启动调查程序，所以，这种调查几乎就是将法官免职的前奏。一旦经过调查，且议会通过了免职动议，则该法官就会被议会提请英王免职。此外，根据1971年的《法院法》(Courts Act 1971)，大法官（lord Chancellor）也可以将行为不端（misbehaviour）的巡回法官和业余法官免职。总体来说，在英国，法官被免职的情况还是极其罕见的，自1701年《王位继承法》颁布以来，在英国仅有一名法官，即巴林顿爵士（Sir Jonah Barrington）被免职。

第八节　政治参与制度

政治参与是民主政治发展起来后才出现的，这是全世界的通例。就英国而言，在“光荣革命”发生之前，英国民众所争取的仅限于生命、人身和财产等消极的（防御性的）基本权利，至于积极的政治参与权利（今天通称为政治权利），则未列入目标之内。随“光荣革命”而产生的《权利法案》第一次提及民众的政治权利，但也仅限于请愿和选举权，而且如下所述，比如选举权也是相当有限的。所以内容丰富多样的现代政治（参与）权利，比如集会、请愿、游行、示威、结社、选举、担任公职、创制、公投等，这在英国来说，主要是19世纪民主政治蓬勃发展起来以后才有的事情。总的来看，英国民众最经常行使的政治权利，还是集会、请愿、游行、示威、结社、选举和担任公职，公投仅限于地方层面，而且也不多见。这里我们着重以选举和结社组党、参加政党活动为例，来说明英国的政治参与制度。

一、选举

随“光荣革命”而产生的《权利法案》不但在英国确立了君主立宪制，而且也确立了以议会和选举为标志的代议民主制。但是我们只能说，这时候的代议民主制在英国还只是一个制度框架，在实践中，英国的民主政治运作是极其有限的，一个重要的原因就是民众的选举权严重受限，只有极少数人才拥有选举权。所以在英国确立了君主立宪制和代议民主制的框架之后，英国人下一步政治运动的主要目标便是扩大民众的选举权范围，最终实现普选制。这在英国是通过19—20世纪初一系列由民众与政治家们相互推动合作的政治改革运动来实现的。①

“光荣革命”之后，英国议会主要是地主贵族的天下，普通民众在其中并没有什么代表，之所以会出现这一局面，这是因为，议会上院是由具有贵族身份的人所组成的，而非通过选举产生的，所以其中不可能有平民的代表。下院尽管是由选民选举所产生的代表组成的，但下院的选举制度却存在严重的问题：其一，由于设定了财产、性别、宗教等资格条件限制，占最大多数的平民反而被排斥在了选举之外。甚至到了19世纪改革之时，在英格兰和爱尔兰，居然也仅有5%的成年男性才有选举权，而苏格兰200万人口中更是只有3000人才有选举权。其二，选举采取公开投票的方式，导致选民无法保密自己的投票意向，易于受到权势的威胁利诱。其三，选区划分保持几个世纪不变，结果导致一些选区，尽管到19世纪时人口已经锐减，但仍按惯例，可选出两名下院议员。像这些被过分代表的选区在当时被戏称为“腐朽选区”(Rotten Borough)。最著名的腐朽选区可能要算老沙伦（Old Sarum）和邓尼奇(Dunwich）了，前者只有6个居民，后者则更是早已沉入大海了，可它们却仍各自占有两个下院议席名额。相反，像曼彻斯特这些新兴的工业城镇，尽管其人口数以万计，却一个名额也没有。显然这样的选区划分是极不公正合理的。最后，当时还有一些“口袋选区”(Pocket Borough)，这些小选区多为地主贵族所操控，他们大多内定出候选人，然后再交由选民“选举”。这是明显的选举舞弊行为。诸此种种，使得下院也多为地主贵族所占据，平民在其中难有其代表。正因如此，所以进入19世纪以后，英国民众推动下院选举制度改革的运动便兴起来，最后在1832年6月，议会通过了《选举改革法》。根据此次改革，1710年以来有关担任下院议员的不动产资格条件仍予保留，所以下院议员的出身仍以地主贵族为主；因应人口的变动，重新分配议席，使各地区议席名额的分配更趋于合理；开放选民资格，主要是放宽财产资格限制，从而使得选民总数由50万增加到81.3万，占全国人口3%左右，更多的中上层平民获得了选举权。

1832年这次改革所取得的直接成效并不算大，但其后续效应却不容低估。

① 所以可以说，在英国，宪政与民主并不是同步完成的，英国实际上走的是一条先宪政后民主的政治变革道路。从宪政的角度说，英国的宪政运动源远流长，成果丰硕；但从民主的角度来看，严格地说，英国的民主运动只是从19世纪以后才开始的，之前通过宪政运动，最多可以说确立了代议民主制的框架（当然这也很重要），但民主政治的实践是极为有限的。

经过这次改革，旧式地主贵族势力多少遭到削弱，而在工业革命中兴起的工商界势力开始进入政坛，普通群众对于下院的影响力也得到了提升，进而使下院得以扭转对上院的弱势，同时，该法案也开创了日后各项议会改革的先河。所以，1832 年的这次改革只是一个引子，而非终点。果然，在此之后不久，以工人为主的英国民众就再次要求改革选举制度，掀起了宪章运动。1838 年，威廉·洛维特等六名普通劳动者和六名议会议员组成一个委员会，拟定了一份《人民宪章》，提出了以下几点主张：21 岁以上的男子均有选举权；选区大小人数平等；选举由秘密投票决定；取消参选的财产资格条件限制；给予议员年俸；选举每年一度举行。

尽管宪章运动没有直接取得成功，但它却引发了随后的系列改革运动，从而间接地实现了其目标。1858 年，在首相德比的努力下，担任议员的财产资格条件限制终于被废除。1867 年，议会再次通过《选举改革法》，根据这次改革，选民资格再次得到开放，从而使英格兰和威尔士地区的选民总数增至 200 万，增幅达一倍。通过这次改革，工业革命后势力日益上升的工人大体上取得了选举权，尽管仍未实现成年男性普选。1872 年，在首相格莱斯顿的努力下，议会通过了《投票法》，秘密投票取代了公开投票，从而使选民可以保守其投票意向的隐私，免受他人影响。1884 年，在首相格莱斯顿的再次努力下，议会又一次通过选举改革法案（即《人民代表法》），进一步向乡村农民开放选民资格。通过这次改革，乡村和市镇的选民资格得到了统一，由此导致大约 200 万农民取得选举权，选民总数增加了 40%，使约占 3/4 的年满 21 岁的男子拥有了选举权。翌年，议会又通过《议席分配法》，重新划分选区，使下院每一议席大致代表五万人，从而使议席分配趋于公平。1918 年，议会继续通过选举改革法案（即《人民代表法》，也被称为《妇女资格法案》）。根据此次改革，21 岁以上的全体成年男性和 30 岁以上的女性都获得了选举权，普选制最终得以实现。到此为止，除“每年一度进行选举”的要求外，实际上宪章运动所提出的要求全都实现了。

现在在英国，不但实行普选制，而且选举的层面和范围也是多样的。除了英国议会下院的选举外，还有各级地方议会选举，甚至是地方政府行政部门领导人的选举（比如大伦敦的市长），以及欧洲议会的选举。所以就选举来看，英国人的政治参与是相当充分的。

二、政党

除选举外，组党和参与政党活动也是英国民众的一项重要政治权利，是英国民众的一个主要的政治参与途径。

（一）历史与现状

英国是现代政党最先产生的地方。现代政党的重要特征在于，政党通过争取选民的选票而谋求上台执政，所以现代政党与民主政治的运作密不可分，不仅是民主政治催生了现代政党，而且民主政治的运作也离不开政党。不过需要指出的一点是，最先在英国产生的政党只是议会党，即在议会中因政见分歧而产生并且也仅在议会中活动的政党，这与后来普遍流行的在民众中活动以争取选民选票的群众性政党还有所区别，但 19 世纪选举改革启动后，这些议会党也逐渐转变为群众性政党。

最先在英国产生的政党分别是辉格党与托利党。1679 年，由于国王查理二世没有婚生子女，故而王位的继承权便由其弟，即当时的约克公爵、后来的詹姆斯二世所拥有，但约克公爵是天主教徒，这是多数英国人难以接受的。在议会中，议员们就詹姆斯二世的王位继承权问题也展开了激烈的争论，其中以沙夫茨伯里为首的一派坚持宗教改革的原则，否认约克公爵拥有继承权，另一派则坚持王位继承的正统原则，支持他继位。后一派称前一派为辉格（Whig），意即苏格兰强盗，而前一派则称后一派为托利（Tory），即爱尔兰天主教歹徒之意。此后，这两派议员就逐渐以此自称，形成为两个政党。尽管两党最初存在一些政见分歧，但实际上两党在反对天主教、坚持国教的问题上是存在共识的，所以当詹姆斯二世妄图恢复天主教势力的时候，两党就在 1688 年联手反对詹姆斯二世，发动了光荣革命。此后辉格党成为执政党。但在辉格党发生分裂后，托利党实力大增，在 1783—1830 年间一直执政。

两党早期的政治竞争主要限制在议会之内，1832 年选举改革后，两党为争夺选民，便争相在议会外建立起选区协会，至 19 世纪中叶时已发展成为具有严密的中央和地方体系的全国性政党。也正是在 19 世纪的时候，托利党改称保守党，辉格党则改称自由党。自由党奉行自由主义，在 19 世纪的大部分时期都执政，但在 19 世纪末期衰落，保守党势力则大增。进入 20 世纪后，新成立的工党逐渐壮大起来，并逐渐取代了自由党的地位。1924 年以后，从前的自由党与保守党轮流执政的局面为工党与保守党轮流执政所取代，一直延续至今，自由党则沦为议会第三大党，并在 1988 年与社会民主党合并（两党在此之前已有多年结为政治同盟的经历），改名为自由民主党，一直至今。

由于一些特殊的原因，长期以来，英国都呈现出两大党（早期的辉格党与托利党，后来的自由党与民主党，现在的保守党与工党）轮流上台执政的局面（仅在诸如两次世界大战这样的短时期内曾组成过联合内阁），这种情况一般就被称作两党制。但这个说法容易造成一些误解，需要澄清。首先，我们不能望文生义地认为两党制也是一种政治制度，实际上不是。① 在英国，两大党轮流上台执政只是一种政党政治运作的常规模式，是某些政治制度（比如选举制度）和社会条件所造成的一种结果，但本身并不具有制度上的规范意义。并不是说，只有两大党才有资格轮流上台执政，其他政党就无资格，只不过其他政党要上台执政非常困难，但能力与资格显然并不是一回事。换言之，这种模式是可以被违反的，而制度却是不能被违反的，这就根本不同于英国的一些宪政惯例，比如虚位君主与实权内阁。否则我们也难以解释曾经出现过的联合内阁。其次，两党制这个说法也容易让人以为像英国这样的国家只存在两个政党，但实际上，在英国有近百个政党存在。

英国的政党五花八门，但这也多少反映了英国民众结社和政治参与的状况。下面我们着重介绍一下保守党和工党，也就是20世纪20年代以来轮流上台执政的两大党。

（二）保守党

现在人们通常所说的保守党（Conservative Party，如图1-9所示），其实全称为保守与统一党（Conservative and Unionist Party）。保守党的前身为1679年

图1-9 保守党的标志

成立的托利党，1833年才改名为保守党。保守党这个名称是由乔治·坎宁在19世纪20年代提出来的，到30年代时，约翰·威尔逊·克罗科尔（John Wilson Croker）建议用作党名，最后获得罗伯特·皮尔爵士的同意而正式采用。1912年，保守党与国家统一党合并，形成延续至今的保守与统一党（简称保守党）。不过由于保守党是由托利党发展而来的，所以它的党员仍经常被

① 这和我们把政党纳入政治参与制度的范围来讲述是不同的，因为政党只是民众参与政治的一种方式或途径，是其结社权的行使，法律确定了公民拥有结社权，即意味着公民就有通过结社来进行政治参与的制度。

称作托利党人（Tories），保守党也时常被称作托利党（Tory Party）。

以往保守党以“自由火炬”为标志，但现今已改用一棵绿色的橡树为标志。另外，在2005年12月6日，保守党又采用了新的口号“以改变迎接胜利——不列颠的胜利”（Change to Win-Win for Britain）。传统上，保守党以红色、白色和蓝色为官方颜色，但蓝色最为常用，以区别于工党的红色。不过在坎布里亚部分选区，保守党却会选用黄色，以象征当地朗斯代尔伯爵家族的纹章。

从所占据的下院议席数来看，保守党现在是英国的第二大党（截至2009年），也是最大的反对党。保守党堪称英国历史上最成功的政党，在整个20世纪，保守党上台执政的时间竟占2/3。不过自从1997年大选中败于布莱尔所领导的工党以后，保守党就一直处于反对党的状态。直至2010年5月，保守党击败工党成为执政党，现在保守党的领袖是卡梅伦（David Cameron），他于2010年5月11日当选为首相。

保守党内大致分成三个派别，但并不具有严密的组织，不仅各派别内也存在观点分歧，而且派别之间的界限也很模糊。所以这些派别主要代表的是保守党内程度不同的大致的政治倾向（不过在英国，保守党的政治倾向在整体上是偏右的）。首先有一批最右的传统保守主义者，这个派别的人士大多也属于基石派（Cornerstone Group，俗称“信义、旗帜与家庭派”）。基石派坚持英国国教会、单一制的英国和家庭这三大支柱，反对权力下放至地方以及与欧盟融合，大部分基石派人士也反对海外移民涌入英国。英国著名的保守主义哲学家斯克拉顿（Roger Scruton）就是基石派的一个代表人物。其次是居中的自由保守主义者。这个派别主要是在撒切尔夫人于1975年当选为保守党领袖后而形成的。撒切尔夫人曾表示她深受埃德蒙·伯克和哈耶克的影响，这多少也表明了该派别的思想来源。该派别主张在一定程度上恢复古典自由主义，特别是经济自由主义。在具体政策上，这个派别主张降低直接税税率，对公共服务实行私有化，终止国有工业，淡化福利国家的色彩。此外，这一派别的很多人也是欧洲怀疑论者，认为欧盟的规章与限制会影响甚至干预个人自由和自由市场，他们也担心英国的主权会受到欧盟的挑战。最后是偏左的一国保守主义者。一国保守主义是保守党内从20世纪初一直到20世纪70年代的主流思想。一国保守主义是由本杰明·迪斯雷利提出来的，强调社会的凝聚力，支持相关的“社会制度与组织”。这里所说的社会制度，传统上指平衡社会不同利益团体或等级的关系的制度，现在则将种族与宗教关系也涵盖于其中，而福利国家、BBC和地区政府等，就是这个派别所主张的一些社会组织。

保守党现在大约有29万名党员，尽管近年来党员人数持续下滑，但仍然是英国规模最大的政党。不过保守党从不向外公布该党党员的确切人数，所以外界也很难作出确切的估计。任何认同保守党纲领的人士，只要交纳25英镑的会费（22岁以下的人士只需交5英镑）就可加入保守党。

保守党内早就设有一些组织机构，但其现代的机构却是在1867年后才创立的。1867年11月12日，由保守党50个选区协会的代表所参加的一个会议，决定成立选区协会的全国联盟，负责对公众舆论进行教育，并使领袖了解党内意见。全国联盟每年举行一次年会，选出全国联盟委员会。1870年，保守党又成立了中央事务所，主要负责拟定合适的议员候选人名单。1911年，总督导员办公室与总干事办公室分开，这样总督导员就只负责议会方面的事务了。此后，党的主席主持中央事务所，其下的总干事则兼全国联盟秘书。因此到1911年，现代保守党的基本组织机构就全部建立起来了。

现在保守党的主要机构由领袖（亦即党的主席、党魁）、议会党团、中央事务所和全国联盟组成。其中，领袖由议会党团选举产生，得票过半并领先第二名候选人15%以上票数者当选。如经过第一轮投票没有胜出者，则在第二轮投票中，获过半数票者即当选。保守党执政时由领袖出任首相，在野时则为反对党领袖，组织影子内阁。保守党领袖的权力很大，不受党的任何组织机构约束，保守党年会的决定对于领袖也没有约束力。领袖不但可以决定党的政策，而且控制着议会党团的活动以使党的政策得以贯彻实施。议会党团由下院全体保守党员组成，并由它组成内阁或影子内阁。议会党团掌握着保守党的内部大权。中央事务所是保守党的议会外组织，是专职的党务机构，负责保守党的日常运转，由党的领袖主持。全国联盟也是保守党的议会外组织，包括保守党的年会、中央评议会、执行委员会、区组织机构和选区协会等在内。其中，参加保守党年会的代表仅限于议会党团、中央事务所、预期的候选人、全国联盟执行委员以及来自选区与地区议会的代表。参加年会的代表人数很多且一年只开两次会，因此主要事务都交给执行委员会负责。从总体上来看，全国联盟只起讨论和建议作用，无权决定党的政策，其主要任务是在议会外从事宣传和组织工作，以扩大党的势力和影响，辅助党进行竞选。除去这些保守党内的组织机构外，保守党也还有一些外围组织，如卡尔登俱乐部、樱草俱乐部等。

政党的运作，尤其是参加竞选，当然离不开经费的支持。曾经在很长一段时间内，保守党的收入主要来源于党员所缴纳的党费。但随着党员人数的下降，党费占政党财政总收入的比例越来越小。2005年，党费仅占保守党总收入的3.5%。在这种情况下，保守党必须开拓新的财源，这就是征集捐款，现在各种各样的捐款已成为保守党最主要的收入来源，其比例已达一半以上。保守党所收到的捐款，多数来自于企业。不过企业并不能直接向保守党捐款，而是捐给一些支持保守党的外围组织，如英国联合企业家、经济同盟、政策研究中心等，从而间接地向保守党捐款。保守党也依赖于地方选区联合会的筹款，特别是在竞选期间，各选区花费的金钱都是从地方上筹集的。根据 2004 年保守党的财务报告，在该党的收入中，约有 70%来自于私人捐赠和各种募款，20.8%来自于党产的出售，最后不到 10%的收入，来自于党费和党员的捐款，以及政党投资所得和国家补贴。

（三）工党

英国工党是由工会组建而成的。英国工人较早就建立了各种行业工会组织，到 1868 年时，各行业工会联合成立了全国性的统一组织——职工大会（工联）。1900 年，工联成立工人代表委员会并由其推选议员候选人，所以工人代表委员会就是最初的工党，但直到 1906 年才正式定名为工党。英国工党的标志是一枝红玫瑰花，并以红色为代表色（如图 1-10 所示）。

图 1-10　工党的标志

在 1923 年的议会大选中，保守党失利，而工党又获得了比自由党更多的席位，所以在 1924 年 1 月 22 日，工党领袖麦克唐纳组阁，这也是工党自成立以来第一次组阁。从此以后，工党取代了自由党，与保守党轮流上台执政，不过绝大部分时间还是由保守党执政。2007 年 5 月 17 日，戈登·布朗作为唯一竞选者自动当选为工党领袖，取代了托尼·布莱尔。

在英国，工党总体上是偏左的政党。传统上，工党的纲领主要建立在费边社会主义的理论基础之上。“二战”以来，工党实行温和的改革政策，推行国有化，主张建立福利国家。1997 年以后，布莱尔表示不再推行以往的福利主义和新自由主义，而提出新工党的“第三条路线”，强调重新调整国家与公民之间的权利义务关系。现在工党主要致力于公共住宅、职工福利、失业救济、弱势群体、社会保障、公民教育等政策领域。

工党现在大约有20万名党员。依入党方式的差异，工党党员可分为个人党员、工会团体党员、合作社与社会主义者团体党员三种类型。也就是说，前者是以个人身份加入工党的，而后两者则是因为工会、合作社和社会主义者团体同时也是工党的组成部分，所以它们的会员就集体加入了工党，而成为团体党员。在创党之初，只有加入工会或其他社会主义团体的人才能加入工党，换言之，那时的工党党员全都是团体性质的。1918年，为了淡化“间接政党”的色彩，也是为了筹措竞选经费，厚植各选区的实力，工党修改党章，在地方增设选区工党，这才开始允许个人加入工党。

由于工党的组建方式非常特殊，所以在工党内部就形成了议会工党、作为地方组织的选区工党以及占据九成以上党员的工会三大组织力量，导致其组织结构比较复杂，权力也比较分散。基本上，工党的组织包括领袖、议会党团、总部和全国代表大会。其中，工党在野时，在每年议会开始时都会重新选举领袖和副领袖，但在执政时则可不改选领袖，也不设副领袖。在选举领袖时，议会党团和地方党部各占30%的选票，而工会则占40%的选票。议会党团由下院全体工党议员组成，并且在野时，由领袖、副领袖、下院议会党团主席、上院工党领袖、两院总督导员以及一些工党议员代表等人所组成的议会委员会，来领导议会党团活动，执政时则由工党内阁代替议会委员会，另设联络委员会与后座议员保持联系。工党总部是议会外组织，是工党的专门党务机关，负责工党的日常行政。全国代表大会（即工党的年会）也是议会外组织，下设全国执行委员会、区域会议、选区组织和全国劳工理事会。布莱尔当选工党领袖以后，曾提出新工党（New Labour）的组织再造计划，意图淡化工会的角色，提升个人党员的权利，以及强化党魁的领导权力，对于工党的组织制度有所改革。

和保守党一样，有很长一段时间，工党都主要依赖于党费收入，以后则不得不主要依赖于各项捐款。2005年，党费仅占工党总收入的10%，而各种各样的捐款则占了一半以上。工党的捐款主要来自于工会政治基金。工党成立之初，在资金上就受到工会和社会主义团体的支持。目前，工党的收入主要来自于UNISON、GMB、AMICUS和TGWU（T&G）四大工会的捐助。2001年，四大工会就资助了工党3000万英镑，占工党政治资金总额的2/3。

第九节　英国宪政之保障

英国没有一部整合起来的成文宪法，由此也不存在违宪审查机构和制度，而且英国的政治制度也不是经过通盘的思索和设计而形成的，但英国却毫无疑问是一个宪政国家，而且堪称近代以来世界上第一个宪政国家。那么英国的宪政究竟是如何得以保障的呢?

我们已经知道，宪政的观念是建立在承认人人皆具有天赋权利（自然法思想）的基础上的，只有这种天赋权利才是目的，其他一切都只是手段，这就是权利本位或权利至上的观念，是宪政的唯一价值取向，也是宪政观念的神髓。而在寻求保障天赋权利的手段时，宪政主义者保持着冷静的现实头脑，发现了“人都不是天使”的人性弱点命题，从而指出，要保障天赋权利，则不但需要建立政府，而且也必须限制政府的权力，这就是有限政府（limited government）的观念。

所以，根据宪政的基本观念，一国的宪政要能得到保障，那么首先该国的宪法就必须是符合宪政宗旨的，也就是符合权利本位观念的，否则无论怎样努力也只能导致南辕北辙的结果。就此而论，英国堪称典范，因为自中世纪以来，英国人就矢志不渝地为捍卫自身权利而不懈努力，最后形成了一大批宪法性文件，将人们的生命、人身、财产、宗教信仰等权利确定下来。所以尽管英国没有一部整合的成文宪法，但所有的宪法性文件却都贯穿着相同的主题，那就是捍卫权利，因而是完全符合宪政宗旨的。比如最早的《大宪章》就有这样的规定：“根据本宪章，英国教会当享有自由，其权利将不受干扰，其自由将不受侵犯”；“任何自由人，如未经其同级贵族之依法裁判，或经国法判决，皆不得被逮捕、监禁、没收财产、剥夺法律保护权、流放或加以任何其他损害”。1628 年的《权利请愿书》则提出：“自今而后，非经议会法案共表同意，不宜强迫任何人征收或缴付任何贡金、贷款、强迫献金、租税或类似负担；亦不宜因此等负担，或因拒绝此等负担，而对任何人命令其答辩，或作答辩之宣誓，或传唤出庭，或加以禁闭，或另加其他折磨或困扰；亦不宜使任何自由人因上述种种而致遭监禁或扣押……” 1679 年的《人身保护令》则为保障人身自由权而确立了许多刑事司法方面的原则，这些原则现在已成为国际通例。就现今而论，英国早已签署 1950 年的《欧洲人权公约》，并且为实施公约而于 1998 年通过了《人权法》，这可以说是对英国公民权利最全面的规范了。

不过，确立符合宪政宗旨的宪法，这还只是保障宪政的开端，远远不够，接下来还必须建立有限政府，既让政府来保障权利，也防止政府侵害权利。在这方面，现代各宪政国家均遵循分权制衡原则来设计政府制度，以切实有效地构建有限政府。① 分权制衡的思想渊源可追溯到古希腊古罗马时期的混合政体或均衡政体思想，最后为近代的洛克和孟德斯鸠提炼成分权制衡原则。而洛克和孟德斯鸠之提出分权制衡原则，也跟对英国政制的观察和总结有关系。洛克自不待言，孟德斯鸠则是亲身前往英伦作过考察，而后回国写成著名的《论法的精神》。在书中，孟德斯鸠专门提到英国政制，对其大加赞赏。也就是说，通过观察英国政制，再受古代混合政体思想的启发，洛克与孟德斯鸠，特别是孟德斯鸠，便认为英国的政制中蕴含着分权制衡的结构性因素，从而将其提炼成分权制衡的原则。具体地说，就是英国政府的权力一分为三，议会分成上下两院，分别掌握司法和立法权，君主则掌握行政权，三者之间还相互制约，维持均衡态势。应当说，洛克与孟德斯鸠对英国政制的这种观察有一些理论化的嫌疑，也不乏规范的意味，但比起另外一种所谓议会至上的议会主权说来，还是更加贴近英国政制的现实（在他们的那个时代）。这种议会主权说认为自 1688 年“光荣革命”以来，英国议会就已经取代了英王而成为国家的主权者。而根据近代以来的主权学说，主权是一种至高无上的绝对不受限制也不能被分割的权力，所以英国议会在英国政府中就是至高无上的、绝对不受限制的，还掌握着未分割的完整主权。以此来观察英国政制，显然这种说法完全站不住脚，因为在英国政府中，议会并未掌握一切权力，而仅限于立法与部分司法权，甚至行政部门还分享着立法权（内阁通过向下院提交内阁法案、内阁所在的执政党占据下院多数席位以及委托立法等途径而分享了下院的立法权）和部分司法权（枢密院司法委员会）。议会也不是不受限制的，因为不仅议会是两院制的，从而内部相互制约，而且议会也受到行政部门的限制，比如内阁

① 为什么只有实行分权制衡，才能有效地构建有限政府呢？分权制衡原则的著名提出者孟德斯鸠对此有过精辟的论述。作为一位宪政主义者，孟德斯鸠同样头脑冷静，他看到了人性的弱点，那就是“一切有权力的人都容易滥用权力，这是万古不易的一条经验。有权力的人们使用权力一直到遇有界限的地方才休止”。所以为防止权力者滥用权力，从而危害公民的权利，就要将他们的权力分割开来，并且“从事物的性质来说，要防止滥用权力，就必须以权力约束权力”。具体来说，就是要分成立法、行政和司法三种权力，使之相互制约达到平衡状态。如果三权集于一个人或者机构之手，则一切都完了。可参考［法］孟德斯鸠著：《论法的精神》（上册），张雁深译，商务印书馆 1961 年版，第 154、156 页。

首相可以提请英王解散议会下院。诸此种种都可以证明关于英国的议会主权说完全过时了，这种说法完全是近代主权学说思维的产物，而近代的主权学说是博丹应民族国家的兴起从而为绝对君主制进行鼓吹和辩护而提出来的，现在则变成为民主制（卢梭）以及一国的国际主权地位进行鼓吹和辩护的学说，因而自始至终都不是一种解释性学说。

所以对比起来看，英国政府制度中存在分权制衡的结构性因素是确定无疑的。但是我们也知道，英国政制完全不是任何人进行通盘思索和设计的结果，所以其中蕴含着分权制衡的结构性因素，也只能说出于偶然，由此也造成英国政府制度的分权制衡并不是很规范，或者说与现在普遍流行的分权制衡模式有出入，比如说它的议会（上院）和行政部门（枢密院）各自掌握一部分司法权。但奇妙的是，英国式的分权制衡，居然同样能够起到限制政府权力，从而构建有限政府的作用。比如说，在英国政府中，立法与行政部门最为强势，还各自兼有一部分司法权，法院最为弱小，但按照现在英国的政府制度架构，却没有任何一个机构或个人可以将所有权力集中在自己手里。其中，议会的确掌握着立法权，也掌握大部分司法权，但是，议会实行两院制，立法权已主要转移至下院，上院则主要掌握司法权，但不是全部的司法权；以内阁为首的行政部门掌握行政权，也掌握一部分司法权，还任命法官，甚至还分享一定的立法权，但行政部门所掌握的只是少部分司法权和部分立法权，而不是全部，所以行政部门并未掌握全部权力；法院只掌握一部分司法权；最后，英王在名义上的确是国家的主权者，掌握全部权力，但这只是虚有其名而无其实。所以尽管没有经过整体设计，但英国的政府制度竟然同样是按照分权制衡原则来运作的。当然，也正因为没有经过通盘考虑，所以英国的政府制度也就存在一些隐患。从上面的分析可以看出，行政部门权势最大，最有可能全面集权，从而破坏分权制衡的政府结构，危及宪政。但是这种可能性却没有变成现实，这是为何呢？在这里，英国的两党政治起着重要的作用。执政党掌管行政部门后便掌握着巨大的权力，但是议会中最大的反对党也不容小觑，这个党也占据相当规模的下院议席，而且还组成影子内阁，专门监督执政党，从而对于执政党所执掌的行政部门行使行政、立法甚至司法权都构成了有力的制约。但是我们也必须看到，两党政治终究不是一种制度约束，而只能说是一种起作用的现实因素，而且这种因素是可变的，因而并不保险。现在英国人也已意识到，英国的政府制度本身是存在漏洞的，布莱尔领导的工党上台后推动宪制改革，便表明了这一点。根据这次启动的宪制改革，英国政府制度将更为严格地遵照分权制衡原则来运作，比如剥离立法与行政部门所掌握的司法权，交由独立的最高法院行使，显然这样会使英国政府老式的分权制衡结构更加符合国际流行的模式。可以预期，经过改革后的英国政府制度将更有利于保障宪政。

对任何一个国家来说，建立分权制衡的有限政府，都是保障宪政的关键，不可缺失。但其他一些制度或因素也有利于保障宪政，比如最先从美国发展起来的违宪审查制度，就有助于维护宪法的效力，从而起到保障宪政的作用。不过由于英国的宪法是不成文的柔性宪法，所以这项制度就既无从产生，也无存在的必要。但是自从19世纪英国民主政治蓬勃兴起以后，英国公民普遍获得了各种政治（参与）权利，这些权利的行使，从外部形成对英国政府的监督制约，也多少起到了保障宪政的作用。但在这方面，我们也必须注意到，民众广泛地行使政治权利，并不必然会起到保障宪政的作用，也有可能导致反宪政的暴民政治。比如那种大民主式的全民政治，就极可能成为少数人权利的灾难。所以民主政治也要以宪政的宗旨为导引，被置于宪政的制度框架内，否则不但不能保障宪政，反而成为宪政的杀手。

最后，我们要着重强调政治文化对于保障宪政的重要作用。就此而论，英国也是一个典型。英国没有一部整合起来的成文宪法，有关的宪法性文件极为分散，且前后相距近八百年，甚至有些宪法是惯例性质的；英国宪法也是柔性的，议会可以直接制定或修改宪法性法律；英国政府的分权制衡也不是很严格，此外也没有违宪审查机构和制度。按理说，所有这些方面都不利于英国宪政的保障，但为何英国却能克服这些不利的方面，而获得稳固的宪政？我们认为只有一个解释，那就是英国具有深厚的宪政文化底蕴，这可以说是英国宪政得以保障的最深层的原因。我们已经知道，英国的宪政运动发端于中世纪，几百年来，这一运动从未间断，并且英国人也尊重传统，所以历次宪政运动所取得的成果都能得以保存和累积，这样就使得权利意识和宪政观念逐渐地深入人心。不仅是普通民众基于切身利益的考虑而接纳权利和宪政观念，就是那些当权的政治家们，也承认和接受了权利和宪政观念，这就非常难得了，这也充分地展现了英国宪政文化之深厚。著名的英国首相老威廉·皮特（William Pitt, the Elder，1708—1778年）就曾在一次演讲中如是说：“即使是最穷的人，在他的寒舍里也敢于对抗国王的权威。风可以吹进这所房子，暴雨可以打进这所房子，房子甚至会在风雨中飘摇，但是英王不能踏进这所房子，他的千军万马不敢踏进这间烂了门槛的破房子。”所以说，宪政要得到保障，首先就需要人们从内心里接受宪政的观念，进而才能接受和支持相应的宪政制度。英国具有深厚的宪政文化基础，所以尽管英国也存在诸多不利于保障宪政的地方，但它的宪政却能够稳固。英国的宪政文化条件当然是许多国家都不具备的，但英国也并非从一开始就是如此，所以英国的情况只告诉我们，只要宪政的精神不灭，坚持对宪政的追求而不中断，并且尊重从前宪政运动所取得的成果，稳步前进，最终必将产生有利于实现和保障宪政的累积效应。

第二章

德　　国

德国的正式国名为德意志联邦共和国（Die Bundesrepublik Deutschland）。德国的面积有35万多平方公里，总人口超过8200万。

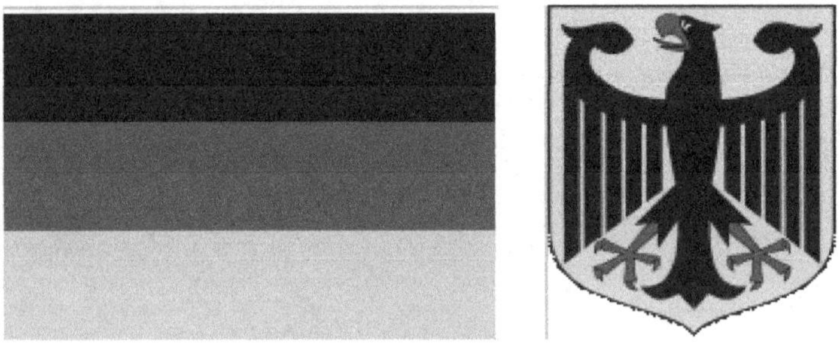

图2-1　德国的国旗与国徽

德国的首都为柏林，“二战”后曾被分割占领，但1990年两德统一后恢复为首都。德国的国旗为黑红黄三色旗，黑色象征悲悯被压迫的人们，红色是争取自由的心情，黄色是理想和真理光辉的表征。这面旗帜最早于1848年为当时的德意志邦联定为国旗，但却不受普鲁士欢迎，故在邦联瓦解后不再使用，直到魏玛共和国时才被再次采用，但纳粹上台后改用镶嵌纳粹党党徽的反万字旗为国旗。纳粹垮台后，德意志联邦共和国又恢复使用三色旗，两德统一后仍继续以三色旗为国旗。德国的国徽为金黄色的盾徽，盾面上是一只红爪红嘴、双翼展开的黑鹰，象征着力量和勇气。这个国徽是在魏玛共和国国徽的基础上绘制的（纳粹时期的国徽也带有纳粹色彩，一只双翼展开的黑鹰站在纳粹党党徽之上），于1950年开始采用，两德统一后继续使用（见图2-1）。德国的国歌为《德意志之歌》(第三段)。《德意志之歌》也是在魏玛共和国时期首次被定为国歌，纳粹时期继续作为国歌，但只强调前两段，一般也被称作

《德意志高于一切》。1952 年，德意志联邦共和国确定《德意志之歌》的第三段为国歌，两德统一后继续使用。

第一节　德国的形成

德国的历史通常是从古老的日耳曼人开始讲述的。在德意志地区，公元前就居住着原始的日耳曼人。公元前后，罗马帝国的军队开始侵入德意志地区。公元 1 世纪时，日耳曼人已扩散至莱茵河-美因河-多瑙河沿岸地区。3 世纪时，西部日耳曼人形成了许多大部落，包括阿勒曼尼人、法兰克人、萨克森人和弗里斯兰人等。376 年，匈奴人对作为日耳曼人一支的西哥特人发动袭击，西哥特人在得到罗马帝国皇帝的批准后，以同盟者的身份进入罗马帝国版图，由此引发了一场声势浩大的民族大迁徙运动。继西哥特人之后，多个日耳曼部落陆续跟进，并在今天的法国和西班牙部分地区建立了一系列的短命王国。476 年，日耳曼人与部分罗马帝国属地的人联合，推翻了西罗马帝国。

5 世纪末，克洛维一世建立法兰克王国，日耳曼人进入法兰克时代。到 8 世纪查理大帝统治的时候，法兰克王国几乎占据了整个西欧地区。公元 800 年 12 月 25 日，查理在罗马圣彼得大教堂做礼拜的时候，突然被教皇利奥三世戴上皇冠，并被称为“罗马人的皇帝”。一时间教堂内欢声雷动，人们欢呼查理成为古罗马帝国的继承人和基督教世界的保护者。从此，法兰克王国就变成了查理帝国，而国王查理也随之变成了“查理曼”，即查理大帝。但到查理大帝及其儿子相继死后，他的三个孙子便瓜分了帝国。843 年，根据《凡尔登条约》，查理帝国被分成西、中、东三个部分，其中莱茵河以西为西法兰克王国（后来演变为现代法国），莱茵河以东为东法兰克王国，中部则为勃艮第-普罗旺斯-意大利王国（整个中世纪一直处在被东西两边所争夺的处境之中）。德国的形成只与东法兰克王国有关。911 年，统治东法兰克王国的加洛林王朝结束，法兰克公爵康拉德当选为国王，德国历史才从此正式开始。

919 年，萨克森公爵亨利一世成为东法兰克王国的国王，建立了萨克森王朝，正式开创了德意志王国，不过德意志王国只是一个由洛林、萨克森、弗兰肯、士瓦本、图林根和巴伐利亚多个公国所组成的松散的封建制王国。亨利一世的儿子奥托一世即位以后，于 962 年在罗马加冕为皇帝，当时还统治着绝大部分意大利地区的德意志王国由此便取名为著名的“德意志民族神圣罗马帝国”，通常也被称作德意志帝国（第一帝国）。但是这个帝国也是封建制的，加之在整个中世纪都处于与罗马天主教廷的权力争斗之中，所以愈是往后，便愈是虚有其名。宗教改革运动发生后，帝国卷入了全欧洲的宗教战争，结果通过1648年的《威斯特伐利亚和约》，帝国实际上被肢解为300多个诸侯国，其中较有实力者，仅有奥地利、勃兰登堡-普鲁士、萨克森、巴伐利亚和汉诺威等国。

这个虚有其名的神圣罗马帝国最后终结于拿破仑战争。1806年，在拿破仑的逼迫下，神圣罗马帝国皇帝弗朗西斯二世退位，从而宣告了帝国的终结。此后，拿破仑将原帝国境内的德意志诸邦组织为莱茵邦联，并自任护国主，但莱茵联邦在1813年拿破仑入侵俄国失败后瓦解。到这个时候，德意志地区人们的民族意识已经高涨起来，人们开始谋求建立一个真正统一而独立的民族国家。

随着拿破仑的失败，在1814年维也纳会议召开后，德意志地区成立了一个松散的德意志邦联，以团结神圣罗马帝国终结后所留下的诸邦国。不过经过拿破仑战争，邦联成员国已由神圣罗马帝国时期的300多国剧减至39国，各成员国是完全独立自主的国家，彼此保证相互防卫，并联合保卫美因茨、卢森堡城、拉施塔特、乌尔姆和兰道的堡垒和要塞。邦联设有一个邦联议会，定期在法兰克福举行会议，由奥地利首相领导。实际上德意志邦联极其软弱，并未成为一个真正统一的德国，而只能说是德国统一为一个民族国家的准备或者说过渡阶段。

在寻求德国统一的过程中，普鲁士和奥地利这两个最大的邦国最有发言权。原先人们希望成立一个包括奥地利在内的大德意志国家，但普鲁士与奥地利之间存在严重的分歧，致使普鲁士首相俾斯麦力主排斥奥地利，由此引发了普奥战争。1866年普奥战争结束后，德意志邦联瓦解，普鲁士王国则以德意志关税同盟为基础，另行成立北德意志邦联。新成立的北德意志邦联排除了奥地利和南德意志四邦（巴伐利亚、巴登、符腾堡和黑森），但增加了普鲁士所兼并的亲奥地利的西部各邦国和城市，以及从丹麦王国所夺得的石勒苏益格-荷尔斯泰因两个北部公国。

北德意志邦联也只是德国统一进程中的一个过渡阶段，由普鲁士所主导的德国统一进程，最后完成于普法战争。战争之后，巴伐利亚、符腾堡和巴登（连同黑森公国的剩余部分）与邦联合并，德国实现了真正的统一。1871年，一个以普鲁士王国为主导的德意志帝国（第二帝国）成立了，普鲁士国王、霍亨索伦家族的威廉一世加冕为德意志帝国皇帝。除荷兰的林堡（Limburg）、奥匈帝国的相关领地、卢森堡以及列支敦士登之外，这个新帝国覆盖了原德意志邦联其余的所有地区，并且地盘还有增加。

现代德国形成后，不但在两次世界大战中均战败，割让了大片东部领土给波兰和俄罗斯，而且还经历过一次分裂。德意志第二帝国终结于“一战”，取而代之的是魏玛共和国（1919—1933年）①，魏玛共和国则为希特勒纳粹德国（第三帝国）所推翻，最后经过“二战”，纳粹德国被打倒。战争结束后，德国为美英法苏四国分区占领。1949年5月23日，美国、英国和法国占领区（包含西柏林）合并，成立了以波恩为首都的德意志联邦共和国（俗称“西德”或“联邦德国”）；同年10月7日，苏联占领区（包含东柏林）则单独成立德意志民主共和国（俗称“东德”或“民主德国”），以东柏林为首都，从此德国被一分为二。

德国的分裂与国际形势，尤其是与“冷战”密切相关，为此东德政府还于1961年建造了著名的柏林墙，以阻止东德人逃往西德。但是日益增多的东德人绕道匈牙利而逃往西德，加之20世纪80年代末期国际形势剧变，这就迫使东德政府改弦易辙，最终于1989年11月突然拆除了柏林墙，这一举动也加速了东德的变革，最终促成了1990年10月3日德国的重新统一。

第二节　德国宪政史

和世界上许多国家一样，德国并不具有深厚的宪政文化和实践的传统与基础。人权、自由、宪政之类的思想观念开始传入德意志地区，这主要是发生在18世纪的事情，其中法国启蒙运动所造成的影响最大。至于说从观念落实到实践的宪政运动，在德国则基本上是从19世纪才开始，而且始终和建立民族国家的问题紧紧联系在一起，甚至后者还更胜一筹，加上德国还存在一些强大的反自由宪政的思想观念，比如黑格尔、尼采等人的一些思想观念，所有这一切似乎从一开始便预示着德国的宪政之路将极为曲折。

德国的第一波宪政运动开始于德意志邦联时期，跟拿破仑战争的影响有很大的关系。1815年，耶拿的大学生成立了德意志大学生协会，致力于建立一个以自由和统一为基础的德意志民族国家。正是这个运动用作自身标志的黑、红、黄三种颜色，后来就成为德国国旗的基本色。1830年法国七月革命爆发后，受其影响，德国的宪政运动再次兴起，并取得了一定的成绩。西部、南部的一些邦国，比如黑森、汉诺威、巴登等，都颁布了宪法，或者进行宪政方面

① 需注意的是，尽管魏玛共和国废除了帝制，但仍然保留从前的国号：“德意志帝国”（Deutsches Reich）。“魏玛共和国”是后世历史学家所给出的称号，而从来不是共和国的正式国号。

的改革。1848年，法国爆发了二月革命，并且由此在几乎全欧洲引起了一波革命浪潮，德国的第一波宪政运动也因此达到高潮。在这一次宪政运动中，巴登、符腾堡、巴伐利亚、萨克森、汉诺威甚至普鲁士等邦国均吸收温和的自由派人士加入政府，并制定宪法，或者实施一定的宪政改革。但在这一次宪政运动中，影响最大的还是法兰克福国民议会的召开。

法兰克福国民议会于1848年5月18日在法兰克福的圣保罗教堂召开，共有831名代表出席。这个议会担负着双重任务，既要以民主的方式完成德国的统一，又要实现宪政，但前者更占主要。7月份的时候，与会代表首先讨论公民权利的问题，并于10月达成协议，12月发表《德意志人民权利宣言》。该宣言不仅是未来德国宪法的基础，也是各邦国宪法的基础。

经过对公民权利的讨论之后，议会代表分化为自由与保守派、保皇与共和派。其中，右翼分子支持保守联邦主义，主张成立邦联制国家，让各邦君主掌握大权；稍微偏右的宪法联邦主义分子支持君主立宪的邦联国家；温和左派支持单一议会制，主张中央集权，君主需要对议会负责；极端左派支持共和制，主张成立中央集权的共和国。出现如此多的党派令议会工作十分困难，也预示着国民议会将要失败的结局。

10月，与会代表继续讨论宪法的问题，并于1849年3月27日作出决议，次日正式公布宪法，此即“保罗教堂宪法”。这是德国历史上第一部在整个德国范围内经由民主决议而产生的真正的宪法，然而这部宪法却从未生效过，因为当时的各邦国，尤其是普鲁士国王反对该宪法。这部宪法兼具传统（帝国、君主政体与联邦制国家）与创新（普选与代议制）元素。根据该宪法的规定，德国应是一个君主立宪的国家，但是执政官却要通过民主选举而产生。国民议会本打算在宪法施行后，让普鲁士国王威廉四世接受全德国的皇冠，但威廉四世坚持君权神授而予以拒绝。随后在德国西南部发生了旨在要求各邦国接受宪法的运动和起义，但均于1849年夏遭到军事镇压，这也意味着保罗教堂宪法彻底失败。不过保罗教堂宪法对于德国后世制宪的影响仍然巨大，特别是在基本权利方面。这些基本权利构成了宪法的核心，早已在《德意志人民权利宣言》中公布而生效实施，随后单独作为一章被编入保罗教堂宪法的第五章（其中包括财产的不可侵犯、迁徙自由、废除死刑、人身自由、邮件保密、科学和学术自由、集会自由以及思想自由），并且其中的一部分还被原封不动地被编入了以后的魏玛共和国宪法和德意志联邦共和国基本法。

保罗教堂宪法不被各邦国所接受，这意味着法兰克福国民议会没有完成实现宪政的任务，而另一个国家统一的任务，国民议会同样没有完成，从而国民议会彻底失败。在国家统一的问题上，当时主要有“小德意志解决方案”和“大德意志解决方案”两种方案供选择。前一个方案排除奥地利，并打算接受普鲁士的领导，而后一个方案则将奥地利包括在内。保罗教堂宪法的第一条规定，德意志帝国由目前德意志邦联的领土范围所构成；第二条第一句则规定，一个与另一个非德意志国家有共同国家元首的德意志国家，应该具有与该非德意志国家相分离的宪法、政府和管理。这意味着宪法采取的是大德意志方案，但又要求组成一个纯德意志民族的国家，这就和奥地利皇室政府的利益相冲突了。奥地利希望维持自己的多民族国家体系，拒绝放弃其非德意志民族的部分。由于奥地利拒绝接受宪法，国民议会便决定采取小德意志方案，并请普鲁士国王威廉四世接受德国皇帝的称号。但是威廉四世深信君权神授，鄙视由别人选出来的名位，所以拒绝“拾取在沟渠上的皇冠”。国民议会至此彻底失败，遭到解散，普鲁士军队则负责清场。此后有数千名自由分子逃亡，大多去了美国。

法兰克福国民议会失败以后，自由派人士开始把实现统一和宪政的希望寄托在普鲁士身上，但是俾斯麦出任宰相却不在他们的期望范围之内，不过当铁血宰相取得普奥战争的胜利，在德国统一的道路上取得初步成效之后，自由派人士便改变了对俾斯麦的看法。此后，德国的宪政进程随着普鲁士的武力统一道路而展开，但总居于次要地位，因此存在严重缺陷。普奥战争之后，德意志邦联被解散，成立了以普鲁士为主导的北德意志邦联。尽管北德只是德国统一道路上的一个插曲，但俾斯麦仍亲自制定了北德意志邦联宪法（1867 年 7 月 1 日生效）。不过这部宪法根本不含有公民基本权利的条款（只隐含着公民的选举权），所以很难称得上是真正的宪法，毋宁说只是一般的国家组织法。1871 年德意志帝国成立后，4 月间所颁布的德意志帝国宪法只是在北德宪法的基础上稍作修改而已，所以也只能说是一般的国家组织法。① 帝国宪法明确规定德意志帝国实行联邦制，由 22 个邦、3 个自由市（具有邦的地位）和 2 个直辖区（不具有邦的地位）组成。各邦将军事、外交、海关立法、银行立法、间接税、刑法等权力交给帝国政府，只保留教育、卫生和地方行政等权力，同时保留自己的君主政府和议会。帝国宪法还规定普鲁士王国的国王就是帝国的皇帝，具有种种大权，但所颁布的一切命令或指令须首相副署才能生效。普鲁士

① 当然，这部国家组织法所设计的政治制度，在实践中可能也发挥着一定的宪政功能，但这是另外一回事。此外，帝国所颁行的其他一些法律，也多少确认了民众的一些权利，如言论、迁徙、结社自由权等，但这些法律是否具有宪法规范的效力，却值得怀疑。

王国的首相就是帝国的首相，由皇帝任免，向皇帝而非帝国议会负责。帝国的立法机构是由联邦会议和帝国会议两院共同组成的帝国议会。其中，联邦会议还具有执行权，由各邦君主所任命的代表组成，由帝国首相担任主席，设58席，只需14票便可否决议案，而普鲁士却占17席；帝国会议则由普选（选民为帝国居民中年满25岁的男性）产生的议员组成，没有固定议席，任期五年。帝国会议由皇帝召集、宣布开幕和闭幕，经联邦会议同意方可提前解散帝国会议。总之，第二帝国主要是德国实现了统一而非宪政的标志，因此德国的宪政之路仍未完结。到“一战”即将结束的时候，帝国曾做出过一次真正的宪政改革，但时机早已错过。1918年10月28日，1871年的帝国宪法被修改，以实行英式君主立宪制，让以后的总理对议会而非皇帝负责。然而此时的德国已陷入混乱状态，实施宪政改革的时机已不存在。

第二帝国随着“一战”的失败而垮台，之后德国废除了帝制，成立了共和国，由此掀起第二波宪政运动，最终第一次实现了宪政。经过战后几个月的革命时期之后，1919年1月19日，德国举行了国民议会大选。2月6日，德国国民议会开幕，但由于首都柏林时局动荡，国民议会便改在小城魏玛召开。国民议会的主要任务是起草宪法。7月31日，在84人缺席的情况下，国民议会以262人支持、75人反对通过了宪法。8月11日，宪法正式生效，这一天也被定为共和国的国庆日，用以纪念“德国民主诞生之日”。魏玛宪法载明了公民的基本权利，符合宪政宗旨，是真正的宪法。

尽管德国成为了共和国，制定了宪法，实现了宪政，但从一开始，这个新生的共和国便处在左右两派极端分子的威胁之下而危机四伏。其中左派极端分子指责执政的社会民主党出卖了工人阶级的利益，而右派极端分子则反对共和制，坚持过去的帝制，而且包括军方在内的右派声称正是共和国出卖了国家，致使德国在“一战”中失败（这一说法在整个共和国时期内一直存在，并且为纳粹党所利用）。尽管左右两派攻击共和国的理由不同，但二者的目标却是一样的，那就是要推翻共和国，1923年，希特勒一伙就曾在慕尼黑发动啤酒馆政变。不过在此之后，德国的局势就慢慢地稳定下来，但反对共和国的暗流仍存在，且很强大。而当1929年全球的经济大萧条发生之后，在德国潜伏的种种暗流便一齐涌现出来，最后纳粹党上台，推翻了共和国，建立了一个极权的纳粹德国。

纳粹的上台，使德国初创不久的宪政遭到颠覆，德国的宪政进程遭受了严重的挫折。这一变故，不仅在“二战”后为德国人所深刻反思，也为全世界所有追求宪政的人们所深思：为什么在德国会发生这一逆流？现在人们多指出魏玛共和国的宪政制度设计本身存在重大缺陷或者说漏洞，致使纳粹钻了空子。应当说，这个归因是成立的，因为自从啤酒馆政变失败以后，希特勒便改变了策略，主张以合法的途径来夺取政权，而纳粹最后也的确是通过合法的途径而上台并颠覆了共和国，可见魏玛共和国的宪政制度设计的确存在重大缺陷。

魏玛宪法所设计的宪政制度，最大的问题就在于设置了一个极为强势的总统（Reichspräsident）却又约束不力。这个总统简直就是一个“替补皇帝”（Ersatzkaiser）的角色，不但由民众直选产生，任期七年（在总统因故不能行使职权时，由联邦总理代理），可连选连任，而且还依旧拥有相当于从前皇帝的权力，其中有一项权力最为危险，这就是紧急处置权。魏玛宪法第48条规定：总统在某一联邦成员不尽其依照联邦宪法或法律所规定的义务时，有权以武力进行强制；总统在认为联邦公共安全和秩序被扰乱或危害时，有权采取包括武力在内的必要措施来恢复公共安全和秩序，也有权临时停止或限制公民的人身自由权、住宅不受侵犯权、通信秘密权、言论出版自由权、集会自由权、结社自由权和财产所有权这些基本权利。

对于如此强势的总统，魏玛宪法所施加的约束主要有：（1）对于总统任免联邦文武官员（包括联邦总理和由总理所推荐的各部部长）的权力，宪法所设计的约束主要是按照议会制的原则，规定联邦总理和各部部长都要向联邦议会负责，要取得联邦议会的信任，否则就得辞职。但是宪法又规定总统有权解散议会，从而使得这种责任制对于总统的约束作用被抵消掉。（2）宪法对于总统行使其他权力，则设置副署制度予以限制，规定总统所发布的一切命令或处分（包括军事上的），均需经过联邦总理或主管部长副署才发生效力。但是考虑到总理与部长皆为总统所任免，故而这种副署制度对于总统到底能起到多大的约束作用，实在是一个问题。（3）宪法规定，由联邦议会动议并经2/3多数赞成，再经国民表决，可罢免总统。议会的决议通过后，总统应立即停止职务，但如果国民表决未获通过，则联邦议会应立即解散。由于总统本来就是由选民直接选举产生的，因而当议会提出要罢免总统时，还须经选民同意，这就使得罢免失去了实际意义。（4）宪法还规定，联邦议会认为总统（以及总理和各部部长）违背联邦宪法或法律时，可向高等法院提出控告。但控告的动议须有联邦议会议员百人以上联署，还须获得与修宪的法定人数相等的议员同意，即全部议员的2/3出席以及出席议员的2/3赞成。这里的主要问题在于条件太过严苛，以致难以实行，从而难以对总统起到约束作用。

可见，在魏玛宪法所设计的这些约束制度中，有很多地方都明显缺乏谨慎而周密的考虑，从而存在严重的缺陷，而其中最为突出的是对总统的紧急处置权的限制。宪法仅规定说，经由总统或联邦议会的请求，可废止紧急措施。显然这只是一种事后补救的措施，而非事前的约束，从而能否具有约束的效力，实在是一个严重的问题。而就算具有补救的作用，其中由总统自己来废止紧急措施显然也不可靠，因而关键就在于联邦议会请求废止紧急措施，但由于总统有权解散议会，于是这最后的补救措施也可能无法采取。因此，实际上对于总统的紧急处置权，魏玛宪法根本就没有设置任何有效的约束，从而存在巨大的漏洞，而纳粹也的确是抓住这个漏洞而一步一步将共和国颠覆掉的。

1920年2月，才成立不久的德意志工人党改名为国家社会主义德意志劳工党（Nationalsozialistische Deutsche Arbeiterpartei，NSDAP），即俗称的纳粹党。希特勒是在1921年7月29日才当上纳粹党领袖的。在啤酒馆政变失败后，希特勒被判监禁五年，但最后只坐了九个月的牢。此后，希特勒决定以合法途径攫取政权。纳粹党原本只是德国的一个小党，毫不知名，在希特勒改变策略以后，纳粹党便屡次参加联邦议会大选，并且最后在1930年9月14日的大选中，获得18.3%的选票（为1928年所获选票的五倍），一举成为议会的第二大党。1932年11月6日，议会再次举行大选，纳粹党所获之选票尽管比之前少了200万张，但仍然成为议会的第一大党。在这种情况下，1933年1月30日，总统兴登堡便任命希特勒为总理，这就成为纳粹党初次登台的标志。

希特勒及其纳粹党的目标并不是上台组阁便了事，而是要攫取全部权力，从而最终颠覆共和国，建立自己的极权国家。为达此目的，希特勒的策略是促使议会通过《授权法》(das Ermächtigungsgesetz)①，从而使总理可以获得超越宪法的权力。但是当时的纳粹党在议会中只占近1/3的议席，而未达到通过《授权法》的2/3多数，因此希特勒上台后便立即要求总统解散议会，并定于1933年3月5日重新大选，以期纳粹党能通过大选获得更多的席位。由于当时的德国共产党占有17%的议席，是议会的第二大党，而且坚决反对启动《授权法》，所以为使纳粹党能在新的大选中获得更多席位，希特勒决定把共产党打压下去。为此他一方面大力宣传德国正处在共产党发动革命的关键时刻，只有启动《授权法》才能制止共产革命，否则德国就会陷入共产党的恐怖统治中；另一方面则制造了2月27日晚的议会纵火案。纵火事件发生后，希特勒立即宣称这是共产党发动革命的信号，要求总统兴登堡再度运用紧急处

① 全名为《解除人民和国家痛苦的法律》(Gesetz zur Behebung der Not von Volk und Reich)。这一法律是依据魏玛宪法第76条的修宪规定而来的，实际上相当于修宪。在此之前只在1923年经济危机时启动过一次。

置权，同意签署《议会纵火法令》(Reichstagsbrandverordnung)，取消包括结社等在内的多项公民自由权利。这个时候便暴露出魏玛宪法所设计的制度的缺陷来了。由于此时议会仍处于被解散状态中，所以总统行使紧急处置权全无障碍。在《议会纵火法令》颁布后，希特勒便于3月1日宣布德国共产党意图暴动，因此为非法政党。第二天，纳粹党的冲锋队占领了全国所有的共产党党部，共产党的领袖们全部被捕入狱，德国共产党被迫退出议会，共产党员也被禁止参加选举。在做了这些准备之后，在3月5日的议会选举中，纳粹党赢得了44%的席位，但仍未能达到通过《授权法》的法定人数。随后纳粹党与国家人民党结盟组阁，但两党一共也只占有52%的席位，所以纳粹党还需得到中央党的支持，最后与中央党达成了相互支持的协议。议会于3月23日正式开幕。在对授权法案进行投票表决之前，希特勒安排冲锋队在街头活动，制造威胁，迫使议员们不自愿地投票支持法案，再加上之前共产党已被取缔，全部席位空缺，而社会民主党也由于希特勒的逮捕而减少了20个议席，所以尽管社民党主席奥托·韦尔斯勇敢发言，反对希特勒的计划，但也无济于事，议会最终还是通过了《授权法》。

正是通过《授权法》，希特勒及其纳粹党便攫取了共和国的全部权力，因为这部法律许可希特勒的内阁可以在没有议会的批准下通过任何的，甚至是违反宪法的法律。1933年3月31日，希特勒内阁通过《各州协调一致临时法》，规定州政府必须与议会中的纳粹党保持一致，并授权各州政府可以发布不符合州宪法的法律。7月14日颁布《反对新党建立法》，规定在德国只有一个政党，即纳粹党，禁止其他一切政党存在。政府可以没收一切属于敌对政党组织的财产，可以任意取消任何人的公民权，控制乡村并建立农场，控制公民投票，控制舆论，使教会服从国家领导。1934年1月30日颁布《国家重建法》，规定各州政府必须服从联邦政府的权威，并废除各州议会。同年8月，借总统兴登堡去世之机通过一项法律，使总理兼任总统，称国家元首。1935年3月通过立法，将最高军事指挥权授予国家元首即希特勒。1942年4月，希特勒通过御用的议会授予他自己以全权，享有最高的司法审判权。至此，全部国家权力都落入了一个人和一个政党的手中，极权的纳粹德国（通常也称之为第三帝国）全面建立。而这一切全都肇始于《授权法》，《授权法》由此便成为纳粹德国正式建立的标志。

在纳粹统治期间，尽管魏玛宪法和议会仍存在，希特勒政权也处处以法律的名义行事，但宪法早已成了摆设，议会只是希特勒的御用工具，法律则不过是希特勒个人意志的表达，魏玛共和国所创立的宪政只剩下了空壳。不仅如此，甚至这个政权也完全是反人权反宪政的。除上述根据《授权法》所颁布的法律，在整个纳粹统治期间，议会所颁布的法律（仅通过七项法律，其中两项还是为了延长《授权法》），也是如此。根据纳粹的种族优越论，议会于1935年通过了被统称为“纽伦堡法”的《德意志公民法》、《国籍法》和《德意志血统及名誉保护法》，剥夺了犹太人、吉卜赛人的德国公民权，禁止他们担任公职，禁止他们与雅利安人通婚；还通过《预防遗传病患者新生儿法令》，把所谓的社会不合群者、无共同体能力者、价值低劣者、职业低能者、无成就者、精神病患者、残疾者、弱智者、妓女、酒徒、懒汉和同性恋者等，统统关进劳动教养营和集中营，他们大部分都被以各种方式处死。

纳粹的上台，的确是德国宪政历程的严重倒退。从制度上分析原因，我们已经看到，魏玛宪法所设计的宪政制度的确存在诸多重大漏洞，其中设置一个强势的总统而又缺乏切实有效的制约，无疑是最严重的问题。在这种情况下，总统个人的政治倾向与能力水平，就十分重要了。而当时的总统兴登堡是帝国时代的元帅，尽管不是纳粹分子，但对新的共和制也无甚好感，加之兴登堡已经80多岁，老态龙钟了。兴登堡任命希特勒为总理，并应其要求动用紧急处置权，这些由其个人所做出的决定都为纳粹能够逐步得逞创造了有利条件。但除此之外，魏玛宪法在制度设计上也还存在其他一些问题，比如议会选举实行完全的比例代表制，这意味着几乎任何政党都可以获得议席而进入议会，由此难以防止极端主义的小党借此建立政治势力。纳粹党最初就只是一个毫不知名的极端主义小党，但借助这种选举制度，也能进入议会并逐步壮大势力。此外，议会在未决定总理继任人选时就能通过不信任投票而倒阁，这就使得内阁更替频繁，政局不稳。希特勒之所以有机会被任命为总理，在一定程度上就得益于之前的内阁更迭频繁，政局不稳。

当然，这个世界上从无完美无缺的制度，任何宪政国家的政治制度都存在一定的缺陷或漏洞，所以如果将纳粹能够上台并最终推翻共和国的原因仅仅归于制度缺陷，那是不充分的。制度存在缺陷只能说是直接的表层的原因，在德国还存在更深层的原因，包括德国当时所处的国际环境和经济社会状况，以及从前的政治文化和历史传统等。这些因素纠结在一起，综合作用，就在德国孕育出了纳粹党这样的怪胎，并且还能够得到德国民众的广泛支持，再加之德国当时又已实行宪政民主制度，所以纳粹党便能通过选举而合法地上台执政，最后推翻共和国。从这个角度来说，德国的第一次宪政经历以失败告终实是在所难免的，世界上也没有几个国家能够一次性地实现并巩固宪政。德国要能建立起稳固的宪政，就必须改造前述的那些不利条件，像凤凰涅槃一般，浴火而重生。纳粹德国的惨痛经历，便是德国浴火重生的过程。在此之后，德国人全方位地进行反省，有针对性地全面解决上述的问题，不管是宪政制度设计方面的，还是经济社会与文化改造方面的。当然，在这个过程中，以美国为首的西方国际力量的介入，也起到了很大的作用。

“二战”后，在以美国为首的西方国家的主导下，德国掀起第三波宪政运动，最后于1949年5月23日通过宪法，次日生效，德意志联邦共和国（西德）成立，开始实行宪政。1949年的德国宪法，即《德意志联邦共和国基本法》（Grundgesetz），依然保留了魏玛宪法的部分章节，但有针对性地作了修改和弥补。基本法和魏玛宪法一样，也以权利为本位，并确定了联邦制（Bundesstaat）、共和制（Republik）、民主制（Demokratie）、法治（Rechtsstaat）和社会福利国家（Sozialstaat）的基本原则，所以尽管当时并不是由德国人民直接投票通过的，但却不损其真宪法的性质。在1949年，基本法只在西部占领区生效。由于当时的参议院（Parlamentarischer Rat，由西占区11个州的州长组成）认为苏占区将会很快和西占区完成统一，从而可以出台一部正式的宪法，所以并没有打算以基本法作为长期有效的宪法，也没有采用德语中的Verfassung（宪法）一词。但不料德国的分裂竟达几十年之久。1990年10月3日两德统一后，基本法成为整个德国的宪法，但名称也未更改。

德国基本法自颁行以来经过多次修改，最近的一次是在2006年8月26日，并于同年9月1日生效。由于德国具备成文宪法，所以德国基本法就是我们探讨其政治制度的基本依据。不过也需注意，德国基本法中有许多条款直接指明由议会立法来进行详细规定，由此便形成一系列的宪法性法律，比如有关公民基本权利的法律、《联邦选举法》、《议员法》、《联邦总统选举法》、《联邦宪法法院法》、《政党法》等，这些也是德国宪法的组成部分。

第三节　国家结构制度

德国基本法明确规定德国是一个联邦制国家。基本法在序言中指明了德国由16个州（Bundesland）所组成，其中3个是城市州（Stadtstaat），即柏林（Berlin）、不来梅（Bremen）和汉堡（Hamburg），其余各州分别为：巴登-符腾堡（Baden-Wurttemberg）、巴伐利亚（Bayern）、勃兰登堡（Brandenburg）、黑森（Essen）、梅克伦堡-前波莫瑞（Mecklenburg-Vorpommern）、下萨克森（Niedersachsen）、北莱茵-威斯特伐伦（Nordrhein-Westfalen）、莱茵兰-伐尔兹（Rheinland-Pfalz）、萨尔兰（Sarrland）、萨克森（Sachsen）、萨克森-安哈特

(Sachsen-Anhalt)、石勒苏益格-荷尔斯泰因(Schleswig-Holstein)、图林根(Thueringen)。

德国各州的形成具有比较深厚的历史基础，其领域也较为固定，但并非绝对不能变动。基本法第29条规定，为保障各州能按其大小和能力有效地完成各项任务，联邦领土可以重新划分，但重新划分时应考虑有关地区的同属关系、历史和文化联系、经济上的目的性以及地区规划和开发的需要，而且应征求相关各州的意见，还要有经全民公决所通过的联邦法律为依据。

一、联邦与各州之间的关系

与单一制国家相比，联邦制国家的主要特点就在于联邦与联邦成员（各州）之间具有一种特殊的关系模式，这就是分权制衡，在这方面，德国就是一个典型。

由于凡联邦制国家，都是先有各州而后有联邦，是经各州同意才结成联邦的，而且根据民主的原则，国家权力本来就属于各州（人民），所以联邦的权力就只可能来自于各州的授予（通过宪法），而宪法未明载的权力，就都为各州所保留。这就是联邦制的分权原则。德国基本法第30条就规定，除基本法另有规定或许可外，政府权力的行使和政府功能的履行，是各州的职责所在。那么各州究竟应当授予联邦什么样的权力呢？首先，各州既然同意联合为一个国家，那就意味着这种联合具有为各州所承认的合理性，因而维护这种联合也是必要的，这就是各州赋予联邦的首要职责和权力：维护各州的联合，保持联邦国家的整合性。德国基本法第31条就规定，联邦法律优于各州法律。第37条又规定，若一州不履行本基本法或其他联邦法律所规定的联邦义务，则经参议院批准，联邦政府可采取必要措施，强制该州履行其义务。在执行联邦强制权时，联邦政府或其委托机关有权向各州及其政府发布指令。第115条还规定，在联邦领土遭到武力攻击或具有此种威胁的防御状态下，属于各州立法权限范围内的事务，联邦亦享有共同立法权。其次，各州同意联合成一个国家，自然是因为这样做具有一定的好处（即上面所谓的合理性），而联邦就是为了达成这些好处而产生的，由此便产生了一些职责，必须由联邦来承担，包括那些全国性的、各州不便甚至无力承担的职责，如外交、国防、跨州商贸、交通、通信、统一货币、统一度量衡等。而要联邦承担起这些职责，各州当然也就要赋予联邦相应的权力。这样，联邦与各州之间的分权（权限划分）就清楚了。显然，联邦被赋予的所有这些权力都具有集中性，而各州所保留的权力则具有分散性，由此便在分权的联邦与各州之间形成一种制衡关系，即在联邦与各州之间达到一种平衡：分散性的各州可防止联邦过分集权，由此危害各州（人民）的既有权力，产生暴政，但各州过分分散，则可能会危及联邦国家的整合性和生存，而联邦所掌握的集中性权力，便有助于防止这种情况的发生。除了这种消极的方式外，联邦与各州之间适度的积极互动或者说合作，也有助于达到平衡，所以德国基本法第 35 条就规定，联邦和各州所有机构之间，要相互提供司法和公务协助。

下面我们着重来看一下德国联邦与各州之间的权限划分状况。

（一）外交权

根据基本法第 32 条的规定，外交是属于联邦职权范围内的事务，但是在缔结涉及某州特别利益的外交条约前，联邦也应及时听取该州的意见。此外，各州在其立法权限范围内，经联邦政府同意，可与外国签订条约。

（二）立法权

对于联邦与各州在立法权限上的划分，基本法第 70 条首先有一个原则性规定，即基本法没有授予联邦立法权的，各州均有立法权。具体来说，联邦与各州之间的立法权限划分，分为专属立法和竞合立法两种情况。

1. 专属立法

基本法第 71 条对于专属立法的原则作了规定，即在联邦的专属立法范围内，各州只有在联邦法律明确授权时，才有立法权。在此原则之下，基本法第 73 条规定了联邦的专属立法范围，其中主要包括如下事务：外交和国防（包括民防在内）；联邦的国籍事务；迁徙自由、护照制度、登记和个人档案事项、出入境和引渡；货币政策、货币和铸币、度量衡和时间标准的确定；关税和贸易区域的统一、贸易协定和航运协定、商品流通自由、与外国的商品交易和支付，包括关税保护和边防；保护德国文物以免流失海外；空中交通；所有权完全或大部分由联邦掌握的铁路交通（联邦铁路），联邦铁路的建设、维修和运营以及使用铁路网的收费；邮政和电信；联邦和联邦公司机构根据公共法律所雇用的职员的法律地位；工业产权、版权和出版法；在国际恐怖主义危险跨越州界、州警署还不具有相应能力或者州最高机构发出请求的情况下，由联邦刑事警署对付国际恐怖主义危险；以及联邦和各州在下列事项上的合作事务：刑警；保护自由民主的基本秩序，联邦或州的生存和安全；对付联邦领域内发生的有害德意志联邦共和国外交利益的暴力行为或以此为目的的有关准备行为，以及设立联邦刑事警署和对犯罪的国际控制；基于联邦目的的统计；有关武器和爆炸物的立法；关怀因战争而造成的残障人士、寡妇和孤儿，帮助前战俘；和平生产和利用核能，为此目的建设和运营工厂，防止由核能或电子辐射外泄所造成的危险，处理辐射物质。

2. 竞合立法

基本法第72条对于竞合立法作出了原则性规定，即在竞合立法的范围内，只有在联邦没有行使立法权的时候，各州才有立法权；但对于外国人居留、公共福利、经济事务、教育和培训津贴以及促进科学研究、土地等资源转变为公有、医院的经济生存能力和医院护理费、食品、道路和车辆、国家责任、人体器官改造和移植等竞合立法事务，为了在联邦领域内创造同等的生活条件，或出于捍卫整个国家利益、维护法制和经济统一的原因，联邦享有立法权。但若某项联邦法律的规定不具备这里所指的必要性，则联邦法律可规定由州法律取代之；对于捕猎、自然保护和土地开发、土地分配、区划安排、水资源保护、大学准入制和大学学位等方面的事务，在联邦行使了立法权的情况下，各州亦可制定不同的法规。若联邦与各州均有立法，则最近的立法具有优先性。

（三）行政权

对于联邦与各州在行政权方面的划分，基本法第83条也给出了一个原则性的规定，即除基本法另有规定或许可外，各州均把联邦法律当做它们自己的事务来执行。换言之，行政权绝大部分都归属于各州，这和基本法第30条的规定是相一致的。据此原则，德国基本法列举了联邦行使行政权的四种方式：

一是联邦直接进行管理。基本法第87条明确了属于联邦直接管理的事务范围，这些事务都在联邦的专属立法事务范围内，主要包括：外交、联邦财政、联邦边防、警察、情报、刑事警察、社会保险、建立和使用军队（Armed Forces）①、军队的行政管理、邮政和电信、联邦银行（可在欧洲联盟范围内转移给欧洲中央银行）等。

① 德国基本法规定，联邦为防御而建立军队，建立计划中须载明军队的数量及其组织规模的基本情况；除用于防御外，军队只有在基本法明确准许时，方能投入使用；在防御状态和紧急状态下，军队在履行其防御任务的必要范围内，有权保护平民财产、执行交通管制。为支持警察的行动，还可接受委托，承担保护平民财产的任务；若发生对联邦或州的生存和自由民主的基本秩序构成迫在眉睫的危险，而州又不愿或无力处理，且警察和联邦边防部队（Federal Border Guard）力量不足时，联邦政府可动用军队支持警察和联邦边防部队，以保护平民财产和平息有组织的军事武装叛乱。但如众议院或参议院要求停止使用军队，则应停止使用军队。

二是联邦委托州进行管理。基本法第 87 条对这方面的事务作了规定，主要有核能、空中交通管理、铁路、联邦水道、联邦公路和高速公路等。第 85 条则规定，对于这些委托州进行管理的事务，联邦有权就州执行的合法性和适当性进行监督。为此，联邦政府可要求各州提供报告和档案文件，并可向所有机关派遣专员。

三是联邦监督州进行管理。基本法第 84 条规定，对于各州执行联邦法律的情况，联邦政府有权进行监督。为此联邦政府得派员驻于各州的最高行政机关，并经各州最高行政机关的同意，或各州最高行政机关不同意但经参议院同意，得派员驻于各州的下级行政机关。若联邦政府认定州执行联邦法律有错误，但州未予改正的，则参议院根据联邦政府或州的提议，可作出决议，以确认该州是否违法。若联邦政府或州不服参议院的决议，则可向联邦宪法法院提出申诉。

四是联邦与州联合进行管理。基本法第 91 条 a 规定，对于各州所执行的有关经济结构的区域改善和农业结构的改善以及海岸防护事务，如具有整体性的重要意义并且联邦的协作有助于改善生活条件时，则联邦可参与协作执行任务，这就是联合任务。关于联合任务，由经参议院批准的联邦法律作出详细规定。此外，第 91 条 b 还规定，对于大学之外的科学研究机构和项目、大学的科学研究项目以及大学的大型研究设施这些事务，若具有超越地区的重要性，以及为对教育制度的实施进行国际性比较，联邦与各州之间都可以根据协议进行合作。

（四）财政权

德国联邦与各州在财政权上的权限划分，表现在财政支出的划分、财政收入的划分、预算分开、财税管理体系分开等多个方面。

1. 财政收支的划分

基本法第 104 条 a 规定，除非基本法另有规定，联邦和各州应分别承担履行各自任务的支出，但若是联邦委托各州管理事务，则由联邦负担相关支出。

关于财政收入的划分，首先是税收立法权的划分。基本法第 105 条规定，联邦享有对关税和国家垄断经营的专属立法权；如果税收的全部或部分属于联邦所有，或具备第 72 条（竞合立法原则条款）第二款所指的条件，则联邦对其他税收也享有竞合立法权；对于与联邦法律规定不同类的地方消费税，各州享有立法权，各州还有权确定房地产销售的税率。

基本法第 106 条则具体地规定了分属联邦和各州的财政收入范围，其中，

（1）国家垄断经营的收益和下列税收均属联邦所有：关税；不属于各州所有的，或不属于联邦和各州共享的，或不属于乡镇所有的消费税；道路货物运输税；资本流通税、保险税和票据税；一次性财产税和为平衡负担而征收的平衡负担税；所得税和法人税的附加税；在欧洲共同体范围内的赋税。（2）下列税收属各州所有：财产税；遗产税；机动车辆税；不属于联邦所有的，或不属于联邦和各州共享的流转税；啤酒税；赌场税。此外，没有乡镇的州，还可享有本属乡镇所有的地产税、工商税、地方消费税和高档消费品税。（3）所得税、法人税和增值税属于联邦和各州的共享税收，但属于乡镇的所得税收入和增值税收入除外。其中，对于所得税和法人税，联邦和各州各得一半，至于增值税的分割比例，则由联邦法律予以规定并获得参议院的批准，通常会根据情况变化而进行调整。①

经过财政收支的划分，联邦与各州以及各州之间都可能会出现一些财政不平衡的状况，为此，基本法也规定了财政平衡措施，主要包括财政拨款、补贴和资助等手段。首先，各州有向联邦请求财政平衡的权利，联邦则从自有资金中对财政能力较弱的州给予援款（即补充拨款），以补充一般的财政需要。其次，经参议院批准的联邦法律可以规定，人均州税、法人税和工资所得税低于各州平均水平之下的州，可享受部分州税收补贴，但补贴最多不超过该州所得税收入部分的1/4。此外，自1996年1月1日起，联邦还从其税收中划拨款项，以补贴各州近途客运交通。最后，为防止整体经济的不平衡，或为平衡联邦领域内不同的经济实力，或为促进经济增长而有必要在州和乡镇（联合乡镇）作重要投资时，联邦可给予各州以财政资助。

2. 预算和财税管理体系分开

基本法第109条规定，联邦和各州的预算各自独立，互不依赖。第108条

① 实际上在德国，除了在联邦与各州之间实行分税制外，州以下的地方乡镇也纳入了分税制体系，只不过德国基本法规定，乡镇（包括联合乡镇）的收入和支出被视同为州的收入和支出。具体而言，所得税收入的一部分将根据乡镇居民交纳所得税的数额，由各州转交给各乡镇；自1998年1月1日起，乡镇也享有一定比例的增值税收入；各州还依据与地方和经济实力挂钩的计算分配办法，向乡镇转移营业税收入；此外，地产税和工商税收入也归乡镇所有，地方消费税和高档消费品税的收入则或属于乡镇所有，或依照州法律属于联合乡镇所有。州的法律则授权乡镇在法律规定的范围内确定地产税和工商税的税率；最后，在州所分享到的共享税收中，乡镇和联合乡镇按照州法所规定的比率，也获得一部分收入。甚至在财税管理体系上，基本法也规定，对于全部属于乡镇（联合乡镇）收入的税收，各州可将州财税机关的管理权全部或部分转交给乡镇（或联合乡镇）。

又规定了各自分开的财税管理体系，其中，（1）对于关税、垄断经营和联邦法律所规定的消费税，包括进口销售税和欧洲共同体范围内的各种税收，均由联邦财税机关管理。联邦财税机关的组织由联邦法律予以规定，不过在任命中级财税机关的首长时，应征询州政府的意见。（2）其他税收由州财税机关管理。此类机关的组织机构和公务员的统一培训，可由经参议院批准的联邦法律予以规定，但若设立中级行政机关，则需经与联邦政府协商一致后，方可任命其首长。（3）州财税机关可受联邦委托，管理全部或部分属于联邦所有的税收。（4）如能使税法的实施得到重大改进或更加便利，经参议院批准，联邦法律可规定联邦和各州的财税机关进行合作。

二、各州

在德国基本法所确定的联邦制构架之下，各州充分自主。各州均制定有自己的宪法，由此确定各州的宪政制度，基本法则仅仅规定了各州宪法所必须遵循的基本原则。根据基本法第28条的规定，各州宪法所必须遵循的基本原则包括共和、民主、法治和社会福利，而且要求必须以普遍、直接、自由、平等和秘密的方式选举产生出州的人民代表机构（即议会）。据此，德国各州均按照议会制模式来设置政府。

各州议会均按照比例代表制与多数选举制相结合的办法选举产生。大多数州议会的任期为四年，少数为五年。各州议会一般都是一院制，只有巴伐利亚州还另设参议院，但1999年以后也被废止了。各州议会的主要职能有二：一是根据基本法所确定的权限进行立法，二是选举产生出州长并予以监督。

州长是各州政府的行政部门首脑，各州州长均由州议会选举产生。州长之下设各部部长，共同组成州政府的行政部门。除柏林、汉堡和不来梅三个州由议会选举产生各部部长外，其余各州的各部部长均由州长选拔。以州长为首的行政部门必须得到州议会的信任。

各州一般还设有包括宪法法院和民事、刑事、行政、劳工、财政、社会法院等在内的法院体系，其中，州法院的法官均由任命产生，但各州宪法的规定不一，通常是由州司法部长与法官选任委员会共同来选拔任命的。从法官的产生角度来看，可以认为在德国存在一个与联邦法院有别的州法院体系，但从司法的角度来看，由于联邦法院和州法院共同形成统一的上诉层级体系，所以将它们看成是两个不同的法院体系似乎又不太合适。比如说各州的宪法法院，它们的确具有相对的独立性，只以本州的宪法为据，对各州的法律是否违反州宪进行审查，但是在特殊情况下，对于各州宪法法院的违宪判决，也可以向联邦宪法法院提出上诉。可见在德国，完全不必拘泥于联邦法院与州法院的体系区分。

三、地方

在联邦制国家，州以下才被称作地方。在德国，州以下的地方行政区划大致分为三级，现在共有五个较大的州，其下分为若干行政区（Regierungsbezirke），全德一共有22个行政区，包括：（1）巴登-符腾堡州的首府为斯图加特（Stuttgart），其下分为斯图加特、卡尔斯鲁厄（Karlsruhe）、弗赖堡（Freiburg）和图宾根（Tübingen）4个行政区；（2）巴伐利亚州的首府是慕尼黑（München），下有上拜恩（Oberbayern）、下拜恩（Niederbayern）、上普法尔茨（Oberpfalz）、上弗兰肯（Oberfranken）、中弗兰肯（Mittelfranken）、外弗兰肯（Unterfranken）和施瓦本（Schwaben）7个行政区；（3）黑森州的首府为威斯巴登（Wiesbaden），下有达姆施塔特（Darmstadt）、吉森（Gießen）、卡塞尔（Kassel）3个行政区；（4）北莱茵-威斯特法伦的首府为杜塞尔多夫（Düsseldorf），下有杜塞尔多夫、科隆（Köln）、明斯特（Münster）、德特莫尔德（Detmold）和阿恩斯贝格（Arnsberg）5个行政区；（5）萨克森州的首府为德累斯顿（Dresden），下有开姆尼斯（Chemnitz）、德累斯顿和莱比锡（Leipzig）3个行政区。

除柏林、汉堡和不来梅3个城市州之下设都市区外，上述五大州的行政区之下以及其余8州之下均分为县（Kreise），县又分为乡村县（Landkreise）和城市县（kreisfreie Städte）两种，亦可分别称作县和市。最后，县再划分为乡镇（Gemeinden）。

行政区不是自治单位，而是州政府的派出行政单位。根据德国基本法第28条的规定，只有县/市与乡镇两级才是地方自治单位。第28条规定，县和乡镇必须通过普遍、直接、自由、平等和无记名的方式选举产生出人民代表机构，但在乡镇可由乡镇大会代替人民代表机构；保障乡镇和联合乡镇在法律范围内自行处理地方事务的自治权利，其中就包括财政自主权，比如乡镇享有附加征税权。

就县乡的自治来说，基本法只是规定了基本原则，具体细节则是由各州相关的县乡法来予以规定，由此也造成德国地方自治的事务范围以及地方政府的设置都存在一系列的细微差别。不过总体而言，德国地方政府的设置大多是议会制模式的，也就是说，县/市和乡镇均设置由选民直接选举产生出的议会机构（或者直接由乡镇大会代替），地方议会再选举产生出地方的行政部门，作为议会的执行机构。以乡镇为例，德国乡镇政府大概有这样几种模式：

第一种模式主要分布在德国北部，其主要特征是：选民直接选举乡镇议会，乡镇议会则选举议会的各个工作委员会以及乡镇长，同时还选举或任命乡镇总监。其中，各工作委员会是议会的执行部门，由乡镇总监担任行政首长，总理具体的行政事务，而乡镇长则只是议会的主席（议长）和乡镇在礼仪上的代表。此模式类似于英美国家的议会—经理制。

第二种模式在全德各个地方都有，其主要特点是：选民选举乡镇议会，乡镇议会再选举议会的各个工作委员会，并选举乡镇长。乡镇长是乡镇行政事务的首脑，但不是乡镇议会的主席。

第三种模式主要分布在莱茵河流域，其主要特征是：选民直接选举乡镇议会，乡镇议会则选举议会的各个工作委员会以及乡镇长。乡镇长既是乡镇议会的主席，又是乡镇的行政首脑。

最后一种模式比较奇特，主要分布在德国南部，其主要特征是：乡镇议会和乡镇长均由选民直接选举产生。乡镇议会主要负责决策，而乡镇长则既是乡镇议会的当然主席，又是行政机构的首脑，领导由议会选举产生的各个工作委员会，以执行议会的决定。

第四节　联邦总统

以下介绍德国联邦政府制度的情况。德国联邦政府由总统、议会和行政部门等机构组成，其中总统是虚位的纯粹国家元首，立法权归属联邦议会，行政权归属以总理为首的内阁，司法权归属联邦法院。

联邦总统在德国是虚位的国家元首。根据基本法的规定，联邦总统在国际法的意义上代表德意志联邦，他以联邦的名义同外国缔结条约，并派遣和接待使者。联邦总统还任免联邦法官、联邦公务员、军官，但法律另有规定的除外。在个别情况下，联邦总统代表联邦行使赦免权。对于上述权限，联邦总统亦可委托其他机关行使。不过基本法明确规定，联邦总统所发布的命令和指令需经联邦总理或主管部长副署方可生效。① 正是这一副署的规定，将德国总统确定为虚位的国家元首。

① 需注意，此项副署的规定不适用于联邦总理的任免以及解散众议院等情形。

尽管德国总统是虚位的，但在德国政治生活中的地位却很崇高，排在第一。根据基本法的规定，非经众议院许可，不得因为涉嫌犯罪行为而对总统追究责任或予以逮捕（但在犯罪时被捕或在犯罪次日被捕的除外）。此外，限制总统人身自由或依据基本法第 18 条的规定（关于基本权利的丧失）而引入有关针对总统的程序时，均需取得众议院的批准。应众议院的要求，针对总统的任何刑事诉讼程序以及根据第 18 条所采取的程序、任何拘捕和限制人身自由的其他措施，均应停止进行。

联邦总统任期五年，且只能连任一次。联邦总统由联邦大会选举产生，凡年满 40 周岁且具有众议员参选资格的德国人均可参选。其中，联邦大会由众议院全体议员以及与之数量相等的、由各州议会根据比例代表原则选举产生的人员共同组成。联邦大会应在联邦总统任期届满前的 30 日内召开，若总统提前卸任，则应在卸任后的 30 日内召开大会。联邦大会由众议院议长召集，众议院议长就是联邦大会的主席。联邦大会遵循众议院的议事程序。联邦大会的每一个成员都有权提名联邦总统的候选人，但在实践中只有各党派事先确定的候选人才会得到提名。联邦总统的选举采用秘密投票且不经讨论的方式。获得联邦大会成员过半数票者即当选为联邦总统，如两轮投票后仍无人获得过半数票，则在第三轮投票中得票最多者当选。在当选人接受选举结果后，众议院议长就宣布联邦大会闭幕。有关联邦总统选举的具体情况，基本法授权议会以法律予以规定，此即《联邦总统选举法》。

联邦总统在就职时，须在参众两院议员面前宣誓："我宣誓，我将奉献我的力量以造福德国人民，增进其利益，免除损害，维护和捍卫基本法和联邦法律，恪尽职守，公平待人。愿上帝保佑！"宣誓亦可不采用宗教的方式进行。

联邦总统不得兼任联邦行政部门以及联邦或州立法机构的成员，还不得兼任任何其他有薪酬的职务，亦不得从事任何经营和其他职业，不得兼任任何以营利为目的的企业管理人员或监事会成员。

对于联邦总统故意违反基本法或其他联邦法律的行为，众议院或参议院可向联邦宪法法院提出弹劾请求，但需至少有占众议院 1/4 的众议员或参议院表决票的 1/4 同意，方可提出弹劾案。对于弹劾案的表决，还须众议院议员的 2/3 或参议院表决票的 2/3 多数同意才能通过。联邦宪法法院审理弹劾案，如认定联邦总统故意违反本基本法或任何其他联邦法律，得宣告其解职。此外，弹劾程序启动后，联邦宪法院得以临时命令决定停止总统行使其职权。

联邦总统在无法行使其职权或提前卸任时，其职权由参议院议长代行。

第五节　联邦议会

德国联邦议会是两院制设置，由众议院（Bundestag，也译为“联邦议院”）和参议院（Bundesrath，也译为“联邦参议院”）组成。

一、众议院

（一）组成与结构

1. 议员

德国基本法对于众议院的规定大多是原则性的，而将许多细节问题授权给议会以法律的形式来予以规定。按照德国现行《联邦选举法》的规定，众议院的法定基数为598名。① 由实行特殊的选举制度所致，德国众议院的实际人数往往会多于598名，比如2002年选举产生了603名议员，2005年选举产生了614名议员，2009年9月27日，德国举行了第17届众议院（亦即目前的德国众议院）的选举，结果产生了622名议员（见表2-1）。

表2-1　**2009年德国第17届众议院选举的结果**

政　　党	第一票	比例（%）	单选区议席	第二票	比例（%）	州选区议席	议席总计
基民盟(CDU)	13,856,674	32.0	173	11,828,277	27.3	21	194
基社盟(CSU)	3,191,000	7.4	45	2,830,238	6.5	0	45
社会民主党(SPD)	12,079,758	27.9	64	9,990,488	23.0	82	146
自由民主党(FDP)	4,076,496	9.4	0	6,316,080	14.6	93	93
左党(DIE LINKE)	4,791,124	11.1	16	5,155,933	11.9	60	76
联盟90/绿党(GRÜNE)	3,977,125	9.2	1	4,643,272	10.7	67	68
PIRATEN党	46,770	0.1	0	847,870	2.0	0	0
国家民主党(NPD)	768,442	1.8	0	635,525	1.5	0	0
共和党(REP)	30,061	0.1	0	193,396	0.4	0	0
其他	430,550	1.0	0	930,111	2.1	0	0
总计	43,248,000	100	299	43,371,190	100	323	622

① 在1990年德国统一之前，该法定基数是496名，统一后增加了160名，故变成656名。2002年的时候，众议院的法定基数才减少到现在选举法所规定的598名。

德国基本法第 38 条规定，德国众议院的议员是全体人民的代表，不受（选民的）委托和指令的约束，只基于其良心任职。众议员都是专职的，原则上不能从事另外的职业。众议员享有一系列基本法所赋予的权利和特权（具体则由《议员法》来予以规定）：（1）任何人不得阻碍众议员履行其职务，众议员也有权获得适当的用以保证其独立性的报酬，有权免费使用所有的国家交通工具。现在德国众议员的薪金与行政部门最高官员的相当，他们还另外享受补贴，在国内旅行时可免费乘坐联邦铁路局的火车和汉莎航空公司的飞机。众议员任职八年以上者，在达到退休年龄后，还可领取退休金。（2）众议员在众议院或众议院的委员会中所作的投票和所发表的言论，在任何时候都不得进行法律和职务上的追究，也不得在众议院之外追究其责任，但有关诽谤性的侮辱除外。（3）非经众议院许可，不得因为众议员涉嫌犯罪行为而追究其责任或予以逮捕，但众议员在犯罪时被捕或在犯罪次日被捕的除外。凡需限制议员人身自由，或根据基本法第 18 条的规定而需启动针对众议员的有关程序①，均需取得众议院的批准，而且应众议院的要求，针对众议员而采取的任何刑事诉讼程序，或根据基本法第 18 条而采取的程序，以及拘捕和限制人身自由的其他措施，均应停止进行。（4）众议员不管是以议员身份被他人告知某项事实，或是以议员身份将某项事实告知他人，他都有权拒绝就他人和事实本身作证。

众议员任期四年（除非众议院被提前解散），其任期在新一届众议院举行会议时终止。新一届众议院的选举应于现任众议院任期结束前的两个月内举行。如果众议院被提前解散，则选举应在解散后的 60 日内举行。

众议院的选举实行普遍、直接、自由、平等和秘密的原则。德国众议院的选举既有多数选举制也有比例选举制的因素，实行两票制。也就是说，选举要划分为两种选区来进行，一种为单选区，另一种则是以各州为单位的州选区；两种选区中的候选人是按照不同的方式产生出来的，其中州选区中的候选人只能由各政党以名单的方式提出来；选民都将投两张选票，一张（第一票，Erststimme）投给单选区中的个人候选人，另一张（第二票，Zweitstimme）则投给州选区中的政党名单候选人；所有单选区都按照相对多数当选制选举产生出众议员，由此所产生的众议员总数占众议院法定基数的一半（598/2 = 299

① 基本法第 18 条规定，任何人若以攻击自由民主的基本秩序为目的而滥用自由发表意见权（特别是新闻出版自由权）、教学自由权、集会自由权、结社自由权、通信、邮政和电讯秘密权、财产权和避难权，则将由联邦宪法法院宣布其丧失相应的基本权利。

名），至于其他的众议员，在德国则是以一种非常复杂的方式产生出来的。

具体来说，整个选举过程大致包括如下一些环节：

（1）选区的划分。众议院的选举分为两种选区，一种是以州为选区单位（可简称为州选区），德国共有 16 个州，故总共便有 16 个州选区。《联邦选举法》并未规定每个州选区所应产生的议员名额，因为最后的议席分配办法与此无关，故无此规定之必要。另一种是单选区，每个选区只产生一名众议员。单选区的划分是根据人口统计所测算出来的基数来确定的，现在这个基数大概是 22.7 万人。一个单选区的人口数字不得高于或低于这个基数的 15%，如果偏差在 25%以上，则必须重新划分选区。此外，单选区的划分还要遵循下列原则：选区划分不得跨越州界；一州内的各选区人口数应尽可能相等；选区应是一个完整的地域，不得有飞地存在；尽可能依据乡镇和县/市的疆界来划分选区。由此可见，单选区的划分实际上是根据各州的人口比例来进行的，由此人口多的大州，就将划分为更多的单选区，也就意味着将获得更多的众议员名额。

单选区的划分是由一个政治中立的常设选区委员会来负责的，该委员会由联邦总理任命的联邦统计局局长、联邦行政法院的一名法官和其他五名成员所组成。选区一旦划定便不能轻易改动，除非选区委员会向众议院提出建议，由众议院立法来改变选区。

为便于选民投票，每个单选区都要被划分为若干个投票区，每个投票区设一个投票站（点）。一般情况下，一个投票区所涵盖的人口不得多于 2500 个居民。在医院、养老院、护理院、康复中心、监狱等特殊地方，还会设置特别投票区。此外还设有邮寄投票区，主要是为了方便受理和计算邮寄投票，通常是把几个投票区合并起来，构成一个邮寄投票区。

（2）选举机构。选举机构是负责具体选举事务的专门组织，在德国分为联邦、州、县等若干个层级。通常，联邦和州这两级的选举机构在新一届选举开始前的一年半就成立了，而县以下的选举机构则在选举日确定后才成立。各级选举机构都是临时性的，选举结束后即告解散。

首先，联邦选举委员会主要负责汇总各州和各选区的选民名单以及候选人名单，处理与监督全部选举事务。联邦选举委员会的主任通常由联邦内务部任命联邦统计局主席担任，其他委员则由主任挑选和任命。

其次，各州选举委员会的任务与作用和联邦选举委员会相似，同时负责受理各政党提出名单候选人的申请。州选举委员会的主任由州内务部在其高级公务员或州统计局领导人员中任命，并通知联邦选举委员会，其他委员则由主任自行任命。

再次，县选举委员会是按单选区来设置的，即一个单选区设置一个委员会。这些委员会承担了大量的选举组织工作，特别是受理单选区个人候选人的申请和进行选民登记。县选举委员会的主任一般是从州议会议员、市长或县长等人选中任命的。

最后，每个投票区也设选举办公室，承担最具体的选举组织工作，如核对选民名单、组织投票等。投票区的选举主管是从居住在该投票区的有选举权的公民中选任的。

《联邦选举法》规定，所有选举机构的工作人员所承担的都是没有任何报酬的名誉职务，而且所有工作人员在任职期间都要保持中立，不能参与政党竞选活动或作为候选人，也不得兼任一个以上的选举机构成员。

（3）选民资格与选民登记。任何在选举日年满 18 周岁，选举日前至少有三个月在德意志联邦共和国有住所或居留，根据《联邦选举法》第 13 条没有被剥夺选举权①，具有德国国籍的人均享有选举权。②

选民登记就是确定选民资格的过程。在德国，选民登记采用政府登记与自行登记相结合的方式，也就是说，乡镇政府将符合资格的公民自动登记到选民册上，只有在诸如搬家、有几个居所的特定情况下，才由公民自行进行变更登记。每次选举时都会进行选民登记。乡镇政府在每次选举前都要核对选民名单，将印有姓名、出生年月日、住址和居住期间的表格发放给各投票区，由投票区选举办公室的工作人员上门核对。选民登记完成后，乡镇政府就会在选举日前的 16—20 天公布选民名单。公民有权对本人是否登记在名单上或登记得正确与否提出审查要求，并可向行政法院提起诉讼。如果已列入选民名单的选民因某种原因不能在自己的投票区内投票，则其就可以申请一张选民证，凭此可在本选区内的任何一个投票站或通过邮寄投票。

（4）候选人的资格与产生。具有被选举权的德国人可作为众议员候选人

---

① 这主要包括被法院判决不享有选举权，以及根据刑法而被精神病院收容等情况。

② 此外，任何具有德国国籍的人，若其在选举日具有以下情况，也有选举权：（1）作为官员、士兵、职员和公务雇员以及他们的亲属，依其雇主的命令在德意志联邦共和国以外地区生活；（2）在欧洲理事会其他成员国生活，只要他们在 1949 年 5 月 23 日以后至他们离开前至少三个月不间断地在德意志联邦共和国有住所或居留；（3）在德意志联邦共和国以外地区生活，只要在其离开前至少三个月不间断地在德意志联邦共和国有住所或居留，并且离开的时间不超过十年。上述规定同样适用于没有悬挂联邦船旗的船只上的海员及其家属。

参加竞选。截至选举日那天，获得德国国籍至少一年，并且已经年满18周岁的任何德国人都具有被选举权，除非被剥夺了选举权，或者被法院判决不享有被选举权或不能担任公职。基本法规定，凡竞选众议员的人员均享有为准备竞选所必要的休假权，不得阻碍任何人当选议员，包括采取解雇或免职的手段。

众议员候选人的产生包括两种情况：一种是有意参加单选区选举的人士，以个人名义向县选举委员会提交参选申请。但是提出申请也是有条件限制的：如果候选人具有政党背景（这在德国最为常见），那么他就要向县选举委员会提交由本党的州委员会主席所签署的提名单，以此表示候选人得到了政党的支持；但如果候选人所属政党在上次众议院选举中未占有5%的席位，或者候选人完全没有政党背景（即独立候选人），那么他就要得到该选区200名选民的联名推荐才行。不管是哪种情况，由此产生的众议员候选人都叫做直选候选人。另一种众议员候选人叫做州名单候选人，是在各个州选区中，由各政党全国委员会的主席向各州选举委员会提交本党的候选人名单而产生的。州名单候选人以各个政党为归属，每个政党在每一个州都只能提交一份名单，至于各政党候选人名单上的人数，法律未作规定，候选人在名单上的排序也由各政党自己决定，直选候选人也可以被列入这种名单之中。

不管是哪一种候选人，都要在选举日之前的90天之内提出来。县选举委员会和各州选举委员会在收到提名后就进行资格审查，若获得通过，则报联邦选举委员会汇总。

（5）竞选。竞选是候选人在法律许可的范围内，采取各种手段以争取选民支持的过程。实际上，在候选人还未产生之前，激烈的竞选活动便已拉开了序幕。在德国，竞选一般开始于选举日前的一年左右，而到选举日前的3—4周，竞选则达到高潮。在竞选的过程中，政党都是主角，因为绝大部分众议员候选人都是由政党来提名或获得政党支持的，候选人也只有依托于政党，才有可能获得竞选的胜利，德国的众议员竞选尤其如此，那些无任何政党背景的个人参选，几无胜出者。

（6）投票与计票。联邦总统确定选举日，选举日必须是星期日或法定节假日。选举日当天的8：00—18：00为选民到投票站进行投票的时间。每个投票站都设在某座建筑物的一个房间内，选民在一个个专设的写票棚中写好选票后，将选票装入信封封好，再投入投票箱。写票棚每次只能进入一人，以保护选民秘密投票的权利，除非因为残疾等原因需由他人代写。选民需投两张票，第一张选票上印有该单选区内直选候选人的姓名，其中由政党提出的直选候选人，还包括有政党的名称及其缩写，其他候选人也有相应的标记。选民于其中直接选择一位候选人即可。第二张选票上印有各政党的名称及其缩写，以及各党前五位候选人的姓名，选民只需在其中选择一个政党即可（封闭式名单投票）。在投票过程中，选民不能受到任何干扰，在投票后，任何人也不得询问选民投票方面的问题。

投票结束后，首先由投票区选举办公室确定有效票数、每个直选候选人的得票以及每份政党名单的得票，然后上报县选举委员会。《联邦选举法》规定，出现如下情况的选票均为无效：没有把选票放在由官方提供的标准信封中，或者不是放在本选区的信封中；选票放入官方信封，但其封固方式有泄密危险，比如封口不严，从外面很容易看到选票内容，等等；没有作出任何选择标记的选票，即空白选票；选票上的选择不能清楚辨认，使人不知选民的意愿；包含附言或附带条件的选票，比如对选举的批评，改变选票所印制的候选人顺序，等等。

（7）分配议席。众议院的议席分配在计票的基础上进行。首先，县选举委员会确定在其选区中所当选的直选候选人并予以公布和通知当选者，然后上报州和联邦选举委员会。州选举委员会主要负责确认本州内各政党名单的得票，然后上报联邦选举委员会，联邦选举委员会则最后确定各州的各政党名单候选人的当选者，并交由州选举委员会主任正式通知当选者。不过联邦选举委员会的议席分配工作并不简单，实际上十分复杂（如表 2-2 所示）。

德国众议院的席位分配方法被称作比例代表制的圣-拉格/谢佩斯方法（Sainte-Laguë/Schepers method of PR）。设众议院的法定议席基数为 TR（1949—1990 年，TR = 496；1990—2002 年，TR = 656；2002 年至今，TR = 598）；各州以 $S_1 \cdots S_x \cdots S_{16}$ 来表示；$P_1 \cdots P_n$ 表示各个大党，$p_1 \cdots p_m$ 则表示各个小党（包括独立候选人，下同）；R 表示为大党分配的议席，D 为大党实际所获得的议席，d 则表示小党在单选区选举中所获得的议席；T 表示有关大党的统计，t 则表示有关小党或独立候选人的统计；其余各符号的含义已在表 2-2 中标明。具体的分配过程为：

第一步，为各党在全国分配总议席（见表 2-2 中最右侧“合计”一列的上栏），但是小党（包括独立候选人，下同）被取消分配的资格。以全国而论，凡是第二票得票数不足第二票总数的 5%，且在单选区中所获得的议席不到三个的政党，就是小党，即 $tBp_m/(TB+tB)<5\%$ 且 $d<3$。在这种情况下，小党在单选区中所获得的席位（当然也可能未获得席位，即 $d=0$），就是它们最终所获得的议席。这样的小党和其他议席总数未达到 5% 的政党一样，其议员都只能以个人名义参加议会活动，而不能组织议会党团。

表 2-2　　　　　　　　**德国众议院选举的议席分配办法**

各州 / 各党		S_1			S_x	S_{16}			合计	
		单选区议席总数（Ds）	州选区		…	单选区议席总数（Ds）	州选区		分配议席（R）	第二票（B）
			议席（Dm）	第二票（B）			议席（Dm）	第二票（B）	实际议席（D）	
大党	P_1	TRS_1P_1		BS_1P_1	…	$TRS_{16}P_1$		$BS_{16}P_1$	TRP_1	TBP_1
		DsS_1P_1	DmS_1P_1			$DsS_{16}P_1$	$DmS_{16}P_1$		TDP_1	
	…	…			…	…			…	…
	P_n	TRS_1P_n		BS_1P_n	…	$TRS_{16}P_n$		$BS_{16}P_n$	TRP_n	TBP_n
		DsS_1P_n	DmS_1P_n			$DsS_{16}P_n$	$DmS_{16}P_n$		TDP_n	
小计（T）		TRS_1		TBS_1	…	TRS_{16}		TBS_{16}	TR	TB
		$TDsS_1$	$TDmS_1$		…	$TDsS_{16}$	$TDmS_{16}$		TD	
小党	p_1	0		BS_1p_1	…	0		$BS_{16}p_1$	0	tBp_1
	…	…		…	…	…		…	…	…
	p_m	d		BS_1p_m	…	0		$BS_{16}p_m$	d	tBp_m
小计（t）		d		tBS_1	…	0		tBS_{16}	d	tB
最终结果总计		$TDsS_1+d$	$TDmS_1$	TBS_1+tBS_1	…	$TDsS_{16}$	$TDmS_{16}$	$TBS_{16}+tBS_{16}$	TD+d	TB+tB

在排除了小党之后，各大党将按照公式 $TRP_n = TR \cdot TBP_n/TB$（公式 1）来分配总议席。也就是说，一党在全国所能分得的总议席数，等于它在全国所获得的第二票总数占所有大党的第二票得票总数的比率，乘以众议院的法定议席基数。显然，按照这种办法分配，难免会出现不能整除而留有余数，从而不能将全部议席一次性分配完的情况。为解决此问题，在德国就采取最大余数法（the largest remainder method，亦称 Hare-Niemeyer method）来进行处理。表 2-3 是 1998 年众议院大选后，联邦选举委员会为各大党分配总议席的情况。我们看到，当时的众议院法定议席基数是 656 个，即 TR = 656，但只有 6 个政党才具备了分配的资格。首先根据公式 1 进行计算，由此各党均得到一个整数，这便是各党经初次分配后所获得的议席数，共计 652 个。由于不能整除而留有余

数，所以还剩下 4 个议席未分配完，这时就比较各党的余数（这里是以小数位来表示的），从大到小依次来分配余下的 4 个议席，直到分配完为止。如果有余数相同，则由联邦选举委员会的主任来投上决定性的一票。

表 2-3　　**1998 年众议院选举后为各大党分配总议席**

各　党	第二票的得票数	初分议席	余数	再分议席	最终所分得的议席
社会民主党(SPD)	20,181,269	285	0.268	0	285
基督教民主联盟(CDU)	14,004,908	197	0.963	1	198
基督教社会联盟(CSU)	3,324,480	46	0.992	1	47
绿党(GP)	3,301,624	46	0.669	1	47
自由民主党(FDP)	3,080,955	43	0.550	0	43
民主社会党(PDS)	2,515,454	35	0.557	1	36
总　计	46,408,690	652		4	656

第二步，为各党在各州分配总议席，分配公式为 $TRS_xP_n = TRP_n \cdot TBS_xP_n / TBP_n$（公式 2）。也就是说，一党在某州所能分得的总议席，等于它在该州的第二票得票总数占它在全国的第二票得票总数的比率，乘上该党通过第一步分配所获得的总议席数。同样道理，如此分配也将产生不能整除的情况，这时仍按照最大余数法来进行处理，并且如果在若干州出现余数相同的情况，则仍由联邦选举委员会的主任投上决定性的一票，直到将一党所分得的全国总议席在各州分配干净为止。

以 1998 年的社会民主党为例，如表 2-3 所示，当时社会民主党在全国所得到的第二票总数是 20181269 票，并且根据第一步的分配，社会民主党在全国共分配到 285 席，现在根据公式 2，并且按照最大余数法来处理余数，就得出该党在 16 个州中，所分别分得的总席位（如表 2-4 所示）。其他有分配资格的各大党也以与此相同的方式在各州分配议席。

第三步，计算各党在各州中所获得的单选区议席总数（DsS_xP_n）。这个步骤实际上早已由县和州的选举委员会完成了。由于实行相对多数当选制，所以各单选区的选举结果一目了然，经县选举委员会确认后，上报州选举委员会汇总即可，州选举委员会再上报联邦选举委员会。如果在一个单选区中发生若干候选人的得票（第一票）完全相等的情况，则无需进行第二次投票，而直接由县选举委员会的主任抽签决定。

第四步，计算各党在各州中所获得的州选区议席数，其计算公式为 $DmS_xP_n = TRS_xP_n - DsS_xP_n$（公式3）。也就是说，用第二步所得到的结果减去第三步所得到的结果即可。

以1998年社会民主党在北莱茵-威斯特法伦州（Nordrhein-Westfalen）的情况为例。如表2-4所示，社会民主党在该州总共分到72席，由于该党在这个州总共获得53个单选区议席，因此它在该州所能分得的州选区议席就是19个（72-53=19）。

表2-4　　　　**1998年社会民主党在各州所分配的议席**

各　州	第二票的得票数	初分议席	余数	再分议席	最终所分得的议席
Schleswig-Holstein	788,907	11	0.140949	0	11
Hamburg	445,276	6	0.288190	0	6
Niedersachsen	2,446,945	34	0.555772	1	35
Bremen	201,539	2	0.846135	1	3
Nordrhein-Westfalen	5,097,425	71	0.985866	1	72
Hessen	1,481,898	20	0.927372	1	21
Rheinland-Pfalz	1,028,886	14	0.529934	1	15
Baden-Württemberg	2,118,439	29	0.916608	1	30
Bayern	2,401,021	33	0.907233	1	34
Saarland	361,486	5	0.104907	0	5
Berlin	740,915	10	0.463206	0	10
Mecklenburg-Vorpommern	384,746	5	0.433385	0	5
Brandenburg	670,744	9	0.472251	0	9
Sachsen-Anhalt	620,771	8	0.766532	1	9
Thüringen	549,942	7	0.766284	1	8
Sachsen	842,329	11	0.895375	1	12
合计	20,181,269	275		10	285

显然，由于根据第一步和第二步，任何一个政党在全国以及各州所能分得的总议席数都是既定的，所以它所获得的单选区议席总数越多，则它所获得的州选区议席数就会越少。此外，由于联邦选举委员会在进行第一步和第二步的分配时，完全未考虑第三步的情况，所以甚至有时候还会出现这样一种奇特的情况，即一个政党 P_n 在某个州 S_x 所获得的单选区议席总数 DsS_xP_n，甚至比它

在该州所应分得的总议席数 TRS_xP_n 都还要多，即 $DsS_xP_n > TRS_xP_n$，在这种情况下，该党就将获得比第二步分配还要多的议席（$DsS_xP_n - TRS_xP_n$），但这种多出来的议席却是合法的，该党可以保留这些议席。① 不过如此一来，新一届众议院的总议席数 TD+d 就肯定将超过法定的议席基数 TR，即使 d=0 也是如此，这就是超额议席（TD+d−TR）的产生。这就解释了为什么德国众议院的实际人数往往会多于《联邦选举法》所规定的法定基数。此外，根据表 2-2 也可以看出，一旦有小党或者独立候选人在单选区中当选，即当 d=1 或 d=2 时，则即使 TD=TR，也必定会产生超额议席。只不过，在德国选举法的严格限制之下，加上政党政治运作的效果，这种情况极难出现，表 2-1 就显示了这一点。在德国，任何一个按照选举法所规定的小党（或独立候选人），通常都是一无所获（d=0 且没有分配议席的资格），所以出现超额议席的主要原因还是前一方面。

在 1998 年的众议院大选中，勃兰登堡州总共划分为 12 个单选区，而社会民主党的候选人居然在这 12 个单选区中全部获胜，因此共获得 12 个单选区议席。孰料根据前述的分配办法，社会民主党在勃兰登堡州总共才分得 9 个席位，这样就产生了 3 个超额议席。这一年，全德国总共产生了 13 个超额议席（相对于法定议席基数），全都为社会民主党所获得。这种超额议席往往会决定谁成为众议院的第一大党。在 2002 年的大选中，社会民主党的第二票得票率为 38.5%，而基督教民主联盟和基督教社会联盟这两个姊妹党也获得了 38.5%的票数，但因为社会民主党获得了 4 个超额议席，而姊妹党却只获得一个，这样社会民主党就成为众议院的第一大党。

第五步，联邦选举委员会根据各党在各州所分得的州选区议席数，依照当初所提出的政党候选人名单，按顺序确定当选者，直到全部议席分完为止。

由于被列在政党名单上的候选人也可以同时是得到政党支持的直选候选人，所以如果被列为政党名单候选人的直选候选人已在单选区中当选，那么他在政党名单上的位置就由排在下一位的候选人递补，联邦选举委员会在确定政党名单候选人的当选者时，必须考虑到这种情况。比如在 1998 年，基督教民主联盟在梅克伦堡-前波莫瑞州共分得四个州选区议席，而该党在该州所提出的政党名单中，排在第一和第三位的候选人同时又是直选候选人，并且已在单选区中当选，所以该名单上排在第二和第四位的候选人便依次递补上来，并与

① 显然，在这种情况下，该党在该州就将不能分得任何一个州选区议席了，即 $DmS_xP_n = 0$。

排在第五和第六位的候选人一道，成为基督教民主联盟在梅克伦堡-前波莫瑞州选区的当选者。

（8）选举审查和对众议员是否丧失资格的裁决。基本法第 41 条规定，众议院有权对选举的结果（或者说选举的效力）进行审查，并对众议员是否丧失资格作出裁决。

首先是对选举结果的审查。根据《选举审查法》的规定，这种审查只能因有人提出异议而引起，任何选民或选民团体（比如政党）以及任何官方的州选举委员会主任、联邦选举委员会主任和众议员都可以提出异议。异议必须在选举结果公布后的三个月内向众议院提出，但如果众议院议长在上述期限过后才知悉一些有可能造成选举缺陷的官方情况，则他在这些情况公开后的一个月内仍可以提出异议。此外，如果是因为对于一名众议员在选举时刻是否具有被选举权存在疑问，那么众议院议长也可以在上述的异议期间结束后对选举效力提出异议。

具体负责选举异议审理的是众议院的选举审查委员会，该委员会由 7 名正式委员和 7 名代理委员以及议会党团为每一位正式委员所配备的独立的常设咨询委员所组成。选举审查委员会由众议院选举产生，任期与众议院相同。选举审查委员会只有在半数以上的成员出席会议时，才有权对异议申请作出决议，并根据简单多数作出决议，如打成平手，则视为异议申请被否决。若异议申请得以通过，则经过预先审查和口头审理程序后，选举审查委员会就会对选举结果进行秘密协商，这时只有那些参加了口头审理程序的正式委员和咨询委员或其代表才可以参加。之后便进行最终裁决，需半数以上的成员出席，此时弃权票视为反对票，若打成平手，则由委员会的主席和副主席（各一名）中年龄最大的一位投上决定性的一票。选举审查委员会应作出书面的决议记录，阐明主要事实和作为裁决基础的理由，并向众议院提出裁决的建议，包括确定此次选举的效力和因选举无效而产生的后果。

在作出决议后，选举审查委员会就以此决议向众议院提出动议，并最迟在众议院进行审议之前的三天分发给所有众议员。众议院则以简单多数对选举审查委员会的动议作出决议。

其次是对众议员是否丧失资格作出裁决。众议院可以随时提出此项动议，并适用上述的选举审查程序。需要注意的是，对其最初的当选资格进行过审查的众议员不得参加上述的协商和决议程序，但如果一次审查的是十名及以上的议员，则此规定不适用。

若众议院裁决某位众议员丧失资格，则在裁决发生法律效力之前，该议员仍保留其权利和义务，但众议院也可以2/3的多数作出决议，规定该议员在裁决生效前不得参加众议院的工作。

不管是对选举结果的审查，还是对众议员是否丧失资格作出裁决，只要相关当事人不服众议院的裁决，就都可以向联邦宪法法院提出申诉。

(9) 补选、补缺选举与重新选举。如果一个选区或一个投票站没有进行选举，或者有任何一位得到批准的直选候选人在选举日前死亡，则都要进行补选。在前一种情况下，补选应在自选举日起的三个星期内进行，在后一种情况下，则应在选举日后六个星期内进行补选，具体的补选日期由州选举委员会主任确定，补选与主选举的原则和程序一样。2005年10月2日，在萨克森州首府德累斯顿的一个单选区，就进行了一次补选，因为该选区的一名候选人在选举日前突然去世，导致本应在9月18日举行的选举未能如期进行。

如果候选人当选后即死亡或拒绝接受选举结果，或者一名正式的众议员死亡或从众议院中退出，那么由此留下的空缺就分成两种情况来填补：一是由相应政党的名单候选人来替补，但如果该名单上已经没有候补人，那么就由州选举委员会主任来确定谁作为替补者；二是如果空缺的众议员是作为直选候选人而当选的，那么就须在原选区举行补缺选举。补缺选举应在出现空缺的60天内进行，但如果已确定在六个月内将举行新一届众议院的选举，则可不必再进行补缺选举。具体的选举日期由州选举委员会主任确定。补缺选举亦遵循主选举的原则和程序。

如果一项选举在选举审查程序中被确认为全部或部分无效，那就应根据众议院裁决的规定重新进行选举。重新选举须在裁决生效后的60天内进行。但如果选举只是被裁决为部分无效，且已确定在六个星期内将举行新一届众议院的选举，则可不必重新选举。重新选举的具体日期分情况由州选举委员会主任或联邦选举委员会主任来确定。重新选举也遵照主选举的原则和程序进行，除非众议院的裁决中另有规定。重新选举之后，选举结果也将被重新计算。

2. 委员会

德国基本法明确规定众议院内必须设立调查委员会、欧洲联盟事务委员会、外交事务委员会、国防委员会、请愿委员会等专门委员会。在实践中，众议院内所设立的专门委员会主要有以下几种类型：

(1) 常设委员会（Permanent Committees）。目前共有22个常设委员会，包括欧盟事务（Affairs of the European Union），预算（Budget），文化与传媒事务（Cultural and Media Affairs），国防（Defence），经济合作与发展（Economic Cooperation and Development），经济与技术（Economics and Technology），教

育、研究和技术评估（Education, Research and Technology Assessment），环境、自然保护和核安全（Environment, Nature Conservation and Nuclear Safety），家庭事务、老人、妇女和青年（Family Affairs, Senior Citizens, Women and Youth），财政（Finance），食物、农业和消费者保护（Food, Agriculture and Consumer Protection），外交事务（Foreign Affairs），卫生（Health），人权和人道救助（Human Rights and Humanitarian Aid），内务（Internal Affairs），劳工与社会事务（Labour and Social Affairs），法务（Legal Affairs），请愿（Petitions，该委员会负责处理公民根据基本法所确定的请愿而向众议院所提出的请求和申诉），选举审查（Scrutiny of Elections），体育（Sports），运输、建筑和城市事务（Transport, Building and Urban Affairs）以及旅游（Tourism）等委员会。

众议院并不能自由决定设立哪些常设委员会，其中的欧盟事务委员会、外交事务委员会、国防委员会和请愿委员会是基本法明确规定必须设立的，其他的常设委员会则通常根据某项立法而设立，比如选举审查委员会就是根据《选举审查法》而设立的。不过总体来看，常设委员会大多是根据行政部门而对口设置的。除此之外，众议院内有时也会另设一些委员会，以应对特别的政策领域。各届众议院的常设委员会在数量上变化不一。

每个常设委员会都由一名主席、副主席和若干其他成员组成，其中每位成员都有一位替补（Substitute），以便在其缺席时代表他出席委员会。各常设委员会的规模不一，目前介于13—41个成员之间。众议院在每一个新的任期都会重新任命常设委员会的成员，具体则是由各议会党团的领袖们来决定各常设委员会的成员分配（其中无党团归属的众议员经与议长协商后，由议长将其分配到各委员会，但这些议员在委员会中没有投票权），各常设委员会的成员构成反映了各议会党团的实力对比。一位众议员一般只能作为一个委员会的正式成员（Full Member）。至于各常设委员会的主席和副主席，则是由各议会党团协商任命的，如果协商不成，则采取圣-拉格/谢佩斯方法（Sainte-Laguë/Schepers Method，即前述的为各政党分配众议院议席的方法）来解决。各议会党团还会在每个常设委员会中任命一位自己的发言人（Spokesperson），以便与议会党团领袖保持联系。

常设委员会最主要的职能是在立法过程中审议相应政策领域的各种议案，提出修改意见，向众议院全体会议汇报委员会讨论的结果，并起草最后决议案。常设委员会在行使其职权时，可以向行政部门或者专家获取信息。

（2）调查委员会（Committees of Inquiry）。根据德国基本法的规定，在有

1/4 的众议员提议时，就必须设立调查委员会。不过为确保议会对军队（the Armed Forces）的有效监督，作为常设委员会的国防委员会在任何时候都有权将自己变成一个调查委员会。

大多数调查委员会都负责调查政府中可能存在的恶政、暴政和管理不善等情况。在调查委员会调取必要的证据时，法院和行政机关有义务提供司法和公务协助。调查委员会要向众议院全体会议报告其调查的结果。调查委员会的决议不受司法审查，但是调查委员会的取证仍适用于刑事诉讼的有关规定，公民的通信、邮政和电信秘密权利也不受其影响。

（3）联合委员会（Joint Committee）。根据基本法的规定，联合委员会成员的 2/3 由众议员担任，其余 1/3 则由参议员担任。其中，众议院根据议会党团的强弱比例来确定进入联合委员会的众议员数额，这些成员均不得为联邦行政机关的成员；至于各州所任命的参议员，虽代表各州，但不受有关指令的约束。联合委员会的组成及其程序由众议院所通过的并获得参议院批准的专门法规来予以规定。

根据德国基本法，设立联合委员会主要是为了应对非常的防御状态（State of Defense）。所谓防御状态，指的是联邦领域受到武力攻击或者直接面临此种攻击的危险。防御状态的确定由众议院作出，并须获得参议院的批准。如果众议院是应联邦行政部门的请求而作出此项确定的话，则必须要有众议院投票数的 2/3 多数同意，且同意票数至少为众议院议员总数的一半以上。如果情况紧急须立即采取行动，而众议院又遇到不可克服的障碍从而无法及时召集会议，或者众议院不具备决议能力，这时就由联合委员会来作出防御状态的确定。不过在确定防御状态时，联合委员会必须要有投票数的 2/3 多数同意，且同意票数至少为联合委员会成员的半数以上，才能通过决定。

在防御状态下，如联合委员会以投票数的 2/3 多数且至少以该委员会成员的过半数决议，确认众议院遇到不可克服的障碍、难以及时召集会议或众议院不具备决议能力，则联合委员会享有众议院和参议院的地位并统一行使两院的权力。但是，联合委员会所通过的法律，不得修改基本法，或者使基本法全部或部分失效或停止适用。联合委员会也无权颁布基本法第 23 条第 1 款（向欧盟移交有关主权）和第 24 条第 1 款（向有关国际机构移交主权）和第 29 条（重新划分联邦领土）所规定的法律。此外，经参议院批准，众议院可随时废除联合委员会所通过的法律，参议院也可要求众议院对此作出决议。而联合委员会或联邦行政部门为抵御危险所采取的其他措施，如经众议院和参议院决议予以废除的，也应废除。

在防御状态下，联邦行政部门应向联合委员会通报有关的防御计划。如联合委员会认为有必要重新选举联邦总理，则由联邦总统向联合委员会提出一名候选人，经联合委员会以其成员的过半数投票同意，选出新总理。不过只有当新总理是由联合委员会以其成员的2/3多数选出时，联合委员会方可对总理提出不信任案。反过来，在防御状态存续期间，众议院不得被解散。

（4）协调委员会（Mediation Committee）。协调委员会是一个参众两院之间的协调机构，由两院各出16人组成，这些成员是根据议会党团的相对实力而被任命的。协调委员会的主要工作是当众议院所通过的一项法案得不到参议院的多数支持时，就在两院之间进行协调以达成共识。

3. 议会党团

在众议院中，通常同一政党的议员组成一个议会党团，但是所占议席不足5%的政党不能组成本党的议会党团。目前的众议院内一共有5个议会党团，即基督教民主联盟/基督教社会联盟、社会民主党、自由民主党、左党和联盟90/绿党，其中基督教民主联盟/基督教社会联盟的议会党团最大。

每个议会党团都设有理事会，包括主席一人、副主席和干事各若干人。一般来说，议会党团主席是由党的主席来担任的，他/她也是竞争联邦总理的候选人。理事会的主要任务便是维护议会党团的纪律，负责统一本党议员的思想和行动，以便一致投票和贯彻党的方针政策。不过根据德国基本法的规定，议员只基于良心而任职，所以议会党团对于议员的约束是间接的，议员具有一定的独立性。比如说，在众议院举行投票表决时，如果议员不顾议会党团纪律的约束，投票反对自己所属党派的政策，那么他并不会因此而失去议员的资格。但是议员们一般不会这样做，因为这将会使其失去政治前途。在下届众议院大选时，他很可能不会得到本党的提名；而且这种倒戈的议员通常会被选民们视为叛逆者，从而遭到社会的蔑视。此外，议员们一般也不必这样做，因为通常在表决之前，议会党团内将进行充分的商讨从而达成共识。

4. 职务

众议院内设有一些由议员或非议员所担任的职务，其中最重要者莫过于议长和副议长等职。一般大选之后，新一届众议院在首次集会时，就会选举议长和副议长。根据传统，议长一般都出自最大的议会党团，但按照规则，其他议会党团的成员也要参加秘密投票。议长选举实行三轮多数当选制，即如果在第一轮投票中，没有人获得绝对多数票，那么就进行第二轮投票，此时可以加入新的候选人。如果第二轮投票后，仍旧无人获得绝对多数票，那就由得票最多的两人进行第三轮角逐，并以简单多数定胜负。议长一旦被选出后，他就主持投票，选举副议长。从1994年起，根据程序规则，每个议会党团都可以提名至少一名副议长。法律并未规定应设多少名副议长，现在众议院内共有六名副议长，其中社会民主党占据两个名额。议长和副议长一旦当选，在任期内就不被解职。

议长的地位崇高，在德国的政治生活中排在第二，仅次于总统。按照程序规则，议长代表众议院，维护众议院的尊严和权利，促进众议院的工作，公平地处理院内的争执，维持院内秩序。具体说来，议长的主要职责就是与各议会党团主席商讨全会日程，主持全体会议和决定大会的发言顺序，以及在议会大厦内行使内务权和警察权，以维持院内秩序。此外，根据《政党法》的规定，每年议长还对分配给各政党的公共资金水平作出决定。

议长和副议长共同组成众议院的主席团。在众议院集会期间，主席团每周都会召开会议，商讨有关议会管理的问题。

议长和副议长以及23名其他议员还共同组成元老委员会（Council of Elders）。元老委员会的成员并不是年龄最大的议员，但需要具备丰富的政治经历。元老委员会的主要功能是辅助议长工作，比如提前确定集会日期，同意全体会议的日程安排。元老委员会还是商讨和调解纷争的论坛。

除议长和副议长之外，众议院还设有一个特殊的专门职务，即军事专员（Defense Commissioner），也十分重要。德国基本法规定，为了保护军人的基本权利，众议院要任命一名军事专员，以之作为军队的督察专员，并作为众议院控制军队的辅助机构。有关军事专员的具体细节问题，基本法授权议会以法律的形式来予以规定，这就是《议会军事专员法》。根据此法，军事专员是由众议院经秘密投票而选举产生的，任期五年。军事专员的身份十分特殊，他既非众议员也非公务员。

根据众议院或者众议院国防委员会的指示，以及基于侵犯军人基本权利或者违反军事领导和公民教育原则的情势，军事专员就必须采取行动。比如说，根据众议院或者众议院国防委员会的指示，军事专员必须去调查军队中的关键事件，并报告其结果。不过自从1959年第一位军事专员任职以来，众议院从未发出过指示，国防委员会的指示也只有25项，因此军事专员基本上是自发地进行工作，主要是直接联系从士兵到军官的军人，受理他们各方面的投诉。除此之外，军事专员还必须每年向众议院报告其工作。如果众议院或者国防委员提出要求，军事专员也有义务出席众议院的会议。

为开展其工作，军事专员被赋予了一些权力，包括从国防部和军队等处获得有关信息的权力、获得相关部门（如联邦和各州以及县市行政部门、司法部门等）协助的权力以及向有关部门（主要是军事部门）提出整改建议的权力。其中，尽管军事专员所提出的建议并非指令，但其影响力不容低估。

（二）会议与议事

德国众议院在首都柏林的议会大厦（Reichstagsgebäude，简称 Reichstag）内举行会议和进行议事。该大厦最初是德意志帝国时代的帝国议会所在地，在历经沧桑后，从 1999 年起，变成众议院的会址。

在经过翻修的议会大厦的正中间，巨大的圆形拱顶之下就是议事大厅。议事大厅呈圆形。在大厅的正面墙上悬挂着一只老鹰雕塑，之下为主席团的专席，再往前是演讲台和速记员的长椅。主席团的两侧则分别是参议员（包括军事专员）和联邦行政部门（内阁）成员的坐席，这些部分共同构成主席台。与主席台相对的就是呈扇形分布的众议员坐席了，众议员区分为各议会党团，分别在各扇形区内就座，其中位于主席台最右侧的是自由民主党的议会党团，按逆时针方向，依次是基民盟/基社盟、绿党、社会民主党和左党的议会党团。众议员席位也有前排和后排之区分，前排座位都设有桌子，后排则没有（见图 2-2）。

图 2-2　德国议会大厦（上）与议事大厅（下）

根据基本法的规定，众议院得在大选后30日内召集会议，众议院可自行决定其闭会和复会的日期，众议院议长也可提前召集会议。此外，如有1/3的议员或联邦总统或总理提出要求，众议院议长有义务召集会议。在实践中，众议院一般在会期内的每周三、四、五均召开全体大会。

除非根据1/10的议员或联邦行政部门的提议，并经议员2/3的多数同意举行秘密会议，否则众议院的会议都要公开举行。在众议院举行公开会议时，公民均可到场旁听，议事大厅的二楼便是旁听席。众议院的决议一般需以所投票数的多数表决通过。值得一提的是，德国众议院有时也采取与英国类似的分门表决方式。

参议院和联邦行政部门的成员及其委托人可以出席众议院及其委员会的所有会议，他们可随时发表意见。众议院及其委员会也可要求联邦行政部门的任一成员出席其会议。

有关众议院的会议与议事详情，基本法授权众议院自己制定议事规则以规定之。

二、参议院

参议院是德国联邦议会的上院，代表的是德国16个州，各州通过参议院参与联邦的立法、行政以及欧盟事务。

按照基本法的规定，参议院由各州政府的行政部门任免的州行政部门成员所组成，州行政部门的其他成员则可充当替补。① 在实践中，参议员多是各州的州长和部长。基本法并未限制每州可向参议院派遣参议员的数量，但却限定了每州在参议院的投票权，还规定各州参议员的投票必须一致，并由出席的议员或议员代表来行使投票权。具体来说，对于参议院的表决，每州至少有3票，人口超过200万的州有4票，超过600万人口的州有5票，超过700万人口的有6票。鉴于此，各州通常都派出与其投票权数量相等的参议员，而未得到派遣的州行政部门的其他成员，则通常作为参议员的替补或代理人。因此各州行政部门的成员实际上都可以说是参议员。现在参议院总共有69名正式的参议员（见表2-5）。

① 由于德国参议院的成员均由各州任命产生，所以它也就没有任期可言，而是一个连续性的机构。

表 2-5　　　　　　　　**最新的德国参议院组成情况**

联邦各州	执政党	参议院席位
巴登-符腾堡	基民盟/自民党	6
巴伐利亚	基社盟	6
柏林	社民党/左派党	4
勃兰登堡	社民党/基民盟	4
不来梅	社民党/绿党	3
汉堡	基民盟	3
黑森	基民盟	5
梅克伦堡-前波莫瑞	社民党/基民盟	3
下萨克森	基民盟/自民党	6
北莱茵-威斯特法伦	基民盟/自民党	6
莱茵兰-普法尔茨	社民党	4
萨尔	基民盟	3
萨克森	基民盟/社民党	4
萨克森-安哈尔特	基民盟/社民党	4
石勒苏益格-荷尔斯泰因	基民盟/社民党	4
图林根	基民盟	4
总　计		69

尽管参议院人数不多，但也组成各种内部机构来进行工作。基本法明确规定，有关欧洲联盟的事务，参议院可设立一个欧洲事务院（Chamber of European Affairs）来进行处理，该机构所作出的决议视同参议院的决议。由于参议院所有对外的决议都需要全体会议来通过，而参议院一年只召开 11—12 次全体会议，所以为了更方便地应对那些偶发性的或者机密性的欧盟事务，参议院内就设立了欧洲事务院。欧洲事务院由每州各自任命的一名参议员或其候补所组成，不过各州在欧洲事务院的投票权以及行使投票权的方式都跟在参议

院全体会议中一样。如果出席欧洲事务院的参议员达到了投票的多数，那么欧洲事务院的法定出席人数也就达到了。联邦行政部门的成员或其代表亦可出席会议，参与议事。除非涉及机密事务，欧洲事务院的会议都公开举行。

除欧洲事务院外，参议院内还设有一批常设委员会（Permanent Committees），包括农业、劳工与社会政策，外交事务，欧盟，家庭与年长公民，财政，妇女与青年，卫生，内务，法务，环境，交通，国防，经济事务，住房等委员会。每州在每个委员会中都有一个代表和一个投票权。各州通常以其州长来充当在国防和外交委员会中的代表，在其他各委员会中，则由各州的相关部长来充任代表。所有委员会的成员也可以由其特使（Delegated Commissioners，比如来自各州的各部门专家）来代表，由此可化解各州代表在州和参议院两头工作的难处。需要注意的是，委员会的会议是不公开的。

参议院也选举产生一位议长，任期一年。在实践中，参议院议长由各州州长轮流担任，每年轮换一次，任期从每年 11 月 1 日至次年的 10 月 31 日。轮流的顺序是按照各州的人口多少来定的，从人口最多的州开始。此做法开始于 1950 年。参议院议长的地位崇高，在德国政治生活中排在第三，仅次于联邦总统和众议院议长，而在联邦总理之前。根据基本法第 57 条的规定，在联邦总统无法行使其职权或提前卸任时，其职权由参议院议长代行。参议院议长在一切有关参议院的事务上，代表德意志联邦共和国。他最主要的职责是召集和主持参议院全体会议。当至少有两个州的代表或者联邦行政部门提议时，议长须召集会议。

议长由两位副议长辅助工作，并在议长出缺时代理其行使职权。与众议院类似，参议院的议长和副议长也组成主席团，并由一个常设顾问委员会（Permanent Advisory Council）来辅助其工作。常设顾问委员会由来自于各州与参议院的 16 位特使所组成。

参议院大厦位于首都柏林的莱比锡大街 3-4 号，即从前的普鲁士上院所在地。在大厦内的议事大厅里，正中间的大墙上并排挂着德国 16 个州的州徽。州徽之下是主席台。与主席台相对的参议员坐席呈半圆形布局，每州的参议员各占一列。参议员坐席共有三排，但只有第一排才设有按钮（见图 2-3）。

参议院的全体会议就在议事大厅中举行，一般是每三周召开一次，时间是周五的上午九点半开始。会议一般都是公开的，公民可以到场旁听，议事大厅的二楼就是旁听席。参议院的决议至少需获得参议院的多数票赞成才能通过。

联邦行政部门的成员有权、且根据要求有义务参加参议院及其委员会的会议，他们可随时发表意见。而联邦行政部门也应向参议院及时报告政府事务的情况。

对于参议院举行会议和进行议事的详细情况，基本法也授权参议院自己制定议事规则。

图 2-3　德国参议院大厦（上）与议事大厅（下）

三、职权与功能

在德国，尽管联邦议会为两院制，但实际上众议院才是其主干，德国议会的许多重要职能，比如立法、选举联邦总理、监督联邦行政部门、决定联邦预算、在境外部署军队等，主要是由众议院来承担的。但也不能不注意到，由于德国是联邦制国家，基本法已经确定了联邦与各州之间的分权制衡关系，而且参议院就是各州的代表，所以众议院在承担以上诸多职能时，很多方面都会涉及各州的利益，因而参议院也会参与其中。也就是说，众议院的许多职能，是需两院协作方可完成的。鉴于此，我们就只好将两院联系起来，以说明德国议会的职能。不过这里仅说明德国议会所承担的两项最重要的职能，即立法和监督联邦行政部门。

（一）立法

德国议会的立法过程大致包括以下三个环节：

1. 法案的提出

根据基本法的规定，法案只能由众议院、参议院和联邦行政部门提出。实际上，大多数法案都是由联邦行政部门所提出的。① 但不管法案的提出者是谁，法案最终都必须提交到众议院，才能启动法案的审议程序。

在众议院内部，法案必须由各议会党团提出，或由5%的议员联合提出，并直接交给议长。

在参议院内部，法案是由一个州或几个州提出的。法案首先要在参议院的委员会中审议，由委员会向全体会议提出报告，并由全体会议决定是否作为法案提出。如果参议院决定提出法案，则先将其转交联邦行政部门，由后者附上意见后再转交众议院。

至于由联邦行政部门所提出的法案，则必须首先送交参议院，由其在六周之内进行第一轮审议，并对法案提出意见。如果参议院出于重要理由而要求延长期限，则提出意见的期限为九周。但若联邦行政部门在提交法案时便已注明属于例外情况或特别紧急的，则在向参议院提出法案三周后仍未收到后者意见的情况下，就可将法案直接提交到众议院。但若参议院同时也提出了延长期限的要求，则联邦行政部门可在未收到意见的六周后，将法案直接提交到众议院。在进行第一轮审议时，参议院可以表示赞成或反对的意见，但在多数情况下，参议院会提出修改建议，此时各州会借此机会将有利于本州的意见加进法案中。法案在经参议院有关委员会审议并提出报告后，就由参议院全体大会作出决议，连同法案一起交还联邦行政部门。后者则在对参议院的表态作出声明之后，将法案及其说明、参议院的决议以及行政部门的解释一并呈送众议院议长。至此，由联邦行政部门所提出的法案便正式提交到了众议院。

---

① 法案被正式提出后，议会的立法程序便启动了，但在此之前，一般会有一个提出立法倡议的过程：公民、公民小组、工会、经济协会、教科文卫等各种联合会，在各自领域内可提出立法要求；执法机构在法律实施的过程中，若发现法律存在缺陷，可以提出修改倡议；政党、议会党团或议员个人也可以提出立法倡议。

2. 法案的审议

法案正式提交到众议院后，法案的审议程序便正式启动了。众议院审议法案一般要经过“三读”程序：

一读。法案提交到众议院以后，议长首先将法案拿到元老委员会上进行协商，决定是否进行一读，达成协议的法案就进入一读程序。在进行一般性辩论后，法案再被转给某一个或几个委员会进行研究。

二读。众议院召集全体会议，对上述委员会的报告进行二读。这时只对法案的个别条款进行讨论，然后由议员对法案进行逐条表决。如果获得多数同意，该法案便进入三读程序。

三读。在对每一条修正案进行逐条辩论和表决后，全体大会就对法案进行最后的整体表决。如果多数赞成，法案就在众议院获得了通过。不过需注意的是，修改基本法的法案须获得众议院全体议员 2/3 以上的赞成票方可通过。

经众议院通过的法案，接下来就分为两种情况分别进行处理：（1）那些由基本法明确规定的、涉及州的权利和利益或者对州有重大影响的法案，必须取得参议院的同意。这种立法被称作“赞同法”。这种法案即便已获众议院通过，也还要得到参议院的多数支持（同意）才行，否则就不能生效。（2）除去赞同法之外，其余的联邦立法，原则上是无须参议院同意的，只要众议院通过就能成立。但如果参议院对此存有异议，则法案就必须提交到两院的协调委员会来进行处理。协调委员会的处理结果包括三种情况：建议取消已获众议院通过的法案，或者提出具体的书面修改意见；建议确认已获众议院通过的法案；没有达成一致的建议。如果是第一种情况，则众议院需要重新审议法案；如果是第三种情况，则参议院可以正式提出自己的异议，但众议院可以驳回，其中，如果参议院是以过半数票提出异议的，则众议院亦可以过半数票决议予以驳回，但如果参议院是以至少 2/3 的多数同意通过异议的，则众议院在驳回该决议时，也须有 2/3 的多数同意，且同意票须占到所有众议员的半数以上。①

3. 法律的公布

① 需要说明的是，根据基本法的规定，即便是“赞同法”在提交参议院批准时，参议院、众议院或联邦行政部门也都有权要求召集协调委员会来进行处理，其处理方式与此处相同。只有在未启动协调程序，或者协调委员会未提出修改法案的建议的情况下，参议院才在法定期限内对是否批准“赞同法”直接进行表决。

经过审议，获得两院一致通过的法案将递交联邦行政部门，由总理和有关部长副署后，再呈请联邦总统进行形式上的审查，然后由其签署并发布总统令予以公布。至此，法案就成为正式的联邦法律了。

（二）监督联邦行政部门

监督联邦行政部门主要是众议院的职能，在这方面，参议院鲜有参与。

众议院内有一些专设机构，承担着监督的职能。首先就是常设委员会，这些委员会基本上是对口监督联邦行政部门。不过常设委员会主要还是通过立法过程而间接进行监督，直接进行监督也有，比如就当前的某项立法，要求相关的联邦行政部门作出报告，等等。在这些常设委员会中，有一些针对性特别强，对联邦行政部门的监督作用特别突出。比如外交事务委员会直接针对联邦行政部门的外交政策；国防委员会（与军事专员一道）则直接针对国防部，必要时甚至还可以将自己变成一个调查委员会；预算委员会直接针对联邦行政部门的预算和财政；请愿委员会使民众可以直接影响到联邦行政部门。基本法规定，任何公民都有权以书面形式向议会提出要求或者进行投诉。众议院议长则将公民的信件转交给请愿委员会，请愿委员会根据公民的要求或投诉，有权向行政部门调阅文件，并进入其相关设施。尽管请愿委员会无权向行政部门发出指示，但它提出的建议也具有很大的分量，实际上请愿委员会的调研过程本身就能产生重要的影响作用。

除常设委员会外，前述的众议院调查委员会也具有很强的监督作用。尽管调查委员会所针对的可以是联邦行政部门和众议院自身，但它们所处理的问题一般都属于行政事务，所以可以说，它们首先是针对行政部门的监督机构。

此外，众议院内还建有在具体政策领域对行政部门进行监督的机构，比如议会控制小组（Parliamentary Control Panel）就负责监督联邦行政部门提供知识信息服务的活动。这些机构有权要求联邦行政部门提供其活动的一般情况，可以向其调阅文件，与其雇员进行访谈，等等。

在实践中，众议院监督联邦行政部门有多种途径。首先，众议院通过立法过程和决定预算可以监督行政部门，因为绝大部分法案都是由行政部门所提出来的，而行政部门的运作也不可能脱离预算的支持。

其次，众议员个人可以向行政部门提出口头的或书面的问题。每位众议员每个月可以提出至多 4 个问题，要求行政部门给予书面答复。联邦总理在收到这些问题后，要在一周之内作出答复。另外，在众议院每周的集会期间，还有一个“问题时间”（每周累计可达 3 个小时），在这个时间段内，每位众议员都有权向行政部门提出至多两个问题（每个问题又可以被细分成两个附属问题）。在问题时间段内，行政部门将对这些问题作出口头答复。不过在行政部门作出答复后，提问的议员以及其他议员仍可以继续提问。如果在问题时间段内，提问者缺席，那么只要他有要求，则应得到行政部门的书面答复。除此之外，众议院还有一个提问机会，就是在每周三行政内阁会议结束后，可以立即向行政部门提问，提问时间大约持续半小时。

再次，如果众议员们不满意行政部门在问题时间段内的答复，那么一个议会党团或者5%的众议员就可以提出质问性质的辩论动议，要求行政部门解释有关的重要政治问题。这种辩论式的质问被称为大型质问。在辩论过程中，发言者的数量是有限的，且每人的发言时间不可超过5分钟。以第16届众议院为例，基民盟/基社盟党团可以有4人发言，社会民主党党团也是4人，自由民主党、左党和绿党党团分别有一人，但提出辩论动议的党团可以多一个发言人。除去这种大型质问外，还有一种小型质问，行政部门仅以书面形式予以答复即可。质问是众议院监督联邦行政部门的经常性手段，以第14届众议院为例，在届期内，总共发生了156次大型质问、2070次小型质问。

最后，众议院对行政部门还有一个事关重大的监督途径，这就是进行建设性的不信任投票。之所以被称作建设性的，是因为德国吸取了魏玛共和国时期的教训，基本法规定，众议院只有以其议员的过半数票选出继任总理，并请求联邦总统罢免现任联邦总理时，才能对联邦总理提出不信任案，且从选举继任总理到提出不信任案之间应间隔48小时，而联邦总统应依照众议院的请求任命当选人。

第六节　联邦行政部门

此处所说的行政部门，指的是德国联邦政府中掌握行政权的行政机关，通常也被称作政府（狭义的）。

根据基本法的规定，德国联邦行政部门由联邦总理和各部部长所组成。当然，这是指行政部门的核心部分，即决策机构，通常也被称作内阁。在这个核心部分中，联邦总理是根据联邦总统的提名，由众议院不经讨论而选举产生的。获得众议院过半数票者即当选为联邦总理，而后再由联邦总统作形式上的任命。但如果总统提名的人选未能当选，则众议院可在此后的14日内，以众议院议员的多数票来选举联邦总理。如果在上述期限内选举仍未成功，则应立即重新选举，其中得票最多者即当选。在重新选举的情况下，如果当选者是获得众议院过半数票而当选的，则联邦总统须在选举后七日内予以任命，否则联邦总统在七日内要么予以任命，要么解散众议院。在实践中，联邦总理一般是众议院第一大党的主席。至于联邦各部部长，则是由联邦总统根据联邦总理的提名来任免的。由于德国实行特殊的选举制度，在众议院中无法产生像英国那样占绝对优势的大党，所以总理在组阁时，便不得不照顾其他政党，由此形成联合内阁。到目前为止，德国历届内阁都是联合性质的。最后，联邦总理还会任命一名部长为副总理，在联邦总理缺席时代行总理的职权。

联邦总理和各部部长在就职时，均需在众议院宣誓，其内容与总统宣誓一样。

联邦总理和各部部长均不得担任任何其他有薪酬的职务，不得从事经营和其他职业，不得兼任营利性企业的管理人员，而且未经众议院同意，亦不得兼任监事会成员。

联邦总理或联邦部长的任期在新一届众议院召集会议时务必终止，此外，联邦部长的任职也随联邦总理因其他任何原因的卸职（比如因众议院对总理投不信任票）而终止。不过根据联邦总统的请求，联邦总理有义务继续执行其职务直至任命其继任人为止，同样，根据联邦总理或联邦总统的要求，联邦部长也履行同样的义务。

内阁的运作实行总理负总责、各部部长分部门独立承担责任的原则。具体而言，联邦总理确定政策准则并对此承担责任，在该政策准则范围内，各部部长独立领导各个部门并承担责任，总理并不能随意干涉各部事务。如果各部部长之间产生意见分歧，则由内阁会议予以裁决。内阁会议还制定议事规则，经联邦总统批准后生效，总理则根据议事规则来领导整个联邦行政部门。

以总理为首的内阁还集体向众议院承担政治责任。众议院可对总理进行建设性不信任投票（见第四节），由此引发倒阁。不过，如果联邦总理向众议院提出议案，要求对其表示信任，但却未能得到众议院半数以上议员同意，那么总理也可以向总统提议，在21天内解散众议院。但是，如果众议院以其议员的多数票选出了另一位总理，则众议院解散权即告失效。另外，从总理提出信任案到众议院表决之间须间隔48小时。

除去核心的决策机构（内阁）外，联邦行政部门还包括一系列的执行机构，其中最主要的就是各部。在目前的德国联邦行政部门中，总共有外交，内务，司法，财政，经济与技术，劳工与社会事务，食物、农业与消费者保护，国防，家庭、老人、妇女与青年，卫生，交通、建筑与城市事务，环境、自然保护与核安全，教育与研究，经济合作与发展 14 个部。

总体而言，联邦行政部门行使联邦政府的行政权，这些权力的范围已由基本法所确定（见第三节）。不仅如此，基本法还明确规定，联邦国防部长对武装部队拥有命令权和指挥权。换言之，联邦行政部门掌握着军事指挥权。此外，联邦行政部门还分享着一定的立法权，在这方面，除了向议会提出法案外，行政部门还有权制定行政法规。基本法规定，联邦行政部门和联邦部长在法律授权的情况下可颁布行政法规，当然这当中也有一些限制。最后，在防御状态下，如情势需要，联邦行政部门还可以扩展其权限，包括在全联邦领域内投入使用联邦边防部队（Federal Border Guard），对各州政府发出指令，等等。当然，联邦行政部门在采取这些措施时，要立即通告众议院、参议院和联合委员会。

第七节 法 院

根据基本法第 92 条的规定，联邦宪法法院和基本法所规定的各联邦法院以及各州法院共同行使司法权。由此似乎可以认为在德国至少有三套法院体系：联邦宪法法院、联邦法院、各州法院。但实际上，如果说联邦宪法法院的确与其他法院明显不同的话，那么联邦法院与各州法院的区分则不具有什么实际意义——尽管德国实行联邦制。实际上在德国，更有意义的是对法院体系进行横向的划分，由此形成多个法院体系，即宪法法院体系，普通法院体系，行政、劳工、财税、社会等专门法院体系。这些法院体系各自独立，分别形成自己的一套上诉层级关系，相互之间只有司法管辖权限的划分，互不相干。但是为了维护司法的统一性，对于这些法院，基本法规定设立一个联合小组（Joint Panel of the Courts）来予以协调（具体情况由联邦法律予以规定）。关于德国法院的组织体系问题，基本法只有原则性的规定，而授权议会制定《法院组织法》(Gerichtsverfassungsgesetz）来进行详细的规定。

对于这些法院体系，我们始终认为不宜将宪法法院与其他类型的法院混同，所以我们将在下节专门来介绍宪法法院，这里则只介绍普通法院和专门法院。

一、普通法院

普通法院就是负责民事和刑事案件审判的法院。根据德国《法院组织法》第 12 条的规定，德国的普通法院共分为四级，从低到高依次为地方法院、地区中级法院、州高等法院和联邦最高法院。

地方法院（Amtsgericht）是普通法院系统的最低级，负责审理较轻的犯罪案件和较小的民事案件。这一级别的法院还具有一些日常法律功能，比如管理公司登记。在地方法院，绝大多数案件都由一位法官独任审理，但对于可能判处两年以上有期徒刑的刑事案件，则法官要与两位陪审员共同组成合议庭进行审理。

地区中级法院（Landsgericht）分为两部分，一部分负责审理较重的犯罪案件，另一部分则审理较大的民事案件。大多数重大的民事、刑事案件都由地区中级法院进行一审。地区法院设有多个由三位法官所组成的合议庭，但为了提高效率，大多数案件都由一位法官独任审理，只有疑难的案件才转为由合议庭审理。地区法院还是地方法院的上诉法院，凡地方法院一审的案件，均由地区法院二审。

州高等法院（Oberlandesgericht）主要审查上诉案件中的法律问题，也负责一审涉及危害国家安全和违宪的案件。与地区法院类似，州高等法院也按照专业分成多个合议庭。

联邦最高法院（Bundesgerichthof）是德国普通法院系统的最高法院，是德国民事和刑事案件的终审法院，是德国5个联邦终审法院之一。① 联邦最高法院分为多个审判庭，每个审判庭由一位法官（审判长）领导4个陪审员（Besitzer）所组成，这些审判庭分别是：12个民事审判庭、5个刑事审判庭和8个专门审判庭。联邦最高法院主要审理土地经济案件、律师案件、公证案件、专利代理人案件、会计案件、税务顾问案件（但纳税争议由联邦财政法院审理）、卡特尔案件、联邦政府公务员案件（但兵役案件由联邦行政法院审理）。联邦最高法院初建于1950年，设在卡尔斯鲁厄从前的大公宫殿中，但第五刑事审判庭仍设在莱比锡。

二、专门法院

基本法明确规定，不得设立不经法官合法审判的特殊法院（Extraordinary Courts），但可通过立法设立专门法院（Courts for Special Fields of Law）。具体而言，在德国，专门法院主要审理行政、劳工、社会、财政和专利五类案件，

① 其余4个联邦终审法院分别是联邦劳工法院、联邦财政法院、联邦社会法院和联邦行政法院。这5个联邦终审法院所作出的裁决是不可上诉的，但有两个例外：一是案件涉及人权问题，则由联邦宪法法院作出最终裁决；另一个是案件涉及欧盟法律的问题，对此，联邦最高法院做出裁决后仍可以上诉至欧洲法院。

由此便形成五个专门法院体系。① 一般来说，在州甚至州以下的层级也设置专门法院，在联邦层级则设置相应的终审专门法院。

具体来说，行政法院体系包括三个审级，由低到高依次为地方行政法院、州高级行政法院（Oberverwaltungsgerichte）和联邦行政法院（Bundesverwaltungsgericht）。行政法院负责审理与行政法相关的争讼事件，不过需要注意的是，关于社会福利与社会安全的法规所产生的争讼，由社会法院管辖，而关于一般税务和关税的法律所产生的纷争，则由财政法院负责审理。对于州高等行政法院的判决不服时，可以上诉至联邦行政法院，后者是行政案件的终审法院。联邦行政法院已于2002年迁到了莱比锡，以过去德意志帝国最高法院所在地为办公地点。

与行政法院类似，劳工法院也有地方、州和联邦三个审级，其中联邦劳工法院（Bundesarbeitsgericht）是德国境内关于劳工法案件的终审法院。劳工法院负责审理集体合同和劳动条件的案件，包括个别的劳工法律问题（大部分是与雇主间的契约问题）和集体的劳工法律问题（如罢工和集体谈判这类问题）。德国联邦劳工法院位于埃尔福特。

社会法院同样分为地方、州和联邦三级，负责审理涉及社会保障的案件。其中联邦社会法院（Bundessozialgericht）是终审法院，负责审理与社会保障相关的上诉案件，其中最主要的是关于公共卫生保险、长期护理保险、养老保险和职业灾害保险所产生的争讼。联邦劳工法院位于卡塞尔。

财政法院负责审理征税案件，只有州和联邦两个审级，以联邦财政法院（Bundesfinanzhof）为终审法院。

最后，设在慕尼黑的联邦专利法院（Bundespatentgericht）负责审理工业知识产权案件。根据基本法的规定，专利案件以联邦最高法院为终审法院。

三、法官

在德国，无论是什么法院的法官，根据基本法的规定，都享有独立的地位，只服从法律。为保障法官的独立性，和其他西方国家一样，在德国，法官也有薪俸与身份的保障。就薪俸而言，德国法官的收入构成单一，几乎仅限于

① 实际上根据基本法的规定，在德国应该还有两个专门法院体系。基本法第96条规定，联邦可为军队设立联邦军事刑事法院，具体由联邦法律予以规定。军事法院以联邦最高法院为终审法院。此外，基本法第96条还规定，对于联邦公共服务人员（公务员和法官）的投诉和纪律惩戒程序，联邦也可以建立相应的法院（惩戒法院）。

薪水，且比照文官待遇，但是德国采取司法补助费的方式，使得法官的薪水要高于相应级别的文官。德国法官还有身份保障，即无过错可终身任职，直至退休，否则在法官任职期间，就只能在依据法律所规定的理由和方式作出司法判决（对法官的弹劾案）后，方可违背其本人意愿予以免职、长期的或暂时的停职、调职或勒令退职。比如联邦法官在履行公务时，或者在履行公务之外违反了基本法原则或州宪法秩序，则联邦宪法法院可根据众议院的请求，以2/3的多数通过命令，将该法官调任其他职务或令其退休，若属故意违法的，则可将其免职。对于各州法官来说，情形类似，且针对州法官的弹劾案也由联邦宪法法院来审理。不过在新设法院或法院辖区发生变更的情况下，尽管法官也可以被调任其他法院任职，或令其退职，但却应保留其全部薪酬。在德国，对于法官的法律地位，基本法所作出的是原则性规定，故而基本法授权议会制定《法官法》来保障联邦法官的法律地位，授权各州也制定专门的法律来保障州法官的法律地位，不过在后一种情况下，联邦可颁布一些原则性条款。

在德国，法官的独立地位是有保障的，但同时，要成为一名法官也非易事，其道路极为艰难。首先，在德国，任何想成为法官的人必须要经过正规的大学学习，并通过国家的司法考试。学生在大学毕业之后即可参加第一次司法考试，通过后就开始为期两年半的实习。实习者首先要在民事法庭、刑事法庭、检察官办公室、行政机构或私人律师事务所中工作，然后再在立法、公证、仲裁、工会等机构中选择三个，分别接受为期六个月的实习。实习期满后，再参加第二次司法考试。第二次考试更注重理论和实践的结合。未通过第二次考试者在四年之内还有一次补考机会。第二次考试的成绩是挑选法官的主要依据。一般第一次考试的通过率为30%，第二次则只有10%。

通过第二次考试的人，便有资格挑选与法律有关的任何一种法律职业，但要想成为一名法官，还必须提出申请，并再次参加考试。这次考试由各州司法部和州法院负责进行，包括进行面试，还要考察实习鉴定。通过这次考试的人就成为试用法官（Assessor），一般由州的专门委员会或司法部长负责任命，任期一般为三年。

在三年试用期间，试用法官要在三个审判部门各工作一年，要能和正式法官一样独立审理案件。司法部及试用法官所在法院共同对其进行考察评估。其中，法院的人事部门每三个月就对试用法官进行一次鉴定，甚至对其审理的每一个案件进行鉴定。在试用期满之前，高等法院的院长还要评估该试用法官是否适合被任命为终身法官。最后，只有考核合格的试用法官才能被任命为终身法官，否则就要被解聘。

根据基本法的规定，对于各联邦法院的法官，主管各法院体系的联邦部长与法官选任委员会共同决定其任用，其中，法官选任委员会由各州主管各法院体系的部长和由众议院选出的同等数量的成员共同组成。至于各州法院法官的任用，则由各州宪法具体规定，通常是由州司法部长与法官选任委员会共同决定。

第八节 宪法法院

德国的宪法法院分为联邦宪法法院和各州宪法法院（Landesverfassungsgericht）两套体系，二者基本上是相互独立的。其中各州的宪法法院仅以各州宪法为据，只是在特殊情况下，州宪法法院的判决才会上诉到联邦宪法法院。比如说，州宪法法院在解释基本法时欲偏离于联邦宪法法院或其他州宪法法院的裁决时，则该州宪法法院要征求联邦宪法法院的裁决意见。而各州宪法法院通常为各州宪法所规定，相互之间差别较大，但其基本功能与联邦宪法法院相似，所以这里我们就只介绍联邦宪法法院。

德国基本法只对联邦宪法法院作了原则性规定，详情则授权议会制定《联邦宪法法院法》予以规定。根据这些规定，联邦宪法法院由 16 位法官组成，其中一半由众议院经 2/3 多数选举产生，另一半则由参议院经 2/3 多数选举产生。他们既不得为众议院、参议院和联邦行政部门的成员，也不得为州相应机关的成员。联邦宪法法院的法官任期 12 年，且不能再次当选（即只能任一次）。

联邦宪法法院又分为两院（Senates/panels），每院 8 人。其中第一院由联邦宪法法院院长主持，第二院由副院长主持。有关宪法诉讼和违宪审查事务，由两院共担，除此之外的其余事务则由第二院独自承担。每院再分成三个委员会（Chambers），每个委员会由三位法官组成。这些委员会的主要职责是决定是否受理一项宪法诉讼。尽管公众更熟悉的是联邦宪法法院的两院，但实际上大量的工作都是由其中的委员会来处理的，这样自然就大大减轻了两院的负担。现在联邦宪法法院每年要接到近 5000 件宪法诉讼案。

联邦宪法法院也设全体会议（Plenary），由全部 16 位法官组成，它负责处理两院的分歧，并在法律的框架范围内，规定两院的权限。全体会议每年都要为两院分派权限。此外，全体会议还决定联邦宪法法院的初步预算。最后，联邦宪法法院的院长主要负责院务行政管理。

总的来说，联邦宪法法院的基本任务就是确保国家的所有机构都服从基本法，从而确保德国的自由民主秩序。具体来说，根据基本法的规定，联邦宪法法院所应承担的职责分为四个方面：

一是处理宪法争议，这涉及理顺联邦国家机关之间、联邦与各州以及各州之间的关系。当联邦最高国家机关（或其他得到基本法或联邦最高国家机关的程序规则授权的相关部分）就其权利和义务范围引发争议时，联邦宪法法院就解释基本法，以裁决这种争议；联邦宪法法院也负责裁决联邦与各州之间就其权利和义务所发生的争议，尤其是就各州执行联邦法律和联邦行使监督权所发生的争议；在无其他诉讼手段的情况下，联邦宪法法院还负责裁决联邦与各州以及各州之间或一个州内部所发生的其他公法争议。

二是进行合宪性审查，这涉及理顺基本法与各种法规以及各种法规之间的关系。（1）应联邦行政部门、州行政部门或者众议院1/3议员的要求，联邦宪法法院当就联邦法或州法与基本法之间，或者州法与联邦法之间，在形式和内容上是否相容进行裁决。（2）应参议院、某州行政部门或者某州议会的要求，联邦宪法法院还当就联邦法律与基本法第72条第2款所规定的条件①是否相容进行裁决。（3）应参议院、州行政部门或者州议会的要求，联邦宪法法院当对下述情况作出裁决：在基本法第72条第4款所规定的情况②下，根据基本法第72条第2款的联邦立法是否不再具有优先性；或者在基本法第125a条第2款第一句所规定的情况③下，联邦法律是否可以不再被采用。联邦宪法法院的这两项裁决将代替基于基本法第72条第4款或者第125a条第2款第二句④的联邦法规。不过只有基于基本法第72条第4款或者第125a条第2款第二句的一项法案，在德国众议院中遭到否决或者在一年之内没有被讨论和表决，或者这种法案在参议院中遭到否决，在这些情况下，参议员、州行政部门或者州议会才能向联邦宪法法院提出进行上述裁决的要求。

三是审理宪法诉讼案件，这涉及维护公民与法人的权利。基本法规定，任何公民只要认为公共权力机关侵犯了个人的基本权利，或者侵犯了基本法所规定的反抗权、平等担任公职权、选举与被选举权、不受非法审判权、公平审判权和人身自由权中的一项，就可以向联邦宪法法院提起宪法诉讼。另外，乡镇

① 该规定为：为在联邦领域内创造同等生活条件，或出于捍卫整体国家利益、维护法制和经济统一的原因，而有必要制定联邦法律的，联邦在竞合立法范围内享有立法权。

② 该规定为：联邦法可以规定，当基本法第72条第2款所规定的情况不再存在的时候，相应的联邦立法就可以为州法所替代。

③ 该规定为：基于1994年11月15日以前有效的基本法的第72条第2款而被采纳的，但由于第72条第2款的变动而不再允许作为联邦法规的法律，仍旧是联邦法律。

④ 该规定为：联邦法规可规定它可以为州法所代替。

或联合乡镇认为由基本法赋予它们的自治权被某些法规所侵犯时，也可以向联邦宪法法院提起宪法诉讼，不过因州的法规侵犯了自治权而向各州宪法法院提起诉讼的除外。

最后是裁决基本法所规定的其他情形的纷争。此外，联邦宪法法院还审理联邦法律所规定的其他案件，比如对法官的弹劾案。

从联邦宪法法院所承担的上述职责来看，它的确与一般法院有很大的不同。实际上联邦宪法法院是一个政治性的机构，或者准确地说，是宪政维护机构。在其职责范围内，联邦宪法法院具有独立地位，只服从基本法，不受任何其他机构监督。

下面我们再来看看德国联邦宪法法院的一些具体运作程序。首先是宪法诉讼的程序。任何人只要认为他的基本权利受到了公权机关的侵犯，就都可以提出宪法诉讼。宪法诉讼可以针对行政当局的措施、法院的判决或者法律本身而提起。不过按照规则，只有当公民在向其他有关法院提起诉讼而未获成功时，才能再向联邦宪法法院提起宪法诉讼，并且必须以书面形式提交诉讼请求，并陈述理由。在收到宪法诉讼请求后，联邦宪法法院将对其进行审查，以决定是否受理。一般来说，如果所提起的宪法诉讼具有根本性的宪政意义，或者诉讼所声称的基本权利遭到了严重侵犯，或者一旦诉讼未获受理，则诉讼提起者将遭到严重的损害，在这些情况下，联邦宪法法院都会受理宪法诉讼。宪法诉讼不必聘请律师代理，而且不收费，但如果滥用此权利，则最高可征收 2600 欧元的费用。最后，在宪法诉讼案中，联邦宪法法院只审查基本权利是否遭到侵犯，至于法律的适用和事实的调查，则属于其他法院的事情。联邦宪法法院的判决也仅限于确定基本权利是否遭到侵犯。

在 1951—2005 年期间，联邦宪法法院总共收到 151424 项宪法诉讼请求，但只受理了其中的 3699 项。尽管宪法诉讼的受理率很低，但宪法诉讼仍然是一个很重要的救济措施，其影响面很广。

其次是对法规进行合宪性审查的程序。按照基本法的规定，应联邦行政部门、州行政部门或者众议院 1/3 议员的要求，联邦宪法法院当就联邦法或州法与基本法之间在形式和内容上是否相容进行裁决。只有联邦宪法法院才有这种审查权力，其他法院如果认为某项法规（包括国际法规）违宪并且不打算适用它，那就必须要先得到联邦宪法法院的确认才行。①

① 如果法院在审理案件的过程中认为某项法规违反的是州宪法，则须以州宪法法院对此的裁决为准。

联邦宪法法院还有处理联邦国家机关之间、联邦与各州以及各州之间的宪法争议的程序，以及审理特殊案件的程序，兹略而不述。

第九节　政治参与制度

在宪政民主的国家里，民众有合法的政治参与渠道，由此形成政治参与制度。一般来说，政治参与主要有集会、请愿、游行、示威、结社、选举、担任公职、创制、公投等渠道。就德国而言，基本法将集会、请愿和结社等确定为公民的基本权利，由此形成具有德国特色的一些政治参与制度。比如说请愿制度，基本法规定，在众议院中得设请愿委员会，专门处理公民的请愿。另外，根据基本法，德国还有独特的结社制度，特别是有关组党的结社制度。至于除此之外的其他政治参与途径，其中的一些，基本法并未将其视为是公民的基本权利，但也有相应的确认，比如说选举。不过德国基本法也的确没有确认一些政治参与途径，比如说提案和公投这些一般被视为是直接民主形式的政治参与途径。拿公投来说，实际上在魏玛共和国时期德国曾经确立过这一制度，但“二战”后，基本法排斥了全国性的公投制度，所以现在在德国，只是在一些州还保留着公投制度。下面我们着重介绍德国自成特色的结社制度，特别是有关组党的政党制度。

一、结社权与《政党法》

德国基本法明确规定，所有德国人均享有结社的权利，但紧接着就作出了限制：社团的宗旨和活动违反刑法、宪法秩序或违反民族谅解原则的，予以禁止。德国基本法之所以要作出这种限制，完全是鉴于从前纳粹党祸国殃民的惨痛教训。为此，德国基本法还独树一帜地专门对政党作出明确的规定：公民可自由建立政党，政党参与人民形成政治意志的过程；政党的内部组织必须符合民主的原则，它们还必须公开说明其经费的来源和使用情况以及财产状况；其目标或其党员的行为属有意破坏或推翻自由民主的基本秩序，或者是有意危害德意志联邦共和国的生存，这样的政党就是违宪的，联邦宪法法院有权裁定政党违宪的问题。这就是德国基本法对于政党的原则性规定，它还授权议会制定相应的联邦法律来进行详细的规定。据此，德国议会通过了《政党法》。

德国是世界上第一个就政党进行单独立法的国家，之所以如此，主要还是因为德国从前曾经有过一段惨痛的历史。德国人的历史感很强，注意吸取历史的经验教训，为防止纳粹的历史重演，他们认为专门制定一部政党法是很有必要的。另外，制定政党法也跟当时的冷战背景有一定的关系。在西方人看来，与纳粹党一样，共产党也属极端型政党，对于宪政民主的基本秩序也是一个威胁，比如当时的德国共产党就不同意签署《基本法》。所以在极右的纳粹党倒台以后，他们认为还有必要防止极左的共产党得势。

德国《政党法》自1967年7月24日颁布实施以来，经过了多次修改，最近的一次修改是在2002年6月28日。德国《政党法》以基本法的几项原则性规定为指导，对政党作出了更为详细的规定。比如关于政党的内部组织必须符合民主原则的问题，要求党的领导人员必须通过党内的民主选举而使之合法化，党的领导层中只能包含一部分当然成员；另外，要求解决政党与其党员之间纠纷的党的仲裁机构，不应该包括任何党的执行委员会的成员，或者是党的工作人员，以便更好地保证仲裁机构的独立性。又如政党的经费问题，为防止在政党政治中出现腐败现象，1989年修改后的《政党法》规定由国家向各参选政党补贴一定的竞选费用。补贴分为三种形式：一是选票津贴，根据政党所获选票的多少（有一个下限）而给出相应的补贴，现在每张选票补助2.5欧元；二是捐献津贴，根据政党所获的个人捐款多少（有上下限）而给出相应的补贴，现在每获1欧元的捐助就补助0.3欧元；三是间接补贴，即给予党员个人的党费和捐献以免税优惠。当然，总的补助金额是有上限的，每个政党最多只能获2.5亿欧元的补助。此外，政党要获得国家补贴是有条件的，小党被排除在外。比如在1998年的大选中，在总共40个参选政党中，最后只有8个政党才获得了国家资助。

二、德国政党现状

目前在德国的主要政党有社会民主党（SPD）、基督教民主联盟（CDU，简称基民盟）、巴伐利亚基督教社会联盟（CSU，简称基社盟）、自由民主党（FDP）、联盟90/绿党（Bündnis 90/Die Grünen，通常简称为绿党）① 和左党（Die Linke）②。这6个政党是进入了德国众议院的大党，其中又以社会民主党、基民盟与基社盟为最大。除此之外，在德国还有诸如国家民主党（NPD，该党目前受到德国联邦宪法维护厅的监视并被归为极右政党）和德国共产党

① 1980年，绿党在西德成立。1989—1990年期间，东德的一些民权运动团体联合组成联盟90。1993年，联盟90与绿党合并。

② 由左翼党（Die Linkspartei，由德国统一社会党，即前东德共产党改变而来）和劳动与社会公平党（WASG，由社会民主党分裂而来）于2007年6月16日合并而成。

（DKP，1990年重新成立）这样的一些小党存在。下面我们着重介绍社会民主党和基民盟与基社盟。

德国社会民主党是德国现存最老的政党，始建于1863年。社民党来源于工人运动，起初明确以社会主义为纲领，近年来也接受了一些新自由主义思想。社民党强调社会正义，主张在发展经济的同时要兼顾公平，公民才能更好地享受社会福利。社民党还认为只有强大而重视社会福利的国家才能保护弱势群体的权利。为实现这个目标，社民党提出了新的改革议题，比如新的富人税政策等。

截至2007年2月28日，社民党一共有556,185名党员，成为德国规模最大的政党。不过43%的社民党党员都在60岁以上，只有8%的党员是35岁以下的青年；另外，社民党2/3的党员均为男性，将近一半的社民党党员是工人或者公司雇员。根据社民党的规定，凡14岁以上的德国人，在外国长期旅居的德国人，或者在德国生活的外国人，只要政见相同，都可以加入社民党。另外，党内35岁以下的成员将被组织到社会民主党青年团中去。社民党的现任主席是弗朗茨·明特费林（Franz Müntefering）。

德国基督教民主联盟和巴伐利亚基督教社会联盟本是两个政党，但从1947年起，两党结盟成姊妹党，在众议院中也共同组成一个党团，所以一般将两党合称为基民盟/基社盟。现在基民盟/基社盟是众议院中的第一大党。

基民盟的前身是魏玛共和国时期的天主教中央党，在纳粹时期遭到取缔，"二战"后陆续在德国西部地区（巴伐利亚州除外）和柏林建立了地方组织，直到1950年10月才举行第一届联盟代表大会，正式成立基督教民主联盟。1990年10月1日，两德的基督教民主联盟正式合并。基民盟的党员主要来自企业主、农场主、职员和知识分子，现任党主席是联邦总理默克尔（Angela Dorothea Merkel）。

基社盟是巴伐利亚州的一个基督教保守主义政党，于1945年由昔日的反法西斯人士所建立。该党奉行基督教社会主义和保守主义。基社盟除了和基民盟在联邦层次上进行合作之外，主要还是在巴伐利亚州内活动。该党自1957年以来一直在巴伐利亚州执政，创造了德国政党执政的纪录。

第十节　德国宪政之保障

由于德国曾经有过纳粹极权统治的惨痛历史，所以在德国如何实现并巩固宪政，就颇令人关注。"二战"以后，德国制定了基本法，重新建立起宪政民主制度，至今60年时间过去了，毫无疑问，德国的宪政已然得到巩固。那么德国宪政得以保障的原因或条件是什么呢?

如前所述，德国人很有历史感，善于从历史中吸取经验教训，而德国宪政之所以能够在战后得到保障，这就跟德国人在反思历史的基础上，有针对性地采取措施密切相关。

首先，德国人意识到，纳粹之所以能够在德国得势，这跟德国宪政文化基础不牢固的确有很大的关系。为弥补这个缺陷，德国人主要采取了两方面的措施。

一方面，基本法的制定者们意识到，他们不只是在制定一部宪法，而且也是在写作一部教科书，一部对国民进行宪政文化教育的教科书。我们知道，宪政制度是建立在人权价值观基础之上的，没有对人权价值观的认知和接受，就根本不可能建立起宪政制度，所以在一国要加强宪政文化基础，就必须要使人权意识广泛地深入人心。为达到宣扬人权价值观的目的，基本法将公民基本权利的内容从魏玛宪法的第二编挪到了第一章。在目前的德国基本法中，第一条就明确宣称：“人的尊严不可侵犯，对人的尊严的尊重和保护，是一切国家机关的职责所在。因此，德国人民承认不可侵犯且不可让与的人权，是一切人类社会以及世界的和平和正义的基础。下述基本权利作为直接有效的法律，约束立法、行政和司法。”基本法的这一规定不但直接揭示了宪政的价值基础，同时在如此显眼的位置将人权的价值观宣示于众，自然也就会给德国民众造成一种直接而强烈的冲击感，引起他们对人权价值观的重视。

在接下来的部分，基本法详细列举了大量的基本权利，最后则规定了限制基本权利的基本原则。根据基本法，任何人以攻击自由民主的基本秩序为目的而滥用言论自由权特别是出版自由权、教学自由权、集会自由权、结社自由权、通讯秘密权、财产权和避难权，就将丧失相应的这些基本权利。基本权利的丧失和丧失范围都由联邦宪法法院来裁决。除此之外，对于军人这类特殊的公民，在服兵役或替代役期间，有关法规可以限制他们的言论自由权、集会自由权和请愿权；而在防御状态这种特殊情况下，有关法律可以限制公民的迁徙自由权和住宅权。基本法的这些规定对于公民来说仍然具有宪政文化教育的功用，它告诉人们，尽管人权是目的，永远是第一位的，但任何人在行使自己的权利时，都不得侵犯他人的权利甚至取消其他人的权利。自由民主的基本秩序，是保障所有人平等地享有和行使权利的秩序，因此攻击该秩序，无异于试图取消他人的权利。所以在特殊情况下限制公民的基本权利是完全必要的，而限制的目的恰恰是为了保障所有人都能够平等地享有权利。

为了巩固宪政文化基础，在德国，除了直接宣扬宪政文化，进行宪政文化教育外，另一方面，德国人还进行了历时几十年的深刻的政治文化反思。德国人的反思是由清算纳粹所引发的。“二战”后，在国际力量的介入下，在德国掀起了清算纳粹的大规模活动。清算是分作几个层次逐渐推进的，首先是针对纳粹上层人物的纽伦堡大审判。1945 年 10 月 18 日，国际军事法庭第一次审判在柏林举行，11 月 20 日后移至纽伦堡继续进行。经过 216 次开庭后，1946 年 10 月 1 日，审判全部结束。纽伦堡大审判对大部分的纳粹上层人物都定了罪、判了刑，其中，包括戈林（纳粹政权的第二号人物、希特勒曾经指定的“全权继承人”、“帝国元帅”、陆军将军、航空总监、普鲁士总理、纳粹德国四年计划的全权执行人）、里宾特洛甫（第二任外交部长）、阿尔弗雷德·罗森堡(“纳粹思想家”、纳粹刊物主编、东方占领区事务部长）和马丁·鲍曼（希特勒的秘书）在内的 12 人，被判处绞刑；包括赫斯（希特勒的第二继承人、纳粹党书记处负责人、国防委员会成员）和瓦尔特·冯克（政府新闻总署和宣传部负责人、经济部长、战争经济全权委员会负责人、国家银行总裁）在内的三人被判处无期徒刑；席腊赫（全德青年领导人、驻维也纳总督）和阿尔伯特·施佩尔（军备、军需及军火部部长）二人被判处 20 年徒刑，等等。同时，纳粹德国的政治领袖集团、秘密警察（盖世太保）、保安勤务处以及党卫队被法庭宣判为犯罪组织。

在对纳粹上层人物进行清算的同时，1946 年 1 月，盟国管制委员会在柏林通过了几项非纳粹化命令，对普通纳粹人员进行清查，以对其进行逮捕、审判、判刑，或将其从政府部门或学校等机构中清除出去。同年 3 月 5 日，美占区首先公布了《清除纳粹主义和军国主义法》(Gesetz zur Befreiung von Nationalsozialismus und Militarismus)①，5 月 13 日，第一个非纳粹化法庭(Spruchkammer) 正式执行清除法。在其他各个占领区，包括在奥地利，也对普通纳粹人员进行了清除。

战后初期对纳粹分子的清算活动只持续了很短的时间，到 50 年代便基本上停止了，对德国人心灵的震撼力也不够，人们更多地认为这些只不过是战争的后续活动而已，所以还未能在德国引起反思活动。转折发生在 60 年代，在当时的德国（西德）学生运动中，保守势力成为了被批判的主要对象。学生运动直面纳粹德国的历史，揭露并批判纳粹在德国的残余势力。当时在德国政府、军队和教育等机构中占据要职的保守分子，大多有过一段不光彩的纳粹历

① 该法后来为基本法明定为继续适用。

史，在“平安”度过50年代后，现在再也无法藏身，遭到了年轻一代的无情清算。其中最著名的一个事件，就是在1968年11月7日，一名女记者在大庭广众之下，给了时任德国总理的基辛格（原纳粹党员、纳粹党的高级官员）一记响亮的耳光。在她看来，“二战”才结束20年，一位原纳粹党员竟然就能够当上总理，这不啻为德国的耻辱。1969年初，当时的联邦总统吕布克被曝曾在一个设计过集中营的建筑公司中工作过，从而遭到舆论的攻击，被迫下台。类似的这些事件，也可以看成清算纳粹的活动，只不过，现在所清算的是隐藏的纳粹分子，而且更重要的是，如果说从前的清算主要由国际力量所主导的话，那么现在则是由德国人自己主动进行的，这就预示着德国人真正开始进行反思了。这里也有一个著名的标志性事件。1969年秋，在学生运动的大力推动下，社会民主党与自由民主党联合上台执政，由社会民主党的主席、当年的反法西斯战士勃兰特出任联邦总理。1970年12月7日，在华沙，勃兰特在代表联邦德国与波兰政府签订了和平友好条约后，前往吊唁了在华沙的犹太人起义纪念碑，并在碑前代表德国下跪认罪。

不过反思的过程也不是一帆风顺的，中间充满了争论与反复，德国的极右势力就坚持为纳粹进行辩护，拒绝反思。1986年时，有的右翼历史学家就抱怨说，纳粹德国已经灭亡40年了，但这段历史却仍然不能成为“过去”。他认为，纳粹德国对犹太人的大屠杀在世界历史上并不是独一无二的，其他国家，比如斯大林时期的苏联，也发生过类似的大屠杀事件。对于这种论调，德国著名的思想家哈贝马斯和左翼历史学家一起予以回击。他们认为，纳粹对犹太人的大屠杀之所以在世界历史上是独一无二的，这是因为纳粹国家利用现代工厂化的方式对一个种族不分男女老少，进行了整体性的灭绝性大屠杀；而且，就算其他国家也发生过类似的大屠杀，这也不能自然而然地成为德国人降低自我道德标准的理由。

德国人的反思是在论争中逐渐推进的。德国统一后，纳粹时期的普通人物与组织也被纳入了批判和反思的范围，这意味着整个德国民族都卷入了反思的活动之中。20世纪90年代初期，美国学者格德哈根在其名为《希特勒心甘情愿的刽子手：大屠杀中的普通德国人》的博士论文中指出，纳粹时期的普通德国人都是希特勒屠杀犹太人的自愿帮凶。该书对德国人的刺激可想而知，因而在德国引起了一场大辩论。经过辩论，德国年轻的一代大多支持格德哈根的观点。

德国人以清算纳粹为契机，对自己的历史和文化进行了深刻的反思，而反思的核心，就是有关人的尊严的问题，或者说普世的人权问题。显然这有助于将人的尊严、人权高于一切的理念散播到民众心中，有助于在德国培育并加强宪政文化的基础。

除了有针对性地加强宪政文化基础，基于魏玛共和国为纳粹所颠覆的惨痛教训，德国人同时还有针对性地加强政治制度建设，以弥补从前所暴露出来的制度漏洞。在这方面的例子很多。比如基本法第20条明确规定："德意志联邦共和国是民主的、社会的联邦国家，一切国家权力均来自于人民。国家权力，由人民通过选举和投票，以及由立法、行政和司法机关来行使。立法服从宪政秩序，行政和司法则服从法律和正义。"这一规定就将德国的宪政制度原则确定了下来。为了防止这一宪政制度被颠覆，德国基本法特别规定，一方面，如果没有任何其他的救济方法，则任何德国人都有权反抗那些试图废除该宪政秩序的任何人；另一方面，必须得到众议院议员的2/3同意和参议院表决票数的2/3批准，才能通过修改基本法的法律，而且对基本法的修改不得影响联邦由各州所组成的事实，也不得影响各州参与立法以及基本法所规定的人权和宪政原则（即第一条和第20条的内容）。根据前述的德国宪政史，我们就知道，显然这是吸取了从前纳粹凭借《授权法》而废除宪法和宪政秩序的深刻教训，而采取的针对性措施。

在具体的制度设计方面，德国人也吸取了从前的深刻教训，有针对性地进行防范，其中最重要的方面主要有：一是恢复联邦制，以限制联邦政府的权力。看起来，德国人是很看重联邦制的宪政保障作用的，当然这也跟历史教训有关。根据前述的德国政治史，我们知道，德国自立国之日起便一直实行联邦制，唯独在纳粹统治时期，通过《各州协调一致临时法》和《国家重建法》等"法律"，联邦制遭到了废除，而实行中央集权制。在德国人看来，联邦制的废除，严重削弱了限制纳粹的力量，是造成纳粹惨剧的一个重要原因。所以在战后，基本法不但恢复了联邦制，而且加强了各州的权力，比如说各州通过参议院参与联邦立法与行政等事务，以此限制联邦政府的权力，并防止联邦制再次遭到废除。二是在德国实行彻底的议会制，将联邦总统变成虚位的国家元首。前面我们已对此作过分析，假如魏玛宪法未授予总统紧急处置权这一巨大而不受实际限制的权力，则纳粹也难以得逞。所以战后的基本法废除了总统的这一权力，而将其转移到联邦议会手中（参见有关防御状态的规定），由此总统就完全变成虚位的国家元首。三是建立专门的联邦宪法法院，而议会不再是"最高国家权力机关"，它把宪法的解释权让渡给了联邦宪法法院，使后者担负起监督宪法实施，保障公民权利与自由的职责。联邦宪法法院是从前未有过的，但有鉴于纳粹视宪法为无物的教训，战后基本法中明确要求设立专门的宪法保障机构，以维护宪政秩序。基本法赋予联邦宪法法院以独立的地位以及较大的维宪权，而从实际效果来看，联邦宪法法院对德国宪政的保障作用还是相当大的。除了上述的主要方面外，德国人对于一些制度细节，也有意识地进行了改造，比如说实行混合式的选举制度，限制小党进入议会，还规定众议院只能对总理提出建设性不信任案，等等，这些也是有针对性的制度措施，兹不赘述。

最后，德国人通过总结纳粹上台的历史，发现了民主政治自身所存在的一些缺陷——特别是在有政党参与的情况下，比如说，民众容易受到极端势力的蛊惑。而德国自身的历史表明，由于存在这种内在缺陷，所以如果没有其他的制度加以约束的话，那么民主政治将可能导致极其严重的后果，最严重者，就是连基本的人权和宪政制度也无法保障。有鉴于此，德国在战后首开先河，在基本法中，并且据此专门立法，对民主政治中的政党运作特别予以规范。实际情况表明，德国的这一做法对于宪政的保障是有效的，比如现在的德国国家民主党就处于被监视状态，它就不可能再像纳粹党那样得势。

总之，德国在战后所采取的一系列有针对性的措施，对于其宪政的保障起到了应有的作用，是德国宪政能够在战后稳固的重要原因。德国的情况，实际上也给其他许多国家，特别是那些宪政文化基础本来就薄弱、宪政制度还不牢固的国家，以重大而深刻的启示。

第三章

其他议会制国家举隅

第一节 瑞　士

瑞士的正式国名为瑞士联邦（德语 Schweizerische Eidgenossenschaft/法语 Confederation Suisse/意大利语 Confederazione Svizzera）。瑞士的国土面积为 4 万多平方公里，现有人口 750 多万。瑞士定都于伯尔尼（Bern）；国旗为正方形的红地白十字旗，白色象征和平、公正和光明，红色象征人民的胜利、幸福和热情，正方形象征国家在外交上采取公正和中立的政策；国徽为红地白十字盾徽（见图 3-1）。①

图 3-1　瑞士的国旗和国徽

一、瑞士的形成与宪政史

现在的瑞士地区，史前曾是凯尔特人的活动区域，主要是凯尔特人的海尔

① 瑞士这个国家在外交上的最大特点就是保持中立。一直到 2002 年，瑞士才通过全民公决，决定加入联合国。但到目前为止，瑞士仍没有加入欧洲联盟。

维部落生活于此。公元前70年，因受日耳曼人的挤压，海尔维部落决定向西撤离到高卢西南的大西洋沿岸，但未获成功，只得成为罗马帝国的同盟者，并与之一道战败了南侵的日耳曼人。到屋大维成为罗马帝国皇帝后，海尔维部落就变成帝国的一个行省，于是瑞士进入罗马化时代。

公元259年，一支日耳曼人的部落联盟渡过莱茵河，攻克了罗马帝国在瑞士的北部边塞，引发了罗马瑞士的战乱。公元401年，罗马帝国军队最终撤出了阿尔卑斯山以北地区，日耳曼人统治瑞士的时代便开始了。在日耳曼人的统治下，瑞士大体上可以分为东西两个部分：西部由日耳曼人的勃艮第部落联盟所统治，他们人口数量少，文化落后，因而在占领瑞士之后便接受了当地的罗马-凯尔特人语言和文化传统；中部和东部则是由阿勒曼尼部落联盟统治，他们所占领的是瑞士的山区和罗马化程度较低的区域，因此日耳曼语言在这个地区取得了优势。这种东西分治的状况，经过历史的演变，就形成了今天瑞士的法语区和德语区。

日耳曼人统治下的瑞士地区先后产生了很多小王国，这些王国相互征伐，最终于536年统一于法兰克王国（即后来的查理帝国）。公元843年，根据瓜分查理帝国的《凡尔登条约》，瑞士再度分裂，分属中法兰克王国和东法兰克王国。

1033年，分裂的瑞士为神圣罗马帝国所继承和统治。在这一时期，德意志各地方诸侯势力上升，各路诸侯为了扩展自己的势力，建立了大批城市。在今天的瑞士地区，策林根家族就推动建立了众多的城市，形成了瑞士所特有的城镇自治体制。这就为日后瑞士邦联的建立埋下了伏笔。

瑞士最终的联合，跟哈布斯堡家族在神圣罗马帝国中的兴起密切相关。哈布斯堡家族发迹于瑞士中部，控制了瑞士中部地区，成为神圣罗马帝国中最有影响力的诸侯之一。1273年，哈布斯堡家族的鲁道夫一世被选举为神圣罗马帝国皇帝，继位后的鲁道夫一世致力于扩大王权和家族势力，从而严重地威胁着瑞士各个自由领的自主性。在这种情况下，1291年8月1日，瑞士的三个谷地共同体，即乌里、施维茨和上瓦尔登，共同签订了三地同盟协定，结成“永久同盟”。根据该条约，三地须相互协助，对抗一切内外敌人；三地通过共同的法律来保证地方的安定；同盟之间的分歧须以协商的方式和平解决；同盟的缔约方均不得接受非本地的或者为了贪图钱财而被任命的执法官员。这份同盟协议是瑞士历史上有案可查的最早的协议，瑞士人也以此作为瑞士国家诞生的标志，并将每年的8月1日定为瑞士的国庆日。

14—15世纪，同盟扩大了领土并加强了军事实力。卢塞恩、苏黎世、楚格、格拉鲁斯和伯尔尼先后加入同盟，8 个成员于 1370 年签订《牧师宪章》，结成邦联。1481 年，弗里堡和索洛图恩又加入邦联，各州签订了《施坦斯协议》，成立参政会以专门调解相互之间的纠纷。1499 年，瑞士邦联拒绝哈布斯堡家族马克西米连一世的帝国改革计划，引发士瓦本战争，结果瑞士人获胜。战后，通过签订《巴塞尔和约》，瑞士从神圣罗马帝国争得了实际上的独立地位。此后，巴塞尔和沙夫豪森于 1501 年，阿彭策尔于 1513 年，先后加入邦联，邦联增加到 13 个州。此时的瑞士邦联尚无常设的中央机构，只是定期召开全邦联议会。1648 年，“三十年战争”结束后，通过签订《威斯特伐利亚和约》，瑞士终于彻底摆脱神圣罗马帝国的统治，宣布独立，并奉行中立政策。1798 年，拿破仑侵吞瑞士，将其改为海尔维第（Helvetik）共和国，瑞士变成统一的中央集权国家，但依附于法国。不过到 1803 年，瑞士又恢复为邦联制，此时又有一批州加入瑞士邦联。在 1815 年的维也纳会议上，与会各国签署声明，承认瑞士邦联的领土完整，并确定其为永久的中立国。此后，瓦莱、日内瓦、纳沙泰尔等州相继加入瑞士邦联，至此现代瑞士的国家领土组建全部完成。

1848 年，瑞士公布新宪法，开始设立联邦委员会作为联邦的最高行政机构，定都伯尔尼，从此瑞士成为统一的联邦制国家。现行的瑞士联邦宪法已是第三版，取代了 1874 年的版本，是于 1999 年由公民投票通过，并于 2000 年 1 月 1 日正式施行的。现行瑞士宪法整合了一直到 1999 年的约 150 份宪法修正案，内容主要包括瑞士联邦之组成、公民的权利与义务、联邦体制与州级制度以及国策等。现行瑞士联邦宪法自公布实施后，经历了多次修改，最近一次修改是在 2004 年。总体而言，瑞士这个国家的宪政历程是比较平稳的。

二、国家结构制度

瑞士实行联邦制，联邦由 26 个州（canton/Kantone）所组成（见表 3-1），最新加入联邦的是 1979 年时，经公民投票从伯尔尼州中分割出来而成立的汝拉州。在这 26 个州中，有 6 个州，即上瓦尔登州、下瓦尔登州、巴塞尔城市州、巴塞尔乡村州、外阿彭策尔州和内阿彭策尔州，通常也被称作半州（Half-canton），即“拥有半个表决权的州”，因为它们在联邦议会的联邦院（上院）中分别只占有一个席位，另外，在需要多数人口与多数州同意才能通过的全国公民投票（这称为“双重多数决”，如针对修宪的全民公决）中，两个半州同意等于一个州的同意，相当于此时的瑞士只有 23 个州（见表 3-1）。

瑞士各州规模不一，面积最小的是巴塞尔城市州，仅有 37 平方公里，最大的是格劳宾登州，有 7,105 平方公里。就人口而论，最少的是内阿彭策尔州，不到 15,000 人，最多的是苏黎世州，有 120 万多人。

表 3-1　　　　　　　　　　　　**瑞士各州**

各　州	加盟年份	各　州	加盟年份
乌里州 Uri	1291	沙夫豪森州 Schaffhausen	1501
施维茨州 Schwyz	1291	外阿彭策尔州 Appenzell Outer-Rhodes	1513
上瓦尔登州 Obwald	1291	内阿彭策尔州 Appenzell Inner-Rhodes	1513
下瓦尔登州 Nidwald	1291	圣加仑州 St. Gallen	1803
卢塞恩州 Luzern	1332	格劳宾登州 Grisons	1803
苏黎世州 Zürich	1351	阿尔高州 Aargau	1803
格拉鲁斯州 Glarus	1352	图尔高州 Thurgau	1803
楚格州 Zug	1352	提契诺州 Ticino	1803
伯尔尼州 Bern/Berne	1353	沃州 Vaud	1803
弗里堡州 Fribourg/F reiburg	1481	瓦莱州 Valais	1815
索洛图恩州 Solothurn	1481	纳沙泰尔州 Neuchâtel	1815
巴塞尔城市州 Basel-City	1501	日内瓦州 Genève/Geneva/Genf	1815
巴塞尔乡村州 Basel-Land	1501	汝拉州 Jura	1979

尽管瑞士各州的规模均不大，但按照联邦制的原则，现今每一个州都拥有自己的宪法，联邦宪法仅要求各州的宪法是民主的。所有在联邦宪法当中没有明确规定的事务，以及各州内地方政府的自治权，皆由各州宪法和法律自行规定。根据联邦宪法的规定，外交、国防之类的事务一般属于联邦，而教育、文化等则属于各州的事务，但其实在很多事务上，联邦与各州之间既有权限的划分，也有相互的合作和协助，比如说内部安全、自然环境保护、能源等事务。

除格拉鲁斯州和内阿彭策尔州外，各州均实行代议民主制，设议会，以多数代表制或比例代表制普选产生。多数的州议会为一院制，其议席数介于 58—200 个之间。州议会掌握立法权，并监督州行政部门，以及选举州法官。各州的行政部门则一般由 5—7 人组成，其名称各异，实行集体领导制。此外，各州均设有自己的法院系统，但以联邦法院为终审法院。对于格拉鲁斯州和内

图 3-2 格拉鲁斯州（上）和内阿彭策尔州（下）的州民大会

阿彭策尔州来说，它们仍然保留着公开的州民大会（见图 3-2）(Landsgemeinde)，实行直接民主制度。比如在内阿彭策尔州，每年四月的最后一个星期天，州内公民就到州民大会广场集会，修改州宪法，制定法律，决定州内重要事务，并选出包括州长（the Acting Governing Chairman，亦可称为执行主席）在内的、由七名成员所组成的管理委员会（Governing Council，或称为行政委员会），以及州法院和区法院的成员及其院长。除此之外的其他各州，则主要以公民投票的形式来实行直接民主制。

各州之下均设市镇或区，这些地方行政区划的规模一般都很小，其中一半以上的市镇或区都不到 1000 人。尽管规模很小，但地方也拥有自己的政府，实行自治，并负责执行州政府或联邦政府的指令。各州对地方权限的规定各不相同，但基本上限于安全、教育、卫生、运输，出生、结婚和死亡登记，以及征收联邦、州和地方税等事务。在瑞士 90% 的地方行政区，公民每年至少集会一次，以决定地方的重要事务。

三、联邦政府制度

瑞士联邦政府也由立法、行政和司法机构所组成，其中联邦议会掌握立法权，联邦委员会掌握行政权并且作为集体国家元首，联邦法院掌握司法权。总体来看，瑞士联邦政府制度的权力分立色彩似乎更浓一些，而权力制衡方面则似乎要淡一些，这是瑞士政治的一大特色。

（一）联邦议会

联邦议会（Bundesversammlung）是瑞士的联邦立法机关，设两院，其中国民院（Nationalrat）代表人民，为下院，联邦院（Ständerat）代表各州，为上院。

表 3-2　　**2007 年 10 月 21 日瑞士联邦议会国民院选举结果**

政　　党	得票	%	席位
瑞士人民党 SVP/UDC	666,723	28.9	62
社会民主党 SPS/PSS	450,308	19.5	43
自由民主党 FDP/PRD	363,060	15.8	31
基督教民主人民党 CVP/PDC	333,527	14.5	31
绿党 GPS/PES	220,785	9.6	20
瑞士自由党 LPS/PLS	42,356	1.8	4
绿色自由党 GLP	33,104	1.4	3
福音人民党 EVP/PEV	56,362	2.4	2
联邦民主联盟 EDU/UDF	29,549	1.3	1
瑞士工党 PdA/PST	16,649	0.7	1
基督教社会党 CSP/PCS	9,985	0.4	1
提西诺联盟 LEGA	13,031	0.6	1
其他	68,662	3.0	0
总计	2,330,383	100	200

国民院一共有 200 位议员（见表 3-2），任期四年，届满全部改选，选举时间是在 10 月份的最后一个周末。所有年满 18 周岁的瑞士公民（包括移居外

国的瑞士公民）都有选举与被选举权。国民院议员的选举是按州来划分选区的，因此全国一共有26个选区，每个选区（州）按其所占的人口比例来确定议员名额，每3.6万人可选出一名，但每个选区（州）至少应有一个名额。

从1919年起，国民院议员就按照比例代表制选举产生，但那些只有一个名额的选区（州），则按单选区相对多数当选制选举产生议员，且此时每位选民只能选择一位候选人来投票。在有两个及以上名额的选区（州），各政党将分别推出各自的候选人名单进行角逐，政党之间也可以结成选举联盟。另外，为提高候选人当选的机会，各政党可在其所推出的候选人名单上，重复写上某些候选人的名字（即同一个候选人的名字在名单上出现两次），这就是所谓的“重复在先”。选民在选举前将会得到已印好的各独立党派或联合党派的候选人名单以及一张空白名单，选民只能寄回其中的一张选票。而在进行投票时，选民可以有多种选择：（1）选民可以将某张候选人名单原样寄回，这表示他选择了该名单上的所有候选人。（2）选民也可以将选票改动后再寄出。此时选民可以在其所选择的某张选票上画掉一个候选人，而填上同一张选票上另一位候选人的名字（这就叫重复选举法，即同一个候选人被选了两次。不过被重复选举的候选人最多也只能获得两票），或者填上另一党派名单上的一位候选人（这叫交叉选举或混合选举法，在这种情况下，被划掉名字的党派就失去一票，而被填入名字的党派则得到一票）。（3）选民还可以自己填写空白名单，自己组合一张选票。不管怎么选择，选民都只能选择与选区应选名额数量相等的候选人。

在那些产生多个议员的选区（州）里，选民投票完成后，各政党的得票将以其名单候选人的得票来计算，并据此来为各政党分配议席。具体来说，议席分配是按照哈根巴赫-毕晓夫方法（Hagenbach-Bischoff Method）来进行的：首先求出哈根巴赫-毕晓夫基数，即全部的有效票数/（应分之议席+1），然后用每个政党或选举联盟所获得的选票，除以这个基数，由此所得到的结果，其整数部分就是各政党或联盟在该选区（州）中所获得的初始议席。由于不能整除，所以必定会留有议席未分尽，这时就根据最大均数法（the Largest Average Method，亦称d'Hondt Rule，具体做法请参阅第九章）来进行处理，直到将议席分尽为止。最后，各政党再将所获得的议席落实到名单候选人身上，其中得票最多的候选人即当选为议员。按照瑞士的这种分配办法，最终各政党所获得的议席与其所获得的选票基本上是成正比的，因此呈现出按比例分配的特征。

国民院的议员如果出缺，可由选举时得票次多的候选人接任。国民院议员可以不限次数地连任，但是瑞士联邦宪法规定，任何国民院议员都不可以同时是联邦院议员、联邦委员会成员以及由联邦委员会所任命的官员。

联邦院总共有议员46人（见表3-3），其中每州各占两个名额，但每个半州只有一个名额。联邦院议员也由选举产生，但选举办法由各州自定，一般是由选民直选或由州议会选举产生。由于各州的规定不同，所以各州的联邦院议员任期各异，最多为4年。除楚格州和内阿彭策尔州外，联邦院与国民院同时举行选举。而且除汝拉州实行比例代表制外，各州均按照相对多数当选制选举联邦院议员，因此，小党难以进入联邦院，以致一直以来，联邦院都主要是由四大政党所掌控。与国民院议员一样，联邦院议员也不可以兼任另一院的议员以及联邦委员会成员。

表3-3　**2007年瑞士联邦议会联邦院选举结果**

政党	席位	政党	席位
人民党	7	基督教民主人民党	15
社会民主党	9	绿党	2
自由民主党	12	其他	1
总计			46

和其他西方国家不同的是，瑞士联邦议会的议员全都是兼职的。尽管每位议员每年可得到75,000瑞士法郎的补助，但大多数议员在议会外的时间，还从事其他职业。议员的兼职制度产生了很多问题，比如有些议员兼任公司职务，这就使得人们有理由担心议员的决策会受此影响。尽管如此，在瑞士，议员职业化的建议仍遭到广泛的反对。

联邦议会的两院分别选举本院的议长，任期一年，不得连任。议长负责组织会议，并在投票打成平手的情况下作出裁决。此外，国民院议长还是两院联席大会的最高领导人。在瑞士人的眼中，国民院议长才是国家的最高领导人，其地位甚至高于联邦总统，尽管在正式文件中，他只排在第四。

联邦议会的两院每年召开4次大会，即每个季节各一次，每次会议持续3周。

联邦议会的两院地位平等，共同行使以下一些职权：制定或修改联邦宪法；制定与联邦机关的组织和选举相关的法律；制定法律，规定联邦机关工作人员的工资与官职的设置；制定国家预算；选举并监督联邦委员会、联邦法院、联邦办公厅主任以及军队总司令；处理各州之间的争议，并且维持秩序；调动军队；维持国家的中立、独立与国家安全；批准与外国缔结的协议，等等。

（二）联邦委员会

瑞士联邦政府的行政机关称为联邦委员会（Bundesrat），由 7 位委员组成，他们由联邦议会的两院联席会议选举产生。在国民院举行大选之后，两院便联席召开选举大会，选举联邦委员。参加联邦委员选举的候选人，须具备与担任国民院议员相同的资格条件，通常联邦委员都是从联邦议会两院议员中选出的，有时也会从州政府官员中选出。而一旦有联邦议员当选为联邦委员，即丧失议员资格，其议员职位将由其他人来递补。两院联席大会将根据多轮多数制进行秘密投票，选出联邦委员。联邦委员任期 4 年，可连选连任，不限次数，直到其自动辞职或退休。在联邦委员的任期内，联邦议会不能对其投不信任票或进行弹劾，而将其免职，反之，联邦委员会也无权解散议会。不过在任职期间，联邦委员不可以从事其他职业，不得兼任联邦议会任何一院的议员，也不能拥有联邦法院的职位，还不可以在各州政府中任职。

瑞士政府并不向联邦委员提供可住的官邸，所以委员们都住在位于首都伯尔尼的家里或旅馆里，或是从外地通勤。不过委员们有权使用属于联邦委员会的庄园。联邦委员还可以征用由瑞士军队所组成的安全小组，以保护自身安全。此外每位委员都有一名身着制服的管家（Weibel）跟随。联邦委员的年薪约为 40 万瑞士法郎，在完整的任期结束之后，每年还可以领取一笔 20 万瑞士法郎的退休金。和联邦议员一样，联邦委员也拥有一些豁免权，这包括：对于联邦委员与政府事务无关的犯罪行为，只有经联邦委员会的同意，方可对其提起诉讼。不过原告也可以向联邦议会进行上诉，寻求其同意；至于联邦委员与政府事务有关的犯罪行为，则需要联邦议会的同意方可对其采取措施，议会也可以决定对某些案件暂缓执行。虽然拥有这些豁免权，但联邦委员在面对自身的犯罪行为时，有时也会选择放弃豁免权，或者是辞职下台。

联邦议会每年还举行联席会议，从联邦委员会的七位委员中选出两位，分别担任联邦总统（Bundespräsident，亦可称联邦主席）与副总统。总统与副总统的任期都是一年，并且不能在第二年连任，也不能在改选后交换职位。按照惯例，实际上总统和副总统是由联邦委员会的成员轮流担任的，所以任何成员，只要仍在委员会中，就有机会出任总统与副总统。与联邦委员会的其他成员相比，联邦总统并没有什么特殊的权力，他的主要职责是主持委员会会议，在委员会面临紧急状况而无法及时作出决定时，总统有权代表整个委员会采取行动。此外，在前往其他国家时，总统担任瑞士的国家代表。除此之外，总统并没有超出或低于其他委员的权力。尽管瑞士的联邦总统也代表国家出访，但他却并非瑞士的国家元首（全体委员会才是，是集体元首），不过近年来，瑞士联邦总统在外国进行官方访问时，也逐渐产生了被视为国家元首的态势。

联邦委员会下设七个执行部门，分别由七位委员（包括总统与副总统）担任首长。这七个部门分别是：联邦外交事务部，联邦内政部，联邦环境、运输、能源与通讯部，联邦防卫、公民保护与体育部，联邦司法与警务部，联邦财政部和联邦经济事务部。不过各部门的事务并非只由单一首长来处理，而是由联邦委员会全体进行管理。

联邦委员会以联邦办公厅（Bundeskanzlei）为秘书机构，该机构同时还是联邦议会的秘书机构。这个机构也负责协调联邦议会与联邦委员会之间的关系。联邦办公厅由联邦秘书长（Bundeskanzler，也可称之为联邦总理）掌理，秘书长任期四年，与联邦委员一道，由联邦议会的两院联席会议选举产生。秘书长虽然不是联邦委员会的正式成员，但却相当于其中一个成员，他协助联邦委员会的工作，向其提出建议并提供咨询，还出席每周的委员会会议，因而秘书长常常被非官方地称为“第八位联邦委员”。（见表 3-4）

表 3-4　**目前的瑞士联邦委员会成员**

联邦委员会各部与联邦办公厅	首　长	政党归属
联邦经济事务部	Doris Leuthard	瑞士基督教民主人民党
联邦司法与警务部	Eveline Widmer-Schlumpf	瑞士人民党
联邦环境、运输、能源与通讯部	Moritz Leuenberger	瑞士社会民主党
联邦外交事务部	Micheline Calmy-Rey	瑞士社会民主党
联邦内政部	Pascal Couchepin	瑞士自由民主党
联邦防卫、公民保护与体育部	Samuel Schmid	瑞士人民党
联邦财政部	Hans-Rudolf Merz	瑞士自由民主党
联邦办公厅	Corina Casanova	瑞士基督教民主人民党

联邦委员会以会议形式来制定政策，如果参会的委员人数不足四人，会议就无法召开。联邦委员会在做决策之前，总是先由相关部门准备。比如制定有关联邦雇员的薪水的政策，就由管理人事的联邦财政部提出议案。而在表决之

前，议案必须在所有委员中间传阅，随后委员们必须将他们的评论与建议反映给联邦财政部首长。像这种协商一致达成共识的方式就被称作“共同报告程序”(Mitberichtsverfahren)。如果委员们无法达成共识，则会交由联邦议会来协调。形式上，联邦委员会将由出席会议的多数委员以口头方式进行表决，但实际上，由于在表决之前，委员们大多已经达成共识，所以表决一般只是一个程序。

联邦委员会每周三都会在首都伯尔尼的联邦大厦（Bundeshaus，即联邦委员会所在地）里召开会议。与会者除了七位委员外，还包括联邦秘书长和副秘书长。其中秘书长可参与委员会的讨论，但没有投票权；副秘书长（Vizekanzler）同时也是联邦委员会的发言人，他会在会议结束之后召开例行的通报会。联邦委员会的例行会议结束后，委员们总是会共进午餐。除了每周召开例行会议之外，联邦委员会也会定期召开秘密会议，详细讨论一些重要的议题。有时为了某些重大决策，联邦委员会还会另外召开公共会议，邀请各州、各党派以及其他有关团体参加。

联邦委员会拥有包括行政权、立法参与权、人事任免权、外交权、军事权、监督权以及财政权在内的广泛权力，而且如前所述，联邦委员除非自己辞职，否则在任期内，任何机关均无权将其免职，但这并不意味着联邦委员会就不受监督了。根据瑞士联邦宪法的规定，联邦议会有权监督联邦委员会，主要是：(1) 联邦委员会定期向每届议会作施政纲领的报告。(2) 联邦委员会每年年终向议会作行政管理报告。(3) 联邦议员、议会党团或者议会的委员会可以提出动议，要求联邦委员会说明它所提出的法案、所做出的决定或者所采取的特别措施是否适当。如果国民院或者联邦院同意了该动议，则联邦委员会必须向联邦议会提交有关“法案、决定和特别措施”的审查结果报告。(4) 在每次会期的第二周和第三周内，任何联邦议员都有权以口头或书面形式对联邦委员会提出质询，质询内容涉及重大事项、政治性事务或者有关的联邦行政事务。如果是书面质询，则联邦委员会必须在下次会期到来之前做出答复。

与大多数议会制国家不同的是，在瑞士，联邦议会对联邦委员会的监督措施不包括提出不信任案和弹劾，因而比较温和。一般认为，这种做法既有利于监督政府行政部门，又不会导致其垮台，因而比较稳定。实际情况也是如此，自 1848 年以来，瑞士几乎从未发生过倒阁危机。

(三) 联邦法院

瑞士联邦法院（Bundesgericht）是最高的联邦司法机构，由 30 名联邦法官和15名候补法官所组成，总部设在洛桑。联邦法院的法官经联邦委员会提名，由联邦议会的联席会议选举产生，任期六年，可连选连任，其中正副院长每两年改选一次，也可连选连任。联邦法官不得兼任联邦议员、联邦委员会的成员以及其他联邦官员，也不得从事其他职业。

根据瑞士联邦宪法第189条的规定，联邦法院裁决与如下一些事务有关的争端：联邦法律、国际公法、州际法律、州的宪法权利、地方自治与由各州为公法机构所提供的保障、联邦和州有关政治权利的法律条款。联邦法院还裁决联邦与各州以及各州之间的争端。法律也可以为联邦法院增设一些其他的司法权力，比如审理州法院的上诉案件。不过除非法律另有规定，联邦法院无权审查联邦议会与联邦委员会的立法。

瑞士联邦宪法现在还明确规定，司法机构独立，在其司法活动中只服从法律。

四、政治参与制度

瑞士政治的民主味道很浓厚，政治参与制度很发达。瑞士联邦宪法也将集会、结社、请愿、投票等规定为公民的基本权利。大体上，瑞士公民的政治参与可以分为直接与间接两种途径。除了通过政党、选举和代议制而间接地参与政治外，瑞士公民还有一些直接的政治参与途径，主要是创制、复决和公决投票，联邦宪法对此也专门作出了规定，这可以说是瑞士政治的又一大特色。

（一）直接民主制

瑞士兼行直接民主制度，公民对全国或各州以及地方的重大事务都拥有创制与复决权，以及其他一些直接民主权利。

在全国层面上，首先，根据联邦宪法的规定，有投票权的瑞士公民达到10万人，就可以动议对联邦宪法进行全面修改，但必须交付全民公决。同样，有投票权的瑞士公民达到10万人，就可以动议对联邦宪法进行部分修改。此种动议可以采取总体建议或者系统草案的形式。如果动议没有尊重形式统一原则、有关事务统一原则或者国际公法的强制规则，则联邦议会可宣布其全部或部分无效。如果联邦议会同意了以总体建议形式提出的动议，则它就将根据动议而准备一份宪法的部分修订案，并交付民众和各州表决；如果联邦议会拒绝此项动议，则它就将动议交付全民公决，如果民众决定接受此项动议，则联邦议会就制定相应的修宪草案。民众和各州对动议和草案的投票表决将同时进行。

此外，有投票权的瑞士公民达到 10 万人，还可以动议改动或取消联邦宪法或联邦法律中的一些条款。同样，如果此种动议没有尊重形式统一原则、有关事务统一原则或者国际公法的强制规则，则联邦议会可宣布其全部或部分无效。如果联邦议会同意了动议，则它将对联邦宪法或联邦法律作出必要的变动；如果联邦议会拒绝了动议，则动议就将提交全民公决；联邦议会也可以通过反对动议，在这种情况下，针对联邦宪法的变动动议与反对动议就都要交付民众与各州表决，但如果所针对的只是联邦法律，则变动动议和反对动议只需交付全民公决即可。

以上是瑞士联邦宪法对于公民在全国层面上行使创制权的主要规定。在实践中，从 1891 年至 2007 年期间，在公民所提起的修宪动议中，只有 15 个被采纳，从而导致联邦宪法被修改。尽管这一数据很低，但瑞士公民行使创制权的政治影响力还是相当大的。

至于瑞士公民在全国层面上行使复决和公决权的情况，根据联邦宪法的规定，以下一些事项必须提交民众和各州表决：修改联邦宪法（包括公民动议对之进行全面的或部分的修改），加入集体安全组织或者跨国组织，没有宪法基础而宣布紧急状态的，且其有效期限将超过一年的联邦法律（联邦议会在通过这种法律的一年之内，必须将之交付表决）。此外，应 5 万名有投票权的公民或者 8 个州的要求，以下一些事项也必须提交全民公决：联邦法律，宣布紧急状态的，且其有效期限将超过一年的联邦法律，在宪法或法律规定范围内的联邦法令，无限期以及不可终止的国际条约，加入国际组织的国际条约，包含重要立法条款或者要求联邦法律加以认可的国际条约。

在各州和各个地方，瑞士公民不但也拥有创制和复决权，而且还拥有其他的一些直接民主权利，比如参加公民大会，前述的格拉鲁斯州和内阿彭策尔州就是典型；另外，在瑞士的近 3000 个市镇/区中，有 84%的地方，其公民每年都至少要集会一次，以决定当地的重要事项。

瑞士的直接民主制是其一大政治特色。瑞士之所以大行直接民主制，这和瑞士人的政治理念是不可分的，由此也影响了他们对其政治制度的设计。我们已经注意到，瑞士人在设计联邦政府制度时，更强调的是分权而不是制衡，但这并不等于说瑞士人愿意看到一个放纵的联邦政府，实际上只不过是他们采取了不同的制约措施，这就是直接民主制，以民众来直接约束联邦政府。比如说，对于联邦立法（包括联邦委员会所颁布的联邦法令），民众就可以直接动议和进行表决，这就对联邦议会和联邦委员会都施加了直接的约束。从瑞士的政治实践来看，应当说，这种以直接民主的方式来约束政府的措施还是比较有效的，但我们也须注意到，这种做法也许只有在瑞士这样的国家才能有效，因为瑞士的国土面积小，大行直接民主制具有便利的条件，而且瑞士实行直接民主制的历史传统也很深厚，这也是其他许多国家所不具备的。此外，瑞士从建国的年代起，便实行中立的对外国策，并且也得到了国际承认，这就免除了国家生存的困扰，从而使得瑞士民众在普遍行使直接民主权利时，表现温和而不极端，这就有助于抑制直接民主制的许多弊端，使之能更有效地发挥约束政府的作用。显然，这种条件在其他许多国家中也难以具备。

（二）选举与政党

瑞士公民间接地参与政治，最主要的途径就是通过选举和政党，将民意代表送入联邦、各州以及各地方的代议机构。就选举而论，现在瑞士已经实现普选制，不过在历史上，瑞士在所有欧洲国家中，是除列支敦士登外，最晚实现妇女享有选举权的。一直到 1971 年，瑞士才允许妇女参加联邦选举，并且直到 1981 年，男女平等权利才被列入联邦宪法。

现在民主政治的一大特色就是政党政治，尤其是代议民主政治，更是离不开政党的运作。而政党的存在，首先需要有宪法对公民结社自由权利的保障才行。在这方面，瑞士联邦宪法保障公民结社的基本权利。不仅如此，宪法第 137 条还专门规定，政党应帮助人民形成观点和意志。

瑞士早已形成多党共存竞争的政治生态，现在一共有 30 多个政党。不过一直以来，只有瑞士自由民主党、瑞士社会民主党、瑞士基督教民主人民党以及瑞士人民党这四大党，才在联邦议会以及联邦委员会中占据重要角色，目前的联邦委员会成员就分别来自这四大党，因此这四大党通常也被称为政府党。不过近年来，瑞士绿党的上升势头强劲。除此之外，瑞士还有多个诸如瑞士自由党、工党这样的小党。

瑞士自由民主党是一个支持自由市场与自由主义的政党，是国际自由联盟和欧洲自由民主改革党的成员。1848 年瑞士联邦的创建者，也是自由民主党的创立者，不过直到 1894 年，瑞士自由民主党才正式成立，而在此之前，这一党派在联邦议会中的代表被称为“议会中的自由社团”。从 1848 年起一直到 1891 年，自由民主党完全占据着联邦委员会的所有席位，而且直到 1999 年，该党也一直是联邦议会中最大的党派。不过从 1983 年开始，该党在大选中就持续失去优势，目前已让出第一大党的位置。但从其组织规模来看，2007 年统计，瑞士自由民主党拥有 12 万名党员，仍是瑞士规模最大的政党。

瑞士社会民主党是一个主张社会民主主义的左派政党，成立于 1888 年，是在瑞士成立的第一个正式政党。社会民主党自成立以后，就一直以自由党派的反对党面目出现。1918 年，双方的对立达到高潮，引发了总罢工，导致瑞士于次年首次采用比例选举制度，社会民主党也因此在国民院大选中赢得了 41 个席位。此后，社会民主党制定了新的路线，抛弃了无产阶级专政的纲领。1943 年，社会民主党在联邦委员会中获得第一个席位。1999 年以来，社会民主党一直在与瑞士人民党竞争第一大党的位置，但未获成功。2007 年统计，社会民主党拥有 3.4 万名党员。

瑞士基督教民主人民党发端于 1848 年一群反对“激进派”(即后来的瑞士自由民主党）的保守派人士，这派人士于 1912 年成立了瑞士保守主义人民党，1957 年改名为保守基督教社会主义人民党，最后在 1970 年才改成现在的名称。尽管还在 1891 年时，该党就已在联邦委员会中获得第一个席位，但从总体上看，该党在选举中的实力越来越弱，呈逐渐下降趋势。2007 年统计，基督民主人民党共有 10 万名党员。

瑞士人民党的前身是农民、手工业者和市民的党派（简称为 BGB)，分别成立于 1917 年的苏黎世和 1918 年的伯尔尼，主要代表乡村的利益。1929 年，BGB 在联邦委员会中获得第一个席位。1937 年，BGB 才正式成立为一个政党。1971 年，BGB 与格拉鲁斯州和格劳宾登州的民主党派合并，建立瑞士人民党。直到 20 世纪 90 年代，瑞士人民党在四大党中都一直排在末席，但此后却迅速壮大起来，到 1999 年，人民党的得票率已经增长到 22.5%，首次成为大选中最强大的政党。现在人民党是联邦议会国民院中的第一大党，并在联邦委员会中占据两个席位。2007 年统计，人民党共有 8.5 万名党员。

瑞士绿党起源于 20 世纪 70 年代，一些州为反对兴建新高速公路而组建的各种环境组织。1983 年，各绿色组织联合成立了瑞士绿党，并在同年的大选中，赢得三个国民院议席。目前绿党尽管在联邦委员会中未占有一席之地，但在联邦议会两院中都占有议席，已成为名副其实的第五大党。

第二节 日 本

在日语中，日本的正式名称为日本国（日本国/にほんこく），意为“日出之国”。日本的国土面积有 37 万多平方公里，现在总人口达 1.27 亿，首都为东京。日本的国旗为长方形的白底太阳旗，白色象征正直和纯洁，红色象征真诚和热忱。在日本人的传说中，日本是太阳神所创造的，天皇就是太阳神的儿子，太阳旗即来源于此传说。日本的国徽为绘有 16 瓣黄色菊花的圆形图案，菊花也是日本皇室御用纹章上的图案（见图 3-3）。

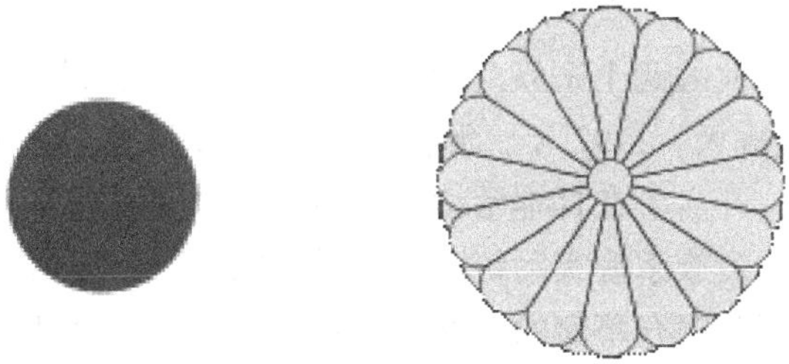

图 3-3　日本的国旗与国徽

一、日本的形成与宪政史

根据史料记载，古代日本人是由众多的原始部族以及自东北亚迁徙而来的游牧民族融合演变而成的，在公元前 3 世纪至公元 3 世纪的弥生时代，还有中国人和朝鲜人迁入日本地区。

公元 3 世纪后半期至 4 世纪初，日本地区开始出现一个统一的政权，即大和王权，或称倭王权。该政权以大和地区为中心，为日本各地部族联合的盟主。为确保其盟主的地位，倭王权重视对外关系，向中国的东晋和（南朝）宋王朝进贡，并竭力与朝鲜诸国保持密切关系。倭王权还在 5 世纪后半期，压倒了地方部族的势力。

6 世纪初，继体天皇争得了倭王权的大王位置。在此后的半个世纪内，倭王权平定了内乱，确立氏姓制和部民制，最终去除其部族盟主的角色而建立起强大的王权，大王也进一步演变为具有宗教权威的天皇。一般认为，继体天皇就是日本天皇制形成时代的第一位天皇（他的年号也显示了这种转变），正是他设置了日祠部，以祭拜天照大御神。公元 592 年，权臣苏我马子（苏我氏部族的头目）暗杀了崇峻天皇，立女皇推古天皇，以圣德太子摄政，日本进入飞鸟时代。圣德太子制定了冠位 12 阶，并颁布宪法 17 条，试图建立一个以天皇为中心的国家。圣德太子过世后，苏我氏部族长期掌权。645 年，中大兄皇子和中臣镰足暗杀了苏我入鹿，掌握政权。中大兄皇子拥立孝德天皇，推动大化革新，仿效中国，试图建立一个律令制（官僚制）的国家。710 年，元明天皇迁都平城京，日本进入奈良时代，律令制国家也日益成熟。在这一时期，日本征服了东北部分地区和南九州岛，扩大了版图。奈良时代后期，日本政局动荡，律令制松弛。794年，桓武天皇迁都平安京（即今之京都），日本又进入平安时代。这一时期，武士阶层①的势力与地位逐渐上升，进而染指中央政权。在平安时代的末期，就出现了以东国为势力范围的源氏和以西国为势力范围的平氏这两个庞大的武士家族。两大集团长期争战，最终平氏被赶出京都，并于1185年彻底覆灭。1192年，源氏家族的源赖朝被天皇封为征夷大将军，建立起镰仓幕府，开启了在日本延续600多年的幕府时代。② 镰仓幕府的建立标志着日本由中央贵族掌握实际统治权的时代结束了，而由在贵族时代地位很低的武士替代，因此镰仓幕府的建立，还意味着日本天皇开始成为傀儡，将军幕府才是实际的政治中心。

1333年5月，将领新田义贞率军攻陷镰仓，镰仓幕府灭亡，后醍醐天皇掌权，但由于没有达到武士阶层的期望，武士们转而支持足利尊氏，于1336年攻陷京都，扶持光明天皇即位，足利尊氏则在京都建立了室町幕府。不过后醍醐天皇逃到吉野山中后，仍坚持自己才是正统，于是在日本就出现了京都（北朝）和吉野（南朝）两朝对立的局面。南北朝之间持续争战了近60年，最后以南朝的失败宣告结束。室町幕府的末期发生了应仁之乱，日本由此进入群雄割据的战国时代。1573年，织田信长率军攻破室町幕府所在地二条御所，室町幕府灭亡，日本进入安土桃山时代。1582年，织田信长遇害，重臣羽柴秀吉继承其势力，继续进行统一日本的战争。1586年，羽柴秀吉被赐姓丰臣氏，并就任太政大臣。丰臣秀吉于1590年完成了日本的统一。1600年，封地在关东地方的大名德川家康取得了关原之战的胜利，并于1603年被任命为征夷大将军，由此建立了江户幕府。1615年，德川家康在大阪之役中消灭了丰臣氏，再次实现了日本的统一，日本步入江户幕府（或德川幕府）的时代。

江户幕府对内实行严格的封建等级制，对外实行闭关锁国政策，直到1854年，美国才首次打开日本的国门。与西方重新接触后的一些日本人，立即感受到了自身的落后。幕府末年，暴动频繁，幕藩体制摇摇欲坠，以西南四藩（萨摩、长州、土佐、肥前）为基地的日本维新志士，掀起了一场全国性的尊皇倒幕运动。1867年，末代德川幕府将军德川庆喜主动将政权奉还给以

① 这些武士鄙视平安朝贵族萎靡的生活，崇尚以“忠君、节义、廉耻、勇武、坚忍”的精神，结合儒学、佛教禅宗和神道，形成了日本武士的精神支柱“武士道”。

② 征夷大将军原为日本大和朝廷为对抗虾夷族（即爱奴族，曾在本州和北海道居住）而临时设立的军事职位，战事平定后即功成身退，但源赖朝出任征夷大将军后，他便一直保留着将军之名衔。征夷大将军的政府称为幕府，故俗称其为幕府将军，在日本也常简称其为将军。

明治天皇为首的新政府，日本进入明治时代。

明治政府自成立起即展开变革运动，对日本进行了大刀阔斧的多项改革，日本的宪政历程也是自此才开始起步的。1868年（明治元年）4月6日，明治天皇颁布了重塑日本国家制度理念的“五条御誓文”，其中第一条就提出“广兴会议，万事决于公论”，也就是说，明治政府起初是要准备实行议会制的。为贯彻五条御誓文，同年闰4月21日，明治政府又公布了《政体书》，引入立法、司法和行政三权分立原则，决定设置由各藩代表（一至三人）所组成的立法议事机构，并设置议政官下局。但此时政府与德川幕府支持者之间的戊辰战争即将结束，于是政府开始变得消极起来，最终于同年9月废止了议政官制度。不过次年3月，还是设置了由各藩代表（各一人）所组成的立法议事机构——公议所，并于同年9月改组为集议院。1871年（明治四年），随着废藩置县改革的推行，日本政府对太政官官制进行了改革，太政官由正院、左院、右院组成，其中左院取代了集议院，变成完全由官方指派的议员所组成的立法议事机构。

1874年（明治七年），已下野的副岛种臣、板垣退助、后藤象二郎、江藤新平等人联名向左院提交了设立民选议院的建议书。建议书指出，日本若要维持国运并成为强国，就应设立民选的而非官选的立法议事机构，结束官僚的专制统治。以此为发端，日本民间的自由民权运动蓬勃发展起来，在各地都出现了政治结社现象。在运动中，各地纷纷对民间版本的宪法草案（私拟宪法）展开了热烈的探讨，但后来政府在起草大日本帝国宪法时，却并未参考这些民间方案。政府甚至还先后颁布谗谤律、新闻纸条例、集会条例等法令，压制国民的言论和政治运动。最后，根据1887年所颁布的保安条例，民权运动人士被迫离开东京，拒不撤离者则遭到了政府的拘留。尽管民权运动以失败告终，但还是起到了一定的推动作用。在大久保利通和伊藤博文等政府要员与木户孝允、板垣退助等民权派举行过大阪会议后，1875年4月14日，明治天皇颁布《立宪政体诏书》，向国民宣告，日本将设立元老院、大审院、地方官会议，分阶段地逐步实行立宪君主制。1878年，政府公布府县会规则，在各府县设置民选的府县会，即地方议会，从而产生了日本最早的民选议事机构。1876年9月6日，明治天皇发布《命令元老院议长有栖川宫炽仁亲王起草国宪之敕文》，要求官员们研究各国宪法，起草本国的宪法草案。据此，元老院设立了宪法取调局。1880年，元老院完成《日本国国宪按》，呈交天皇，而时任大藏卿的大限重信也提出了自己的《宪法意见》。不过，由于《日本国国宪按》中有“天皇发誓遵守国宪”的条文，且赋予议会很大的权限，被认为是受到了比利时宪法（1831年）和普鲁士宪法（1850年）的很大影响，因此该草案遭到了岩仓具视和伊藤博文等人的反对，最终未获通过，大隈重信的宪法意见也未获通过。1881年，以岩仓具视为首的政治势力发动政变，罢免了大隈重信，并随即召开御前会议，决定开设国会。同年10月12日，明治天皇颁布开设国会之敕谕，宣布将于1890年开设国会，规定国会的组织和权限由政府决定(钦定宪法)，禁止对政治体制展开过多的议论，并警告图谋内乱者。由此，日本政府再次掌握了宪政改革的主导权。1882年，伊藤博文等人受命前往欧洲考察，结果一致认为德国的宪法体制最适合于日本。伊藤一行次年回国，即命令井上毅着手起草宪法草案，并设立宪法取调局（次年改称制度取调局），正式开始制定宪法、设立国会的进程。1885年，太政官官制彻底废止，随之创立了内阁制度，伊藤博文被任命为首任内阁总理大臣。1887年5月，宪法草案初稿初步完成。伊藤博文、井上毅、伊东巳代治、金子坚太郎等人则聚集在伊藤的别墅中，对该草案进行修改，形成了“夏岛草案”。夏岛草案再经修改，最后于1888年4月形成定稿。此后不久，伊藤博文设置枢密院，自任议长，对宪法草案进行了审议。1889年2月11日，《大日本帝国宪法》(通常也被称作“明治宪法”、“帝国宪法”或“旧宪法”)① 正式公布，并于1890年11月29日，即第一届帝国议会召开的当天施行。与帝国宪法同时制定的宪法性法典还有作为皇室家族法的皇室典范、议院法、贵族院令、众议院议员选举法、会计法等。

《大日本帝国宪法》的主要内容包括：(1) 规定天皇具有至高无上的地位和权力，他是大日本帝国主权之所在，有不受议会制约而行使的权力，特别是天皇拥有对军队的统帅权，陆海军不对议会负责。对天皇唯一的限制是，宪法规定，天皇应在国务大臣的辅助下行使权力，实践中的做法则往往是，经过天皇的了解和许可后，内阁代为行使其权限。(2) 规定臣民享有一些天皇恩赐的权利，比如言论自由、结社自由和秘密通信等，而且这些权利受到相关法律的限制。此外，臣民还承担着一些义务。(3) 规定了帝国议会、国务大臣以及枢密顾问的设置和权力，以及司法、会计等制度。其中，帝国议会实行两院制，非民选的贵族院与民选的众议院拥有几乎同等的权限。帝国议会只是辅助天皇进行立法的机关，因此在制定法律时需得到天皇的许可和国务大臣的署名，而且天皇还保留着发布紧急敕令和独立命令的权限，帝国议会也没有提出

① 尽管这部宪法的名称中带有“大日本帝国”的字样，但这却不是当时日本的正式国号，直到1936年，日本的国号才正式定为“大日本帝国”。

宪法修正案的权力。宪法设置枢密院，意在制约内阁。至于司法权，则由天皇授权给法院行使。

从日本帝国宪法的内容来看，第一，该宪法与宪政的精神宗旨以及应有的宪政制度设计都有所偏离，正如那个时代的德意志帝国宪法一样。因为该宪法并未以民众权利为本位，却将民众的一些权利视为天皇恩赐的，从而民众仍然只是臣民。第二，该宪法在某种意义上确立了虚位的天皇制度，但代替天皇行使权力的内阁，却几乎不受限制。比如说，宪法规定天皇掌握军权，并且规定军队不对议会负责，这就等于说，内阁掌握着不受限制的军权，这就多少为日本走上军国主义道路埋下了隐患。第三，帝国议会并无立法机关的独立地位，制定法律需要得到天皇的许可和国务大臣的署名，这无异于内阁也掌握着立法权。第四，司法权是以天皇授予的名义而由法院行使的，显然内阁也就能据此干预司法。于是总体观之，这部帝国宪法是以确立天皇至高无上的地位和权力之名，而行内阁大权在握之实，权力实际上集中到了内阁手中，分权制衡的原则并未得到贯彻，而民众依旧是臣民的地位，并无天赋之权利。由此可以判定，这部宪法也不过是一部一般的国家组织法而已，与真正的宪法有相当大的距离。就此而论，日本的第一波宪政运动实际上并未达成目标，日本的宪政之路还要继续推进。结果之所以会是这样，这既跟日本毫无宪政文化与实践的传统有关，也跟当时日本人对宪政的目标追求——即借此维护国家之生存并实现强国梦（跟那个时代的中国人一样）——发生了偏离有关，还跟日本当时的宪政运动是由当权者所主导的有关。因此，日本若非凭借外力，经过一番彻底的改造，其自身能否独自走上宪政的正轨，实在是一个问号。这和德国有一些相似之处。

无论如何，日本的确是在“二战”结束后，才回归宪政的正轨，但这次是由外力所主导的。1945 年 8 月 15 日，日本无条件接受波茨坦宣言，宣布投降。正是根据波茨坦宣言的原则，联合国军最高司令官总司令部（GHQ/SCAP）的麦克阿瑟将军向日本政府提出了修改《大日本帝国宪法》的要求。为此，日本内阁设立宪法问题调查委员会（因以国务大臣松本烝治为首，故又称松本委员会），讨论修改宪法的议题。根据松本委员会所提出的纲要，内阁会议整理出《宪法修改纲要》（又称“松本草案”），于 1946 年 2 月 8 日提交给 GHQ。与此同时，日本社会上下也开展讨论，出现了多种版本的宪法修正案。GHQ 认为松本草案很难接受，于是自行制定了宪法修正案，此即“麦克阿瑟草案”。日本内阁不得不在“麦克阿瑟草案”的基础上再次展开研究，最后经与 GHQ 沟通协商，于 3 月 6 日对外公开了“宪法修改草案纲要”。4 月

10 日，日本举行众议院大选，17 日，内阁公布“宪法修改草案”。4 月 22 日至 6 月 8 日，枢密院审议并通过了宪法修改草案。6 月 20 日，内阁根据《大日本帝国宪法》所规定的宪法修改程序，向众议院提出了宪法修改草案。6 月 25 日至 8 月 24 日，众议院审议并通过了草案。接着，8 月 26 日至 10 月 6 日，草案提交贵族院审议并也获得通过。随后，宪法修改案再经枢密院审议通过，并经天皇批准，形成为《日本国宪法》。11 月 3 日，《日本国宪法》正式公布，并于 1947 年 5 月 3 日施行。

正如德国人在制定基本法时，基于过去的经验教训，有针对性地进行修改、纠正和弥补，现行的《日本国宪法》也是如此。这部宪法终于确立了以公民权利为本位。首先，宪法特别申明，由宪法所保障的日本国民的基本人权，是人类为争取自由经过多年努力的结果，这种权利已于过去几经考验，被确信为现在及将来国民之不可侵犯的永久权利。其次，该宪法宣称主权在民，取代了从前的主权在君的原则。再次，宪法严格按照三权分立制衡的原则，设计了议会制的政府制度。最后，为消除军国主义祸害和隐患，宪法明确规定日本不保持陆海空军及其他战争力量，不承认国家的交战权。

现行日本宪法自颁行以来，一直未作改动，不过日本国内却一直存在着修宪的议论。比如不少保守派政治家就主张，现行宪法是由美国草拟的，没有正统性。1952 年日本恢复主权后，这种“法案源自外国”的问题就曾引起争议，保守派及民族主义分子打算修改宪法，使之更加日本化。不过由于日本宪法所规定的修宪程序十分苛刻，即日本议会必须经两院分别以全体议员的 2/3 以上赞成，方可向国民提出修宪案，且修宪案必须在全民公投中获得半数以上赞成方能成立；加之反对党在议会中占有 1/3 的议席，并主张维持现时宪法，不支持修宪，所以保守分子的修宪主张并未获得成功。自此以后，日本民众对于修宪的问题并不怎么关心。不过近年来，日本国内又有不少人开始关心起修宪这个问题来了，主要涉及以下一些方面：（1）明确国家元首。现行宪法只是说天皇是国家的象征。（2）明确自卫队的地位。现行宪法禁止日本拥有军队，但自卫队的法律地位却很暧昧。（3）补充一批新人权，比如环境权、隐私权、情报公开请求权、知识产权等。（4）改革政府制度，包括首相公选、议会改革、法院改革等。

二、国家结构制度

日本是单一制国家，且根据宪法的规定，实行地方自治制度。

日本的地方行政区划分为两级（见图 3-4）：（1）全日本总共划分为 47 个

一级地方行政区划单位，统称为都、道、府、县，即东京都、北海道、大阪府和京都府以及43个县。(2) 都道府县之下又划分为市、町、村。其中，人口必须达到五万以上且具备城市形态的地方才能设置市，而人口超过50万以上的市就被指定为政令指定都市（简称为政令市或指定都市，目前全日本一共有18个），在此之下，人口超过30万且面积超过100平方公里的市，可被指定为中核市（即核心市之意，目前全日本一共有41个），在此之下，人口超过20万的市可被指定为特例市（目前全日本一共有41个）。至于町和村，二者的差异仅在于，前者比后者更具有城市特征。此外，东京都之下还设有23个特别区，这种仅在东京都下设立的特别区也是一级行政区划，是和市町村同级的。

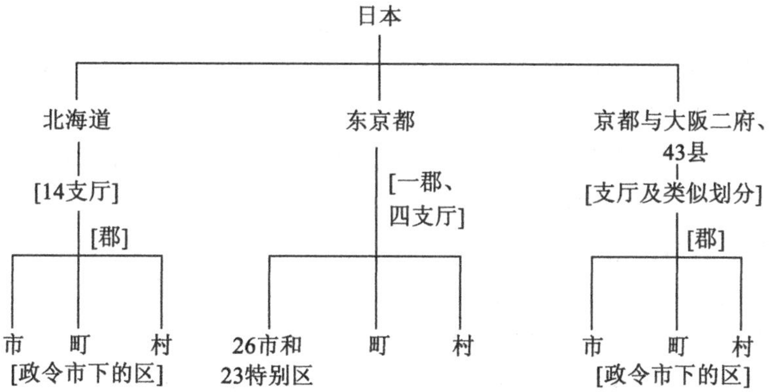

图 3-4　日本地方行政区划

以上为日本的正式行政区划，除此之外，在日本还有支厅、郡、区之类的非正式划分。其中，支厅又称地方厅，是都道府县政府的派出机构，并非自治机关，负责处理都道府县所指派的地区事务，其首长均由都道府县政府指派。现在全日本共有28个支厅，包括东京都四个，北海道14个，岛根县、宫崎县、鹿儿岛县、冲绳县和山形县也分别设置支厅。与支厅类似的还有地域振兴局（秋田县、鹿儿岛县）、综合支厅（山形县）、府民中心（大阪府）、县民局（兵库县、冈山县）、地方局（长崎县）。郡一般都涵盖若干町村，但现在只是单纯的地理名称，而非一级行政区划。另外，所有政令市均划分为区，这也属于政令市政府的派出机构，而非一级行政区划。最后，根据地理、人文、经济等特征，日本通常还被分为北海道地方、东北地方、关东地方、中部地方、近畿地方、中国地方、四国地方和九州岛-冲绳地方这八个区域，不过这也并非正式的行政区划，而只具有选区的意义。

日本的地方行政区划单位被称作地方公共团体。自1968年起，日本的地方公共团体实行编号制度。日本宪法第92条规定，关于地方公共团体的组织及运营事项，根据地方自治的宗旨由法律规定之。据此，日本制定了作为地方自治之基本法律的《地方自治法》及相关法律。根据地方自治法的规定，日本的地方公共团体分为普通和特别两种，前者包括都道府县和市町村，后者则包括特别区、地方公共团体组合（联合会）、财产区以及地方开发事业团。①不过只有普通地方公共团体和特殊类型中的特别区才是实行地方自治的实体单位。就如何实行自治而言，日本宪法规定，地方公共团体根据法律的规定，设置议会为其议事机关，并且地方公共团体的长官、议会议员以及法律所规定的其他官吏，均由该地方公共团体的居民直接选举之；地方公共团体有管理财产、处理事务以及执行的权能，有权在法律的范围内制定条例；根据法律规定，非经某地方公共团体居民投票，并获得半数以上同意，日本议会不得制定那些仅适用于该地方公共团体的特别法。根据这些原则性规定和地方自治法的具体规定，实行自治的各地方公共团体都建立了自己的自治政府（见图3-5）。

首先，各自治地方均设立议会，即政府的立法机构。地方议会由居民普选产生的议员所组成。根据《地方分权一览法》而修订后的《地方自治法》（2000年4月开始实施）规定，自治地方议会的议员数量，由“法定定数制度”向“条例定数制度”过渡。根据2003年1月1日开始实施的“条例定数制度”，现在在都道府县一级，议会均以40人为基数，人口在75万以上而未达到100万的，每增加五万居民就增加一名议员，人口在100万以上的，每增加七万居民就增加一名议员，但总数不能超过120名。不过东京都议会的议员人数是按其人口除以100万来确定的，且其议员数可以根据地方法规而增加，

① 地方公共团体联合会是由两个以上的地方公共团体共同设立的组织，以更有效而合理地处理某些事务。现在地方公共团体联合会主要包括“部分事务组合”（如由市、町、村共同开设和管理学校、医院之类的设施）和“广域联合”（对涉及较广区域的事务，共同进行规划并综合地、有计划地实施）两类。财产区是在市、町、村的范围内，一部分地区拥有某种财产或设施（最常见的是山林，此外还有灌溉渠、沼泽地、田地、温泉等），为对这些财产或设施进行管理而设立的地方公共团体。财产区主要分布于农村或山村。地方开发事业团是由两个以上的普通地方公共团体共同设置的，其目的是根据一定的区域综合开发计划，综合地、有计划地实施有关公共设施的建设事业项目，包括用地、设施的建造等。

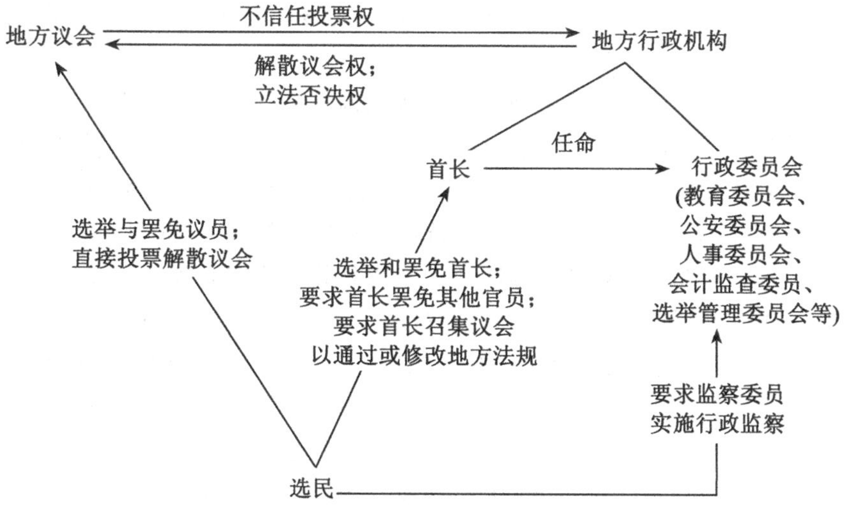

图 3-5　自治的日本地方公共团体政府

注：其中的选举管理委员会是由议会直接选举产生的。

但总共不能超过 130 名。在市町村一级，议会均以 12 人为基数，若其人口超过 2000 人，则随人口规模的扩大而增加议员人数，但在每一人口区间内，议员人数都是法定的，比如人口超过 2000 但未达到 5000 的，议会人数法定为 14 人，而人口超过 250 万的，其议员人数也法定为 96 人（这也是市、町、村议会的最大规模了）。凡年龄在 25 岁以上，具有参加该地方公共团体议会议员选举权的日本国民，均可参加地方议会的竞选。议员任期四年，但也可能因议会解散或辞职等事由而在任期中失去议员身份。地方议员不得同时身为全国议会议员、其他地方公共团体的议员、地方公共团体的首长、地方公共团体的正式职员等。同时，议员不得插手与该地方公共团体有承包关系的任何事务。

地方公共团体的首长负责召集议会，但当 1/4 以上的议员要求召开临时会议时，首长必须召集议会。地方议会一年定期召开四次例行会议，可以对所有的议案进行审议，此外还可以在必要时随时召开临时会议，此时只对会议预先公布的议案进行审议。地方行政首长和议员均有权向议会提出议案，不过有些内容的议案只能由首长或者议员提出，例如预算案就只能由首长提出。

地方议会对于地方公共团体的重要事项拥有决议权。这些重要事项均有法律的明文规定，比如制定、修订或废除条约以及决议预算。除决议权外，地方议会还选举议会的议长和副议长以及管理委员，审阅地方公共团体事务的有关文件，要求首长及其他执行机构进行汇报，检查行政事务的管理、决议的执行以及出纳状况，调查地方公共团体的行政事务，要求选举人与有关人员提出证言、记录等。

其次，各自治地方还设置政府的行政机构，执行立法机构所决议的政策。这些行政机构包括都、道、府、县的知事、市长、町长、村长和其他各种行政委员会，其中知事、市长、町长和村长分别为各自治地方公共团体的首长。首长由居民直接选举产生，任期四年。首长不能兼任全国议会议员、地方议会议员以及其他正式职员，还禁止兼职与该地方公共团体有业务承包关系的工作。首长是地方公共团体的代表，对外全权代表地方公共团体，对内则统一管理地方公共团体的全盘事务，领导各种行政委员会及其他行政机构。首长有权制定规则，编制预算，向议会提出议案，任命行政委员会委员（选举管理委员会除外）、副知事、助役、出纳长、收入役以及其他地方公共团体职员。在这里，副知事（都、道、府、县首长的副职）、助役（市、町、村首长的副职）、出纳长（主管财会的副知事级官员）、收入役（市、町、村主管财会的副职）以及其他地方公共团体职员辅佐首长工作。

为防止地方公共团体的首长权力过于集中，地方公共团体还设置各种独立于首长的实行合议制的行政委员会，它们在各自的领域中行使行政权。一般说来，在都、道、府、县一级所设立的行政委员会主要有教育委员会、人事委员会、公安委员会、地方劳动关系委员会、监察委员以及选举管理委员会，在市、町、村一级则主要是教育委员会、公平委员会、农业委员会、固定资产评估审查委员会、监察委员和选举管理委员会。举例来说，教育委员会的委员由地方公共团体的首长经议会同意后任命产生，任期四年。教育委员会负责设立并管理除学校之外的其他教育机构，全权管理教育领域的事务（如教职员的任命）以及学术、文化领域的事务。都、道、府、县公安委员会的委员亦由首长经议会同意后任命产生，任期三年。道、府、县公安委员会下设道、府、县警察本部，东京都则下设警视厅，分别承担地区的警察工作。选举管理委员会的委员由议会在拥有选举权的人中间选举产生，任期四年。选举管理委员会管理和执行地方公共团体选举首长和议会的事务，以及日本众议院和参议院议员选举的有关事务。市、町、村选举管理委员还承担本地区内选举都道府县的知事和议会议员的事务。

日本地方公共团体的自治政府仅限于其立法与行政机构，司法事务则归于全国统一的法院体系。就自治地方政府的议会和首长而论，二者均由居民直接选举产生，既相互独立又相互制约：（1）在首长与议会持续对立并达到不可调解的地步时，议会就可以对首长进行不信任投票。只要 2/3 以上的议员出席会议，且经出席会议的 3/4 以上议员同意，对首长的不信任案就将通过，在这时，首长可以通过解散议会来对抗，但如果首长在十天后仍未解散议会，则其地位将自动消失。而如果在首长解散议会后，重新选举产生的议会再次表决通过对首长的不信任案（此时有 2/3 以上的议员出席会议并经出席议员的半数同意即可），则首长就不再拥有解散议会的权力，并且在接到议长的不信任决议通知之日起即失去职位。(2) 首长有权否决议会的决议和选举，并要求议会进行再审。(3) 在一定的情况下，对于那些本应由议会来表决和决定的事项，首长有权代替议会来行使决定权，此即“独断处理”(见图 3-6)。独断处理主要包括两种情况：一是作为调节议会与首长关系的手段，二是以提高行政事务的执行效率为目的。若首长未得到议会承认而进行独断处理，由此所产生的不良后果，首长要承担政治责任，但这并不影响该独断处理的效力。

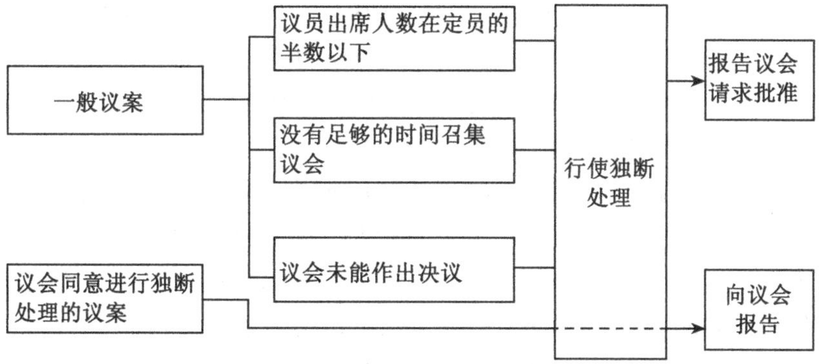

图 3-6　独断处理

对于自治地方政府与中央政府的关系，这可以从两个方面来看：一方面，《地方自治法》对二者之间的职责范围进行了明确的划分。修订后的《地方自治法》废除了从前的“机关委任事务”①，而将地方公共团体的固有事务划分为“自治事务”与“法定委托事务”两类。所谓法定委托事务，指的是根据法律或政令的规定，本来属于中央政府或都、道、府、县政府职能范围内的，但却由地方公共团体所执行的事务。《地方自治法》以附表的形式明确地列举了这些事务，比如护照的签发、国道的管理、国家指定统计事务等。除法定委

① 这是指由中央政府或其他地方公共团体下放给地方公共团体代行的事务。

托事务以外，其余的地方公共团体事务均属自治事务，也就是历来基于自治权而产生的地方公共团体事务以及原机关委任事务中被划归到地方公共团体的事务。另一方面，中央政府对地方政府进行某种干预时，要尽可能尊重地方的自主性，并须保持在最低的必要性限度内。中央政府对地方政府的干预，主要有立法机关干预、司法机关干预和行政机关干预三种途径。其中，立法机关干预指的是，中央政府可以在不违反宪法所规定的地方自治宗旨的前提下，通过日本议会所制定的法律而干预地方公共团体。司法机关干预则意味着，以地方公共团体为当事人的有关诉讼，都须服从司法机构的判决。中央政府对地方公共团体最常采取的是行政机关干预方式，这包括准立法干预（发布中央命令、省厅命令等）、准司法干预（行政不服审查等）和纯行政干预（包括建议、劝告、申报等非权力性干预和审批、指示等权力性干预方式）。中央政府（的行政部门）在采取纯行政干预方式时，要有法律依据或依法制定的政令依据，还必须考虑到地方公共团体的自主性。不管中央政府通过什么途径干预地方，只要地方公共团体对此表示不服，就可以要求“中央与地方讼争处理委员会”进行审查。该委员会设置于内阁之下，有委员五人，经日本议会同意而任命之。委员会是公平、中立且具有独立性的机关。地方公共团体若不服委员会的审查结果，还可向高等法院提起诉讼。①

日本的地方自治不仅体现在自治政府方面，还体现在居民的直接参政制度上。日本民众的直接参政方式，包括居民投票制度和居民直接提出要求的制度。就居民投票而论，经1/3以上的选民签名，居民就可以要求解散地方议会，在此情况下，经居民投票并经半数以上选民同意，议会即告解散；另外，日本议会在制定仅限于某个地方公共团体的特别法时，必须获得该地方公共团体内的居民投票的半数以上同意方可。至于居民直接提出要求的制度，这主要包括：（1）要求制定、修改或废除条例。在一个地方公共团体内，1/50以上的选民联名，即可提出重新制定条例以及修改或废除现有条例的要求。这时，地方公共团体的首长必须在20天之内召集议会，附上意见，并将被要求的条例草案提交议会。不过议会并不受居民所提出的条例草案所约束，最终决定权在于议会。为避免居民滥用这种权利，法律设定了限制，即有关地方税或使用费用等内容不在被要求的范围内。（2）要求监察行政事务。同样，在一个地

① 至于地方公共团体之间所发生的权限纠纷，则由自治大臣任命“自治纷争处理委员”来进行调解，若调解不成，则再向行政法院提起行政诉讼（这在日本被称为“机关诉讼”）。

方公共团体内，1/50 以上的选民联名，即可要求监察委员监察地方公共团体的行政事务是否得到正确的执行。这时，监察委员必须对被指出的行政事务进行检查，并且公布其结果。对于地方公共团体职员在公共资金的支出、财产的获得、管理和处理以及契约签订等方面的违法或非正当行为，居民也可以从纳税者的立场出发，要求监察委员进行监察，并提请采取预防或纠正这些问题的必要措施。若居民不服监察的结果，就可以向法院提起诉讼，此即"居民诉讼"。(3）要求免去议员、首长和其他官员的职务。在一个地方公共团体内，经 1/3 以上选民签名，居民就可以要求罢免地方议员或首长的职务。此时，若经居民投票并获半数同意，则议员或首长就将被解除职务。居民还可以向首长提出要求，免去副知事、助役、出纳长、收入役、选举管理委员会的委员、监察委员、公安委员会的委员等职务。此时，首长将向议会征求意见，并根据议会的决议免去这些官员的职务。

尽管日本宪法从一开始就明确了地方自治制度，但实际上在很长一段时间内，日本中央政府对地方的控制都很严。中央政府控制地方的手段，一是机关委任事务制度，即中央政府各省厅委任地方公共团体办理大量的事务，并对地方进行指挥、控制或监督。在都、道、府、县一级，机关委任事务就占到全部事务的七八成。二是地方交付税制度，即转移支付制度。地方仅有权征收地方税，但数额很少，不能满足地方财政的需要，其缺口就只能通过地方债和中央政府所拨付的预算款来加以弥补。三是在人事方面，大多数的都、道、府、县长官都出身于中央省厅，从中央派遣或转职到地方的官员也很多。四是日本内阁之下的自治省作为中央与地方的联结点，权力很大，所有中央拨付的资金都通过自治省这一个渠道下到地方。由于存在这些控制手段，所以很长一段时间以来，日本的中央与地方实际上还是在按照中央集权制原则而运作。故此，在日本早就存在一种改革的呼声。改革基本上是从 20 世纪 80 年代末开始启动的。1993 年 6 月，日本议会通过了《关于推进地方分权改革的决议》。1995 年 5 月，日本议会通过了《地方分权推进法》，并于同年 7 月实施。1998—1999 年，日本内阁先后制定了两个"地方分权基本计划"，据此，1999 年 7 月 8 日，日本议会通过了《有关推动地方分权相关法律建设的法律》(即《地方分权一览法》)，法律从 2000 年 4 月 1 日起开始施行（部分内容除外)。根据《地方分权一览法》，日本议会还修改了《地方自治法》。至此，改革告一段落。

具体而言，此次改革的主要内容包括：一是明确了中央政府和地方公共团体的职责划分，其基本原则是：中央政府主要承担在国际社会中的国家事务，以及那些以实行全国性统一规定为宜的事务，而有关居民日常生活方面的事务则尽量由地方公共团体承担。基于此，机关委任事务制度和地方事务官制度均被废除，① 地方公共团体的事务被重新划分为“自治事务”和“法定委托事务”。在划分职责范围的同时，还进行了权力下放改革，即通过个别法律的修订，将中央政府的权限转移到都、道、府、县，同时将都、道、府、县的权限下放给市町村。比如通过个别法律的修订，废除或放宽有关地方公共团体的人员配置、组织构成等方面的硬性规定，尊重地方公共团体的自主组织权，以推动工作的综合化和高效化。二是严格规定中央对地方的干预。修改后的《地方自治法》重新审定了中央对地方公共团体以及都道府县对下级地方公共团体的总括性指挥监督权，规定中央对地方的干预应被限定在法律或者合法政令所认可的范围内，而且法律允许范围内的干预应被限制在最小限度上，必须顾及地方公共团体的自主性和自立性。除去这个基本的原则外，《地方自治法》还规定了干预的基本模式、干预的程序以及就干预而产生的讼争的处理方式。三是调整地方行政区划，促进市、町、村的自主性合并，建立特例市制度，放宽核心市的指定条件。

正是通过这一次大规模且深入的改革，日本才算真正地建立起了地方自治制度。

三、中央政府制度

日本中央政府按照三权分立制衡原则而创设，主要包括掌握立法权的两院制的议会，掌握行政权的内阁和各省厅，以及掌握司法权的裁判所（法院）。此外，作为日本国象征的天皇，实际上就是日本的国家元首，也属中央政府的一部分。

（一）天皇

“二战”后所制定的《日本国宪法》规定，天皇是世袭的，具体的皇位继承制度，由议会制定皇室典范规定之。

战后宪法还明确规定主权在民，天皇则仅仅是日本国及人民团结的象征。据此，天皇只是虚位的国家元首，并无实权。宪法明确规定天皇所能从事的国事行为，而且这一切行为必须基于内阁的建议和承认而作出，并由内阁承担责任。天皇也可根据法律的规定，对其国事行为进行委任。在根据皇室典范而设

① 比如自治省被取消，而被并入总务省。

置摄政时，摄政即可以天皇的名义代行有关国事的行为。

具体说来，宪法明定的天皇所能从事的国事行为包括：（1）根据日本议会的提名，任命内阁总理大臣（首相）；（2）根据内阁的提名，任命最高法院院长；（3）根据内阁的建议和承认，公布宪法修正案、法律、政令及条约，以及召集议会，解散众议院，公告举行议会的选举，确认国务大臣和法律所规定的其他官吏的任免全权证书以及大使、公使的国书，认证大赦、特赦、减刑、免除执行刑罚以及恢复权利，授予荣誉称号，确认批准书以及法律规定的其他外交文书，接受外国大使及公使，举行仪式。

（二）议会

日本宪法规定议会为国家权力的最高机关，是国家唯一的立法机关。日本议会实行两院制，由众议院与参议院组成。根据2000年2月日本议会所通过的《修正公职选举法》，众议院定员为480名，任期四年（但事实上经常中途解散，因此鲜有任满四年的情况）。至于参议院，其法定人数一减再减，2004年确定为242席，任期6年，每3年改选一半。

关于议员的选举，日本宪法未作具体规定，而是授权议会立法规定之。根据《公职选举法》(1950年制定)，20岁以上的日本国民即享有选举权。就众议员的选举而论，日本国民必须年满25周岁才有参选众议员的资格。1994年修改《公职选举法》后，众议员按照两票制选举产生（见表3-5）。这就是说，一方面，全国划分为300个单选区，每个选区按照相对多数当选制各选出一名众议员（但当选者所得的票数不得少于总有效票数的1/6），从而一共选举产生出300名众议员；另一方面，全国再划分为11个大选区，即北海道、东北、北关东、南关东、东京、北陆信越、东海、近畿、中国、九州岛、四国，每个大选区根据其人口数量而分别拥有6—29个议员名额。大选区根据比例代表制的德洪特（V. d'Hondt）最大均数法（参阅第九章）而选举产生出其余的180名众议员。在大选区的选举中，只有那些拥有5名议员，或者拥有该大选区议员总数的20%，并在最近一次选举中获得2%以上选票的政党，才有资格提出候选人名单。一位候选人可以同时列名于单选区候选人名单和大选区候选人名单当中。选民在投票时，将同时投两张选票，一张投给单选区的某个候选人，另一张则投给大选区中某个政党所提出的候选人名单，也就是投给政党。日本众议院与德国众议院的选举都实行两票制，但二者的议席分配方法并不相同。德国是联立制，即以第二票为基准而按比例进行议席分配，但日本实行的是并立制，两票互不相干，分别按照不同的当选原则而分配议席。此外，二者所采取的比例代表制也有所不同，德国是按照黑尔-尼迈尔最大余数法来计算的，而日本却按照德洪特最大均数法来进行计算。

表 3-5　**2009 年 8 月 30 日众议院选举结果**

政党	单选区			大选区			议席总计
	得票	%	议席	得票	%	议席	
民主党	33,475,328	47.4	221	29,844,799	42.4	87	308
自由民主党	27,301,979	38.7	64	18,810,217	26.7	55	119
公明党	782,984	1.1	0	8,054,007	11.4	21	21
共产党	2,978,353	4.2	0	4,943,886	7.0	9	9
社会民主党	1,376,739	2.0	3	3,006,160	4.3	4	7
你的党	615,244	0.9	2	3,005,199	4.3	3	5
国民新党	730,570	1.0	3	1,219,767	1.7	0	3
新党日本	220,223	0.3	1	528,171	0.8	0	1
新党大地	—	—	—	433,122	0.6	1	1
独立人士	1,986,055	2.8	6	—	—	—	6
其他	1,114,191	1.6	0	524,927	0.7	0	0
总计	70,581,666	100	300	70,370,255	100	180	480

再看参议员的选举。根据《公职选举法》，日本国民必须年满 30 周岁才有资格参选参议员。由于参议院是每 3 年改选一半议员，所以在第一次选举中产生的参议员，就将会出现不同的任期，其中一半为 3 年，另一半为 6 年。不过第一次选举将同时选出任期 3 年和任期 6 年的参议员，即全体参议员（现为 242 名）。参议员还是按照两票制选举产生。首先，日本的都、道、府、县（47 个）就分别是 47 个选区（县选区），每个选区分别拥有 1—5 个名额，分别按照单记名非转移投票制（Single Non-Transferable Vote system，SNTV，参阅第九章）选出参议员。也就是说，选民只对某一位候选人投票，在某个选区中获得最多票的候选人，就依次当选，直到占满所有的名额。47 个县选区将一共选举产生出 146 名参议员。至于其余的 96 名参议员，就以全国为选区（全国选区），按照比例代表制的德洪特最大均数法而选出。与众议院选举不同的是，参选者不能同时成为两种选区的参议员候选人。在参议院的第一次选

举中，通常得票靠后的那一半参议员就任期三年（见表3-6）。

表3-6　　**截至2008年10月15日参议院的构成**

政党（联盟）	议席	政党（联盟）	议席
民主党/新绿风会/国民新党/新党日本	118	社会民主党/护宪联合	5
自由民主党	82	改革俱乐部	4
公明党	21	无派别（包括议长和副议长）	5
共产党	7	总计	242

再看参议院每三年一次的改选（见表3-7）。改选还是实行与第一次选举一样的两票制。参议院每次改选121席，其中全国选区选出48席，其余的73席就由47个都、道、府、县（即县选区）选举产生，但这就容易产生“一票之差”的技术性问题。围绕这一问题，经常有人提起违宪诉讼，不过法院一直都判决是合宪的，但也要求尽快解决这一难题，目前这一问题仍未得到根本解决。在参议院内，为解决一票之差的问题，同时也是为了反对废除参议院的主张，便有一些合并选区以及以地方区域为单位的中选举区制等改革方案被多次提交审议，不过至今仍无进展。

表3-7　　**2007年7月29日参议院改选结果**

政党	县选区			全国选区			议席总计
	得票	百分比(%)	议席	得票	百分比(%)	议席	
民主党	24,006,818	40.5	40	23,256,247	39.5	20	60
自由民主党	18,606,193	31.4	23	16,544,761	28.1	14	37
公明党	3,534,672	6.0	2	7,765,329	13.2	7	9
共产党	5,164,572	8.7	0	4,407,933	7.5	3	3
社会民主党	1,352,018	2.3	0	2,634,714	4.5	2	2
国民新党	1,111,005	1.9	1	1,269,209	2.2	1	2
新党日本	—	—	—	1,770,707	3.0	1	1
独立人士	5,095,168	8.6	7	—	—	—	7
其他	477,182	0.8	0	1,264,800	2.1	0	0
总计	59,347,628	100	73	58,913,700	100	48	121

日本议会每年召开一次例会，一般是12月份开幕，会期为150天左右。内阁可以决定召集临时会议，一定数额的议员也可要求内阁召集临时会议。会期及延长事宜均由议会自己决定。当众议院被解散时，参议院也同时闭会，但如果需要，则内阁可要求参议院紧急集会，不过参议院通过紧急集会而采取的临时措施，若在下届议会开会后的10日内不能得到众议院的同意，即宣告失效。

日本议会掌握立法权、对政府的财政监督权、条约批准权、内阁总理大臣的提名权、国政调查权，以及对法官的弹劾裁判权等。原则上参议院和众议院享有同等的权力，除宪法另有规定外，一切法案经两院通过后即成为法律。不过较之参议院，众议院在立法、首相任免、财政预算以及国际条约和公约等方面具有优先决定权。例如，当参议院否决或坚决要求修改经众议院通过的某项法案时，如果该法案被重新提交至众议院并获得2/3与会众议员的批准，则该法案仍将成为法律。另外，预算案必须先在众议院提出。对于预算案，如果参议院在接到已经众议院通过的预算案后，除议会休会期间外，在30日内仍不作出决议，或者参议院作出了与众议院不同的决议，且根据法律的规定，举行两院协商会后也不能取得一致意见，这时就以众议院的决议作为议会的最终决议。在议会决议所缔结的条约时，其情形亦与预算案之决议相同。最后，内阁总理大臣在议员中提名，由议会议决，此项提名较其他一切议案优先进行。若众议院对首相的提名作出决议后，除议会休会期间外，参议院在10日之内仍不作出决议，或者作出了不同的决议，且根据法律的规定，举行两院协商会后也不能得出一致意见，这时就以众议院的决议作为议会的最终决议。

至于议会与内阁之间的关系，虽然一切法案都由议会审议，但内阁也有提案权，实际上内阁所提出的法案占到总数的80%以上。众议院也有权对内阁进行不信任投票，或否决信任案投票，但是内阁总理大臣也可以建议天皇宣布解散众议院。若众议院通过了对内阁的不信任案或对内阁的信任案遭到否决，则内阁在10日内若不提请天皇解散众议院，就必须全体辞职。

（三）中央行政部门

作为日本中央政府之行政部门的内阁，由包括内阁总理大臣（首相）在内的国务大臣所组成，其阁员通常维持在14人以内，但根据《内阁法》的规定，有特殊情形时，阁员最多可达17位。在这些阁员中，首相必须是议员，由议会提名并选举产生，再由天皇进行形式上的任命；其他阁员的半数以上也必须是议员，均由首相任命产生，并经天皇进行形式上的确认。首相及其他国务大臣必须是文职人员。

内阁行使行政权，除执行一般的行政事务外，内阁还负责：诚实执行法律，总理国务；处理外交关系；缔结条约——但必须在事前或根据情况在事后获得议会的承认；依据法律规定，掌管有关官吏的事务；编造并向议会提出预算案；为实施宪法及法律的规定而制定政令，但除非法律特别授权，不得制定罚则；决定大赦、特赦、减刑、免除刑罚执行及恢复权利。

内阁由首相领导，向议会集体承担政治责任。首相代表内阁向议会提出议案，就一般国务及外交关系向议会提出报告。首相除了有权任命国务大臣外，还可以任意罢免国务大臣，并指挥和监督各执行部门。首相也负责主持内阁会议，如果阁员意见一致，便可形成内阁决议。法律及政令均由主管的国务大臣署名，并须经首相连署。

内阁是日本中央政府之行政部门的核心决策机构，具体的行政事务则交由其下所设置的各种执行机构（简称为省厅，见表 3-8）来执行，其中内阁府由首相直接领导，各省以及内阁府之下的国家公安委员会则由国务大臣领导，各厅是内阁府或各省的直属机构。在日本，这些执行机构的设置（甚至包括直属机构的设置）均有法律的明确规定，此为日本政治制度的一大特色。

（四）法院

日本宪法规定，一切司法权属于最高法院及据法律规定而设置的下级法院，不得设置特别法院，行政机关不得施行作为终审的判决。

表 3-8　**截至 2007 年 1 月 9 日的中央省厅**

省　厅		法律依据及其他说明
内阁直辖的辅助部门	内阁官房	内阁法。以首相为主任，内阁官房长官（兼国务大臣）统领事务。新首相在组织内阁时，将首先任命官房长官，使之能参与组阁过程
	内阁法制局	内阁法制局设置法
	安全保障会议	安全保障会议设置法
	人事院	国家公务员法

续表

省　厅	法律依据及其他说明
内阁府，包括宫内厅、公正交易委员会；国家公安委员会，辖警察厅、金融厅	内阁府设置法。于2001年1月设置，比各省高一级，包括宫内厅法、禁止垄断法、警察法、金融厅设置法
总务省，包括公害等调查委员会；消防厅	总务省设置法，包括公害等调查委员会设置法；消防组织法
法务省，包括检察厅、公安审查委员会、公安调查厅	法务省设置法，包括检察厅法、公安审查委员会设置法、公安调查厅设置法
外务省	外务省设置法
财务省，包括国税厅	财务省设置法
文部科学省，包括文化厅	文部科学省设置法
厚生劳动省，包括中央劳动委员会、社会保险厅	厚生劳动省设置法，包括劳动组合法、劳动关系调整法等
农林水产省，包括林野厅、水产厅	农林水产省设置法
经济产业省，包括资源能源厅、特许厅、中小企业厅	经济产业省设置法，包括中小企业厅设置法
国土交通省，包括运输安全委员会、气象厅、海上保安厅、海难审判厅、观光厅	国土交通省设置法，包括海上保安厅法、海难审判法
环境省	环境省设置法
防卫省，包括防卫设施厅	防卫省设置法，于2007年1月由内阁府的防卫厅升格为防卫省

在日本，最高法院被称作最高裁判所。最高裁判所的裁判官（即法官）包括一名最高裁判所长官（即院长）和14名最高裁判所判事。最高裁判所的长官由内阁提名，再经日本天皇任命，最高裁判所的判事由内阁任命，天皇予以确认。最高法院的所有法官在其获得任命后的第一次众议院大选时，将被交付国民审查，自此以后，每过10年都要在第一次众议院大选时再次交付审查。在审查中，若选民以多数票通过罢免某法官的决议，则此法官即被罢免。不过目前尚无任何法官以此种方式被国民罢免。根据宪法和《裁判所法》的规定，最高法院的法官到70岁即退休。

在任职期内，最高法院的法官均定期获得相当数额之报酬，并且不得减额。这一规定被理解为“在国家公职人员中仅仅减少最高裁判所法官的薪金是违宪的”，因此在国家财政出现特殊情况时，通过修正法律，对于全体公职人员的一般性报酬进行调整，并不会侵犯司法权的独立性或者法官的身份保障，是合宪的。基于这种理解，2002 年日本修改了《裁判官报酬法》，首次降低了在任法官的薪金标准。

最高法院对于上诉以及诉讼法所规定的抗诉案件，具有终审判决权。最高法院在审理上诉案件时，还有权对法令进行统一的解释，以及对可能违反宪法的法令做出最终的宪法判断——它有权宣布法律、国家法令或行政行为违反宪法。不过最高法院一般按照司法消极主义原则行事，对于议会和内阁的判断，即便持有异议也是比较谦逊的。

最高法院内设大法庭和小法庭，前者为由包括院长在内的 15 名法官所组成的合议庭，后者为分别由 5 名法官所组成的 3 个合议庭。最高法院所受理的案件一般都由小法庭进行审理，但是根据《裁判所法》的规定，凡涉及法令是否符合宪法的判断以及对宪法和其他法令的解释，出现与最高法院此前的判例有差异，或者小法庭的法官形成人数相同的数个意见的情况，就需要通过大法庭来进行裁决。

最高法院也有权制定法院诉讼程序和有关司法事务的规则（最高裁判所规则），有权提名下级法院的法官人选，还具有领导下级法院的最高司法行政权。但最高法院必须通过法官会议的决议而行使这些权力。为协助行使这些权力，最高法院内设立了事务总局，还设置了培养法官的司法研修所等附属机构。

根据《裁判所法》，日本设有四种下级法院，分为三个层级，从高到低依次为高级法院、地方法院与家庭法院、简易法院，其中简易法院向地方法院上诉。截至 2003 年 4 月，全日本共有 8 个高级法院、50 个地方法院、50 个家庭法院和 438 个简易法院。下级法院的所有法官，均由内阁根据最高法院所提出的名单而任命产生。下级法院的法官任期 10 年，可连任，但到法定年龄时退休。下级法院的法官在任期中也定期获得相当数额的报酬，且不得减额。

日本宪法规定，所有法官均依良心独立行使职权，只受本宪法和法律的拘束。法官除因身心故障而经法院决定为不适于执行职务者，非经正式弹劾①不得被免职，法官的惩戒处分也不得由行政机关来实施。

---

① 对于受到罢免控诉的法官，日本议会将由两院议员所组成的弹劾法院来进行审理。

四、政治参与制度

日本宪法明定了国民的选举、罢免、请愿、集会、结社等政治权利，此外，在地方层面上，日本国民还享有一系列的直接民主权利，可见日本国民的政治参与途径是很充分的，日本的政治参与制度也是很发达的。这里着重介绍一下日本的政党结社情况。

日本政党最早出现于明治维新期间的自由民权运动时期，但到 1940 年，日本军国主义者实行所谓的“新政治体制”，解散了一切政党，而成立法西斯组织“大政翼赞会”。“二战”后，各政党相继恢复、重建，这些政党几经分化组合，到 1954 年时形成两个主要的保守党，即民主党和自由党。1955 年 10 月，社会党的左右两派重新统一，成立日本社会党。为与社会党抗衡，同年 11 月 15 日，民主党与自由党合并为自由民主党。自此以后，自由民主党长期执政，形成一党独大的局面，此即所谓的“1955 体制”。

自由民主党的一大特点就是派系林立，并且派系分化组合频繁，令人眼花缭乱。自民党自 1955 年成立以来，一直都是派系林立，基本上是从旧自由党与旧民主党那里传承下来的。虽然各派系都有其正式名称，但日本媒体惯常以其现任会长的名字来称呼它们。截至 2008 年 6 月，自民党共有 8 个派系，由大到小依次为：

（1）清和政策研究会（町村派），历经福田派、安倍派、三冢派和森派（小泉纯一郎）演变而来，目前的会长为町村信孝。该派系偏向政治改革，2005 年，它取代旧桥本派在众议院拥有最大势力。（2）平成研究会（津岛派），历经竹下派、小渕派和桥本派演变而来，目前的会长为津岛雄二。这是最官僚化、最保守的派系，该派的团结并不依靠共有的政治理念，而是靠多数势力和“猪肉桶”政治。（3）宏池会（古贺派），目前的会长为古贺诚。该派系较保守，在自民党历史上是最有声望的一派，很多成员都来自精英官僚的上层。2008 年 5 月 13 日，该派与谷垣派重新统一。宏池会（谷垣派）的会长为谷垣祯一，该派在对外关系方面认为必须改变与近邻的异常关系。（4）近未来政治研究会（山崎派），会长为山崎拓。该派在靖国神社问题方面，主张应研究可以对战殁者表示哀悼、祈祷和平的设施。（5）志帅会（伊吹派），目前会长为伊吹文明。一般认为这是最右翼的派系，在对外关系方面，该派系主张日本需要进一步增加外交考虑，与亚洲的繁荣和发展共生存。（6）番町政策研究所（高村派），会长为高村正彦。它在对外关系方面表示要致力于保持和发展与亚洲各国良好的政治关系。（7）新波会（二阶派），会长为二阶俊博。该派系包括了2003年解散的前保守新党的党员，它是自民党内中最右翼的一派。(8) 为公会（麻生派），较偏向改革，麻生太郎为该派的新首脑。

除去这些明确的派系外，自民党内还有76个议员不属于任何派系。

“1955体制”在1993年终于被打破，自此以后，日本的政党政治就变动频繁，政党的分化组合层出不穷，倒阁与解散众议院的事件频发。在这一系列未了的政治变动过程中，日本民主党逐渐异军突起。2007年7月，自民党在参议院改选中惨败，仅获得37席，加上非改选议席，自民党在参议院的议席总数由之前的110席减至83席，自1955年以来首次失去了参议院第一大党的地位。而民主党则由之前的81席增至109席，成为参议院的第一大党。在2009年的东京都议会选举中，自民党再次失利，40年来首次失去东京都议会的控制权。2009年8月31日，在第45次众议院选举中，自民党遭遇历史性惨败，其议席由之前的300席剧减至119席，减幅达60%，自民党自1955年以来首次失去众议院第一大党的地位。取代自民党地位的是民主党，该党获得308席，成为众议院的第一大党，获得组阁权。

在日本的历史上曾出现过多个民主党，但现在的日本民主党成立于1998年，由鸠山由纪夫与菅直人等所创立，其成员多来自过去的日本社会党、民社党、自由民主党、新进党以及先驱新党、太阳党等小党。民主党自成立后仍在与其他政党进行合并。民主党以建立自由与安心的社会为号召，要求日本政治“脱官僚”，反对“政治精英、政府官僚、产业界三者紧密结合的铁三角关系”，建立透明与公正的规范，实现共生社会、国民主权原则，在国际上建立可信赖的国家。民主党也反对首相参拜靖国神社。

大体上，近年来日本已形成民主党与自民党两大党对峙的态势。除去这两大党外，在日本还有其他的多个政党，比如公明党、共产党、社民党、国民新党等议会党，以及其他未进入议会的小党。总的来说，自从1993年以来，日本的政党分化组合频繁，变化多端，其生态格局尚不能轻下结论。

第三节　澳大利亚

澳大利亚的全名为澳大利亚联邦（Commonwealth of Australia），其国土面积有774万多平方公里，总人口2100多万（2008年估计），首都是堪培拉（Canberra）。在澳大利亚的长方形国旗上，左上角为英国国旗图案，表明它与英国的传统关系。在此图案之下是一颗大七角星，象征着组成澳大利亚联邦的六个州和两个联邦区（即北部地区和首都直辖区）。旗帜右侧的五颗小星表示南十字星座，为“南方大陆”之意，表明该国处于南半球。澳大利亚的国徽以金合欢花为背景，国徽的左右两边分别是一只袋鼠和一只鸸鹋，由于这两种动物均为澳大利亚所特有，故而是国家的标志。两只动物中间是一个盾，盾面上的六组图案分别象征六个州。盾形上方为一枚象征英联邦国家的七角星，国徽底部的绶带上则用英文写着“澳大利亚”(见图 3-7)。

图 3-7　澳大利亚的国旗与国徽

一、澳大利亚的形成与宪政史

在澳大利亚这片土地上，很早就有了人类的踪迹，如今的澳大利亚原住民都是从东南亚迁移过来的。17 世纪后，来自欧洲的西班牙人、葡萄牙人、荷兰人和法国人为了寻找香料而陆续来到这里。1768 年，库克船长乘“奋进号”由英国前往大溪地，这是英国人首次来到澳大利亚。1770 年，英国正式宣布对澳大利亚拥有主权。1788 年，英国航海家阿瑟·菲利普（Captain Arthur Phillip）率领首批移民定居悉尼，并升起英国国旗，澳大利亚正式成为英国的殖民地。1829 年，英国吞并了西澳大利亚，以之作为囚犯流放地。自此以后的很长一段时间里，澳大利亚都被作为英国的囚犯流放地，直到 1868 年才结束。到 19 世纪末，英国在澳大利亚的殖民区已达六个，即新南威尔士、维多利亚、南澳大利亚、塔斯玛尼亚、昆士兰和西澳大利亚。

1901 年 1 月 1 日，澳大利亚各殖民区改制为州，组成澳大利亚联邦，成为大英帝国的联邦或自治领。澳大利亚联邦以英国国王为自己的君主。1927 年，首次澳大利亚联邦会议在堪培拉临时议会大厦举行，从此澳大利亚开始走向政治独立。1931 年，澳大利亚取得内政外交的独立自主权，成为英联邦的独立国家。1933 年，西澳大利亚曾经举行公投，通过了脱离英国而独立的决议，但遭到澳大利亚联邦议会的否决。直到1986年，英王伊丽莎白二世前往澳大利亚签署《与澳大利亚关系法》，规定澳大利亚最高法院拥有终审权，英国法律不再对澳大利亚有效，这才标志着澳大利亚最终正式脱离英国而成为独立国家。

还在结成澳大利亚联邦之前的19世纪，澳大利亚各殖民地便开始了宪政的历程。英国议会于1850年出台《澳大利亚殖民地政府法案》，意在将相关权力转移给澳大利亚殖民地。根据该法案，各殖民地可设立立法委员会，这些立法机构掌握制定法律的普遍权力，包括修改各自宪法的权力。据此，新南威尔士、维多利亚、南澳大利亚和塔斯玛尼亚相应地起草了宪法，建立了两院制的立法机构。而后来从新南威尔士分离出来的昆士兰也于1859年建立了两院制的立法机构，西澳大利亚则于1890年获得了自治。

1900年3月，澳大利亚各殖民地的代表们到达伦敦，向宗主国提出了澳大利亚联邦宪法草案。英国殖民地大臣约瑟夫·张伯伦则向英国议会提交了该法案，法案最终于7月5日获得通过，并获得女王的同意。9月17日，女王宣布1901年1月1日成立澳大利亚联邦，原来的六个澳大利亚殖民地改为联邦的州。因此，最早的澳大利亚宪法就是1900年由英国议会所制定的《澳大利亚联邦法》(Commonwealth of Australia Constitution Act，1901年1月1日生效)。这部宪法是一个包括九个部分的英国议会法规，其中开头的八部分被普遍称为“说明性条款”，包括导言、注释和重要规定，第九部分才相当于是宪法。这部宪法在以后经历了一些修改，从而形成现在的澳大利亚宪法。

1999年，澳大利亚曾举行全民公投，以决定是否改行共和制，取代现在的君主立宪制，并直选总统为国家元首，但改革方案遭到否决。不过2007年12月，工党领袖陆克文（Kevin Michael Rudd）就任总理后，宣布将再举行类似的公投，以改变现行体制并直选总统。

二、国家结构制度

澳大利亚行联邦制，由六个州和两个领地（或称联邦区）所组成。联邦宪法详细地列举了联邦政府的权力，剩余的则为各州所保留。在联邦宪法的约束下，各州均有自己的宪法，近乎独立，两个领地则由联邦政府直辖。但联邦是不可分离的，任何州都无权退出联邦。

澳大利亚的六个联邦成员州，是由早先的那六个殖民地演变而来的。其中新南威尔士（New South Wales，NSW）是英国在澳大利亚的第一个殖民地(1788年)，19世纪时，从这片殖民地中又分割出塔斯马尼亚（1825年）、南澳大利亚（1836年）、维多利亚（1851年）和昆士兰（1859年）几块殖民地。到1901年时，这些殖民地与西澳大利亚一起，组成澳大利亚联邦。目前新南威尔士是澳大利亚人口最多的一个州，以悉尼（Sydney）为首府。

新南威尔士州共有152个地方政府区域（LGAs，这是澳大利亚统计局对于各地方政府治理范围的通称），还有由州政府直接管理的“未划定之远西地区”（Unincorporated Far West）和“霍伊阁下岛”。新南威尔士州的地方行政区划分为市（City）和区（Area）两类。

作为澳大利亚联邦的一个州，新南威尔士拥有自己的主权，仅受联邦宪法的约束。新南威尔士州政府按照英式议会制而设置。该州也以英王为自己的元首，因而和澳大利亚联邦以及英国共拥一位君主，不过平常都由州督代行英王的权力。新南威尔士州议会为政府的立法机构，包括英王和上下两院，但实权在下院。下院即立法院（Legislative Assembly），共设93席，由选民按照单选区选举产生，上院为立法委员会（Legislative Council），共设42席，由全州不分区选举产生。两院的任期均为四年。在理论上，州督根据行政会议（包括州督和高级大臣）的建议来行使州政府的行政权，但州督一般来说并不干预行政，而只行使象征性的职责，所以州政府的行政实际上是由首席大臣（Premier，称总理或州长亦可）和内阁来负责的。按照惯例，总理由下院的多数党领袖来担任，其他各大臣则由下院多数党从两院议员中推举。司法权由州最高法院和下级法院所掌握，但联邦高等法院和其他联邦法院对于有关联邦宪法范围内的事务，有进行司法监督的权力。州最高法院的判决可以通过特别准许上诉至联邦高等法院。在州最高法院以下还有两级法院，即区域法院（中间法院）和地方法院（或称小法院）。州法官由州长任命。

塔斯马尼亚州（Tasmania，TAS）的首府为霍巴特（Hobart），这是澳大利亚唯一的岛州。该州共有29个地方政府区域，包括6个市和23个自治市（Municipality）。塔斯马尼亚州政府的设置与新南威尔士州的几乎完全一样，只不过其议会的下院称为众议院（House of Assembly）。南澳大利亚州（South Australia，SA）的首府是阿德莱德（Adelaide）。该州共有69个地方政府区域，其名称有市、乡村市、自治市、特区、地区、原住民地区等。此外还有由州政府直接管理的、被称为“偏远地区社会发展托管地”（Outback Areas Community Development Trust）的地方，这些地方竟占该州一半以上的面积。南澳大利亚州的政府结构与塔斯马尼亚州的完全一样。维多利亚州（Victoria，VIC）的首府为墨尔本（Melbourne），这是澳大利亚幅员最小而人口密度最高的一州。该州共有79个地方政府区域，其名称多样，包括都市（metropolitan City）、乡村市、自治镇（Borough，只有一个，也是全澳大利亚唯一的一个，即 Borough of Queenscliffe）和郡（Shire）等。维多利亚州政府的结构与新南威尔士州的相近。昆士兰州（Queensland，QLD）的首府为布里斯本（Brisbane）。该州共有74 个地方政府区域，其名称包括市、地区、郡、镇（Town）和岛（Island）。除了州议会即立法院（Legislative Assembly）是一院制外，昆士兰州政府的结构与其他各州大同小异。西澳大利亚州（Western Australia，WA）的首府为珀斯（Perth），是澳大利亚面积最大的一个州。该州有 144 个地方政府区域，其名称包括市、镇和郡。西澳大利亚州的政府结构与新南威尔士州的接近。

除去这六个联邦成员州外，澳大利亚的领土还包括两个由联邦政府直辖的领地，第一个就是澳大利亚首都领地（Australia Capital Territory，ACT），其首府为堪培拉（Canberra）。这是澳大利亚联邦政府的所在地。第二个是北领地（Northern Territory，NT），其首府为达尔文（Darwin）。北领地最初属于新南威尔士，1863 年划为南澳大利亚的一部分，1911 年才转由联邦政府直辖。1978 年北领地取得自治权，并且于 2003 年决议争取升格为州，联邦政府正在研究之中。尽管北领地尚未取得联邦成员州的地位，而是由联邦政府直辖，但这个地区仍实行高度自治，这主要是因为其原住民文化根深蒂固。

三、联邦政府制度

由于澳大利亚的前身是英国的殖民地，并且是由英国放权而形成的一个联邦国家，所以澳大利亚联邦政府制度的安排就深受英国的影响，实际上就是按照英式议会制来设计的。也就是说，联邦议会掌握立法权，以英王（由澳大利亚总督代理）为国家元首，并且作为名义上的行政首脑，实际的行政权却掌握在以总理为首的内阁手中，司法权则由联邦法院掌握。

（一）联邦议会

澳大利亚联邦议会（Parliament）是联邦政府的立法机关。联邦议会分为参议院（Senate）和众议院（House of Representatives），分别为上院和下院。①其中，众议院共有 150 个议席（宪法要求众议院的议席数尽可能是参议院的两倍），每 3 年选举一次（除非被提前解散）。各州按人口比例分配议席，但每州至少有 5 个席位。从 1968 年起，澳大利亚首都领地和北领地在众议院中也有全权的议员代表（见表 3-9）。

① 和英国类似，名义上英王也是澳大利亚联邦议会的组成部分之一。

表 3-9　**2007 年澳大利亚众议院在各州和各领地的议席分配情况**

各州和各领地	议席	各州和各领地	议席
新南威尔士	49	塔斯马尼亚	5
维多利亚	37	北领地	2
昆士兰	29	奥大利亚首都领地	2
南奥大利亚	11	总　计	150
西奥大利亚	15		

从 1949 年起，众议院选举实行偏好投票制（Preferential Voting），具体来说，就是可选择（Alternative Vote system）的单记名多数优先制。根据这种选举办法，每个选区选出一名议员，而选民在投票时必须将所有的候选人按其偏好进行排序，如果有一位候选人在超过 50%的选票中均被排在第一位，则他就立即当选；若无此种情形发生，则获得排序第一的选票最少的候选人将首先被排除掉，其所获得的选票就根据选民投票所显示的偏好而转移给排序第二的候选人。如此程序一直重复下去，直到有一位候选人获得绝对多数票从而宣告当选为止。

以 2001 年 11 月维多利亚州墨尔本港选区的众议员选举为例（见表3-10），当时有来自 5 个政党的 5 位候选人参选。由于在参选者中没有任何一位获得了超过 50%的排序第一的选票，所以首先就将得票最少的候选人 Jeremy Beck 排除掉，而其所获得的 305 票则以选票上的第二偏好为据，转移给其他候选人。经过转移后，第二轮计票的结果显示，仍旧没有任何一位候选人获得了超过 50%的选票，所以得票最少的候选人 Greg Chipp 亦被排除掉，其所获得的 7，428 张选票被转移给其余的候选人。选票转移后的第三轮计票显示，还是没有出现得票超过 50%的候选人，于是得票最少的候选人 Jeannette Kavanagh 再被排除掉，而其所获得的 13,456 张选票被转移给剩下的两位候选人。经过第四轮计票，工党候选人 Michael Danby 的得票率达到 55.7%，终于超过了 50%，从而正式当选。按照这种选举办法，最近的一次澳大利亚众议院大选于 2007 年 11 月 24 日举行，选举产生了最新一届的众议院（见表3-11）。

表 3-10　　　　　　　　**澳大利亚众议员选举示例**

候选人	Greg Chipp（AD）		Jeremy Beck（CEC）		Michael Danby（ALP）		Jeannette Kavanagh（GRN）		Andrew McLorinan（LIB）	
计票	得票/转移得票	得票率（%）	得票/转移得票	得票率（%）	得票/转移得票	得票率（%）	得票/转移得票	得票率（%）	得票/转移得票	得票率（%）
一轮	7,328/+100	9.3	305	0.4	31,110/+60	39.4	8,912/+92	11.3	31,384/+53	39.7
			被排除							
二轮	7,428	9.4			31,170/+2,022	39.4	9,004/+4,452	11.4	31,437/+954	39.8
	被排除									
三轮					33,192/+10,826	42.0	13,456	17.0	32,391/+2,630	41.0
							被排除			
四轮					44,018	55.7			35,021	44.3
					当选				落选	

表 3-11　　　　**2007 年 11 月 24 日澳大利亚众议院选举结果**

政　党		议　席
奥大利亚工党（ALP）		83
自由/国民党联盟	自由党	55
	国民党	10
	乡村自由党	0
绿党		0
家庭第一位党		0
奥大利亚民主党（AD）		0
一国党		0
其他		2
总计		150

参议院共计 76 席（见表 3-12），每州各占 12 席，两个领地则各占两席。各州每三年均改选一半参议员，而两个领地的参议员则是每三年全部改选，这样参议院每三年就将改选 40 名参议员。从 1970 年起，参议院改选通常都与众议院选举一并举行。如果众议院所通过的立法案在参议院两次都不能获得通过，则根据澳大利亚宪法的规定，此时总督就可以解散参众两院，两院的议员就将全部重新选举。

表 3-12 **截至 2009 年 7 月澳大利亚参议院的议席分布情况**

政　党	议　席	政　党	议　席
工党	32	绿党	5
自由党	32	家庭第一位党	1
国民党	4	中立议员	1
乡村自由党	1	总计	76

在举行参议院选举时，每个州和每个领地就分别是一个选区。从 1949 年起，参议院选举实行比例代表制，采取单记名可转移投票制（Single Transferable Vote system，参阅第九章）的选举方法。选民既可以选择一张由政党或团体所提出的团体票进行投票（这表示选民认可了团体票上候选人的排序），也可以按自己的偏好将所有候选人进行排序后再投票。在实践中，绝大部分选民还是选择前一种投票方式。在每个选区中确定当选者时，首先根据公式（全部有效投票数+1）/（待分配的全部议席数+1）计算出一个基数，如果有候选人所获得的排序第一的选票数等于或超过了这个基数，那么他就立即当选；如果当选者的得票数超过了这个基数，则其超出部分就按照选票所显示的排序而转移给其他排序第二的候选人。然后重新计票，再根据上述公式来确定新的当选者。如此反复操作，就将导致更多的候选人当选。不过，如果这样操作之后，仍有议席未被分尽，那么得票最少的候选人就将被排除掉，并且其得票将被转移给剩余的候选人。这两道程序反复进行，直至将所有议席分尽，不过前一道程序要先于后一道程序进行。

以 2001 年新南威尔士州的参议员改选为例。当时共有 65 位候选人竞争 6 个参议院席位，而全部的有效投票数为 3，879，443 票，因此基数就是（3，879，443+1）/（6+1）= 554，207。自由/国民党联盟的候选人 Helen Coonan 获得排序第一的选票 1，615，798 张，工党候选人 Ursula Stephens 则获得 1，293，880 张选票，均超过了这个基数，从而立即当选，于是新南威尔士州就剩下 4 个参议员待产生。接下来就按照转移超出票的程序来进行操作。由于当选者 Helen Coonan 的得票数最多，超出基数 1，061，591 张，所以这时就重新检查 Coonan 所获得的排序第一的选票，以找出排在其后的，即排序第二的候选人，这个超出部分的选票就按照比率 1，061，591/1，615，798 = 0.657007250 分配给这些排序第二的候选人。在 Coonan 所获得的 1，615，798 张排序第一的选票中，有 1,613,237 张均将自由/国民党联盟候选人 Sandy MacDonald 排在第二位，于是 MacDonald 就得到 1,613,237×0.657007250=1,059,908 张转移选票，他也因此在第二轮计票中以 1,061,265 票（所获得的转移选票加上他所获得的排序第一的选票）当选。在第三轮计票过程中，工党候选人 George Campbell 因为当选者 Ursula Stephens 多出 739,673 票而进行的转移，从而以 741,098 票当选。至此新南威尔士州已选出 4 位参议员，仍有两个名额待产生。在第四轮计票过程中，当选者 MacDonald 的超出票被转移，当选者 Campbell 的超出票则在第五轮计票过程中被转移，但这两轮计票结束后，在未当选的候选人中，并没有人的得票达到基数，这样，得票最少的候选人就被排除掉，并且其得票被转移给剩余的候选人，如此反复，直到在第 226 轮计票时，自由/国民党联盟的候选人 Marise Payne 终于以 580,904 票当选。到这时还剩下最后一个议席待产生。在第 227 轮计票过程中，当选者 Payne 的超出票经过转移分配，却仍旧没有候选人获得达到基数的得票，因此只得继续按照排除程序进行操作，直到第 240 轮计票时，绿党候选人 Kerry Nettle 才以 588,681 票对 516,243 票击败民主党候选人 Vicki Bourne 而当选为该州的第六位也是最后一位参议员。按照这种独特的选举办法，最近的一次参议院改选于 2007 年 11 月 24 日举行，并产生了结果（见表 3-13）。参议院的这种选举办法通常会产生实行比例代表制的效果。

表 3-13　**2007 年 11 月 24 日澳大利亚参议院改选结果**

政　党		议　席
奥大利亚工党		18
自由/国民党联盟	自由/国民党	9
	自由党	8
	乡村自由党	1
	国民党	0
绿党		3
奥大利亚民主党		0
家庭第一位党		0
一国党		0
其他		1
总计		40

澳大利亚联邦议会的基本职能就是立法和监督政府的行政部门。就立法而言，联邦议会的立法权限范围是根据联邦制的原则，在宪法中有明确的划分。两院的立法权限相当，所有的法案都必须经两院通过才能成为法律。除了参议院不能提出有关税收和政府财政支出的法案外，其他法案均可由两院中的任何一院提出，但实际上绝大多数的法案都是在众议院中提出来的，并且多由内阁成员提出。对于税收和经费法案，参议院只能提出建议或者直接予以否决，但不能进行修改。不过参议院有时也可以某种方式保留建议（这样做会产生双方均被解散的危险），这就与进行修改具有几乎一样的意义，这种保留建议就被称为“没有通过的法案”。在两院就立法发生冲突而不能解决时，总督就可以同时解散参众两院，使之全部改选，但全部改选后，立法冲突仍然存在，则总督就可以召集两院议员共同开会以进行协商，一起投票表决众议院最后所提出和修正过的法案。

就监督政府的行政部门而言，在会期内，参众两院都有一个质询时间，在这段时间里，议员们可以在未预先通知的情况下，对总理或其他内阁成员提出质询。质询严格按照反对党与执政党议员轮流提问的方式，整个过程被媒体公开报道。除了提出质询外，参众两院议员还可以对内阁全体或某个内阁成员提出不信任动议，由此可引发倒阁。

（二）国家元首

澳大利亚的国家元首很有特色，它与英国共尊一位国王，以英王为其国家元首，而澳大利亚总督（Governor-General of Australia）则是英王在澳大利亚的代表。由于英王常驻英国，所以一般情况下都由总督来代行其在澳大利亚作为国家元首的权力。

在法理上，总督由总理提名，而由英王任命，一般任期为五年。自从英国在20世纪30年代确认了各自治领的独立地位以后，英王便没有拒绝过澳大利亚总理对总督的提名，并且在总督任命的问题上，英王只遵循澳大利亚总理的意见，而不考虑英国首相和议会的建议。

作为英王在澳大利亚的全权代表，总督在法理上拥有很大的权力。澳大利亚宪法赋予总督最高行政权，有权任命和罢免各部部长和总理，他也是三军统帅，可以制定和取消法令，有权召开和解散议会或使之延期。不过按照英式议会制的惯例，总督并不干涉行政，而是按照总理的建议行使权力。这就往往会造成法理与惯例之间的矛盾，从而引发争议。比如说，虽然在法律上总督有罢免总理的权力，但实际上总督一般不会行使这项权力。在澳大利亚的历史上，唯一一次总督将总理罢免的先例，发生于1975年。当时的总理惠特兰无法使预算案在上院通过，总督科尔便在未寻求总理意见的情况下，召见了总理并免除了他的职务，同时任命反对党领袖福瑞泽为总理。这个事件在当时以至现在都颇受争议。或许正是因为存在这样的矛盾，所以近年来澳大利亚才出现了关于实行共和制和直选总统的宪政改革意见和运动。

（三）联邦行政部门

澳大利亚联邦政府的行政部门就是内阁，内阁由总理和其他成员所组成，但这是按照英式议会制的惯例而形成的，在澳大利亚的宪法中，既无总理也无内阁的规定。根据澳大利亚宪法，联邦政府的行政权属于英王，由总督代行。总督以联邦行政会议（Federal Executive Council）为咨询机构。行政会议的委员由总督任命和召集，任期由总督规定。经行政会议同意后，总督可设置联邦各部，任免各部长官，各部长官应为联邦行政会议的委员。各部长官还应为联邦议员，如果各部长官在得到任命后的第一次议会大选后并未当选为参议员或众议员，则应于三个月内辞职。除非联邦议会另有规定，各部部长不得超过七人，其所担任的职责也由联邦议会规定，否则就由总督规定。除非联邦议会另有规定，总督经联邦行政会议同意后，还可任免所有其他的联邦政府官员。

在实践中，由于澳大利亚总督作为象征性的国家元首代理人，并不干预行政，所以宪法所设置的联邦行政会议便取得了实权，从中演变出内阁。联邦行政会议的成员均为各部部长，为首者便是总理。根据英式议会制的惯例，众议院中的多数党一般便获得组阁的资格，其领袖就将被总督任命为总理，① 至于其他阁员，则由总理从联邦议员中选任，这些成员同时也是联邦行政会议的委员。

按照惯例，若总理无法使预算案在下院获得通过，或者下院决议不支持总理，则以总理为首的内阁应该提出辞职，但总理也可以提请总督解散参众两院而使之重新大选。如果未发生这种事件，则以总理为首的内阁就将任满三年，直至新一届联邦议会选举。

以总理为首的内阁是澳大利亚联邦政府之行政部门的核心决策机构，其下还设有多个执行机构，截至2009年6月9日，主要包括教育部，雇工与工作关系部，社会事务部（以上三部由一人兼领，同时兼副总理），财政部，移民与公民部（部长为执政党的参议院领袖），国防部（部长为联邦行政会议的副主席），贸易部，外交部，卫生与老龄部，家庭、住房、社区服务与原住民事

① 在澳大利亚的政治史上，以参议员身份出任总理的情况只发生过一次。

务部，金融与放松管制部，基础设施、运输、地区发展与地方政府部（部长为众议院领袖），宽带、通信与数码经济部（部长为执政党的参议院副领袖），革新、工业与科研部，气候变化与水资源部，环境、遗产与艺术部，总检察长，特别部，内阁秘书（以上二部为一人兼领），农业、渔业与森林部，资源与能源部，旅游部（以上二部为一人兼领），人道服务部以及金融服务、退休养老金与社团法部（以上二部为一人兼领）。以上这些均为内阁部门，由阁员们掌理，除此之外还有一些非内阁部门，比如退伍军人部。

（四）联邦法院

澳大利亚联邦政府的司法权归属于联邦最高法院和其他联邦法院，联邦最高法院的正式名称为澳大利亚高等法院（High Court of Australia）。宪法规定联邦最高法院设院长一人，其他法官的名额则由联邦议会规定，但不得少于两人，现在联邦最高法院由7名法官组成（包括院长在内）。联邦最高法院有权解释和适用联邦法律，通过案件的审理，裁决法律的合宪性，以及审理来自各联邦法院、州法院和领地法院的上诉案件。在联邦最高法院之下，还设有联邦上诉法院、联邦法院以及工业关系法院、家庭纠纷法院等专门法院。

澳大利亚宪法规定，联邦法官由总督经行政会议同意后而任命产生，实际上就是由以总理为首的内阁所委任的。而法官一旦获得任命，就独立于行政部门的指挥和控制。为保证联邦法官的独立性，宪法规定，如果联邦议会两院在同一会期内以书面形式提出有关联邦法官的劣迹和无能的确凿证据，而要求将其撤职，那么澳大利亚总督就可以在取得行政会议的同意后将联邦法官撤职，但除此之外，联邦法官不得因任何理由而被撤职。宪法还规定，联邦法官应享受联邦议会所规定的薪俸，且不得于任职期内被减少。所有联邦法官均到70岁退休。联邦法官亦可亲笔致函总督，要求辞职。

四、政治参与制度

澳大利亚宪法中并没有专门规定公民基本权利（包括政治参与权利）的章节，只是在个别条款中或明或暗地作了一些规定。之所以如此，这和澳大利亚长期作为英国殖民地的历史是分不开的。换言之，澳大利亚实际上沿袭了英国的传统做法，即公民的基本权利主要依靠传统惯例以及司法判例与解释，而不是明文的宪法性文件来体现和保障。正因为承袭了英国的宪政文化传统，所以当初制定的澳大利亚宪法甚至根本没有专门提及公民的基本权利问题，因为在澳大利亚人看来，公民的基本权利根本上就是天经地义的事情，无需再以宪法文件明示。所以在实践中，举凡宪政民主国家中公民所享有的那些政治参与权利，比如集会、结社、游行、示威、请愿、选举、公投（复决）等，澳大利亚公民一般也是享有的。比如说公投权利，实际上澳大利亚宪法中也是有所涉及的：（1）宪法规定，联邦议会经州议会同意并经该州选民投票的过半数批准，则根据协议的条件，可增减州的辖境或变更其州界。（2）任何关于减少某州在联邦议会各院代表的比例，或某州在众议院代表的最低名额限度，或增加、减少或以其他方式对州界的更改，或以任何方式影响有关宪法条文的修改，非经该州过半数选民投票批准，该提案不得成为法律。（3）修改宪法的提案应由联邦议会两院的绝对多数通过，并于通过后的2—6个月之间，提交各州和各地区有选举众议员资格的选民表决。如果联邦议会两院就修宪提案发生冲突而不能解决，则总督可以将原提案议院最后所提出的提案和后来两院同意或不同意的修正案，提交各州和各地区有选举众议员资格的选民来表决。在提交选民公决时，其计票方法由联邦议会规定。如在过半数的州里，参加投票的选民以过半数投票赞成该提案，且全国参加投票的选民也以过半数赞成该提案，则该提案就获通过，应送交总督，候英王批准。

至于选举，对于澳大利亚公民来说，选举不但是一种权利，还是一种义务。凡年满18周岁的澳大利亚公民必须参加投票选举，凡没有注册登记或没有正当理由而不参加投票的人，就会被处以最高50澳元的罚款。不过原住民可以自由选择是否进行选民登记和投票。

最后再看政党结社。澳大利亚有多个政党存在，并且也经常会有多个政党进入联邦议会，但实际上只有工党和自由党才是最大的两个政党，它们在联邦议会中分别形成执政党与反对党阵营。

澳大利亚工党（Australian Labor Party，ALP）在澳大利亚是历史最悠久也是最大的政党，创建于19世纪90年代。该党被认为是澳大利亚劳工界的代表。该党也是社会党国际的成员。2007年11月24日，工党在联邦议会大选中获得压倒性胜利，结束了澳大利亚自由党长达11年半的执政地位，工党领袖陆克文也因此获任澳大利亚总理。不仅如此，工党现在还是澳大利亚所有州级政府的执政党。

澳大利亚自由党（Liberal Party，LIB）成立于1944年，是从澳大利亚统一党脱离出来而成立的，相当于英国的保守党，属于中间偏右翼的政党。自由党现任的联邦领袖是马尔科姆·特恩布尔（Malcolm Turnbull）。自由党通常要和中间偏左的工党竞争执政地位，而如果竞选成功，依照传统，它就将和澳大利亚国民党（National Party）组成执政联盟。自2007年联邦大选失败后，自由党成为联邦政府的反对党，现在在所有州级政府中也是反对党。

第四节 印　　度

印度的正式国名为印度共和国（Republic of India），其国土面积有 320 多万平方公里，2008 年的总人口已达 11.47 亿人。印度定都于新德里（New Delhi）。印度的国旗为三色旗，其中橙色象征勇敢和自我牺牲的精神，白色象征纯洁的真理，绿色表示信心。旗帜的中心还绘有 24 根轴条的蓝色法轮，来自于孔雀王朝阿育王时代。印度国徽的图案则来源于孔雀王朝阿育王石柱顶端的石刻。圆形台基上站立着四只金色的狮子，象征信心、勇气和力量，台基的四周则是四只守兽的图案：东方是象、南方是马、西方是牛、北方是狮。守兽之间均雕有法轮。国徽图案的最底下用梵文写有一句格言："唯有真理得胜。"（见图 3-8）

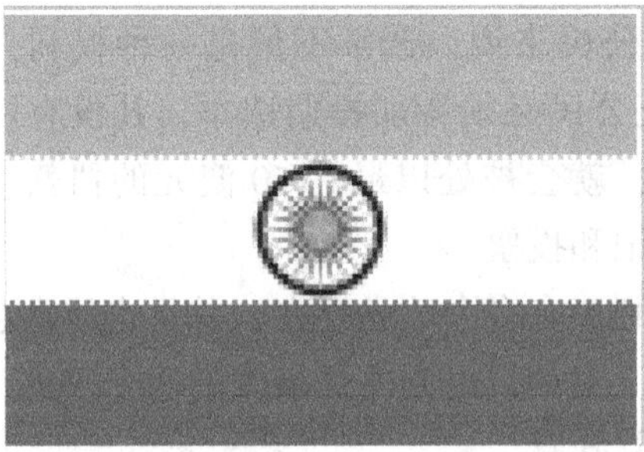

图 3-8　印度的国旗与国徽

一、印度的形成与宪政史

公元前 2500 年，印度河流域的古印度人就已创造了印度河文明（或称哈拉帕文明）。不过该文明在公元前 2000 年左右的时候突然衰落，原因不明。

公元前 1500 年左右，来自印度西北部的雅利安人侵入印度北部的恒河流域，并与当地人结合，创造了经典的吠陀文化（因其圣典①而得名），一般也

① 指梨俱吠陀（Rig Veda）、娑摩吠陀（Sama Veda）、耶柔吠陀（Yajui Veda）、阿闼婆吠陀（Atharva Veda）四吠陀，加上梵书（Brahmana）和奥义书（Upanishad），又称六吠陀。

称之为恒河文明，从而取代了哈拉帕文化。这一文化才是古典印度文化的起源。早期吠陀时代的历史几乎完全无从考查，梨俱吠陀描述这一时期雅利安人的活动，主要是祭祀、迁徙和对土著居民（可能是达罗毗荼人）进行征服。在这一时期，雅利安人的主要祭祀对象是代表自然力量的因陀罗、阿耆尼诸神。在吠陀时代的晚期，雅利安人的文化较之以前有了很大的发展，他们也从早期居住的旁遮普迁入恒河流域。在这个时期，为将自己与当地土著区分开来，雅利安人开始实行种姓制度。在宗教方面，崇拜梵天、毗湿奴、湿婆三大神的婆罗门教代替了早期敬奉自然神灵的吠陀信仰，并且祭司阶层（婆罗门）的地位得到提升。在政治方面，往世书和印度大史诗描述这一时期的雅利安人分成不同的部落集团，并且已经有被称为“罗阇”(即王）的领导者出现。这些敌对的部落集团之间进行频繁的战争，最终形成了为数众多的早期印度国家。到公元前600年时，整个印度地区已形成20多个这样的国家。这一时期就是所谓的列国时期，由于佛教在此时产生，所以这一时期通常也被称为佛陀时期。列国时代的印度精神生活十分活跃，出现了许多哲学或宗教流派，其中影响最为久远的就是佛教和耆那教。通常称这次思想爆发为“沙门思潮”。这些新涌现的许多思想潮流有一个共同点，就是它们都反对婆罗门在印度社会中的特权地位。通常认为，吠陀时代到列国时期便宣告结束了。

在列国时代，在印度河-恒河平原范围内出现了16个强盛的王国，其中位于现今比哈尔邦的摩揭陀国逐渐居于优势地位。印度可信的政治史就开始于频毗娑罗（瓶沙王）统治摩揭陀的时期。频毗娑罗之子阿阇世（未生怨王）执行扩张政策，在北印度地区确立了某种盟主地位，他也支持佛教的发展。大约从公元前4世纪开始，难陀王朝统治了摩揭陀，这个王朝要强大得多。公元前6世纪末，波斯国王大流士一世征服了印度西北部地区，这是有记载的印度雅利安人社会与其他发达文明的第一次政治接触。在大流士之后，马其顿国王亚历山大大帝接踵而来。亚历山大撤出印度之后不久，旃陀罗笈多（月护王）推翻了摩揭陀的难陀王朝，建立起印度历史上第一个帝国式政权——孔雀王朝。旃陀罗笈多赶走希腊人在旁遮普的残余力量，逐渐征服了北印度的大部分地区，还击退了塞琉古一世的入侵，并获得对阿富汗的统治权。孔雀王朝在阿育王时期到达巅峰，这位君主征服了南方的羯陵伽，这就导致除极南端的一些国家以外，整个印度半岛在形式上都被统一了。阿育王也大力支持佛教。孔雀王朝在阿育王去世之后就走向衰落，摩揭陀国退回到它本来的地区，印度又恢复到列国时代的那种分裂状态。

从公元前2世纪初开始，（大夏）希腊人、塞人和安息人先后侵入印度，其中塞人在整个西印度建立起了许多公国。而大月氏人则成为最成功的入侵者，他们在北印度建立了强大的贵霜帝国（公元1—3世纪）①。在贵霜时代产生了大乘佛教。贵霜帝国最终分裂了，取代帝国在北印度地位的是旃陀罗笈多一世所建立的笈多王朝。笈多王朝的发源地也是在摩揭陀，它统一了北印度，但在南方却并没有扩张得太远。笈多王朝是继孔雀王朝之后印度的又一个强大王朝，但也是由印度人所建立的最后一个帝国政权。笈多王朝时期通常被认为是印度古典文化的黄金时期，婆罗门教再度兴起，并已经开始向现代印度教转变，而佛教和耆那教继续拥有广泛信徒。笈多王朝受到从中亚侵入印度的嚈哒人（白匈奴）的削弱，到5—6世纪的时候，帝国最终瓦解了。所谓的后笈多王朝（实际上与笈多王室并无关系）再次退回到摩揭陀。7世纪的印度是分裂和混乱的。

8世纪初，阿拉伯人征服了印度西北部的信德，揭开了穆斯林入侵印度的序幕，但伊斯兰教对印度的真正征服开始于11世纪，是由来自中亚的突厥人进行的。这些突厥人侵入北印度，建立了德里苏丹国。德里苏丹国并未统一整个印度，甚至连北印度地区也未统一，南印度则几乎从未进入过苏丹政权的版图。在整个德里苏丹国存续的期间，地方叛乱和王室内讧层出不穷，外部则面临着蒙古人入侵的威胁。当来自中亚的征服者帖木儿侵入苏丹国而后又撤离后，摇摇欲坠的苏丹政权最终彻底崩溃。在德里苏丹国时期，印度的穆斯林文化有了很大的发展。

德里苏丹国瓦解后所造成的权力真空并没有持续很长时间，新的穆斯林征服者很快就在西北方出现了。1526年，帖木儿的直系后代巴卑尔从中亚进入印度，在剪除了各种势力之后，建立了莫卧儿帝国（意为“蒙古人的帝国”）。此后，莫卧儿帝国统一了几乎整个印度半岛，成为当时的世界强国之一。莫卧儿帝国同样因为统治者的残暴和各地方的反抗而迅速衰落，与此同时，葡萄牙、荷兰、英国和法国等西方国家蜂拥踏上印度这片大陆。1757年，莫卧儿帝国与英国的东印度公司之间发生了普拉西战役，最终帝国战败，逐步沦为英国的殖民地。1849年，东印度公司成功地掌握了印度全境的统治权，只余下少数地区由葡萄牙和法国统治。1857年，印度全境爆发了著名的反英民族大起义，但很快被镇压，随后印度也由东印度公司转为由英国政府直接统治，并成立了印度政府，结束了此前仅在名义上存在的莫卧儿帝国。

英国直接统治下的印度（称英属印度，包括缅甸在内）分为13个省，此

① 这是与古罗马帝国、安息帝国、中国汉朝并称为古典世界四大帝国的一个帝国。

外，在英国政府的严密监督下，印度还存在着约700个由印度王公所统治的土邦。1877年，英国的维多利亚女王加冕为印度帝国的皇帝。1911年，印度帝国的首都由加尔各答迁往德里。在受英国殖民统治的期间，一些印度知识分子于1885年成立了印度国民大会党（简称国大党），该党于1920年重组，由主张独立的莫罕达斯·甘地领导，开展了一系列谋求印度独立的非暴力不合作运动。之后，代表穆斯林利益的全印穆斯林联盟（简称穆盟）成立，由穆罕默德·阿里·真纳任领袖。“二战”后，英国迫于无奈，遂准许印度独立，但此时的印度穆斯林已经开始谋划建立单独的伊斯兰国家——巴基斯坦。英国政府和甘地都无力改变印度社会已经分裂的现实，只得同意独立后的印度分裂为印度和巴基斯坦两个国家。1947年，英国提出蒙巴顿方案，同年8月15日，印度与巴基斯坦分治，实现独立，但仍留在英联邦内。1950年1月26日，印度宣布成立印度共和国，仍为英联邦成员国。这块亚洲次大陆最终被分成以印度教为主的世俗印度国家和较小的伊斯兰教国家巴基斯坦。印巴分治带来了一系列的后遗症。独立后的第一年，印度与巴基斯坦就因克什米尔争端而爆发了军事冲突。印巴还分别在1947年、1965年和1971年爆发了三次大规模的战争，其中印度在第三次印巴战争中获胜，随后“东巴基斯坦”脱离巴基斯坦而独立，宣布成立孟加拉国。

印度有过受英国殖民统治的历史，并且长达近百年，在这个过程中，印度多少也受到了英国宪政文化的影响。不过总的来说，印度的宪政历程基本上是从独立起才开始的。现行的印度宪法是1949年11月26日由制宪会议制定，并于1950年1月26日生效的。该宪法经过多次修订，长达395条，有1000多项具体条款，号称世界上最长的宪法。该宪法对于印度的政治制度作出了极为详尽的规定。

二、国家结构制度

印度实行联邦制，总共划分为28个邦（States）和7个联邦直辖区（union territories），其中联邦直辖区包括一个国家首都辖区（National Capital Territory），即新德里。

有16个邦和绝大多数联邦直辖区（包括国家首都辖区）的行政区划均实行县（District）、乡（Sub Division/Tehsil/Block，其名称各异）、村（Village）三级制，但有11个邦的行政区划实行专区（Division）、县、乡、村四级制。

对于联邦与各邦之间的权力关系，印度宪法进行了明确的规定和划分。各邦均有自己的民选政府，印度宪法对此也作了详细的规定。至于联邦直辖区，除了国家首都辖区和本地治里（Puducherry）均有自己的民选议会，但受联邦政府的约束外，其余五个联邦直辖区则由联邦政府直接管理。

就各邦而论，各邦均设邦议会，其中安得拉邦、比哈尔邦、中央邦、泰米尔纳德邦、马哈拉施特拉邦、卡纳塔克邦和北方邦的议会由总督和两院组成，其余各邦的议会则由总督和一院组成。在一院制的情况下，邦议会就叫立法院（Legislative Assembly）。而在两院制邦议会中，其下院称立法院（Legislative Assembly），上院则称立法委员会（Legislative Council）。各邦的立法院由本邦地方选区直接选举的议员所组成，其议席数不得超过500席，亦不得少于60席，任期5年，不得延长，5年届满之日即为该院解散之时。实行两院制的邦议会还设有作为上院的立法委员会，其议员总数不得超过该邦立法院议员总数的1/3，但不得少于40人。在立法委员会中，约1/3的议员应由市、县行政机关以及议会法律所指定的其他地方当局的成员所组成的选举团来选举。立法委员会永不解散，但每两年届满时，应有近1/3的议员按照议会法律的规定解职，进行改选。

各邦亦设总督一人，同一人可担任两个或以上邦的总督。各邦总督由总统委任和免职，委任状须由总统签署并盖章。总督须以亲笔辞呈向总统辞职，除非被免职或主动辞职，总督任期5年，但在继任人选就职以前应继续任职，而不管其任期届满与否。各邦总督相当于各邦形式上的元首，而且按照印度宪法的规定，总督也是邦议会的组成部分，这就跟澳大利亚各州的总督类似了。显然这一设置是承袭了英国的做法。在立法院大选后的第一次会期或者每年第一次会期开幕时，总督应向立法院（在设有立法委员会的邦，也可以向两院的联席会议）发表演说，向邦议会说明召集会议的目的。总督可以随时于其认为适当的时间和地点召集邦议会的一院或两院开会，也可以随时宣布邦议会的一院或两院闭会，或者解散立法院。总督可以向立法院（在设有立法委员会的邦，也可以向立法委员会或两院联席会议）发表演讲，并要求议员出席会议。总督可以就议会中的未决议案或其他事项，向邦议会的一院或两院发表咨文，而接受咨文的议院应立即讨论咨文所要求考虑的事项。

各邦设部长会议并由首席部长负责。首席部长由总督任命，其他部长则由总督根据首席部长的建议而任命，总督也有权免除他们的职务。如果部长会议成员连续六个月不担任邦议会议员，则失去部长或首席部长的资格。部长会议集体对该邦立法院负责。部长会议的职责是协助总督行使职权并向其提供意见，但宪法规定总督可以自行决定的事项除外。由此可见，各邦的部长会议，就相当于是各邦的内阁，掌握实际的行政权，而总督则只是名义上的行政首脑。各邦的部长会议还按照议会制的规则，从邦议会中产生，并对其（两院制情况时为立法院）承担集体责任。由于部长会议的成员一般也具有议员身份，所以他们在邦议会或由其本人担任成员的议会委员会中，均享有发言权和参加活动权，只是不享有表决权。

各邦均设立高等法院，高等法院由一名首席法官和若干其他法官组成。高等法院的法官由印度总统在认为必要时予以任命，其中，在任命首席法官时，总统需征求印度最高法院的首席法官与该邦总督的意见，而在任命其他高等法院法官时，总统除需征求以上人员的意见外，还需征求该邦高等法院首席法官的意见。高等法院法官的委任状须由总统签署并加盖印墨。除额外法官与代理法官任期不超过两年外，高等法院的其余法官均可任职到满 62 岁时为止。各邦高等法院有权管理县法院及其下级法院，比如各县法官就由总督与高等法院协商后进行任命、委派和提升。

三、联邦政府制度

印度联邦政府按照英式议会制的模式来设置，其中立法权由联邦议会掌握，总统为国家元首，也是名义上的行政首脑，实际的行政权却掌握在内阁（以总理为首的部长会议）手中，司法权则交由联邦法院掌握。

（一）联邦议会

印度联邦议会实行两院制，包括上院——联邦院（Rajya Sabha，Council of States）和下院——人民院（Lok Sabha，House of the People）。①

根据印度宪法的规定，各邦与各联邦直辖区［目前只有新德里和本地治里（Puducherry）这两个联邦直辖区才在印度联邦院具有代表权］在联邦院的代表总数不超过 238 名，另外还有 12 名由总统指定的联邦院议员，获任命者均是在文学、科学、艺术或社会服务方面具有专门知识或实际经验的精英人物。宪法的第四表具体规定了各邦和各联邦直辖区在联邦院的议席分配情况，分配是基于人口比例来进行的。自 1952 年起，由于各邦疆界的调整以及新邦的成立，分配给各邦和各联邦直辖区的联邦院议席也发生了变化。现在联邦院总共有 245 个议席（见表 3-14 与表 3-15），其中 233 个代表各邦和各联邦直辖区，其余 12 个由总统任命。各邦和各联邦直辖区在联邦院的代表，由其立法院之当选议员，按比例代表制以单记名可转让投票法选举产生。联邦院是一个

① 名义上，印度总统也是联邦议会的构成之一。

永久的议院，不能被解散，但联邦院议员任期6年，每两年改选1/3。联邦院议员可以连选连任。

表3-14　　截至2009年10月13日，印度联邦院议席的地区分布情况

各邦与各联邦直辖区	应有议席	实有议席
Andhra Pradesh（AP）	18	18
Arunachal Pradesh（AR）	1	1
Assam（AS）	7	7
Bihar（BR）	16	16
Chhattisgarh（CHT）	5	5
Goa（GOA）	1	1
Gujarat（GJ）	11	11
Haryana（HR）	5	5
Himachal Pradesh（HP）	3	3
Jammu & Kashmir（J & K）	4	4
Jharkhand（JHK）	6	6
Karnataka（KAR）	12	12
Kerala（KR）	9	9
Madhya Pradesh（MP）	11	10
Maharashtra（MH）	19	19
Manipur（MN）	1	1
Meghalaya（MGH）	1	1
Mizoram（MZ）	1	1
Nagaland（NG）	1	1
National Capital Territory of Delhi（DL）	3	3
Nominated（NOM. 由总统任命的议员）	12	4
Orissa（OR）	10	10
Puducherry（PUD）	1	1
Punjab（PB）	7	7

续表

各邦与各联邦直辖区	应有议席	实有议席
Rajasthan（RJ）	10	10
Sikkim（SK）	1	1
Tamil Nadu（TN）	18	18
Tripura（TR）	1	1
Uttar Pradesh（UP）	31	31
Uttarakhand（UTK）	3	3
West Bengal（WB）	16	16
总计	245	236

表 3-15　**截至 2009 年 10 月 13 日，印度联邦院议席的政党分布情况**

政　　党	议　席
Indian National Congress（INC）	72
Bharatiya Janata Party（BJP）	46
Communist Party of India（Marxist）（CPI（M））	15
Samajwadi Party（SP）	13
Bahujan Samaj Party（BSP）	12
All India Anna Dravida Munnetra Kazagham（AIADMK）	7
Independent & Others（IND）	7
Janta Dal（United）（JD（U））	7
Nationalist Congress Party（NCP）	6
Communist Party of India（CPI）	5
Dravida Munnetra Kazagham（DMK）	4
Nominated（NOM）	4
Rashtriya Janata Dal（RJD）	4
Shiv Sena（SS）	4
Biju Janata Dal（BJD）	4
Shiromani Akali Dal（SAD）	3

续表

政　党	议 席
Telugu Desam Party (TDP)	2
J&K National Conference (J&KNC)	2
Janata Dal (Secular)[JD (S)]	2
Asom Gana Parishad (AGP)	2
ALL INDIA TRINAMOOL CONGRESS (AITC)	2
All India Forward Block (AIFB)	1
Bodoland People's Front (BPF)	1
Indian National Lok Dal (INLD)	1
Jharkhand Mukti Morcha (JMM)	1
Lok Janasakti Party (LJP)	1
Muslim League (ML)	1
Mizo National Front (MNF)	1
Rashtriya Lok Dal (RLD)	1
Revolutionary Socialist Party (RSP)	1
Nagaland People's Front (NPF)	1
Pattali Makkal Katchi (PMK)	1
Swtantra Bharat Paksh (SBP)	1
Sikkim Democratic Front (SDF)	1
总计	236

印度宪法规定，人民院的议员总数至多不超过552个，其中代表各邦的议员至多530个，代表各联邦直辖区的至多20个，由印度总统任命的英-印共同体代表至多两个。各邦按其人口比例分配议席，且只要可行，该比例对于各邦就应一致。现在人民院实际共有545席，其中543人由各邦选民按照单选区相对多数当选制直接选举产生，其余二人则由总统任命（代表英-印共同体）。除非被提前解散或在紧急情况下被延长，人民院的任期均为5年。2009年印度第15届人民院大选已结束，选举结果见表3-16和表3-17。

表 3-16　　　　　**印度第 15 届人民院选举结果（地区分布）**

各邦与联邦直辖区	议　席	各邦与联邦直辖区	议　席
Andhra Pradesh	42	Nagaland	1
Arunachal Pradesh	2	Orissa	21
Assam	14	Punjab	14
Bihar	40	Rajasthan	25
Chhattisgarh	11	Sikkim	1
Goa	2	Tamil Nadu	39
Gujarat	26	Tripura	2
Haryana	10	Uttar Pradesh	80
Himachal Pradesh	4	Uttarakhand	5
Jammu and Kashmir	6	West Bengal	42
Jharkhand	14	Andaman and Nicobar Islands	1
Karnataka	28	Chandigarh	1
Kerala	20	Dadra and Nagar Haveli	1
Madhya Pradesh	29	Daman and Diu	1
Maharashtra	48	Lakshadweep	1
Manipur	2	Puducherry	1
Meghalaya	2	Delhi	7
Mizoram	1	总计	544

注：Uttar Pradesh 邦的一名议员因病住院治疗而空缺；总统任命的两名议员分别来自 Kerala 邦和 Chhattisgarh 邦。

表 3-17　　　　　**印度第 15 届人民院选举结果（政党分布）**

政　　党	议　席
Indian National Congress（INC）	206
Bharatiya Janata Party（BJP）	114
Samajwadi Party（SP）	22
Bahujan Samaj Party（BSP）	21

续表

政　党	议　席
Janata Dal（United）[JD(U)]	20
All India Trinamool Congress（AITC）	19
Dravida Munnetra Kazhagam（DMK）	18
Communist Party of India（Marxist）[CPI(M)]	16
Biju Janata Dal（BJD）	14
Shiv Sena（SS）	11
All India Anna Dravida Munnetra Kazhagam（AIADMK）	9
Independent（Ind.）	9
Nationalist Congress Party（NCP）	9
Rashtriya Lok Dal（RLD）	5
Telugu Desam Party（TDP）	5
Communist Party of India（CPI）	4
Rashtriya Janata Dal（RJD）	4
Shiromani Akali Dal（SAD）	4
Jammu and Kashmir National Conference（J&KNC）	3
Janata Dal（Secular）（JD（S））	3
All India Forward Bloc（AIFB）	2
Jharkhand Mukti Morcha（JMM）	2
Muslim League Kerala State Committee（MLKSC）	2
Revolutionary Socialist Party（RSP）	2
Telangana Rashtra Samithi（TRS）	2
All India Majlis-E-Ittehadul Muslimmen（AIMIM）	1
Asom Gana Parishad（AGP）	1
Assam United Democratic Front（AUDF）	1
Bahujan Vikas Aghadi（BVA）	1
Bodoland Peoples Front（BPF）	1
Haryana Janhit Congress（HJC）	1

续表

政　　党	议　席
Jharkhand Vikas Morcha（Prajatantrik）（JVM）	1
Kerala Congress（M）[KEC(M)]	1
Marumalarchi Dravida Munnetra Kazhagam（MDMK）	1
Nagaland Peoples Front（NPF）	1
Sikkim Democratic Front（SDF）	1
Swabhimani Paksha（SWP）	1
Viduthalai Chiruthaigal Katchi（VCK）	1
总计（不包括非党派议员以及空缺的那一名议员）	539

印度联邦议会的主要职权也是立法和监督政府的行政部门，而且在这些方面，两院的权力基本上是相等的。此外，在选举与弹劾总统、选举副总统、同意宣布国家进入紧急状态、同意宣布各邦宪政机制失灵或处于财政紧急状态这些方面，两院也具有同等的权力。不过两院的权力也还是有一些差异。

在立法方面，尽管绝大多数法案都可以在任何一院中提出，并且均需两院通过才能生效，但财税法案却只能在人民院中提出，而且对于人民院所通过的财税法案，联邦院只能表示同意、否决或者提出建议，而不能进行修改。如果联邦院在收到人民院所通过的财税法案后，14 日内并未将法案返回到人民院，则法案就被视为获得两院通过。所以在财税事务方面，人民院所掌握的立法权要优于联邦院。不过在立法方面，联邦院也享有一些特别的权力。在印度，立法事项被严格地分为联邦的、各邦的和共同的三类，其中前二者相互排斥，不能越界。但联邦院以其出席议员的 2/3 多数投票，可以宣称出于维护国家利益的必要性，联邦议会可以对属于各邦的立法事项进行立法。这样的立法至多只有一年的有效期，但通过类似的程序，可以被延长一年。

如果两院在普通立法（财税法案和修宪法案除外）的过程中产生分歧而形成僵局，则两院就将召开联席会议来解决。在过去，这样的事情曾经发生过三次。联席会议由人民院议长来主持，所争议的议案由出席联席会议的全体议员以多数票表决通过。

在监督政府的行政部门方面，尽管部长会议（内阁）的成员可以来自于任何一院，但却只对人民院集体负责。人民院可以对部长会议进行信任或不信任投票，也有专门的时间供议员们向内阁提出质询。不过联邦院也能约束内阁，这主要通过立法的途径来实现，特别是当组阁的执政党在联邦院中并不占据多数席位时。

在其他事务方面，两院的权力也有所差异。在一般情况下，总统有权宣布国家进入紧急状态、宣布各邦宪政机制失灵或处于财政紧急状态，但须得到联邦议会两院的同意。如果总统在作此宣布时，人民院已被解散或正好被解散，那么此时只要得到联邦院的同意，总统的宣布就具有效力。

（二）总统

印度总统任期五年，现任总统可寻求连任。总统由选举团成员选举产生，总统选举采用单记名可转让投票法。选举团由联邦议会两院所选出的部分联邦议员和各邦立法院所选出的部分邦议员所组成。总统不得担任联邦议会两院或各邦议会的议员，也不得担任有其他收入的职务。

印度也设副总统，任期五年，由联邦议会两院议员所组成的选举团，按比例代表制以单记名可转让投票法选举之。副总统为印度联邦院的当然议长，在总统偶然缺位或缺席时代理总统或代行总统职权，包括：总统因死亡、辞职、免职或其他原因而出现缺位时，副总统在新总统被选出就职以前，出任代理总统；总统因出国、疾病或其他原因不能履行职权时，副总统代行其职权，直至总统重新视职。副总统在做代理总统或代行总统职权期间，享有总统之全部权力与豁免权，以及联邦议会法律为总统所规定的薪俸、津贴与特权。

印度总统是印度的国家元首和第一公民。宪法赋予总统大量的权力，比如联邦行政权属于总统，并由总统依照本宪法规定直接行使或通过其属下官员行使。总统任命联邦议会下院（人民院）的多数党或多数联盟的领导人为内阁总理，然后按照总理的建议任命部长会议的其他成员，并为其分配职务。总统还负责任命各邦总督、联邦最高法院和各邦高等法院的法官、总检察长、总审计长、总选举专员和其他选举专员、联邦公共服务委员会主席和其他成员、驻外使节。总统还是印度武装部队在法律上的总司令，并负责接收外国使节呈交的国书，有权赦免或减轻已定罪者的刑罚，特别是涉及死刑的案件。在行使赦免权或其他一些权力时，总统可以不考虑总理或联邦下院的意见，不过在一般情况下，总统大多按照总理的意见行使权力。

总统在任期间如违反宪法，可被弹劾罢免。弹劾程序可在联邦议会的任何一院展开。首先在院内提出对总统的指控事项，并发出通告，如联署的议员不少于该院议员总数的1/4，该通告就会被送交总统。14日后，弹劾案就会被纳入议会的议程。关于总统的弹劾案，需要取得发起该议案的议院的2/3多数议员支持，方可在该院获得通过，然后送交另一院。另一院展开对指控的调查，期间总统可通过获授权的律师为自己辩护。如果另一院也以2/3的多数通过弹劾案，则总统就被成功弹劾，并在议决之日生效，总统一职即时悬空。总统如有违宪行为，除了被弹劾以外，并不受其他方式的处罚。在印度的政治史上，至今尚未有任何一位总统经历过弹劾程序。

（三）联邦行政部门

印度联邦政府的行政权主要为以总理为首的部长会议（Council of Ministers，即内阁）所掌握。按照英式议会制的惯例，人民院的多数党向总统提名总理的人选，由总统任命总理，然后再由总理向总统提名其他内阁成员并由总统任命。按照印度宪法的规定，部长会议的成员须是联邦议员（任何一院均可），如果总理与部长连续6个月不担任联邦议员，则应在6个月期满后终止其总理或部长的职务。内阁成员有权参加任何一院的会议，并有发言权，但只在其所在议院才享有投票权。

按照印度宪法的规定，联邦总统才是行政首脑，所以联邦政府的一切行政行为均应以总统的名义进行，但宪法同时根据英式议会制的惯例，规定总统根据部长会议的意见行使行政权，所以实际的行政首脑是总理。总理须向总统通报部长会议有关联邦事务管理和立法建议的一切决定，并向总统提供有关联邦事务管理和立法的建议，此外，对于已由一阁员做出决定而未经部长会议讨论的任何事项，经总统提出要求后，总理须将之提交部长会议讨论。总统制定规则，对于部长会议成员的工作进行分工；部长会议对人民院集体负责。

部长会议是印度联邦行政部门的核心决策机构，其下设置多个执行机构，其中最主要的是由部长会议成员所掌理的执行机构，当前（截至2009年10月）主要有由总理兼理的人事、公众申诉与退休金部、计划部、文化部、原子能部和太空部，其他如财政部、农业部、食物与日用品部、消费者事务与公共分配部、国防部、内政部、铁道部、外务部、卫生与家庭福利部、能源部、法务部、城市发展部、道路运输与高速公路部、海外印度人事务部、石油与天然气部、人力资源发展部、信息与广播部、矿产部、东北地区发展部、商业与工业部、钢铁部、重工业与公共企业部、村务委员会治理（Panchayati Raj）部、旅游部、食品加工部、青年事务与体育部、航运部、纺织部、新能源与可持续能源部、劳工部、议会事务部、水资源部、社会公正与放权部、土著事务部、化工部、通信与信息技术部则由其他内阁部长所掌理。

（四）联邦法院

印度联邦政府的司法权由最高法院所掌握。其中，最高法院由一名印度首席法官和不超过7名的其他法官所组成，但议会可制定法律增加其他法官的人数（但现在法律规定不得超过25名）。总统在与他认为有必要征求其意见的一些最高法院法官和邦高等法院法官磋商之后，颁发由其签署盖印的委任状，任命最高法院的所有法官。总统在任命最高法院的其他法官时，还必须征询印度首席法官的意见。担任最高法院法官者，必须是印度公民，且在任一高等法院或两个以上高等法院连续担任法官至少5年，或者在任一高等法院或两个以上高等法院连续担任律师至少10年，或者是总统认为卓越的法学家。在印度首席法官职位出缺时，或因缺席或其他原因而不能履行职务时，总统应在其他法官中指派一人代行其职权。最高法院法官任职至65岁即退休。除非联邦议会两院在同一会期中以该法官行为失检或不胜任为由，由各院分别以全体议员的过半数及出席议员的2/3多数投票通过，向总统同时提出咨文，并由总统下令免除其职务，否则任何最高法院法官均不得被免职。

此外，如果最高法院因法官不足法定人数而不能开庭或继续开庭，则应由印度首席法官在征得总统同意，并与有关邦高等法院首席法官磋商后，书面邀请充分具备最高法院法官资格的邦高等法院法官作为最高法院的临时法官，并在最高法院出庭，其任职时间视需要而定。临时法官在任职期间内享有和最高法院法官一样的全部司法管辖权、权力及特权，但不承担最高法院法官的责任。印度首席法官只要事先征得总统同意，还可邀请曾任最高法院法官、联邦法院法官或邦高等法院法官，且具备出任最高法院法官资格的人，作为最高法院法官出庭并行使最高法院法官的职权——当然这还需要征得这些人本人的同意。这些特邀法官在履职期间享受总统以命令所规定的津贴，并享有和最高法院法官一样的全部司法管辖权、权力及特权，但在其他方面却不得视为该院的法官。

除非宪法另有规定，最高法院对于下述争议，单独享有初审管辖权：（1）联邦政府与一邦或数邦之间所产生的争议；（2）争执的一方为联邦政府和任何一邦或数邦，另一方为其他的一邦或数邦；（3）两邦或数邦之间所产生的争议，且涉及法定权力的存废和范围。

除了初审管辖权，最高法院还有一些上诉管辖权，包括：（1）对于印度境内高等法院的判决、宣告或最终命令，无论属于民事诉讼、刑事诉讼或其他诉讼，只要高等法院证明案件涉及宪法解释的实质性法律问题，则该案件就应向最高法院提出上诉。在得到上述证明后，当事人双方均可以在上述性质的问题上出现判决错误为由，向最高法院提出上诉。（2）对于印度境内高等法院有关民事诉讼的任何判决、宣告或最终命令，只有高等法院证明案件涉及重要法律的实质问题，而且认为必须由最高法院对上述问题作出裁决，才应向最高法院提出上诉。（3）对于印度境内高等法院对刑事案件所作出的判决、处刑或最终命令，如果高等法院在受理上诉后将原判所开释之被告改判为死刑，或者高等法院从下级法院调出案件自行审理，并在审理中判定被告有罪并判处死刑，或者高等法院证明该案件适于上诉至最高法院，则这些案件均应向最高法院提出上诉。联邦议会还可以通过法律授予最高法院进一步的刑事案件上诉审理权。（4）对于印度境内任何法院或法庭（根据有关武装部队之法律而设立的任何法院或法庭除外）对任何诉讼或案件所作出的判决、宣告、决定、定罪或命令而提出的上诉，最高法院也可以酌情准予受理。

在司法权方面，印度宪法还规定，在议会法律所规定的约束范围内，最高法院有权复查它所宣布的任何判决和它所发布的任何命令。这就是所谓的司法复查权。除此之外，印度宪法还准予拓展最高法院的司法权。也就是说，最高法院可以根据议会法律的授权，对联邦管辖事项表中的任何事项拥有司法管辖权。最高法院在同联邦政府或各邦政府达成专门协议后，可以对任何事项拥有协议所授予的司法管辖权，但此项权力的行使不应超出议会法律的规定范围。

最后，最高法院还拥有颁发令状的权力。议会须以法律授权最高法院为保护公民基本权利而发布指令、命令或令状的权力，这些令状包括人身保护状、命令状、禁令、追究权利令及移送复审令等。

为保障最高法院行使其权力，印度宪法规定，议会可以通过法律作出规定，授予最高法院以与本宪法规定不相抵触的必要或适当的补充权力，使之更加有效地行使宪法赋予它的司法管辖权。最高法院在行使其司法管辖权时，为了充分公平地处理任何未决诉讼或案件，可以发布必要的法令或命令，这种法令或命令应在印度全国内予以执行。在议会有关法律所规定的约束范围内，最高法院在全印度境内拥有全权发布命令，促使一切人员出庭、举证和提供文件，调查与处罚藐视最高法院的行为。最高法院所宣布的法令对印度境内的一切法院均具有约束力，印度境内所有行政及司法机关均应向最高法院提供帮助。

在印度，司法部门是一个统一的系统，除了最高法院、各邦高等法院及其下级法院（如县法院）这些常规设置之外，还有一些特别法庭（Tribunal）的设置，比如电力上诉法庭（Appellate Trib. for Electricity）、劳工行政法庭（AP Administrative Tribunal）、中央行政法庭（Central Administrative Trib.）、中央税收上诉法庭（Central Excise Ser. Tax App.）、设在哥印拜陀的债务记录法庭（Debt Rec. Trib.，Coimbatore）、设在陈奈的一号债务记录法庭（Debts Rec. Trib. - Ⅰ，Chennai）、设在陈奈的二号债务记录法庭（Debts Rec. Trib. - Ⅱ，Chennai）、设在陈奈的知识产权法庭（Intellectual Pro. App.，Chennai）、所得税上诉法庭（Income Tax Appellate Trib.）、铁路索赔法庭（Railway Claims Tribunal）。这些特别法庭均根据宪法的规定，依议会立法而设立，其总部一般都设在新德里，在各地则设分理法官。

四、政治参与制度

印度宪法对于公民的一些基本政治权利，如集会、结社，是有规定的，公民还有选举、申诉、请愿等政治参与渠道。不过总的来看，在各个层次上，印度公民的政治参与都属于间接性的，几乎不享有任何直接民主权利。这里主要来看印度的政党结社情况。

印度是一个多党竞争的国家，但长期以来却是印度国民大会党（Indian National Congress，INC，简称印度国大党或国大党）一党独大，长期执政。国大党创建于 1885 年 12 月，是印度现存的历史最悠久的政党，也是最大的政党，据称现有初级党员 3000 万、积极党员 150 万。国大党最初的目标是为受过良好教育的印度人争取分享政府权力，后来由于提出激进的主张而遭到英国殖民当局的反对，国大党开始转向以反对英国殖民统治、争取印度独立为目标。1969 年该党开始分裂，经多次分裂合并后，现主要分为三派：（1）印度国民大会党（英迪拉派），1978 年从国大党分立出来，其主席为索尼亚·甘地。该派坚持民族主义、世俗主义、民主主义和社会主义四项原则，强调团结、统一和教派和睦，在坚持“混合经济”和“计划经济”的前提下，突出改革和发展，并以互不干涉、和平共处和不结盟为其对外关系的指导原则；（2）印度国民大会党（社会主义派），1981 年分立出来，其主席为钱德拉·辛哈；（3）全印英迪拉国大党，1996 年 3 月被印度选举委员会确认为全国性的政党并参加议会大选，其主席是纳拉扬·达特·蒂瓦里，执行主席是阿尔琼·辛格。自印度 1947 年独立以来，到 2004 年国大党再次赢得联邦议会下院大选的胜利至今，国大党共有七人出任印度总理，时间长达 38 年。现任总理（第 18 任）就是国大党人曼莫汉·辛格（Manmohan Singh）。不过由于印度人民党的崛起，现在国大党必须和其他小党结盟才能够占据下院的多数而出面组阁。

印度人民党（Bharatiya Janata Party，BJP）是唯一可以与国大党相抗衡的主要反对党。该党于 1980 年 4 月从原人民党（印度）中分离出来而成立，现任党主席为文卡亚·奈杜（Venkaiah Naidu）。印度人民党主张把促进少数派和落后阶层的利益放在首位，主张实行民族主义、民主和非教派主义，在对外关系方面，提出“真正的不结盟”政策，反对偏向大国集团，主张与邻国建立良好关系。印度人民党的主要支持者为印度教教徒和城镇中产阶级。该党自称现有 350 万党员。印度人民党第一次执政是在 1996 年，但很短暂，不到一个月时间，当时由阿塔尔·比哈里·瓦杰帕伊（Atal Bihari Vajpayee）出任总理，但该党仍维持着议会第一大党的地位。在 1999 年第 13 届联邦议会下院的大选中，以印度人民党为首的全国民主联盟赢得胜利，印度人民党正式出面组阁。但到 2004 年大选时，印度人民党败于国大党，居第二位，再次沦为在野党，一直持续至今。

国大党和人民党是印度最大的两个政党，还有多个小党也进入了联邦议会，其中影响较大的有社会党（Samajwadi Party，SP）以及印度共产党（马克思主义）(Communist Party of India（Marxist），CPI（M）或 CPM）等。

第五节　土　耳　其

土耳其的正式国名为土耳其共和国（Türkiye Cumhuriyeti，Republic of Turkey），其国土面积有 78 万多平方公里，总人口为 7000 多万（2006 年估计），首都为安卡拉（Ankara）。土耳其的国旗为长方形的红底星月旗，其中红色象征鲜血和胜利，白色的星月象征驱走黑暗、迎来光明，也象征着幸福和吉祥，还标志着土耳其人对伊斯兰教的信仰。土耳其国徽的图案也是一弯新月和一颗五角星，其寓意与国旗的相同。有时也将星月置于一个红色的椭圆形中，其上方写着“土耳其共和国”(见图 3-9)。

一、土耳其的形成与宪政史

现代土耳其人是由古代突厥人演变而来的。突厥人本是匈奴人的一个旁支，后来脱离匈奴，成为一个新的民族。6 世纪初，突厥部落在金山（今阿尔泰山）周围游牧，最初归附于柔然，到中国的西魏时期，击破柔然，建立起东至大兴安岭、西抵西海（咸海）、北越贝加尔湖、南接阿姆河南的“突厥汗国”。583 年，突厥汗国分裂为东突厥和西突厥，并在与中国唐朝军队连年征

图 3-9 土耳其的国旗与国徽

战后，最终先后于 630 年和 657 年灭亡。① 突厥汗国灭亡后，余部突厥人迁居至突厥斯坦（Türkistan）②，建立了土耳其民族。

现代土耳其人原是塞尔柱突厥人的一个分支，11 世纪时由中亚一带迁入如今土耳其所在的小亚细亚地区。11 世纪时，塞尔柱（Selcuk）家族统率乌古斯人（Oghuz，即回纥人的一部分及其后裔）诸部族，在西亚建立了一个逊尼派的穆斯林帝国——塞尔柱帝国。帝国极盛时占有波斯、美索不达米亚、小亚细亚大部和叙利亚（包括巴勒斯坦）等地，这就是所谓的“大塞尔柱帝国”。1092 年，塞尔柱帝国分裂成许多小王朝，其中存在时间最长的是与拜占庭帝国相邻的罗姆苏丹国。1243 年，蒙古人侵入小亚细亚，将罗姆苏丹国击溃，从此罗姆苏丹国沦为蒙古伊尔汗国的藩属。1299 年，罗姆苏丹国发生分裂，1307 年则从历史记录上消失，至此，塞尔柱帝国完全灭亡。

塞尔柱帝国灭亡后，在安那托利亚地区形成了许多小国，其中一个名为索古特（Söğüt），这是由一个定居于萨卡里亚河（Sakarya River）河谷的小部落发展起来的。1281 年，奥斯曼（Sultan I. Osman，1258—1326 年）继位为索古特部落的领袖。奥斯曼后来自称为苏丹，建立起奥斯曼王朝，成为奥斯曼帝国的创建者，这就是奥斯曼一世。由于自罗姆苏丹国在 13 世纪败于蒙古人后，一部分安那托利亚地区便由拜占庭帝国所统治着，所以当奥斯曼帝国兴起后，拜占庭与奥斯曼这两个帝国之间便发生了持续上百年的战争。从 1299 年至

① 682 年，突厥人曾一度恢复建立“后突厥汗国”，后于 745 年被回纥消灭。

② 突厥斯坦，又名“土耳其斯坦”，均源于 Türk 一词，“突厥”和“土耳其”只是汉语的同名异译。突厥斯坦意为“突厥人的地域”，是在突厥汗国灭亡后出现的地理名词，泛指中亚地区突厥人（土耳其人以及众多使用阿尔泰语系或突厥语族的民族的祖先）的发祥地，其范围东起戈壁沙漠，西滨里海，南邻西藏、印度、阿富汗、伊朗，北接西伯利亚）。

1453年，在奥斯曼王朝的领导下，奥斯曼帝国夺得了安那托利亚和巴尔干半岛。1453年，奥斯曼帝国攻陷君士坦丁堡，并将之改名为伊斯坦布尔，这标志着拜占庭帝国最终灭亡。奥斯曼帝国在16世纪达到鼎盛，其统治区域地跨欧、亚、非三洲。17—18世纪，奥斯曼帝国在与奥匈帝国和俄罗斯帝国的交战中连遭失败，势力转衰，其中九次俄土战争几无胜绩，从而丧失了大片领土。至19世纪初，帝国境内又兴起了民族解放运动，巴尔干半岛诸国先后独立。而英、法、俄、奥地利等国也于此时相继争夺其领土。其后，帝国在"一战"中与同盟国共同作战，最终战败，遭到列强宰割，帝国面临着严重的民族危机。1919年，后来成为土耳其国父的穆斯塔法·凯末尔·阿塔图尔克(Mustafa Kemal Atatürk)① 领导民族抗战运动，击退外国势力。1921年1月，大国民会议通过根本法，改国名为土耳其。1922年11月1日，土耳其废除苏丹制，奥斯曼帝国正式灭亡。翌年10月29日，土耳其共和国建立。1923年的《洛桑条约》取代了之前的《色佛尔条约》，外国势力撤离了土耳其领土，现代土耳其的边境得以确定下来。

还在奥斯曼帝国统治时期的所谓Tanzimat改革运动期间，帝国就曾制定了土耳其历史上也是亚洲历史上的第一部宪法（1876年），但这部宪法并未真正施行，真正得以施行的是1921年宪法，但这部宪法很快就为1924年宪法所取代。自此以后，土耳其的宪政之路并不平坦，一个主要的表现就是军人干政和军事政变。虽然穆斯塔法·凯末尔一直坚持军政分离，但军队一直都自视是凯末尔主义（土耳其民族主义）的守护者，据此多次干预政治。1923年土耳其共和国建立后，穆斯塔法·凯末尔虽然建立起了民主政体，但又不允许任何反对力量的发展影响到自己政策的实施，经常表现出独断专行的作风。1950年，民主党上台执政。该党曾一度放松过凯末尔党人（Kemalist）的一些管制，但后来也变得越来越专制，以致1960年军队起而干预，将民主党人赶下了台。这次军事政变导致了1961年宪法的出台。60年代以后，各种各样的政党在土耳其建立起来，但却并未带来更加充满活力的民主政体。1971年，军队再次干预政治，但很快便在1973年底还政于民。1980年，军队又发动政变，成立了令人们普遍感到恐惧的国家安全委员会（National Security Council）。这次军事政变导致了土耳其历史上第五部宪法，也就是现行宪法（1982年11月7日起实施）的出台。据此，1983年大选被允许进行，结果土耳其祖国党获胜，

① 1934年11月24日，土耳其议会赐凯末尔Atatürk一姓，Atatürk就是"土耳其人之父"的意思。

此后，土耳其重回发展的正轨。90 年代，土耳其的政局不够稳定，内阁更迭频繁。1995 年 12 月，宗教政党繁荣党上台，被权力冲昏了头脑的繁荣党人竟提出伊斯兰激进主义的声明，严重违背了土耳其宪法所确立的政教分离原则，结果导致军队再度发动政变。这次事件被称为"后现代政变"（Postmodern Coup）。在军队的压力下，繁荣党内阁辞职，繁荣党也被取缔。不过大体说来，自 20 世纪 80 年代以来，土耳其的宪政制度便已趋于稳定。现行土耳其宪法自 1982 年施行以来，历经多次修改，最近一次修改是在 2007 年。

二、国家结构制度

土耳其实行单一制，全国总共划分为伊斯坦布尔（Istanbul）、伊兹密尔（Izmir）、安卡拉（Ankara）等 81 个省（Vilayets/Iller）。省又划分为区（Kazas/Ilces，相当于县），区进一步划分为镇（Nahiyes/Bucaks），其下为村（Köy Derneg）。所有的省会、区府所在地以及人口超过 2000 的镇，即设置为自治市（Belediye）。

1982 年的土耳其宪法保留了在土耳其沿袭已久的中央集权制。每个省都以经总统同意、由部长会议所任命的省长（Vali）为最高长官。省长是中央政府在各省的代理人，向内务部长报告工作。省长具有很大的权力，宪法甚至授权省长在紧急状态下拥有特殊权力。在 20 世纪 80 年代的军事管制期间，省长就被赋予了军事方面的权力，而各省议会则被暂时关闭。1987 年，在土耳其东南 11 个主要是库尔德人居住的省份，其省长就曾按照紧急状态来行使权力，直到 2002 年 11 月才结束。省长还负责监督其他被委任在其所在省份执行中央各部事务的官员。各省也设行政委员会（Vilayet Genel Meclisi），由省长担任主席。省长主持省行政委员会的每周例会，作出关键性的行政决策。各省还设议会，省议会每 5 年选举一次。省议会的主要职能是向省行政委员会提出建议并密切配合其工作。省议会由省长领导，省长每年召集一次省议会，以表决省财政预算，省议会还从省内每个区选举一人担任省行政委员会的成员。

区由一位作为中央政府代理人的区长（Kaymakam）和一个区行政委员会来管理。绝大多数区长都由内务部长提名，由总统任命。区长向省长负责。而省会所在的区可以不设区长，直接由省长领导。

镇长（Bucak Mudur）是镇的长官，由省长提名，内务部长任命。镇长在诸多官员的辅助下行使权力。

与上述行政区划单位不同的是，自治市由每 5 年选举一次市长（Belediye Reisi）。自治市还设委员会，也是每 5 年选举一次，其成员规模根据自治市人口规模的不同而不同。自治市委员会一年集会三次，对诸如财政预算等重要事项进行决策。

村是人口低于2000的居民点，是土耳其最低一级的行政区划单位。村召开由全体成年人所组成的村民大会，形式上对村的保留事务进行决策，并选举一位村长（Muhtar）和一个元老委员会（Ihtiyar Meclisi，包括村校教师和阿訇）。村长相当于村的行政长官，而元老委员会则相当于村民大会的常设机构，掌握许多实权。

由此可见，土耳其在整体上是实行中央集权制的，仅有自治市和村才实行地方自治。这种状况自20世纪80年代起便被纳入了改革的范围，但直到2000年以后，才算真正启动了改革进程。土耳其对中央集权制的改革受到多方因素的推动，近年来特别受到加入欧盟的推动。现在经过修改后的宪法也规定，地方治理实行中央政府对各省广泛放权的原则，各级地方均设由选民每5年选举一次的决策机构（议会）。土耳其大国民会议也已制定了多项法律，以推动这项改革。基本上，改革是朝着向地方放权、最终实现地方自治的方向发展的。不过就目前来看，这种改革还未取得实质性进展，中央任命的官员在地方仍旧占据重要地位，没有显著的变化。

三、中央政府制度

土耳其中央政府按照分权制衡原则设置：立法权归大国民会议，行政权归总统与部长会议，其中总统同时还是国家元首，法院掌握司法权。和德国一样，土耳其还设专门的宪法法院，以维护宪政制度。

（一）大国民会议

一院制的大国民会议（Turkish Grand National Assembly）是土耳其中央政府的立法机构。大国民会议共设550个议席，任期五年。大国民会议的议员代表整个国家，而不是选举产生他们的选区。全部议席在81个省根据其人口比例进行分配，但每省至少有一席。在选举大国民会议的议员时，一般一个省就是一个选区，但有19—35个议席的省份将被划分为两个选区，有35个议席以上的省份则被划分为三个选区。各政党和独立人士均可参加竞选，其中政党需提出本党的候选人名单，但不允许提出联合名单。选民在投票时，既可选择一份政党名单，也选择一位独立候选人。在每个选区内，议席分配按照比例代表制的最大均数法（由比利时数学家Victor D' Hondt所发明的方法）来进行，但政党必须获得至少10%的全国总选票才有资格分配议席，独立候选人则只需获得其所在省份总选票的10%便可当选（见表3-18）。

表3-18　　**2007年7月22日大国民会议大选的结果**

政　党	得　票	%	议　席
Justice and Development Party(AKP)	16,327,291	46.6	341
Republican People's Party(CHP)	7,317,808	20.9	112
Nationalist Action Party(MHP)	5,001,869	14.3	71
Independents(独立候选人)	1,835,486	5.2	26
Democrat Party(DP)	1,898,873	5.4	0
Young Party(GP)	1,064,871	3.0	0
Felicity Party(SP)	820,289	2.3	0
Others	783,204	2.2	0
总计	35,049,691	100	550

根据土耳其现行宪法的规定，大国民会议的主要职权包括：通过、修改或废除法律，监督部长会议与部长，授权部长会议制定某些方面事务的法令，讨论并表决预算草案和决算草案，决定印刷货币，决定宣战，批准国际条约，决定大赦，以及宪法所赋予的其他权力。总结起来，实际上和其他国家的议会类似，大国民会议的主要职权还是立法与监督行政部门。在立法方面，议员和部长会议均有权提出法案。在监督中央行政部门方面，土耳其宪法的规定很详细，值得一提。宪法规定，大国民会议监督行政部门主要有以下一些途径：一是向总理或其他部长提出质询（Question），要求其以部长会议的名义作出口头或书面答复。二是就具体问题进行询问（Inquiry），以获得相关的信息。三是在大国民会议的全体会议上，就和国家有关的一个具体问题展开总辩论。四是提出谴责，一个议会党团或者至少12名议员联署便可提出谴责动议。在大国民会议对谴责动议进行讨论的过程中，议员们或者议会党团可以提出不信任动议，或者部长会议请求大国民会议进行信任投票。五是对总理或其他部长进行调查（Investigation），全体议员的1/10便可提出调查动议，大国民会议则最迟应在一个月之内就此动议通过秘密投票的方式来进行表决。

（二）总统

总统是土耳其的国家元首，也是名义上的行政首脑。总统每7年选举一次，由大国民会议从其超过40岁并完成高等教育的议员中，或者从其他满足前述条件且具备当选议员资格的人员中选举产生。如果大国民会议以外的人员被提名为总统候选人，则应有大国民会议全体议员的 1/10 的书面提议。大国民会议通过秘密投票，以其全体议员的 2/3 多数选举产生总统。如果在前两轮投票中均未有候选人获得 2/3 的多数票，则在第三轮投票时，获得绝对多数（过半数）票者即当选为总统；但如果第三轮投票仍未决出总统，则在第三轮选举中得票最多的两位候选人就进行第四轮角逐，如果仍未出现获得绝对多数票的候选人，则大国民会议将立即重新大选。若总统的当选者是大国民会议的议员，则其议员身份就被停止。任何人都只能当选一次总统，不能连任。在特殊情况下，大国民会议的议长可代行总统职权。总统被要求严守政治中立，不能与任何党派有关联。

土耳其宪法赋予总统作为国家元首和行政首脑的广泛权力，比如在大国民会议的年度开幕式上致词，召集大国民会议，颁布法律，将法律返回大国民会议重审，在认为必要时将修宪案提交全民公决，向宪法法院提请裁决法律、行政法令或者大国民会议所制定的议事规程部分或全部违宪而无效，召开大国民会议的大选，任命总理并接受其辞职，根据总理的建议将其他部长免职，主持和召集部长会议，派遣外交使节和接受外国使节，批准和颁布国际条约，作为土耳其军队的最高总司令，决定军事动员，任命总参谋长，召集和主持国家安全委员会①，根据部长会议的决定宣布戒严令或紧急状态，签署行政法令，任命国家监督委员会②的成员和主席，建议国家监督委员会进行询问、调查和侦查，任命高等教育委员会的成员和大学校长，任命宪法法院的成员、国家委员会成员的 1/4、高等上诉法院的总检察长和副总检察长、军事高等上诉法院的成员、最高军事行政法院的成员以及法官与检察官最高委员会的成员，等等。但实际上，总统是一个虚职，在作为国家元首方面，总统的职权都是程序性和礼仪性的，而在作为行政首脑方面，总统是有名无实，因为总统是根据部长会议的建议而行使这些权力的。土耳其宪法规定，除个别情况外，一切总统令都要得到总理或者相关部长的副署，并由总理或相关部长对此负责，总统并不承担政治责任。

---

① 这是土耳其宪法专门规定设置的一个国家机构，专门负责土耳其国家的国防与军事事务。它由总统任主席，其成员包括总理、总参谋长、副总理、司法部长、国防部长、内务部长、外交部长、三军司令和宪兵总司令。

② 这是根据土耳其宪法，附设在总统府的一个国家机构，其目的在于保证国家行政守法且有效率。它有权根据总统的要求，询问、调查和侦查一切公共机构，但军队和司法机构不在此列。

对于总统，大国民会议全体议员的1/3便可以叛国罪为由而对总统提出弹劾案，但弹劾案需得到全体议员的3/4同意方可通过。

（三）中央行政部门

土耳其宪法第八条将行政权归于总统与部长会议，以总统为行政首脑，但实际上，行政权掌握在以总理为首的部长会议（Council of Ministers，即内阁）手中。宪法规定，总理由总统从大国民会议的议员中任命产生，实际上就是任命大国民会议中的多数党领袖为总理。其他部长则由大国民会议根据总理的提名而任命产生，他们可以是大国民会议的议员，也可以是其他有资格当选为议员的人。总统可根据总理的建议而罢免其他部长。

总理是部长会议的主席，每位部长在其职责范围内向总理负责，而部长会议则对其政策承担集体责任。总理在认为必要时，经过部长会议的讨论，可提请大国民会议进行信任投票，但大国民会议以其全体议员的绝对多数投票，可以拒绝这个请求。如果部长会议未获得大国民会议的信任投票，或者因大国民会议通过了对部长会议的不信任投票，而导致被迫辞职，并且在45日内无法组建新的部长会议，或者新组建的部长会议未获得大国民会议的信任投票，那么总统在与大国民会议的议长协商后，可解散大国民会议而重新举行大选。

（四）法院

土耳其宪法将司法权授予法院行使，除宪法法院外，这些法院还包括高等上诉法院（High Court of Appeals）、国家委员会（Council of State）、军事高等上诉法院（Military High Court of Appeals）、高等军事行政上诉法院（High Military Administrative Court of Appeals）、司法管辖争议法院（Court of Jurisdictional Disputes）和审计法院（Audit Court）。

高等上诉法院是普通民事和刑事案件的终审法院，也是法律所规定的某些特殊案件的一审法院。高等上诉法院的成员，由法官与检察官最高委员会（Supreme Council of Judges and Public Prosecutors）通过秘密投票，以其全体成员的绝对多数赞成而任命产生。高等上诉法院每4年还进行一次秘密投票，以其全体成员的绝对多数赞成，从其成员中选出院长、副院长和各分庭庭长，这些人员在任期届满时可以连选连任。高等上诉法院中的国家总检察长（Chief Public Prosecutor of the Republic）和副总检察长，则每4年由高等上诉法院全体会议通过秘密投票于其成员中提名5位候选人，再由总统于其中任命产生，任期届满也可以连选连任。

国家委员会是普通行政案件的终审法院，也是法律所规定的某些特殊行政案件的一审法院。国家委员会成员的3/4由法官与检察官最高委员会任命，其余成员则由总统任命。国家委员会的主席、副主席、总检察长和各分庭庭长，每4年由国家委员会全体会议通过秘密投票于其成员中以绝对多数票选出，任期届满可以连选连任。

军事高等上诉法院是军事案件的终审法院，也是法律所规定的某些案件的一审法院。高等军事行政上诉法院则是军事行政案件的一审和终审法院。

对于上述法院之间的司法管辖争议，司法管辖争议法院有权作出终审裁决。司法管辖争议法院的院长一职，由宪法法院的一名成员来担任。至于宪法法院与其他法院之间的司法管辖争议，宪法法院的裁决具有优先性。

审计法院负责以大国民会议的名义对一切与政府财政和财产有关的账目（包括地方政府的）进行审计，并有权对负责相关事务的官员的行动和解释作出最终裁决。对于审计法院所作出的这种裁决，不能够向行政法院提起诉讼。如果审计法院与国家委员会的意见不一致，则国家委员会的意见占优。

土耳其宪法明确规定司法独立原则并树立法院的权威，法院只服从宪法和法律，任何组织和个人均不得干预法院的运作，行政和立法部门也须服从法院的裁决。法官与检察官最高委员会是确保司法独立和公正的主要机构，司法部长担任该委员会的主席，司法部副部长是该委员会的当然成员。在该委员会的成员中，有3个正式成员和3个候补成员，均由总统每4年从高等上诉法院全体会议于其成员中所提名的3个候选人中任命；此外还有两个正式成员和两个候补成员，也以类似方式，从国家委员会所提名的3个候选人中任命。这些成员届满均可连任。该委员会还从这些正式成员中选出一名副院长。该委员会主要负责专业法官和检察官的选任、考核和惩戒，并为其分配和调动工作。根据司法部长的提议，委员会对于撤销一个法院，将一名法官或检察官撤职，或者改变一个法院的司法管辖权限，都具有最终决定权，且对于这种决定，没有司法上诉的途径。但是，除非有正当理由，包括认定法官和检察官有犯罪行为，或者因为身体健康原因而不能履职等，该委员会并不能任意将法官和检察官撤职，或者剥夺与其职位相关的薪俸、津贴以及其他权利，即使在法院被撤销的情况下也是如此。因此，在通常情况下，除非法官和检察官自愿辞职，否则他们就将任职到65岁才退休。

（五）宪法法院

土耳其也专设宪法法院，由11名正式法官和4名替补法官所组成。这些成员分别经由不同的途径而产生：总统从高等上诉法院中任命两名正式法官和两名替补法官，从国家委员会中任命两名正式法官和一名替补法官，从军事高等上诉法院、高等军事行政上诉法院和审计法院中各任命一名正式法官，还从高等教育委员会所提名的三位候选人（非该委员会成员的高校教师）中任命一名正式法官，从资深行政官员和律师中任命三名正式法官和一名替补法官。其中，来自于高校教师、资深行政官员和律师的正式法官和替补法官，须年满40周岁并受过高等教育，或者有至少15年的从业经历。宪法法院每4年从其正式法官中，通过秘密投票，以全体成员的绝对多数赞成，选出一名院长和一名副院长，任期届满可连选连任。宪法法院的成员不能担当任何其他的公私职务，所有成员到65岁即退休。如果宪法法院的法官被判有罪而被要求撤职，则其职务就自动终止。如果宪法法院的成员因为身体健康原因而无法履职，则宪法法院全体成员可以绝对多数决定停止该法官的职务。

宪法法院对于法律、行政法令和大国民会议所制定的议事规则，可以从形式和内容方面进行合宪性审查，但对于宪法修正案，则只审查其形式。当总统、执政党或反对党的议会党团和大国民会议1/5的议员认为法律（在形式或内容上）、行政法令和大国民会议所制定的议事规则的全部或具体条款违宪，则有权向宪法法院提出撤销请求。如果其他法院在审案的过程中，发现所适用的法律或行政法令是违宪的，或者确认某政党提出了严重的违宪主张，则该法院应推迟案件的审理，直到宪法法院对此作出裁决。但如果其他法院认为某政党所提出的违宪主张并不严重，那么这项主张连同主要的判决就由相应的上诉法院来裁决，而不诉诸宪法法院。

此外，对于总统、部长会议的成员，宪法法院、高等上诉法院、国家委员会、军事高等上诉法院和高等军事行政上诉法院的院长（主席）、成员及其总检察长和副总检察长，以及法官与检察官最高委员会和审计法院的主席（院长）和成员，宪法法院都可以作为最高法院，对其渎职犯罪行为进行审判，此时以国家总检察长或者副总检察长作为公诉人。作为最高法院的宪法法院的判决是终审判决。

除上述的主要职权外，宪法法院还行使宪法所规定的其他一些职权。

宪法法院在有院长和10名成员参加时，其会议才是有效的。会议以绝对多数投票作出决定，而对于废止宪法修正案和取缔政党，则应以3/5的多数方可作出决定。宪法法院的决定应立即在官方公报上公布。宪法法院的决定作为最终判决，对立法、行政和司法机构以及个人和法人实体均有约束力。不过土耳其宪法规定，在废止违宪的法律或行政法令的全部或部分条款时，宪法法院不能作为立法者而通过新法。

四、政治参与制度

根据土耳其宪法的规定，土耳其公民享有集会、结社、游行示威、请愿、选举、公投等各种政治参与权利，这里主要看土耳其公民的政党结社情况。

和德国一样，土耳其宪法也就政党结社作出了专门的规定，并授权大国民会议就此进行立法。根据宪法的规定，任何政党的章程和活动都不能与国家的主权、独立和完整，以及人权、平等、法治、民主与世俗共和国的原则相冲突，任何政党也不能以建立或保护阶级的或集团的专政或任何其他类型的专政为目标，不能唆使民众去犯罪。政党的活动、内部规章和运作都要遵循民主原则。任何政党若违背了上述规定，就将被永久取缔。任何从外国或国际性机构、个人以及法人实体接受金钱资助的政党，也将被永久取缔。永久取缔政党的决定由宪法法院并且也只能由宪法法院来作出，且任何被永久取缔的政党不能另立名目重建。若政党的成员（包括它的创建者）的言行导致了该党遭到永久取缔，那么在宪法法院公布取缔决定之日起的5年之内，这些人都不能成为任何其他政党的创建者、成员、领导者或监督员。土耳其宪法还规定，政党不应从事商业活动，政党的收支情况应与其目标相一致。宪法法院在审计法院的协助下，负责审计政党的收支情况，并且宪法法院对此所作出的判决是终审判决。

现在土耳其国内有多个政党存在，但主要的大党仅有3个。正义与发展党（Adalet ve Kalkınma Partisi，AKP）是目前土耳其的第一大党，也是执政党。该党自我定位为温和的、保守的和亲西方的政党，倡导自由市场经济并力主土耳其加入欧盟。目前该党的领袖是土耳其总理爱多尔安（Recep Tayyip Erdoğan），该党另一位杰出的领导人居尔（Abdullah Gül）则是土耳其总统。正义与发展党由土耳其的穆斯林所建立，是由从前美德党（Fazilet Partisi）的改革派分离出来而形成的。美德党贯彻着从国家观点党（Milli Görüş）、国家秩序党（Milli Nizam Partisi）、国家救赎党（Milli Selamet Partisi）到福利党（Refah Partisi）的一个连续不断的伊斯兰政治传统。美德党内改革派与传统派的纷争，导致改革派于2001年8月14日建立正义与发展党，其创建者正是包括爱多尔安和居尔在内的几位持不同政见者。尽管爱多尔安在正义与发展党初建时曾声称，该党并不是一个宗教政党，但批评家还是认为该党的行动暗含着宗教取向，这多少可以解释该党之所以能在土耳其获得发展的原因。

与正义与发展党相对峙的另一大党，是共和人民党（Cumhuriyet Halk

Partisi，CHP)，它在土耳其是历史最悠久的政党，也是目前的第二大党。传统上，共和人民党得到中、高产阶级的支持，如白领、退休公务员、知识分子、官僚、大学生及企业家。共和人民党与工会、商会及非政府组织的关系比较疏远，党的领导层与基层的左翼分子，特别是库尔德人和什叶派教徒存在政见分歧，这就使共和人民党由左翼党派逐渐向中间靠拢。正因如此，尽管共和人民党是社会党国际的成员，也是欧洲社会党的准会员，但现在却正受到社会党国际的批评，面临被开除的可能。现在的共和人民党更加注重社会民主主义、公民民族主义和世俗主义的原则。共和人民党的旗帜上有6枝箭头的图案，代表着凯末尔主义的基本元素：共和主义、民族主义、中央集权主义、民粹主义、世俗主义和革命。

共和人民党的历史，可以说就是现代土耳其国家政治发展史的见证。该党最初以人民党的名义成立于土耳其独立战争时期。1923年9月9日，人民党正式宣称它是政治组织，同年10月29日，人民党宣布国家由无党派民主过渡到共和体制。1924年11月10日，人民党更名为共和人民党，土耳其开始进入一党执政的时期。在那个时期里，共和人民党仅面临过另外两个政党的挑战，即1930年成立的自由共和党（但很快就消失了）和1945年成立的国家发展党。土耳其国父阿塔图尔克逝世后，伊斯麦特·伊诺努当选为共和人民党的领袖（也是土耳其的第二任总统）。在1938年12月26日召开的共和人民党全国会议上，伊诺努被选为共和人民党的终身领袖，会议还追赠阿塔图尔克为终身主席。在1946年的大国民会议选举中，共和人民党继续保持第一大党的地位，不过在大选前，共和人民党策动修改了选举法，引入胜者全赢的选举办法，即一党获得一省的多数票就可获得该省的所有议席。这一变更导致在1950年大选时，民主党获得大选胜利，成为第一大党，共和人民党则作茧自缚，沦为在野党，从此土耳其便从一党执政过渡到多党竞争更替的时期。

在1954年的大选中，尽管共和人民党仍不敌民主党，但此后共和人民党的得票率开始回升，到1957年大选时，共和人民党的得票率已达41%。民主党感受到了压力，便取缔了共和人民党，没收共和人民党包括国父阿塔图尔克的财产。民主党还打压其他政党，封锁传媒，严重侵害了民主。1960年5月27日，军队发动政变，推翻了民主党政府。军事政变后，高级军官组成了国家联合委员会，取缔了民主党并对其首领进行惩处。国家联合委员会还成立临时国会，取代了大国民会议，制定土耳其新宪法，并成立宪法法院，以防止政府违宪。1961年宪法是被公认为最自由民主的土耳其宪法。新宪法引入两院制，以元老院为上院、大国民会议为下院。胜者全赢的选举制度被废止，而代之以比例代表制。在1961年的议会下院大选中，共和人民党的得票率是36.7%，获得173席，而继承民主党于1961年成立的正义党的得票率是34.8%，获得158席，于是共和人民党主席伊斯麦特·伊诺努出任总理，并与正义党联合组阁，这是土耳其历史上的首个联合内阁。到60年代末，正义党主席苏莱曼·德米雷尔出任总理。1971年军队再次介入政治，结束了苏莱曼·德米雷尔的正义党政府。这次政变持续时间很短。在经历了多个过渡政府后，比伦特·埃杰维特带领共和人民党再次执政，此后，埃杰维特的共和人民党开始走向左翼。1975年，共和人民党不敌正义党，德米雷尔再次成为总理。1979年，共和人民党与一些小型政党如具有伊斯兰教色彩的国家救赎党合作，卷土重来。但1980年，德米雷尔的民主党重掌政权。其后，军队发动政变，取缔了所有的政党。

1980年的军事政变导致了现行土耳其宪法的产生，但直到1983年大选以后，土耳其才再度恢复政党政治，最初主要是由祖国党和正途党执政。经过1987年的公民投票和1993年的立法，旧政党被允许重建，由此共和人民党得以恢复。在1991年至1995年间，土耳其由中间偏右的正途党和中间偏左的社会民主人民党联合执政。1995年，具有伊斯兰色彩的宗教政党繁荣党进入大国民会议，共和人民党则仅获得10%的全国选票，分得49席。在军队介入的情况下，繁荣党于1998年被永久取缔，此后，在共和人民党的支持下，中间偏右的祖国党和民主左翼党（由前共和人民党主席比伦特·埃杰维特领导）以及中间偏右的小政党土耳其民主党联合执政。由于联合内阁发生一连串的丑闻、贪污及违法行为，共和人民党不再予以支持，最终导致在1999年大选前夕，民主左翼党在祖国党和正途党的支持下筹建过渡政府。在1999年的大选中，民族主义者和左翼的选票都转移到民主左翼党那里，导致共和人民党未能获得10%的全国选票，从而没能进入大国民会议。不过在2002年的大选中，只有共和人民党和正义与发展党才进入了大国民会议，共和人民党获得178席，成为土耳其的第二大党和反对党。2004年10月，新土耳其党并入共和人民党，共和人民党的领袖代尼兹·巴伊卡尔还倡导民主左翼党与共和人民党合并。在2007年的大选（也是最近的一次大选）中，共和人民党仍占据第二大党的位置。

除去上述两大政党，目前进入大国民会议的还有一个政党，即国家行动党（Milliyetçi Hareket Partisi，MHP），这是一个极右政党。该党于1969年从原来的共和村民国家党（Cumhuriyetçi Köylü Millet Partisi，CKMP）易名而来。该党坚持土耳其民族主义，坚信土耳其人拥有共同的祖先。在20世纪70年代，该党暗杀了许多左派知识分子。在 1980 年军事政变后，该党和其他一切政党均被取缔，其领导人大多被投进监狱。1983 年，该党以保守党（Muhafazakar Parti）之名重建，1985 年易名为国家使命党（Milliyetçi Çalışma Partisi），1992 年再改回到国家行动党的名字。1993 年，一批人从该党中分离出来，成立了一个极端民族主义和伊斯兰主义的政党，即大统一党。

第六节　南　　非

南非的正式国名为南非共和国（Republic of South Africa），其国土面积有 120 多万平方公里，总人口有 4300 多万。南非有三个首都，其行政首都为比勒陀里亚（Pretoria），司法首都为布隆方丹（Bloemfontein），立法首都为开普敦（Cape Town）。南非的国旗由黑黄绿红白蓝六种颜色的几何图案所构成，象征种族和解和民族团结。南非的国徽包含多种图案，总体上是南非国家、人民和历史的象征，强调民族团结的寓意。国徽上还有一句国家格言——“在多元中合一”(见图 3-10)。

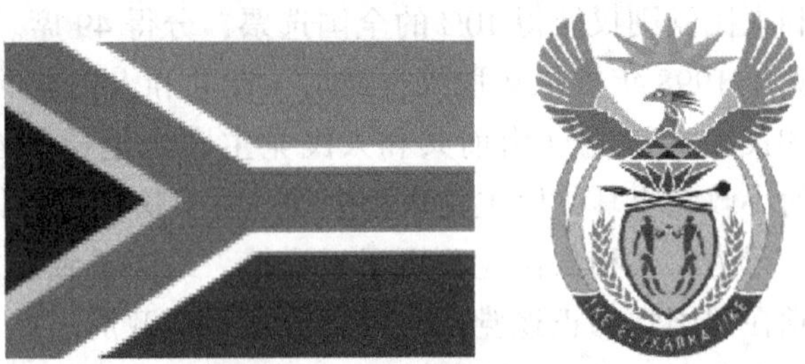

图 3-10　南非的国旗与国徽

一、南非的形成与宪政史

在南非这片土地上，最早是科桑人（Khoisan）居住于此，此后有许多班图部落自北方迁移至此。15 世纪末，葡萄牙人最先抵达好望角（Cape of Good Hope）。1652 年，荷兰人也抵达好望角。当时的荷属东印度公司将开普敦建成为一个补给站，作为荷兰与其南方帝国和东南亚之间航线的落脚点。最初东印度公司对于在南非拓展殖民地并不感兴趣，而只是将其作为提供航海所需的基本生活品的补给站，但当地土著拒绝提供这些东西，荷兰人便以武力将当地土著驱赶进内陆地区。为生产航海所需的基本生活品，公司依靠移居至此的欧洲农民（多为公司的农民雇员），并以在当地俘获的土著为奴隶进行生产，这就引起了与当地土著之间的战争。战争过后，18 世纪和 19 世纪之交，纳塔尔（Natal）北部的祖鲁人兼并周边许多部落，建立起祖鲁王国。而在奥兰治河以北地区也产生了由索托人、斯威士人和茨瓦纳人所建立的诸王国。

英国人是最晚到达南非的欧洲殖民者。为防止南非落入拿破仑之手，以维系其与东南亚之间唯一的海上通道，1795 年和 1806 年，英国两度占领开普敦，1814 年，英国人又吞并好望角。和当初的荷兰人一样，英国人最初对于拓展殖民地也不感兴趣，而只是把开普敦作为海军基地，依靠白人农场主使用黑人奴隶来进行生产，以提供航海所需的基本生活品。不过为弥合种族歧视的鸿沟，后来英国人也逐渐地采取了一系列措施，比如采取司法手段惩治攻击黑人奴隶的白人农场主，还在整个英帝国境内释放了所有奴隶，并在南非首创土著保留地制度。由于英国所采取的这些措施，使得那些由荷兰人、法国人和德国人移民的后裔所形成的混合民族布尔人（Boer）既得不到更多的土地，也得不到黑人奴隶，所以布尔人便于 1836 年向南非的东北方大迁徙，跨过奥兰治河前往纳塔尔，并于 1839 年在那里建立起第一个布尔人共和国，以摆脱英国人的统治。但为了保护英国通往印度的海上通道，1843 年，英国人从布尔人手中接管了纳塔尔，布尔人只得大批离开纳塔尔，而集中到德兰士瓦（Transvaal）和奥兰治（Orange）两地，建立了若干个小国，最后合并为南非共和国（德兰士瓦）和奥兰治自由邦。为了笼络布尔人，英国分别于 1852 年和 1854 年承认了这两个布尔人共和国。

1866 年和 1886 年，人们在南非分别发现了钻石和黄金，由此引发大批欧洲移民涌入南非，于是以矿业为中心的近代工业在南非兴起，城市也建立起来，大批非洲人则离开保留地而流入矿场做工。在这种情况下，英国于 1877 年兼并了德兰士瓦共和国，1879 年征服了祖鲁王国，由此引起英国人与布尔人之间的严重冲突，导致了 1880—1881 年和 1899—1902 年两次英布战争。第二次英布战争后，英国人获胜，吞并了奥兰治自由邦和德兰士瓦共和国，至此，整个南非便成为了英国人的殖民地。

但是战争之后，英国人也意识到布尔人在南非的重要作用，于是在 1909 年，英国议会颁布了南非联邦法案（Constitution of the Union of South Africa），确定了英国人和布尔人联合统治非洲人的合作关系，规定了对白人和黑人的区别待遇。据此法案，1910 年 5 月 31 日，英国将开普、纳塔尔、德兰士瓦和奥兰治这四个自治地方联合起来，组成南非联邦，成为英帝国之下的一个自治领地。从1931年起，南非联邦成为英联邦内的一个主权国家。1961年5月，南非联邦宣布退出英联邦，成立南非共和国。① 1966年，博茨瓦纳和莱索托从南非中独立出来，1968年，斯威士兰也从南非中独立出来。

英国议会于1909年所通过的南非联邦法案，是南非历史上的第一部宪法。到1961年南非正式宣布独立时，南非人又重新制定了一部宪法。南非的整个宪政历程，与其种族问题紧密相关。自20世纪40年代后期起，南非白人与黑人之间的种族歧视问题日益严重，种族隔离被确立为南非的国策。20世纪60年代，南非发生反对种族隔离政策的骚乱和斗争，加上国际社会对南非的制裁，促使南非于90年代结束了种族隔离政策，南非又开始酝酿制定新宪法的事宜。1993年，多党协商会议（Multi-Party Negotiating Process，MPNP）通过了过渡宪法。根据过渡宪法，南非于1994年和平地举行了议会大选，非国大、国民党和因卡塔自由党组成联合政府，曼德拉（Nelson R. Mandela）当选为总统。经过两年的过渡后，1996年，南非制宪会议通过了现行宪法，该宪法于1997年2月4日生效，取代了过渡宪法。

二、国家结构制度

1910年南非建国之后，实行的是单一制，1961年和1983年宪法制定后，这一国家结构制度也未作改变。在南非，围绕国家结构制度的安排问题，各派意见不一：是行中央集权制，还是地方高度自治，抑或是联邦制？这种分歧一直延续到现行宪法制定之时，因此，现行宪法所确定的南非国家结构制度就比较模糊。不过总体来看，说南非实行地方自治的单一制似更符合实际情况，当然其中也间杂一些联邦制的色彩（实际上地方自治制度与联邦制在运作中本来也无太大的差别）。

整个南非划分为九个省（Province）。在1910—1993年间，南非仅包括开普、德兰士瓦、纳塔尔和奥兰治自由邦四个省。1993年的过渡宪法对此进行了大幅调整，将全国划分为九个省，并为现行宪法所承袭，只是名称略有变化。这九个省分别是：北开普省（Northern Cape，首府为Kimberley）、西开普省（Western Cape，首府是Cape Town）、东开普省（Eastern Cape，首府是Bisho/King Williams Town）、西北省（North West，首府是Mafeking/Mmabatho）、自由邦省（Free State，首府为Bloemfontein）、豪登省（Gauteng，原为比勒陀利亚-威特沃特斯兰德-弗里尼欣省，首府是Johannesburg）、夸祖

---

① 1995年，南非重返英联邦。

鲁-纳塔尔省（KwaZulu-Natal，首府为Pietermaritzburg）、普马兰加省（Mpumalanga，即东德兰士瓦省，首府为Nelspruit）和林波波省（Limpopo，2002年由原先的北省改名而来，首府是Polokwane）。南非宪法第103条不仅明确罗列了上述各省，还明确规定各省的边界就是宪法生效之时的既有边界，这意味着各省的版图得到了南非宪法的确认，除非修宪，否则各省的边界就不得发生变动。

南非宪法还规定，各省立法机构可以制定和修改本省的宪法。省宪法不能与南非宪法相冲突，但是可以规定不同于南非宪法所规定的省立法或行政部门的结构与程序，也可以对当地传统首领的制度、角色、权力和地位作出规定。不过，省宪法的这些特殊规定必须遵循南非宪法第一条所确立的价值，即人的尊严、平等、促进人权与自由、非种族歧视和非性别歧视、南非宪法至高无上、法治，以及通过普遍、常规、多党竞争的选举产生民主政府，确保政府对人民负责、回应和公开。这些特殊规定也要遵循南非宪法第三章所确立的原则，即各级政府和所有国家机构都必须遵循维护和平和国家的统一，确保人民的福利，政府整体上应是有效、透明、负责和连贯一致的，忠于宪法、国家及其人民，尊重其他政府的宪法地位、制度、权力和职能，非宪法明确授予不推定享有任何权力或职能，以不侵犯其他政府在地理、职能或制度上的完整性以及相互信任合作（通过培育友好关系、相互帮助和支持、相互通告和协商具有共同利益的事务、相互协调行动和立法、遵循协商一致的程序、避免相互之间发生法律诉讼）的方式来行使权力和履行职能等原则。这些特殊规定还不能授予超出南非宪法所授予的权力或职能。最后，在通过或修改省宪法之后，省立法机构的议长须将省宪法提交南非宪法法院认证（主要是根据南非宪法的上述规定来进行审查），然后省宪法方可生效，而公布生效后的省宪法文件即委托给宪法法院保管。

对于各省政府机构的设置，南非宪法也有专门的规定。南非宪法明确规定各省须设置立法和行政机构，但如上所述，该宪法也允许各省立法机构通过制定或修改省宪法，而对本省的立法或行政机构的具体结构和程序，作出自己的规定。据此，南非各省均设民选之议会作为立法机关，另设包括省长和其他委员在内的行政委员会（Executive Council）为行政机关。南非宪法明确将省政府的行政权授予省长（Premier）掌握，但又规定省长与行政委员会的其他成员一道行使行政权。省议会与以省长为首的行政委员会之间的关系，按照议会制的原则来进行处理。省议会从其议员中选举产生出省长（一般是省议会多数党的领导人），省长再从省议员中任命行政委员会的其他成员。行政委员会的成员对省议会个别负责，行政委员会还对省议会集体负责。

至于省政府与中央政府之间的关系，南非宪法第40条规定，中央政府与省政府（以及各地方政府）是既有差异又是相互依赖和相互关联的。第41条更明确规定，各级政府应当通过多种途径，以相互信任合作的方式来行使权力和履行职能。第41条还授权南非议会立法来处理政府间的关系，议会立法应建立恰当的机制和程序来解决政府间的争端，除非这些途径均无法解决争端，最后才诉诸法院裁决。以全国立法和省立法之间的冲突而论，南非宪法第44条和第104条分别规定了南非议会与省立法机构各自的立法权限范围，对于二者之间的冲突，南非宪法第146—147条所确立的是有条件的优先性原则，即全国立法和省立法都只是在某些情况下才优先于对方。根据南非宪法第41条的规定，立法冲突的最后解决途径是法院裁决，但如果法院亦无法作出裁决，那么根据南非宪法第148条的规定，全国立法优于省立法。

在南非宪法中，省以下的行政区划才被称作地方，这些地方均被称作自治市（Municipality），但又分为三类，具体由南非议会所制定的《地方政府：自治市结构法》(the Local Government: Municipal Structures Act, 1998）来进行规定。它们分别是：A类自治市（即大都市，Metropolitan Municipalities）在其辖区内拥有全部立法和行政权；C类自治市（即区域市，District Municipalities）涵盖一个以上的B类自治市（即地方市，Local Municipalities)，并在此范围内享有立法与行政权；B类自治市在其辖区内与C类自治市共享立法与行政权。南非宪法第151条规定，在南非宪法所确定的全国和省立法的范围内，自治市有权处理自身的事务，全国政府或者省政府都不能损害或妨碍自治市政府行使其权力或履行职能的能力与权利，可以认为，这就确立了地方自治的原则。根据南非宪法的规定，自治市的立法和行政权均授予市议会（Municipal Council)。有关市议会的组成、产生、职权等一系列情况，南非宪法均给予了明确的规定。

三、中央政府制度

南非的中央政府主要包括议会、总统和法院等机构，基本上还是按照议会制的分权制衡模式来安排的，不过南非的中央政府制度也具有某些自身的特色。

（一）议会

南非议会是中央政府的立法机关，实行两院制，其中下院称国民会议(National Assembly)，代表人民，任期5年。不过在国民会议以绝大多数投票通过解散案且国民会议已当选3年的情况下，总统必须提前解散国民会议。另外，在总统缺位并且缺位发生后的30日之内，国民会议仍无法选举产生新总统的情况下，代理总统也必须解散国民会议。南非宪法规定国民会议由350—400名议员所组成，以比例代表制选举产生，至于具体的组成以及议员的选举办法，则授权南非议会专门立法予以规定。

现在国民会议由400名议员组成（见表3-19），其中一半为地区议席，按人口比例分配给各省（见表3-20），每个省就是一个选区，根据各政党所提交的地区名单（Regional List）选举产生议员；另一半为全国议席，以全国为一个选区，根据各政党所提交的全国名单（National List），或者在未提交全国名单的情况下，根据其所提交的地区名单选举产生议员。政党名单（Party List）可以由一张全国名单和一张为各个地区所开列的地区名单所构成，也可以只包括后者。每份政党名单上的候选人总数不能超过国民会议的议席总数。政党名单是封闭式的，选民只能选择某张名单进行投票。

表3-19　　**2009年4月22日国民会议大选结果**

政　　党	得票	%	议席
African National Congress(ANC)	11,650,748	65.9	264
Democratic Alliance(DA)	2,945,829	16.7	67
Congress of the People(COPE)	1,311,027	7.4	30
Inkatha Freedom Party(IFP)	804,260	4.5	18
Independent Democrats(ID)	162,915	0.9	4
United Democratic Movement(UDM)	149,680	0.8	4
Vryheidsfront Plus(VF Plus)	146,796	0.8	4
African Christian Democratic Party(ACDP)	142,658	0.8	3
United Christian Democratic Party(UCDP)	66,086	0.4	2
Pan Africanist Congress of Azania(PAC)	48,530	0.3	1
Minority Front(MF)	43,474	0.2	1
Azanian People's Organisation(AZAPO)	38,245	0.2	1
African People's Convention(APC)	35,867	0.2	1
Movement Democratic Party(MDP)	29,747	0.2	0
Al Jama-ah	25,947	0.1	0

续表

政　党	得票	%	议席
Christian Democratic Alliance(CDA)	11,638	0.1	0
National Democratic Convention(NADECO)	10,830	0.1	0
New Vision Party(NVP)	9,296	0.1	0
United Independent Front(UIF)	8,872	0.1	0
Great Kongress of South Africa(GKSA)	8,271	0.0	0
South African Democratic Congress(SADECO)	6,035	0.0	0
Keep it Straight and Simple(KISS)	5,440	0.0	0
Pan Africanist Movement(PAM)	5,426	0.0	0
Alliance of Free Democrats(AFD)	5,178	0.0	0
Women Forward(WF)	5,087	0.0	0
A Party	2,847	0.0	0
总计	17,680,729	100	400

表 3-20　**国民会议在各省的议席分配**

各　省	地区议席			
	1994 年	1999 年	2004 年	2009 年
Eastern Cape	26	27	28	26
Free State	15	14	13	12
Gauteng	43	46	45	47
KwaZulu-Natal	40	38	37	39
Limpopo	20	20	21	19
Mpumalanga	14	14	14	15
Northern Cape	4	4	4	5
North West	17	17	17	14
Western Cape	21	20	21	23
总计	200	200	200	200

国民会议选举的议席分配按比例代表制，经两个阶段方可完成。第一阶段，在每个省，按照最大余数法为各政党分配地区议席，其中，当选基数=[该省的总投票数/(该省的地区议席总数+1)]+1。将各政党在各省所获得的地区议席汇总起来，便是各政党所获得的全部地区议席总数。以2004年的国民会议大选为例：豪登省(Gauteng)共有45个议员名额，当时共有21个政党参加竞选，总共获得3,504,363票，因此当选基数就是 [3,504,363/（45+1）] +1=76,182。据此，按照最大余数法，每个政党在豪登省所能分得的地区议席数就如表3-21所示；各政党最终在各省所获得的全部地区议席总数，如表3-22所示。

表3-21 **2004年大选中豪登省的议席分配情况**

政党	得票	初分议席	余数	再分议席	议席总计
ANC	2,408,821	31	47,179	1	32
DA	712,395	9	26,757	0	9
IFP	92,556	1	16,374	0	1
ID	60,501	0	60,501	1	1
ACDP	56,520	0	56,520	1	1
VF Plus	42,000	0	42,000	1	1
UDM	35,499	0	35,499	0	0
其他	……	0	……	0	0
总计	3,504,363	41	—	4	45

表3-22 **2004年大选中各政党所获得的地区议席总数**

政党	地区议席总数	政党	地区议席总数
ANC	146	ACDP	3
DA	26	NNP	2
IFP	14	VF Plus	1
UDM	3	UCDP	1
ID	3	MF	1
总计			200

第二阶段，首先将国民会议的全部议席（即400席）根据第二票，即全国选区的投票，按比例分配给各政党，其中，当选基数=［全国的总投票数/（国民会议全部议席总数+1）］+1。首先按照最大余数法进行分配，但按规定，这样最多只能分配5个未分尽的议席，至于其余尚未分尽的议席，则按照最大均数法来进行分配，直到将全部议席分尽为止。仍以2004年大选为例：当时计算的当选基数为［15,612,671/（400+1）］+1=38,935。首先按照最大余数法计算，各党获得议席的情况如表3-23所示，这样还剩下3个议席待分配，这时就按照最大均数法来进行分配，直到分尽所有议席，这样所有政党最终所能获得的总议席数也就计算出来了。

表3-23 **2004年大选的第二阶段议席分配**

政党	得票(B)	初分议席	余数	再分议席	议席小计(R)	均数=B/R	再增议席	最后总议席
ANC	10,880,915	279	18,050	0	279	38,999	0	279
DA	1,931,201	49	23,386	1	50	38,624	0	50
IFP	1,088,664	27	37,419	1	28	38,880	0	28
UDM	355,717	9	5,302	0	9	39,524	0	9
ID	269,765	6	36,155	1	7	38,537	0	7
NNP	257,824	6	24,214	1	7	36,832	0	7
ACDP	250,272	6	16,662	0	6	41,712	1	7
VF Plus	139,465	3	22,660	0	3	46,488	1	4
UCDP	117,792	3	987	0	3	39,264	0	3
PAC	113,512	2	35,642	1	3	37,837	0	3
MF	55,267	1	16,332	0	1	55,267	1	2
AZAPO	39,116	1	181	0	1	39,116	0	1
CDP	17,619	0	17,619	0	0	—	0	0
NA	15,804	0	15,804	0	0	—	0	0
P. J. C.	15,187	0	15,187	0	0	—	0	0
SOPA	14,853	0	14,853	0	0	—	0	0

续表

政党	得票(B)	初分议席	余数	再分议席	议席小计(R)	均数=B/R	再增议席	最后总议席
NLP	13,318	0	13,318	0	0	—	0	0
U. F.	11,889	0	11,889	0	0	—	0	0
EMSA	10,446	0	10,446	0	0	—	0	0
T. O. P.	7,531	0	7,531	0	0	—	0	0
KISS	6,514	0	6,514	0	0	—	0	0
总计	15,612,671	392	—	5	397	—	3	400

现在再以各党所获得的这个总议席数，减去其在第一阶段上所计算出来的地区议席总数，便是该党所获得的全国议席总数。比如说在2004年的大选中，非洲人国民大会（ANC）所获得的全国议席总数便是279－146＝133（可参见表3-22和表3-23）。各党再根据本党所提出的全国名单，将本党所获得的这些全国议席按名单顺序分配给各位候选人。但是有一些政党并未提出全国名单，而只提出了地区名单，这时就将其所获得的全国议席，按比例分配到其所提出的各个地区名单上去。比如在2004年的大选中，民主联盟（DA）并未提出全国名单，而该党一共获得50－26＝24个全国议席（可参见表3-22和表3-23）；且该党在豪登省一共获得九个地区议席，因此该党就将8个全国议席分配到其在豪登省的地区名单上去（9×24/26≈8）。这样一来，民主联盟在豪登省相当于获得了总共17个议席，这些议席再按照其在豪登省所提出的地区名单，按顺序分配给候选人。

从南非国民会议的选举情况来看，这种选举制度跟德国联邦众议院选举的两票制颇为相似，但也有所不同，主要是议席分配办法不一样。

各省全国委员会（National Council of Provinces）是南非议会的上院，代表各省，任期也是5年。各省全国委员会共设90个议席（见图3-11），每省各10个议席，分别组成代表团。在组成各省代表团的10位代表中，有4位为特别代表，包括省长（如果省长无法履职，就由省长从省议会中任命一名成员，作为其在各省全国委员会中的全权或专门代表）和其他3位特别代表，还有6位永久代表。除省长外的3位特别代表和6位永久代表，均由省议会在选举结束后的30天内从各党议员中任命产生，其中，永久代表由各党提名。需要注

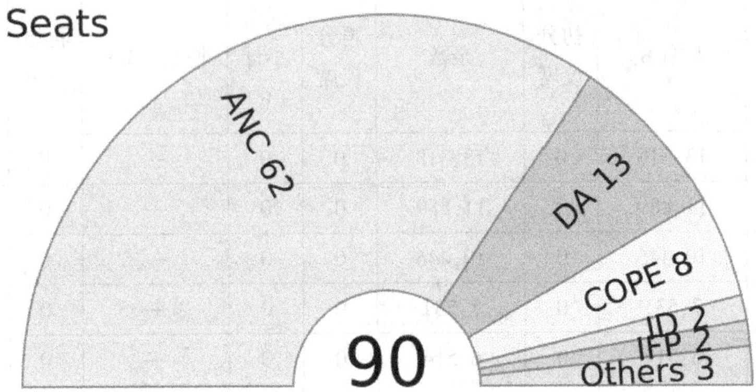

图 3-11　目前各省全国委员会的议席分布（按政党）

意的是，如果永久代表被任命为内阁成员，则其代表资格便宣告停止。省长带领各省代表团，如果省长无法履职，则由省长从代表团中任命一名成员来带领代表团。另外，必要时各地方政府可任命不超过 10 名的兼职代表，代表地方去参加各省全国委员会的会议，但是没有投票权。

和其他议会制国家类似，南非议会的职权也主要是立法和监督行政部门，其中立法属于两院共有的职权，但监督行政部门则主要由国民会议来承担。就立法来说，包括财税法案在内的一切法案均可向国民会议提交，但只有国民会议的议员和委员会以及内阁成员或者副部长才有向国民会议提交法案的权利，并且只有负责财政事务的内阁成员才能向国民会议提交财税法案。除财税法案外的其他一些法案（其范围在南非宪法中有明确的规定，主要是涉及各省的事项），也可向各省全国委员会提交，但只有各省全国委员会的代表和委员会才有提交法案的权利。任何法案均须获得两院通过才能成为法律。

（二）中央行政部门

根据南非宪法的规定，总统既是国家元首也是行政首脑。每届国民会议在其首次集会时，或者在总统缺位的时候，都要从其议员中选出一位总统。选举由宪法法院的院长主持。按照选举程序，参加总统选举的候选人必须要得到两名国民会议议员的提名，如果只有一位候选人参选，则他自然当选，否则就只有获得绝对多数票的候选人才能当选。如果没有候选人获得绝对多数票，那么得票最少者就被淘汰，国民会议将在余下的候选人中继续进行选举，直到产生一位获得绝对多数票的候选人为止。但在实践中，国民会议通常会选举最大党派的领袖为总统。任何当选为总统的国民会议议员即丧失议员资格。总统的任期从其当选就职开始起算，到总统缺位或者下一届总统就职之时结束，因此除非出现意外，总统的任期也是 5 年。南非宪法明确规定，总统最多只能连任两届。如果总统严重违反宪法或法律、严重行为不检或者无法履职，则国民会议可以其议员的 2/3 赞成，投票罢免总统。基于前两种原因而被罢免的总统，将不再具有担任任何公职的资格。

作为国家元首，南非总统具有如下一些权力：同意并签署法案，将法案交回国民会议重审其合宪性，将法案提交宪法法院审查其合宪性，为处理特别事项而召集国民会议、各省全国委员会或者议会两院举行特别会议，任命除行政首脑以外的其他由宪法或法律所规定的职务，任命调查委员会，就某项法律而召集全民公投，接受外交使节或领事，任命大使、全权代表和领事，赦免罪犯或减轻刑罚以及免除罚款、处罚或没收财产，授予荣誉。

南非总统同时还是政府的行政首脑，宪法将行政权授予总统，同时又规定总统与内阁其他成员一道行使行政权。内阁由总统、副总统和部长所组成，以总统为首脑。总统任免副总统和部长，并为其分派职权，但是总统必须在国民会议的议员中挑选副总统，对于部长，则既可以从国民会议之中也可以在其之外进行挑选，只不过非议员部长不得超过两名。总统必须任命一位内阁成员，以领导内阁在国民议会中的事务。总统还可以从国民会议的议员中任命（也可罢免）一批副部长（Deputy Minister），以协助阁员的工作。总统和非国民会议议员的阁员可以参加国民会议的会议并有发言权，但无投票权。内阁向作为议会下院的国民会议集体负责，内阁成员还要承担个人责任，必须经常向议会全面报告其所管辖的事务。如果国民会议以绝对多数通过对除总统以外的内阁成员的不信任案，则总统必须重组内阁；如果国民会议以绝对多数通过对总统的不信任案，则以总统为首的内阁甚至包括副部长在内，都必须全体辞职。但是南非宪法并未授予内阁提请解散国民会议的权力。

（三）法院

南非宪法将司法权授予法院，并确立司法独立的原则。根据南非宪法的规定，南非的法院系统包括宪法法院、最高上诉法院、高等法院（包括根据议会立法而设立的、作为高等法院的上诉法院的高等上诉法院）、地方法院以及其他根据议会立法而建立或承认的法院（包括与高等法院或地方法院地位相当的法院）。和德国、土耳其一样，我们不能将宪法法院与其他法院同等看待，但是南非同时又采行由普通法院进行违宪审查的司法审查制度，这是非常独特的。

南非的最高上诉法院由一位首席法官、一位副首席法官以及其他由议会立法确定其数量的上诉法官所组成。最高上诉法院可受理除宪法事务以外的其他一切上诉案件。除了只能由宪法法院受理的案件外，高等法院可受理一切案件。不过最高上诉法院和高等法院（以及与其地位相当的其他法院）均可发出裁定议会立法、省立法或者总统的行为合宪有效的命令，但发出裁定违宪无效的命令，却只有在得到宪法法院的确认后才能生效。任何相关的个人或国家机构，都可以就上述法院所作出的这种违宪裁决直接向宪法法院提起诉讼。至于比高等法院地位低的地方法院和其他法院，则无权审查或裁决立法或总统行为的合宪性。

对于除宪法法院法官以外的其他一切法官，由总统在咨询司法服务委员会（Judicial Service Commission）的意见后进行任命。对于一切法官，若司法服务委员会发现其失去了能力，或者严重不胜任，或者行为严重不检，经国民会议2/3的议员赞成，则总统就可将其免职。

（四）宪法法院

宪法法院是专门的违宪审查机构，由一名院长、一名副院长和九名其他法官所组成。总统在与司法服务委员会以及国民会议的各党领袖协商后，任命宪法法院的院长和副院长。至于宪法法院的其他法官，则由总统在与宪法法院院长和国民议会的各党领袖协商后，从司法服务委员会所提名的候选人中进行任命。宪法法院的法官任期 12 年，不能连任，且到 70 岁必须退休。

宪法法院只裁决宪法事务，包括宪法的解释、保护和实施；在全国或各省的层面，国家机关之间就其宪法地位、权力或者职能所产生的争议；在总统对议会立法的合宪性持保留意见，或者省长对省立法的合宪性持保留意见，由此引发争议时，裁决议会立法或省立法的合宪性；国民会议的议员提请宪法法院裁决议会立法的合宪性，或者省议会的议员提请宪法法院裁决省立法的合宪性；裁决宪法修正案的合宪性；裁定议会或者总统不能履行宪法义务；认证省宪法；确认最高上诉法院和高等法院（以及与其地位相当的其他法院）裁定议会立法、省立法或者总统的行为属违宪无效的命令。

就提请宪法法院进行违宪审查来说，如果是国民会议的议员提请宪法法院对议会立法进行违宪审查，则至少要得到 1/3 议员的支持，并且必须在总统同意并签署法案的 30 日内提出请求。另外，经宪法法院许可，相关个人也可以直接向宪法法院提起诉讼，或者提出上诉。

宪法法院必须要有 8 位法官参加方可听讼，其裁决为最终决定。

四、政治参与制度

南非宪法对于公民的集会、游行示威、请愿、结社、投票、选举等基本政治权利均作了规定，此外还旁及公民投票的政治参与途径（宪法规定总统可就某项议会立法而召集全民公投）。此处主要来观察南非公民政党结社的情况。

南非存在多个政党，政党的分化组合频繁，以近些年选举的情况来看，主要有四个政党比较稳定、势力最大，其中又以南非非洲人国民大会党（The African National Congress of South Africa，简称非国大，ANC）的势力为最大。非国大现有党员约 70 万人，并且自 1994 年 5 月至今一直执政。非国大于 1912 年 1 月 8 日在布隆方丹成立，原名南非土著国民大会（South African Native National Congress），目标是为南非黑人争取政治和经济权利，时任领袖是约翰·杜比牧师。1925 年，南非土著国民大会改名为南非非洲人国民大会。从 1944 年起，纳尔逊·曼德拉等人建立起非国大自己的青年组织，并且在 1947 年，非国大与纳塔尔和德兰士瓦两地的印度裔南非人组织结成联盟，这就大大增强了非国大的实力。1948 年，南非的国民党政府决定实行种族隔离制度，此后，非国大就成了反对种族隔离制度的急先锋，致力于在国内外发动对政府的抗议活动。1958 年，非国大的 156 名领导成员被南非政府逮捕，1960 年，非国大被进一步宣布为非法，被迫转入地下。1961 年，非国大决定放弃非暴力立场，组织军事组织“民族之矛”（Umkhonto we Sizwe），由曼德拉出任司令，展开武装反抗。1962 年，曼德拉被捕。在苏联和莫桑比克等国的支持下，非国大继续坚持斗争，并拒绝与南非政府接触。1989 年东欧剧变后，非国大开始同意与南非政府接触，争取和平解决种族隔离问题。1990 年 2 月 2 日，在国内外的压力下，南非总统弗雷德里克·威廉·德克勒克同狱中的纳尔逊·曼德拉进行了会谈，之后宣布取消对非国大和阿扎尼亚泛非主义者大会（Pan Africanist Congress，PAC，由非国大中分离出来的激进组织）的禁令，并宣布将于 1992 年 3 月废止种族隔离制度，在 1994 年举行不分种族的平等的民主选举。在 1994 年的大选中，非国大获得 62%的选票，与南非国民党组成民族团结政府，纳尔逊·曼德拉则当选为南非首任黑人总统。1999 年大选后，非国大开始单独执政，并通过与因卡塔自由党和南非新国民党先后结成联盟，在南非 9 个省也成为执政党。1997 年，塔博·姆贝基（Thabo Mbeki）接替曼德拉，成为非国大的领袖，并在1999年后接任南非总统。2007年底，雅各布·祖马（Jacob Gedleyihlekisa Zuma）击败姆贝基，当选为新一届的非国大主席。在2009年的大选中，非国大继续保持第一大党的地位，祖马则当选为南非总统。

南非民主联盟（Democratic Alliance，DA）是近年来所出现的第二大党，也是最大的反对党。该党植根于自由主义的反种族隔离运动。民主联盟的前身，最早可追溯到南非党（South African Party），该党在1910年南非联邦的首次大选中即赢得了胜利。1934年，南非党与国民党（National Party）结盟，形成联合党（United Party，UP）。不过1959年后，联合党便分裂了。1959年，一些自由主义分子从联合党中分离出来，组建了进步党（Progressive Party，PP）。1975年，进步党与同样从联合党中分离出来的改革党（Reform Party）合并，形成南非进步改革党（South African Progressive Reform Party，PRP）。1977年，由联合党的一些异议分子所组建的反对派联合委员会（Committee for a United Opposition）加入南非进步改革党，形成进步联邦党（Progressive Federal Party，PFP）。1987年，一些进步联邦党的议员质疑该党参加只有白人的议会的价值，便退出了该党，而加入国民民主运动（National Democratic Movement，NDM）。1987年，独立党（Independent Party，IP）成立，这就加剧了自由主义反对党派的分裂。在1987年选举过后，进步联邦党开始与国民民主运动和独立党进行协商，最终三党于1989年合并为民主党（Democratic Party）。1999年大选过后，民主党代替了新国民党（New National Party，NNP）① 的反对党地位。2000年，民主党与新国民党合并为民主联盟（Democratic Alliance，DA），还有一个小党联邦联盟（Federal Alliance）后来也并入了民主联盟。不过到2001年10月，新国民党退出了民主联盟。这就是目前的民主联盟。现任的民主联盟领袖是前西开普省省长和开普敦市市长海

① 该党是由南非历史上著名的国民党（National Party，NP）演变而来的。国民党创立于1915年，是从当时的执政党南非党（South African Party）中分裂出来而形成的一个小党，主要以荷裔白人（Afrikaner）为基础，奉行白人至上主义。国民党自1948年赢得大选胜利后，一直到1994年，长期单独执政。在1994年的大选中，非国大成为第一大党和主要的执政党，国民党则参加了当时的民族团结政府，党的领袖德克勒克出任第二副总统。1996年6月，德克勒克辞去第二副总统的职务，国民党退出民族团结政府，成为反对党，也是当时最大的反对党。1998年9月，为了和它不光彩的历史分开，国民党易名为新国民党（New National Party，NNP），并改换了党旗和标志。在2004年的大选中，新国民党惨败，便于是年8月，宣布并入非国大。2005年4月10日，新国民党宣布自行解散，并根据协议与非国大合并，原新国民党党员可自愿加入非国大。

伦·齐勒（Helen Zille）。

目前在南非议会中占据第三大党地位的是人民大会党（Congress of the People，COPE）。人民大会党是由非国大一些支持前总统姆贝基的党员于2008年建立的，它是非国大党内祖马派和姆贝基派之间发生严重分歧的产物。

因卡塔自由党（Inkatha Freedom Party，IFP）是一个以夸祖鲁-纳塔尔省的祖鲁族为主的黑人民族主义政党。该党自称有成员220万人。因卡塔自由党的前身是民族文化解放运动，成立于1928年，1975年重建。1990年，民族文化解放运动向所有种族开放，并改名为因卡塔自由党。1994年4月，因卡塔自由党在大选中得票居第三位，进入民族团结政府。1996年后，因卡塔自由党在夸祖鲁-纳塔尔省执政。1999年大选后继续参加中央政府，并与非国大在夸祖鲁-纳塔尔省联合执政。2003年9月，因卡塔自由党与民主联盟结成变革联盟参加2004年大选，不过在其传统势力范围的夸祖鲁-纳塔尔省议会选举中，丧失了第一大党地位。现在因卡塔自由党占据南非议会的第四大党地位。

除上述主要的大党外，在南非还有多个小党，其中进入了国民会议的主要有联合民主运动（United Democratic Movement，UDM）和独立民主党（Independent Democrats，ID）等。

第七节 匈 牙 利

匈牙利的正式国名为匈牙利共和国（Magyar Köztársaság，the Republic of Hungary），其国土面积有9万多平方公里，总人口1000多万（2006年估计），首都为布达佩斯（Budapest）。匈牙利的国旗为长方形三色旗，红色象征爱国者的热血以及国家的独立和主权，白色象征和平，并代表人民追求自由和光明的美好愿望；绿色则象征着匈牙利的繁荣昌盛，以及人民对未来充满信心和希望。匈牙利国徽为盾徽，盾徽上部是一个圣斯提芬大王冠图案，王冠之上有一倾斜的十字架，传说是王冠被窃时让小偷压斜的。盾徽的下半部被垂直地分为两部分：左边为红白相间的条案，右边下方是绿色的山峰，峰顶上有一顶王冠，王冠上面是白色双十字图案，这是主教的标志（见图3-12）。

一、匈牙利的形成与宪政史

在罗马帝国时期，匈牙利地区属于帝国的潘诺亚行省。罗马帝国灭亡后，各民族陆续迁移到这里。首先到来的是匈奴人，他们在阿提拉（Attila，406—453年）的领导下建立了强大的匈奴帝国。匈奴帝国解体后，日耳曼部落在这

图 3-12　匈牙利的国旗与国徽

里盘踞了近 100 年。尔后是阿瓦尔人，在其近 200 年的统治时间里，斯拉夫民族开始渗入该地区。在这个时期，摩拉维亚人、保加尔人、波兰人和克罗地亚人都曾企图推翻阿瓦尔人的统治，但均未成功，最后到 796 年，查理曼带领法兰克人将这片土地纳入查理帝国的版图之内。查理曼死后，他的三个孙子瓜分了帝国，匈牙利便划归东法兰克王国。随着东法兰克王国逐步衰落，斯拉夫人在这一地区逐渐崛起，但正当摩拉维亚人企图建立一个摩拉维亚王国之时，一支来自东方的游牧民族马扎尔人到来了，结束了这一地区的纷争。

公元 9 世纪时，马扎尔人（Magyarok，又译马札儿人、匈牙利人）从乌拉山西麓和伏尔加河湾一带向西迁徙，于 896 年在多瑙河盆地定居下来。传说当时的 7 个马扎尔人部落与 3 个可萨人部落组合成一个联盟，由此逐渐形成匈牙利王国，其第一个朝代是由阿尔帕德大公（Árpád，889—907 年在位）所建立的阿尔帕德王朝。公元 1000 年，匈牙利大公伊什特万一世［I.（Szent）István］在匈牙利推行天主教，并经教皇加冕而成为匈牙利的第一位国王。匈牙利早期的历史同波兰和波希米亚密切相关，同时也深受罗马教皇和神圣罗马帝国皇帝的影响。在 1241—1242 年蒙古金帐汗国的攻击下，匈牙利还曾遭受过沉重的打击，不过匈牙利对周边地区也产生过重大影响。

1526 年，奥斯曼土耳其人侵入这个地区，匈牙利这个封建国家随之解体，分裂成三个部分，其中有的依附于奥斯曼土耳其帝国，有的则依附于奥地利的哈布斯堡王朝。从 1699 年开始，匈牙利全境由哈布斯堡王朝进行统治。1848 年曾一度爆发了由科苏特（Kossuth）所领导的匈牙利自由革命斗争，由此导致 1849 年 4 月匈牙利议会通过独立宣言，宣布建立匈牙利共和国，但是不久，共和国就被奥地利和沙俄军队所扼杀。1867 年，匈牙利与奥地利组成奥匈帝国。

“一战”后，奥匈帝国解体。1919 年 3 月，匈牙利苏维埃共和国成立，同年 8 月被以霍尔蒂（Vitéz Nagybányai Horthy Miklós）为首的军队所推翻而成立匈牙利王国，由霍尔蒂出任摄政（国王之位空缺），建立起法西斯的军事独裁体制，一直持续到“二战”结束。1920 年，作为战败国的匈牙利（因“一战”时附属于奥匈帝国）与协约国签订特里亚农条约，丧失了 72%的领土和 64%的人口。“二战”爆发后，匈牙利加入德-意-日轴心国集团，一度扩大了领土。

1945 年 4 月，苏联军队占领匈牙利，法西斯政权结束。1946 年 2 月 1 日，匈牙利宣布废除君主制，成立匈牙利共和国。1949 年宪法通过后，改称为匈牙利人民共和国。

1989 年 10 月 18 日，匈牙利议会通过宪法修正案，对宪法作出了重大的原则性修改，包括取消了马列主义政党的领导作用，实行多党议会民主制和市场经济，在国家机构中体现分权原则，等等。10 月 23 日，匈牙利恢复匈牙利共和国的国名。

匈牙利的宪政之路其实开启较早，基本上可以追溯到 1848 年的革命时期。但是和许多国家一样，匈牙利的宪政之路也经历了多次反复，非常曲折。现行的匈牙利宪法是在 1949 年宪法的基础上，经过 1989 年的重大修改后而形成的。1989 年后，匈牙利宪法还经历了多次修改，特别是为适应加入欧盟而作了诸多的变化，最近的一次修宪发生在 2004 年。

二、国家结构制度

匈牙利实行单一制，行政区划分为两级。首先，全国划分为 19 个郡（Megye）和首都布达佩斯。匈牙利另设 7 个大区：北匈牙利大区（以米什科尔茨为地区中心）、大平原北大区（以德布勒森为地区中心）、大平原南大区（以塞格德为地区中心）、中匈牙利大区（以布达佩斯为地区中心）、中多瑙河外大区（以塞克什白堡为地区中心）、西多瑙河外大区（以杰尔为地区中心）和南多瑙河外大区（以佩奇为地区中心）。估计这 7 个大区会在将来取代 19 个郡的建制。郡以下划分为乡村、城市和具有与郡一样权力的城市（即居民超过 5 万人的城市，现包括各郡的首府城市和埃尔德、霍德梅泽瓦、多瑙新城、肖普朗以及瑙吉考尼饶 5 个城市），这些行政区划单位统称为自治市（Municipality）。首都布达佩斯则划分为 23 个区。此外，具有与郡一样权力的城市也可以再划分为区。由于匈牙利实行地方自治制度，所以这两级行政区划之间并无等级关系，而是平等的，它们之间的差别，仅在于各自所承担的治理任务不同。

在这些自治的地方，政府均由代议机构（议会）和市长（行政部门）所组成，并由选民直接选举产生。匈牙利的地方自治还体现在地方民众通过公民投票、立法创制和公开听证等途径，来行使直接民主权利。以公民投票来说，地方代议机构 1/4 的议员、地方代议机构的一个委员会、地方公民组织的行政机构或者 10%—25%的选民，就可以动议举行地方公民投票。若公民投票动议所针对的是乡村的联合或分离、建立新的地方团体、建立或分开联合代议机构以及其他由地方政府立法所规定的事项，则地方代议机构就必须召集地方公民投票。地方代议机构也可以就其职权范围内的事项召集公民投票，以确认它的立法。不过，涉及地方政府预算、地方税务以及组织的、个人的和军事行动的事务，或者宣布解散地方代议机构这些事项的决定，就不能召集公民投票。此外，在一年之内，不能就同一议题召集超过一次的公民投票。地方政府的代议机构负责召集公民投票。如果公民投票不成功，那么代议机构就有权对所提交的事项作出决定。在居民少于 500 人的乡村，地方公民投票可以通过村民大会的方式来进行，但要求超过一半的选民出席会场。

对于属于地方代议机构职权范围内的事务，公民有权向代议机构提出法案，这就是地方公民的立法创制权。不过公民在行使创制权时，需要有 5%—10%的选民联署，而且法案要提交给市长。对于公民创制的立法案，代议机构必须进行讨论。

匈牙利地方公民行使直接民主权利的最后一种形式是公开听证，代议机构每年必须举行至少一次公开听证会，而且必须提前公布举行公开听证会的时间和地点。公民和地方利益团体的代表均有权参加听证会，并在会间发言和提出建议。

三、中央政府制度

匈牙利的中央政府基本上也按照议会制模式的分权制衡原则来进行配置：议会掌握立法权，以总理为首的内阁掌握行政权，司法权归属法院。此外，匈牙利还设置总统作为国家元首，也设置宪法法院，作为专门的违宪审查机构。

（一）总统

匈牙利总统由议会通过秘密投票选举产生，任期 5 年，最多可连任一次。在进行总统选举时，需至少 50 名议员通过书面建议，方可提名总统候选人，且每位议员只能参加一名候选人的提名。获得议会2/3多数票的候选人即当选为总统。如果在第一轮选举中无人胜出，那么就将按照第一轮选举的程序重新进行选举，并且候选人仍需获得议会的2/3多数票才能当选。如果第二轮投票仍未产生出总统，则得票最多的两位候选人就进行第三轮竞选，得票最多者即当选为总统。总统选举应在三个连续日内结束。总统不能担任任何其他公共的、社会的和政治的职务，也不能兼任其他有酬职务，或接受其他活动（出版除外）的酬劳。总统因故而不能履行职务时，由议长代行其职权，这时议长作为议员的权力便暂停，其议长职位则由副议长代替。另外，在代行总统职权时，议长不能将法律返回议会审议，也不能将法律提交宪法法院进行审查，还不能解散议会，以及赦免被终审判决有罪的个人。

作为国家元首，总统的主要职权包括：代表匈牙利国家签署议会批准的国际条约，委任和接受大使和使节，授予荣誉称号，颁发奖章，宣布议会大选、地方选举以及欧洲议会选举和全民公决的日期，参加议会及其委员会的会议并有权发言，请求议会采取行动，提出举行全民公决的动议，担任武装力量总司令，任命和提拔军队将领，根据专门法律的规定任免国务部长，任免匈牙利国家银行行长和副行长以及大学教授和大学校长，批准匈牙利科学院院长的任职，赦免个人，以及其他由专门法律所授予的权力。不过总统在行使这些权力时，大多需要总理或有关部长副署。

如果总统在任职期间违反宪法或法律，那么议会1/5的议员便可对其提出弹劾案，且经议会2/3的多数同意，便可通过弹劾案。宪法法院负责审理弹劾案。一般情况下，宪法法院的判决只导致总统被免职，但如果宪法法院发现总统是故意犯罪，则还可根据刑法典对其判处刑罚。

（二）议会

匈牙利议会（也称国民会议，National Assembly）实行一院制，总共有386个议席（见表3-24），任期4年（除非提前解散①）。匈牙利议会的选举实行混合制，十分复杂。在议会的386个议席中，有176个议席按单选区选举产生。独立候选人或政党提名的候选人，均应征集到750份选民的有效推荐单才

① 匈牙利议会提前解散，仅发生在3种情况之下：（1）议会自行宣布提前解散；（2）如果议会在其任期内的12个月里，多达4次通过了对内阁的不信任投票，那么总统就应提前解散议会；（3）在新一届议会选举总理的情况下，如果从总统提出第一位候选人之日起的40天内，议会仍选举不出总理，则总统就应提前解散议会。

能参加竞选。20个多选区（亦称地区选区，19个郡和首都布达佩斯即各为一个多选区）按比例代表制一共选举产生至多152个议席。只有在一个多选区范围内的至少1/4（但至少要有两个）的单选区中均提出了候选人的政党，才能在该多选区内提交候选人名单（称地区名单）。最后，根据全国名单（也称弥补名单），将至少58个议席分配给各党，以弥补其选票与议席之间的不一致。只有在至少7个多选区中均提交了候选人名单的政党，才能提交一份全国名单。

表3-24　**2006年4月匈牙利议会选举结果**

政党（联盟）	单选区第一轮投票 / 单选区第二轮投票	单选区议席	多选区投票 / %	多选区议席	全国名单议席	议席总计
Hungarian Socialist Party (MSZP)	2,175,312	98	2,336,705	71	17	186
	1,510,360		43.2			
Fidesz-Hungarian Civic Union-KDNP	2,269,241	68	2,272,979	69	27	164
	1,511,426		42.0			
Alliance of Free Democrats (SZDSZ)	340,746	3	351,612	4	11	18
	64,501		6.5			
Hungarian Democratic Forum (MDF)	238,566	0	272,831	2	9	11
	16,364		5.0			
MSZP-SZDSZ joint candidates	154,619	6	—	—	—	6
	72,802					
Association for Somogy	9,457	1	—	—	—	1
	13,801					
MIÉP-Jobbik Third Way Alliance of Parties	92,798	0	119,007	0	0	0
	231		2.2			
MDF-Fidesz-KDNP joint candidates	34,109	0	—	—	—	0
	33,029					

续表

政党(联盟)	单选区第一轮投票 / 单选区第二轮投票	单选区议席	多选区投票 / %	多选区议席	全国名单议席	议席总计
MDF-Others joint candidates	14,838 3,640	0	—	—	—	0
Others	73,989 13,598	0	54,916 1.0	0	0	0
总计	5,403,675 3,239,752	176	5,408,050 100	146	64	386

在投票时，每一位选民都有两张选票，一张投给单选区的候选人，另一张投给多选区的政党名单（封闭式投票）；选民不能对全国名单进行投票。不管是在单选区还是多选区内，如果投票率等于或低于50%，则选举无效，在这种情况下，必须进行第二次投票，参加第一次选举的候选人和候选人名单仍有效。第二次的投票率必须超过25%，选举才算有效。

在单选区的选举中，候选人必须获得绝对多数选票（即超过50%）才能当选，否则得票率达到15%的候选人（如果不具备此条件，则得票最多的三位候选人）就进行第二轮角逐，这时只要得到相对多数选票，就可当选为议员。如果第二轮因投票率不足而无效，则随后进行补选。

在多选区的选举中，其名单得票率在全国总计达到5%的政党（如果是两个政党的联合名单，则要求得票率达到10%，三个及以上政党的联合名单，则是15%），就有资格根据比例代表制的哈根巴赫-毕晓夫（Hagenbach-Bischoff）方法来分配议席。具体来说，在每个多选区，首先计算一个当选基数，即（总有效票数/总议席数）+1。每个政党的得票数除以这个基数，由此而得到的整数，就是该党所获得的初始议席。如果该选区内议席尚未分尽，则其余数等于或大于该基数的2/3的政党，就可获得一个附加议席。如果该多选区内还剩有议席未分尽，则将其转移至全国名单进行分配。如果一个多选区内的选举因为投票率不足而无效，并且第二次选举仍无效，则该选区的议席也将被转移至全国名单而进行分配。

最后，全国名单议席是在那些有参加多选区议席分配资格的政党中间，根据它们所剩余的得票总数，按最大均数法（d' Hondt 法）来进行分配的。而一党所剩余的得票总数，等于那些在单选区两轮选举中均未能当选的该党候选人在第一轮有效选举中的得票总和，加上在第一次有效选举中未使用上的政党地区名单的得票数（或者在那些两次选举均无效的多选区里，通过第一次投票所获得的总票数），再减去当选基数与该党在那些按照 2/3 基数条件分配过一个议席的多选区中未使用上的名单得票总数之间的差值。

当选的议员不能兼任总统，宪法法院的成员，公民权利督察官员（Ombudsman for Civil Rights），国家审计署的主席、副主席或审计员，法官或检察官，公共行政机构的雇员（内阁成员和议会的国务秘书除外），以及军队、警察或其他安全机构的职业成员。

议会的主要职权也是立法和监督行政部门。就立法来说，总统、内阁、议会的委员会和议员均有权提出法案。议会所通过的法律，将由议长签署之后再送交总统。如果总统不同意该法律或其中的条款，他就将该法律连同其意见一起返回议会重审。在这种情况下，议会应当重审该法律，并重新投票表决通过，而后总统必须批准和颁布该法律。而如果总统对于议会立法的合宪性持保留意见，则他可以将其提交给宪法法院进行审查。如果宪法法院裁定该法案违宪，那么总统就要将其返回议会，否则他就应批准和颁布该法案。

就对行政部门的监督来说，宪法规定内阁必须对议会负责，须定期向议会报告其工作。议会在选举内阁总理的同时也对其施政纲领进行表决。如果议会不赞成内阁的政策，那么就可以对其进行不信任投票。此外，议会的常设委员会对口监督行政部门，议员个人也可以对内阁成员提出质询和询问。议会还设有一批专门的监督机构，主要有国家审计署（State Audit Office）和人权督察专员。

（三）中央行政部门

匈牙利的内阁由总理和部长组成，总理由议会根据总统的提议，从议员中选举产生。① 在实践中，总统将提名议会中最大党的领袖为总理人选。总理产生后，总统再根据总理的提议，任免部长，且总理可再任命一位部长为副总理。

总理主持内阁会议，部长们则领导各执行部门（其设置由专门的法律予

① 议会在选举总理的同时还对其施政纲领进行表决。

以规定）。内阁对议会负责，必须定期向议会报告工作。各部部长则既向内阁也向议会负责，并向二者报告其职责范围内的活动。议会1/5的议员联合，即可书面提出对总理的建设性不信任案（即附带总理候选人提名的不信任案），这也意味着是对整个内阁的不信任。在不信任动议提出后的3—8天内，议会将对此进行辩论和表决。在此期间，内阁可以通过总理，向议会建议进行信任投票，也可建议对不信任案的投票即被认为是信任投票。如果议会以其绝对多数通过不信任案，那么内阁便须全体辞职，而不信任案中所提名的总理候选人则自然当选为总理。

（四）法院

匈牙利宪法规定，司法权归于法院，法院包括四级：最高法院，上诉法院（共有五个，分别设在Budapest、Szeged、Pécs、Debrecen和Györ），布达佩斯市法院、郡法院，地方法院和劳工法院。另外还可依法为特别团体案件设立特别法院。

作为匈牙利的最高司法机构，最高法院的主要职责是确保司法的一致性，以及审理终审判决——作为特别救济措施。最高法院的决定对其他所有法院均具有约束力。最高法院的院长由议会根据总统的提议，以其2/3的多数选举产生，总统再根据最高法院院长的提议，任命副院长。

在匈牙利，成为职业法官需要经历7个阶段。只有无犯罪记录、获得大学法学学位并通过职业考试的、具有投票权的匈牙利公民，才具备成为法官的资格。大学毕业生一般需要实习3年，再作为法院的书记员工作一年，然后再通过职业考试和身心健康检查之后，总统才基于郡法院院长的推荐和国家司法委员会（National Council of Justice）的建议，将其任命为为期3年的试用法官。试用期结束后，只有通过了对其业绩的评估，试用法官才会被任命为终身法官。匈牙利的法官到70岁即退休。

法官只服从法律，具有独立地位。为保证这种独立地位，法官必须保持政治中立，不能参加政党和从事政治活动，也不能参加商业活动或者成为仲裁法庭的成员。此外，为防止法官腐败，从2001年12月起，匈牙利还要求法官公开财产状况，国家司法委员会负责搜集资料和进行监督。

在确保司法独立方面，国家司法委员会起着很重要的作用。该机构成立于1997年，由15名成员组成，其中包括由法官选举产生的9名法官代表、司法部长、总检察长、全国律师协会主席、由议会宪政与司法委员会和预算与财政委员会分别任命的一位议员，以及最高法院院长。最高法院院长同时也主持国家司法委员会，每年都要向议会报告法院和国家司法委员会的全面情况。国家司法委员会的主要职责是：任免上诉法院的院长和副院长以及上诉法院各庭庭长和副庭长；监督除最高法院院长以外的各法院院长的行政活动；向总统推荐法官的提名或者建议解除法官职务；对于最高法院院长和副院长的人选表达初步意见；提出法院财政预算的建议，报告前一年的预算情况，并将其提交给内阁；规定所有法院组织与运作的基本原则；规定法官的教育与培训事宜。

（五）宪法法院

匈牙利宪法法院建立于1989年，于1990年1月1日正式开始运作。宪法法院在匈牙利具有一种独特的地位，宪法对此专章予以规定。

宪法法院由11名成员所组成①，具体组织情况，由议会以其出席议员的2/3多数所通过的法律来予以规定。在选举这些成员时，应由议会各党的一名议员所组成的提名委员会来负责提名，议会则以其2/3的多数投票，选举产生宪法法院的成员。担任宪法法院成员的，必须是著名的法学家或者是从事法律事务达20年的人。宪法法院的成员任期9年，可连选连任一次，但到70岁即退休。宪法法院的成员再从中选出一名院长和一名副院长，任期3年。宪法法院的成员不能是议员、地方议员、利益团体的领导人或者政党成员，他们也不能从事除科学、教学、文学或艺术活动以外的其他营利性职业。宪法法院的成员不属于普通司法系统，他们享有与议员一样的豁免权，只有宪法法院的全体会议有权搁置这种豁免权。尽管宪法法院的成员是由议会选举产生的，但议会并不能罢免他们，只有宪法法院的全体会议才能在法定的情况下将其成员免职。

宪法法院主要负责审查法律的合宪性，并承担其他法定的司法职责，比如审理总统弹劾案，裁决中央政府不同机构之间、地方政府之间以及中央政府机构与地方政府之间就其权限所引发的争议，解释宪法，等等，以维护宪政秩序和公民的基本权利。如果公民因为某项违宪法规的实施而蒙受了冤屈，并且已穷尽了所有其他的司法救济手段，那么他们就有权向宪法法院提起诉讼。对于议会立法的审查，需宪法法院全体会议来裁决，但对于行政法令或更低级法规的审查，则只需三位宪法法院法官即可裁定。在这两种情况下，宪法法院均以多数投票作出裁定。对于被其裁定为违宪的法律和规定，宪法法院有权宣布其无效，予以废除。宪法法院的裁定对于任何人均具有约束力，且不可上诉。

---

① 最先设计宪法法院由15名成员所组成，但1994年宪法被修改后，减少为11名。

宪法法院独立运作，有其独立的预算，预算草案由宪法法院拟定，然后送交议会表决。

四、政治参与制度

根据匈牙利宪法的规定，匈牙利公民享有集会、结社、请愿、选举投票、公投、创制等一系列的政治参与权利，而且和瑞士类似，匈牙利公民行使直接民主权利也非常突出。

（一）直接民主制

在匈牙利，公民行使直接民主权利的途径和层次都很多样化，也就是说，匈牙利公民既可以通过公投、创制立法、听证和公民大会等多种途径，也可以在全国和地方各层次直接参与政治。对于匈牙利公民在地方层次上行使直接民主权利的情况，前面已有所交待，这里就只看全国性的直接参与情况。在这方面，主要包括全民公投和公民创制立法两种途径。

全民公投可用来作出决定或者表达某种诉求。全民公投的主题，由议会来定夺，不过有些主题是法定必须举行全民公投的（比如宪法对于匈牙利加入欧盟，就明确规定应举行全民公投），但对于下列主题，不可举行全民公投来决定：中央政府的预算法案、中央预算的执行、中央的税收和关税、中央政府对地方税收的限制；由有效的国际条约所产生的义务以及据此而进行的立法；宪法对于全民公决和公民创制的规定；属于议会裁决范围内的人事和重组事务；解散议会；内阁的施政纲领；宣布进入战争、紧急或全国危机状态；在国内外动用军队；地方代议机构的解散；大赦。在允许的主题范围内，如果有20万名选民倡议，那么就应举行全民公投。此外，议会基于总统、内阁、议会1/3的议员或者10万名选民的倡议，也可以宣布举行全民公投。在全民公投中，只要一半以上的投票是有效的，且1/4的有效投票意见一致，则公投就是成功有效的。如果全民公投的举行是法定的，那么其结果对于议会就具有约束力。

公民创制立法的主题，也由议会来定夺。发起公民创制立法，需至少5万名选民联合。对于公民通过发起创制立法而提出的主题，议会应当予以讨论。

（二）政党政治

匈牙利宪法保障公民的结社权，但也规定：不允许建立具有政治目标的军事组织。这里着重来看政党结社的情况。

匈牙利自19世纪中叶出现政党后，长期多党共存，到1949年匈牙利人民共和国成立后，其他政党均被取缔而只剩下匈牙利劳动人民党，也是唯一的执政党。在1956年匈牙利事件期间，曾一度出现了多个政党，但此后，其他政党均遭到取缔，匈牙利社会主义工人党成为唯一的政党并执政。1989年10月，匈牙利国民会议修改宪法，允许多党共存，在此前后出现了匈牙利民主论坛、青年民主主义者联盟、自由民主主义者联盟、独立小农党、匈牙利社会民主党、基督教民主人民党等多个政党。经过演变，现在，匈牙利仍有上百个政党存在，但最大的政党只有两个。

一是匈牙利社会党（Hungarian Socialist Party），这是由从前的匈牙利社会主义工人党演变而来的。1989年10月8日，匈牙利社会主义工人党第14次非常代表大会决定改用现名。该党以民主社会主义为纲领，明确表示要同斯大林主义和新斯大林主义的所有变种划清界限，认为正是官僚主义的专制的国家社会主义使匈牙利陷入了危机。该党现在是社会党国际和欧洲社会党的成员。自1989年以来，社会党曾于1990年和1998年两次大选中失利，败给青年民主主义者联盟，但2002年和2006年大选均获胜，得以执政至今。

二是青年民主主义者联盟-匈牙利公民联盟（Fidesz-Hungarian Civic Union），这是由1988年成立的青年民主主义者联盟（Fidesz，Alliance of Young Democrats）演变而来的。青年民主主义者联盟是由一些青年自由民主主义者（主要是学生）所建立的反共产主义政党。1994年选举失利后，青年民主主义者联盟的政治立场由自由主义转向保守主义，但这引起了党的分裂，一部分党员转而加入了坚持自由主义的自由民主主义者联盟（Alliance of Free Democrats）。1995年，该党在其缩写名之后加上“匈牙利公民党”（Hungarian Civic Party）之名。1998年，该党赢得大选胜利，曾与匈牙利民主论坛（Hungarian Democratic Forum）和独立小农党（Independent Smallholders' Party）这两个小党联合执政。2006年，该党与基督教民主人民党（Christian Democratic People's Party，KDNP）结盟参加选举，最终成为匈牙利议会的第二大党派，也是最大的反对党派。

第四章

议会制国家之比较

在本编，我们选取英国、德国、瑞士、日本、澳大利亚、印度、土耳其、南非和匈牙利九国为代表，来说明议会制国家政治制度的特征。如导论所述，一国的政治制度一般都包括国家结构制度、政府制度（政体）和政治参与制度三个部分，而根据前面的介绍和说明，我们只要稍作比较，便能看出这些国家的政治制度在各方面都存在差异，没有任何两个国家的政治制度是完全相同的，唯一能将这些国家串联起来并将其归为一类的，就是它们的政府制度（政体）具有某种共性——它们均实行议会制模式的政府制度，这是关键之处。现在我们就紧扣这个关键，通过比较，来概括一下这个模式，同时也指出上述各国在共同模式之下的一些具体差异。至于这些议会制国家的政治结构制度与政治参与制度，此处不论，留待第三编再进行综合比较。

一、议会制的主流模式：英式议会制

由于议会制是从英国发源的，所以后世许多国家都借鉴英国议会制的模式来设计本国的政府制度，从而形成了一大批英式议会制国家，使得英式议会制成为一种主流的议会制模式。在前述的国家中，除英国外，德国、日本（但日本的地方政府制度不在此列）、澳大利亚、印度和土耳其也属于这一类议会制国家。

一般认为，英式议会制的基本特点是（这里仅以全国性政府制度来说）：政府按照分权制衡的原则来进行安排和运作，政府的权力一般分为立法、行政与司法三部分，分别由议会、内阁和法院所主要掌握，① 其中司法独立，内阁

① 注意，这里说的是三权分别由三种机构所主要掌握，而不是排他性地完全掌握，由此我们当深刻地理解所谓的三权分立，并非权力的绝对分立，而只意味着每种权力各为一种机构所主要掌握，但其他机构也分享着部分的其他权力，由此形成相互交叉的局面。按照联邦党人的理解，其实这就产生了权力相互制约的功效。由此看来，分权本身便蕴含着权力相互制约的含义，分权与权力制约并不是相互分离的，只不过，人们通常以为权力制约就是指采取显性的、积极的手段，比如不信任投票、解散议会、弹劾、质询等，而分权却是以隐性的或者消极的方式产生了权力制约的功效。

则由议会选举产生（实践中由议会的多数党单独或者与小党联合组阁），向议会负责，受议会监督，一旦议会通过对内阁的不信任投票或者未通过对内阁的信任投票，则内阁要么集体辞职，要么提请国家元首解散议会重新大选。除此之外，内阁向议会负责并受其监督，还表现为内阁成员接受议会质询、调查甚至弹劾等形式。这就是英式议会制的基本模式。不过在这一基本模式之下，其实各英式议会制国家的政府制度还是存在诸多具体差异的（同样仅以全国性政府制度来说）：

第一，尽管英式议会制国家均设立一个虚位的国家元首，而且国家元首与实际的行政首脑相分离，但也存在一些具体差异，比如在英国、日本和澳大利亚，国家元首是世袭制的君主，然而在德国、印度和土耳其，国家元首却称总统，是经特别选举产生的，且有任期限制。又比如，在英国、澳大利亚、印度和土耳其，宪法还规定国家元首同时掌握行政权（不过这只是形式，因为宪法同时又规定国家元首在内阁的辅助下行使行政权，由后者对此承担政治责任），因而在形式上，国家元首兼行政首脑，但在德国和日本，宪法却未授予国家元首这种形式上的行政权和行政首脑的地位，他只是单纯的国家元首。

第二，从法理上说，英式议会制国家的议会均在政府机构中占据一个中心位置，内阁须对其负责，受其监督，但由于各国议会的组织情况不完全相同，所以在具体运作上也存在一些差异。比如说，大多数英式议会制国家均设置两院制的议会，但也有一院制的，如土耳其。而在两院制的情况下，内阁就只对议会下院负责，受其监督，且只有下院可对内阁进行不信任投票，如果内阁不能获得下院的多数支持，也只能提请国家元首解散下院重新大选，而不能将议会两院全部解散。实际上在两院制的情况下，议会上院本来就较少地具有民主选举的特征（在英国，上院甚至完全不是由选民选举产生的），这样就使得上院比较稳定。此外，两院的权力也不尽一致。尽管两院共同行使立法权，但是财税立法却主要属于下院的职权范围，另外，上院一般也不承担监督内阁的职责。两院之所以存在这些差别，这是因为它们被设置的目的不同：一般来说，下院是代表人民的，而上院代表的是各地区。由于上下两院存在这种差异，所以相互之间就形成一种权力制约的关系。

第三，英式议会制国家的内阁须经议会选举产生，但这种选举只是一个形式或程序（在英国，甚至连这种形式或程序也不需要），在实践中，一般都是由议会（两院制情况下为下院）的多数党出面组阁，所以实际上在议会大选结束之时，内阁的产生便可以说已成定局。在组阁方面，由于内阁产生于议会，所以阁员一般都是议员，并且在成为阁员之后仍保持议员身份，大多数英式议会制国家的宪法也明确要求阁员来自于议会，但是也有个别国家，比如日本和土耳其，允许少量非议员人士进入内阁。

第四，很明显，英式议会制的主要特征是由议会与内阁，或者说立法与行政二权的关系来确定的，至于司法权，各国均奉行司法独立原则，即法官均由任命产生，一旦获得任命，则只服从宪法和法律，保持独立地位，有薪俸保障，且除非出现法定情形，终身任职至退休。但是在法官的任免制度方面，各英式议会制国家并不完全一样。就任命而言，在英国、澳大利亚和日本，法官由国家元首根据内阁的提名而任命产生；德国与英国、澳大利亚、日本类似，但是一个专设的法官选任委员会也参与提名的过程；印度也与英国、澳大利亚、日本类似，但是总统还需与相关法官协商之后才能作出任命；最后，土耳其完全不遵循英国模式，一个专设的法官与检察官最高委员会是最主要的法官任命机构，总统只是在个别情况下参与法官的任命。

就法官的免职而言，各英式议会制国家大多采行弹劾程序，但做法也不完全一致。在英国、澳大利亚和印度，议会提出弹劾案，如表决通过，则提请国家元首将法官免职。在德国，虽然仍由议会提出弹劾案，但却由宪法法院负责审理，并作出免职判决。在日本，弹劾法官有两种途径：一是由议会提出弹劾案并由由两院议员所组成的弹劾法院进行审理和判决。二是国民审查。也就是说，最高法院的所有法官在获得任命后，在逢第一次众议院大选时，就将被交付国民审查，自此以后，每过 10 年都要在逢第一次众议院大选时交付审查。若选民以多数票通过罢免某法官的决议，则此法官即被罢免。最后，土耳其并不采取弹劾程序，而是由专设的法官与检察官最高委员会掌握将法官免职的权力。

第五，英式议会制国家在违宪审查制度方面也不尽相同。英国的宪法是不成文宪法，所以根本没有建立违宪审查制度，更不要说设置相应的政府机构了；至于日本、澳大利亚和印度，则实行司法审查制度，即以普通法院（最高法院）掌握违宪审查权；但是德国和土耳其却专设宪法法院，负责违宪审查。

以上所说的英式议会制模式及其在各国的细微差异，主要是针对这些国家的全国性政府而言的，但实际上，这些国家的区域性政府制度，一般也属于英式议会制模式（其核心部分就是前述的立法机构与行政机构之间的关系）。在这方面也许可以说存在一个政治学的定律（可称之为“兼容性定律”），即，一般说来，不管一国的国家结构制度如何，在政府制度的安排上，其全国性政府与区域性政府的制度模式应是一致的，否则这个国家的政府运作将会出现严重的障碍。也就是说，一国的全国性政府制度与其区域性政府制度之间必须兼容，要存在最大的公约数，其底线是不能一部分采取专制独裁政体，而另一部分采取宪政民主政体。在这个底线之上，应尽可能使全国性政府制度与区域性政府制度相一致，采取同一个模式，比如同为议会制或同为总统制的模式。

应当说上述各英式议会制国家都是符合这个定律的，但日本和匈牙利却似乎成了例外。日本的地方政府制度与中央政府制度是不尽一致的，中央政府采取的是英式议会制模式，可在地方政府层面，行政首脑和议会一样，均由选民直接选举产生（匈牙利的地方政府也是如此），而且地方行政首脑对于地方议会的决议有否决权。如此看来，似乎日本的地方政府制度采行的是总统制模式，但是，地方议会又可以对地方行政首脑投不信任票，而行政首脑也可以解散议会来相抗衡。这看似不一致的政府制度安排，在日本却并未导致政府运作的障碍，可见问题的关键，并不是日本的中央政府制度与地方政府制度不一致，不相容，而是它们之间的公约数并非英式议会制，它们实际上都是实行议会制的，只不过采取了不同的议会制模式。由此可见，英式议会制并未完全涵盖所有议会制国家的政府制度，它至多是一种议会制模式（因为采行的国家最多，所以是主流模式），还有一些国家，比如瑞士、南非和匈牙利，它们的政府制度（包括日本的地方政府制度）尽管也是议会制的，但却不是英式议会制模式。所以我们需要超越主流的英式议会制，将那些非主流的议会制模式涵盖进来，从而概括出更为一般的议会制模式。

二、议会制的一般模式

我们先来简要地看看，诸如瑞士、南非和匈牙利这些国家的政府制度框架是怎样的，以方便我们概括议会制的一般模式。

与英式议会制模式相比较，瑞士、南非和匈牙利这几个国家的政府制度（这里仍以其全国性政府制度来说）表现出许多明显不同的特征。在瑞士，总体上，联邦议会掌握立法权，联邦委员会掌握行政权，并且集体作为瑞士的国家元首，联邦法院则掌握司法权，保持独立地位。第一，瑞士以联邦委员会作为集体国家元首，这就不仅与英式议会制国家不同了，甚至在全世界都是极为罕见的。第二，瑞士联邦议会实行两院制，两院地位平等，共同行使相同的权力，这和英式议会也不相同。第三，联邦委员会作为瑞士联邦政府的行政部门，是由联邦议会的两院联席会议选举产生的，并且联邦委员不得兼任联邦议会任何一院的议员，联邦委员会还对联邦议会两院负责，受两院监督，但联邦议会两院却不能对联邦委员会进行不信任投票，反过来，联邦委员会也不能解散联邦议会的任何一院。这一切，明显与英式议会制极不相同。在瑞士，联邦委员会对联邦议会两院负责并受其监督的形式，仅限于：（1）联邦委员会定期向每届议会作施政纲领报告。（2）联邦委员会每年年终向议会作行政管理报告。（3）联邦议员、议会党团或者议会的委员会可以提出动议，要求联邦委员会说明它所提出的法案、所作出的决定或者所采取的特别措施是否适当。如果国民院或者联邦院同意了该动议，则联邦委员会必须向联邦议会提交有关“法案、决定和特别措施”的审查结果报告。（4）在每次会期的第二周和第三周内，任何联邦议员都有权以口头或书面形式对联邦委员会提出质询，质询内容涉及重大事项、政治性事务或者有关的联邦行政事务。如果是书面质询，则联邦委员会必须在下次会期到来之前作出答复。第四，作为政府的司法部门，尽管瑞士联邦法院也保持司法独立的地位，但其法官却是经联邦委员会提名，由联邦议会的两院联席会议选举产生的，且任期 6 年（可连选连任）。像瑞士的这种法官选举制和任期制，不仅与英式议会制国家不同，甚至在全世界也不多见。第五，尽管瑞士拥有一部成文宪法，但瑞士并未专设宪法法院，而且除非法律另有规定，联邦法院也无权审查联邦议会与联邦委员会的立法，由此可以说，瑞士是没有建立违宪审查制度的。以上各方面均显示出瑞士的政府制度与英式议会制存在重大的差异，但我们说，瑞士所实行的还是议会制的政府制度，因为毕竟它的宪法确立了联邦委员会（行政部门）向联邦议会（立法部门）负责并受后者监督的原则，这就紧扣了议会制的核心特征。

再看南非。与英式议会制比较起来，南非的政府制度也是独特的。南非议会掌握立法权；以总统为首的内阁掌握行政权，总统同时还是国家元首；法院掌握司法权，保持独立地位。第一，南非总统既是握有实权的行政首脑（南非宪法明确将行政权授予总统，只是总统须与内阁的其他成员一道行使行政权），又是国家元首，这和一切英式议会制国家均是不同的。这样的总统更像是总统制下的总统，但后面将显示，实际并非如此。第二，南非议会实行两院制，这和实行两院制的英式议会制国家是一致的。第三，总统由南非议会的下院即国民会议选举产生，实践中则通常是选举国民会议中最大党的领袖为总统。而总统一旦当选，就丧失议员资格。至于内阁的其他成员，均由总统任命产生，他们可以是议员，也可以包括不超过两人的非议员人士。内阁向南非议会的下院即国民会议集体负责，如果国民会议通过对除总统以外的内阁成员的不信任案，则总统必须重组内阁；如果国民会议通过对总统的不信任案，则以总统为首的内阁必须全体辞职。但是在这种情况下，南非宪法并未授予内阁提请解散国民会议的权力。此外，如果总统严重违反宪法或法律、严重行为不检或者无法履职，则国民会议可以投票罢免总统。这些情况和英式议会制也是显著不同的。第四，南非的法院和英式议会制国家的类似，同样奉行司法独立原则，法官由总统在咨询司法服务委员会的意见后任命产生，且可被弹劾。但是南非的法院又有其独特之处，这就是最高上诉法院和高等法院（以及与其地位相当的其他法院）均可发出裁定议会立法、省立法或者总统的行为合宪有效的命令，但发出裁定违宪无效的命令，却只有在得到宪法法院的确认后才能生效。也就是说，南非实际上采行了司法审查制度，但南非同时又设有专门的宪法法院，实行专门的违宪审查制度。所有这些方面，均显示出南非的政府制度明显不同于英式议会制，但同样的道理，由于南非宪法同样确立了以总统为首的内阁（行政部门）向国民会议（立法部门）负责并受其监督的原则，因此南非的政府制度仍属议会制。

最后来看匈牙利。在匈牙利，议会掌握立法权，以总理为首的内阁掌握行政权，司法权归属法院。第一，匈牙利设置总统作为单纯的国家元首，且是虚位的。不过这方面不能体现匈牙利政府制度的独特性。第二，匈牙利议会实行一院制，这和英式议会制比较起来，也无甚独特性。第三，总理由议会选举产生，并组织内阁，内阁对议会负责，受议会监督，这包括议会在选举总理的同时还对其施政纲领进行表决；内阁必须定期地向议会报告工作；议会可以对内阁成员提出质询；议会还可以书面提出对总理的建设性不信任案，且如果通过不信任案，那么内阁便须全体辞职，但此时内阁并不能提请总统解散议会。这就显示出匈牙利政府制度的独特之处了。第四，匈牙利的法院遵循司法独立原则，除最高法院的院长由议会根据总统的提议选举产生，总统再根据最高法院院长的提议任命副院长外，其他一切法官均由总统主要根据国家司法委员会的建议而任命产生，并且总统根据国家司法委员会的建议而将法官免职。这也是比较独特的。第五，匈牙利专设宪法法院，实行专门的违宪审查制度，而且匈牙利宪法特别强调，宪法法院的成员与一般法官是不同的，并不属于普通司法系统，这还是相当独特的。因此，和英式议会制比较起来，匈牙利政府制度的独特之处，主要表现在第三点上。但由于匈牙利宪法也确立了以总理为首的内阁（行政部门）向议会（立法部门）负责并受其监督的原则，故匈牙利的政府制度也属议会制。

综上所述，所有议会制国家的政府制度，其核心特征仅在于：在分权制衡的结构之下，政府的行政部门对立法部门负责并受其监督。这就是议会制的一般模式。只是在这一模式之下，各议会制国家的政府制度又展现出了一些具体的差异，甚至有时候差异很大。

（1）议会制国家的政府制度是按照分权制衡原则来安排的，但各国在具体做法上又有较大差异。就分权而言，一般是把政府的权力分为立法、行政和司法三权，这是从英国那里发源的。但如果把国家元首与违宪审查机构的设置考虑在内的话，实际上又可以认为，在三权之外还分出了国家元首权和违宪审查权。以国家元首权来说，由于所有议会制国家均设有国家元首，所以国家元首权应当是成立的，只不过，在有些国家，比如南非，国家元首与行政首脑合一。还有一些国家，比如英国、澳大利亚、印度和土耳其，宪法同时还在形式上将行政权授予国家元首，这样似乎就模糊了国家元首权与行政权的界限。又以违宪审查权来说，有一些议会制国家还建立了违宪审查制度，因此违宪审查权也应当是成立的，只不过，在诸如日本、澳大利亚和印度这些国家，由于普通法院掌握违宪审查权（即实行美国式的司法审查制度），于是司法权与违宪审查权的界限也被模糊了。所以，只要一个议会制国家为这五权均单独设置了相应的政府机构，那么就可以明确地说，该国就是实行五权分立的。比如说在德国和匈牙利，总统是单纯的国家元首，另外又在议会（立法机构）、内阁（行政机构）和法院（司法机构）之外，设置了专门的宪法法院，这就应当被看成五权分立的。

除了分权外，议会制国家的政府制度还遵循制衡的原则。但如前所述，我们不能将制衡仅仅理解为各分权的政府机构之间相互采取显性的、积极的手段来进行权力制约并达到平衡，实际上，分权本身便产生了一些制衡的效果，这是以一种隐性的、消极的方式来实现的。因为，一则分权就是在各政府机构之间划分权限范围，这就相互限制了权力；二则各国的分权都不是绝对的，各政府机构只是主要掌握某一种权力，从而导致各政府机构所掌握的权力之间有所交叉，这也形成了权力制约。所以有人以为像瑞士这样的国家只有分权而无制衡，这就是不符合实情的，实际上所发生的，只不过是瑞士不怎么强调采取显性的、积极的手段来进行权力制约而已。不过像瑞士这种情况确实比较少见，大多数议会制国家在按照制衡原则来安排政府制度时，还是强调各政府机构之间采取显性的、积极的手段来相互制约。

由于议会制国家的政府制度遵循分权制衡的原则，所以尽管表面看来，它们的议会在政府机构中占据一个中心位置，但这并不意味着议会掌握着国家主权（即所谓的一国之完整不可分割且不可让渡的最高权力），居于主权者的地位①，也不意味着议会掌握着比其他政府机构更加优越或更高的权力，它也不是其他政府机构权力的来源。实际上，所有政府机构的权力，均来自于宪法的授予，而按照自由主义的社会契约论的解释，宪法就是人民所订立的契约，因此所有政府机构的权力，均来自于人民的同意和委托（但人民并未将全部权力委托给政府，他们还有自己的保留权力，即权利。人民也有权收回所委托的权力）。各政府机构所掌握的权力，只有职能领域的差异，而无高下之区分，相互之间是平行的，其中议会只是掌握政府立法权的立法机构，仅此而已。这是我们把握议会制的一个关键。就此而论，在世界上某些国家中所设置的一种据称得到人民授权的、集权的、通常被称作权力机关的政府机构，就不是议会制国家中的议会，这些国家也不能被认为是实行议会制的。其关键的区别就在于，这种权力机关是按照集权原则来设置的。据说这种权力机关得到了人民的同意，从人民那里接管了全部权力，所以这种权力就既是集中的也是至高无上的。只是为了分担负担，这种权力机关才通过产生诸如行政、司法、检察、军事等政府机构，而将它所拥有的行政、司法、检察、军事等权力授予这些政府机构行使，而它自己则主要行使立法权，并保留着对其他政府机构的监督和控制权，而且有权收回那些委托的权力，所以在权力机关与其他政府机构之间并不是一种平行分权的关系，相反，权力机关拥有比其他政府机构更高的地位和权力，它是其他政府机关权力的来源。而且由于这个原因，其他政府机构全都要向权力机关负责并受其监督，权力机关也可以罢免这些政府机构的成员，但反过来，其他政府机构却绝对不能制约权力机关，所以这里只存在权力机关对其他政府机构的单向权力制约，相互之间并不是制衡的关系。一句话，这种国家的政府制度所遵循的是集权原则而非分权制衡原则，因而不属于议会制。

① 实际上除英国等极少数国家外，在其他议会制国家，宪法均宣称主权属于全体人民。尽管议会通常也被视为民意代表机构，但这并不意味着人民的主权让渡给了议会，因为主权是不可让渡的。不过总的说来，有关主权归属的争论并无多大的实际意义。在现代政治观念中，人民主权说只是一种关于政府权力来源的合法性宣称，实际的政府制度并非按照主权模式而是按照分权模式来安排和运作的。所以从政治实际来看，以为议会制国家便是议会主权的说法，并不能成立。至于说在英国，尽管议会主权说仍在流传，但这并不符合英国的政治实际，早已过时了。更何况，英国近年来的宪制改革也并非是按照议会主权说来进行的。追根溯源，英国的议会主权说，仅仅是近代以来，英国议会与国王之间进行权力斗争的产物，是议会的一种斗争手段（与君主主权说相抗争），而非对实际政治制度进行解释的学说。

（2）所有议会制国家均设有国家元首，但这在各议会制国家里还是存在诸多差异：大多数议会制国家都以个体为国家元首，但瑞士却以联邦委员会为集体国家元首。在诸如英国这样一些从君主国演变而来的议会制国家，国家元首为世袭制的国王，但也有许多议会制国家的国家元首是经选举产生且有任期限制的，一般称为总统（作为个体国家元首时）。有些议会制国家（比如德国）的宪法规定国家元首只履行单纯的国家元首职能，这样国家元首与行政首脑就是明显分开的，但也有一些议会制国家（比如印度、土耳其）的宪法还将行政权授予国家元首，不过这里又有虚实之别：其中一些只是在形式上授予国家元首以行政权，实际上却是由以首相或总理为首的内阁来行使行政权，这样国家元首与行政首脑实际上还是分开的，国家元首只是虚位的；但是在个别国家，比如瑞士和南非，宪法将行政实权授予了国家元首，这样国家元首与行政首脑合一，且国家元首是有实权的。

（3）各议会制国家当然还普遍设置议会，但在这方面的差异性也较大。首先的一个重要差异，就是一院制和两院制的区别。大多数议会制国家的议会均为两院制，只有少数国家实行一院制，比如土耳其和匈牙利。在一院制的情况下，议会当然是由选民直接选举产生的，直接代表人民；但在两院制的情况下就要区别看待了。有些国家的上院是由任命或由其他机构选举产生的，有些则是由选民直接选举或间接选举产生的，但其任期一般也较长（中途再进行部分改选），因而总体来看，各国的上院一般都比较稳定，由此与下院形成一种相互制约的态势。只有下院才必定是由选民直接选举产生的，一般任期较短。通常，在两院制的情况下，上院代表各地区，下院代表人民，所以两院制议会的设置，可能和一国实行联邦制有关，或者是和地区差异较大的因素有关。至于各议会制国家选举议员的制度，相互之间的差异更大，这留待最后来综合比较。

各议会制国家的议会，其职权类似，主要是立法和监督政府的行政部门，但在具体运作上却存在较大差异。在立法方面，在两院制的情况下，一般下院的权力要大于或优于上院，比如财税立法就主要属于下院的职权范围，但瑞士例外，其联邦议会的两院共同行使相同的立法权。至于监督政府的行政部门，首先应区分议会的组成来看。在两院制的情况下，一般只有下院才承担这种职能，但瑞士例外，其联邦议会的两院共同行使相同的权力。其次，各国议会监督行政部门的方式既有相同之处，比如在质询、调查以及议会（两院制情况下的下院）内设对行政部门进行对口监督的委员会，也有不同之处，比如在英式议会制国家，议会监督行政部门的最后手段也是最强硬的手段，是对其投不信任票以倒阁，但是在一些非英式议会制国家，比如瑞士，议会则不可以采取这种监督手段，而是要求行政部门定期向议会作报告并对之作出审查。匈牙利议会尽管可以对行政部门投不信任票，但同时又要求行政部门定期向议会作报告，还在组阁之初表决其施政纲领。

另外，在议会的解散方面，各议会制国家也存在着差异。这也应从区别议会的组成来看，在一院制的情况（比如土耳其和匈牙利）下，一般议会是在任期届满之后，经大选成立新一届议会时解散，但议会也可能被提前解散，一个重要的原因，就是因倒阁而引起。但是在匈牙利，当议会倒阁时，内阁却并不能提请国家元首提前解散议会，匈牙利议会提前解散，仅发生在三种情况下：一是议会自行宣布提前解散；二是如果议会在其任期内的 12 个月里，多达 4 次通过了对内阁的不信任投票，那么总统就应提前解散议会；三是在新一届议会选举总理的情况下，如果从总统提出第一位候选人之日起的 40 天之内，议会仍选举不出总理，则总统就应提前解散议会。在两院制的情况下，上下两院的解散各不相同。总的来说，各国上院几乎都不存在被解散的问题，有的国家甚至明确规定上院不得被解散。在英国，上院主要是由任命产生的，因此不存在任期和解散的问题；在德国和南非，直接来看，上院是由任命产生的，但间接来看，又可以说上院是由选举产生的，所以二者均应有任期限制，但德国宪法并未明确规定上院的任期，所以德国的上院只能说有实际的任期限制，不过南非宪法的确明确地规定了上院的任期限制；至于瑞士、日本、澳大利亚和印度，其上院均是由选民直接选举产生的（只有印度上院含有个别由任命产生的成员），也有任期限制，但由于实行改选制，或者上院议员的任期参差不齐，所以也不存在被解散的问题。另外，不管是在哪一种情况下，上院也都不存在被提前解散的问题。至于下院，由于各议会制国家的下院均是由选民直接选举产生的，均有任期限制，所以一旦届满并经重新选举后就解散。但是在下院被提前解散的方面，各国的情况迥异：瑞士的下院不能被提前解散，其他各国的下院可以因各种原因而被提前解散，最常见的一种情况是由倒阁而引起，但是南非和匈牙利例外。

（4）各议会制国家的政府均设行政部门，但这方面的差异很大。除瑞士以联邦委员会为行政部门（通称委员会制）外，其他各国均以内阁为掌握行政权的行政部门（通称内阁制）。委员会和内阁的差异主要是：委员会各成员具有共同的产生背景，其权力和地位均等，按照民主制原则集体决策；而内阁却以首相或总理（在南非为总统）为行政首脑，内阁的其他成员通常是由行政首脑挑选甚至任命的，要对后者负责，行政首脑一般也可将其免职。由于行政首脑在内阁中占据核心地位，所以有时也可将之与内阁同等看待。

就行政部门的产生来看，几乎所有议会制国家的行政部门均由议会选举产生，只有日本和匈牙利的地方行政首长和地方议会一样，是由选民直接选举产生的。在行政部门由议会选举产生的情况下，各国的具体做法存在一些差异：在英国和与英国有殖民渊源关系的议会制国家，按照惯例，国家元首直接任命议会（两院制情况下的下院）中第一大党的领袖为行政首脑，再由行政首脑挑选其他内阁成员，并由国家元首进行形式上的任命。所以在这些国家，议会在产生行政部门时，甚至连选举投票的形式或程序也不需要，当议会大选结束时，行政部门的产生便可以说就已经决定了。但在其他议会制国家，议会（两院制情况下的下院）则大多会进行形式上的选举投票，以产生行政部门，但其结果无一例外，也是由议会（两院制情况下的下院）中第一大党的领袖出掌行政部门，并获得国家元首的形式任命。然后行政首脑再挑选其他内阁成员，由国家元首进行形式上的任命。南非的行政首脑即总统，尽管也是由议会（下院）选举产生的，且按照惯例也是由下院第一大党的领袖担任，但无需国家元首进行形式上的任命，因为总统兼国家元首，而其他内阁成员则由总统直接任命产生。瑞士联邦委员会的产生最为特殊，他们是由联邦议会两院的联席会议选举产生的，其委员的组成通常会照顾到议会中的各党各派，而不是由某一大党来定夺的。这些成员也无需经过国家元首的形式任命，因为联邦委员会就是集体国家元首。

由于绝大多数议会制国家的行政部门均是由议会选举产生的，因此其成员大多来自议员，但是，在瑞士，联邦委员会的成员可以来自非联邦议员的人士，若联邦议员当选为联邦委员，则会因此而失去议员资格。在实行内阁制的议会制国家，行政首脑一定是从议员中选举产生的，并且在两院制的情况下，几乎全部来自于下院议员，而且行政首脑在任职期间并不丧失议员资格，但南非总统例外——任何议员当选为南非总统，即丧失议员资格。内阁的其他成员大多也是从议员中产生的，而且在两院制的情况下，大多来自于下院议员，且在任职期间保留议员资格，但少量的非议员人士也可以进入内阁，比如在日本、土耳其和南非。

作为议会制的核心特征，所有议会制国家的行政部门（内阁、委员会或总统）均须对立法部门（议会或其下院）负责并受其监督，这是这些国家的宪法明定的原则。只不过，如前所述，这种负责与监督的方式，在各国的情况很不一样。以英国为典型，这种负责与监督的方式就是内阁对议会集体负责，议会除对内阁提出质询和进行调查甚至提出弹劾外，还可通过不信任投票，对内阁行使倒阁权（但在这时，内阁往往也可以提请国家元首提前解散议会，重新大选）。这是英式议会制国家的模式，也是最流行的模式。但也还存在其他一些方式，比如在瑞士，尽管联邦委员会也须向联邦议会负责，但却既不受其弹劾或者罢免，也不被其通过不信任投票而倒阁，联邦委员会主要是通过向议会作报告和接受质询等方式，来体现对议会负责并受其监督。像这种作报告的方式，在其他一些议会制国家（比如匈牙利）中也存在。此外，在诸如南非和匈牙利这些国家，即使议会可以对内阁投不信任票以倒阁，内阁也不能反过来（提请）提前解散议会。

（5）各议会制国家还根据司法独立原则，设置独立的法院体系。各国的司法独立，主要体现为法官只服从宪法和法律，具有身份和薪俸保障，除非在法定情境下，任何法官均不得被免职，一直任职至退休（瑞士法官则任职至任期届满，但可连选连任），法官的薪俸也不能被减少。至于各国法院的类型和层级设置，各国法官的产生和免职方式以及各国法院的职权，均存在诸多差异。大多数国家的法院均为单一类型体系，但德国却设置多种类型的法院，且自成体系。此外在联邦制国家，有的比较明确地区分为联邦法院与各州（邦）法院体系，比如瑞士、澳大利亚；但有的并不作明确区分，比如德国、印度。大多数国家均由行政部门掌握法官的任命权（形式上由国家元首任命），但也有一些国家，比如德国，专设司法委员会一类的机构，参与对法官的任命，或者如南非、匈牙利，司法委员会决定法官的任命（形式上由国家元首任命），甚至还有个别的国家，比如土耳其，将法官的任命权完全交由一个单独设置的机构（法官与检察官最高委员会）来行使，而像瑞士这样的国家，法官甚至是由行政部门提名并由议会选举产生的。各国法官的免职方式也存在诸多差异，最常见的是由议会进行弹劾，但在司法委员会一类的机构掌握法官任命权的国家，则通常由这类机构来行使法官的免职权。最后，各国法院的职权主要限于司法审判领域，可能存在的差异主要是，法院是否还掌握违宪审查权。当然，有一些国家，比如英国和瑞士，根本未建立违宪审查制度，故而不存在这个问题。而在建立了违宪审查制度的国家，有的将违宪审查权赋予了普通法院，比如日本、澳大利亚、印度和半个南非。

（6）在违宪审查制度方面，各议会制国家差异较大。如前所述，有些国家（英国和瑞士）根本未建立这一制度，而在建立这一制度的国家中，有的（如日本、澳大利亚、印度和半个南非）实行司法审查制度，以普通法院掌握违宪审查权，有的（如德国、土耳其、南非和匈牙利）则建立专门的违宪审查机构，实行专门的违宪审查制度。

总之，尽管各议会制国家的政府制度在诸多方面存在差异，但也存在共同的地方，那就是政府是按照分权制衡原则来设置的，且其中的行政部门必须向立法部门负责并受其监督。这就是议会制的一般模式。

第二编

总统制国家

本编所选取的宪政民主国家，其政府制度（政体）均是总统制，但在各方面又具有一些有差异的代表性。美国开创总统制这种政体形式，是世界上的第一个总统制国家。作为南美国家（甚至可以包括中美洲在内）的代表，巴西沿袭美国的政府制度，而且和美国一样实行联邦制，但它的经济发展程度不如美国，文化上也具有很大的独特性，比如天主教、殖民文化、土著文化等。在欧洲，实行总统制的国家极少，法国便是其中之一，但法国实行的是一种与美国类型不同的总统制，且实行单一制。俄罗斯也是欧洲国家，并且学习的是法式总统制，但俄罗斯是在第三波民主化过程中转型而来的，实行联邦制，并且在文化上与法国这些西欧国家有所不同。韩国也学习法式总统制，实行单一制，而且也可以说是第三波民主化的结果，但韩国是一个亚洲国家，文化上具有很大的独特性。总体来说，在全世界所有的宪政民主国家中，总统制国家比议会制国家所占的比例要小得多，而且主要分布在美洲。在这些为数不多的总统制国家中，我们考虑到多方面的代表性，而选择上述国家来进行介绍和说明，同时也不得不作出详略不同的安排。我们将以美国和法国为重点，详细介绍这两个国家的政治制度情况，至于其他几个总统制国家，则只能简要地进行介绍和说明了。

第五章

美　　国

美国的正式国名为美利坚合众国（United States of America，USA），国土面积960多万平方公里，总人口已突破3亿（2007年估计）。

美国的首都为华盛顿哥伦比亚特区（Washington D. C.）。美国的国旗为星条旗，旗面上的13道红白相间的条案，代表最初在独立战争中所成立的13个州，而镶嵌于蓝色背景中的50颗白色五角星，则代表美国现在的50个州。1818年，美国国会通过法案，规定国旗上的红白条案固定为13道，而五角星的数目则应与合众国的州数相一致，每增加一个州就增加一颗星，一般在新州加入后的次年7月4日执行。国旗上的红色象征强大和勇气，白色代表纯洁和清白，蓝色象征警惕、坚韧不拔和正义。美国国徽的主体图案是一只白头海雕（秃鹰）。白头海雕是美国的国鸟，它象征着力量、勇气、自由和不朽。海雕的前胸为一盾形图案，其上部为蓝色长方形，下部为红白相间的竖条，其寓意与国旗相同。海雕头上的顶冠象征着美利坚合众国的诞生，其中的13颗白色五角星，就代表最初的13个州。海雕嘴里叼着一条黄色的绶带，上面用拉丁文书写着“合众为一”（E Pluribus Unum）。海雕的双爪分别紧握橄榄枝和箭矢，象征和平和武力（见图5-1）。美国的国歌为《星条旗》（The Star-spangled

图5-1　美国的国旗和国徽

Banner)，1931 年被美国国会正式定为国歌。

第一节　美国的形成

在欧洲人到来之前，以印第安人为主的美洲原住民已经在北美大陆上居住了 15,000 多年。欧洲人是通过新航路的探索才发现这片大陆的，并于 15 世纪末开始向美洲殖民。1607 年，英格兰人建立了第一个殖民地弗吉尼亚。在此后的 20 年里，荷兰人也陆续地建立了多个殖民地，其中包括新阿姆斯特丹(今之纽约市）和新泽西。到 17—18 世纪，英国人逐渐占领了其他欧洲殖民者的地区，并在北美的东海岸地区建立了更多的殖民地，其中就包括除加拿大外的 13 个殖民地：新罕布什尔（Province of New Hampshire)、马萨诸塞(Province of Massachusetts)、罗德岛海湾（Bay Colony of Rhode Island)、康涅狄格（Connecticut Colony)、纽约（Province of New York)、新泽西（Province of New Jersey)、宾夕法尼亚（Province of Pennsylvania)、德拉华（Delaware Colony)、马里兰（Province of Maryland)、弗吉尼亚（Colony and Dominion of Virginia)、北卡罗莱纳（Province of North Carolina)、南卡罗莱纳（Province of South Carolina）和佐治亚（Province of Georgia)。

到 17 世纪六七十年代的时候，英属北美 13 个殖民地与宗主国之间的关系渐趋紧张，并最终引发了北美独立战争，促成了美国的成立。1774 年 9 月 5 日，除佐治亚殖民地的代表受当地总督阻挠而未能出席外，其余 12 个殖民地的代表会议选派了 56 名代表，齐聚费城，召开了第一届大陆会议（The Continental Congress)。经过争论，会议最后通过了《权利宣言》，要求殖民地实行自治，同时向英王呈递了《和平请愿书》。1775 年战争爆发后，第二届大陆会议于 5 月 10 日在费城召开，与会代表 66 人。大会通过了以武力对抗英国的宣言，并通过组织大陆军和任命华盛顿为总司令的决议。1776 年 7 月 4 日，大陆会议又通过了由杰斐逊起草的《独立宣言》，宣布 13 个殖民地脱离英国而组成一个独立国家，美国正式宣告成立，这一天也在后来被确定为美国的国庆日。经过艰苦的独立战争，北美大陆军最终击败英军，英美两国于 1783 年签订《巴黎条约》，英国正式承认美国的独立。

1776 年 7 月 4 日宣告成立的美国，仅仅是一个松散的邦联，权力实际上由 13 个州分别掌握着，这引发了诸多问题，从而促使 1787 年费城制宪会议的召开。制宪会议制定了一部新宪法，经各州批准生效后，美国才由此转变为现在的联邦制国家。

成为联邦国家后的美国，政局稳定，国势上升，领土也不断地扩大。1803年，美国政府以大约每英亩三美分的价格向法国购买到超过20万平方公里的路易斯安那。正是在这片土地上，后来分别建立了路易斯安那州（最初为奥尔良准州）、密苏里州、阿肯色州、爱荷华州以及明尼苏达州的一部。

1819年，美国和西班牙签订条约，仅花了500万美元，就从后者购得了15万多平方公里的佛罗里达。

从19世纪20年代开始，美国人就大量涌入得克萨斯。到1835年12月20日，得克萨斯人发表第一份独立声明，并于1836年3月2日正式宣布得克萨斯从墨西哥独立，从而建立得克萨斯共和国。1845年12月，得克萨斯共和国作为一州加入美国。

1812年美英战争之后，按条约规定，广大的俄勒冈地区为英美两国共有，但为夺取这一地区，美国向这一地区进行了大规模的武装移民。1846年，英国只得将俄勒冈交给美国。1848年，俄勒冈建州，加入美国联邦。

1846年5月，美墨战争爆发，墨西哥战败。1848年2月2日，美国与墨西哥签订条约，美国支付1500万美元，从墨西哥购得包括加利福尼亚和新墨西哥在内的140万平方公里土地。

1867年，美国又以极其低廉的价格从俄国购买到面积达150多万平方公里的阿拉斯加及其周边的阿留申群岛。

19世纪末，美国还通过战争等方式获得了太平洋上的一些岛屿，比如1898年8月，夏威夷共和国被并入美国。

19世纪中叶，由于在废奴问题上存在利益分歧，美国发生了南北战争，并一度引起国家的分裂，这也是美国历史上唯一的一次分裂事件。1860年12月，南卡罗莱纳州宣布脱离美国，此后密西西比、佐治亚、阿拉巴马、路易斯安那、佛罗里达、得克萨斯、弗吉尼亚、阿肯色、北卡罗莱纳和田纳西各州也纷纷效仿，并联合组成“美利坚同盟”（the Confederated States of America）。不过战争结束后，南方各州于1866—1870年间又陆续回归美国联邦。自此以后，美国再未发生过分裂，并最终形成为一个由50个州所组成的联邦国家。

第二节　美国宪政史

由于美国是在英国殖民地的基础上诞生的，其民众的主体，最初也来自于英国，因此美国的宪政有一个比其他任何国家都优越的起点，即直接在英国宪政文化的基础上起步。所以尽管现行的美国宪法是于 1787 年制定的，但是美国的宪政却奠基于殖民地时期。

17 世纪初，英国开始向北美殖民，并形成第一个殖民地弗吉尼亚。1619 年 7 月，弗吉尼亚便首次召集了殖民地议会。当时的弗吉尼亚议会是一院制混权式的殖民地最高权力机关，议会的权力不仅限于立法，也兼及司法。议会由弗吉尼亚公司所指派的总督和参事以及由殖民地居民所选举的代表共同组成，共同作出决定。弗吉尼亚议会的这种结构是在近代分权观念尚未产生之前建立的，是同当时英国的宪政理论相适应的。以弗吉尼亚议会为开端，代议制度很快便在其他殖民地上流行起来，成为当时英属美洲殖民地政体的一大特色，而弗吉尼亚议会也因此成为北美殖民地议会的鼻祖。

在殖民地时期还有一个事件，也对美国宪政起到了重要的奠基作用。1620 年，102 名因受迫害而逃亡的英国清教徒乘坐一艘名叫“五月花号”(Mayflower) 的船，漂洋过海前往北美的新英格兰殖民地。11 月 11 日，在临上岸之前，这批人中间的 41 名成年男子在船上制定了《五月花号公约》，同意创建并服从一个政府。到 11 月 21 日上岸后，这些清教徒就签署了《五月花号公约》。《五月花号公约》所包含的正是我们现在都熟知的宪政民主观念，即政府是基于被统治者的同意而成立的，政府必须服从契约（宪法），依法而治。这种观念随后在北美殖民地逐渐流传开来，影响深远，比如《独立宣言》中就有《五月花号公约》的影子。

到独立战争即将爆发之前，殖民地反抗宗主国的运动，既充分展示了之前所形成的宪政文化的影响作用，也是美国宪政史上的一次重要实践。1764 年，为弥补七年战争所产生的债务，英国国会通过一系列条款，向北美殖民地广泛征税并设立海关。而 1765 年的印花税法最为过分，甚至连报纸也要征税。这引起殖民地民众的普遍不满，人们发表“没有代表就不纳税”的宣言，声称没有殖民地代表出席英国国会就不会纳税，从而采取了一系列的抵制措施。殖民地与宗主国之间的关系日趋紧张，最终于 1775 年引发了独立战争。不过一开始，只有少数人才主张从宗主国彻底独立出来，直到英国通过强力压制殖民地自治的“不可容忍法”(Intolerable Acts) 之后，殖民地民众才普遍将宗主国视为压迫者，并决心独立。

在独立战争仍在进行的期间，1776 年 6 月 12 日，弗吉尼亚议会通过了一项宪法法案，即《弗吉尼亚权利法案》(Virginia Declaration of Rights)，这在美国宪政史上也是一个非常重要的事件。该法案的主旨是申明属于弗吉尼亚人民的权利，并以此作为设立政府的基础。法案除了确定人民固有的自然权利，比如生命权、自由权和财产权，还阐述了政府服务于人民的观点，并列举了对政府权力的一些限制，强调人民有反抗不胜任政府的权利。《弗吉尼亚权利法案》在美国的历史上影响深远，正是受它的启发，托马斯·杰斐逊起草了《独立宣言》(1776 年 7 月)，以后还起草了美国宪法的第一批修正案，即《权利法案》(1789 年)。该文献甚至在国外也产生了广泛的影响，比如拉法夷特侯爵就受此启发，起草了法国《人权宣言》(1789 年)。《弗吉尼亚权利法案》到现在仍是弗吉尼亚宪法的一部分。

毫无疑问，在美国的宪政史上，最重要的一刻就是《独立宣言》的发表。这个宣言不但宣告了美国的独立，而且也指明了美国的立国之本，即宪政原则。1776 年 6 月，马萨诸塞的约翰·亚当斯、宾夕法尼亚的本杰明·富兰克林、弗吉尼亚的托马斯·杰斐逊、纽约的罗伯特·李文斯顿和康涅狄克的罗杰·谢尔曼聚集一起，决定起草一份宣示北美殖民地决心独立的文告。五人小组决定由托马斯·杰斐逊独立起草宣言，再经富兰克林和亚当斯过目。在经过修改后，五人小组于 6 月 28 日向大陆会议提交了宣言。7 月 4 日，大陆会议通过宣言，从而宣告美国独立。

当 1776 年 7 月 4 日，大陆会议通过独立宣言，宣告美国诞生之时，这个新成立的国家尚欠缺正式的政府机构，还很难称得上是一个真正的国家。因为当时的大陆会议只是独立战争的临时领导机构，而且尽管大陆会议在 1776 年创立了大陆军，但却并未授予其征税和制定法律的权力。不过还在 1776 年 6 月，大陆会议就已经开始起草一部全国性的宪法了，这就是《邦联条例》(Articles of Confederation)。《邦联条例》最终完成于 1777 年 11 月 15 日，但是直到 1781 年 3 月 1 日马里兰殖民地最后一个批准该条例，《邦联条例》才正式生效。根据《邦联条例》，13 个殖民地作为加盟州共同建立一个邦联国会。这是一个一院制的机构，每个州可派 2—7 人参加，但每州不论人口多少，在国会中都只有一票表决权。而对于国会所讨论的所有重大事项，均须获得 9 票支持才能通过，至于对《邦联条例》本身的修正，则更是需要 13 州一致同意方可。邦联国会每年都会选举一个轮值主席，国会下面还设立一个诸州委员会，在国会休会时管理经常性事务。《邦联条例》授权邦联国会处理外交、宣战、管制货币铸造、确定度量衡标准、举债借款、建立邮政系统、筑路、征募陆军和海军等事务，但这些权力并不是邦联国会专有的，每个州也有权处理这些事务。而且《邦联条例》没有授予邦联国会征税和筹款的权力，国会只能向各州募集款项。此外，邦联国会也无权管制外贸、建立全国法庭或强制实施自己的命令。据此来看，按照《邦联条例》而建立的美国仅仅是由 13 个独立国家所组成的松散的国际联盟。换言之，尽管美国在成立之初即以宪政为立国之本，但其所设计的政治制度，却完全不能履行宪政的功能。美国的宪政并未因为国家的建立而终结，还需要进一步推进。

由于邦联制度本身存在严重的缺陷，所以从一开始，美国政府就无力处理那些各州也无力处理的共同事务，甚至由此导致了一系列的危机事件，因此各州的明智之士意识到，修改《邦联条例》势在必行。1786 年 9 月，有五个州的行政长官在安那波利斯举行会议，讨论如何修改《邦联条例》以促进各州之间的通商往来，与会者在会后还邀请各州的代表到费城来进一步讨论此事项。1787 年 2 月 21 日，在经过激烈的辩论之后，邦联国会终于通过了修订《邦联条例》的议案，于是除罗德岛州之外的 12 个州都接受了邀请，派遣代表（共计 55 位）参加当年 5 月在费城举行的修改《邦联条例》的会议。尽管邦联国会所通过的决议，写明了此次会议的目的是仅仅起草《邦联条例》的修正案，但会议最后却决定重新起草一部宪法，以代替《邦联条例》，从而将这次会议变成了制宪会议。费城制宪会议的代表经投票，同意采取秘密会议的方式，并同意新的宪法法案须获得 13 个州中的九个州批准才能生效。9 月 17 日，在经历了激烈而反复的争论和妥协之后，宪法正式完稿，此后便是长达几年的并伴随着激烈辩论的宪法批准过程。到 1788 年 6 月 21 日时，新罕布什尔终于成为第九个批准宪法的州，宪法于是正式生效（当时最后一个批准宪法的是罗德岛州，直到 1790 年才批准宪法从而加入联邦）。宪法生效后，邦联国会随即安排了联邦国会与总统大选的时间表，并确定 1789 年 3 月 4 日为宪法全面实施之日，即联邦政府正式运作之日。不过实际情况是，众议院和参议院分别于 1789 年 4 月 1 日和 6 日第一次达到法定有效人数而开始运作，第一任总统华盛顿的就职典礼是在同年 4 月 30 日举行的，联邦最高法院直到 1790 年 2 月 2 日才首次开庭，其他联邦法院则是在国会于 1789 年 9 月 24 日通过《司法法》后才建立的。美国联邦政府最终得以成立。

1787 年制宪会议所制定的宪法，就是现行的美国宪法。这部宪法自生效后至今，总体框架未作任何变动，而是以修正案的方式进行了个别的修改。到目前为止，美国总共通过了 27 条有效的宪法修正案（见表 5-1），其中前十条修正案是一次性通过的，因其主要表述了公民的基本权利，故而也被统称为《权利法案》。实际上，美国宪法之所以在生效后不久便作出了修正（即 1791 年的《权利法案》），这是因为当初马里兰和弗吉尼亚等州以此作为批准宪法的交易条件。

表 5-1 **美国宪法的修正案**

序号	时间	大致内容
1	1791 年 12 月 15 日	信仰、出版、集会、示威自由
2	1791 年 12 月 15 日	携带武器的自由
3	1791 年 12 月 15 日	军队不得进入民房
4	1791 年 12 月 15 日	免于不合理的搜查与扣押
5	1791 年 12 月 15 日	正当审判程序、一罪不再理、无罪推定、征用私产需赔偿
6	1791 年 12 月 15 日	刑事案件接受陪审团审判的权利
7	1791 年 12 月 15 日	民事案件接受陪审团审判的权利
8	1791 年 12 月 15 日	禁止过度严厉的刑罚和罚款
9	1791 年 12 月 15 日	宪法未列明的权利同样受保护
10	1791 年 12 月 15 日	宪法未赋予政府的权力都属于各州和人民
11	1795 年 2 月 7 日	限制联邦法院对各州的管辖权
12	1804 年 6 月 15 日	总统选举办法
13	1865 年 12 月 6 日	废除奴隶制度
14	1868 年 7 月 9 日	国籍、处罚程序、众议员选举、叛国罪、国债，所有公民享有被平等保护权
15	1870 年 2 月 3 日	所有公民不得由于肤色和种族的区别而受到选举权的限制（不包括性别）
16	1913 年 2 月 3 日	国会对所得税的征收权
17	1913 年 4 月 8 日	代表各州的联邦参议员必须直接选举
18	1919 年 1 月 16 日	禁止在美国国内制造、运输酒类
19	1920 年 8 月 18 日	禁止选举中的性别歧视
20	1933 年 1 月 23 日	规定总统任期、国会议事程序
21	1933 年 12 月 5 日	废除第 18 条修正案
22	1951 年 2 月 27 日	总统最多连任一次
23	1961 年 3 月 19 日	首都华盛顿哥伦比亚特区的选举规则
24	1964 年 1 月 23 日	选举权不受税收限制
25	1967 年 2 月 10 日	总统与副总统的继任规则
26	1971 年 7 月 1 日	保护 18 岁以上公民的选举权
27	1992 年 5 月 7 日	禁止随意改动议员的薪酬

第三节　国家结构制度

美国实行联邦制，由50个州所组成（见表5-2），但就实际领土而论，美国还包括华盛顿哥伦比亚特区（即首都）以及若干个海外领地（包括美属萨摩亚、关岛、北马里亚纳群岛、波多黎各和美属维尔京群岛等）和海外军事基地。从前为美国所占领的巴拿马运河区域（1903—1979年）和菲律宾群岛（1898—1946年），也曾属于美国领土。除此之外，还有几个国家自愿与美国结成联系邦（Associated States），包括密克罗尼西亚联邦（1986年以来）、帕劳（1994年以来）和马绍尔群岛（1986年以来）。这些国家都具有国际法意义上的主权和对其国土的最高控制权，但又都允许美国提供防卫和金融协助。实际上，这些国家都依赖于美国所提供的金融协助以维持政府的运作和对资金的需求。而美国也给予这些国家以特殊的待遇，提供许多加入美国国内政策计划的机会，比如灾害防治、救灾和重建等。

表5-2　　**美国的50州**

州名	加入联邦的时间	州名	加入联邦的时间
特拉华	1787/12/7	密歇根	原密歇根领地，1837/1/26
宾夕法尼亚	1787/12/12	佛罗里达	原佛罗里达领地，1845/3/3
新泽西	1787/12/18	得克萨斯	原得克萨斯共和国，1845/12/29
佐治亚	1788/1/2	艾奥瓦	原艾奥瓦领地，1846/12/28
康涅狄克	1788/1/9	威斯康星	原威斯康星领地，1848/5/29
马萨诸塞	1788/2/6	加利福尼亚	原墨西哥割让土地，1850/9/9
马里兰	1788/4/28	明尼苏达	原明尼苏达领地，1858/5/11
南卡罗莱纳	1788/5/23	俄勒冈	原俄勒冈领地，1859/2/14
新罕布什尔	1788/6/21	堪萨斯	原堪萨斯领地，1861/1/29
弗吉尼亚	1788/6/25	西弗吉尼亚	原弗吉尼亚州的一部，1863/6/20
纽约	1788/7/26	内华达	原内华达领地，1864/10/31
北卡罗莱纳	1789/11/21	内布拉斯加	原内布拉斯加领地，1867/3/1
罗德岛	1790/5/29	科罗拉多	原科罗拉多领地，1876/8/1
佛蒙特	原纽约州的一部，1791/3/4	南达科他	原达科他领地，1889/11/2

续表

州名	加入联邦的时间	州名	加入联邦的时间
肯塔基	原弗吉尼亚州的一部，1792/6/1	北达科他	原达科他领地，1889/11/2
田纳西	原西南领地，1796/6/1	蒙大拿	原蒙大拿领地，1889/11/8
俄亥俄	原西北领地，1803/3/1	华盛顿	原华盛顿领地，1889/11/11
路易斯安那	原路易斯安那领地，1812/4/30	爱达荷	原爱达荷领地，1890/7/3
印第安纳	原印第安纳领地，1816/12/11	怀俄明	原怀俄明领地，1890/7/10
密西西比	原密西西比领地，1817/12/10	犹他	原犹他领地，1896/1/4
伊利诺斯	原伊利诺斯领地，1818/12/3	俄克拉荷马	原俄克拉荷马领地，1907/11/16
阿拉巴马	原阿拉巴马领地，1819/12/14	新墨西哥	原新墨西哥领地，1912/1/6
缅因	原马萨诸塞州的一部，1820/3/15	亚利桑那	原亚利桑那领地，1912/2/14
密苏里	原密苏里领地，1821/8/10	阿拉斯加	原阿拉斯加领地，1959/1/3
阿肯色	原阿肯色领地，1836/6/15	夏威夷	原夏威夷领地，1959/8/21

美国宪法第四条第三款表明，联邦国会负责美国领土事务的管理。根据该规定，国会接纳新州加入联邦，但不得在任何其他州的管辖范围内组成或建立新州，未经有关州议会和国会的同意，也不得将两个或两个以上的州或几个州的一部分合并成新州；对于属于合众国的领土或其他财产，国会有权处置并制定一切必要的条例和规章。因此，国会仅对非隶属于州的而属于联邦所拥有的领地直接行使权力。① 不过从历史来看（见表5-2），这些领地后来大多成为联邦的新州而加入联邦。当然直到现在，仍然存在一些仍由联邦直接管理的领地。至于各州是否可以独自任意脱离联邦的问题，美国宪法并未就此作出规定，但在内战后的1869年，联邦法院通过对得克萨斯州诉怀特（Texas v. White）一案的判决，确立了若有任何一州要脱离联邦，则必须获得其他州的许可才可合法离开联邦的原则。

一、联邦与各州之间的关系

就如德国一样，在美国，联邦与各州之间也是分权制衡的关系。由于联邦

① 不过在1849年3月3日，第30届国会通过法案成立内政部，由其接管了国会的这项权力。

是经各州同意，由各州联合而组成的，是先有各州而后才有联邦，所以很显然，国家权力本来就属于各州及其人民，而联邦的权力则只可能来自于各州及其人民的同意和授予。这就界定了联邦与各州分权的基本原则（美国宪法第十条修正案）：宪法未授予合众国、也未禁止各州行使的权力，由各州各自保留，或由人民保留。那么各州及其人民究竟应该授予联邦什么样的权力呢？首先，既然各州同意联合成为一个国家，那么维护这个国家的整合性自然就是必要的，由此就应当赋予联邦相应的权力。所以美国宪法第六条规定：本宪法和依本宪法所制定的合众国法律，以及根据合众国的权力已缔结或将缔结的一切条约，都是全国的最高法律，每个州的法官都应受其约束，即使州的宪法和法律中有与之相抵触的内容。其次，各州之所以同意联合成为一个国家，自然是因为如此将获得某些好处，而且这种好处是若不联合就不能获得的，所以为了获得这些好处，也必须将相关的权力授予联邦，比如共同的外交、国防、跨州商贸、交通、货币、度量衡等。由于授予联邦的权力带有集中性，而各州所保留的权力带有分散性，所以这就在联邦与各州之间形成了一种相互制约的关系，由此达到平衡的状态，使之既不偏向于联邦的集权从而危害各州及其人民的权利，又不偏向于各州的分权从而危害国家的整合性。

具体说来，根据美国宪法的规定，联邦与各州之间的分权状况如下：

（一）在立法权方面

首先，宪法明确授予联邦国会如下的一些立法权：规定和征收直接税、进口税、捐税和其他税，以偿付国债、提供合众国共同防务和公共福利，但一切进口税、捐税和其他税应全国统一；以合众国的信用借款；管制同外国的、各州之间的和同印第安部落的商业；制定合众国全国统一的归化条例和破产法；铸造货币，厘定本国货币和外国货币的价值，并确定度量衡的标准；规定有关伪造合众国证券和通用货币的罚则；设立邮政局和修建邮政道路；保障著作家和发明家对各自著作和发明在限定期限内的专有权利，以促进科学和工艺的进步；设立低于联邦最高法院的法院；界定和惩罚在公海上所犯的海盗罪和重罪以及违反国际法的犯罪行为；宣战，颁发掳获敌船许可状，制定关于陆上和水上捕获的条例；招募陆军和供给军需，但此项用途的拨款期限不得超过两年；建立和维持一支海军；制定治理和管理陆海军的条例；规定征召民兵，以执行联邦法律、镇压叛乱和击退入侵；规定民兵的组织、装备和训练，但民兵军官的任命和按国会规定的条例训练民兵的权力，由各州保留；对于由某些州让与合众国、经国会接受而成为合众国政府所在地的地区（不得超过十平方英里)，在任何情况下都行使独有的立法权；对于经州议会同意、由合众国在该州购买的用于建造要塞、弹药库、兵工厂、船坞和其他必要建筑物的一切地方，行使同样的权力；以及制定为行使上述各项权力和由本宪法授予合众国政府或其任何部门或官员的一切其他权力所必要的和适当的所有法律。

其次，宪法也明确规定国会在以下方面的立法权将受到限制甚至被禁止：现有任何一州认为得准予入境之人的迁移或入境，在1808年以前，国会不得加以禁止，但对此种人的入境，每人可征收不超过十美元的税；不得中止人身保护状的特权，除非发生叛乱或入侵时，公共安全要求中止这项特权；不得通过剥夺公民权利的法案或追溯既往的法律；对于从任何一州输出的货物，不得征税；任何商业或税收条例，都不得给予一州港口以优惠于他州港口的待遇；开往或开出一州的船舶，不得被强迫在他州入港、出港或纳税；除根据法律规定的拨款外，不得从国库提取款项。一切公款收支的定期报告书和账目，应不时予以公布；合众国不得授予贵族爵位。凡在合众国属下担任任何有薪金或有责任的职务的人，未经国会同意，不得从任何国王、君主或外国接受任何礼物、俸禄、官职或任何一种爵位。

最后，与联邦立法权相对，各州也在某些方面被限制行使立法权，这包括：(1) 任何一州都不得缔结任何条约，参加任何同盟或邦联；颁发捕获敌船许可状；铸造货币；发行纸币；使用金银币以外的任何物品作为偿还债务的货币；通过任何公民权利剥夺法案、追溯既往的法律或损害契约义务的法律；或授予任何贵族爵位。(2) 任何一州，未经国会同意，不得对进口货或出口货征收任何税款，但为执行本州检查法所绝对必需者除外。任何一州对进口货或出口货所征收的全部税款的纯收益供合众国国库使用；所有这类法律得由国会加以修正和控制。(3) 任何一州，未经国会同意，不得征收任何船舶吨位税，不得在和平时期保持军队或战舰，不得与他州或外国缔结协定或盟约，且除非实际遭到入侵或遇到刻不容缓的紧迫危险，不得进行战争。

（二）在行政权方面

由于行政即执行法律之行为，所以宪法授予联邦什么样的立法权，则在相应的范围内，联邦行政部门也就享有相应的行政权。只不过，美国宪法对于以总统为首的联邦行政部门的一些具体职权，也作出了明确的规定，这将留待后文来详述。

（三）在司法权方面

联邦法院的司法管辖权限包括：由于宪法、联邦法律和根据合众国权力已缔结或将缔结的条约而产生的一切普通法的和衡平法的案件；涉及大使、公使和领事的一切案件；关于海事法和海事管辖权的一切案件；合众国为一方当事人的诉讼；两个或两个以上州之间的诉讼；一州和他州公民之间的诉讼；不同州公民之间的诉讼；同州公民之间对不同州让与土地所有权的诉讼；一州或其公民同外国或外国公民或国民之间的诉讼。对于联邦法院的司法管辖权限，第11条宪法修正案更具体地指出，合众国的司法权，不得被解释为适用于由他州公民或任何外国公民或国民对合众国的一州所提出的或起诉的任何普通法或衡平法的诉讼。

在联邦法院的司法管辖权限范围之内，美国宪法规定，对于涉及大使、公使和领事以及以一州为一方当事人的一切案件，联邦最高法院都具有第一审管辖权；对于除此之外的其他所有案件，不论法律方面还是事实方面，联邦最高法院都具有上诉审管辖权，但须依照国会所规定的例外和规章。

二、各州

美国各州均制定有自己的宪法。根据美国宪法之规定，各州宪法须满足如下条件：各州实行共和政体；各州宪法应服从联邦宪法、联邦法律以及根据合众国的权力已缔结或将缔结的一切条约。各州宪法虽在细节上有所不同，但总体上和联邦宪法是一致的，均包括民权宣言和政府的组织等内容。

根据各州宪法的规定，各州政府均按照总统制模式，根据三权分立制衡的原则而设立。具体来说，各州均设议会为立法机关。除内布拉斯加州议会为一院制外，其余各州议会均分为上下两院，一般上院叫参议院（Senate），下院叫众议院（House of Representatives、House of Delegates 或 General Assembly）。大多数州的参议员任期四年，众议员任期两年。各州的行政长官均称州长（Governor），并且和议员一样，也由公民直接选举产生，通常任期四年（有一些州是两年）。州长还是未被联邦征调服务的州国民警卫队的总司令。各州还设有独立于联邦法院体系的州法院体系，凡不属于联邦法院司法管辖权限范围内的案件，均归州法院管辖，各州最高法院（或称最高上诉法院）在此范围内享有终审权。不仅如此，各州最高法院还享有违宪审查权，既可以宣布州法律违宪（违反州宪法、联邦宪法或联邦法律），也可以宣布联邦法律违宪（违反联邦宪法），但在此过程中，若涉及对联邦宪法、联邦法律或国家条约的解释，则州最高法院的裁决可以被进一步上诉到联邦最高法院。各州下级法院的设置差异很大。各州法官的产生方式也存在很大的差别，大多数州的法官由选民直接选举产生，少数州的法官由议会选举产生，或者由州长任命或采取其他的任命方式，并且大多数州的法官都有任期限制。但是一旦法官任职，则必须保持中立。所有州都建立各种委员会或类似机构，来处理法官的渎职行为，而不采取弹劾的方式。

此外，各州还实行直接民主制度，比如许多州都实行公民直接创制立法或全民公投的制度。

三、地方

在美国，地方指的是各州以下的行政区划。各州的地方行政区划非常多样，也十分复杂，不过一般都包括如下几种划分：

（一）市（municipality）

由于美国早已发展成为一个高度城市化的国家，其人口的80%左右都居住在城市或城郊，所以市的设置在各州是最为普遍的，数量也最多。

在美国，市是根据州政府所颁发的特许状和地方自治特许状而成立的自治法人实体。市拥有程度不等的自治权，其职能由州宪法规定，所管理的一般都是与民众生活息息相关的事务，比如警务、消防、卫生、医疗、教育、公共交通和房地产等。

市政府的设置在各州都不同，不过通常都设有一个议会和由一位行政长官领导的行政机关。大体上，各州的市政府设置可以分为三种类型：（1）市长-议会制（Mayor-Council）。这在美国是最古老的市政府体制，一直到20世纪初期，几乎所有的美国城市都是通过此种政府体制来进行管理的。具体来说，在这种政府体制下，民众直接选举产生作为立法机关的议会，作为行政长官的市长也由民众直接选举产生，市长再任命各行政部门的长官和其他官员，有的还需要经议会同意。议会负责制定市的法令，规定税率，在不同部门分配资金，而市长有权否决市议会的法令，并负责筹划市运营的预算。（2）委员会制（Commission），即设立一个市委员会，由民众直接选举产生，集中掌握立法和行政权。每一位委员都负责监督下属的一个或多个部门，其中一位委员担任主席职位，通常也叫做市长，但其实际权力和其他委员并无区别。（3）议会-经理制（Council-Manager）。也就是说，民众选举出一个小型议会，负责制定法律，同时因为民选的官员不一定具备专业的城市管理能力，所以议会就雇用一位“经理”来负责行政管理。市经理行使大部分的行政权力，负责执法、筹划预算、分配拨款以及监督大部分的下属部门。市经理一般来说没有任期限制，只要议会对其工作满意，就可以一直干下去，但他必须具备出色的管理能力。现在这种政府体制正为越来越多的美国城市所采用。

（二）县（County）

县通常是州的再分区，包含两个或两个以上的乡镇。相对于市的设置而言，县在美国各州的数量要少一些。现在除了康涅狄格和罗得岛州外，其他各州均有县（或相当于县的区（Borough/Parish），比如在阿拉斯加和路易斯安那州）的设置。不过随着美国城市化程度的不断提升，县的地位和作用日趋下降。

美国各州对县的设置存在很大的差别，大致可分为三种情况：（1）在新英格兰地区，那里实际上已无县的设置，因为县域内各个城市和市镇的边界相连，从而没有给县留下可供管理的对象。换言之，各个城市和市镇填满了县域，从而使县的设置虚化了。（2）在其他州，有的县域内既有城市（包括市镇）也有广大农村，在这种情况下，市政府就管理城市范围内的公共事务，而城市以外的广大农村地区则由县政府管理。在一些关系到市县双边关系的共同领域，则由双方共同组成委员会和理事会来进行管理。（3）还有就是有的县域内不包括任何城市、市镇和乡村，于是就只设置一个县政府。

在设置县的地方，县政府其实是州政府的代理机构，一般遵循英国传统，实行立法与行政合一制，不过现在也有一些县实行了跟市一样的委员会制和经理制。县政府的名称在各州各不相同，一般称为监督委员会，通常由3—5人组成，有的可多至30余人。委员均由选举产生，以县的名义集体行使州宪法和法律所赋予的一切职责，比如进行税收、拨款、授权借款等立法，以及估税、征税、护理公路、主管卫生、水利灌溉等行政事务。除去这些委员外，县政府还包括其他一些名目的官员，比如法官、行政司法长官、检察官、法医、审计官、司库、测量官、学校督察等，这些官员也多由公民直接选举产生，各司其职。

（三）乡镇（Township）

在美国的一些州内，如果由于管辖范围过小等原因而不宜设置市或县，那么这些地区就可以向州政府登记注册，领取许可证而建立乡村和市镇，统称乡镇。在很多州内，“town”这个词并不是指“市镇”，而仅表示居住地的意思，只是在某些州内，“town”才是“市镇”的意思。

乡村享有自治法人的地位，其政府形式就是村民大会，通常也选举一个委员会来负责全村的工作。市镇也具有自治法人的地位，其政府形式比较多样，有的每年召开一次全镇大会，有的则设置代议制的议会，有的选举一个委员会，还有的实行经理制。

（四）特别区（Special District）

除了上述最普遍的设置外，美国各州还有许多特别区的设置，其中最常见的就是学区。各州法律都规定，州政府可根据需要成立若干学区，负责经办中小学教育。学区的建制始于马萨诸塞州，该州在 1789 年和 1827 年率先制定法律，授权特别委员会监督学校。到 19 世纪中期，以学区管理教育的制度已普及全美国。通常，学区设置一个委员会，行使由州政府授予的管理权，其委员则由学区内的居民选举产生，并且还聘请一名学监主持日常工作。

除学区外，为完成其他难以为政府机构所处理的特别问题，如水供应、消防、土壤保持、交通与公用事业等，各州议会还可以决定成立一些特别区，以便进行专门管理，比如田纳西流域管理局、住房和城市重建特别区、纽约和新泽西滨水区和航空港委员会等。这些特别区也分别设置一个委员会，其成员有的是选举产生的，有的则是指派的。

不管是哪种特别区，其政府在法律上都不隶属于所在的县或市政府。它们均可征税、举债以及筹措资金，不过学区的经费多由市、县、州政府分担或补贴。

四、联邦直辖地区

美国作为一个联邦制国家，主要由各州所构成，但就其领土而论，还有一些地区是由联邦政府直接管辖的，这包括美国的首都、印第安人保留地、海外领地和军事基地等。这里主要来看看前二者。

美国建国后，围绕着首都的选址问题，各州之间曾发生了激烈的争执：北方各州希望将首都定在纽约，而南方各州则希望将首都定于南方。最后南北双方作出妥协让步，决定在美国南方离北方不远的地方，即马里兰州和弗吉尼亚州的交界处，新建一个城市，即“联邦城”，作为美国的首都。至于联邦城的具体位置，则是由华盛顿总统决定的，他还建议将美国首都称为“联邦市”，不过在 1791 年 9 月 9 日，这里被命名为华盛顿市，这就是美国首都的由来。实际上，美国首都的全名是华盛顿哥伦比亚特区（Washington，D. C.），华盛顿（Washington）是它作为一个城市的名称，而哥伦比亚特区（District of Columbia，D. C.）则表明它是由联邦直接管辖的区域。对于华盛顿哥伦比亚特区，美国国会是通过华盛顿市政府来进行管理的。这个地区没有州的地位，因此在参议院中没有代表，不过在众议院中有一名没有选举权的代表。

对于印第安人部落，美国主要是通过设置印第安人保留地来进行专门管理的。全美国共有 300 多个保留地，分布于 26 个州，共占美国领土面积的 2.3%。印第安人保留地拥有准独立的地位，虽然各保留地仍是所在州的一部分，有权投票选举州长，但所在州的法令对各保留地并不完全适用，且保留地没有义务缴纳州税、地方所得税、销售税或财产税。实际上，除了美国内政部的印第安事务局负责一般事务外，印第安人保留地是由印第安人部落来自我管理的，印第安人只需缴纳联邦税，也须遵守联邦法律。每个印第安部落区都设有自己的政府，即部落委员会，一般由一位酋长、两位副酋长以及部落秘书、翻译和会计组成。部落委员会的主要职责是管理部落民众的日常事务，以及负责与当地其他部落、社区、州政府和联邦政府的交往事务。

第四节 总 统

根据美国宪法或明或暗的规定，总统既是国家的行政首脑，又是国家元首。宪法第二条第一款明确规定，行政权属于美利坚合众国总统，因此总统是行政首脑无疑；同条第三款又规定，他应接见大使和公使，由于这是国家元首的职责，可见美国宪法实际上确立了总统作为国家元首的地位。

一、选举与任职

根据美国宪法第二条第一款的规定，只有年满 35 岁，在美国居住 14 年以上，且是“自然出生的美国公民”(通常被解释为出生时即为美国公民)，或者是在宪法通过时为美国公民的人，才有资格担任总统。在美国，要求“出生时为美国公民”的任职条件，仅限于正副总统两职。另据美国宪法第 14 条修正案（1868 年）的规定，任何人，凡先前曾以国会议员、合众国官员、州议员、州行政官员或州司法官员的身份宣誓维护合众国宪法，但以后又反叛合众国或对合众国作乱，或给予合众国敌人以帮助或鼓励，则都不得担任美国国会的参议员、众议员、总统和副总统选举人以及合众国或各州属下的任何文职或军职官员，除非国会以两院各 2/3 的票数取消此种限制。

美国总统是根据选举人制度而由选民间接选举产生的，也就是说，选民首先选出总统选举人，再由总统选举人选举产生总统。但美国宪法对于总统选举制度的规定比较粗略，而且也并未完全反映实际的过程。实际上，要厘清美国总统选举的全过程，关键就是要注意政党的介入和选举人制度这二者的结合。

由于政党介入总统的选举过程，这样在实践中，总统选举就要经过初选、各党全国代表大会选举和正式选举三个阶段。而在这一切行动开始之前，那些有意竞逐总统选举的人士（即总统候选人）通常就会放出风声，准备竞选，有的候选人甚至会在上一届总统选举结束之后便开始行动了。

初选（Primary Election）也称预备选举，是在各政党（主要是民主与共和两大党）内部进行的，通常于总统选举年的二至六月份举行，由此选举产生出本党总统候选人的提名人。这些提名人事先已分别声明将支持本党的某些总统候选人，他们将作为本党的全国代表，出席党的全国代表大会，即本党的总统候选人提名大会。在这个阶段，总统候选人要力争在党内获得多数提名人（即全国代表）的支持，或者说，要力争使支持自己的党员当选为提名人（全国代表），从而为下一步自己当选为本党的正式总统候选人奠定基础。各党有权决定各州出席本党全国代表大会的全国代表名额，一般是根据各州的人口比例来分配的。至于具体选举提名人（全国代表）的办法，各党不同，各地也不同。但不管选举方式存在多大差异，由于美国政党的组织松散，大多数选民都是根据其在选举投票时的政治表态来确定其党派身份的，并不固定，所以初选看似为各党内部的选举，实际上却是广大的普通选民参加选举的过程，所以它能够在很大程度上反映各总统候选人受民众支持的程度，从而对以后的选举过程起着非常重要的影响作用。

初选结束后，各党接下来（一般在总统选举年的七至八月份）就举行全国代表大会（亦称总统候选人提名大会）。通过这次大会，各党将选出本党的正式总统候选人，并确定搭档竞选的副总统候选人。大会还将于随后数日内制定出正式的竞选纲领。不过这次选举基本上只是一个形式或程序，因为上一阶段的初选即已确定了大局。只有在经过初选后，本党的若干位总统候选人获得全国代表支持的优势不明显时，全国代表大会的选举才具有实质性作用。当然，全国代表大会的作用也不仅限于选出本党的正式总统候选人（并确定副总统候选人），其实这也是各党发挥全国性影响力的绝佳机会。

此外，在这个阶段上，各党在向全国推出本党的正式总统和副总统候选人的同时，还在各州相应地推出本党的总统选举人团名单，其人选通常是那些长期为本党服务的忠诚党员，这些人要保证支持本党的总统（和副总统）候选人。如前所述，根据美国宪法的规定，总统是由总统选举人来间接选举产生的，而且每个州的选举人将分别组成选举人团（Electoral College）。宪法规定，每个州的选举人团人数与该州在美国国会的参众议员的总人数相等，因而全国共计 535 人。不过第 23 条宪法修正案（1961 年）给了华盛顿哥伦比亚特区 3

个选举人的名额，由此总统选举人便增加到538人。就各州的分布来看，目前加利福尼亚州的选举人团最大，有55人，其次是得克萨斯州（34人）和纽约州（31人），而阿拉斯加、特拉华和怀俄明等州，每州的选举人团均只有3人。

在各党提出正式的总统和副总统候选人以及总统选举人团名单后，各党的正式总统和副总统候选人便在各州展开竞选活动，以争取选民的选票。当大选日来临时，竞选结束，正式选举就开始了。不过正式选举阶段又分为若干步骤：

（1）首先是针对各党在各州所提出的总统选举人团名单，各州选民投票选举产生出本州的总统选举人团。美国宪法第二条第一款规定，国会得确定选出选举人的时间，这个日期在全国应为同一天。这一天被称作大选日。现在已经确定，大选日为选举年11月份的第一个星期二。不过为避免大选日投票地点过于拥挤，目前美国大多数州都允许选民在大选日前的45天内提前进行投票。其实根据美国宪法的规定，总统选举人的产生方式由各州议会自定，因此在早期，实际上大部分州都由议会直接指派选举人，只是从19世纪开始，越来越多的州才实行公民直接选举制度，如今，所有州（包括华盛顿哥伦比亚特区）都采取了这种制度。根据这种制度，各州的选票上分别载明支持不同总统候选人的各组选举人团名单（也就是由各党所推出的选举人团名单），实际上许多州的选票上仅印有各位总统候选人的姓名而无选举人团名单，因此选民选择一位总统候选人，就意味着选择了支持该候选人的选举人团名单（也就是某党所提出的选举人团）。至于总统选举人的当选，除缅因州和内布拉斯加州外，其余48个州和首都地区均实行胜者全得的制度（the Winner-takes-all System），即得票最多的选举人团名单，上面的选举人就全部当选，换句话说，该选举人团名单所支持的总统候选人就获得了该州的全部选举人票。

（2）总统选举人产生后，接下来就由他们投票选举产生总统（和副总统）。美国宪法第二条第一款规定，国会得确定选举人投票的日期，这个日期在全国应为同一天。根据宪法第12条修正案（1804年）的规定，在投票日这天，各州选举人在各州首府集会，投票选举总统和副总统。每位选举人须在两张选票上分别写明其所选择的总统候选人和副总统候选人的姓名，然后各州选举人团将所有被选为总统的候选人和所有被选为副总统的候选人分别开列名单，写明每人的得票数，并在名单上签名作证，而后将封印后的名单送达首都，交参议院议长收。

和各党举行全国代表大会选举正式总统候选人（并确定副总统候选人）

一样，在绝大多数的情况下，总统选举人的选举行为实际上也只是一种形式或程序，大局早已在选举人为选民所选举产生之时即已确定。之所以说选举人的选举行为在绝大多数情况下都只是一种形式或程序，这是因为，选民在投票选举选举人的时候，就已经知道这些选举人候选人（即那些被列在选举人团名单上的人）将会投哪位总统候选人的票——因为这些选举人候选人都是由各党所推出的。所以名义上是选民在选举总统选举人，实际上却是在选择某个政党的总统候选人。由于这个原因，美国总统名为间接选举，实为直接选举，也因此，选举人选举总统（和副总统）的过程一般并为民众所重视或了解。当然，这里有一个问题，就是那些当选的选举人，随后就一定会投票选择他所在党的总统候选人吗？有无背叛的可能性？考虑到美国政党的组织松散性，应当说这种可能性是存在的。在实践中，选举人候选人一般都须事先向选民承诺支持某党的总统候选人，并且大多数选举人在当选后，也会按照承诺投票，不过仍然出现过少数的“不忠选举人或失信选举人”（faithless elector）。鉴于各州选举人团是在代表各州投票选举总统，因此为避免出现失信选举人，各州通常都通过立法来约束选举人的行为，比如规定选举人在投票前必须正式宣誓将票投给本党的总统和副总统候选人，否则他就将被撤换掉；规定以记名方式进行投票；规定选举人如违规投票，则其投票无效；以及规定失信选举人将受到罚款等处罚。应当说，美国宪法对于选举人的失信投票行为并无任何规定，所以对于各州这种立法的合宪性，是存在争议的。不过联邦最高法院已于 1952 年裁定：按照宪法，选举人是在代表各州行使权利，因此各州有权约束选举人的行为，也有权撤换拒绝宣誓的选举人。但是，各州的立法宣布失信选举人已经投下的选票无效，这还是存在违宪的嫌疑，只不过到目前为止，尚未出现相关诉讼，所以联邦最高法院也就没有对此进行违宪审查。在美国的历史上，总共出现过 158 位失信选举人，但其中的 71 位之所以成为失信选举人，是因为他们所宣誓支持的总统候选人在投票前死亡了，有两位成为失信选举人是因为弃权，只有其余的 85 人才是出于各种原因而将票投给了其他总统候选人。到目前为止，所有失信选举人的行为都没有改变大选的最终结果，也没有选举人因为失信而受到法律制裁。

（3）当各州的选举人投票结果送达参议院议长后，参议院议长就在参众两院全体议员面前开拆所有的证明书，然后计算各位总统候选人的总得票数，其中得票超过所有选举人总数的半数者（538/2 = 269，即至少 270 张选举人票），即当选为总统。如无人获得过半数票，则众议院应立即从得票最多的但不超过三人的总统候选人中间进行投票，选举产生出总统。众议院在进行这种选举时，必须要有2/3的州各有一名或多名众议员出席方为合法，而且须以州为单位进行计票，每州代表只有一票的表决权，只有获得所有州的过半数票（即至少26票）者，方能当选为总统。在美国历史上，最后由众议院来选举总统的情况非常罕见，仅发生过两次，即1800年托马斯·杰斐逊的当选和1824年约翰·昆西·亚当斯的当选。至于副总统的当选，同样，在所有的副总统候选人中，得票超过所有选举人总数的半数者，即当选为副总统。但如无人获得过半数票，则参议院应从得票最多的两人中选举副总统。此时必须要有2/3的参议员参加投票方为合法，获得参议员总数的过半数票者，即当选为副总统。2008年11月4日，民主党人巴拉克·奥巴马当选为美国第44届总统（见表5-3），这是美国历史上的第一位黑人总统，同时当选为副总统的是乔·拜登（Joe Biden）。

表5-3　　**2008年11月4日，美国总统选举结果**

总统候选人	公民投票	%	选举人票
Barack Obama(Democrat)	69,456,897	52.9	365
John McCain(Republican)	59,934,814	45.7	173
Ralph Nader(Independent)	738,249	0.6	0
Bob Barr(Libertarian)	523,686	0.4	0
Others	606,437	0.5	0
总计	131,260,083	100	538

根据美国宪法的规定，当选总统在开始执行职务以前，应作如下宣誓或代誓宣言："我庄严宣誓（或宣言）我一定忠实执行合众国总统职务，竭尽全力维护、保护和捍卫合众国宪法。"

美国宪法还规定，总统任期四年。宪法第22条修正案（1951年）则进一步规定：无论何人，当选担任总统职务均不得超过两次；无论何人，在他人当选总统的任期内担任总统职务或代理总统两年以上，不得当选担任总统职务一次以上。另外，宪法规定，在任期当中，如果总统因叛国、贿赂或其他重罪和轻罪而受弹劾并被定罪时，应予免职。

此外，宪法第25条修正案（1967年）规定：如遇总统被免职、死亡或辞职，则副总统应成为总统。第20条修正案（1933年）又规定：如当选总统在规定总统任期开始的时间已经死亡，则当选副总统应成为总统。如在规定总统任期开始的时间以前，总统尚未选出，或当选总统不合乎资格，则当选副总统应代理总统直到一名总统已合乎资格时为止。在当选总统和当选副总统都不合乎资格时，国会得以法律规定代理总统之人，或宣布选出代理总统的办法，此人应代理总统直到一名总统或副总统合乎资格时为止。

二、职权

根据宪法第二条第一款的规定，行政权属于美利坚合众国总统，但实际上，美国总统还掌握作为国家元首的权力。具体来说，作为联邦政府的行政首脑，总统应负责切实执行法律，并要求每个行政部门的长官就其各自负责的任何事项提出书面意见。总统还是合众国陆军、海军和征调为合众国服役的各州民兵的总司令。

作为国家元首，总统应接见大使和公使。总统也有权对危害合众国的犯罪行为发布缓刑令和赦免令，但弹劾案除外。总统委任合众国的所有官员，提名并经咨询参议院和取得其同意后，任命大使、公使、领事、联邦最高法院法官以及其任命手续未由宪法而由法律所规定的合众国的所有其他官员（但国会认为适当时，得以法律将这类低级官员的任命权授予总统一人、法院或各部部长），总统还有权委任人员，以填补在参议院休会期间可能出现的官员缺额，不过此项委任的期限到参议院下期会议结束时为止。总统经咨询参议院并取得其同意后，有权缔结条约，但须获得参议院出席议员的2/3批准。此外，对于参众两院一致通过的每一项法案、命令、决议或表决（关于休会问题除外），总统都有批准权，只有经总统批准后，这些议案才能生效。而如果总统不予批准，则应将这些议案，连同其反对意见退回国会复议，只有在两院均以2/3议员赞同之后，这些议案才能生效。最后，总统应不时向国会报告联邦情况，并向国会提出他认为必要而妥善的措施，供国会审议。在非常情况下，总统得召集两院或任何一院开会。如遇两院对休会时间产生意见分歧，则应使两院休会到其认为适当的时间。

三、总统的辅助机构

美国总统是在一系列辅助机构的帮助下，来行使各项权力的，这些辅助机构包括：

（一）副总统

副总统的任职资格和任期均与总统相同，并与总统一并选举产生。根据宪法第25条修正案（1967年）的规定，凡当副总统职位出缺时，总统就应提名一名副总统，经国会两院都以过半数票批准后就职。

美国副总统是总统的第一继任人选，兼任联邦参议院议长，不过在通常情况下，副总统在参议院并不具有投票权，仅当参议院100位议员的表决结果为平局时，副总统才拥有投决定性一票的权力。副总统也可能会被总统委以其他权力，但是美国宪法规定，副总统不得拥有行政实权，所以副总统仅仅是作为总统的代表来行使相关权力的。副总统也有专门的办公厅为其服务。

（二）总统行政办公室（Executive Office of the President，EOP）

这是由富兰克林·罗斯福总统于1939年所建立的。总统行政办公室一般在白宫办公厅主任的监督下，由总统最亲近的一些助理（Adviser）来主持。在总统行政办公室之下，设有多个机构，比如经济顾问委员会（Council of Economic Advisers）、环境质量委员会（Council on Environmental Quality）、内政委员会（Domestic Policy Council）、国家经济委员会（National Economic Council）、国家安全委员会（National Security Council）、行政管理办公室（Office of Administration）、管理与预算办公室（Office of Management and Budget）、国家毒品控制政策办公室（Office of National Drug Control Policy）、科技政策办公室（Office of Science and Technology Policy）、美国贸易代表办公室（Office of the United States Trade Representative）、总统情报顾问委员会与情报监督委员会（President's Intelligence Advisory Board and Intelligence Oversight Board）、白宫军事办公室（White House Military Office）、白宫办公厅（White House Office）等。以下仅举两例来说：

（1）白宫办公厅。该机构由总统的高级助理所组成，由白宫办公厅主任（White House Chief of Staff，又译为白宫幕僚长）领导，下设一名或多名副主任，以及多名高级总统助理。白宫办公厅之下还设有多个机构，比如通讯办公室（Office of Communications）、第一夫人办公室（Office of the First Lady）等。

白宫办公厅主任这个职位的权力很大，常被称作"华盛顿第二最具权力的人"、"守门人"、"第二总统"。总的来说，白宫办公厅主任负责监督其下所有白宫幕僚的工作，安排总统的日程，安排总统会见活动，对总统的政策提供参谋意见，召集白宫办公厅会议，等等。从前，白宫办公厅主任的职权属于国务卿，一直到1946年。此后为应对美国行政机构迅速膨胀的局势，白宫设立了总统助理职务，以处理白宫的日常事务。到1961年，最高级别的总统助理就被任命为"白宫办公厅主任"。

（2）国家安全委员会（NSC）。这是根据1947年的《国家安全法》（1949年修正）而成立的，后于1949年正式划归到总统行政办公室（EOP）。

国家安全委员会的主要职责是就有关的内政、外交和军事政策向总统提出建议，从而使各军兵种及其他政府部门更有效地进行合作；评估与美国实际的和潜在的军事力量有关的国家目标、义务和风险，从而向总统推荐可行的选择；对与国家安全有关的政府部门所共同关心的事务和政策进行考虑，并向总统推荐可行的方案。总的来说，随着时间的推移，国家安全委员会已从一个纯军事安全领域的顾问委员会发展成为涵盖军事、安全、政治和外交多领域的综合性顾问机构。

国家安全委员会由总统亲自领导，其日常工作则由总统的国家安全事务助理、副助理和一名行政秘书负责。国家安全委员会由法定成员、法定顾问、非法定成员和工作人员四部分组成，其中，法定成员和法定顾问是出席国家安全会议、对国家安全政策的决策起重要作用的成员，前者包括总统、副总统、国务卿和国防部长，后者则包括参谋长联席会议主席（委员会的法定军事顾问）和中央情报局局长（委员会的情报顾问）。非法定成员由总统根据具体决策问题的需要，而被邀请出席或列席国家安全委员会的会议，包括财政部长、驻联合国代表、美国贸易代表、白宫办公厅主任、行政管理预算局局长、总统科学顾问等，此外，司法部长和国家毒品控制局局长参加有关司法方面的会议，其他官员根据需要参加会议，总统国家安全事务助理（又称总统国家安全顾问）和总统经济政策助理则出席所有的会议。

国家安全委员会之下设有三个不同级别的分支委员会：其一是部长级委员会，由总统的国家安全事务助理主持，其成员包括国防部长、国务卿、参谋长联席会议主席、中央情报局局长、白宫办公厅主任和其他受邀参加的行政部长。其二是副部长级委员会，由总统的国家安全事务副助理主持，其成员包括主管政务的国防部副部长、主管政治事务的副国务卿、参谋长联席会议副主席、中央情报局副局长和其他相关行政部门的副部长。其三是协调委员会，又分为地区性协调委员会和智能型协调委员会两类。前者由国务卿主持，下设五个地区委员会；后者分为国防委员会、国际经济委员会、情报委员会和军控委员会等，一般由国防部长、财政部长、中央情报局局长和总统国家安全事务助理来主持。

四、联邦执行部门

总统作为联邦政府的行政首脑，在各种辅助机构的帮助下进行决策，至于这些决策的执行，则交由联邦执行部门来负责。在美国，联邦执行部门分为两类，即各部和各种独立的行政机构。

（一）各部

各部在总统的领导之下，不但执行总统的决策，而且各部首长也往往参与总统决策的过程，所以在非正式的意义上，一般也认为，各部首长（还包括副总统）也组成为总统的内阁。各部首长均由总统任命（但须取得参议院的同意）且对总统负责。

在联邦各部中，国务院（United States Department of State 或 State Department）无疑是各部之首。国务院中的官衔一般分为国务卿（Secretary of State）、副国务卿（Deputy Secretary）、次卿（Under Secretary）、助卿（Assistant Secretary）和副助卿（Deputy Assistant Secretary）等不同的级别，其中国务卿是国务院的行政首脑，其地位要高于其他各部部长。国务卿也是美国总统的继任人之一，排在继任顺序的第四位。国务院本身是联邦行政部门中的外交机构，但由于后来美国在全球各地产生了巨大的政治、经济和军事等影响，其外部事务相当庞杂，因此国务院所负责的事务就往往超出了外交的范畴，从而与其他国家的外交部长比较起来，美国国务卿的职权也就要大得多。具体而言，国务卿的主要职责是：保存和使用美国国玺，与外国代表处理和协调国际事务，作为总统对国际事务的首席顾问，协调、指挥和监督美国政府的整体海外事务（部分军事行动除外）。

除国务院外，其他各部包括：农业部、商务部、国防部、教育部、能源部、卫生及公共服务部、国土安全部、住房及城市发展部、内政部、司法部、劳工部、运输部、财政部和退伍军人事务部，各部均由部长负责。从1792年起，联邦法律还规定各部部长为美国总统的继任人，至于各部部长继任总统一职的顺序，则是根据各部成立日期的先后顺序来排列的。比如说，国土安全部是最晚成立的一个部，那么其部长就在总统继任顺序中排在最末。

（二）独立行政机构

这类机构是由美国国会通过各种立法而成立的，但又直接向总统负责，其负责人也由总统任命（须获参议院批准）。这类机构由国会授权，负责制定和执行管理某一领域事务的规章，通常涉及复杂的技术环节。这些规章具有法律效力，但接受司法审查，并且可以为国会所推翻。这类机构有好几百个，比如中央情报局（Central Intelligence Agency，CIA）、美国联邦储备理事会

(Federal Reserve Board)、美国国家航空航天局(National Aeronautics and Space Administration, NASA)、联邦贸易管理委员会(Federal Trade Commission, FTC)、美国国家环境保护局(Environmental Protection Agency, EPA)、联邦通讯管理委员会(Federal Communications Commission, FCC)、国家劳工关系委员会(National Labor Relations Board, NLRB)、国家科学基金(National Science Foundation, NSF)、人事管理处(Office of Personnel Management, OPM)、美国总务署(General Services Administration, GSA)、国家档案记录署(National Archives and Records Administration, NARA)、社会保障总署(Social Security Administration, SSA)和证券交易监管委员会(Securities and Exchange Commission, SEC)等。

第五节　国　　会

国会(Congress)是美国联邦政府的立法机关,由众议院和参议院两部分组成。宪法第一条第一款就明确规定:本宪法所授予的全部立法权,属于由参议院和众议院所组成的合众国国会。

一、众议院(House of Representatives)

(一)组成与结构

同样,我们可以从多个角度来观察众议院的组成和结构状况。

1. 议员

对于众议院的议席数,美国宪法只确立了一个原则,即每三万人选出的众议员人数不得超过一名,但每州至少须有一名众议员。至于人口统计,则在合众国国会第一次会议后的三年内和此后每十年内,依法律规定的方式来进行。也就是说,宪法所确立的是一个按人口比例来确定众议院的总议席数并据此在各州分配议席的原则,但是众议院的总议席数并无硬性的上限规定。不过到1911年时,国会通过立法,具体规定众议院为435席。在此后的1959年,众议院的总议席数曾一度增至437个,以适应新加入联邦的阿拉斯加与夏威夷两州,但是4年后,议席数又恢复到435个并不再变动。除去这些正式的众议员外,华盛顿哥伦比亚特区、关岛(Guam)、美属维尔京群岛(Virgin Islands)、美属萨摩亚(American Samoa)和北马里亚纳群岛(Northern Mariana Islands)还分别委任一名代表(Delegate)进驻众议院,波多黎各(Puerto Rico)则选举一名居民代表（Resident Commissioners）进驻众议院。各委任代表任期两年，居民代表任期四年，但所有这些代表在众议院中均无投票权（见表5-4）。

表5-4 **截至2009年1月，第111届众议院议席的党派分布情况**

政党	议席	于其中占据多数的州数
民主党	256	33
共和党	178	16
空缺	1	1
总计	435	50

众议员任期两年，无连任限制。担任众议员的资格条件是：年满25岁，成为美国公民七年以上，必须（于选举日前）为所代表州之居民，但不要求必须居住在选区内。另据美国宪法第14条修正案（1868年）的规定，任何人，凡先前曾以国会议员、合众国官员、州议员、州行政官员或州司法官员的身份宣誓维护合众国宪法，但以后又反叛合众国或对合众国作乱，或给予合众国敌人以帮助或鼓励，则都不得担任美国国会的参议员、众议员、总统和副总统选举人以及合众国或各州属下的任何文职或军职官员，除非国会以两院各2/3的票数取消此种限制。

表5-5 **目前的第111届众议院在各州的议席分布情况**

各州	议席	各州	议席	各州	议席
阿拉巴马	7	阿拉斯加	1	阿肯色	4
亚利桑纳	8	加利福尼亚	53	科罗拉多	7
康涅狄克	5	特拉华	1	佛罗里达	25
佐治亚	13	夏威夷	2	艾奥瓦	5
爱达荷	2	伊利诺斯	19	印第安纳	9
堪萨斯	4	肯塔基	6	路易斯安那	7
缅因	2	马萨诸塞	10	马里兰	8
密歇根	15	明尼苏达	8	密西西比	4
密苏里	9	蒙大拿	1	内布拉斯加	3

续表

各州	议席	各州	议席	各州	议席
内华达	3	新罕布什尔	2	新泽西	13
新墨西哥	3	纽约	29	北卡罗莱纳	13
北达科他	1	俄亥俄	18	俄克拉荷马	5
俄勒冈	5	宾夕法尼亚	19	罗德岛	2
南卡罗莱纳	6	南达科他	1	田纳西	9
得克萨斯	32	犹他	3	佛蒙特	1
弗吉尼亚	11	华盛顿	9	威斯康星	8
西弗吉尼亚	3	怀俄明	1	总计	435

各州均按照单选区制选举众议员，因此那些有两个及以上众议员名额的州，就要划分为多个单选区。关于选区的划分，有些州是由不具党派色彩的人来负责的，另一些州则由州议会来负责。一般每次人口普查之后都要重新划分选区，而在两次普查之间，则允许各州修改选区界线。但是，联邦最高法院已通过判例，裁定不平均的选区划分（Malapportionment）是违宪的，这就要求各选区的人口数须大致相等。另外，根据“投票权法”（Voting Rights Act）的规定，各州不得出于减少少数民族投票权的目的，而将选区作不规则形状的划分（Gerrymander）。但在实践中，基于竞选的政治目的而将选区作不规则形状的划分还是大行其道，法律对此也未作禁止性规定。

众议院选举一般定在偶数年份里举行，选举日则一般都定在该年 11 月份的第一个星期二。和总统选举类似，共和党与民主党一般也会在大选前数月举行党内的初选，选出本党参加众议员竞选的候选人。至于其他政党和独立人士参加竞选的办法，各州情况不同。就众议员的当选来说，几乎所有州都采取领先者当选（First-past-the-post）的办法，也就是通常所说的简单多数当选制，唯一的例外是路易斯安那州采取复选式排序投票（Instant-runoff Voting，IRV）的办法（可参阅第三章澳大利亚众议院的选举办法）。

当任何一州在众议院的代表出现缺额时，该州行政当局就应发布选举令，以填补此项缺额。

当选的众议员在任期内，不得被任命担当在此期间所设置或增薪的任何合众国文官职务，而且凡在合众国属下任职者，在继续任职期间均不得担任众议员。

除犯叛国罪、重罪和妨害治安罪外，众议员享有在出席众议院会议期间和往返于众议院途中不受逮捕的特权。他们也不得因为在众议院所发表的演说或辩论而在任何其他地方受到质问。众议员还享有在其姓名前加上“阁下”(The Honourable) 这个尊称的殊荣，而且只有众议员可通称为“国会议员先生”(Congressmen) 或“国会议员女士”(Congresswomen)，尽管参议院也是国会的一部分，但参议员们却不适用此称呼。2005 年，众议员的平均薪水达162,100 美元，众议院议长和院内两党领袖的薪水更高。众议员的收入水平与参议员的相当，但略低于联邦各部首长的收入（美国总统的年薪则更是高达 40 万美元）。

任何人一旦当选为众议员，就可连续任职至期满、身故或辞职为止。但是宪法规定，众议院经 2/3 的多数同意，即可驱逐个别议员。在美国的历史上，曾有五名众议员遭到过驱逐，其中三名是因为支持南方的美利坚联盟脱离联邦而于 1861 年遭到解职的。1980 年，众议员麦克·麦尔斯（Michael Myers）因为受贿而遭到驱逐。最近一位被众议院驱逐的众议员是 2002 年的詹姆斯·塔福肯（James Traficant)，原因是他因贪污而被定罪。此外，众议院以过半数赞成即可通过对众议员的谴责案，但这时不能强迫其离职。

2. 委员会

在众议院内，最经常运作的是 20 个常设委员会，其中一些还设置有下属委员会（Subcommittee)，包括农业委员会（Committee on Agriculture)、拨款委员会（Committee on Appropriations)、军事服务委员会（Committee on Armed Services)、预算委员会（Committee on the Budget)、教育与劳工委员会 (Committee on Education and Labor)、能源与商业委员会（Committee on Energy and Commerce)、财政服务委员会（Committee on Financial Services)、外交事务委员会（Committee on Foreign Affairs)、国土安全委员会（Committee on Homeland Security)、住房管理委员会（Committee on House Administration)、司法委员会（Committee on the Judiciary)、自然资源委员会（Committee on Natural Resources)、监督与政府改革委员会（Committee on Oversight and Government Reform)、规则委员会（Committee on Rules)、科技委员会 (Committee on Science and Technology)、小商业委员会（Committee on Small Business)、官方行为标准委员会（Committee on Standards of Official Conduct)、交通与基础设施委员会（Committee on Transportation and Infrastructure)、退伍军人事务委员会（Committee on Veterans' Affairs）和筹款委员会（Committee on

Ways and Means)。各常设委员会对相关领域的法案进行审议和修订，并可阻挡相关法案进入众议院。各常设委员会还负责监督联邦行政各部及其官员，有权召开听证会并传讯证人和相关证物，以促使行政官员被解职。

众议院也设有一些特别委员会，不过这是可变动的，可因特殊情况而临时设立，并在任务完成后撤销。但有一个特别委员会是永久性质的，即情报永久特别委员会（U.S. House Permanent Select Committee on Intelligence），其地位与常设委员会相当。该委员会是由从前的情报特别委员会（Select Committee on Intelligence，1975—1977 年）演变过来的，其主要职责是与众议院内其他一些委员会一道，监督美国情报团（the United States Intelligence Community），该情报团由中央情报局（Central Intelligence Agency）以及国防部（Department of Defense）、能源部（Department of Energy）、国土安全部（Department of Homeland Security）、司法部（Department of Justice）、国务院（Department of State）和财政部（Department of Treasury）中的一些机构所组成。除情报永久特别委员会外，目前的众议院还设有一个特别委员会，即能源自主与全球变暖特别委员会（House Select Committee on Energy Independence and Global Warming），该委员会成立于 2007 年。这个特别委员会没有立法方面的权力，而只负责就美国能源自主与全球气候变化问题进行调查、研究并提出相关的建议。

其实和能源自主与全球变暖特别委员会类似的委员会，还有一大批，但众议院并未将之视为特别委员会类型，而是单列为一种类型，我们不妨称之为调查委员会。和特别委员会类似，调查委员会也不承担立法职能，而主要是就相关问题进行调查、研究，最后提出报告和建议。但是调查委员会的成员一般有多种来源，大多超出了众议员的范围，而且大多也不仅限于向众议院负责，而是向整个国会甚至还向联邦行政部门负责。

最后，国会内还设有一些由两院议员所组成的一些联合委员会，现在包括经济联合委员会（Joint Economic Committee）、就职典礼联合委员会（Joint Congressional Committee on Inaugural Ceremonies）和税收联合委员会（Joint Committee on Taxation）。联合委员会主要是就相关问题进行研究，提供咨询意见，而不讨论法案。

以上各种委员会（除一些调查委员会外），每一个（包括其下属委员会）都由一位主席来领导。委员会的主席一定是由众议院的多数党议员出任。在从前，出任委员会主席纯粹取决于议员的资深程度，但 1975 年以后改由多数党的议会党团来推选。委员会主席的权力很大，既可控制委员会的议程，也可阻止委员会通过法案。在各委员会中，地位仅次于主席的是由少数党议员担任的委员会发言人，通称高级成员（Ranking Member）。在形式上，各委员会的所有成员都由众议院全体会议正式任命产生，但其人选实际上却是由各议会党团来决定的。各党议员在各委员会中所占席位的多少，则依各党在众议院中的整体议席比例而定。一般来说，各政党将根据本党议员的喜好和资深程度，来安排其加入各委员会的资格顺序。

3. 职务

众议院中设有一些重要的职务，包括：

(1) 议长（Speaker）。众议院议长由众议员选举产生。尽管宪法并无明文规定，但众议院议长一定是众议员。议长的职权依众议院的内部规则和惯例而定。但根据1947年的“总统继位法”(Presidential Succession Act)，众议院议长有资格在兼任参议院议长的副总统之后，继任总统。议长是众议院的议事主席，主持众议院的全体会议，但也会将一些会议委托给其他议员来主持。在主持会议时，议长有权控制发言顺序，且不经其认可，议员不得发言或提议。在有议员抗议发言者违规时（即出现所谓的程序问题时），议长还可对此作出裁定，但其裁定也可诉诸全院表决。议长也有权裁定由某一个委员会审议法案，有权指派规则委员会的部分成员。议长还是其所属政党的指导委员会主席，该委员会负责选择常设委员会主席。在总统的党派身份与众议院多数党不一致的情况下，众议院议长可成为事实上的反对党领袖。

(2) 政党职务。在众议院中拥有最多数席位的政党就是多数党，次多者则为少数党。议长、各委员会主席以及其他院内职位由多数党议员担任，相应的副职（比如各委员会的发言人）则由少数党议员担任。多数党与少数党均选出自己的领袖，其中少数党领袖是该党的真正领袖，但多数党领袖则不是，实际上众议院议长才是多数党的真正领导者，而名为多数党领袖的议员只是该党的第二领袖。各政党还选出党鞭，以确保本党议员的表决意向符合本党领导者的意愿。与参议员相比，众议员比较依赖于所属政党，并通常会根据政党领袖的意向来投票，因为作为政党领袖的议长有选择各委员会主席的权力，这就可以激励议员们进行合作。因此在众议院中，政党职务很重要，众议院也更加充斥着党派之见。

(3) 非议员职务。众议院内还有一些由不具有议员身份的人所担任的职位。首要的是众议院秘书长（the Clerk），他是众议院的主管官员，负责保管公开记录，准备文案，并领导院内的其他职员。在众议院每次选举议长时，众议院秘书担任主持。除秘书外，另一个重要的职位是纠仪长（Sergeant-at-

Arms)，他负责维持众议院议场的秩序与安全。

（二）会议与议事

众议院的议事厅设在位于首都的国会大厦（United States Capitol，别称国会山庄）的南翼。议事厅的正面是议长主持会议的主席台。主席台之前的底层座位供院内职员和其他官员使用。与主席台相对的是议员们的座席，呈半圆形分布，正中间以宽阔的过道分隔开。传统上，以主席台面对方向为准，民主党议员坐在右半区，共和党议员则坐在左半区。

众议院议事厅不仅供众议院开会和议事之用，美国总统也在此宣誓就职并且每年在此对两院议员发表国情咨文（State of the Union Address）(见图 5-2、图 5-3)。

图 5-2　美国国会大厦

现在众议院的会期几乎贯通全年。众议院一般在周一至周五召开会议，一般也对公众开放，并由 C-SPAN 有线电视频道对外播出。

宪法授权众议院自定议事规则，此外也存在多种惯例和传统。在会议过程中，众议院根据全体一致同意的方式，也可以超越某些规则，比如辩论时间的限制。任何众议员都可以阻止这种全体一致同意的协议，只是在实践中极为少见。在会议过程中，议事主席执行众议院的议事规则，使用议事锤来维持会场秩序，可警告违规的议员。

宪法规定众议院须有过半数议员出席方达到法定有效人数，但众议院依据规则和惯例，向来都是假定出席率达到了法定有效人数，除非有议员以法定人数不足为由提出程序问题，这时，若议事主席接受了这个程序问题，那么就会清点人数。在实践中，虽说大多数众议员通常并不出席辩论会议，但法定人数

图 5-3　美国总统在众议院议事厅发表国情咨文

不足的情况还是很罕见。

众议院最常见的议事方式就是进行辩论，在辩论过程中，议员只有在征得议事主席许可时方可发言，议事主席也可以准许特定议员发言，从而控制辩论程序。在发言时，所有议员必须尊称议事主席为“议长先生”或“议长女士”，唯议事主席可以在演说中直呼他人(“你”)，其他议员则须使用第三人称来相互称呼，而不直呼其名，通常是以其所代表的州作称呼，比如“来自弗吉尼亚州的绅士或女士”之类。

在就法案进行辩论时，通常在法案进入众议院之前，众议院的规则委员会就会通过相应的辩论规则。比如说，规则委员会判断该法案是否允许有修正案，其中，“开放性法案”允许提出修正案，而“封闭性法案”则限制甚至禁止提出修正案。对法案的辩论一般限制在一小时以内，由多数党和少数党议员均分。在辩论过程中，各方均由现场监督人（Floor Manager）领导，现场监督人也为本方议员分配辩论时间。如果辩论十分激烈从而引起多位议员都想发言，那么每位议员就可能只有一分钟甚至30秒的发言时间来说明自己的立场。

当辩论达成结论时，议案便被提请全院表决。众议院大多以口头方式来进行表决，即在议事主席提出待表决的议案后，议员们即回答“赞成”或“不赞成”，接着议事主席就宣布表决结果。对于议事主席对表决结果的判断，任一位众议员都可以表示质疑并要求进行书面表决，不过这一提议须获得出席议员的 1/5 的附议方可。在实践中，众议员通常会基于礼貌而附议书面表决的请求。在有的情形下，例如对年度预算案进行表决时，众议院会自动进行书面表决。现在众议院都使用电子表决器来进行书面表决，众议员们使用身份鉴别卡，即可在院内 44 个投票站中的任何一个投下其表决意向。如果出现电脑故障，那么众议院就以投色卡的方式来进行表决，其中绿色表示同意，红色表示反对，橘色仅表示表决时在场（即弃权）。众议院还可进行唱名表决，即院内职员朗读议员名册，被点到者则宣布其表决意向。不过唱名表决仅在举行非常正式的选举（比如选举议长）时才采用，因为这一程序十分耗时。在通常情况下，表决会持续 15 分钟左右，但在领导者需要联络更多议员时可延长。比如 2003 年在表决处方药津贴法案时，表决时间长达 3 小时，2005 年表决中美洲自由贸易协定（CAFTA）也长达 3 小时。众议院的议事主席和其他议员一样，也参加表决投票。当表决结果为平手时，议事主席并无投决定性一票的权力——否则他就相当于投了两票。若表决结果为平手，则被表决的法案就宣告未获通过。

二、参议院（United States Senate）

（一）历史

在美国的邦联时代，根据《邦联条例》的规定，当时的邦联国会为一院制，各州在其中具有同等的表决权。到 1787 年制宪会议召开时，许多州的代表就开始呼吁增设国会第二议院，并以英国上院为原型。对于这个国会结构的问题，制宪会议上存在严重的意见分歧，其中弗吉尼亚方案主张设置两院制国会，其下院由人民直选，上院则由下院选出。由于弗吉尼亚方案要求两院的代表权均按各州的人口比例来分配，所以该方案获得大州的支持，但是小州却支持新泽西方案，因为该方案主张设置一院制国会，并且各州享有同等的代表权。最后，制宪会议提出了一个折中方案，即康涅狄克妥协案，并获得各州代表的赞同。这一事件在美国宪政史上被称为“伟大的妥协”。根据这个妥协案，国会实行两院制，其中一院（众议院）按人口比例在各州分配代表权，另一院（参议院）的代表权则各州均等；而且为了进一步保护各州的权益，该方案规定参议员由州议会而非由各州人民选出。在宪法生效后，参议院于 1789 年 4 月 6 日组成过半数的议员，正式开始运作。总的来说，美国制宪会议的参与者是希望参议院能够成为比众议院更为稳定且更加审慎的议会机构，以此来约束由民众直接选举产生且任期较短的众议院。

由于参议院主要是代表各州的利益，因此在19世纪中期南北方发生冲突时，参议院就成了南北各州进行交锋的一个主要场所。当时自由州与蓄奴州的数目正好相等，因此双方在参议院中的议席也是均等的，由此造成尽管北方州由于人口更多，所以支配了众议院，但南方各州的参议员们却能够阻挡众议院所通过的许多法案，比如解放奴隶的宣言。

内战结束后，由于各州议会普遍腐化，所以由其选举产生的参议院也严重堕落。在1866—1906年间，在各州议会选举参议员的过程中就发生了9起贿选案。参议院逐渐地被人们视为精英与富人们的堡垒。在这一背景之下，美国的进步党人发起了进步运动，他们推动参议员由人民直接选举产生，而不再由州议会选举。最后在1913年，宪法第17条修正案获得通过，进步党人的目标终于得以实现。

（二）组成与结构

1. 议员

根据宪法，各州在参议院中均有两位议员作为代表，且每名参议员都有一票表决权，因此参议院总共就有100名议员（见表5-6）。

表5-6　**截至2009年1月的参议院议席分布情况**

政　党	议　席	备　　注
民主党	57	
共和党	40	
独立人士	2	加入民主党议会党团
总计	99	马萨诸塞州待补选一名参议员

宪法第一条第三款规定，担任参议员者须年满30岁，至少在过去9年为美国公民，并且须于当选之前为其所代表州的居民。另据美国宪法第14条修正案（1868年）的规定，任何人，凡先前曾以国会议员、合众国官员、州议员、州行政官员或州司法官员的身份宣誓维护合众国宪法，但以后又反叛合众国或对合众国作乱，或给予合众国敌人以帮助或鼓励，则都不得担任美国国会的参议员、众议员、总统和副总统选举人以及合众国或各州属下的任何文职或军职官员，除非国会以两院各2/3的票数取消此种限制。

参议员任期6年，无连任限制，每两年改选约1/3的席位，其中在总统选举年之后两年所进行的参议院改选被称为中期选举。为方便参议院进行改选，所有参议员在第一次选举后的首次集会时，就立即分为人数尽可能相等的三个组，其中第一组两年后改选，第二组4年后改选，第三组任满6年后改选，如此循环下去。分组时要尽量保证每个州的两名参议员不要在同一年中任期届满，从而避免被一次性地全部改选掉（见表5-7）。按照这种改选方式，显然第一次选举所产生的全部参议员中，第一组参议员的实际任期是两年，第二组为4年，只有第三组才真正任满6年。经过第一轮改选之后，各组参议员才均能任满6年。

表5-7　　**参议院议员的分组示例**

各州	第一名参议员	第二名参议员	备注
S_1	S_1-1	S_1-2	（1）从 S_1-1 到 $S_{33}-1$ 分为第一组，共33人
…	…	…	
S_{17}	…	$S_{17}-2$	
S_{18}	…	$S_{18}-2$	（2）从 $S_{34}-1$ 到 $S_{50}-1$ 与从 S_1-2 到 $S_{17}-2$ 分为第二组，共34人
…	…	…	
S_{33}	$S_{33}-1$	…	
S_{34}	$S_{34}-1$	…	（3）从 $S_{18}-2$ 到 $S_{50}-2$ 分为第三组，共33人
…	…	…	
S_{50}	$S_{50}-1$	$S_{50}-2$	

在参议院的改选年，选举日定在11月份的第一个星期二，这一天也是众议院的选举日。如前所述，从前宪法规定参议员由各州议会选举产生，但1913年第17条宪法修正案通过后，已改为由各州选民直接选举产生。同众议员选举类似，共和党和民主党在参议员选举前数月，也进行党内初选，以选出本党的参选者，至于其他小党和独立人士参加竞选，各州的情况各不相同。在每个州，参议员选举都以全州为一个选区，选举产生出本州的一名参议员（只有在第一次参议员选举时，各州才同时选举产生两名参议员）。几乎所有的州都实行简单多数当选制，但路易斯安那州、佐治亚州和华盛顿州是例外，这几州采取复选式排序投票法（Instant-runoff voting，IRV）（同样可参阅第三章澳大利亚众议院的选举办法）。

宪法第17条修正案规定，当任何一州在参议院的代表出现缺额时，该州的行政当局就应发布选举令，以填补此项缺额，但在补选之前，该州议会得授权州行政长官任命临时参议员。通过补选而当选的参议员，只能任满原任者6年任期的余下部分，而非任期6年。

和众议员一样，参议员在任期内，不得被任命担任在此期间所设置或增薪的任何合众国文官职务，凡在合众国属下任职者，在继续任职期间也不得担任参议员。

除犯叛国罪、重罪和妨害治安罪外，参议员在一切情况下都享有在出席参议院会议期间和往返于参议院途中不受逮捕的特权，他们也不得因在参议院所发表的演说或辩论而在任何其他地方受到质问。和众议员一样，参议员也享有在其名字前加上“阁下”(The Honorable) 这个尊称的殊荣。2005年，参议员的平均薪水为162,000美元，参议院临时议长和政党领袖们的薪水更高。一般说来，参议员的政治地位要优于众议员，他们参加更多的委员会，拥有更多的助理。在总统大选中，获得提名的在任参议员也远多于在任的众议员。

参议员当选之后，就将任职至届满、身故或辞职为止，不过宪法也准许参议院以其2/3的多数同意而开除参议员。在历史上，曾有15名参议员遭到开除，其中14名是在内战年代因支持南方的美利坚联盟而遭到免职的，自此以后再无参议员被免职。通常，参议员在面临即将被参议院免职的情况下，大多会在参议院做出决议之前就选择辞职。参议院还以简单多数赞同就可通过对参议员的谴责案，但这时不能将其开除。

2. 委员会

在参议院中，首先设有16个常设委员会，其中一些又包含若干下属委员会 (Subcommittee)。各常设委员会就相关领域的法案进行审议和修订，另外也审议相关的总统人事提名案，比如说，对外关系委员会就审议总统对国务院任职者的提名案。各常设委员会可阻挡法案与人事案进入参议院。各常设委员会还监督行政各部及其官员，有权召开听证会并传讯证人和相关证物，以促使官员被解职。

和众议院类似，参议院也设有若干特别委员会，现在有印第安人事务委员会 (Indian Affairs)、道德特别委员会 (Select Committee on Ethics)、情报特别委员会 (Select Committee on Intelligence) 和老龄化特别委员会 (Special Committee on Aging) 四个。这些特别委员会或者负责对一些特别事务进行研究并提出立法建议 (如印第安人事务委员会)，或者从事院务管理 (比如道德特别委员会)。

最后，参议院也设有一些由参众两院议员所组成的联合委员会，包括印刷联合委员会（Joint Committee on Printing）、税收联合委员会（Joint Committee on Taxation）、图书馆联合委员会（Joint Committee on the Library）和经济联合委员会（Joint Economic Committee）。联合委员会并不审议法案与人事案，而主要是负责监督一些机构（如图书馆联合委员会监督国会图书馆）或者提供咨询意见（如经济、税收联合委员会）。

参议院的每一个委员会（包括下属委员会）都由一位主席来领导，且主席均由参议院的多数党议员来担任。在过去，担任各委员会主席的资格纯粹取决于议员的资历，现在则由多数党议会党团来选举，但实际上还是未排除资历的因素。委员会主席拥有很大的权力，可控制委员会议程，并可阻止委员会通过法案或人事任命案。各委员会还由少数党议员来担任发言人，通称高级成员（Ranking Member），在情报与道德这两个特别委员会中，最资深的少数党议员还被称作副主席（Vice Chairman）。所有委员会的成员均由参议院全院大会来正式任命，但实际上却是由各党来推选的。各政党在各委员会中所占席位的多少，依其在参议院中的总席位情况而定。一般来说，各政党将根据本党议员的喜好和资深程度，来安排其加入各委员会的资格顺序。

3. 职务

和众议院类似，参议院中也设置一些重要的职务：

（1）议长。按照宪法的规定，美国副总统兼任参议院议长但无参议员的资格。议长主要负责主持会议，但实际上，议长很少全程主持例行的院会，除了在仪式性场合（比如新任议员宣誓就职），或者议长须投决定性票的时候，议长不参与议事。此外，除非参议院在表决时出现平手僵局，否则议长无权参加投票。

在以副总统兼任参议院议长的同时，宪法还授权参议院于副总统不在场时选出参议院临时议长（the President pro tempore of the Senate），以代行议长职务。① 依照惯例，多数党最资深的参议员将会被推举来担任此职。不过在一般情况下，临时议长也不会全程主持会议，而会委托少数党的新进议员来主持，以使后者熟悉院内的规则与议程。

总的来说，参议院议长或者议事主席远不如众议院议长或议事主席更有权力，其主要角色就是参议院的传声筒，比如宣布投票结果，另外就是主持和控制会议的进程，但是参议院的规则规定议事主席必须允许第一个举手的参议员

① 参议院临时议长也有继任总统一职的资格，其顺序排在副总统和众议院议长之后。

发言。此外，尽管议事主席可以裁定程序问题（由议员抗议发言者违规所引起），但其裁决也可诉诸全院来表决。

(2) 政党职务。按规则，在参议院中取得最多席位的政党就是多数党，次多的则为少数党，若有两个或以上的政党所占据的席位相当，则副总统所在的政党就是多数党。通常，临时议长、各委员会主席和其他院内公职由多数党议员来担任，少数党议员则担任与之相对应的副职，比如各委员会的发言人。各政党还各自推举一名参议员担任本党的领袖，作为本党的主要发言人。此外，多数党领袖还有控制议程的权力，比如安排辩论与表决。各政党又另外推举一名党鞭，以协助领袖工作。

(3) 非议员职务。参议院内由不具议员身份者所担任的职务，首要的就是参议院秘书长，他是参议院的主管官员，负责保管公开记录、支付薪水、监管补给文具和其他用品，并监督职员。参议院助理秘书长协助秘书长工作。其他的重要职务还有纠仪长（Sergeant-at-Arms），负责维持参议院议场的秩序与安全以及日常的警务工作。

（三）会议与议事

参议院在国会大厦北翼的议事厅内举行会议。参议院议事厅的正面为主席台，主席台前的下层座位由院内职员和其他官员使用。与主席台相对的是参议员们的坐席，一共一百张，呈半圆形分布，中间有一条宽阔的过道将其分成两部分。依照传统，以主席台面对的方向为准，民主党议员坐在右半区，共和党议员则占据左半区。每位议员再依其在政党中的资深程度从前至后选择座位（见图 5-4）。

和众议院一样，参议院的会期也几乎贯穿全年。参议院通常在周一至周五召开会议，会议过程一般对公众开放，并由 C-SPAN 有线电视频道对外播出。

参议院有权自定议事规则，另外也遵循各种惯例和传统，但经全体一致同意，参议院可以超越议事规则的限制。这种一致同意的协议通常由各党领袖在事先协商达成，不过任何参议员都可以阻挡这样的协议，尽管在实践中极为少见。议事主席执行参议院的议事规则，可警告违规的参议员。议事主席通常使用议事锤来维持会场秩序。

根据宪法的规定，参议院过半议员出席会议方达到法定有效人数。按照惯例，参议院向来都是假定出席率达到了法定有效人数，但任何一位参议员都可以“法定人数不足”为由而要求清点人数，在这种情况下，院内职员就进行唱名并记录出席的议员。在实践中，参议员大多不是为了确证出席率是否法定

图 5-4　参议院议事大厅（全体参议员的合影照）

有效而要求清点人数，而是为了暂时拖延会议进程，以使院内各党领袖能够进行谈判妥协。如果这个目的达到了，那么任何参议员就可请求全体一致同意撤销清点人数。

参议院议事的一个重要环节就是辩论。在辩论的过程中，参议员只有在议事主席召唤时方可发言，不过议事主席必须准许第一位举手的参议员发言。另外，依照惯例，多数党和少数党领袖有优先发言权，而不论其他参议员是否先行举手。参议员在发言时，都必须以“主席先生”或“主席女士”来称呼议事主席。只有议事主席可在演说时直呼他人(“你”)，其他参议员则必须使用第三人称，彼此不直呼其名，而使用诸如“弗吉尼亚州的资深参议员或新进参议员”之类的称呼。参议员发言的内容没有什么限制，不必与参议院的事务密切相关，但根据规定，任何参议员不得在同一立法日①内就单一议案或提案发言两次以上。参议员发言的时间长度也不受限制，所以他们大多可以讲到自己满意为止。但参议院经一致同意，可强制限定时间的长度。另外在有的情况下，比如在审定预算案时，就有成文法规强制限制发言的时间长度。由于在通常情况下，参议员都有发言时间的保障，所以有时候参议员就采取长时间演讲、拖慢动作、无休止的辩论以及提出连串的议事修正案等拖延战术，来挫败

① 立法日自参议院开议之日起至休会之日止，而不一定是一个自然日。

某些议案和提案。在参议院的历史上，参议员斯特罗姆·瑟尔蒙德（Strom Thurmond）为阻挡参议院通过民权法案（1957年），就曾采取拖延战术，创纪录地演说了24个多小时，不过最终还是未获成功。为终结拖延议事，参议院可诉诸终结辩论程序，但通常这需要参议院3/5的议员支持方可。在实践中，启动终结辩论程序是罕见的，而且即使参议院诉诸终结辩论程序，也不会立即停止辩论，而只是限制在此之后的辩论不得超过100个小时。

当辩论达成结论时，议案便提请表决。参议院大多以口头方式进行表决，即由议事主席提出待表决案，议员们则随即回答“赞成”或“不赞成”，接着议事主席就宣布表决结果。不过在获得出席议员的1/5附议（在实践中，参议员大多会基于礼貌而附议）时，任一位参议员都有权质疑议事主席对口头表决结果的判断，并要求进行书面表决。在进行书面表决时，院内职员将根据参议员姓名的英文字母顺序来唱名，参议员则在听到自己名字时就表达投票意见。书面表决投票在经议事主席裁定结束后即告终止，但至少须保持15分钟的开放投票时间，在此期间，那些错过点名的参议员可继续进行投票。如果表决结果打成平手，且如果副总统在场，那么副总统就有权投下决定性的一票，而如果副总统并不在场，那么该议案便遭否决。

三、职权与功能

美国国会两院的职权和功能是存在一些差异的，但大多还是需要两院共同来行使和承担。

（一）立法

大多数立法案送交国会两院中的任何一个均可，但宪法规定，所有征税议案应由众议院首倡，对于这一类法案，参议院只有修改或驳回的权力，这就是两院在立法权上的基本差异。除此之外，两院的立法权并无不同，且所有立法必须经两院协作方可完成。

按照《国会法》(Act of Congress）的规定，国会的立法程序包含以下一些环节：

（1）提案。一位参议员或众议员可以独立地起草提案，也可以基于某个行业代表机构或者公民个体的要求而起草提案（这些机构或公民甚至可以协助议员们起草提案）。通常提案起草完毕后，起草人会在议员同事中寻找共同提案人，以增加提案的分量。此外，总统和各部部长也可以由众议院议长或参议院议长代为提交草案——这被叫做“行政沟通（Executive Communications）”。总统通常还趁向国会发表国情咨文的时候提出立法建议，并在此之后正式地将立法草案送交国会的有关委员会，由委员会主席按原本或修改版本向国会提出。不管提案的来源如何，所有提案都只能由参议员或众议员向国会（某一院）正式地提出，其他任何人均无此资格（唯作为参议院议长的副总统除外）。

议员们的提案，实际上包括四种形式：法案（Bill）、联合决议案（Joint Resolution）、共同决议案（Concurrent Resolution）和简单决议案（Simple Resolution），其中法案最为多见。在这些不同形式的提案中，“联合决议案”跟“法案”并无很大区别，二者在国会中都需要经历同样的立法程序，只不过对美国宪法的修正案必须以联合决议案的形式提出，而且这种决议案在经参众两院各以 2/3 的多数通过后，还将直接送交国会的总务管理局局长（the Chief Administrative Officer），并由其送交各州批准，而无需总统批准。“共同决议案”与“简单决议案”和前两种提案不同，这两种类型的提案一般与法律的制定无关，而和两院的议事规则和运作以及两院表达对某些事情的看法有关，因此这两种类型的决议案在两院通过后，并不会送交总统批准。其中，由众议院提出的共同决议案在得到全院通过后，将由众议院秘书长签署记录，而参议院所通过的共同决议案则交由参议院秘书长签署。

（2）提案的编号和公布。提案在参议院或众议院被提出后，就将被编号，而且其名称和提案人的名字都将被公布在《国会议事录》（Congressional Record）上。

（3）提案被送交各委员会。参议院或众议院的程序官员将提案分配到负责相关事务的委员会，委员会主席还将这些提案进一步分配到最相关的下属委员会。委员会主席和下属委员会主席对于如何处理这些提案拥有很大的决定权，如果他不赞同这项提案，则他就可以将其搁置起来，这样就阻止了提案进入国会的议程。

（4）下属委员会举行听证会。针对所收到的提案，下属委员会通常会举行听证会。与会者范围很广，包括行政官员、专家、与该项立法有关的行业代表、工会代表、学术界人士、公共利益团体、商界代表等，甚至个人也可以通过出席作证、提供书面证词或让有关的利益团体代表自己来表达观点。

（5）下属委员会审议提案。在听证会结束后，下属委员会可能会举行审定会，对提案提出意见或进行修改，然后投票决定是否将其提交给上级委员会来审议。如果提案未能通过下属委员会的投票表决，那么就此作废。

（6）委员会审议提案。对于下属委员会所通过的提案，委员会也将重复下属委员会所采取的各种步骤或部分步骤，即听证、审定和投票。如果委员会投票通过提案，那么这项提案就将被送交参议院或众议院全体大会审批，否则提案就此作废。

(7) 全院大会审议和表决提案。对于委员会所通过的提案，参议院或众议院的全体议员将展开辩论。提案可因此被进一步修改，也可被送回委员会审议，或者付诸表决。

(8) 另一院审议和表决提案。提案在参众两院中的一院获得通过后，就将被送至另一院进行审议和表决。其中，经众议院通过的提案可直接列入参议院的议事日程，而无需再经历参议院委员会和下属委员会的审议。不过对于另一院所通过的提案，本院有关委员会和下属委员会都有机会举行听证会和进行修改，最后再提交全院大会表决。

(9) 总统签署法案或两院协商。如果参众两院所通过的提案内容完全一致，则提案就将送交总统签署，但如果存在差异，则参众两院议长将任命一个两院协商委员会（Conference Committee）来解决分歧问题。如果协商委员会无法就提案达成一致意见，那么提案就此作废，而如果协商委员会取得了一致意见，那么提案就将被送回参众两院再次投票表决，但不得再作修改。如果提案经参众两院最终通过，那么就将送交总统签署。在这时，总统有四种选择：在提案上签字从而使之成为法律；在国会的会期内不采取任何行动，从而使提案在十天之后自动生效而成为法律（此即拖延行动）；在国会休会期间不采取任何行动，从而使提案自动作废（此即搁置否决行动）；直接否决提案。如果总统对提案行使否决权，那么国会参众两院各以 2/3 议员的支持，便可以推翻总统的否决意见，从而使提案成为法律。

（二）制约联邦行政与司法部门

在对联邦行政部门的制约方面，首先，参议院掌握着重要的批准权，这又包含两方面：

一是批准总统的人事任命。美国宪法规定，总统必须在得到参议院的“建议和认可”后进行人事任命，包括对联邦各部部长、大使、联邦最高法院大法官和联邦法院法官的任命。参议院也可通过法律，授权总统和行政部门不经参议院同意而任命较次要的职务。对于总统的人事任命案，参议院通常由相应的委员会最先举行听证，这时任命案是有可能遭到阻挡的，只是在实践中比较少见。委员会所通过的任命案，再交由参议院全院大会来审议和表决，一般情况下都能获得通过，遭到驳回的情况很少见。在美国历史上，人事任命案遭参议院彻底驳回，这样的事件只发生过 9 次。另外，总统也有办法规避参议院对人事任命案的批准。宪法规定，在国会休会期间，总统可不经参议院的建议与认可而进行人事任命，只不过这种任命是暂时的，到国会复会时即失效，所任命的职务将再次出缺。当然，参议院的人事批准权仅限于人事任命，至于人事上的解职，联邦最高法院通过判例认为，这无须获得参议院批准。

二是批准总统所缔结的条约。宪法规定，总统经咨询参议院并取得其同意后，有权缔结条约，但须经出席参议员的2/3批准。不过参议院也通过法律授权总统不经参议院同意和批准而缔结行政协定（Executive Agreement）。总统还可经由国会两院之一的相对多数同意而签署“国会—行政协定”，亦无须获得参议院批准。这里的行政协定和国会-行政协定都没有宪法的明文依据，但联邦最高法院已确认了这些协议的有效性。

其次，国会两院都可以通过举行听证会（主要是通过内设的常设委员会）来调查联邦行政部门的运作和行动，以确保其依法行政，从而也构成为对联邦行政部门的制约。

再次，国会两院还共同行使弹劾权，这可以说是对联邦行政部门的最后制约措施，也是最严厉的制约措施。宪法授权众议院可因“叛乱、贪污或其他轻重罪行”而弹劾所有的联邦文职官员（包括总统和副总统在内），参议院则独自享有审判一切弹劾案的权力。如果是在任的美国总统受到弹劾，那么就由联邦最高法院首席大法官来主持审判。在弹劾案的审判过程中，参议员须到场坐镇监视。经在场参议员的2/3多数赞同，参议院即可对被弹劾官员作出有罪判决。弹劾判决仅限于对被告作出解职的处罚，而不准有任何其他的惩处，因而被判决有罪的官员即刻自动解职，但参议院可以进一步禁止其将来再任公职，而且被弹劾者有可能随后被普通法院判处相应的刑罚。在美国历史上，众议院曾16次提起弹劾案，其中7位官员遭判决解职（其中一人在参议院完成审判前辞职）。只有两名总统曾遭到过弹劾，即1868年的安德鲁·约翰逊与1999年的比尔·克林顿，不过这两宗弹劾案都以失败告终。在约翰逊总统的弹劾案中，参议院仅以一票之差而未达到判决成立所需要的2/3多数。

上述的弹劾，也完全适用于联邦法官，因而也构成为对联邦司法部门的制约。此外，参议院批准总统对联邦法官的任命案，国会立法设置下级联邦法院，等等，这些也是国会对联邦司法部门的制约形式。

第六节　联邦法院

美国的联邦司法部门包括联邦最高法院和下级联邦法院。美国宪法只对联邦最高法院作了明确规定，至于其他的联邦法院，则授权国会通过立法来设立。1789 年 9 月 24 日，国会通过《司法法》，据此设立了联邦的下级法院。

联邦最高法院（The Supreme Court）由 9 名大法官所组成，均由总统提名，经参议院听证后批准委任。在 9 名大法官中，有一位是首席大法官，同样由总统经参议院同意后委任。

联邦最高法院对美国宪法拥有最终解释权，有权推翻违宪的法律。美国宪法并没有明确规定联邦最高法院是否拥有违宪审查权，这一权力是由联邦最高法院对马伯里诉麦迪逊（Marbury v. Madison）一案的司法判例而确立的。在普通司法权方面，宪法第三条第二款（参见第三节）明确规定了联邦法院的司法管辖权范围，这当中，只有涉及大使、公使和领事以及一州为一方当事人的一切案件，联邦最高法院才具有第一审管辖权，对于除此之外的所有其他案件，联邦最高法院具有上诉审管辖权。

对各种提交的案件，联邦最高法院一般由 9 位大法官以简单多数表决的方法来作出决定。

联邦最高法院以下的下级联邦法院分为普通法院和专门法院两种类型，其中普通法院从下至上分为联邦地区法院（Federal District Courts）和上诉法院（或称巡回法院，Courts of Appeal or Circuit Courts or Applelate Courts）两级。每州至少设有一个联邦地区法院，有的州甚至多达 4 个。上诉法院则共设 12 个，其中首都地区单设一个上诉法院，全国的其余地区则划分为 11 个巡回区，每区各设一个上诉法院。专门法院包括破产法庭、税务法庭、国际贸易法庭、美国联邦权利申诉法院、美国军事上诉法院、美国联邦巡回上诉法院和美国退伍军人权利上诉法院等。其中，尽管二者地位相等，但美国联邦巡回上诉法院却并不是作为普通法院的上诉法院；该法院也设在首都，但却以全国为管辖范围，并负责某些特别的案件。

和联邦最高法院的大法官一样，所有下级联邦法院的法官也是由总统经参议院同意后任命的。总统也有权在国会休会期间任命个别非终身任职的法官，比如军事上诉法院的法官。至于其他一些主要负责交保、签发逮捕或搜查令和一般违规听证的联邦地方执法官，不属于联邦法官，他们均由联邦地区法院任命，任期 8 年。

根据宪法，包括大法官在内的所有联邦法官均无任期限制，除非去世、辞职或者自己要求退休以及遭到国会弹劾而被罢免，联邦法官终身任职。在美国历史上，曾有 11 名联邦法官遭到弹劾，另有 8 名在面临弹劾时辞职。在被弹劾的联邦法官中，有 7 名遭到免职。最近的一次免职事件发生在 1989 年，当时有两名联邦法官遭到弹劾而被免职。另外，根据宪法的规定，所有联邦法官应在规定的时间得到服务报酬，且在他们继续任职期间不得减少。

第七节　政治参与制度

和一切民主国家一样，美国宪法也规定了公民的一些政治权利，比如集会、请愿、选举投票等，但美国宪法并未对此作过多的罗列，而是通过宪法第9条和第10条修正案确立了一个基本原则：宪法对某些权利的列举，不得被解释为否定或轻视由人民所保留的其他权利；宪法未授予合众国，但也未禁止各州行使的权力，由各州各自保留，或由人民保留。就此而论，举凡在一般民主国家里公民所享有的政治参与权利，美国公民也都享有。不过在联邦层面上，美国的确未确立任何直接民主制度（如果公民参加国会所举行的听证会也是一种直接民主形式的话，那也许可以算是一个例外），但在各州和地方的层面，包括创制、公投和公民大会等形式的直接民主制度倒是普遍存在的。这里着重来看看美国的政党结社情况，以及具有美国特色的利益集团参与政治的情况。

一、政党

有趣的是，在当初，美国很多制宪元勋都痛恨政党这个理念。托马斯·杰斐逊就曾说过，如果一个人必须加入一个政党才能进入天堂的话，那他就宁肯不去天堂。在这些元勋们看来，政党只是一些私利团体，关心的是与对手竞争，从而维护小团体的利益，而不是整个国家的利益。所以这些元勋们希望公民能够投票给个体的竞选者，而不是政党组织。但是，政党是民主政治运作的产物，这是难以避免的。到18世纪90年代时，美国国内就已经出现了不同的治国理念，并由此产生了团体派别。其中，追随亚历山大·汉密尔顿的人们希望建立一个强大的联邦政府，以保障商业生产和贸易的繁荣，这些人自称"联邦党"；而追随托马斯·杰弗逊的人们则主张建立一个非集权的农业共和国，要求限制联邦政府的权力，这些人自称"民主-共和党"。1828年，民主-共和党人安德鲁·杰克逊当选为总统，民主-共和党随之也改名为民主党；而在另一方，到1828年时，联邦党作为一个组织早已消失，取代其地位的是1833—1834年成立的美国辉格党（该党因反对安德鲁·杰克逊总统而成立），美国两党竞争的格局便是从此开始的。

到19世纪50年代，围绕着废奴问题，美国社会的分歧很大，而辉格党在这时却采取骑墙态度，结果导致瓦解，取代其地位的是1854年创建的共和党。共和党坚决主张废除奴隶制度。1860年，共和党人林肯当选为总统，由此确立了民主与共和两党竞争的格局，一直延续至今。

人们都很熟悉美国民主党与共和党两大党竞争与轮流上台的格局，但有时候也会有第三党或者独立人士冲出来，赢得自己的一席之地并保持一段时间。最近的最成功的第三党可能算是由罗斯·佩罗（H. Ross Perot）所领导的改革党（1995年成立）了。还在1992年时，尽管当时改革党尚未成立，但佩罗就已在总统大选中赢得了19%的选票。到1996年总统大选时，改革党候选人赢得了8%的选票。1998年，改革党人杰西·文图拉（Jesse Ventura）当选为明尼苏达州州长，创造了一个纪录。不过目前改革党已分裂为两派，失去了影响力。另一个表现不俗的第三党是1971年成立的自由党（US Libertarian Party），目前该党在全国拥有600多个民选官职，堪称第三大党。近年来在美国政坛上比较活跃的第三党还有绿党。除去这些政党外，实际上在美国还有上百个政党存在，只是几乎没有什么影响力。除了第三党的表现外，有时候无党派的独立人士在政坛上也会有所表现，比如当选为联邦参议员或者众议员。不过总的来说，在美国，小党派很难生存，也无法改变两大党竞争的基本格局，因为两大党会经常吸收这些小党最受选民欢迎的某些主张，从而夺走小党派的选民。

尽管我们通常认为，在美国也存在多个政党，且民主党与共和党最大，但我们绝不能按照其他国家政党的样式来看待美国的政党，实际上可以说，各党在平时处于一种近乎不存在的状态（之所以如此，这和美国的政治文化以及政党的功能是密切相关的），从而造成其组织极其松散。在美国，政党并不是一种具有某种坚定的意识形态目标和严密组织的集权团体，而只是一种政见聚合机制和人们借以参与政治的途径。也就是说，人们是因为政见的相近而自愿聚合在一起，从而结成或参加政党的，但也会因为政见的改变或分歧而解散或退出政党，这完全是个人自由选择的事情，因此成立一个能够控制个人的集权的政党组织就是完全不可想象的。而对于那些具有相近政见的人们来说，他们结合在一起而形成政党，这不过是他们参与政治的一种途径。借此，他们不但可以表达某种政治诉求，甚至还可以参加竞选以获得公职，从而去实现诉求。

由于美国政党只是人们参与政治的一种途径，所以各党通常也只有在举行各项选举的期间才表现为一个政党组织，才会成立一些组织机构，其成员也才具有比较明确的身份，而在平时，各党则几乎处于停顿状态，甚至连其成员也辨认不清。在美国，绝大多数民众都只是在进行选民登记时，才注册成为某个政党的成员，但这只是其选举意向（或者说政治倾向）的一种表态，而不意味着他将因此而具有什么特殊的权利或义务（比如说交纳党费之类）；而且即使在注册之后，选民在选举时仍然可以自由选择投票，而不限定于其所注册的政党，这就相当于自由地脱离了某个政党。所以在美国，对于各党来说，只有在选举期间才有一大批党员存在（但也不是固定的），而在平时，则几乎搞不清楚人们的党派身份，只有极少数人才积极地介入政党政治，成为专职的党工或者职业政治家。

以民主党来说。依据民主党党章的规定，民主党全国代表大会具有最高权力，但是在实践中，除非举行总统选举，否则全国代表大会也不会召开。

依据党章，民主党全国委员会（Democratic National Committee，DNC）只是负责平常活动的组织，但它还是主要在选举期间才发挥作用。全国委员会由各州民主党党部所选举的代表组成，总计两百名，依据各州的人口比例来分配。这些代表通常也担任着其他职务，比如众议员。全国委员会主要负责组织和协调民主党的各种竞选活动。在总统选举期间，全国委员会则负责主导全国代表大会的进程，此外还负责募款、进行民意测验并协调竞选策略。另外，在全国委员会之下也设有两个年轻人的组织，即美国青年民主党人（Young Democrats of America）和学院民主党人（College Democrats）。

全国委员会每隔四年也会选举一位党主席（即全国委员会主席）。当现任总统是民主党籍时，全国委员会通常会选举总统所挑选的候选人来担任主席。主席主要是民主党的一种标识，并起着联络民主党与总统和国会议员的作用。主席并不是党的真正领导人，只有总统和两院领袖才是（但这也不意味着这些领导人对于其他党员就具有绝对的权力，他们的领导也只能建立在自愿的基础上）。

如果所进行的是国会议员选举，则民主党会成立国会竞选委员会（Democratic Congressional Campaign Committee，DCCC）和民主党参议院竞选委员会（Democratic Senatorial Campaign Committee），其中前者负责协助各地的众议员选举，后者则协助各地的参议员选举，主要是募集竞选资金。此外，民主党还设议会竞选委员会，负责协助各地方和各州议会的选举，包括募款。

在各州，民主党都设有独立的党部，由选举产生的委员（通常是担任民选公职的官员和主要选区的众议员）所组成，并由他们选出党部的主席。在州之下，各县、市、镇和选区的委员会则通常由当地选出的人员所组成。民主党的州和地方委员会的主要职责，仍然和竞选密切相关，比如举行初选，提名候选人，募款。

再看共和党。同样，共和党也是围绕竞选而运作的政党。共和党全国委员会（Republican National Committee，RNC）负责组织和协调共和党的各种竞选活动。在总统选举期间，全国委员会负责监督全国大表大会的进程，还负责筹款和协调选举战略。共和党也设党主席（即全国委员会主席），当总统是共和党籍时，主席就由总统亲自指派，而当共和党在野时，主席则由各州党部选举产生。共和党众议院全国委员会（National Republican Congressional Committee）负责协助众议院的选举，而共和党参议院全国委员会（National Republican Senatorial Committee）则负责协助参议院的选举，主要是募集竞选资金。共和党州长联盟（Republican Governors Association）是一个仅以讨论州长候选人为主，而不负责募款的团体。共和党在各州和各地方也都设有和全国委员会类似的委员会，只是规模更小。

由于美国政党并不收取党费（也没有办法收取），也无党产收入来源，所以其竞选资金就几乎全部依靠募集而来，由此形成所谓的政治献金。对此，从前并无法律加以规定，但自19世纪末以来，美国联邦和各州都已制定多部法律（比如《联邦选举竞选法》）对此加以规范。就现在而言，一是政治献金的来源受到限制。政党不得接受外国人、和政府有契约关系的人、国家银行、公司、工会以及以第三者名义进行的捐赠。二是政治献金的数额受到限制。预选和正式选举分别算作一次选举，在每次选举中，每个人对一位候选人的捐款不得超过2000美元，并且这类捐款的年度总额不得超过3.75万美元。此外，每个人向一个政治行动委员会的年度捐款不得超过5000美元，向一个政党全国委员会的年度捐款不得超过2.5万美元。三是政党的收支必须公开。以一年度计，各党凡有200美元以上的收支，都必须向联邦竞选委员会报告其捐赠者的姓名、住址、金额、日期以及支出的用途、金额和日期等。

二、利益集团

在美国，除政党外，还有很多组织和团体也会参与到政治过程中来，只不过它们并不像政党那样，直接参加竞选，而更主要是通过捐助政治献金、院外游说甚至发起游行、请愿等活动来参与政治。这些组织和团体，各自代表着一些特殊群体的利益诉求，它们参与政治的目的，就是希望能够实现或保障他们的利益诉求。比如商业组织希望减少税收，限制雇员罢工的权利；工会组织则希望能够设定最低工资，保护劳资双方的集体协定；至于教会或少数民族组织，则更加注重保护它们的信仰或文化传统。这样一些组织和团体，在政治学上就称之为利益集团，它们都是行动的团体。

政治行动委员会（Political Action Committee，PAC）是近年来声势逐渐壮大的一类利益集团，它们由很多在某个问题或一系列问题上有相同意见的独立团体组合而成，可以说是扩大了的利益集团。政治行动委员会向竞选者提供资金，以此影响政治过程，同时也宣传某一位候选人，或者宣传自己的理念。如今美国已有几千个政治行动委员会组织，它们已成为政治献金的主要来源。

第八节　美国宪政之保障

自美国通过 1787 年的宪法而成为一个联邦制国家后，美国的宪政就日益巩固，迄今已有 200 多年。显然，这个国家的宪政得以保障的原因或条件很值得我们研究和深思。

美国宪法是世界上的第一部成文宪法，这部宪法显然是符合宪政宗旨的。以宪法前十条修正案（即权利法案）为核心的条款，明确地树立了公民权利的基础性地位，从而使这部宪法符合权利本位的宪政宗旨。特别是宪法第 9 和第 10 条修正案所确立的基本原则（宪法对某些权利的列举，不得被解释为否定或轻视由人民所保留的其他权利；宪法未授予合众国，但也未禁止各州行使的权力，由各州各自保留，或由人民保留），更是直接点破了该宪法的宪政宗旨。不但如此，在此之后，还有多条宪法修正案进一步强化了这个宗旨。比如宪法第 14 条修正案（1868 年）规定：所有在合众国出生或归化合众国并受其管辖的人，都是合众国的和他们居住州的公民。任何一州，都不得制定或实施限制合众国公民的特权或豁免权的任何法律；不经正当法律程序，不得剥夺任何人的生命、自由或财产；在州管辖范围内，也不得拒绝给予任何人以平等的法律保护。宪法第 15 条修正案（1870 年）规定：合众国公民的选举权，不得因种族、肤色或以前是奴隶而被合众国或任何一州加以拒绝或限制。宪法第 19 条修正案（1920 年）规定：合众国公民的选举权，不得因性别而为合众国或任何一州加以拒绝或限制。最后，宪法第 26 条修正案（1971 年）规定：年满 18 岁和 18 岁以上的合众国公民的选举权，不得因为年龄而被合众国或任何一州加以拒绝或限制。

根据宪政理论，一部符合宪政宗旨的宪法，也必定要按照分权制衡的原则来设计政府制度，以限制政府的权力，这是宪政的逻辑推论，否则宪政宗旨是难以实现的。在这方面，美国堪称典型。实际上在美国存在双重的分权制衡，即联邦政府与各州政府之间和联邦政府内部均按照分权制衡原则来安排。像这种双重安排，当初在批准宪法的过程中，联邦党人就已明确地指出过了。关于联邦政府与各州政府之间的分权制衡（即联邦制），前面已经说明，这里着重来看联邦政府内部是如何按照分权制衡原则来安排的。如前所述，联邦政府内部的分权制衡，主要是在总统（行政机构）、国会（立法机构）和法院（司法机构）之间进行的，甚至在国会内部，参众两院之间也存在分权制衡。具体来说，总统、国会和法院之间的分权制衡表现为：

(1) 在总统与国会之间：参议院批准总统关于行政和司法的人事任命案，国会可以推翻总统对立法的否决，国会监督行政部门的运作，国会掌管预算，国会可以弹劾总统，并且一旦作出有罪裁决即罢免总统；反之，总统可以否决国会立法，副总统同时担任参议院议长，并有权投下打破僵局的决定性一票。

(2) 在总统与法院之间：联邦最高法院之首席大法官主持审判对总统的弹劾案，联邦最高法院可裁决总统的行动违宪；反过来，总统经参议院同意和批准，任命所有的联邦法官（包括大法官）。

(3) 在国会与法院之间：参议院批准总统对联邦法官（包括大法官）的任命，国会有权弹劾并罢免联邦法官（包括大法官），国会还通过立法，规定联邦最高法院的规模和设立下级联邦法院；反过来，联邦最高法院有权解释宪法和联邦法律，并有权宣布国会立法违宪。

通过相互的分权和制约，各机构之间便达到一种平衡状态，从而防止任何一个机构篡夺全部权力而导致危及宪政的暴政。但在美国，这种平衡并不是从一开始就实现了的，而只是在后来司法审查制度确立之后才得到了保证。实际上，按照美国宪法的设计，在联邦政府中，法院是最薄弱的环节，因为它既无立法权，也无财政权，更无执行权，其他两个机构都有可能侵害它的权力，因此三个机构之间不能达到平衡状态。而在司法审查制度确立之后，联邦最高法院掌握了违宪审查权，从而也就掌握了制约其他两个机构的重要手段，这样就恢复了平衡。从这个意义来说，司法审查制度在美国的出现，完全是美国联邦政府实行分权制衡原则的逻辑结果，尽管其起因（即马伯里诉麦迪逊一案）是偶然的。

马伯里诉麦迪逊（Marbury v. Madison）一案发生于1801年年初，当时以亚当斯为首的联邦党和以杰斐逊为首的民主-共和党之间正进行着激烈的政治角逐。在1800年年底所举行的总统大选中，杰斐逊当选为美国的第三任总统。但在总统权力交接之前，总统亚当斯利用联邦党人占据国会多数的有利条件，对司法机构作出重大调整，并抓紧委任联邦党人出任新调整的联邦法官。恰好在1800年12月，联邦最高法院的首席大法官辞职，亚当斯立即提名时任国务卿的联邦党人马歇尔继任首席大法官，并获参议院批准。但是马歇尔并未立即就任，而是根据亚当斯的要求，续任国务卿至换届为止。同时，亚当斯抓紧提名由联邦党人出任联邦法官，并且在杰斐逊就任总统之前的两天，这些被提名的法官均获得了参议院的批准。在亚当斯担任总统的最后一天，即1801年3月3日，他正式签署这些联邦法官的委任书，并加盖了国印。这些被急匆匆地加以任命的法官被人们称为“午夜法官”。这些午夜法官的委任状都由国务卿马歇尔颁发给法官本人，但到3月3日这天结束时，由于当时的交通和通信条件较差，所以仍有几位法官的委任状未能送出，其中一位就是马伯里。

3月4日，杰斐逊就任总统，并任命麦迪逊为国务卿。杰斐逊对亚当斯卸任之前任命“午夜法官”的做法十分不满，决心采取措施予以阻止，第一个措施就是停发尚未发出的法官委任状。对此，马伯里等几位已获得任命但却未收到委任状的人士当然十分不满，便向联邦最高法院提起了诉讼，请求最高法院下达强制令，强制国务卿麦迪逊向马伯里等人发出委任状。马伯里等人提出这一请求的法律依据是《司法法》(国会于1789年9月24日通过)。根据该法，联邦最高法院拥有受理针对美国官员的排他管辖权，可以对美国政府官员下达强制令。但是总统杰斐逊认为联邦最高法院无权下达这种强制令，为此他提示国务卿麦迪逊拒绝出庭，也拒不说明不送达委任状的理由。

新任的联邦最高法院首席大法官马歇尔在接到诉讼后感到十分为难，他知道，即使最高法院同意马伯里等人的请求，下达强制令，麦迪逊也未必会执行，由此反倒会引发一场宪政危机，而且如果马歇尔真的发出强制令，国会也可能会弹劾他。在经过慎重的考虑后，马歇尔最终对马伯里诉麦迪逊一案作出了判决，驳回了马伯里等人的请求。在判决中，马歇尔认为马伯里等人的权利的确受到了损害，他们有权利请求法律救济，法律也应当对他们给予救济，但是不能以最高法院向国务卿发出强制令的方式来予以救济，因为那会涉及行政首长的自由裁量权问题，这种问题在性质上是政治问题，根据宪法和法律应由行政部门处理，不应由法院处理。但是《司法法》却明确规定，联邦最高法院有权对任何行政官员发出强制令，对此，马歇尔的观点是，该法律的规定违反了美国宪法的规定。因为根据美国宪法的规定，联邦最高法院只对涉及大使、公使和领事的一切案件以及以一州为当事人的案件，才具有初审管辖权，对于其他案件，联邦最高法院只有上诉管辖权。而此案显然属于宪法所指的“其他案件”，所以联邦最高法院对此只有上诉管辖权，而无初审管辖权。但《司法法》所规定的下达强制令的权力，就等于是让联邦最高法院行使了初审管辖权，显然这是违宪的。马歇尔的判词在美国得到了普遍的接受，并形成为一个宪法判例。正是通过这个判例，联邦最高法院便掌握了违宪审查权，由此恢复或者说保证了联邦政府内部的平衡。

在某种意义上来说，美国的宪政全系于一部宪法，因此维护这部宪法的稳定性，也就是在维护宪政。为此，宪法第五条规定，国会只有在两院各2/3的议员认为必要时，才应提出宪法的修正案，或者根据2/3的州议会的请求，召开制宪会议来提出宪法修正案。无论以哪种方式提出的修正案，都应获得3/4的州议会或者3/4的州制宪会议的批准，才能生效。至于具体采用哪种批准方式，则根据国会的建议而定。如此严格的修宪条件，显然有助于维护美国宪法的稳定性，从而对其宪政起到一定的维护作用。

但是归根结底，和英国一样，美国宪政之得以保障的深厚基础，还是在于其宪政文化的深厚基础和积淀。失去这个基础，无论宪法如何，以及政府制度如何设计，都不能最终保障宪政。对美国来说，如前所述，它的宪政文化来源于英国，是在殖民地时期植入、培育并积淀下来的。在此基础上，美国人也有意识地传承这种宪政文化。美国广泛的政治实践本身就是传承宪政文化的重要途径，不仅如此，美国人也十分注重教育的途径。美国大多数学校都会讲授《独立宣言》、《美国宪法》、《权利法案》以及制宪元勋们的文章，让一代又一代的美国人了解和理解宪政的基本观念，比如天赋权利；法律面前人人平等；政府的权力应该加以限制，以免滥用权力从而危害公民的权利；政府应对公民负责，公民能够通过选举更换政府，等等。正是因为有这种宪政文化的基础和传承，所以尽管美国一直以来都是一个移民国家，其种族、民族、语言、宗教、社区等均具有极为丰富的多样性，但其宪政却并未因此而遭到削弱或者被颠覆。

第六章

法　国

法国的正式国名为法兰西共和国（République française），其国土面积有67万多平方公里（包括海外领地。若不包括海外领地，则只有54万多平方公里），总人口有6500多万（2009年），首都为巴黎。

图 6-1　法国的国旗和代用国徽标记

法国的国旗以三色旗（Tricolore）著称，最早出现在大革命时期，为当时的巴黎国民自卫队率先采用。旗帜采用当时法国国徽的颜色（红和蓝）和法国王室的颜色（白）。三种颜色均有历史来源，其中蓝色是圣马丁长袍的颜色，白色纪念民族英雄圣女贞德，红色则是圣但尼军旗的颜色。1794年2月15日，三色旗被确定为法兰西第一共和国的国旗。波旁王朝复辟时，三色旗曾被废止，但1830年七月革命后，三色旗再度成为法国的国旗。1946年，法国宪法正式规定三色旗为国旗，直至今天。作为法国大革命的象征，据说三色旗的三色还分别表示自由、平等和博爱的寓意。至于国徽，法国并无法定的国徽，只有一个常用的徽记，其主体图案是一面两边饰以狮子和鹰头、中间有法国国名缩写（RF）的盾，盾后面为象征权威的斧头束棒、象征和平的橄榄枝和象征坚忍的橡树枝。该徽记在1912年被运用于外交场合，并于1953年呈交联合国。此外，从1999年起，法国政府和各省政府开始使用另一种徽记。该徽记由法国国旗的颜色，玛丽安娜的头像和自由、平等、博爱的文字以及法国国名所组成（见图6-1）。法国的国歌是著名的《马赛曲》(La Marseillaise)，原名《莱茵军团战歌》。1792年8月10日，马赛志愿军前赴巴黎支援起义时高唱此歌，故而得名《马赛曲》，并因此风行全法国。1795年7月14日，法国督政府宣布此曲为国歌。在波旁王朝复辟和法兰西第二帝国时期，《马赛曲》曾一度遭到禁止，但1830年七月革命后，该曲再度为人们所传唱。1879年、1946年和1958年所通过的三部共和国宪法，皆明定《马赛曲》为法国国歌。

第一节　法国的形成

公元前2世纪末，罗马人征服了高卢的东南部，此后，生活在这片土地上的高卢人（Gaulois）、凯尔特人（Celte）和西南部的巴斯克人（Basque）均为罗马人所统治，一直到公元5世纪初。406年12月，汪达尔、苏维汇等日耳曼蛮族和阿兰人，趁莱茵河结冻之机一同侵入罗马帝国，直到476年将西罗马帝国覆灭。从此，法国这片土地就逐渐成为了日耳曼人的天下。

486年，来自东方的一支日耳曼人——法兰克人（Francs），在其首领克洛维一世（Clovis I）的带领下，征服了卢瓦尔河（Loire）和索姆河（Somme）之间的罗马帝国领土，后来又将现在的法国北部和中部地区纳入统治范围，由此建立起法兰克王国（墨洛温王朝，Mérovingiens）。496年，克罗维一世甚至还将罗马天主教定为国教。

克洛维一世于511年死后，王国的领土发生多次分裂和统一，而王国的实际统治权亦逐渐转移到世袭的宫相（maire du palais）手中。751年，宫相查理·马特尔的儿子丕平（Pépin）最终以加洛林王朝（Carolingiens）取代了墨洛温王朝。加洛林王朝在丕平的儿子查理的统治下达到顶峰。查理先于771年统一了法兰克王国，而后又于774年征服了盘踞在北意大利长达百年之久的伦巴第王国，778年征服了巴伐利亚，796年打败了多瑙河平原的阿瓦尔人，801年将南部边境推进至巴塞罗那，最后在804年征服了萨克森人。由此，一个贯穿中西欧的庞大的查理曼帝国就建立起来了。800年，教皇利奥三世还加冕查理为罗马人的皇帝，以表彰其功绩和对罗马教廷的拥护。这样神圣罗马帝国也随之诞生了。但在查理的儿子路易一世死后，路易的三位儿子通过缔结《凡尔登条约》(Traité de Verdun，843 年)，而将查理曼帝国一分为三，即东中西三个法兰克王国。尽管在 884—887 年间，加洛林王朝曾一度统一了帝国，但帝国是不可能再恢复原状了，而且自此以后，神圣罗马帝国皇帝的封号也不再在西部通行，于是西法兰克王国就逐渐演变为法兰西王国。

在西法兰克王国国王、糊涂查理（Charles le Simple）统治时期，迫于维京人的威势，查理被逼将塞纳河下游两岸的大片土地割与维京人，从而形成诺曼底（Normandie）公国。而正是在抗击维京人的过程中，卡佩家族的势力逐渐崛起，并与加洛林王室争夺王位。987 年，法兰克公爵、巴黎伯爵雨果·卡佩（Hughes Capet）最终推翻加洛林王朝，建立了卡佩王朝（Capétiens）。1328 年，法王查理四世（Charles IV）身亡，卡佩王室绝后，卡佩家族的支系腓力六世（Philippe VI）继承王位，于是法兰西王国进入到瓦卢瓦王朝（Valois）统治时期。但在这时，英王爱德华三世（Edward III）作为前法王腓力四世（Philip IV）的外孙，宣称自己才是法国王位的唯一合法继承人，由此引发了英法百年战争（1337—1453 年）。英法百年战争导致两国的民族意识都大大提高。法军最终获得胜利，收复了除加来（Calais）以外的全部王国领土。战争过后，法王加强了中央集权，并分别将勃艮第（1477 年）和布列塔尼（1491 年）收归中央。1584 年，瓦卢瓦王室的王储弗朗索瓦遇刺身亡，于是卡佩家族的另一个支系、波旁家族的亨利·德·波旁就成为法国王位的合法继承人，此即亨利四世（Henri IV），由此开始了波旁王朝（Maison de Bourbon）的时代，一直到 18 世纪末法国大革命爆发。

第二节 法国宪政史

法国的宪政之路极为曲折，不但发生过多次反复，而且变动剧烈，非常不稳定，直到 1958 年现行宪法通过后，法国宪政才算稳定下来，并日益巩固。

一、大革命与第一次君主立宪

在 1789 年法国大革命爆发之前，法国由波旁王朝所统治着，实行中央集权的君主专制，大革命则将这一切摧毁，从而开启了法国的宪政之路。不过应当说，还在路易十五当政的时期（1710—1774 年），法国的启蒙运动就已经将天赋人权、人人平等、君主立宪、三权分立等宪政思想传播开来了，这可以视为是法国走上宪政之路的先声。

当1774年路易十六登上王座时，代表法国三个等级的三级会议（Estates General）已经有164年没有召开了。1789年5月5日，由于为财政问题所困，路易十六不得不再次召开三级会议，他希望在会议中讨论增税、限制新闻出版和民刑法等问题，并且下令不许讨论其他议题。但是在会议过程中，第三等级代表不同意增税，并且宣布增税为非法，这样第三等级就与以国王为首的特权等级之间，发生了激烈的冲突。6月17日，第三等级代表成立国民会议(National Assembly)，宣布国王无权否决国民会议的决议，于是路易十六强制关闭国民会议，宣布它是非法的，其一切决议均无效，并命令三个等级的代表分别开会。7月9日，第三等级代表宣布国民会议改称制宪国会，要求制定宪法，限制王权。路易十六开始意识到这已经危及自己的统治了，于是调集军队企图解散制宪国会，但到7月12日，巴黎市民举行了声势浩大的示威游行，表达了对制宪国会的支持。7月13日，巴黎圣母院响起钟声，市民与国王的雇佣军之间展开战斗，到当天夜里，市民们控制了巴黎的大部分地区。7月14日，巴黎群众攻克了象征君主专制统治的巴士底监狱，释放了四名犯人，大革命取得初步的胜利。后来7月14日这一天就成了法国的国庆日。

在巴黎市民起义的过程中，制宪国会的代表夺取了巴黎市政权，建立起国民自卫军。在这种情况下，国王路易十六不得不屈服，承认了制宪国会的合法地位。在这个阶段上，其实制宪国会就成了法国的最高国家权力机关。在制宪国会中，君主立宪派占据了主导地位，他们准备将法国引向君主立宪制的方向。在制宪国会存在期间，它通过了一系列法令，宣布废除封建制度，取消教会和贵族的特权，规定以赎买方式废除封建贡赋。8月26日，制宪国会通过了《人权宣言》(全称《人权和公民权宣言》，Déclaration des Droits de l'Homme et du Citoyen)，宣布“人生来而且始终是自由平等的”。1790年6月，制宪国会又废除了亲王、世袭贵族和封爵头衔，重新划分政区，成立大理院和最高法院，建立陪审制度。制宪国会还没收教会财产，宣布法国教会脱离罗马教皇的统治而归国家管理，实行政教分离。就在制宪国会按部就班地实行社会与政治改革的过程中，1791年6月20日，国王路易十六乔装出逃，结果被民众发现，这导致部分激进派领袖和民众要求废除君主制而实行共和制，但君主立宪派坚持主张实行君主立宪制。最后在9月份，制宪国会制定出宪法（1791年宪法，这是欧洲大陆上的第一部成文宪法），确立了君主立宪制。该宪法以1789年的《人权宣言》为序言，宣称一切政权由全民产生，实行三权分立，规定行政权属于国王、立法权属于立法会议、司法权属于各级法院。9月30

日，制宪国会完成使命，宣告解散。10 月 1 日，立法议会召开，法国终于成为君主立宪制国家。

应当说，在第一个阶段上，法国的宪政运动取得了成功，但是后来的历史显示，这次初步取得的成果并不牢固，法国的宪政之路才刚刚开始。

二、法兰西第一共和国

（一）吉伦特派政府

法国大革命爆发后，周边各君主国极为不安，首先是普鲁士和奥地利成立联军，向法国发起进攻。在这时，法国王后玛丽·安东尼特（亦是奥地利皇帝的妹妹）竟将军事机密泄露给联军，致使法国军队被打败，联军攻入法国境内。1792 年 7 月 11 日，立法议会宣布法国处于危急之中，雅各宾派领袖罗伯斯庇尔、马拉、丹东等人发起反君主制运动，以无套裤汉为主体的巴黎市民随之掀起共和运动的高潮，最后于 8 月 10 日攻占杜伊勒里宫，拘禁了国王和王后。这次起义运动导致君主立宪派丧失了主导地位，而为吉伦特派所代替，后者迫使立法议会废除了 1791 年宪法，并逼迫国王退位，实行普选制。9 月 21 日，由普选产生的国民公会开幕，9 月 22 日宣布法国为共和国，此即法兰西第一共和国。1793 年 1 月 21 日，国民公会经过审判，以叛国罪处死国王路易十六和王后玛丽·安东尼特以及教士埃德热沃尔特。于是君主立宪制结束了，法国改走共和制的道路。但是，第一共和国仍旧不稳固，在历经多次变乱后，最终堕为独裁的帝制。

（二）雅各宾专政

从 1792 年秋季起，由于激进的雅各宾派和山岳党不满吉伦特派政府的温和政策，吉伦特派政府就颁布法令予以镇压。与此同时，在 1792 年 10 月以后，法国军队已经打到了国外，由此引发欧洲各国的普遍不安，各国便于 1793 年 2 月结成反法同盟，对法国进行武装干涉。由于吉伦特派无力抵抗外国军队，加之对内没有满足下层的要求，巴黎民众便于 5 月 31 日至 6 月 2 日期间，发动第三次起义，推翻了吉伦特派，而建立起雅各宾专政政府。

雅各宾派当政后，于 6 月 3 日至 7 月 17 日期间，颁布了三个土地法令，使大批农民能够以分期付款的方式买到土地。6 月 24 日，雅各宾派又通过国民公会，颁布了一部宪法（1793 年宪法，亦称共和元年宪法，雅各宾宪法。这是法国历史上的第一部共和制宪法）。这部宪法突出人民权利、人民主权和民主，是法国历史上最激进的一部宪法。宪法全文分为人权宣言（这是罗伯斯庇尔在1789年《人权宣言》的基础上重新起草的）和宪法正文两部分，宣称法律面前人人平等，公民不受非法控告、逮捕和拘禁，公民有言论、出版、和平集会和宗教信仰的自由，有受教育和受社会救济的权利，有选举议员和复决法律的权利，等等。宪法还取消选民的财产资格限制，扩大了选民范围。在政府的组织原则上，该宪法抛弃了孟德斯鸠的三权分立说，而采用卢梭的主权原则，以任期一年的一院制国民公会为国家的最高权力机关，赋予其至高无上的权力。不过由于战争的原因，这部宪法并未能够得到实施。1793年7月，雅各宾派改组并加强了作为临时政府机关的救国委员会，此后还将投机商人、吉伦特派及其支持者（包括布里索、罗兰夫人、科黛等人）统统斩首，甚至连著名的革命家托马斯·潘恩也被捕入狱。到1793年年底至1794年年初，外国干涉军队全部被赶出了国土，国内的叛乱也基本平息。

1794年3—4月，雅各宾派内部发生了激烈的斗争，罗伯斯庇尔以搞阴谋的罪名，处死了与其政见不和的丹东、埃贝尔等人，雅各宾派趋于孤立，而民众也开始反对雅各宾派所实行的恐怖政策。7月，国民公会中反罗伯斯庇尔独裁的力量组成热月党，于27日（法国新历共和二年热月9日）发动“热月政变”，将雅各宾派推翻并将罗伯斯庇尔斩首。从1791年到此为止，设置在巴黎的断头台已经斩首了六七万的所谓反革命分子。

（三）督政府

热月党人取代雅各宾派主政之后，于1795年8月通过国民公会颁布了新的共和三年宪法（1795年宪法），规定新的立法机构分为上下两院，上院为元老院，由250人组成，下院为五百人院，由500人组成。宪法规定现政府代表必须在新立法机构中占据2/3以上的席位。根据五百人院的提名，元老院选举出5名督政官，组成督政府，每年改选其中的一人。督政府成员轮流担任为期3个月的主席职务。

1795年宪法遭到了广泛的反对。10月2日，反对派在法兰西剧院集会，反对新宪法，并于3日发起“葡月暴动”。同日，国民公会任命保罗·巴拉斯为军事领导人，以镇压暴动，但实际的军事行动却是在拿破仑·波拿巴的指挥下进行的。5日，暴动被镇压下去。

根据新宪法，国民公会在10月26日解散，新的立法机构于次日开会，并选出督政府。

1796—1797年，督政府派遣拿破仑·波拿巴远征意大利，取得重大胜利，军人势力开始在法国抬头。1797 年，法国举行立法机构选举，由于许多王党分子当选，所以为了打击王党势力，督政府宣布选举无效。而到 1798 年立法机构再次选举时，由于雅各宾派的残余势力大批当选，督政府再次宣布选举无效。这一切都使得法国政局日益不稳。

（四）执政府

1799 年，英国组成第二次反法联盟，进攻法国，这时以西耶斯（Emmanuel-Joseph Sieyès）为首的右翼势力要求借助军人力量来控制局面。11 月 9 日（共和八年雾月 18 日），拿破仑·波拿巴发动“雾月政变”，推翻督政府，建立临时执政府，并自任执政。法兰西第一共和国到了最后一个时期。

1799 年 12 月，为确立拿破仑的合法统治地位，执政府制定了一部宪法（1799 年宪法，亦称共和八年宪法，拿破仑宪法），并于 1800 年年初正式通过。与以前的几部宪法相比较，这部宪法很少提及主权在民、三权分立等原则，而只是宣布废除封建制度，确保私有财产和自由不可侵犯。宪法还规定行政权属于三名执政官，执政官连选连任，并赋予第一执政即拿破仑以绝对的权力，使他可以颁布法律、任命官吏，并享有宣战、媾和和签约等大权。宪法又规定立法权由四个机构共同行使，其中参政院由第一执政任命产生，负责将执政府所提出的法案整理成文，并向立法团作出解释和辩护；法案审议委员会由 100 名经选举产生的成员所组成，任期 5 年，只负责讨论法案，而没有法案的创制权和表决权；立法团由 300 名 30 岁以上的经选举产生的成员所组成，负责提取执政府、参政院和法案审议委员会的意见，并对法案进行表决；最后，元老院由 60—80 人组成，主要负责审查最后所通过的法律是否违宪。这部宪法明显削弱了立法机关的权力，而提高了行政机关的权力和地位，从而为拿破仑实行帝制准备了条件。

1801 年，执政府修改了 1799 年宪法，并于 1802 年生效，此即 1802 年宪法（共和十年宪法）。该宪法规定第一执政终身任职，并有权任命继承人，从而进一步扩大了拿破仑个人的权力，为法国由共和制转向帝制进一步铺路。甚至可以说，这时的法兰西第一共和国已经是有名无实了。

三、法兰西第一帝国

1803 年，《共和第十二年元老院整体决议案》获得通过，宪法再度被修改，并于 1804 年 5 月 18 日生效，此即 1804 年宪法（亦称共和十二年宪法，帝国宪法）。该宪法宣布法国为法兰西帝国，作为第一执政的拿破仑为帝国皇帝，称拿破仑一世。12 月 2 日，拿破仑一世在巴黎圣母院登基加冕，不过他并不是由当时的教皇庇护七世加冕的，而是自己将皇冠戴到了头上。这样，法兰西第一共和国便正式终结了，而法兰西第一帝国也随之正式开始了。从宪政史的角度来看，这可以说是法国宪政运动的一次倒退，与大革命前波旁王朝统治类似的绝对君主制复辟了。

四、波旁王朝第一次复辟（第二次君主立宪）

1814 年 4 月，在国内外反拿破仑势力的联合攻击下，拿破仑帝国最终倒台，而流亡于英国的普罗旺斯伯爵返回法国，即位为国王，此即路易十八。通常称这个事件为波旁王朝复辟，但实际上，这并不是拿破仑式的绝对君主制（帝制）的复辟，而是重新回到大革命之初所建立的君主立宪制上去。

在各方的压力下，国王路易十八被迫接受了一部倾向自由主义的宪法，即 1814 年宪章。该宪章建立了由贵族院和各省代表院所组成的两院制国会，实行财产选举制。立法权由国会与国王一起行使，具体来说就是，国王提出法案，国会通过法案，法案再经国王批准并颁布后即成为法律。此外，国会还享有征税权和向国王提出建议的权力。该宪章还设立了部长的职位，虽然部长均由国王任命，但除向国王负责之外，部长还要向国会承担责任。

五、第一帝国复辟（百日王朝）

1815 年 3 月 20 日，拿破仑从厄尔巴岛逃回到法国，集结军队，推翻了波旁王朝和君主立宪制，再度称帝，复辟了帝国。在复辟期间，拿破仑制定了《帝国宪法附加法》(1815 年宪法)，重新确认了 1804 年帝国宪法的内容。所以这在法国宪政史上，可以称为绝对君主制的第二次复辟。但是到 6 月 28 日，由于滑铁卢战役的失败，拿破仑再度倒台，被流放到圣赫勒拿岛。这样第一帝国复辟总共 101 天，史称“百日王朝”。

六、波旁王朝第二次复辟（第三次君主立宪）

滑铁卢战役过后，路易十八复位，波旁王朝第二次复辟，实际上是再次回到君主立宪制。但是路易十八复位后，明显朝着君主专制方向倒退。他一直致力于维护保王党在国会中的势力，而且一些在法国大革命期间所实行的政策，也被看成是倾向于自由主义而被废除。路易十八的这些举动令波旁王朝渐失民心，最终导致 1830 年爆发了七月革命。

七月革命过后，法国国会让奥尔良公爵路易·菲利普三世继承王位，建立七月王朝（亦称波旁-奥尔良王朝）。国会与国王之间达成一个协议（1830 年宪章），规定国王的权力和地位来源于人民代表的委托，国王和国会在理论上处于一种平等的合作状态；在立法权上，国会与国王一起享有法案的创制权；部长仍由国王选任，并向国王和国会负责，国会还可以对部长进行质询，并追究其政治责任。所以七月王朝时期，是一个重塑和巩固君主立宪制的阶段。

七、法兰西第二共和国

第三次君主立宪最终还是未能得到巩固。1848 年 2 月，法国又爆发了革命，七月王朝和君主立宪制均随之而崩溃。25 日，法国再次建立共和国，此即法兰西第二共和国，并于 11 月 4 日颁布了宪法（1848 年宪法）。该宪法宣布：国家为民主共和国，公民有人身、言论、出版、结社、信仰和请愿等自由权，但不得影响社会的公共安全，要受国家的监督；维护私有财产和社会秩序；设立一院制的国民议会，议员由选举产生，可连选连任。包括总统在内的任何人均无权解散国民议会。国民议会与总统共享法案的创制权，再由国民议会表决通过。国民议会还有权批准国家预算，并监督政府的日常工作。总统由普选产生，任期 4 年，掌握军政大权。

1848 年宪法同时创立了总统和国民议会两个强有力的权力中心，二者之间只是一种分权关系，而不相互制衡，这就导致它在实践中的可行性不强，并且可以说多少导致了共和国的灭亡。在法国的现代史上，第二共和国政权的存在时间最短，它也是法国最后一个经由暴力革命而建立的政权。

八、法兰西第二帝国

1851 年 12 月 2 日，时任第二共和国总统的路易-拿破仑·波拿巴发动政变，明目张胆地违反宪法，解散了国民议会，从而成为法国唯一的统治者（独裁者）。路易·波拿巴的目标很明确，就是要复辟帝制，为此他在很多方面都模仿他的叔父拿破仑·波拿巴。12 月 20 日，通过全民公投，波拿巴获得了修宪权。1852 年 1 月 14 日，新宪法（1852 年宪法）最终出台，规定总统由普选产生，任期 10 年，只有总统才掌握行政权和立法创制权，从而将各项大权集中于波拿巴一人之手。该宪法还模仿 1799 年宪法，设置 3 个立法机构，其中由总统所任命的国务院（国务会议），负责在总统的授意之下起草法案，并为其辩护；立法院由普选产生，任期 6 年，负责投票通过法案，但是对法案不能作任何修改；由总统所任命的参议院则负责在立法院通过法案之前进行违宪审查。1852 年宪法通过之后，实际上波拿巴已经将第二共和国变成为一个帝国，已经复辟了帝制，只是尚未获得正式的名义。为达此目的，波拿巴再次动用全民公投的手段。11 月 21 日，深信“拿破仑神话”的法国民众（其主力便是农民）由于害怕国家会陷入无政府状态之中，所以绝大多数都在公投中，对法国恢复帝制表示了赞成。于是 12 月 2 日，波拿巴自任“法国人的皇帝”，称“拿破仑三世”，由此建立第二帝国，正式复辟了帝制，同时也正式地宣告了第二共和国结束。

九、法兰西第三共和国

1870 年 9 月 2 日，拿破仑三世在普法战争中被俘，第二帝国即刻崩溃。9 月 4 日，巴黎民众涌入立法院，要求废黜皇帝，于是共和派便宣布法国为共和国，此即法兰西第三共和国。但在当时，大多数法国人都倾向于实行君主立宪制，并由此出现了支持不同王位继承人的正统派（Legitimists）和奥尔良派（Orléanists），所以人们对于第三共和国并不抱有信心，认为它很快便会垮台。但出乎人们意料的是，第三共和国最后不但存活了下来，而且成为法国第一个长久而稳定的共和国，还由此赢得了法国人对于共和制的支持。自此以后，法国不再有君主制（无论是绝对君主制还是君主立宪制）与共和制之争。

1875 年 2 月，由《参议院组织法》、《政权组织法》和《国家政权机关相互关系法》等共同构成的宪法（1875 年宪法）出台，规定国会是立法机关，由上院（参议院）和下院（众议院）组成，两院都有立法权和行政监督权；总统是国家元首，由参众两院联席会议选出，任期 7 年，可连选连任；内阁是国家的最高行政机关，由国会的多数党组建，内阁成员经总理提名，由总统任命。也就是说，法国由此确立了议会内阁制的共和制。

1877 年 5 月 16 日，由于总统麦克马洪公爵（Patrice MacMahon, duc de Magenta）倾向于君主制，所以他罢免了倾向于共和制的总理朱尔·西蒙（Jules François Simon），并起用阿尔伯特·布罗伊公爵（Jacques-Victor-Albert, 4th duc de Broglie）。随后，他又解散国会，并定于 10 月重新大选。麦克马洪的这一系列行动遭到共和派人士的指控，共和派认为他在搞宪法政变，由此酿成 5 月 16 日危机。待国会重新选举后，尽管共和派所占据的议席数有所下降，但还是多数，这样就彻底打消了麦克马洪复辟君主制的企图。1879 年 1 月 28 日，麦克马洪辞去总统一职。从此以后直到戴高乐成为第五共和国总统，这期间再也没有任何一位总统能够成功地解散国会。这也意味着在法国，复辟君主制已不再可能，共和制已得到法国民众的广泛支持。

十、法兰西国（维希傀儡政权）与自由法国运动

第三共和国终结于“二战”。1940 年 6 月，德国攻克巴黎，以贝当（Henri Philippe Pétain）为首的法国政府向德国投降。7 月，政府所在地迁至法国中部的维希（Vichy），由此建立法兰西国（État Français），成立了维希傀儡政权，第三共和国正式结束。维希政权统治着大约 3/5 的法国领土，当时除英国之外的其他国家都承认它是法国的合法政府。1944 年盟军登陆法国后，维希政权垮台。

就在德国侵入巴黎、法国政府投降的同时，第三共和国的国防部长夏尔·戴高乐逃亡至英国，通过英国广播公司于 6 月 18 日发表演说，呼吁法国同胞在他的领导下继续开展抗战。6 月 25 日，戴高乐创建法兰西民族委员会（以后先后改称自由法国政府和法兰西民族解放委员会），领导“自由法国”运动。不过在当时，这个流亡政府只得到了英国政府的承认。

十一、法兰西共和国临时政府

1944 年夏，法国光复。6 月 2 日，法兰西民族解放委员会宣布成立法兰西共和国临时政府，接管了法国。临时政府由参加抵抗德国侵略的戴高乐主义者和共产主义者、社会主义者所组成，由戴高乐任临时政府总统兼国防部长。临时政府宣布维希政权为非法，并宣布许多在维希时期所制定的法律无效。

十二、法兰西第四共和国

1946 年，戴高乐辞去临时政府的一切职务。随后制宪国会成立，起草了两个宪法草案并交付公民投票，由此产生了 1946 年宪法，法兰西第四共和国正式宣布成立。

第四共和国是在要求恢复第三共和国的呼声中建立起来的，因此二者的政府制度极为类似，但也因此存在相似的问题。第四共和国政府的主要变化是下院改称国民议会（Assemblée nationale），比总统拥有更大的权力。第四共和国的主要问题也是难以组成稳定的内阁，内阁更迭频繁，导致内阁难以作出及时果断的决策，由此引发国内危机，损害了政治秩序，比如说当时非常棘手的非殖民化问题就是一例。由于存在这一重大的弊端，所以变革第四共和国的政府制度就是势在必行的了——这也就导致了第四共和国的终结。

十三、法兰西第五共和国

1954年法属印度支那独立后，法国殖民地阿尔及利亚也发生了叛乱。1958年，法国政府建议与阿尔及利亚民族主义分子进行谈判，由此引发了危机。由雅克·马素（Jacques Massu）所领导的法军右翼派系占领了阿尔及尔，并威胁袭击巴黎，除非戴高乐出来主理共和国。在这种情况下，国民议会被迫授予戴高乐全权，并委托其制定新宪法。于是戴高乐再度出山，接管了国会、总统和内阁的全部权力，并起草了新宪法。新宪法草案于1958年9月28日交由公民投票并获通过。10月4日，宪法生效，次日，法兰西第五共和国正式成立，戴高乐当选为首任总统。

1958年所制定的宪法就是现行的法国宪法，该宪法在此后经过多次修改，最近一次修改是在2008年。须指出的是，现行宪法在开篇的序言中便说明，该宪法遵守1789年《人权宣言》和1946年宪法序言所确定的人权和国家主权原则，也就是说，那两个文件的相应部分也是现行宪法的组成部分。此外，1958年宪法还授权国会制定其他更为具体的宪法性法律，比如选举法、宪法委员会组织法等，这些也是法国宪法的组成部分。

第三节 国家结构制度

法国行单一制，其领土包括欧洲本土的22个大区以及四个海外大区（亦称海外省）、七个海外领地和其他无常住人口的海外领地。法国宪法第72条明确规定：共和国的地方共同体包括市镇、省、大区、特别共同体和海外领地，依法还可设立其他类型的地方共同体；地方共同体由民选之议会依法实行自治。因此，法国实行的是地方自治制度。

一、本土大区及其下级行政区划

法国的欧洲本土部分划分为22个大区（région）。在这些大区中，科西嘉地方共同体（la collectivité territoriale de Corse）分为南科西嘉和上科西嘉两个省，比较特殊，它比其他大区拥有更多的自治权。除此之外的其他21个大区分别是：法兰西岛（Île-de-France）、香槟-阿登（Champagne-Ardenne）、皮卡第（Picardie）、上诺曼底（Haute-Normandie）、下诺曼底（Basse-Normandie）、中央（Centre）、勃艮第（Bourgogne）、北部-加莱海峡（Nord-pas-de-Calais）、洛林（Lorraine）、阿尔萨斯（Alsace）、弗朗什孔泰（Franche-Comté）、卢瓦尔河地区（Pays de la Loire）、布列塔尼（Bretagne）、普瓦图-夏朗德（Poitou-Charentes）、阿基坦（Aquitaine）、南部-比利牛斯（Midi-Pyrénées）、利穆赞（Limousin）、罗讷-阿尔卑斯（Rhône-Alpes）、奥弗涅（Auvergne）、朗格多克-鲁西永（Languedoc-Roussillon）和普罗旺斯-阿尔卑斯-蓝色海（Provence-Alpes-Côte d'Azur）。

大区建制始于1960年，原本是作为经济发展大区，以便统筹和协调国家与私人基金的分配和使用，促进各个地区、尤其是落后地区经济的发展。大区拥有一级行政区划的地位，这是从1982年法国颁布第一部地方分权法《关于市镇、省和大区的权力和自治权的法律》才开始的。现在大区已成为法国最大的行政区划单位，但其基本职能还是和地区经济发展有关。大区由每6年按比例代表制直接选举产生的大区议会（Conseil Régional，或称大区委员会）来进行管理。大区议会的议长（或称主席、区长）由大区议会选出，是大区的最高行政长官，负责执行大区议会的决议，并贯彻中央政府有关大区经济发展的法律和政策，还领导大区所属的各个行政单位以及中央政府在大区的派驻机构。

每个大区下面都划分为省，称本土省（Département），全法国一共有96个。省由省议会（Conseil Généra，或称省委员会）来进行管理，主要负责对省的经济和社会事务进行财政拨款。省议会按两轮单记名多数制直接选举产生，任期6年，但每3年改选一半的成员。省议会选举一名省长（Préfet，也可称之为议长）作为行政首脑，管理行政事务，领导省属的各个行政部门，在必要时可以支配中央政府在省内的派驻机构及其人员。每个省还设有一名由中央政府所任命的共和国专员，他是中央政府驻省的代表，管理省内的警察和中央驻省的派出机构，并对省内财政和行政事务进行监督。省长和共和国专员共同协调省行政部门和中央派驻机构之间的行动。

省又被分割为数个区（Arrondissement），但区并不是一级地方行政区划单位，而只是省政府的派出单位。区驻有专区区长（Sous-préfet），辅佐省长管理区内事务。每个区再划分为县（Canton），但县实际上是选举省议员的选区，也不是一级地方行政区划单位。在城市地带，一个市镇通常包含几个县，而在乡村地区，则通常是一个县包含几个小镇。

市镇（Commune）是法国本土最低一级的地方行政区划单位。通常一个市镇就对应一个乡村或者城市，某些市镇也同时涵盖数个居民点、村庄和小镇（Bourg）。市镇由市镇议会（Conseil Municipal）来进行治理。市镇议会由选举产生，任期6年。通常大型的市镇议会由两轮单记名多数制选举产生，其他市镇议会则采取混合制的选举办法。市镇议会又选举产生一名市长（Maire）作为行政首长，他同时也是中央政府在市镇的代表。市长任期6年，但在任期内并不对市镇议会负责，也不受其罢免。

在法国的市镇中，人口最多的三个市镇，即巴黎、马赛和里昂，它们的地位非常特殊，特别是巴黎，作为首都，它同时也是法兰西岛大区之下的一个省份。这三个市镇均划分为多个市区（Arrondissement Municipal），相当于附属市镇（Sous-commune）。这些市区均设区委员会（Conseil Municipal D'arrondissement）和区长（Maire），但都不是地方自治机构。

另外，在市镇的层面，为了促进和改善各邻近市镇在公共交通和经济区域等方面的合作，法国各市镇之间建立了许多层次的协作共同体（Intercommunalité）。目前在法国本土，总共有32,223个市镇（即将近90%的法国本土市镇）都加入了这种共同体，一共形成2,510个共同体，其中包括：（1）14个城市共同体（Communauté Urbaine），这是市镇间最高等级的合作形式，其职能广泛，包括经济规划、交通管理、用水管理、垃圾处理等。（2）156个城郊共同体（Communauté d'Agglomération）。（3）2,334个市镇共同体（Communauté de Communes）。（4）6个新聚落自治会（Syndicat d'Agglomération Nouvelle），但这种合作形式行将消失。

二、海外大区（海外省）及其下级行政区划

法国共有四个海外大区（Régions D'outre-mer）：瓜德罗普（Guadeloupe，位于加勒比地区）、马提尼克（Martinique，位于加勒比地区）、法属圭亚那（Guyane，位于南美洲）和留尼汪（La Réunion，位于印度洋）。这些海外大区同时也是省的建制，称海外省（Département D'outre-mer），但自2003年起，海外省已享有与本土大区一样的地位，所以同时又是大区。这种海外大区既是大区又是省的双重建制，可能会随着大区议会与省议会的合并而逐渐消失，除非在这些大区中建立新的省份，比如有人就提议在留尼汪的南部新建立一个省。海外大区政府的建制与本土大区（或者本土省）的类似。

和本土省一样，这些海外大区（海外省）也被划分为区、县和市镇，其政府建制也是一样的。同样，海外大区之下的市镇也建立了一系列的协作共同体。到2005年，88个海外市镇（即将近80%的海外市镇）都加入了这种共同体，一共形成15个共同体，其包括9个城郊共同体和6个市镇共同体。

三、海外领地

法国宪法第74条规定，共和国各海外领地具有在共和国范围内反映其地

方利益的特殊地位，这种地位由在征询各领地议会的意见后所通过的法律予以规定。

目前法国共有七个海外领地，不过其地位并不完全一致：

（1）马约特（Mayotte，位于印度洋，不过东非国家科摩罗也宣称对马约特拥有主权）。根据2001年法律的规定，它是一个“省级共同体”（collectivité départementale），有权利在2010年选择成为一个具有全权的省。马约特设一个委员会来进行管理，下辖17个市镇。

（2）圣皮埃尔和密克隆群岛（Saint-Pierre et Miquelon，位于北美洲）也相当于一个海外省，设一个委员会来进行管理，下辖两个市镇。

（3）圣马丁岛（Sint Maarten，位于加勒比地区，分属荷兰与法国）的法属部分已于2007年2月22日脱离海外省瓜德罗普，而成为一个独立的海外领地（Collectivité de Saint-Martin），相当于一个海外省。2007年7月1日和8日，该领地分两轮选举产生了首届议会，从而成立了当地政府。

（4）圣巴托洛缪岛（Saint-Barthélemy，位于加勒比地区）也于2007年2月22日脱离海外省瓜德罗普，而成为一个独立的海外领地（Collectivité de Saint-Barthélemy），相当于一个海外省。2007年7月1日和8日，该岛分两轮举行了首次议会选举，从而成立了当地政府。

（5）法属波利尼西亚（Polynésie Française，位于大洋洲）被称作“海外属国”（Pays D'outre-mer），它的居民具有特殊的公民身份。它设有一个由法属波利尼西亚总统所领导的政府，其自治程度很高。法属波利尼西亚政府可以与各国和国际组织进行谈判并签署协议。法属波利尼西亚下辖5个行政区（Subdivision Administrative），其下再分为48个市镇。

（6）瓦利斯和富图纳群岛（Wallis et Futuna，位于大洋洲）的地位也很特殊。这片海外领地由阿罗（Alo）、锡加维（Sigavé）和乌韦阿（Uvéa）三个王国所组成，三个王国均设有地区委员会，由国王领导，其成员还包括法国的国家代表。各王国还设有一院制的议会，掌握立法权。除了人口最多的乌韦阿王国被分为三个区外，其他地区均无任何地方行政区划。

（7）新喀里多尼亚（La Nouvelle Calédonie，位于大洋洲）属于法国宪法上所提到的“特别共同体”（Collectivité Spécifique），在法国目前所有的海外领地中，它拥有最大的自治权。它设有一个议会，下辖3个省和33个市镇。不过到2014年，该领地将通过公投来决定其是否独立。

法国还有三块特殊的海外领地，因缺乏常住人口，所以无法实施自治。一是法属南方和南极洲领地，原本包括凯尔盖朗群岛（Les îles Kerguelen）、阿姆斯特丹岛和圣保罗岛（L'île Amsterdam et L'île Saint-Paul）、克罗泽群岛（Les îles Crozet）和阿黛利地（南极）(La Terre Adélie）四个区域，但法国已于1959年签订《南极条约》，放弃了对最后一个区域的主权。至于其余三个区域，从前是由巴黎的一个高级行政官员来直接管理，从2004年12月起则改由留尼汪省长来管理。第二块无常住人口的海外领地是印度洋上分散的小岛，归法国中央政府的海外事务部管辖，但由留尼汪省长代表法国政府来进行管理。最后是克利珀顿岛（Ilee de Clipperton），这是太平洋公海上的一个小岛，属于国家的公有财产，归法国总理管辖，但由驻法属波利尼西亚的共和国高级专员托管。

第四节　总统与内阁

和美国一样的是，法国总统既是国家元首，也是实际上的行政首脑，实际掌握中央政府的行政权，但是根据法国宪法的规定，名义上以总理为首的内阁①才是掌握行政权的中央行政机关，并向国会承担政治责任。这样一来，法国的中央政府制度就带有总统制与议会制的混合特征，俗称半总统半议会制。

一、总统

法国宪法第6条规定，总统由全民直接投票选举产生，任期5年，任何人连续担任总统不得超过两届。②

在现任总统任期届满前的20—35天之内，就应举行新一届总统的选举。如果出现总统缺位，或者宪法委员会宣布总统永远不能行使职权，那么除非宪法委员会发现有不可抗拒之事情，否则就应在缺位开始之日起，或者宣布总统永远不能行使职权之日起的20—35天之内，举行新任总统的选举。

根据法国法律的规定，参加总统选举投票的选民必须具备以下几项资格条件：年满18岁，拥有法国国籍，未被剥夺包括选举权在内的公民权，进行过选民登记（现在所有年满18岁者自动登记在册）。而参加总统竞选的候选人则必须年满23岁，服过兵役，是拥有投票资格的选民，并且须得到全法国至

① 法国宪法中并未使用“内阁”(Cabinet）一词，而是称“政府”(Gouvernement)，但为避免用语的混乱，本章均使用“内阁”一词。

② 在1962年以前，法国总统由选举人团间接选举产生，并且在2000年以前，法国总统任期7年。经过1962年和2000年的全民公决后，宪法已作出了相应的修改。

少 500 位民选官员①的联署支持。这些作为支持者的民选官员应至少来自 30 个省或海外领地，且来自同一个省或海外领地的不得超过所有支持者的 1/10。此外，总统候选人还须向国库缴纳保证金方能参加竞选，如果候选人在第一轮投票中所得的有效选票不足总数的 5%，则保证金将被没收。参加总统竞选的候选人须向宪法委员会登记报名，由宪法委员会审查候选人的资格和品行，并在投票前 15 日公布正式候选人的名单。法国宪法第七条规定，总统候选人须获得绝对多数（即过半数）之有效选票，方能当选为共和国总统；如果没有候选人获得绝对多数票，则应于两周后举行第二轮投票，由在第一轮投票中得票最多的两位候选人（得票虽高但自动退出竞选的候选人不计）进行竞争。在第二轮投票中，得票相对多者即当选为总统。自法国于 1962 年实行总统直接选举制度以来，还没有任何一位候选人在第一轮投票中就获得 50%以上的选票而当选为总统的（包括戴高乐本人在内），因此每次都进行两轮总统选举。2007 年法国总统选举产生出了法兰西第五共和国的第九届总统尼古拉·萨尔科齐（Nicolas Sarkozy）(见表 6-1)。

表 6-1　　**2007 年法国总统选举结果**

总统候选人	所属政党	第一轮选举（4 月 21—22 日）		第二轮选举（5 月 5—6 日）	
		得票	%	得票	%
Nicolas Sarkozy	Union pour un mouvement populaire	11,448,663	31. 18	18,983,138	53. 06
Ségolène Royal	Parti socialiste	9,500,112	25. 87	16,790,440	46. 94
François Bayrou	Union pour la démocratie française	6,820,119	18. 57		
Jean-Marie Le Pen	Front national	3,834,530	10. 44		
Olivier Besancenot	Ligue communiste révolutionnaire	1,498,581	4. 08		
Philippe de Villiers	Mouvement pour la France	818,407	2. 23		
Marie-George Buffet	Parti communiste français	707,268	1. 93		
Dominique Voynet	Les Verts	576,666	1. 57		
Arlette Laguiller	Lutte ouvrière	487,857	1. 33		
José Bové	改变全球化的活动家	483,008	1. 32		
Frédéric Nihous	Chasse, pêche, nature, traditions	420,645	1. 15		
Gérard Schivardi	Parti des travailleurs	123,540	0. 34		

① 这样的民选官员在全法国总共约有 4,500 位，其中约 3,600 位是市长。

续表

总统候选人	所属政党	第一轮选举（4月21—22日）		第二轮选举（5月5—6日）	
		得票	%	得票	%
总计		36,719,396	100	35,773,578	100
有效投票		36,719,396	98.56	35,773,578	95.80
无效投票		534,846	1.44	1,568,426	4.20
总投票		37,254,242	83.77	37,342,004	83.97
弃权票		7,218,592	16.23	7,130,729	16.03
登记选民总数		44,472,834	—	44,472,733	—

在无论什么原因导致总统缺位，或者经内阁咨请宪法委员会以绝对多数确认总统不能行使职权时，总统的职权（但宪法第 11 条和第 12 条所规定的职权除外）就将由参议院议长暂时代理①，若参议院议长亦不能行使职权，则由内阁代行总统职权。

法国总统的薪水参照法国最高级公务员来支付，此外还有其他一些补助。这个收入水平与内阁总理相当，但比内阁其他成员的要高出一半。2008 年，法国总统月均收入为 20,963 欧元。总统的收入需要缴纳个人所得税。总统的官署设在巴黎的爱丽舍宫（Élysée Palace）。

根据法国现行宪法第 5 条的规定，总统应确保宪法得到适当的尊重，并根据其自由裁量，确保公权机关正常运作和国家的延续性；总统还应确保国家独立、领土完整以及国家条约得到适当的尊重。由此可见，法国总统具有一种特殊的政治地位，即作为国家与宪政秩序保卫者的角色，这就使得他高居于立法、行政、司法以及违宪审查机关之上，从而与美国总统有较大的差别。鉴于此，加上法国总统具有如下所述的巨大权力，我们也可以将之称作超级总统（见表 6-2）。

① 在法兰西第五共和国的历史上，曾经发生过这样的事件。1969 年，戴高乐总统辞职，时任参议院议长的波赫尔（Alain Poher）就接替了总统一职，而且在 1974 年蓬皮杜总统于任上去世后，他再次临时接替总统一职。

表 6-2　　　　　　　　　**法兰西第五共和国的历任总统**

<table>
<tr><th>任数</th><th>总统</th><th>任期</th><th>届数</th><th>所属政党</th></tr>
<tr><td rowspan="2">1</td><td rowspan="2">Charles de Gaulle</td><td rowspan="2">1959/1/8—
1969/4/28（辞职）</td><td>1</td><td rowspan="2">Union for the New Republic</td></tr>
<tr><td rowspan="2">2</td></tr>
<tr><td rowspan="2">2</td><td rowspan="2">Georges Pompidou</td><td rowspan="2">1969/6/20—
1974/4/3（于任上去世）</td><td rowspan="2">Union of Democrats for the Republic</td></tr>
<tr><td rowspan="2">3</td></tr>
<tr><td rowspan="2">3</td><td rowspan="2">Valéry Giscard d'Estaing</td><td rowspan="2">1974/5/27—1981/5/21</td><td rowspan="2">Independent Republicans (1974—1977); Union for French Democracy-Republican Party (1977—1981)</td></tr>
<tr><td>4</td></tr>
<tr><td rowspan="2">4</td><td rowspan="2">François Mitterrand</td><td rowspan="2">1981/5/21—1995/5/17</td><td>5</td><td rowspan="2">Socialist Party</td></tr>
<tr><td>6</td></tr>
<tr><td rowspan="2">5</td><td rowspan="2">Jacques Chirac</td><td rowspan="2">1995/5/17—2007/5/16</td><td>7</td><td rowspan="2">Rally for the Republic (1995—2002); Union for a Popular Movement (2002—2007)</td></tr>
<tr><td>8</td></tr>
<tr><td>6</td><td>Nicolas Sarkozy</td><td>2007/5/16—今</td><td>9</td><td>Union for a Popular Movement</td></tr>
</table>

具体来说，法国总统的主要权力也可以归为两类：

一是他作为国家元首所拥有的权力。宪法第 17 条规定，总统有赦免权。第 14 条规定，总统向外国委派大使和特使，并接受外国大使和特使。第 13 条规定，总统任命国家文武官员。第 52 条规定，总统有权参与国家条约的谈判并批准国家条约。第 12 条规定，总统在咨询总理和国会两院议长后，有权解散国民议会。第 18 条规定，总统有权向国会两院提出并宣读咨文，如遇国会休会，则须为此而召集国会。第 10 条规定，总统批准国会所通过的法案，但也有权予以否决，要求国会复议，而国会不得拒绝。宪法第 11 条还赋予总统将法案提交全民公决的权力，这是法国总统所拥有的一项特别权力。最后，宪法第 16 条又赋予总统紧急处置权，这和美国总统比较起来，也是独具特色的。也就是说，当共和制度、国家独立、领土完整或国际义务之履行受到严重而危急的威胁，致使公权机关的正常运作受到阻碍时，总统经正式咨询总理、国会两院议长和宪法委员会后，有权采取紧急措施。

二是总统作为实际的行政首脑所具有的权力。宪法第 8 条规定，总统任命内阁总理，并根据总理所提出的内阁总辞职请求，而免除其职务。总统还根据总理的提议而任免其他内阁成员。第 9 条规定，总统主持部长会议（Council of Ministers，即内阁会议）。第 13 条又规定，总统签署部长会议所决议的条例和命令。最后，宪法第 15 条规定，总统为三军统帅，并主持高级国防会议和国防委员会。

根据宪法第 67 条的规定，法国总统并不为其行使职权的行动而承担任何责任；在其任期内，总统也有免于司法作证、被刑事逮捕、被控诉、被调查等特权，所有这些针对总统的司法行动和程序都要悬搁起来，只有在其任职期满一个月后才能对其采取或者重启这些司法行动和程序。此外，除非总统公然违反其职责，否则在其任期内就不得将其免职。

尽管法国总统拥有上述的巨大权力和一些特权，但也是受约束的。首先，在总统所拥有的上述权力中，几乎所有的实质性权力都由宪法施加了限制。比如说，总统并不能专断地行使紧急处置权，而须首先咨询总理、国会两院议长和宪法委员会的意见，并且在总统行使此权力的期间，国民议会不得被解散。总统也不能专断地将法案提交全民公决，而是在国会的会期内，根据内阁的建议，或者根据国会两院的联合动议，而将有关公权机关的组织，或者与国家的经济、社会或环境政策改革有关的政府法案（Government Bill），以及有关的国家条约提交全民公决。再如，总统在行使人事任命权时，几乎全都要经过部长会议的讨论，而且如果所涉及的是保卫公民自由和权利或者国家的经济和社会生活的职位①，则总统应先同国会各院相关的常设委员会进行公开的协商。如果两院两个常设委员会参加投票的议员，总共有 3/5 都表示反对，则总统就不能作出任命。此外，宪法第 19 条规定，除宪法第 8 条（任免总理）、第 11

① 前者指的是“保民官”(Defender of Rights) 一职，后者指的是“经济、社会与环境委员会”(the Economic, Social and Environmental Council) 的职位。根据法国宪法第 11 章 a 的规定，保民官确保包括国家行政机关、地方团体等在内的一切公共机关，对公民的权利和自由给予适当的尊重。每个人在认为他的权利遭到了上述公共机关的侵害时，都可以依法向保民官投诉，保民官也可以自主行动。保民官由总统依法任命，任期 6 年，不能连任，也不能兼任内阁成员和国会议员以及其他法定的职务。保民官向总统和国会负责。至于经济、社会与环境委员会，这是法国宪法所设置的一个咨议机关，其成员由总统依法任命产生，不得超过 233 名。

条、第12条、第16条、第18条、第54条（批准修宪案）、第56条（任命宪法委员会成员）和第61条（总统向宪法委员会提交法案）条所规定的权力外，总统在行使其他权力时，均须总理或者相关部长副署方可。

其次，根据宪法第9章的规定，当总统公然违反其职责时，这时国会就将作为高等法院（High Court），通过弹劾程序而宣布将其免职。国会的任何一院都可以提议召集这种高等法院，并应立即告知另一院，取得其同意。高等法院由国民议会的议长来主持，并将在一个月之内，通过秘密投票，制定出罢免总统的规则，这种规则应立即生效。具体来说，不管是决定召集高等法院，还是决定罢免总统，作为高等法院的国会都须以其议员的2/3多数赞成方能作出决定，且不允许议员代理投票。

二、内阁

内阁以总理为首脑，其成员还包括各部部长①，共同组成部长会议。根据法国宪法第8条的规定，总理由总统任命产生，并根据总理提出内阁总辞职的请求而将其免职。总统再根据总理的提议而任免内阁部长。宪法第23条规定，内阁成员不得兼任国会议员、全国性的职业代表以及其他一切公职，也不得从事任何职业活动。在实践中，总统通常会任命国会第一大党的人士为总理，因此当总统所属的政党未能占据国会最多的席位时，总统对内阁，换言之，对中央政府的行政权的控制就将受到较大限制。这是法国政治的一个特色。

尽管总理是内阁行政首脑，但宪法第9条却规定，总统主持部长会议，而且第13条又规定，总统签署部长会议所决议的条例和命令。据此，再考虑到总统对内阁成员的任免权，可以说法国总统是非常强势的，他的地位与权力都要优于总理，是实际的最高行政首脑。② 而以总理为首的内阁，倒更像是协助总统行使行政权和国家元首权的辅助机构（当然这反过来多少也构成为对总

---

① 法国中央行政各部的设置变化不一，但一般说来，经济、工业和就业部，内政部，司法部，国民教育部，国防部，外交部和运输部等部的设置还是比较稳定的。各部的成员一般分为三个级别：部长是各部首长；副部长在部长职责范围内的特殊领域协助部长；国务部长在不太重要的领域协助部长，并偶尔出席内阁会议。

② 法国总统的这种强势地位是由宪法所明确赋予的，而非来自于政治现实，正因如此，我们才说，法国的中央政府制度，实际上是属于总统制类型的，而非通常所认为的半总统半议会制。当然，总统对行政权的控制，会受到现实政治因素（特别是政党政治因素）的一些约束。

统权力的制约因素）。比如说宪法第 13 条规定，国家委员会（Conseil d'Etat）① 的委员、典勋院的院长（Grand Chancelier de la Légion d'Honneur）、大使和特使、审计院的委员（Conseillers Maitres of the Cour des Comptes）、驻省的共和国专员（Prefects）、驻海外领地的国家代表、将级军官（highest-ranking Military Officers）、大学校长（Recteurs des Académies）和中央各部首长的任命均应在部长会议上作出。而这种人事任命权本身属于总统所有，这就相当于说，总统是在听取部长会议的意见之后而作出上述人事任命的。此外，根据宪法第 19 条的规定，总统在行使某些权力时，均须总理或者相关部长副署方可。

尽管如此，法国宪法还是以含混的语言赋予了以总理为首的内阁以行政权。宪法第 20 条规定，内阁决定和处理国家政策，拥有由其支配的公务员队伍和武装力量。宪法第 36 条规定，部长会议有权颁布戒严令。据此可以看出，法国宪法是将行政权赋予内阁的，将其确定为中央政府的行政机关。

除行政权外，实际上内阁还分享着一定的立法权。宪法第 39 条规定，内阁总理有立法之提案权，由此形成内阁法案（Government Bill）。但总理应先咨询国家委员会的意见，并经部长会议讨论之后，才能提出法案。宪法第 38 条还规定，为实施政纲之需要，内阁可以要求国会授权它在一个有限的时期内，以行政法规（Ordinance）的方式采取为法律所保护的措施。行政法规由部长会议在咨询国家委员会后颁布。此外，根据宪法第 69 条的规定，基于内阁的提点，这些内阁法案和行政法规草案还将接受经济、社会与环境委员会的评议，该委员会也可以通过请愿而要求进行评议。

不管内阁承担着什么样的职责，根据宪法第 21 条的规定，总理都对内阁承担首要责任。总理指挥内阁的行动，负责国防，确保法律的执行，以及根据宪法第 13 条的规定而拥有规章制定权和文武官员任命权。当然总理也可以将

① 国家委员会是为内阁提供立法建议的机构，也是法国的最高行政法院。该委员会主要由高级司法官员（high-ranking legal officers）所组成，其全体会议由总理或司法部长（在总理缺席时）主持，但在礼仪上，委员会副主席才被认为是最高领导人。委员会的其他成员包括（按其重要性由高到低排列）：各部门领导、普通委员、特别委员、特邀专家、高级专家、专家。其中，委员会副主席由司法部长从委员会的各部门领导或者普通委员中提名，并以委员会令状任命。国家委员会共划分为 6 个部门，各部门领导也以与副主席类似的方式产生。普通委员、特邀专家和高级专家，则根据其资历来任命，这些成员也可以来自委员会之外，比如行政法官，甚至可以来自司法系统之外。委员会的专家则是从法国国家行政学院的毕业生中招聘的。

其某些权力委托给部长行使。此外，在必要的时候，总理也可以代表总统，作为主席，主持高级国防会议和国防委员会。在一些特定的情况下，总理还可以代表总统，作为主席，主持部长会议。不过宪法第 22 条规定，总理所签署的文书，必要时应由有关部长副署。

除了总理承担首要责任外，宪法第 20 条规定，以总理为首的内阁还要对国会集体负责。宪法第 50 条规定，当国民议会通过对内阁的不信任案，或者不支持内阁纲领或者政策总声明，那么总理就应向总统提交内阁总辞职的请求。

内阁除了向国会集体承担政治责任外，宪法第 10 章规定，内阁成员在任职期间，还将为其严重的或其他主要罪行而承担刑事责任。这和总统的待遇是不一样的。在这种情况下，他们将受到国家司法法院（Court of Justice of the Republic）的审判。国家司法法院由 15 人组成，包括国会两院各选出的 6 名议员和 3 名最高法院的法官，并且由其中一名法官来主持国家司法法院。任何声称遭到在任内阁成员刑事侵害的人，都可以向请愿委员会投诉。该委员会既可以中止案件，也可以将案件提交给最高法院的首席检察官，由其向国家司法法院提出起诉。宪法第 10 章的规定还具有溯及力。

第五节　国　　会

法国国会实行两院制，由国民议会（Assemblée nationale，下院）和参议院（Sénat，上院）组成。

一、组成与结构

（一）议员

1. 国民议会议员

根据法国宪法第 24 条的规定，国民议会的议员（通称 M. P. s）总共不超过 577 名，现在也实为 577 名。① 又根据法国选举法的规定，国民议会的议员任期 5 年（除非国民议会被提前解散）。国民议会的任期到第 5 年 6 月份的第三个星期二，即为任期届满之时。

① 到 2012 年，国民议会的议员将增加到 579 名，届时圣马丁岛和圣巴托洛缪岛这两个海外领地将各自选出一名议员。

国民议会的议员根据单选区两轮多数决制，由选民直接选举产生。首先，法国各省（包括本土省和海外省）和海外领地总共划分为 577 个选区，其中本土省 555 个，海外省 15 个，海外领地 7 个。由于实行单选区制，因此选区划分也分别意味着各地方所拥有的国民议会的议席名额。就各省而论，议席分配以人口比例为依据，但每省至少有两个议席，最多可拥有 24 个议席（见表 6-3）。

表 6-3　　**国民议会议席在各省和海外领地的分配**

各省	议席	各省	议席	各省	议席
Ain	4	Cantal	2	Morbihan	6
Aisne	5	Charente	4	Moselle	10
Allier	4	Charente-Maritime	5	Nièvre	3
Alpes-de-Haute-Provence	2	Cher	3	Nord	24
Hautes-Alpes	2	Corrèze	3	Oise	7
Alpes-Maritimes	9	Corse-du-Sud	2	Orne	3
Ardèche	3	Haute-Corse	2	Paris	21
Ardennes	3	Côte-d'Or	5	Pas-de-Calais	14
Ariège	2	Côtes-du-Nord	5	Puy-de-Dôme	6
Aube	3	Creuse	2	Pyrénées-Atlantiques	6
Aude	3	Dordogne	4	Hautes-Pyrénées	3
Aveyron	3	Doubs	5	Pyrénées-Orientales	4
Territoire-de-Belfort	2	Drôme	4	Bas-Rhin	9
Bouches-du-Rhône	16	Essonne	10	Haut-Rhin	7
Calvados	6	Eure	5	Rhône	14
Eure-et-Loir	4	Meurthe-et-Moselle	7	Vaucluse	4
Finistère	8	Meuse	2	Vendée	5
Gard	5	Haute-Loire	2	Vienne	4
Haute-Garonne	8	Loire-Atlantique	10	Haute-Vienne	4
Gers	2	Loiret	5	Vosges	4
Gironde	11	Lot	2	Yonne	3

续表

各省	议席	各省	议席	各省	议席
Hérault	7	Haute-Saône	3	Yvelines	12
Ille-et-Vilaine	7	Saône-et-Loire	6		
Indre	3	Sarthe	5	海外省	
Indre-et-Loire	5	Savoie	3	Guadeloupe	4
Isère	9	Haute-Savoie	5	French Guyana	2
Jura	3	Hauts-de-Seine	13	Martinique	4
Landes	3	Seine-Maritime	12	Réunion	5
Loir-et-Cher	3	Seine-et-Marne	9		
Loire	7	Seine-Saint-Denis	13	海外领地	
Lot-et-Garonne	3	Deux-Sèvres	4	Mayotte	1
Lozère	2	Somme	6	Saint-Pierre and Miquelon	1
Maine-et-Loire	7	Tarn	4	French Polynesia	2
Manche	5	Tarn-et-Garonne	2	Wallis and Futuna	1
Marne	6	Val-de-Marne	12		
Haute-Marne	2	Val-d'Oise	9	New Caledonia	2
Mayenne	3	Var	7	总计	577

凡年满 18 周岁的、享有公民权且有能力行使投票权的法国人，不分性别，均有选举权。凡年满 23 周岁且服满兵役的法国公民，不分性别，均享有被选举权，但下列人士除外：（1）因患有智力的或精神的疾病而受到生活监护或财产监护的成年人；（2）因刑事判决而被依法剥夺政治权利的人和曾经严重违反有关竞选经费法律的人；（3）未依法申报财产的人、未清算的破产人和被司法禁止经营企业的人；（4）宪法委员会委员，参议员，内阁成员，经济、社会与环境委员会委员，法官，公务员，军人，接受外国政府之授权而行使职权的人，国际组织的工作人员，在国营企业、政府扶持公司、吸收公众存款的金融公司和不动产公司担任领导职务的人，以及在竞选期间承担咨询义务的人。另外，为防止候选人因其职位而处于一种优势地位，从而影响候选人之间的公平竞争，现任各省省长或离任不满 3 年的省长，在该省管辖范围内的选区

里均不拥有被选举权，现任或离任不满6个月的法官和各类行政官员，在其管区内的选区里也不拥有被选举权。

参加国民议会议员竞选的候选人一般都是由各党派提出来的，每个党派在每个选区只能提出一名候选人，并同时提出候补人选（Possible Alternate)。候选人不一定要在该选区居住、工作或与该选区有某种联系。候选人参选时，须交付一定的保证金，且除非在任何一轮选举中获得了5%以上的有效选票，否则保证金将被没收。

投票均在周日进行。在任何一个选区内，如果某一候选人获得了参加投票的选民半数以上的支持，且他的得票至少达到了登记选民总数的1/4，那么他就当选为国民议会的议员。① 如果在第一轮投票中无人当选，那么在随后的第二个星期天将组织第二轮投票，这时只有在第一轮投票中得票超过登记选民总数的12.5%的候选人（如果达到此条件的候选人不足两人，则得票最多的两位候选人)，才有资格参加第二轮竞选。在第二轮竞选中，获得相对多数票者即当选为议员，若出现得票相等的情况，则年长者当选（见表6-4)。

表6-4 **2007年国民议会选举结果**

政党与政党联盟	第一轮投票(2007/6/10)			第二轮投票(2007/5/17)		总议席
	得票	%	议席	得票	%	
Union pour un mouvement populaire (UMP)	10,289,737	39.54	98	9,460,710	46.36	313
Nouveau centre (under Majorité présidentielle banner)(NC)	616,440	2.37	8	433,057	2.12	22
Divers droite(DVD)	641,842	2.47	2	238,588	1.17	9
Mouvement pour la France(MPF)	312,581	1.20	1	—	—	1
以上为支持总统的右翼多数党	11,860,600	45.58	109	10,132,355	49.65	345
Parti socialiste(PS)	6,436,520	24.73	1	8,624,861	42.27	186
Parti communiste français(PCF)	1,115,663	4.29	0	464,739	2.28	15
Divers gauche(DVG)	513,407	1.97	0	503,556	2.47	15

① 这就意味着，若要在第一轮投票中产生胜出者，那么选民的投票率就必须要达到50%以上。

政党与政党联盟	第一轮投票(2007/6/10)			第二轮投票(2007/5/17)		总议席
	得票	%	议席	得票	%	
Parti radical de gauche(PRG)	343,565	1.32	0	333,194	1.63	7
Les Verts(VEC)	845,977	3.25	0	90,975	0.45	4
以上为左翼反对党	9,255,132	35.56	1	10,017,325	49.10	227
Mouvement démocrate(MoDem)	1,981,107	7.61	0	100,115	0.49	3
地区主义者与分离主义者	133,473	0.51	0	106,484	0.52	1
Divers(DIV)	267,760	1.03	0	33,068	0.16	1
Front national(FN)	1,116,136	4.29	0	17,107	0.08	0
其他极左政党，包括 Ligue communiste révolutionnaire，和 Lutte ouvrière(ExG)	888,250	3.41	0	—	—	0
Chasse, pêche, nature, traditions (CPNT)	213,427	0.82	0	—	—	0
其他生态主义者	208,456	0.80	0	—	—	0
其他极右政党，包括 Mouvement national républicain(ExD)	102,124	0.39	0	—	—	0
总计	26,026,465	100.00	110	20,406,454	100.00	577
弃权:39.58%（第一轮投票）;40.02%(第二轮投票)						

当国民议会的议员辞职、被选为参议员或者其当选结果被撤销时，就要组织“部分选举”，以填补所留下的议席空缺，但若已到了一届国民议会任期的第5个年头，则不再组织部分选举。此外，为避免举行过多的部分选举，法国实行议员候补人制度，即每位候选人在参选时就必须同时提出自己的候补人选，一旦候选人当选为议员，而后在任期内去世、参加内阁、参加宪法委员会，或者接受由内阁委派的超过6个月的临时任务，则其候补人就自动接替他的议员席位。不过，如果某一候补人在本届国民议会的任期内被任命为内阁部长，则他在下届国民议会的选举中就不得与他的上届正选候选人同时参加竞选。

法国宪法委员会负责对竞选过程进行监督，主要审查候选人的资格条件、选举过程和选举开销的合法性。一旦它认定某候选人不符合资格条件，则其意见为最终裁决，而且对该候选人的候补人同样有效。

2. 参议员

根据法国宪法第 24 条的规定，参议员总数不得超过 348 名，以间接方式选举产生。而根据 2003 年 7 月 30 日生效的参议院改革法案，参议院的议席将由截至 2003 年的 321 席逐渐增加，到 2004 年选举时增加到 331 席，2008 年增加到 343 席，最后到 2011 年选举时增加到 348 席。到 2011 年时，各省（包括海外省）将选出 326 名参议员，海外领地选出 10 名参议员，余下的 12 名参议员则由侨居外国的法国公民选举产生。而且根据该改革法案，自 2004 年起，参议员的任期已由 9 年缩短至 6 年，每 3 年改选一半（从前是每 3 年改选 1/3）。为便于改选，全体参议员要按照地域来源，被分为人数大致相等的两个部分，轮流进行改选。

参议员代表的是法国各地方，包括各省（本土省和海外省）、海外领地和国外侨民，所以各方面均占有一定的参议员名额。就目前而论，各省是根据其人口比例来分配参议员名额的，所以人口较少的省通常就只有一个名额，而人口较多的巴黎市则有 9 个，但一般是 3—5 个。国外侨民占有 12 个名额，其余的名额则归海外领地所有，基本上每个海外领地各占据一个名额。

如前所述，参议员由选民间接选举产生，具体来说就是，各省、海外领地和国外侨民均成立选举团，由选举团来选举参议员。其中，在各省，选举团由本省的国民议会议员、大区议会议员、省议会议员以及市镇议会代表所组成，其中市镇议会代表占据最大比例（95%）。① 通常，在人口少于 9,000 的市镇，市镇议会将按照 3 轮多数决制，选举产生出 1—15 名进入选举团的代表；人口在 9,000—30,000 之间的市镇，市镇议会的全体议员即为选举团的法定成员（29—69 名代表）；而人口超过 30,000 的市镇，每增加 1,000 人，就增选一名选举团代表。至于在各海外领地，其选举团也由该地的国民议会议员、领地议会议员和市镇议会代表所组成。最后，法国侨民的选举团是由侨民选举产生的 150 人所组成的法国侨民会议（Assembly of French Citizens Resident Abroad）。

根据 2003 年的改革法案，竞选参议员的候选人的资格条件，在年龄方面，已由从前的 35 岁降至 30 岁，除此之外的其他资格条件与国民议会议员候选人的相当。但是，省长、大区长官、法官、中央高级行政官员等在当地掌握相当权力的人，在任期内以及离任后的 6 个月至 3 年内，均不享有竞选参议员的权

① 由此可见，各省的参议员其实主要是由市镇议会代表选举出来的。

利。这既是为了防止他们利用自己的权力影响选举的公正性，也是为了防止他们当选为参议员后，因承担或承担过上述工作而丧失自己的绝对独立性。已经出任国民议会议员候补人的人士，不得参加参议员竞选。在实行多数选举制的省份中，参议员的候补人不得在下次选举中与他的正选候选人同时参加竞选。

参议员候选人的提名方式，因地而异：分别只有1—3个参议员名额的省（包括海外省）和各个海外领地，它们实行两轮多数决制。在这些地方，候选人既可以个人名义参加竞选，也可作为政党名单中的一员参加竞选。通常，如果这种地方拥有两个及以上的参议员名额，就可采用政党名单的方式提出候选人。分别拥有4个以及上参议员名额的省（包括海外省）和国外侨民团体，它们实行比例代表制。在这些地方，候选人只能作为政党名单中的一员参加竞选，每个政党或政治组织都可提出一份与该地区参议员名额相等的候选人名单。和国民议会议员竞选一样，参议员候选人也须交纳一定的保证金，且只有获得一定的选票，保证金才会返还。

在实行两轮多数决制的地方，只有获得选举团50%以上的有效选票，且得票超过选举团人数的25%，候选人才能当选。① 如无人当选，则举行第二轮投票，这时得票最多者即可当选，如果出现得票相等的情况，则年长者当选。如该地区采用政党名单的方式提出候选人，则该名单是开放的，选举团的成员可从中自由选择候选人，只要所选择的人数不超过该地的参议员总名额即可。在这种情况下，计票并不以政党名单为单位，而是分别计算每位候选人的得票（见表6-5）。

表6-5 **2008年9月21日参议院改选结果**

政党和政党联盟	2004年的议席	2008年改选的议席	改选后的总议席	±
Union pour un mouvement populaire (UMP)	159	56	151	−8
Union centriste—Union pour la démocratie française (UC-UDF)	30	4	29	−1
以上为支持总统的右翼多数党	189	60	180	−9

① 这意味着选举团的投票率至少需达到50%。

续表

政党和政党联盟	2004 年的议席	2008 年改选的议席	改选后的总议席	±
Parti socialiste（PS）	95	29	116	+21
Communiste，républicain，et citoyen（CRC）	23	3	23	+0
以上为左翼反对党	118	32	139	+21
Rassemblement démocratique et social européen（RDSE）	17	8	17	+0
非党派人士	6	1	7	+1
总计	331	114	343	+12

在实行比例代表制的地方，政党名单是封闭的，选举团只能对名单投票，计票也以政党名单为单位。在分配议席时，得票不足总投票数 5% 的政党名单，将被取消分配的资格，其余政党则按最大均数法分配议席。

尽管各地选举参议员的制度存在差异，但综合来看，现在还是有大约 52% 的参议员是根据比例代表制选举产生出来的。

同国民议会议员的选举一样，宪法委员会也负责监督参议员的选举。宪法委员会将会同参议院议长委员会和司法部长，如果确认候选人不符合参选资格，则即使他已当选为参议员，其席位也将自动丧失，随后将组织部分选举以填补空缺。

3. 议员的兼职

根据法国法律的规定，当选的国会议员在其职权之外，其兼职是受限制的。就国民议会议员而论，可兼任的职务包括：根据内阁的请求，承担一项最大期限为 6 个月的临时任务；地方行政官员（大区区长、省长、市长）；学术职务。而国民议会议员在其职权之外不得兼任的职务包括：参议员（Senator），欧洲议会议员（M. E. P.），总统（尽管并无法律明确规定），大区议员，省议员，巴黎市议员，科西嘉议员，居民在 3500 人以上的市镇的议员①，内阁成员，宪法委员会成员，经济、社会与环境委员会成员，法官，高

① 以上五类不得兼任的职务，是根据 2000 年 4 月 5 日的《组织法》所确立的。

等司法委员会成员，公务员，国有企业或者国家公共实体（指紧密依赖于公权机关的组织）中的管理岗位（除非根据专门法律的规定，议员才可被任命为这些组织的管理成员），根据特别规定接受国家或公权机关扶持的私人企业中的管理岗位，完全依赖于财政或者公共储蓄而运作的或者主要依赖国家或公权机关而运作的以及从事不动产活动的企业中的管理岗位，对国家、国有企业或者公共实体进行抗辩的律师。国民议会议员也不得将其附带职务的名字用于商业、金融或工业企业的广告中。

国民议会的秘书厅（Bureau of the National Assembly）负责监督国民议会议员的兼职情况。为此，国民议会议员必须在就职后的两个月内，辞掉各种不得兼任的职务，并向秘书厅提交其职业活动或者他打算继续拥有的普通利益的声明。凡是不提供这种声明的，就会被要求辞职。在存疑的情况下，秘书厅就向宪法委员会提交相关情况，司法部长和所涉及的议员也可以向宪法委员会提交有关情况。如果宪法委员会发现有议员担任了不得兼任的职务，则该议员可以有两周的时间来予以纠正，如果他拒绝改正，则宪法委员会就将宣布他已辞去议员的职务。此外，在任职期间，如果有议员违反了上述的不得兼职或者使用议员头衔的规定，那么宪法委员会就将根据秘书厅或者司法部长的请求，而宣布他已辞去议员的职务。

4. 议员的特权与待遇

国会议员的法律地位是由宪法和有关的组织法来规定和保护的，这表现为他们拥有一些特权，即豁免权，主要包括两类：一是免责权（Irresponsabilité），二是不可侵犯权（Inviolabilité）。宪法第 26 条规定，议员在行使职权的过程当中，其所表达的观点和所进行的投票，均不受司法追究，议员不得因此而被起诉、调查、逮捕、拘留或者审判。这就是议员的免责权。至于议员的不可侵犯权，指的是除非议员犯下重罪、被现场抓获的主要罪行或者确定无疑的罪行，否则未经各自议院秘书厅的同意，任何议员都不得被逮捕、被监控或软监控。此外，在国会的会议期间，如果相关议院提出要求，则对议员的拘留、监控或软监控或者起诉，都应暂缓执行。

除了特权外，国会议员还享有各种丰厚的待遇。以国民议会议员而论，首先，议员们享有议会津贴收入，这由三个部分组成：基本津贴、居住津贴和出席津贴。其中，基本津贴与最高级别的国家公务员的薪水挂钩，取其中值；居住津贴大约是基本津贴的 3%；出席津贴则占前二者总和的 1/4。以 2009 年 10 月的情况来看，议员们每月的津贴收入大概是 7,064.84 欧元，其中包括基本津贴 5,487.25 欧元，居住津贴 164.62 欧元，出席津贴 1,412.97 欧元。不过议员们的基本津贴和居住津贴都要按照正常的所得税率纳税。另外根据社会福利的要求，议员们每月的收入还要被扣除一部分，包括：退休金（在任职期间的前15年内缴纳）1,171.64欧元，社会团体捐助（Solidarity Contribution）56.25欧元，一般社会捐助和社会债务补偿捐助548.23欧元，资源保证金27.44欧元。在作出上述扣除之后，议员们每月的津贴收入大概是5,261.01欧元。

议员们在兼任地方行政官员职务的情况下，还享有兼职津贴。但对于这种兼职收入，1992年2月25日的组织法规定了上限，也就是说，兼职收入至多只能是议员基本津贴的一半。今天这种兼职收入的上限已经固定为每人每月2,721.80欧元。

其次，为方便其履行职务，议员们还拥有一些物质手段。（1）议员们拥有职务开销津贴，这项津贴与公务员的薪水同步增长。以2009年10月的情况来看，这项津贴大概是每人每月6,380欧元。（2）议员们可以获得议会助手津贴，用来雇用助手。这项津贴也与公务员的工资同步增长。2009年10月，该项津贴大约是每人每月9,093欧元。但如果议员们并未用尽助手津贴，则余下部分将返还国民议会，或者由议员转交给其所属的议会党团，由后者为其雇员发放薪水。(3）国民议会为议员们提供免费使用交通工具的权利。国民议会向每位议员发放一张卡（但不能转手使用），使其可以免费乘坐全国所有列车的头等舱和法国本土范围内的卧铺车。另外，国民议会在巴黎市和巴黎地区范围内，拥有约20辆合用车，议员们在履行职务时，可以免费乘坐。当合用车不能满足需要时，国民议会甚至可以动用巴黎地区的出租车。对于来自法国本土范围内的议员，他们每年可以免费乘坐航班，来回巴黎与选区之间40次，以及在法国本土范围内选区之外的地方来回6次。对于来自海外省的议员，他们每年可免费乘坐航班的商务舱，来回巴黎与选区之间26次；而来自海外领地的议员，则每年可免费乘坐航班的头等舱来回巴黎与选区之间16次。所有这些来自海外的议员，每年都可免费乘坐航班，在法国本土范围内来回4次。（4）议员们在国民议会大厦（巴黎波旁宫）或者其附属建筑内都拥有自己的办公室。议员们也有权接受电脑培训和电脑津贴，可利用电脑上网，收发电子邮件，以及获取一定的法律与经济资料。议员办公室内的电话和传真，覆盖法国本土。议员们还可要求使用议会电话津贴，开通电话专线（包括移动电话）和网上订阅业务。另外，国民议会也为议员们提供免费邮寄服务，但仅限于议员履行职务的范围。(5）国民议会也为议员们提供免费食物，并向议员们提供在巴黎或者选区寻找住所或办公室的款项。

最后，议员们还享有一些社会保障项目的收益，这包括：（1）家庭保险金（Family Benefit）。（2）再就业津贴。那些未能继续当选为议员并在寻找工作的前议员，可获得再就业津贴，但期限为3年。这项资金其实是来自于所有在任议员的捐献。（3）社会保险。1948年，国民议会秘书厅创建了这一项目，所有议员都必须参加。该项目由三位财务官和每个政治党团各推举的一名代表来进行管理。该项目向议员们提供生病和产妇津贴，并且在议员死亡的情况下，一次性付清所有的保险款项。（4）退休金。该项目建立于1904年，由国会津贴和国民议会所预算的补助金构成。议员们缴纳退休金按年限来计算，但在其任职的前15年内需缴纳双倍的退休金。议员们到达60岁即可领取退休金，最多可领取40年。现在每位议员每月大概领取2,400欧元的退休金。

5. 对议员的限制

尽管享有上述特权和优厚的待遇，议员们也要受到一些限制：

一是为了提高政治生活的道德标准，对议员的一些具体行为和情况作了限制，这包括：（1）为防止国会受惠于内阁，除了在特定的情况下，任何国会议员都不得在其任职期间接受奖章。（2）为避免国会职位的尊严受到侵犯，任何国民议会的议员都不得利用其职位来从事广告事务。（3）如果有媒体机构的编辑是国民议会的议员，那么这家公司就必须从不享有议会豁免权的人士中任命一位副主任，以防止这些媒体机构在违反出版法的情况下，利用其主编的豁免权来逃避被起诉。

二是议员的财产申报限制。以国民议会议员而论，这种监督系统建立于1988年，以检查议员们在任职期间，其个人财富来源的正当性。议员在任职之初和任期结束之时，都需要申报个人的财产状况，以确保他们没有利用职权而非法牟利。具体来说，每位议员在其参选后的两个月内，就要以其个人的名誉作担保，向政治生活之财务透明委员会（Committee for Financial Transparency in Political Life）诚实而准确地提交其财产状况的报告，以接受评估。而在其当选后的两个月内，以及在其任期结束前的一个月内，议员还要向上述机构提交新的个人财产报告。如果议员未履行财产申报的义务，那么政治生活之财务透明委员会就将向秘书厅提出相关事项，并由后者将该事项转交宪法委员会处理。如果需要的话，则宪法委员会就可以当选不够资格为由，而宣布该议员已经辞去议员的职务。此外，如果政治生活之财务透明委员会认为由议员所提出的解释不够充分，那么它也可以向国家委员会（Conseil d' Etat）办公室提交该事项，以寻求裁决。

（二）政治党团（political groups）

法国宪法对于国会中的政治党团并无规定，这是由国会两院的议事规则来进行规范的。据此，政治党团被界定为政见相近的议员们所举行的一种会议。

1. 国民议会中的政治党团

根据议事规则，在国民议会中成立政治党团需要满足一些条件：（1）需要达到一定的人数。1959 年规定成立一个政治党团至少需要有 30 位议员，1988 年后规定为 20 位（不包括联系成员在内）。（2）必须向议长办公室提交一份由全体成员签字的政治声明，并附带一份载明全体成员（包括联系成员）及其主席名字的名单。这些文件将被公布在政府公报上。（3）禁止为了代表私人的、地方的或者职业的利益而成立政治党团，也不得为了这些利益而在议院中建立恒定联系。在满足这些条件的前提下，每位议员只能加入一个政治党团。而那些不属于任何政治党团的议员，可以选择一个党团，经该党团秘书处同意后，作为该党团的联系成员（Associate Members）。

在每届国民议会的任期之始，当政治党团形成以后，议长便召集各党团的主席，一起为各党团划分议院内的议席区位。

各党团自由决定它们的组织、会议、投票程序和议事规则。它们分别拥有自己的办公场所和秘书处。秘书处的职员是由各党团自己招募并给予薪酬的。至于秘书处的工作准则、设施及其职员进入议院的权利，则应由议院秘书厅根据财务官和党团主席的建议来决定。

政治党团在受政党纪律控制之外的权力和功能已经大大地拓展了，主要是在与国会的组织与运作有关的许多领域中起作用。比如说，每个党团的规模都为一些人事任命，比如秘书厅、各委员会、各代表团和各种职务留有余地；又如，对于在辩论中发言时间的分配、对要求口头回答的质询的分配以及对投票的说明，各党团都能发挥作用。

各政治党团的主席是国民议会主席协商会议（Chairmen's Conference）的当然成员，并代表各党团在主席协商会议中投票，其票数等于各党团的成员数。此外，各党团主席还在议会立法过程中和举行公开会议时都拥有许多特权，比如说，他们自己，或者通过特别任命的一位成员，可以要求暂停集会或者进行公开投票；他们也可以要求检查出席人数是否达到法定人数，只不过必须以个人名义提出；他们还有权提出某些法律文件的议事日程，包括创建调查委员会的决议案、议员法案等。

2. 参议院中的政治党团

根据参议院的议事规则，成立一个政治党团至少需要 15 名参议员。这些参议员通过向议长办公室提交一份声明将组成一个党团的全体成员名单，即可组成一个党团；在参议院改选后，要提出一份政治声明，以表明其目标、资源和政策。这些文件都要公布在政府公报上。参议院议事规则也禁止为维护私人的、地方的或者职业的利益而组建政治党团。在这些条件下，每位参议员也只能加入一个党团，但也不得强迫参议员加入任何党团。那些少于 15 人的政治团体，可选择一个政治党团，在得到该党团秘书处的同意后，而与该党团结盟或者为了管理的目的而依附于该党团。而那些独立的个体参议员，也可以选择一个党团或政治团体而依附于它们，但并不出现在党团或团体的名单上。在有人事任命事项的时候，各党团的成员应算上它的同盟者或依附者。至于那些既非党团正式成员，又非党团联盟者或依附者的独立参议员，则应集会选举一位代表，以代表他们的利益。该代表在任命各委员会的事务上享有与各党团主席一样的权利，并享有与参议院秘书一样的权利。

每个党团在参议院中都设有一个办公室和秘书处，自己招募职员并支付报酬，并制定其工作规则。但各党团秘书处的设施和职员进入议院的权利，则由议院秘书厅根据财务官的建议来决定。

每个党团都为参议院管理委员会（Senate's Managing Committee）和各常设委员会准备候选人，并通过对参议院议案所采取的立场。各党团的主席被赋予了一系列处理辩论的权力，他们还是参议院主席协商会议（Conference of Presidents）的成员，参与拟定参议院的议事日程。此外，在集会期间，他们可以要求举行公开投票或者要求参议院休会。

（三）委员会

法国国会内设有多种委员会，主要包括以下一些类型：

1. 常设委员会（Standing Committees）

首先来看国民议会中的常设委员会。根据议事规则，国民议会共设 6 个常设委员会：（1）文化、家庭和社会事务委员会（Cultural, Family and Social Affairs Committee），负责教育与研究、职业培训和社会晋升、青年与体育、文化活动、信息、劳工与就业、公共卫生、家庭、人口、社会保险与福利、公务员与军人的退休金与伤残抚恤金等方面的立法事务；（2）经济事务、环境与地区规划委员会（Economic Affairs, Environment and Regional Planning Committee），负责农业、渔业、能源、制造业、技术研究、消费、内外贸易、海关、通讯工具、旅游、城乡规划、基础设施与公共工程、住房与建设、环境等方面的立法事务；（3）外交事务委员会（Foreign Affairs Committee），负责国际关系、外交政策、国际合作、条约与协定等立法事务；（4）国防与军事委员会（National Defence and Armed Forces Committee），负责国防总政策、军事合作与援助政策、军队的长远规划、航空与军事工业、军事企业与兵工厂、军队财产、兵役与征募法、三军文武职人事、宪兵与军法等立法事务；（5）财政、宏观经济与规划委员会（Finance, General Economy and Planning Committee），负责国家财政与开销、预算实施、货币与信用、内外财政活动、对国有企业的财政控制、国有财产等立法事务；（6）宪法、立法和一般行政管理委员会（Constitutional Acts, Legislation and General Administration Committee），负责宪法、组织法、选举法、议事规则、司法管理、民事、行政和刑事立法、请愿、对共和国领土的一般行政管理等立法事务。这当中，前两个委员会的成员分别占整个国民议会议员的1/4左右，即大约145名议员，其余4个委员会则分别占整个国民议会议员的1/8。

在每届国民议会之始以及此后每年集会之初（换届的前一年除外），国民议会都会根据各政治党团（包括独立议员）的比例和各党团主席的提名，而任命各常设委员会的成员。每位议员只能参加一个常设委员会，但可以参加其他委员会的会议。每个常设委员会再任命一个秘书处来负责委员会的日常运作。秘书处由一名主席和三至四名副主席以及三至四名秘书所组成。此外，财政、宏观经济与规划委员会还要任命一名大会报告总起草人（General Rapporteur）。

每个常设委员会都有其自己的会议室，并有一支由秘书处领导的国会公务员队伍为其提供服务。实际上，60%的国会公务员都在各常设委员会中工作。此外，各常设委员会的交通和调研都有专门的经费保障。

再看参议院中所设置的常设委员会。根据议事规则，参议院常设委员会也有6个：（1）文化事务委员会（Cultural Affairs Committee），57人（暂为56人）；（2）经济事务与规划委员会（Economic Affairs and Planning Committee），78人；（3）外交事务、国防与军事委员会（Foreign Affairs, Defence and Armed Forces Committee），57人（暂为56人）；（4）社会事务委员会（Social Affairs Committee），57人（暂为56人）；（5）财政、预算控制与国民经济账目委员会（Finance, Budgetary Control and National Economic Accounts Committee），48人（暂为47人）；（6）宪法、立法、普选、议事规则与一般行政管理委员会（Committee for Constitutional Acts Laws, Legislation, Universal Suffrage, Standing Orders and General Administration），48人（暂为56人）。

参议院在每次改选之后，都将任命常设委员会的成员。首先由各党团秘书处和独立议员的代表集会，然后向议长提交一份体现了各党团的比例代表性的候选人名单，议长则将名单公布出来，以征求反对意见。如果出现了反对意见且为参议院所接受，那么参议院全体会议就将举行一次或者多次形式上的投票，以决定各常设委员会的成员；反之，若无反对意见，则参议院就直接批准候选人名单。各常设委员会的成员名单将被公布在政府公报上。每位参议员只能参加一个常设委员会，而议长却不可以参加任何一个常设委员会。

总体而言，第五共和国的制宪者力图限制国会中常设委员会的作用，这体现在限制常设委员会的数量、禁止设立附属委员会以及创建特别委员会等方面，但法国的政治实践早已突破了这种预期。常设委员会主要负责准备和审议立法案，特别活跃。通常，对于每项法案都有一个主要负责的常设委员会（根据法案所涉及的领域来确定），其他五个常设委员会则参与协商。在实践中，各常设委员会参与协商的主要是由财政委员会负责的财政法案，至于其他法案，则鲜有参与。除立法外，各常设委员会也负责监督内阁及其各部。

2. 特别委员会（Special Committee）

特别委员会是为审议某些专项法案（财政法案和批准国际条约的法案除外）而设立的，任务完成即撤销。在实践中，设立特别委员会的情况并不多见，实际上几乎所有的法案都是提交常设委员会来审议的。比如在国民议会中，自 1988 年以来，只有 14 项法案才是通过设立特别委员会来审议的。

在国民议会中，如果内阁或者国民议会提出要求，则可以建立特别委员会。其中，如果是内阁提出要求，则依法必须建立特别委员会。而内阁应在向国民议会提交内阁法案时以及在议员法案被分发后的两个完整工作日之内，提出建立特别委员会的要求。特别委员会也可应一个常设委员会的主席或者一个政治党团（不少于 30 人）的主席的要求而建立，这种要求应在法案被分发后的两个完整工作日之内提出。这些建立特别委员会的要求应立即张贴在公告栏上，并知会内阁以及各党团和各常设委员会的主席。如果在建立特别委员会的要求被张贴之后的第二次集会之前，议长并未收到来自内阁、一个常设委员会的主席或者一个党团主席的反对意见，那就表示要求得到了赞同。反之，如果出现了反对意见，那么就由内阁、反对者、提出要求的创议人或者第一签字人以及相关常设委员会的主席参加辩论会。但如果是一个或多个党团的主席提出建立特别委员会的动议，且这些党团的成员总数达到了议院的绝对多数，则除个别情况外，依法必须建立特别委员会。

每个特别委员会应由确保各党团的比例代表性的 57 名成员构成，其中属于同一个常设委员会的成员不得超过28人，每个特别委员会还可以任命至多两名独立议员。在成立一个特别委员会时，议长会将该委员会的成员名单及其所要审议的法案的标题张贴在公告栏上，并知会各党团主席。经各党团主席确认后，特别委员会的成员名单将被张贴出来并公布在政府公报上，即刻生效。

在参议院中，一个特别委员会由37人所组成，其成员的候选人，是由各常设委员会的主席、各党团主席和独立参议员的代表经协商后，按比例代表原则而提出来的。

3. 调查委员会（Committee of Inquiry）

在国民议会中，当设立调查委员会的动议被列入议程，并提交到相关的常设委员会审议之后，国民议会就可以任命一个调查委员会。建立调查委员会的动议应确切地表明进行调查的合理性，或者说明哪些公共服务或者国有企业的管理应接受调查。议长有权裁决，不允许在一个调查委员会结束其任务后的12个月之内，为了同样的目的而再次动议设立调查委员会。

在国民议会中，调查委员会的成员不得超过30人。如果有议员因侵犯了同期其他委员会秘密议程的保密性而遭到刑事的或纪律的处罚，那么他就不能被任命为调查委员会的成员。调查委员会设立秘书处，由一名主席、两名副主席和两名秘书组成，其中主席或大会报告起草人应由提出建立该特别委员会的动议的党团的第一签字人来担当。

调查委员会应向议长提交报告，报告被列入国民议会议程的情况应刊登在政府公报上，并在下次集会之始宣布。除非国民议会决定秘密集会，否则报告就应印刷出来并分发给议员。在举行公开会议的情况下，议员们可以对报告进行无投票表决的辩论。

在参议院中，建立调查委员会的建议案在被列入议程并经相关常设委员会审议之后，便由全院大会投票表决。这种建议案必须确切地表明进行调查的合理性，或者说明哪些公共服务或者国有企业的管理应接受调查，并且还要设定该委员会的成员数目。如果这种建议案未向作为常设委员会的宪法、立法、普选、议事规则与一般行政管理委员会提交，那么后者就将对此公开表达意见，并予以审查。

参议院中的调查委员会，其成员不得超过21人。调查委员会成员的候选人名单，由各党团主席和独立参议员的代表经协商，按比例代表的原则提出，再由参议院决定。

4. 审查委员会

在国民议会中，在每届任期之始并且在每个普通会期之始（换届前一年除外)，国民议会都将成立一个由15名正式成员和15名候补成员所组成的审查委员会，以商议是否暂停对议员的拘留、监控或软监控措施，以及对他们的起诉。审查委员会的成员都是由各党团主席经协商后，按照比例代表的原则而提出候选人名单的。

审查委员会将会听取申请暂停对议员采取上述司法措施的议员和相关议员的意见，再向国民议会提出报告。对此，国民议会必须召集会议，以商议是否暂停对议员的拘留、监控或软监控措施，以及对他们的起诉。议员们将对审查委员会在动议中所表述的调查结果进行辩论，如果审查委员会没有提出调查结果，那么议员们就对申请进行辩论。如果审查委员会的调查结果驳斥了申请，但大会又否决了审查委员会的调查结果，那么就等于大会同意了申请。如果申请遭到否决，则在该会期内，不得就同一情况再次提出申请。

5. 欧盟事务委员会

在1979年以前，法国国会并未设置专门负责欧洲事务的委员会机构，而是由两院分别向欧洲议会派出代表，这些代表每年再向两院的外交委员会报告情况。1979年，由于欧洲议会开始实行普选制，国会两院便分别建立了欧共体代表团（Delegation for the European Communities)，1994年后改称欧盟代表团。根据2008年修宪的结果，欧盟代表团成为国会两院专门负责欧盟事务的委员会机构。不过，尽管欧盟代表团与常设委员会的运作类似，但在职权方面却有很大的不同。

国民议会中的欧盟事务委员会称欧盟代表团（Delegation for the European Union)。欧盟代表团的成员限定为36人，按各政治党团的比例产生，并照顾到各常设委员会成员的平衡性。该机构设一个秘书处，由一名主席、四名副主席和两名秘书所组成。主席经选举产生，任期与国民议会的一致，负责决定代表团的议事日程，并召集会议，还参加国民议会的主席协商会议。

欧盟代表团的主要职责是向国民议会通报欧盟的工作情况。从2006年起，它还可以就欧洲委员会（European Commission）的立法建议案，直接向法国国会提出建议草案。此外，欧盟代表团也负责进行沟通联络，以促进法国国会与其他欧盟成员国议会之间的合作。

参议院中的欧盟事务委员会亦称欧盟代表团，也可称欧洲事务委员会(Committee for European Affairs)。该机构由36名参议员所组成，并且这些成员必须是6个常设委员会的成员。该机构也主要负责向参议院通报欧盟的活动情况。另外，该机构每年都会就欧洲问题而挑起几次与相关部长之间的公开争论。

6. 联合委员会（Joint Committees)

国会两院各派出7人参加联合委员会。该机构主要负责协调两院在立法上所出现的意见分歧。

(四) 智囊机构

这类机构主要是根据国会立法的授权，通过调研并发挥其专长，向国会作出报告和建议，以便于国会作出明智的决策。这类机构包括两种类型：

1. 国会代表团（parliamentary delegations）

在国会两院中都分别设置有相对应的国会代表团，它们都有自己的内部工作规则。以国民议会而论，现在共设有五个代表团，不过只有下述前三个代表团还在经常运作，后两个机构则基本上已停止运作。（1）地区规划与可持续发展代表团（Delegation for Regional Planning and Sustainable Development），该机构建立于1999年，由国民议会按政治党团的比例任命15名议员组成。该机构负责评估地区规划和发展政策，并向国民议会通报集体服务规划的草案和实施以及规划合同的履行情况。（2）女权与男女机会平等代表团（Delegation for Women's Rights and Equal Opportunities between Men and Women），该机构成立于1999年，由国民议会在确保各政治党团的比例代表性且维持男女议员和各常设委员会成员的平衡性的前提下，任命36位议员组成。该机构主要负责向国民议会通报内阁的政策及其对女权和男女机会平等所造成的影响。该机构在行使职权时，不得与常设委员会或特别委员会以及欧盟代表团（Delegation for the European Union）相冲突。该机构可以组织会议，并且可以决定与参议院中相对应的代表团举行联席会议。（3）情报之国会代表团（Parliamentary Delegation for Intelligence，建立于2007年）。（4）人口统计问题之议会代表团（Parliamentary Delegation for Demographic Problems，建立于1979年）。（5）规划之国会代表团（Parliamentary Delegation for Planning，建立于1982年）。

2. 国会办公室（parliamentary offices）

与国会代表团不同的是，国会办公室是由国会两院议员所共同组成的，是一种联合组织。它们也各有自己的内部工作规则。这种机构现在有三个：（1）科技评估之国会办公室（Parliamentary Office for Scientific and Technological Assessment，OPECST），建立于1983年，主要是就科学发展与高科技问题向国会提供参谋意见，以有助于国会作出明智的决策。该机构由两院各出18名议员所组成，并且要体现各政治党团的比例代表性。此外，该机构的主席和第一副主席应分属两院议员。该机构还根据专长的标准，挑选24名杰出人物组成一个科学委员会（Scientific Council），以协助办公室的工作。（2）立法评估之国会办公室（Parliamentary Office for the Assessment of Legislation），建立于1996年，主要负责评估国会立法的恰当性，以促使国会的工作获得更新。该机构由两个代表团所组成，一个来自于国民议会，另一个来自于参议院，每个代表团都包括法律委员会的主席、每个常设委员会的一名成员以及由各政治党团按比例所任命的8位成员。该机构由两院的法律委员会主席轮流担任主席，一年一换。（3）卫生政策评估之国会办公室（Parliamentary Office for the Assessment of Health Policy，OPEPS），成立于2003年，主要负责告知国会在公共卫生领域进行各种选择的结果，以便国会能够作出明智的决策。该机构一共有24名成员，包括两院中负责社会事务的常设委员会的主席和大会报告起草人以及各院按政治党团比例所分别任命的10名议员。该机构也是由两院的两位常设委员会主席来轮流担任主席，一年一换。此外，该机构还有一个由6位公共卫生领域的杰出人物所组成的、任期3年的专家委员会（Council of Experts）来辅助工作。

（五）主席协商会议

它在国会两院中都是负责组织和管理会议与议事的机构。国民议会的主席协商会议（Chairmen's Conference）负责为国民议会召开全体会议而做准备。该机构创立于1911年，由国民议会的议长、6位副议长、6个常设委员会的主席（如果碰巧的话，还包括特别委员会的主席）、各政治党团的主席、财政委员会的大会报告总起草人和欧盟代表团（Delegation for the European Union）的主席（自1995年后）所组成。内阁也从其成员中派出一名代表（通常是由承担着联系国会职责的内阁部长来担任）出席主席协商会议，向主席协商会议提交内阁本周和下两周的计划，并且在国民议会的年会开始时，向国民议会提交内阁的指示性计划。在这些成员中，国民议会的议长也就是主席协商会议的主席，负责召集并主持该机构的会议。各政治党团的主席则代表各政治党团，在主席协商会议中投票，不过该机构很少进行投票。

主席协商会议主要负责安排国民议会的议事日程。该机构每周都召开会议，审查本周和下两周的议事日程。在安排议事日程时，主席协商会议要根据内阁的要求，而做出某种优先性安排（内阁的议程必须优先安排）。在安排议程时，主席协商会议也决定和分配发言时间。此外，主席协商会议还决定每月集会的日历，及其在各政治党团之间的分配。其他的事项还有：组织每周的口头提问会议；草拟审议年度财政法案的条件和时间长度；决定对某些重要法案进行郑重投票（solemn vote），并提前设定投票日期；设定审议谴责动议案的日期并组织辩论。

在参议院中，主席协商会议由副议长、各常设委员会的主席、相关特别委员会的主席、欧盟代表团的主席、财政委员会的大会报告总起草人以及各政治党团的主席所组成。如果合适的话，主席协商会议由议长每周召集一次，以检查参议院的工作和对参议院的议程安排作出建议。内阁应被通知召开主席协商会议的日期和时间，并可以由其一名成员作为代表参加会议。主席协商会议审议参议院本周和下两周的议程，在这种情况下，内阁应向该机构提交作为优先议程的事项。

总的来说，在国会两院中，主席协商会议不仅是会议组织机构，而且也已变成为各政治党团、各委员会和内阁之间进行协商的场所，在两院的运作过程中起着日益重要的作用。

（六）管理服务机构与职位

国会两院在宪法和法律的范围内，实行自主管理，这包括分别自主地制定日常运作规则，招聘国会公务员，设置管理机构和职位，以及对院内财政进行预算。为进行自主管理，国会两院均设立了一些管理机构和服务机构（其中还包含一些重要的职位），主要是秘书厅和各种服务机构两类，尤以前者为最重要。

1. 秘书厅（Bureau）

（1）国民议会的秘书厅。该秘书厅由22人组成，包括议长、6位副议长、3名财务官（Questeurs）和12名秘书。其中，议长随国民议会换届而重新选举，其他所有成员则在每年10月和国民议会的普通会期开始之时（国民议会换届前一年除外），按照三轮多数当选制而选举产生。当竞选秘书厅职务的候选人与选举名额相等时（这也是最常出现的情况），国民议会就直接进行任命而不再进行投票。秘书厅的成员组成，应当反映国民议会中的政治构成状况。各政治党团的主席集会，共同协商决定担任这些职务的候选人名单，并向议院的总秘书处（Secretariat-General of the Assembly）提交。秘书厅组成后，应将其组成状况知会总统、总理和参议院议长。

为便于秘书厅做决策，现在秘书厅内也组建了6个代表团，分别负责通讯广播和出版、议员服务规则的实施、国际活动、与议会职务有关的提问、审议议员法案的财政可行性以及计算机与新技术事务。每个代表团分别由一位副议长来主持，并向秘书厅报告其结论。

秘书厅在议长的领导下，负责管理院内事务，并指导院务管理工作。秘书厅对外代表国民议会，解释和适用议事规则，处理集会中的偶发事件，确保视听通讯的通畅。秘书厅也决定院内的部门组织与人事规则。另外根据宪法的规定，秘书厅还负责批准对国民议会议员逮捕或者监控或软监控。在修改宪法时，国民议会的秘书厅还是修宪国会的秘书机构。秘书厅一般是每个月召开一次会议，其会议结果将在院内公告板和国民议会网站上公布，其中一些甚至还会刊登在政府公报（Official Gazette）上。

秘书厅中最重要的职位，莫过于议长和财务官。议长（President of the National Assembly）随国民议会换届而按照三轮多数当选制选举产生，任期5年（除非国民议会被提前解散）。议长由议院内最年轻的6位议员作为秘书来辅助工作。议长在议院大厦内拥有办公室。由于议长身兼数职，所以其职权十分广泛。首先，议长是国民议会的人格象征，对外代表国民议会，对内则负责国民议会的内外安全，并负责召开国民议会的会议，控制辩论（在必要时，可由一位副议长代替），执行议事规则，维持会场秩序，并可在任何时候暂停会议或者休会。在国民议会的解散与延长会期的问题上，国民议会议长将与参议院议长进行协商，以作出决定。其次，议长还有权任命宪法委员会的三名成员，任命一名杰出公民在高等司法法院的一个分庭中任职，有权在议会立法颁布之前，将其提交宪法委员会审查，或者将可能与宪法相冲突的国际条约提交宪法委员会审查。再次，作为国民议会秘书厅的主席和主席协商会议的主席，议长还起着沟通协调的作用。最后，当修改宪法时，国民议会的议长将作为修宪国会的主席。

财务官（Questeurs）更像是国民议会的行政首长。在每届任期之始，国民议会就会任命财务官，并在每年10月，新一年会期开始之时重新任命。财务官在议院大厦内拥有办公室。财务官根据秘书厅所制定的指导方针，负责国民议会的财政和行政管理事务。① 三名财务官集体行使财务与行政管理权，举凡人事、设备、车队、建筑、餐馆、咖啡馆、社会保障和退休金管理等事务，都属于他们的职责范围。他们还在议长的领导下，确保波旁宫（即国民议会大厦）的安全，对进出波旁宫进行检查。财务官更为重要的职权在财务方面，

① 财务官是国民议会自主管理财政的一个重要体现，但财务官主要是执行者。在新一届任期之始，以及在每个普通会期之始（换届前一年除外），国民议会都会根据各党团的比例代表性原则而任命一个由15人所组成的特别委员会（秘书厅的成员排除在外），以审计和批准账目。该委员会将账务管理授予财务官来执行，或者向议院作出报告。在每个财政年度末，该委员会还将发布公开报告。

他们准备和决定国民议会的预算（与参议院的财务官一起，并且由审计法院的一名庭长来主持），并掌管开销。由于国民议会财政自主，所以财务官在掌管议院的开销时，无需行政部门的财务审计员签字。

（2）参议院的秘书厅。该机构负责主持参议院的议事，组织和管理各种服务机构和人员。该机构由议长、6 位副议长、3 名财务官①和 12 名秘书组成。其中，议长、副议长和财务官均由选举产生，秘书则由任命产生，所有成员均任期 3 年。副议长和财务官的选举是分开的，实行 3 轮多数当选制和秘密投票制。在副议长和财务官选出后，各党团的主席便集会，按照各党团比例代表性的原则，商定秘书候选人名单，并向议长提交，在无争议的情况下，便由参议院批准。秘书厅组成后，议长应知会总统和国民议会。

参议院议长是秘书厅中最重要的职位。议长是在参议院每 3 年改选之后，按照 3 轮多数当选制而选举出来的。议长是参议院的代表，主持参议院大会，负责参议院的内外安全。参议院议长还行使着一些重要的宪法性权力，比如说，在解散国民议会时，总统须与其商量；他还任命 3 名宪法委员会的成员，并有权向宪法委员会提交他认为违宪的法律或者条约；他有权临时继任总统职位，因而是法国的第二号政治人物。不过，参议院议长无权召开全民公决或者解散国民议会。

在参议院中还设有一个管理委员会（Managing Committee），负责决定参议院的运作事务。该机构由 25 名参议员组成，参议院每 3 年改选之后，就选举出管理委员会的成员。每个成员都分担着具体的任务，其中参议院议长（Speaker of the Senate）担任管理委员会的主席，6 名副议长代表议长，主持参议院的公开会议，3 名财务官负责参议院的院务管理，14 名秘书负责监督和核实参议院公开会议中的投票。

2. 服务机构

除秘书厅外，国会的运作还离不开其他服务机构的支持。在国民议会中，这些服务机构分为两类，即立法服务机构（Legislative Services）与行政服务机构（Services of the Questeurs），分别由议长的总秘书长（Secretary General of the Presidency）和财务官的总秘书长（Secretary General of the Questeurs）领导。其中，属于立法服务机构的主要有：议长总秘书处（Secretariat General of

① 参议院秘书厅中的财务官与国民议会秘书厅中的类似，且和国民议会一样，为自主管理财务，在每个普通会期之始，参议院都将根据政治党团的比例代表性原则，而任命一个由 10 人（秘书厅的成员被排除在外）所组成的特别委员会，负责审查账目。

the Presidency)、会议事务局（Sittings Offices）、委员会事务局（Committee Services）、图书馆、联络处、档案室、研究与文档室、外国文档室、简单汇报科和速记科。属于行政服务机构的则主要有：总行政事务处（General Administrative Affairs Service）、议院大厦处、外交和国际关系处、财务处、人事处、设备处、餐饮与医疗处。在这些服务机构中工作的国会公务员，现在多达1,300名。

在参议院中，服务机构也分为两大类，其中立法服务机构由立法事务秘书长领导，下属议长总秘书处（Secretariat General of the Presidency）、联络处、研究处、会议事务局、委员会事务局、欧洲事务局（European Affairs Office）、简易汇报科和速记科；行政服务机构则由行政事务秘书长领导，主要包括：财务官与安全办公室（Service for the Office of the Questeurs and Security）、财务官总秘书处（Services of the Secretariat General of the Questure）、预算、会计和退休金处（Service of the Budget, Accounts and Pensions）、国库（Treasury）、物资供应处、建筑物与花园管理处、医疗处。此外，两类服务机构还共设人事局（Personnel Services）、档案室、图书馆、外国资料室和信息技术与发展处等机构。现在在这些服务机构中工作的国会公务员也多达上千名。

二、会议与议事

法国国会的两院分别设在不同的地方，其中国民议会设于巴黎塞纳河畔的波旁宫，参议院则设在巴黎第六区的卢森堡宫。

根据法国宪法的规定，国会的一个法定普通会期（年会）开始于10月份的第一个工作日，结束于6月份的最后一个工作日。① 一个普通会期不超过120天，但各院的绝大多数议员或者总理在与相关议院的议长协商之后，都可以决定延长该议院的会期。至于在会期内集会的周数、天数和时间，则授权各院通过议事规则自行规定。在实践中，各院其实是在规定不集会的周数或天数，比如节假日、选举日等。此外，在普通会期结束之后，根据总理或者国民议会过半数议员的要求，为就一项特别的日程进行辩论，国会应当为此根据总统令而召开和关闭特别会议。② 最后，根据宪法的规定，在总统决定行使紧急

① 也就是说，国会实行单会期制，这是1995年修宪所作出的改变，而在此之前，法国国会实行双会期制，即一年内有两个会期。

② 自法国国会实行单会期制度以来，这种在普通会期结束之后所召开的特别会议，频频出现。

处置权和总统决定向国会作咨文报告时，国会都要召开会议。此外，被提前解散而重新大选后的国民议会，应在第二个周四召集会议。

内阁成员均有权列席两院的会议，并有权发言。他们还可以获得内阁特使（Commissaires du Gouvernement）的辅助。各院的会议都应公开，关于会议辩论的速记报告都应刊登在政府公报上。只有当总理或者1/10的议员提出要求，各院才可以秘密举行会议。关于国会两院的会议与议事情况，法国宪法的规定都是原则性的，十分粗略，只有两院的议事规则才分别详尽地进行了规范。

三、职权与功能

法国宪法第24条规定，国会制定法律，监督内阁的行动，评估公共政策。这可以说就是法国国会的基本职权和功能。此外，各院也分别拥有一些特别的职权和功能。比如说，参议院还代表法国各地方团体和海外侨民，确保地方自治的宪法原则。这里主要来看立法和监督内阁两方面的情况。

（一）立法

尽管立法是法国国会最主要的职能之一，但需要注意的是，国会并不独占立法权。一方面，宪法第11条允许总统在国会的会期内，可以根据内阁的建议，或者根据两院的联合动议，而将如下一些内阁法案提交全民公决：涉及公权机关组织的；处理国家经济、社会或环境政策改革及其公共设施的；批准不与宪法相冲突，但会影响制度运作的条约的。另一方面，内阁实际上也分享了一部分立法权。如前所述，总理有立法提案权，由此形成内阁法案。经国会授权，内阁也可以制定行政法规，还有权要求将其相关事项列为国会的优先议程。此外，内阁在国会的运作过程中也处于有利地位。比如宪法第31条规定，内阁成员可以自由出席两院的会议，而且只要他们提出要求，就可以发言。综上可见，现行法国宪法对于国会的立法权进行了较大的限制。

根据宪法第34条的规定，国会的立法事项范围包括：公民权利和公民行使自由权利的基本保障；媒体的自由、多元和独立；为国防之目的而对公民个人和财产所施加的义务；国籍；个人的身份与行为能力；婚姻财产制度；继承与馈赠；确定严重犯罪和其他主要的罪与刑；刑事诉讼；大赦；新型法院的设立和司法成员的地位；各种税收的基础、税率与征收方式；货币的发行；国会两院、地方议会和法国侨民的代表团体的选举制度，以及海外领地议会成员担任选举性职务的条件；各种公法实体的设立；公务员和军人的基本保障；公司的国有化和私有化。

对于下列事项，国会立法只确定其基本原则：国防的一般组织；海外领地的自治、权力和财政收入；教育；环境保护；所有权制度、财产权（物权）、民事和商事义务；劳工法、工会法和社会保障。

国会两院还可以通过某些决议案。但是被内阁视为信任案的，或者其中包含着对内阁的禁令的决议案草案，是不可接受的，并不得被列入立法议程。

由于实行两院制，所以法国国会需要两院协作方能完成立法过程。两院的立法程序在原则上是一致的，仅当两院之间发生“穿梭”程序时，才表现出一些差异性来。大体上，法国国会的立法过程包括如下一些环节：

1. 提案

根据宪法第39条的规定，内阁总理和议员均有立法的提案权，由此分别形成内阁法案（Government Bills）和私议员法案（Private Members' Bill）。其中，内阁法案应在咨询国家委员会之后，经内阁会议讨论，再提交到国会的任何一院。但是财政法案（Finance Bills）和社会保障财政法案（Social Security Financing Bills）应首先向国民议会提交。另外，主要处理海外领地组织的法案，应首先向参议院提交。如果首先接到内阁法案的议院，其主席协商会议决定不将内阁法案列入议程，由此引发与内阁之间的意见分歧，则相关议院的议长或者总理，均可以将此事项提交到宪法委员会来裁决。

私议员法案由议员直接向其所在的议院提交。但如果议员法案和由议员所提出的修正案的规定将导致公共财政收入减少，或者会创造或增加公共开支，则这些法案将不予接受。此外，在立法期间，如果议员法案或修正案看起来不属于立法范围内的事务，或者与得到授权的行政法规相冲突，那么内阁或者相关议院的议长就可以认为该法案是不可接受的。在这种情况下，如果内阁与相关议院议长的意见不一致，则任何一方均可以向宪法委员会提出要求，以求裁决。另外，对于私议员法案，除非提案议员不赞同，否则相关议院的议长就可以在该法案进入委员会讨论之前，而将之提交到国家委员会以征求意见。

各院秘书厅负责接收各种立法提案。凡被议院接受并列入议程的法案，将在两院中同时印发。

2. 委员会审议

委员会审议法案是立法的必经阶段，只不过委员会无权以国会的名义批准法案。议长负责将列入议程的法案提交到各委员会予以审议。一项法案只能按其内容的类别，提交到一个常设委员会，如果专门成立有特别委员会，则提交到特别委员会审议。在实践中，通常是各常设委员会均参与审议，只不过其中一个负基本责任，其他委员会则只是参与讨论并提出建议。

委员会审议议案的程序开始于对大会报告起草人（Rapporteur）的任命。大会报告起草人的职责是对法案提出修改意见，提出供委员会审议的报告，提交供议院全体会议审议的最终报告，并负责向全院大会作出说明。大会报告起草人由一名或数名工作人员协助开展工作。

委员会在审议法案时可举行听证会，尤其是听取各部部长的意见，也可以举行会议对法案文本进行审查。提案议员和内阁均也可以参加委员会会议。委员会会议在原则上是秘密进行的。

委员会审议法案的结果将形成书面报告，一般包括如下内容：概述法案的原则性规定；逐条评注法案内容并提出修改意见；阐明委员会的主要观点。委员会通过报告后，就应印刷、分发和宣传报告，以便全体议员有充足的时间熟悉报告内容。

3. 全院大会审议和表决

议案经委员会审议后，便提交全院大会进行审议和表决，这也是立法的必经阶段。对于大多数法案，全院大会一般都会通过辩论的方式来进行审议，其中对法案的整体进行辩论，这叫做一般辩论，大会也可以就法案的个别条款进行辩论。不过根据两院的议事规则，对于某些法案，大会也可以不经辩论而直接交付表决。辩论结束后，全院大会将对立法文本的整体进行投票表决。

经国会一院投票表决所通过的内阁法案，应立即提交到内阁，但如果内阁法案未获通过，则应知会内阁。如果本院的议员法案在该院获得通过，则应立即提交给另一院的议长，并知会内阁，但如果来自另一院的议员法案在该院未获通过，则应知会另一院议长和内阁。

4. 两院协调

只有在两院均获通过的法案，才算获得了国会的通过。如果两院对法案的表决结果不一致，则将在两院之间发生“穿梭”程序。也就是说，两院将分别按照前述程序反复进行审议，逐渐减少两院之间的分歧，以最终达成一致的表决结果。

经两院表决通过的法案，在文本上应当取得一致，如果不一致，则两院可以组成联合委员会，进行磋商。由联合委员会草拟的法案文本，可由内阁提交两院进行表决，这时未经内阁同意，两院不得对法案进行修改。如果联合委员会不能提出一个统一的法案文本，或者联合委员会所达成的法案文本不能在两院获得通过，那么内阁就可以在两院分别进一步审议法案之后，要求国民议会作出最终决定。这时国民议会既可以以联合委员会所草拟的文本为据，也可以以国民议会自己所通过的最终文本为据。

5. 公布法律

经国会最终通过的法案，并且如果必要，经宪法委员会审查并获通过后，总统就应在 15 天之内公布该法案。法案随后将刊登在政府公报上并正式生效，从而成为法律。不过在此期间，总统也可以否决法案，而要求国会重新审议法案的全部或一部分。自 1958 年以来，总统否决法案而要求国会重审的事件发生过两次。

6. 立法过程中的一些特殊情况

（1）内阁就立法而向国民议会承担政治责任。宪法第 49 条规定，总理在经内阁会议商议之后，可以将财政法案或者社会保障财政法案的通过作为国民议会对内阁的信任投票。在这种情况下，除非在其后 24 小时内有不信任决议案提出，否则该财政法案或者社会保障财政法案便被视为已获通过。除此之外，在每个会期内，总理还可以就另外的一项内阁法案或者议员法案而启动上述程序。这一程序可以在辩论过程中随时启动，其目的是为了避免多数派党团的一部分人反对法案，或是为了阻挠辩论，以免由于修正案数量过多而致使通过法案耗时过长。

（2）对财政法案的审议。宪法第 47 条规定，如果国民议会在财政法案被列入议程后的 40 天内不能一读通过该法案，那么内阁就应将该法案提交到参议院，参议院则应在 15 天之内作出决定。如果国会不能在 70 天内就财政法案达成决议，则该法案可以作为行政法规而生效。如果年度财政法案不能在财政年度开始之前及时颁布，则内阁应作为紧急事件而要求国会授权征税，并应以行政命令使用资金以满足经投票赞成的开支。

宪法还规定，如果国民议会不能在社会保障财政法案列入议程后的 20 天之内一读通过，那么内阁就应将其提交给参议院，参议院则应在 15 日之内作出决议。如果国会在 50 天之内不能就社会保障财政法案达成决议，那么该法案就可以作为行政法规而生效。

审计法院（Cour des Comptes）应协助国会监督内阁的行动，还应协助国会和内阁监督实施财政法和社会保障财政法以及评估公共政策。审计法院通过公开发布报告，将情况告知于民众。

（3）对法案进行违宪审查。由国会所通过的一切组织法案在未颁行之前，以及一切议员法案在提交全民公决之前，都须提交到宪法委员会来审查其合宪性。除此之外的其他一切由国会所通过的法案，在未颁行之前，都可以由总统、总理、国会两院议长、60 名国民议会议员或者 60 名参议员向宪法委员会提交，以审查其合宪性。宪法委员会则须在一个月之内作出裁决，如发生紧急情况，则期限缩短为8天。

(4) 修宪程序。修宪程序与普通立法程序有所不同。根据宪法第89条的规定，总统有权依据总理的建议而提出宪法修正案，这也被称作内阁法案。国会议员也有权提出宪法修正案，同样作为私议员法案。一切修宪案都由国会两院按照普通立法程序来进行审议，只不过在获得两院通过后，还必须交付全民公决。另外，如果总统决定将有关修宪的内阁法案提交给由国会两院所组成的修宪国会（Congress）来审议，那么只要有3/5的议员赞成，则修宪案就算获得通过，而无须再提交全民公决。

（二）监督内阁

除立法外，国会的另一项主要权能就是监督内阁，这种监督有多种途径和方式。

1. 追究内阁的政治责任

只有国民议会才有这种追究权。尽管内阁也可以向参议院寻求对其政策总声明的支持，但这并不表示内阁向参议院承担政治责任。根据宪法第49条和第50条的规定，一方面，经内阁会议商议，总理可以将内阁的施政纲领或者政策总声明作为国民议会的信任投票案。总理在经内阁会议商议之后，也可以将财政法案等作为国民议会的信任投票案。另一方面，国民议会也可以通过对内阁的不信任决议案。这种不信任案需要至少1/10的议员签署方可，但在一个普通会期内，任何一名议员都不能签署三份以上的不信任案，在一个特别会期内，不得签署一份以上的不信任案。在不信任案列入议程后的48小时之内，不能进行表决。不信任案需要获得国民议会的多数支持方能通过。不管怎样，如果国民议会通过了不信任决议案，或者国民议会不支持内阁的政纲或政策总声明，或者说未能通过对内阁的信任案，则总理都应向总统提出内阁总辞职。

2. 质询

这是一种常规的、国会两院均可实施的监督途径。两院的议员均可以个人身份提出口头的或者书面的质询，而相关的内阁成员必须进行答辩。这种质询在两院中均有专门的时间保障，比如在国民议会中，周二上午通常就是无辩论的要求口头回答的质询时间。

3. 委员会的监督

这是由两院中所设立的委员会（主要是常设委员会，此外还包括临时设立的调查委员会）来实施的监督。常设委员会监督内阁，主要有如下一些途径：一是两院财政委员会的大会报告总起草人负责对公共财政进行监督，他们在审计法院的协助下，审查行政各部全部或部分的财政收入，有权检查相关的文件或进行实地调查。在每年对财政法案进行辩论之前，他们还会对各部提出一系列的质询。二是各委员会可邀请部长参加听证会。三是各委员会为了掌握信息，可以组织工作视察，而后向相关议院提交书面报告。四是监督法律的实施。

第六节 法 院

法国宪法第64条规定，总统是司法机关独立的保证人，高等司法委员会（Conseil Superieur，High Council of the Judiciary）辅助总统处理司法事务。司法人员的地位由组织法来规定，其中法官不得被免职。① 宪法第66条还规定，司法部门是公民个人自由的捍卫者。这样，宪法就明确了司法独立的原则，并且确立了司法部门的基本职能取向。

一、高等司法委员会

根据法国宪法的规定，高等司法委员会是辅助总统保证司法独立的机构，实际上这个机构的主要作用，就是选任（程序上是由总统来进行任命）与监督法官和检察官。

宪法第65条规定，高等司法委员会由总统担任主席，司法部长为当然的副主席，且可代理总统的主席职务。除了有关纪律处理的会议外，司法部长可参加高等司法委员会的所有会议。

高等司法委员会由两部分构成，一部分管辖法官事务，可称之为法官部，另一部分管辖检察官事务，可称之为检察官部。其中，法官部由最高上诉法院的首席院长（Chief President of the Cour de Cassation）担任主席，另外还包括五位法官、一位检察官、一位由国家委员会所任命的委员、一名大律师以及六名非议员、非法官、非行政官员的杰出公民（由总统、国民议会议长和参议院议长各任命两名）。该机构对最高上诉法院（Cour de Cassation）的法官、各上诉法院的首席院长（Chief Presidents of Courts of Appeal）和各高级法院的院长（Presidents of the Tribunaux de Grande Instance）的任命提出建议。任命其他

① 在法国，司法人员包括法官和检察官在内。为保障法官的独立性，宪法规定法官不得被免职。对于这一规定，法国宪法委员会的解释和执行都是非常严格的，它指的是法官不得被暂停职务、被解职、被开除，以及未经法官本人同意，不得将其从一个法院调至另一个法院。不过检察官并不具有这种独立性，他们要接受司法部长的指示和领导。

法官也应先与该机构进行协商。该机构同时还是法官的纪律法庭，而在行使这项职权时，该机构还应将检察官部中的法官包括在内。

高等司法委员会中的检察官部由最高上诉法院的首席检察官（Chief Public Prosecutor at the Cour de Cassation）来担任主席，另外还包括五位检察官、一位法官以及法官部中的那名国家委员会委员、大律师和六名杰出公民。该机构负责对检察官的任命发表意见，还负责对检察官采取惩戒措施提出意见，而在行使后一项职权时，该机构应将法官部中的检察官包括在内。

应总统的要求，高等司法委员会应当召开全体会议。全体会议由法官部中的三位法官、检察官部中的三位检察官以及上述的国家委员会委员、大律师和六位杰出公民所组成。全体会议由最高上诉法院的首席院长来主持，也可由最高上诉法院的首席检察官代替主持。全体会议主要负责就法官的道义问题或者由司法部长所提交的任何司法运作问题发表意见。

此外，在组织法所规定的条件下，受到审判的人也可以被转交给高等司法委员会来处理。

二、法院体系

法国实行双重法院体系，即普通法院与行政法院分开设立，自成体系。不过，尽管普通法官属于普通法院体系，而检察官属于国家委员会的办公厅（State Counsel's Office），即属于行政法院体系，但二者之间却是可以进行交流的，而且经常如此。若两套法院体系之间发生司法管辖权限之争，则交由司法管辖争议法庭（Tribunal des Conflits，Jurisdictional Disputes Tribunal）来裁决。司法管辖争议法庭由司法部长担任主席，另外还包括普通法院和行政法院的代表各四名。两套法院体系的最高法院，即最高上诉法院和国家委员会，都可以向司法管辖争议法庭提出解决方案。

首先来看行政法院体系。国家委员会（Conseil d' État）是最高的行政法院，也是裁决行政法的合法性的最高上诉法院。此外，内阁也向它咨询立法案和行政法规草案的意见。

再看普通法院体系。普通法院包括两种类型：

一是民事法院，分为初审法院和上诉法院两个等级。其中初审法院包括治安法院（Tribunal d' Instance，Magistrate's Court，兼理轻微的刑事案件）和县法院（Tribunal de Grande Instance，County Court），以及由非职业法官所组成的特别法院，比如商业与破产法院、劳资仲裁法院、农用土地法院、社会保障上诉法院。

二是刑事法院，包括三种类型：警务法院（Police Courts），处理轻微的、可处以罚金的犯罪案件；刑事法官法院（Criminal Magistrate's Court），受理被检方指控的刑事案件；巡回法院（Court of Assizes），受理严重的刑事案件。由警务法院和刑事法官法院所审理的案件，均向前述的（民事）上诉法院上诉，而初审巡回法院所审理的案件，则向上诉审巡回法院上诉。初审巡回法院由3名法官和9名陪审员（通过抽签所选出的年满23岁的公民）组成，而上诉审巡回法院则由3名法官和12名陪审员所组成。

另外，少年法庭（Juvenile Court）是一种特别的普通法院，兼理涉及青少年的民刑事案件。

最高上诉法院（Court of Cassation，Final Court of Appeal）是最高级的普通法院。对于一切上诉案件，最高上诉法院只审理法官的判决，而不审理案件的事实。最高上诉法院分设6个法庭，包括3个民事法庭、一个商事法庭、一个社会法庭和一个刑事法庭，分别负责裁决各种上诉案件。在最高上诉法院中还设有一名首席检察官和一些负责检控的国家委员会委员（亦即检察官，他们代表国家委员会的办公厅）。不仅是民刑事案件，其他任何案件，国家委员会的办公厅都有权向最高上诉法院的法官提出它的意见。

最高上诉法院6个分庭的法官，分别组成全体会议（Plenary Assembly）、部门会议或者更小的单位来审理案件。如果案件产生了重要的原则性问题，或者案件导致了各分庭意见的分歧，或者法官们在投票中打成了平手，那么就会成立一个混合法庭（Mixed Division，由至少3个不同分庭的成员所组成）或者全体会议。若由下级法院所作出的判决已为最高上诉法院拒绝受理上诉，但却再次向最高上诉法院提起上诉，那么最高上诉法院就必须召开全体会议。由最高上诉法院全体会议所作出的判决，任何上诉法院都必须遵循。

除了作为终审法院审理上诉案件外，最高上诉法院实际上也具有解释法律的权力。此外，通过判决和所表达的意见，最高上诉法院还确保对法律的解释以及普通法院体系的统一性。有时候，最高上诉法院通过判决，确立了某些不成文的原则，从而起着立法风向标的作用。

在整个普通法院体系中，现在一共有近7,800名司法人员，其中5,700名是普通法官，2,100名是检察官；另外还有近9,900名的服务性职员。

第七节　宪法委员会

在法国，宪法委员会（Constitutional Council）是进行违宪审查和实施宪政保障的机构。根据法国宪法第7章以及相关组织法的规定，宪法委员会应由9名成员组成，总统、国民议会议长和参议院议长各任命3名成员。共和国的前任总统是宪法委员会的当然的终身成员，但他们并无履职的义务。宪法委员会的成员任期9年，不得连任，每3年更新1/3（即每次各改选一名由总统、国民议会议长和参议院议长所分别任命的成员）。担任宪法委员会的成员并无年龄或者职业资格条件的限制，宪法委员会成员在就职前需向总统宣誓。

宪法委员会的成员具有独立的地位，他们的职位不可改变，但他们不得连任①，也不得担任内阁成员、国会议员、欧洲议会议员或者经济与社会委员会的成员，不得担任任何选举性职务以及不得在公司中担任管理职务或者在政党中担任领导职务。如果有委员违反了这些不得兼职的严格规定，那么他就必须辞职。委员们必须保守宪法委员会议事的秘密，不可以对宪法委员会已作出决定的问题发表意见和表达政治立场。

宪法委员会设主席一名，由总统任命。根据主席的提议，总统发布命令，再任命一名秘书长（Secretary General）。秘书长领导宪法委员会内设的法务部（Legal Department）、办公室（Clerk's Office）、行政与财务部（Administrative and Financial Department）、文档、图书馆和互联网部（Documentation, Library and Internet Department）和外联部（External Relations Department），并协调委员会的工作。

宪法委员会的职权广泛而重大。第一，它拥有咨议权。当总统决定行使宪法所赋予的紧急处置权时，必须事先与宪法委员会进行磋商，并且后者的意见将刊登在政府公报中。总统也必须事先与宪法委员会进行磋商后，才能采取紧急措施。

第二，宪法委员会掌握选举投票的监督权。宪法委员会应确保总统选举正确举行，包括审查候选人的资格条件，监察候选人的支持者（提名人），确认候选人的财产申报情况，列出候选人的正式名单，监督选举实施过程的合法性，审核选举投诉，宣布选举结果，裁决对国家竞选账目和政治献金委员会（National Committee on Campaign Accounts and Political Financing）的投诉，并在参选之候选人死亡或者不能行使权利时，决定推迟选举。

在国民议会议员和参议员选举出现争议的情况下，宪法委员会应裁决选举争议。在国会议员选举之前，宪法委员会将作为相关行政法院的上诉法院，裁

① 但在正式委员任期结束之前的3年内担任替补的人士，可以在替补结束后，被任命为具有完整任期的正式委员。

决候选人的资格条件，而在选举之后，宪法委员会则可通过裁决当选议员的资格条件而对其施加处罚，包括开除国民议会议员。另外，应选民或者候选人的要求，宪法委员会还需审查国会议员选举结果的合法性，为此可以确认结果有效，或者取消选举甚至废除选举结果而宣布另一位候选人当选。

宪法委员会还应确保全民公投正确举行，并宣布公投结果。它负责检查举行全民公投的文件和有关组织投票的法令。从 2000 年起，它还有权检查公投的准备工作。

第三，宪法委员会有权裁决立法之争。当内阁认为议员法案或者修正案不具有立法的意义而提出反对意见，从而导致与相关议院的议长发生意见分歧时，内阁或者相关议长均可提请宪法委员会来作出裁决，而宪法委员会则将在 8 天之内作出裁决。

第四，宪法委员会掌握对立法的违宪审查权。宪法委员会进行违宪审查的依据是现行宪法在序言中所指明的、包含在 1789 年《人权与公民权宣言》和 1946 年宪法序言中的基本原则、附在现行宪法之后的《环境宪章》（Environment Charter，2005 年修宪以后）以及其他由宪法委员会所确认的宪法基本原则。根据法国宪法的规定，一切组织法在未颁行之前，一切议员法案在提交全民公决之前，以及国会两院的议事规则在生效之前，都须提交到宪法委员会来审查其合宪性。除此之外，其他的国会立法在未颁行之前，都可以由总统、总理、国会两院议长、60 名国民议会议员或者 60 名参议员向宪法委员会提交，以审查其合宪性。在要求审查合宪性的时候，宪法委员会必须在一个月之内作出裁决，如果情况紧急，根据内阁的要求，则必须在 8 天之内作出裁决。在宪法委员会进行合宪性审查的期间，相关法规都应暂停颁行。

另外，如果在司法审判的过程中，有人声称有关立法规定侵犯了公民的宪法权利和自由，那么国家委员会或者最高上诉法院就可以向宪法委员会提交该事项，由后者在法定的时间范围内作出裁决。经审查，如果宪法委员会确认有关规定违宪，那么这些规定将受到谴责；如果是整部法律违宪，则该法将被禁止颁行，但如果是部分违宪，那么就由宪法委员会来决定是否将违宪部分分离出来进行处理。如果法律通过了审查，那么宪法委员会也可以发表一份附带“保留解释”（Reservations of Interpretation）的合宪声明，而这个保留解释将指导对该法的解释。宪法委员会的裁决是最终裁决，不可上诉，并且对一切公权机关、行政机关和法院都有约束力。

宪法委员会还审查国际协定是否包含有与宪法相冲突的条款，如果包含有，那么在批准该协定之前，就必须修改宪法。

第五，宪法委员会还拥有其他一些权力，比如根据内阁的提议，确认总统丧失了履职的能力；裁决国会议员不得兼职的情况，并且唯一有权根据议院或者司法部长的要求，确认议员被解职。

宪法委员会具有独立的地位，为此，宪法委员会财政自主，由主席编制委员会的预算，并列入年度财政法案之中。

宪法委员会以全体会议的形式来作出决定，必须要有7位委员出席才算合法有效，当投票出现平局时，则主席将投下决定性的一票。在行使违宪审查权时，宪法委员会由其一名成员提出一份报告，经全体会议审阅后再作出裁决。而在处理选举诉讼时，宪法委员会将通过抽签，挑选三名成员（这三名成员被任命的渠道应是不同的）组成一个法庭，对案件进行审理。不管是全体会议还是法庭，其中的争论和投票都不得被公开。

除非作为咨议机构和检查国会选举的预备工作，否则宪法委员会都将对其所负责的事务作出决议。宪法委员会的决议是最终决定，不可上诉，并且对一切公权机关、行政机关和法院都有约束力。宪法委员会必须在提交相关事项的同一个月内作出决议（选举诉讼除外），决议将刊登在政府公报上。但宪法委员会进行商议的过程和内容均不予公布，只有当保密期限（现为60年）过后才会公开。

第八节　政治参与制度

法国现行宪法并没有专章规定公民的权利，但现行宪法在前言中确认了1789年法国《人权与公民权宣言》中所宣布、1946年第四共和国宪法的前言所补充的各项原则，因此实际上并不缺乏这方面的规定。根据这些规定，法国公民享有多种政治权利，比如选举、结社、请愿、公投等。也就是说，其中既有间接民主权利，也有直接民主权利。比如说选举，法国公民享有多层次、多方面的选举权利，包括各级地方（市镇、省、大区）选举、全国性选举乃至欧盟选举，而选举的对象既有各种议员、市长，也有总统。在公投方面，法国公民主要是在全国层面进行投票，包括对国会的立法案进行投票、对宪法修正案的投票以及其他公决事项。

这里着重来看法国的政党结社情况。对此，法国宪法第四条专门规定，政党和政治团体应致力于选举权的行使。政党和政治团体可自由组织并从事活动，但应尊重国家主权和民主原则。政党和政治团体还应致力于实施男女平权的原则。法律保障政党和政治团体在国家的民主生活中表达多元观点和公正地参与政治。

法国是个多党林立的国家，政党的分化组合比较频繁，但总的说来，这些政党都可以根据其政治倾向性而归属几派：

（1）右翼政党。最大的右翼政党就是法国现在的执政党，人民运动联盟（Union Pour un Mouvement Populaire，Union for a Popular Movement，UMP）。它现在既是国会两院中的第一大党，也是法国总统所属的政党。该党的前身是2002年总统大选中为支持希拉克而成立的竞选联盟——总统多数派联盟。希拉克在2002年再次当选为总统后，保留了该竞选联盟，并正式命名为人民运动联盟。该党以希拉克原来所属的新戴高乐主义者的保卫共和联盟（neo-Gaullist Rassemblement Pour la République，Rally for the Republic，RPR）为核心，再联合自由民主党（Démocratie Libérale，Liberal Democracy，DL）和法兰西民主联盟（Union Pour la Démocratie Français，Union for French Democracy，UDF）等右翼政党而成。人民运动联盟成立后，保卫共和联盟和自由民主党随之宣告解散，而法兰西民主联盟则分化为多支力量，只有部分成员加入了人民运动联盟。人民运动联盟现有党员21万人，多为官员、自由职业者、商人、农民和工人等。其基本的政治理念是“自由、责任、互助、国家、欧洲”，奉行务实、开放的经济政策，重塑社会市场经济的理念，推动欧盟建设和东扩。2004年，萨科齐当选为人民运动联盟主席。

其他的右翼政党还有新中间党（Nouveau Centre，New Centre，2007年从法兰西民主联盟中分离出来而成立）、民主运动（Mouvement Démocrate，Democratic Movement，MoDem，也是2007年从法兰西民主联盟中分离出来的）、法兰西运动（Mouvement Pour la France，Movement for France，MPF）等。

（2）左翼政党。最大的左翼政党，也是现在法国的第二大党和最大的反对党，是社会党（Parti Socialiste，Socialist party，PS）。社会党的前身是1905年成立的工人国际法国支部，1920年发生分裂后，多数派另组共产党，少数派则保留原名，并于1969年改组成立社会党。1971年在密特朗的领导下，社会党还与其他一些左翼政党合并，从而成为现在的社会党。社会党现有党员约13万人，多为公职人员和知识分子。社会党对内主张维护劳工利益，采取务实的经济政策，对外主张维护法国独立的核力量，推动欧洲一体化建设，并加强南北对话。2002年在总统和国会选举中接连败北后，社会党内派系斗争日趋激烈，实力受到较大的削弱。不过近年来，社会党利用法国民众对中右翼政府推行改革的不满情绪，在地方选举和欧洲议会选举中连续击败右翼政党，还成功地阻止了对《欧洲宪法条约》的公投，其政治影响力有所回升。社会党现任的第一书记是弗朗索瓦·奥朗德（François Hollande）。

法国共产党（Parti Communiste Français，French Communist party，PCF）是第二大的左翼政党。该党成立于1920年，现有党员13万多人，多为工人、雇员、教员、手工业者等。该党于2000年提出在新共产主义理论、建设新型共产党、实现左翼进步力量联盟等方面实行共产主义的变革，但2002年在国会选举中仍然惨败。该党现任总书记为玛丽-乔治·比费（Marie-George Buffet，女）。

其他的左翼政党还有绿党（Les Verts，the greens）、共和与公民运动（Mouvement Républicain et Citoyen，republican and citizen movement，MRC，是从社会党中分裂出来的）等。

（3）极右政党。最大的极右政党是国民阵线（Front National，National Front，FN）。该党创立于1972年，由勒庞（Jean-Marie Le Pen）领导，其前身是被取缔的极右组织"新秩序党"。该党党员约有10万人，多为中小工商业者。国民阵线代表法国的极端民族主义思潮，煽动排外情绪，强调"要把法国从欧洲控制和世界主义中拯救出来"，呼吁"进行一次反对新共产主义和世界主义的十字军讨伐"。该党在1986年被首次选入国民议会。在2002年的总统选举中，该党主席勒庞竟然在首轮投票中胜出，对法国朝野上下和欧洲政坛造成了极大的震动，而后在第二轮投票中，法国左右翼政党联手将勒庞击败。近年来，由于法国经济社会矛盾突出，该党的影响力有再度上升的趋势。

其他的极右政党还有民族共和运动（Mouvement National Républicain，National Republican Movement，MNR），这是在1998年从国民阵线中分裂出来而成立的政党。

（4）极左政党。极左政党在法国均不得势，主要有工人斗争党（Lutte Ouvrière，Workers' Struggle，LO，这是一个托洛茨基主义政党）、革命共产主义者联盟（Ligue Communiste Révolutionnaire，Revolutionary Communist League，LCR，也是一个托洛茨基主义政党）等。

除上述在政治倾向上有明显区别的政党外，在法国还有一个代表特殊利益的政党，即捕猎、捕鱼、自然与传统党（Chasse，Pêche，Nature et Traditions，Hunting，Fishing，Nature and Traditions，CPNT），这是一个反生态主义的政党，但没有什么影响力。

法国各党的内部组织结构大体相当，即在全国层面均设有一个由一名主席或者总书记所领导的全国办公室或者全国委员会，该机构多由其全体党员选举产生；在地方层面则成立支部或者小组，并联合成省联合会，也由其党员选举产生。

在法国，政党的财政收支情况颇受关注，并有一系列相关的立法。自1988年以来，一系列的立法确立了政党财政收支的四个基本原则：捐助必须来自于公众，即私人或者政党；禁止商业捐献；限制竞选开销；政党的账目必须透明。

首先就支出而论，各党的开销主要包括：为党工支付薪水；支付办公场所的租金；各种物资开销、秘书开销和邮资开销；广告与通讯花费；编写、印刷和发行各种出版物（如报纸、小册子等）的开销。但各党最大的开销还是用在竞选上，比如在2002年的总统选举中，三位主要的候选人希拉克（Jacques Chirac）、约瑟宾（Lionel Jospin）和勒庞（Jean-Marie Le Pen），就分别花费了18,030,826欧元、12,506,834欧元和12,050,718欧元。不过根据法律，竞选开销是受到限制的，大多数昂贵的竞选开销都受到禁止，比如电视和电台广告，以及在选举前的3个月内，使用电话和电脑宣传、印刷广告和张贴竞选海报。此外，选举开销还根据居民数量而受到限制，也就是说，在一次大选中，每位候选人的最大开销，以38,000欧元为基数，再加上选区内每位居民0.15欧元的补贴。

在收入方面，各党的财源比较多样，但主要还是依靠国家的公共资助。至于各党的其他收入，比如党费、经营收入、遗赠、私人捐助等，都非常少，而且其中一些收入，比如经营收入，还受到法律的严格限制。另外，1995年的政党献金法禁止商业捐献，只允许私人捐献，且人均不得超过4,600欧元。

在这种情况下，各党就只能依靠国家从国库中所给予的公共资助了。这笔资助款将纳入年度财政法案之中。2007年，法国政府的资助款总计达到73,283,613欧元，并在40多个政党或政治团体之间进行分配。1995年的法律规定，只有在立法选举后的12个月内，从至少1,000人那里获得至少15万欧元捐献的政党，才有资格获得国家的公共资助。公共资助款分作两部分来支付，其中一半根据之前所举行的第一轮大选结果来支付，只有那些在至少50个选区（1990年要求75个，1993年才降低至50个）中拥有候选人的政党，以及获得至少1%选票的政党，才有资格获得资助。公共资助款的另一半，则根据各党在国会中所占据的议席比例来支付，但1993年的防腐与公共经济事务和程序透明法规定，只有那些获得前一半资助的政党才有资格获得这后一半的资助。不过为回应宪法委员会所提出的不得妨碍新观念、新观点和新运动的要求，法律规定为那些新成立的政党提供一份固定的资助（2005年是304,900欧元），但这样的政党必须已从至少10,000人那里获得了捐助。

除了财政法案明确给予的资助外，国家实际上还间接地给予政党以其他方式的资助。比如那些在国会两院中组成政治党团的政治团体，就有权在竞选之外，利用公共电台和电视频道的节目开始时间进行宣传。另外，国家对政党的经营收入（比如出租政党的建筑物）实行减税政策。

为加强政党财政状况的透明性，在法国建立了两个委员会：一是全国竞选账目与政治献金委员会（National Campaign Accounts and Political Funding Commission，CNCCFP）。这是根据1990年的法律而建立的，它负责监督政党账目并将其公布在政府公报上。为便于监督政党的账目，根据法律的规定，每位候选人必须任命一位财务代表，以处理其有关选举的账务。财务代表可以是一个人，也可以是一个社团。只有财务代表才有权募集捐款，并用之于选举开销，候选人不得直接参与财务管理。财务代表必须建立一个竞选账目，处理各种选举收入与开销。该账目由一位注册会计师审查通过后，交由全国竞选账目与政治献金委员会审查。如果账目未获该委员会审查通过，则该事件就将交由宪法委员会裁决。若经裁决，确认候选人的账目违规，则宪法委员会可宣布已当选之候选人辞职，并且有罪的候选人将因此失去被选举资格一年。而如果候选人的选举账目经全国竞选账目与政治献金委员会审查，获得通过，则国家就将一次性支付那些在第一轮选举中获得至少5%选票的候选人一笔补偿金，其数额是法定最大开销（如前所述）的一半。二是政治生活之财政透明委员会（Commission for Financial Transparency in Political Life）。这是根据1998年的法律而建立的，负责检查当选议员有无因其政治职务而不当获利。

第九节 法国宪政之保障

法国继美国独立之后，不久就发生了大革命，开始了宪政之路。但在近代史上，恐怕没有几个国家能像法国这样，其宪政之路是如此的反复曲折。只是到第三共和国确立之后，法国的宪政方向才不再更改，但由于政府制度设计仍存在一些问题，所以政局还不够稳定，这种情况一直延续到第四共和国。这些问题直到第五共和国确立之后，才得到解决，一直至今。那么今天法国的宪政是依靠什么来保障的呢？

首先，和其他宪政国家一样，法国的宪法是符合宪政宗旨或精神的，这是大前提。也就是说，第五共和国的宪法是一部权利本位的宪法。不过现行的法国宪法并未直接规定公民的基本权利，而是在序言中说明：“法兰西人民郑重宣告，恪遵一七八九年宣言中所明定的以及一九四六年宪法序言中所确认和补充的人权和国家主权原则。”因此，1789年的《人权宣言》和1946年宪法的序言，就相当于现行宪法中的权利法案部分。

在《人权宣言》的规定中，最能揭示法国宪法之符合宪政宗旨的，莫过于第16条：“凡无权利保障规定和分权规定的社会，就无宪法可言。”因此，仅根据《人权宣言》，我们便可以确定法国宪法是一部权利本位的宪法。至于1946年法国宪法的序言，则不但确认和重申了《人权宣言》的原则，还拓展了人权与公民权的范围，将经济、社会与文化权利也涵盖进来。

为保障这些人权和公民权，第五共和国宪法现在还专门设计了一种制度，即保民官（Defender of Rights）制度。根据宪法的规定，保民官确保国家行政机关、地方团体、公法实体、各种实施公共任务的实体以及其他由组织法所规定的实体，恰当地尊重公民的权利和自由。任何个人，只要认为他的权利受到了上述机构的侵犯，就可以按照法定的方式，向保民官进行投诉。保民官也可以不依据公民的投诉而自主行动。保民官由总统经法定程序而任命，任期6年，不得连任。保民官不得兼任内阁成员、国会议员以及其他由组织法所规定的职务。保民官向总统和国会负责。

此外，为维护这一符合宪政宗旨的宪法的稳定性，从而为了保障宪政，第五共和国宪法还规定了严格的修宪程序，从而使其成为一部刚性的成文宪法。根据宪法第89条的规定，总统有权依据总理的建议而提出宪法修正案（内阁法案），国会议员也有权提出宪法修正案（私议员法案）。一切修宪案都由国会两院按照普通立法程序来进行审议，但在获得两院通过后，还必须交付全民公决通过后才能生效。如果总统决定将有关修宪的内阁法案提交给由国会两院所组成的修宪国会（Congress）来审议，那么就要有3/5的绝对多数议员赞成，修宪案才能获得通过（此时无需再提交全民公决）。除了规定严格的程序，宪法还明确规定（第89条），法国政府的共和政体形式不得作为修宪的议题。

当然，宪法是无法进行自我保障的，这对任何国家来说都是如此，因此外在的保障至关重要，首要的就是实行分权制衡的政府制度，由此使得任何政府机构都难以破坏宪政秩序。就法国来说，其（中央）政府制度设计具有一定的复杂性，但仍然遵循了分权制衡的基本原则。鉴于第四共和国的议会制易于导致政局不稳，第五共和国的宪法就提升了总统的地位并强化了他的权力，借此来维持政局稳定，保护宪政秩序，由此导致第五共和国的政体转化为总统制；但同时，第五共和国的宪法却并未去除以总理为首的内阁向国会负责并受其监督的议会制因素，这就是法国政体之复杂性所在。这种复杂性对于确定法国政体的类型也许构成了困扰①，但却不影响我们认定它的政府依旧遵循了分权制衡的原则。只不过，在法国，分权制衡是在总统、以总理为首的内阁、国会两院、法院和宪法委员会等多个政府机构之间展开的，而且其中还包含有议会制的分权制衡方式。

根据第五共和国宪法的制度设计，法国总统在地位上要高于立法、行政、司法和违宪审查机构，这不仅因为他是法国的国家元首，而且还因为宪法明确赋予他作为国家和宪政秩序保卫者的角色。为承担起这种角色，宪法赋予总统许多实质性的权力：他有权将国会立法提交宪法委员会进行审查，否决国会立法而要求国会复议，将法案提交全民公决，解散国民议会；他有权任命内阁成员，主持内阁会议并签署内阁的决议文件；他也是三军统帅；他还是司法独立的保障人，任命并主持高等司法委员会，以及任命其他法官；此外，他还任命宪法委员会的部分成员；最要紧的是，总统还有紧急处置权。尽管总统拥有如此广泛而巨大的权力，但还是没有脱离分权制衡的原则：一则，宪法赋予总统的权力，实际上主要是作为国家元首和行政首脑的权力，而非一切权力，这符合分权的原则；二则，总统的权力也是受限制的。比如说，总统行使多项实质性权力，都需要内阁相关成员副署；总统通过高级国防会议而行使军事统帅权；总统通过高等司法委员会而行使司法权；总统须在咨询总理和国会两院议长后，才能解散国民议会，且国民议会在因提前解散而大选后的一年内，不得再予解散；总统只有在国会的会期内，根据内阁的建议，或者根据国会两院的联合动议，才能将有关公权机关的组织、或者与国家的经济、社会或环境政策改革有关的内阁法案，以及有关的国家条约提交全民公决；总统须在咨询总理、国会两院议长和宪法委员会后，才能行使紧急处置权，且在总统行使紧急权力期间，国民议会不得被解散；最后，国会可以弹劾总统，而宪法委员会的裁决对总统也有效力。

至于说除总统外，其他政府机构之间的分权制衡，则更为明显：国会主要掌握立法权，并监督内阁，甚至国民议会可以通过信任或不信任投票而倒阁；以总理为首的内阁在总统的最高领导下主要掌握行政权，向国民议会负责并受其监督，但又分享着立法权；法院主要掌握司法权，司法独立，但又受高等司法委员会的监督。也就是说，除总统外，其他政府机构之间是按照议会制的方

① 学界通常将法国的政体称为半总统半议会制，但本书的编者坚持认为，法国政体仍属于总统制类型，只不过与美式总统制有所不同而已。对于这个问题的辨析，可参见本章第四节和第八章。

式来贯彻分权制衡原则的。而宪法委员会，作为法定的违宪审查机构和宪政保障机关，尽管有些特殊，但仍然融于这套分权制衡的制度框架之中：一方面，宪法委员会具有独立地位，主要掌握违宪审查权或者宪法监督权，其裁决对一切公权机关都有效；另一方面，宪法委员会的成员又是分别由总统和国会两院议长所任命的，且有任期限制，并不得连任。所以在法国，我们既可以说，专设的违宪审查机构（宪法委员会）和制度是法国宪政得以保障的一个重要外部因素，也可以说，其实这也是实行分权制衡的政府制度所带来的功效。①

最后，法国宪政之所以能够得到保障，还得益于宪政文化的长期累积和逐渐稳固，这可以说是最深厚的宪政保障之源。如果说在第三共和国之后，法国政局不稳，那主要是因为政府制度设计还存在纰漏的话，那么在此之前，法国的宪政之路屡遭挫折，则主要是宪政文化基础不牢固的原因。在第三共和国之前，尽管早在启蒙运动的时候，宪政文化便开始在法国传播开来，但是存在两个不足：一是最先在法国传播的宪政文化，全都是空头理论，而缺乏宪政传统或现实的宪政运动和实践的支撑，这就和英美等国不同了。在大革命之前，法国是一个缺乏宪政传统的国家，而且就是在启蒙运动的时期，也谈不上有现实的宪政运动和实践，因此宪政文化对于法国人来说，实际上是“舶来品”，这就注定宪政文化不可能在短期内就在法国扎下根来。二是启蒙运动几乎只是在上层人物中宣扬宪政文化，对下层民众的影响力很小，这也注定宪政不可能在短期内得到法国民众的广泛支持。一句话，法国的宪政文化基础先天不足，这不是启蒙运动在短期内可以改变的。由此，法国之后的宪政之路走得特别艰难、经历多次反复，也就是在所难免的了。

但法国人最终还是奠定了牢固的宪政文化基础，这又是如何造成的呢？一句话，依靠的是持续不断的宪政运动和实践。法国人毕竟通过大革命而走上了宪政之路，开始有了宪政的运动和实践，由此一直持续到第三共和国建立。在这将近一百年的时间里，虽经多次反复和曲折，但从政治文化的角度看，却有意外的收获，那就是持续不断的宪政运动和实践，在不经意间起到了传播宪政文化的作用，对法国民众产生了广泛影响，使宪政文化真正深入人心。也正因如此，到了第三共和国时期，共和理念最终获得了法国民众的认同，而再未出现过反复。这就是一种累积效应，譬如学习游泳，一个人如果不下水实践，则永远不能获得游泳的经验，永远学不会游泳。宪政文化也是如此，它需要不断

① 由此所引发的理论问题，可参见古洪能：《论建立违宪审查制度的前提条件：建立分权制衡的政府制度》，载《山西高等学校社会科学学报》，2009 年第 6 期。

的宪政实践才能获得和巩固。因此，始终坚宪政运动和实践，使之保持持续的态势而不中断，这可以说是法国宪政史留给我们的一点重要启示。我们可以看到，自大革命以后，法国人，特别是他们的政治精英主流，不管经历了多少反复和挫折，始终坚持宪政的目标和方向不动摇，坚持开展宪政运动和实践。比如说在第三共和国初期，正是依靠共和派顶住君主派的压力，第三共和国才得以巩固并成为法国近代史上延续时间最长的一个共和国。

第七章

其他总统制国家举隅

第一节　巴　　西

巴西全称巴西联邦共和国（The Federative Republic of Brazil，República Federativa do Brasil），国土面积有 850 多万平方公里，总人口超过 1.8 亿（2008 年），首都为巴西利亚（Brasília，1960 年以来）。

巴西的国旗为绿底长方形旗帜，正中为黄色的菱形图案，其中再镶嵌一个蓝色圆球，上有以南十字星座为中心的 27 颗白星和一句格言“秩序与进步”（Ordem e Progresso）。国旗上的绿色代表覆盖巴西国土的茂密丛林，黄色代表丰富的矿产资源，蓝色代表制定国旗时的首都里约热内卢的天空，27 颗白星代表首都和 26 个州。巴西国徽呈圆形，背底为 20 角星的光芒，环以咖啡和烟草枝。国徽正中的蓝色圆形图案上绘有南十字星座，并围绕着 27 颗白星。圆形图案之外镶有红黄绿三色的五角星。国徽底部的蓝色饰带上写有“巴西联邦共和国”（República Federativa do Brasil）和共和国的成立日期：1889 年 11

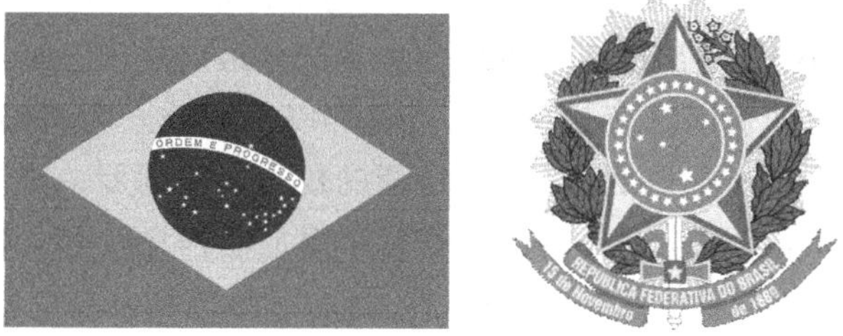

图 7-1　巴西国旗与国徽

月 15 日（见图 7-1）。

一、巴西的形成与宪政史

早在 6000 年前，在亚马逊河一带的森林中就有半游牧民族聚居。1500 年 4 月 22 日，葡萄牙航海家佩德罗·卡布拉尔（Pedro Álvares Cabral）到达巴西。在随后的 300 年里，葡萄牙人逐渐在此定居，巴西遂成为葡萄牙的殖民地。

1807 年，拿破仑率军入侵葡萄牙，导致葡萄牙女王玛丽亚一世携王室贵族和政府迁往巴西，1809 年更迁都于里约热内卢。由于发生这一变故，巴西便由葡萄牙的殖民地而提升到与葡萄牙相等的地位。1815 年，巴西成为一个王国，并按照英国模式，和葡萄牙联合为一个王国，取名“葡萄牙、巴西和阿尔加维联合王国”（Reino Unido de Portugal, Brasil e Algarves）。

1820 年 8 月，葡萄牙发生了自由党人的革命，新政府请联合王国的新国王若昂六世（继玛丽亚一世之后于 1816 年即位）回国。1821 年 7 月，葡萄牙王室返回里斯本，留下摄政王佩德罗王子（Imperador Rei D. Pedro IV-O Soldado）继续管治巴西。葡萄牙的第一届立宪议会企图恢复巴西殖民地的地位，便于 1821 年 12 月，以完成政治教育为由，敦促佩德罗回国，并规定巴西各省直接受里斯本管辖。但巴西人早已习惯有一个自己的国王和政府，于是在巴西独立派的推动下和在得到若昂六世默许的情况下，佩德罗决定留下来，拒绝了葡议会的命令，并建立起以若泽·博尼法西奥·德·安德拉达（José Bonifacio de Andrada e Silva）为首的新政府。1822 年 5 月，佩德罗甚至自立为“巴西永久的保护者”。为此，葡议会废黜了佩德罗作为巴西摄政王的职务。1822 年 9 月 7 日，在获悉葡议会的决议后，佩德罗立即拔剑宣誓：“不独立，毋宁死!”（Independência ou Morte!）正式宣布巴西独立。10 月 12 日，佩德罗自称巴西皇帝佩德罗一世，并于 12 月 1 日举行了加冕仪式，于是巴西帝国建立了，由若泽·博尼法西奥·德·安德拉达出任帝国的首相。1823 年，所有的葡萄牙军队均被驱逐出巴西。1825 年，葡萄牙最终承认巴西独立。

1823 年，巴西帝国议会起草宪法，这部以三权分立为基础的宪法草案主张剥夺葡萄牙人的被选举权，并限制皇帝的权力。佩德罗一世对此大为不满，便派军队到场解散了议会，并将首相若泽·博尼法西奥·德·安德拉达流放。同年 6 月，佩德罗一世改写宪法，以维护葡萄牙贵族和自身皇权为宗旨。1824 年 2 月 24 日，帝国宪法最终出台，着力维护皇帝集权。同年，东北六省的共和派因不满佩德罗的专制统治，发起叛乱，宣布各省脱离巴西独立。而在南方，以伯南布哥省为中心的叛乱者则建立“赤道邦联”（Confederação do Equador），组织起临时政府，也欲脱离巴西帝国而独立。在佩德罗的镇压下，翌年三月，叛乱平息。1825 年 10 月，巴西南部的西斯普拉丁省（Provincia Cisplatina）宣布脱离巴西而改称乌拉圭，并与阿根廷合并，由此引发巴西与阿根廷之战。战争以巴西失败告终。1828 年，巴阿双方签署和约，承认乌拉圭独立。

1831 年，由于巴阿战争的失败，加上国内经济社会形势渐趋恶化，佩德罗一世被迫让位于年仅六岁的儿子，即佩德罗二世。在 1831 年至 1840 年间，巴西帝国由三人摄政委员会理政，其中就包括已回国的若泽·博尼法西奥·德·安德拉达。1834 年，安德拉达独自摄政，但无法控制各省的混乱事件，只得放宽各省的自治权，从而削弱了中央政府的权威。1835 年 10 月，巴西南部的南里奥格兰德省发生叛乱，叛乱者反对帝制统治，试图建立一个联邦制的共和国。翌年，南里奥格兰德脱离巴西独立，建立共和国。1837 年，巴伊亚省又发生伊斯兰教黑人起义，欲建立一个巴伊亚人的独立国家。这些动荡不安显示了各省对帝国的不满和对立，这种情况一直延续到下一个世纪。

为挽回局势，帝国议会决定让佩德罗二世正式登基，并解散了摄政委员会。1840 年 7 月 18 日，小佩德罗正式登基即位，巴西恢复了皇帝的统治。上台后，佩德罗二世立即废除了联邦制度，再次建立中央集权的政府，加强对各省的控制。佩德罗二世还运用宪法所赋予的权力，解散自由派占据多数的议会下院，重新甄选出保守派的议员，以压制自由派的势力。此外，他在赦免各省叛乱者的同时又把他们驱逐出境，以消除国内反对的声音。在佩德罗二世当政期间，巴西还进行了土地改革，进行工业化，并着手废除在巴西存在了几百年之久的奴隶制度。同时期，大量来自欧洲的新移民迁入巴西。1864 年，巴西联合阿根廷和乌拉圭对巴拉圭发动战争，通过瓜分巴拉圭，巴西的领土得到了扩张。

19 世纪 70 年代以后，巴西国内废奴主义的呼声愈来愈高，最终在 1888 年 5 月，佩德罗二世支持女儿伊莎贝拉公主签署了废奴法令。但自废奴运动兴起后，共和派人士也希望打倒帝制，实现共和，从而共和主义的呼声也高涨起来。1887 年，军官德奥多罗·达·丰塞卡（Manuel Deodoro da Fonseca）组织军事俱乐部，开始策划政变。1889 年 11 月 15 日，丰塞卡与另一位军官弗洛里亚诺·阿劳霍·佩绍托（Floriano Vieira de Araújo Peixoto）联合共和派人士发动军事政变，控制了政权。丰塞卡随即宣布废除帝制，改行共和制，建立临时政府，并宣布实行联邦制。两天后，佩德罗二世逃亡法国，巴西帝国正式覆灭。1891 年 2 月 24 日，巴西第一部共和宪法出台，并定国名为巴西合众国（Estados Unidos do Brasil）。

成为共和国后的巴西，其宪政之路并不平坦。由于存在较为严重的经济与社会问题，加之宪政文化基础比较欠缺，在巴西合众国存在期间，起义、战争、政变屡有发生，独裁统治也难以禁绝。1930 年以瓦加斯（G. D. Vargas）为首的自由主义者同盟发动政变，建立起临时政府。1934 年，临时政府颁布新宪法，瓦加斯正式当选为总统。1937 年，瓦加斯解散立法机构和所有的政党，实行独裁统治。1951 年，瓦加斯再次当选为总统，但 1954 年军事政变后，瓦加斯自杀。1964 年，军人再次发动政变，建立起军事独裁政权。1969 年 10 月 30 日，巴西改国名为巴西联邦共和国。

1979 年 3 月，菲格雷多（J. B. de Oliveira Figueiredo）就任总统，他继续推行"民主开放"政策，采取了一些向文官执政过渡的措施，如实行大赦，恢复多党制和州长与联邦参议员直选制等。进入 20 世纪 80 年代以后，巴西人逐渐认识到权利的重要性，提出了民主化的政治要求，并发起民主化运动，主张总统直选。1985 年 1 月末，军政府终于还政于民，巴西民主运动党和自由阵线党联合竞选获胜，由坦克雷多（Tancredo Neves）出任总统。1988 年巴西又制定了新宪法，并于次年直接选举产生了总统。自此以后经过 20 多年的发展，巴西的宪政终于得以稳固。

1824 年的巴西帝国宪法，是巴西自独立后的第一部宪法。而巴西自从 1889 年改行共和制后，一共颁布了 6 部宪法，其中包括 1891 年的第一部共和宪法和 1988 年 10 月 5 日所颁布的现行宪法。现行宪法自颁行后经过多次修正，最近一次修正是在 2006 年。

二、国家结构制度

巴西实行联邦制，由 26 个州（Estados）和一个联邦区（Distrito Federal，即首都地区，其首府为巴西利亚）所组成（见表 7-1），此外还包括一些由联邦国会所管理的领地（比如印第安人保留地）。各州可以相互合并，也可以进行再划分或者分裂，以组成新州，但这需要直接关涉的民众通过公民投票表示赞成，以及联邦国会通过补充法律表示赞成方可。

根据巴西宪法第三编的规定，各州与联邦之间财产与权责分明，宪法未禁止的一切权力，均为各州所保留。比如外交、宣战、国防等，就属于联邦的权责，为此，民事、商事、刑事、诉讼程序、选举、农业、海洋、航空、太空和劳工等立法事务，就属于联邦的专属立法权范围。而确保宪法、法律和民主制

表 7-1 巴西各州（含联邦区）

各　州	各　州	各　州
阿克里州（Acre，AC）	马托格罗索州（Mato Grosso，MT）	北里奥格兰德州（北大河州）（Rio Grande do Norte，RN）
阿拉戈斯州（Alagoas，AL）	南马托格罗索州（Mato Grosso do Sul，MS）	南里奥格兰德州（南大河州）（Rio Grande do Sul，RS）
阿马帕州（Amapá，AP）	米纳斯吉拉斯州（Minas Gerais，MG）	朗多尼亚州（Rondônia，RO）
亚马孙州（Amazonas，AM）	帕拉州（Pará，PA）	罗赖马州（Roraima，RR）
巴伊亚州（Bahia，BA）	帕拉伊巴州（Paraíba，PB）	圣卡塔琳娜州（Santa Catarina，SC）
塞阿拉州（Ceará，CE）	巴拉那州（Paraná，PR）	圣保罗州（São Paulo，SP）
圣埃斯皮里图州（Espírito Santo，ES）	伯南布哥州（Pernambuco，PE）	塞尔希培州（Sergipe，SE）
戈亚斯州（Goiás，GO）	皮奥伊州（Piauí，PI）	托坎廷斯州（Tocantins，TO）
马拉尼昂州（Maranhão，MA）	里约热内卢州（Rio de Janeiro，RJ）	联邦区（Distrito Federal，DF）

度得到遵守，以及保护公共财产等，则是联邦与各州（包括联邦区）的共同权责，为此，税收、财政、监狱、经济、城市规划等立法事务，便属于联邦与各州共有的立法权范围。

各州均根据自己制定的、不与联邦宪法的基本原则相抵触的宪法和法律来进行组织和管理。联邦区与各州地位均等，但根据其立法机构所制定的、不与联邦宪法相抵触的一部组织法来进行管理。各州均有自主的行政管理权，自主征税。各州均设一个一院制的、由选民直接选举产生的、任期 4 年的议会（State Legislative Assembly）作为立法机关，巴西宪法规定州议员的数目应为该州联邦众议员数目的 3 倍；各州又设一位由选民按两轮多数决制直接选举产生的、任期 4 年的州长（包括一位副州长）作为行政首长；各州还设有独立的普通法院体系（还可设立州军事法院），各州的上诉法院即为终审法院。州法院有权根据州宪法而裁定州和自治市的法律或行政法规违宪。相对于美国来说，巴西各州的自主性更低一些，比如说，民法和刑法只能由联邦国会来制定，并且全国统一。

在巴西，各州和联邦区还可以组成大区，现有5个：北方区、东北区、中西区、东南区和东方区。大区只是地理单位，主要用于进行统计，有时还用于联邦分配发展项目的基金。

各州之下均设自治市（Municipality），但联邦区不设，各领地也可以划分为自治市。现在全巴西共有5,564个自治市，平均每州214个。巴西宪法规定，各市自治根据市议会所制定的、不与联邦和所在州的宪法相抵触的组织法来进行管理。自治市有权征税，也从州和联邦政府那里获得资金。各自治市均设一个由选民直选的、任期4年的议会作为立法机关，市议员的数目与该市的人口成比例；各市又设一名由选民直选的、任期4年的市长（包括一名副市长）作为行政首长；不过，自治市没有司法权，不设独立的法院体系，法院只在各州和全国的层次上设立。州法院的下级分支，或者说司法区（Comarca，County）的设置，可以以一个自治市或几个自治市的范围为限。

三、联邦政府制度

巴西的联邦政府制度与美国的类似，严格遵循三权分立制衡的原则，即总统既是国家元首，也是行政首脑，联邦国会掌握立法权，联邦法院掌握司法权，三者相互制衡。

（一）总统

总统由民众直接选举产生，任期4年，可连选连任一次。现任总统任期届满前的90天即开始新一届总统选举。凡具有巴西国籍、在选举地居住、能充分行使政治权利、年满35周岁的政党成员，均可参加总统（与副总统）竞选。总统选举实行两轮多数决制，即由政党登记的候选人，只要获得绝对多数有效选票，即告当选；若未获得绝对多数票，则在结果宣布后的20天内，进行第二轮选举，由得票最多的两位候选人竞争，获相对多数有效选票者当选。若出现得票相同的情况，则年长者当选。副总统与总统连带同时选举产生，副总统的主要功能是作为总统的替补，并且辅助总统执政。如果总统与副总统同时缺位，则依次可由联邦国会的众议院议长、参议院议长、联邦最高法院首席大法官来行使总统职权（见表7-2）。

巴西总统既是国家元首，又是行政首脑。作为国家元首，他有权维持外交关系，派驻和接受外交代表；授予勋章和荣誉；赦免和减刑；依照宪法所规定的方式和情况而启动立法程序，批准、签署和公布法律和政令，全部或部分否决立法，缔结国际条约、协定和法律（但需国会复核）；在立法会期之始向国会作国情咨文报告；经联邦参议院同意，任命联邦最高法院和各高等法院的法官、领地总督、共和国总检察长、中央银行主席和行长以及由法律所定的其他公职人员。另外还任命联邦审计法院（Audit Tribunal of the Union）的法官和国家法律总顾问（Advocate General of the Republic）①；宣布防御状态和受困状态（State of Siege），根据国会的授权或确认而宣战，发布部分或全部动员令以及媾和。在紧急情况下，颁布具有法律效力的临时措施。

表 7-2 **2006 年巴西总统选举结果**

候选人（支持政党）	第一轮得票（10 月 1 日）	%	第二轮得票（10 月 29 日）	%
Luiz Inácio Lula da Silva（PT，PC do B，PRB，PMDB，PL，PSB，PP，PMN）	46,662,365	48.61	58,295,042	60.83
Geraldo Alckmin（PSDB，PFL，PPS）	39,968,369	41.64	37,543,178	39.17
Heloísa Helena（P-SOL，PSTU，PCB）	6,575,393	6.85	—	—
Cristovam Buarque（PDT）	2,538,844	2.64	—	—
Ana Maria Rangel（PRP）	126,404	0.13	—	—
José Maria Eymael（PSDC）	63,294	0.07	—	—
Luciano Bivar（PSL）	62,064	0.06	—	—
总计	95,996,733	100	95,838,220	100

作为行政首脑，总统有权任免国务部长，并依法规定联邦行政的组织和运作，以及设置和撤销联邦政府职位。总统还任命国家委员会（Council of the Republic）② 的成员并召集和主持国家委员会；宣布并执行联邦对各州的干预；

① 国家法律总顾问是联邦法律总咨询处（Advocacy-General of the Union）的主席，该机构负责向联邦行政部门提供司法咨询意见和帮助。国家法律总顾问由总统自由任命，其人选为 35 岁以上德才具佳（指品德上无污点并且通晓法律知识，下同）的公民。

② 国家委员会是总统的高级咨询机构，其成员包括：副总统、国会两院议长、国会两院中的多数党和少数党领袖、司法部长、6 名 35 岁以上的在巴西出生的公民（其中总统任命两名，国会两院再分别选举两名，全部任期 3 年，不得连任）。国家委员会就联邦对各州的干预、宣布防御状态和受困状态以及与民主制度的稳定相关的事项发表意见。总统可以令相关的国务部长参加国家委员会的会议。

向国会提交多年施政计划、预算案、立法规划和宪法所规定的预算建议案。每年在立法会期开始的6天内，向国会提交前一财政年度的决算报告；对军队行使最高指挥权，任命陆海空三军司令，提拔和任命将领，召集和主持国防委员会（National Defense Council）。① 在补充法律所规定的情况下，允许外国军队进入巴西领土或者暂时驻扎。

总统还有其他一些由宪法所赋予的权力。总统可将其一些职权，包括赦免和减刑、依法规定联邦行政的组织和运作以及设置和撤销联邦政府职位的权力，委托给国务部长或总检察长来行使。

总统由国务部长襄助而行使权力。联邦法律具体规定国务部长和公共行政机构的设立和废除。国务部长掌管行政各部，对总统负责，每年就其部门的工作向总统进行汇报。

在任职期间，总统可以不对其职责之外的行为承担法律责任，但总统的下述行为均属渎职犯罪：违反联邦宪法，危害共和国之生存，危害立法权、司法权、检察权和联邦组成单位权力的自由行使，危害公民行使政治权利、个人权利和社会权利，危害国家的内部安全，危害行政部门的诚实性，违反预算法，不遵守法律和法院之判决。总统若犯下诸此种种渎职罪行甚至其他普通罪行，则都将可能遭到审判和弹劾。众议院经2/3的多数议员赞成，即可通过对总统的犯罪指控，总统则将因普通刑事犯罪指控而受到联邦最高法院的审判，或者因渎职犯罪指控而受到联邦参议院的审判。在联邦最高法院或者联邦参议院受理了案件的情况下，总统就将被停职，但若联邦最高法院或者联邦参议院在此后的180天内仍未作出判决，则总统将恢复职位并不受任何影响。另外在受到普通刑事犯罪指控的时候，只要联邦最高法院还未作出宣判，则总统就不受逮捕。而当总统在受到联邦参议院审判的时候，联邦最高法院的首席大法官就将担任审判主席，参议院则以其议员的2/3多数赞成作出判决。若参议院判决总统有罪（渎职罪），则其处罚措施仅以免去总统职务为限，且该总统在此后的8年内丧失担任任何公职的资格。不过参议院的判决并不影响对总统再进行其

① 国防委员会也是总统的咨询机构，就与国家主权和捍卫民主国家有关的事项发表意见。其成员包括：副总统、国会两院议长、司法部长、国防部长、外交部长、规划部长（Minister of Planning）和陆海空三军司令。国防委员会就宣战和媾和、宣布防御和受困状态、联邦对各州的干预等事项发表意见，就对国家领土安全必不可少的、利用国土的标准和条件提出建议，并对国土、特别是前沿地带的有效利用以及对与自然资源的保护和开发有关的事项发表意见。国防委员会还研究和监督确保国家独立和捍卫民主国家的措施，并提出建议。

他的司法判决（比如再追究其他的刑事责任）。

（二）联邦国会

联邦国会由参众两院组成，其中众议院共 513 席，每个领地各选出 4 名众议员，其余名额则由各州（包括联邦区）按人口比例分配，但每州最多不超过 70 席（圣保罗州最大，占有 70 席），最少不低于 8 席。众议员任期 4 年，众议员选举以各州（包括联邦区和各领地）为选区单位，由各政党或政党联盟提出候选人名单，实行开放式投票制度，即选民既可以对政党名单进行投票，也可以选择名单中的候选人个人进行投票。在每个选区，议席将在各政党或政党联盟之间按比例代表制的最大均数法来进行分配。

参议院共 81 席，每州（含联邦区）各占 3 席。参议员任期 8 年，每州（含联邦区）每 4 年轮流改选其参议员的 1/3 和其余的 2/3。参议员选举也以各州（含联邦区）为选区单位，由各政党或政党联盟提出候选人名单，并实行开放式投票制度。不过参议员选举实行领先者当选制，即得票最多的候选人就当选。每位当选的候选人还带有两位候补人（见表 7-3）。

表 7-3　　**2006 年 10 月 1 日巴西联邦国会选举结果**

政　党	众议院			参议院		
	得票	%	议席	得票	改选议席	总议席
工人党(Partido dos Trabalhadores)	13,989,859	15.0	83	16,222,159	2	10
巴西民主运动党(Partido do Movimento Democrático Brasileiro)	13,580,517	14.6	89	10,148,024	4	16
巴西社会民主党(Partido da Social-Democracia Brasileira)	12,691,043	13.6	65	10,547,778	5	14
民主主义者(Democratas)	10,182,308	10.9	65	21,653,812	6	18
进步党(Partido Progressista)	6,662,309	7.1	42	4,228,431	1	1
巴西社会党(Partido Socialista Brasileiro)	5,732,464	6.2	27	2,143,355	1	3

续表

政　党	众议院			参议院		
	得票	%	议席	得票	改选议席	总议席
民主工党(Partido Democrático Trabalhista)	4,854,017	5.2	24	5,023,041	1	5
巴西劳工党(Partido Trabalhista Brasileiro)	4,397,743	4.7	22	2,676,469	3	4
自由党(Partido Liberal)	4,074,618	4.4	23	696,501	1	3
社会主义人民党(Partido Popular Socialista)	3,630,462	3.9	21	1,232,571	1	1
绿党(Partido Verde)	3,368,561	3.6	13	1,425,765	0	0
巴西共产党(Partido Comunista do Brasil)	1,982,323	2.1	13	6,364,019	1	2
基督教社会党(Partido Social Cristão)	1,747,863	1.9	9	131,548	0	0
社会主义与自由党(Partido Socialismo e Liberdade)	1,149,619	1.2	3	351,527	0	1
重建国家秩序党(Partido de Reedificação da Ordem Nacional)	907,494	1.0	2	69,640	0	0
国民动员党(Partido da Mobilização Nacional)	875,686	0.9	3	12,925	0	0
基督教劳工党(Partido Trabalhista Cristão)	806,662	0.9	4	39,690	0	0
人道主义团结党(Partido Humanista da Solidariedade)	435,328	0.5	2	24,940	0	0
基督教社会民主党(Partido Social Democrata Cristão)	354,217	0.4	0	53,025	0	0

续表

政 党	众议院			参议院		
	得票	%	议席	得票	改选议席	总议席
巴西劳动党(Partido Trabalhista do Brasil)	311,833	0.3	1	69,923	0	0
退休者国民党(Partido dos Aposentados da Nação)	264,682	0.3	1	2,969	0	0
巴西共和党(Partido Republicano Brasileiro)	244,059	0.3	1	264,155	0	2
共和进步党(Partido Republicano Progressista)	233,497	0.3	0	12,954	0	0
社会自由党(Partido Social Liberal)	190,793	0.2	0	46,542	0	0
巴西劳动革新党(Partido Renovador Trabalhista Brasileiro)	171,908	0.2	0	644,111	1	1
国民劳工党(Partido Trabalhista Nacional)	149,809	0.2	0	11,063	0	0
社会主义工人联合党(Partido Socialista dos Trabalhadores Unificado)	101,307	0.1	0	196,636	0	0
巴西人共产党(Partido Comunista Brasileiro)	64,766	0.1	0	62,756	0	0
工人事业党(Partido da Causa Operária)	29,083	0.0	0	27,476	0	0
总计	93,184,830	100	513	84,383,805	27	81

两院的议长和副议长每两年改选一次，可连选连任，其中参议院议长兼任联邦国会的主席。

作为联邦政府的立法机构，联邦国会所掌握的权力，首要的无疑是立法权。联邦宪法对于属于联邦国会立法权限范围内的事务作出了明确的规定，包括：税收和收入分配制度、多年规划、预算规划、年度预算、信用交易、公债、货币发行；建立军队并调整其数量；从全国到地区的发展规划、国土边界和国家财产、各领地或州的调整、临时迁移联邦政府所在地；大赦；联邦和各领地的行政、司法、检察和公共辩护人（Public Defender）组织，联邦区的司法、检察和公共辩护人组织，创建、改变和撤销公职及其职能，设立和废除国务部长和各种公共行政机构；通讯与广播；财政、外汇和货币的事务，财政制度及其运作，货币、货币发行限制和联邦债务数额；决定联邦最高法院法官（Justices of the Supreme Federal Tribunal）的报酬，等等。

除立法外，联邦国会还有一些专属的权能：议决涉及国家遗产的借用或信托的国际法、条约或协定；授权总统宣战、媾和和允许外国军队通过国境或者暂时驻留；授权总统和副总统离开国境超过 15 天，同意实施防御状态和联邦对各州实施干预；授权实施受困状态或者暂停相关措施，停止实施行政部门超越常规权力或者立法代表权限的行政法规；临时迁移联邦国会所在地；为两院议员确立同等报酬；在每个财政年度确立总统和副总统以及国务部长的报酬；每年检查由总统所提交的账目并评估行政计划的执行报告；直接或通过两院之一而监督和控制行政作为；面对其他权力机构的规范责任而确保国会的立法权能，评估特许经营行动和更新广播与电视台的特许经营权；挑选联邦审计法院的成员；同意行政部门采取核行动的动议；授权举行公民复决并召集全民公投；授权在印第安人居住地开发和利用水资源、探索和开采矿产资源；预先核准对 2500 公顷以上的公地的处置或特许经营权。

在联邦国会的这些专属权能中，就对联邦行政部门的监督来说，联邦国会的两院之一及其委员会，均可要求国务部长或者总统直属部门的首长就事先所决定的事项，亲自提交相关信息，若后者无正当理由而违抗此要求，则会构成渎职的犯罪行为。国会两院的主席团（Presiding Board）也都可以向国务部长或者总统直属部门的首长书面提出获得情报的要求，若后者在 30 天内未作答复，或者提供虚假情报，则也将构成为渎职的犯罪行为。此外，国务部长可以参加两院及其委员会的会议，就其部门的相关事项进行汇报。

除上述共同的权能外，国会两院还分别具有一些专属的权能。就众议院来说，经 2/3 议员赞同，众议院可批准对总统、副总统和国务部长采取法律行动的制度；众议院还选举国家委员会的部分成员；在立法会期开始后的 60 天内，若总统未向国会提交账目，则众议院可直接审查总统的账目；最后，众议院还制定其内部规则，规定其自身的组织、运作和警务，创建、改变或撤销院内服务机构的职位和职能，并在遵守预算规划法的方针的前提下，就院内各职务的报酬提出立法动议。

相对而言，专属参议院的权能更多一些，包括：（1）审理总统、副总统、国务部长、海陆空三军司令、联邦最高法院法官、国家司法委员会和国家公诉（或检察）委员会（National Council of the Public Prosecution）的成员、国家总检察长和法律总顾问的渎职犯罪案件。在这时，联邦最高法院的首席大法官将出任审判主席，而参议院则以其议员的2/3多数赞成进行宣判。有罪判决的处罚措施仅以免职为限，被判决有罪的对象还将丧失担任任何公职的资格8年。这项判决并不影响再进行其他的司法判决。（2）在举行公开听证后，通过秘密投票，预先核准对下述人员的选择：联邦宪法所确立的法官、由总统所任命的联邦审计法院的法官、领地总督、中央银行的主席和行长、国家总检察长、永久外交使团的主席、法律所规定的其他职务；通过秘密投票并取得绝对多数赞成，同意将国家总检察长免职；选举国家委员会的部分成员。（3）授权共和国、各州、联邦区、各领地和各自治市进行具有财政性质的外贸。经总统提议，确定共和国、各州、联邦区和各自治市固定债务的总限额。规定共和国、各州、联邦区、各自治市、各自治实体和其他由联邦政府所控制的实体进行内外信用交易的总限额和条件。规定共和国向内外信用交易提供担保的限制和条件。确定各州、联邦区和各自治市债务的总限额和条件。定期评估全国税收系统的功能，以及联邦、各州、联邦区和各自治市税收行政的结构、组成和工作情况。（4）部分或全部停止实施为联邦最高法院最终裁决为违宪的法律。（5）制定参议院的内部规则，规定其自身的组织、运作和警务，创建、改变或撤销院内服务机构的职位和职能，并在适当尊重预算规划法的方针的前提下，就院内各职务的报酬提出立法动议。

（三）联邦法院

根据联邦宪法的规定，联邦司法权由联邦最高法院、国家司法委员会（National Council of Justice）、高等司法法院（Superior Court of Justice）、联邦地区法院、劳工法院、选举法院、军事法院和相应的联邦法官来行使。

1. 联邦最高法院

联邦最高法院由11名大法官组成，大法官必须是35岁以上65岁以下的巴西公民，并且德才俱佳（指品德上无污点并且通晓法律知识，下同）。大法官由总统经参议院批准后予以任命。

联邦最高法院的主要权能是捍卫联邦宪法，联邦最高法院也有进行上诉审的权力。联邦最高法院对以下一些上诉案件，按照普通上诉程序进行审理：由各高等法院初审判决但遭否决的人身保护令、法院令、人身保护材料和强制令，政治犯罪案件。而对于以下一些独审或终审的上诉案件，联邦最高法院则按照特别上诉程序进行审理：案件的判决与联邦宪法相悖，案件的判决宣布条约或联邦法律违宪，或者案件的判决根据联邦宪法，认为受争议的地方政府的法律或行动有效，或者根据联邦法律，认为受争议的地方法律有效。

联邦最高法院还具有违宪审查权。除了前述的对法律或法规进行裁决外，联邦宪法规定，联邦最高法院还应审查与联邦宪法的精神宗旨不相符合的主张。此外，联邦最高法院可裁决以下人员、机构或组织的行动是否违宪：总统、国会两院的主席团、州或联邦区议会的主席团、州长或联邦区区长、国家总检察长、巴西律师协会的联邦委员会、在国会中占有议席的政党、劳联或者全国性的职业协会。

联邦最高法院的判决为最终决定，对所有人，包括所有司法和行政机构，都具有约束力。

实际上，联邦最高法院也分享着一定的司法管理权。它（以及各高等法院）可就以下一些事项向联邦国会提出建议：改变下级法院的成员数量，创建和撤销职位，制定其成员和包括下级法院、附属法庭在内的所有法官和工作人员的津贴，创建或撤销下级法院，改变法院的组织和分庭设置。

2. 国家司法委员会

国家司法委员会由15名年龄介于35至66岁之间的成员组成，任期两年，可连任一次。这些成员的来源分别是：3名成员由联邦最高法院、高等司法法院和高等劳工法院（Superior Labour Court）分别从其成员中任命产生，两名成员由联邦最高法院分别从州法院（Tribunal of Justice）的成员和州法官中任命产生，两名成员由高等司法法院分别从联邦地区法院的成员和联邦法官中任命产生，两名成员由高等劳工法院分别从地区劳工法院（Regional Labour Court）的成员和劳工法官中任命产生，两名成员由国家总检察长分别从联邦公诉机关和州公诉机关的成员中任命产生，巴西律师协会的联邦委员会也从律师中任命两名成员，最后，联邦国会两院再从德才俱佳的公民中各任命一名成员。

参议院以其绝对多数票同意，通过对国家司法委员会成员的任命，再由总统明确各自的职位。国家司法委员会应由来自联邦最高法院的法官担任主席，来自高等司法法院的法官则应承担起委员会内务首长的职责，一般不负责案件审理。国家总检察长和巴西律师协会的主席也应当在国家司法委员会中任职。

国家司法委员会的主要职责是对司法部门进行行政和财政监控，并监督法官履职的情况。换言之，国家司法委员会是司法部门的行政和财政管理机关，也是法官的人事管理机关。国家司法委员会每年都要就司法部门及其自身的活动情况准备一份报告，作为联邦最高法院咨文的一部分，在立法会期之始向国会提交。

3. 高等司法法院

高等司法法院就是普通法院的高等法院，它由至少33名法官所组成。法官从年龄介于35至65岁之间的德才俱佳的巴西公民中挑选，经参议院以绝对多数票赞成通过后，由总统任命。这些成员的1/3应来源于联邦地区法官，1/3应来源于州法院的法官，其余的1/3则应来源于律师以及联邦、各州、联邦区和各领地公诉机关的成员（各自数目相等）。

高等司法法院按照不同的上诉审程序，行使上诉审的权力。其中按普通程序进行审理的上诉案件有：由联邦地区法院或者州、联邦区和各领地法院独审或初审判决但却遭到否决的人身保护令和法院令，一方当事人为外国或者国际组织而另一方当事人为自治市或者在国内居住的个人的案件。而对于以下由联邦地区法院或者州、联邦区和领地法院独审或终审的案件，高等司法法院将按照特别程序进行审理：上诉案件的判决与条约或联邦法律相悖，或者否认其有效性；判决根据联邦法律，认为受争议的地方政府行动有效；判决对联邦法律作出了与其他法院不同的解释。

4. 联邦地区法院

这是联邦法院系统中最低一级的法院，目前全巴西共设有5个联邦地区法院，分别负责不同的司法管辖区。每个联邦地区法院应由至少7名法官组成，由总统从年龄介于30至65岁之间的巴西人中提名。根据联邦宪法的规定，联邦地区法院成员的1/5应来自于联邦公诉机关中具有10年以上工作经历的成员，以及德才出众、具有10年以上从业经历的律师。至于其他成员，则根据资历和品德，从任职5年以上的联邦法官中提拔。

联邦地区法院具有初审权的案件主要是：在其司法管辖区内，包括军事和劳工法院在内的联邦法官和联邦公诉机关成员的普通犯罪和渎职犯罪案件；对其自身的或者大区联邦法官的判决进行刑事复核并予以撤销；对法院自身或者联邦法官的行动颁发法院令和人身保护材料；在联邦法官受管制时，颁发人身保护令；本院中联邦法官之间所发生的权能争议。联邦地区法院对于在其司法管辖区域内、由联邦法官和州法官（在行使联邦司法权的情况下）判决的案子，也有进行上诉审的权力。实际上大量属于联邦司法权限范围内的案件，都是由众多的联邦法官来独立初审的。

5. 专门法院

根据联邦宪法的规定，主要包括劳工法院、军事法院和选举法院三种，每种专门法院都分为（若干个）地区法院和（一个）高等法院两级。而在选举法院系统中，各州和联邦区的首府各设一个地区选举法院，另外还设有一个选举委员会（Electoral Boards）。

上述所有法院，不管是普通的还是专门的，也不管是低级的还是高级的，都可以以其成员的绝对多数赞成，而宣布法律或行政法规违宪。

根据联邦宪法的规定，司法独立，这表现在两个方面：一是司法部门有行政与财政的保障，各法院在预算规划法的范围内自拟预算建议案；二是所有法官都具有身份和薪俸保障，即法官终身任职，非因法定事由不得被解职，而且薪俸不得被减少。但法官不得担任除教职以外的任何其他职务，不得收取诉讼费用或者参加诉讼，不得从任何个人或公私实体那里接受报酬或捐献（法律规定的情况除外），并且在退休或被解职后的3年内，不得在其曾经工作过的法院从事律师代理活动。最后，法官不得从事政党活动。

四、政治参与制度

巴西联邦宪法对于公民的政治权利作出了明确的规定，其中有包括全民公投（Plebiscite）、公民复决（Referendum）和创制（People's Initiative）在内的直接民主权利，以及选举、和平集会、自由结社等政治权利。这里着重来看结社权。

根据联邦宪法的规定，禁止具有军事或准军事性质的结社，除此之外，结社自由，不得强制任何人加入社团或者留在社团内，也不得依从国家权力机关的命令而结社；禁止各州干预社团的运作，只有经法院判决才能强制解散社团或者暂停其运作。对于政党结社，联邦宪法也专章进行了规定。据此，政党的设立、合并和解散都是自由的，但须尊重国家主权、民主制度、政党多元性和个人的基本权利，并且还要遵守以下一些规则：具有民族性；禁止从外国实体、政府或其附属实体那里获得财政援助；需向选举法院提交账目；依法在国会中运作。在上述前提下，政党自主确定其内部结构、组织和运作以及外部合作等方面的事务。政党在依民法获得社团法人地位之后，还应将其章程向高等选举法院进行登记。政党有资格获得政党资助，并依法免费使用广播和电视，但政党不得使用军事或准军事组织。

现在在巴西高等选举法院进行过登记的合法政党总共有将近30个，其中在联邦国会中拥有席位的政党超过20个（见表7-3）。在巴西最重要的就是四大党：（1）工人党（Partido dos Trabalhadores，PT），成立于1979年12月，主要由城乡劳动者、工会领导人和知识分子组成，现有党员80多万人，是巴西最大的左翼政党。巴西现任总统卢拉（Luiz Inácio Lula da Silva）就属于该党，该党还在联邦国会中占有第二多的席位。该党在政治上主张实行改革，保障劳动者的权益；在经济上主张公平分配社会财富；对外则主张各国相互尊重、加强国际合作，维护世界和平。该党现任主席为里卡多·贝尔佐伊尼（Ricardo Berzoini）。（2）巴西民主运动党（Partido do Movimento Democrático Brasileiro，PMDB），成立于1980年1月，其前身为1965年成立的巴西民主运动，是军政府时期15年中唯一合法的反对党。该党是执政联盟的成员，在联邦国会中占据最多的席位。该党对内主张实行土改和保护民族工业，全面恢复民主制度，对外主张执行独立的外交政策，尊重各国自决权。现任主席为米歇尔·特梅尔（Michel Temer）。（3）民主主义者（Democratas，DEM），是由从前的国家革新联盟（Aliança Renovadora Nacional，ARENA）① 中的自由分子所组建的。1985年，该党以自由阵线（Liberal Front，PFL）为名而建立，当时支持巴西民主运动党的总统候选人坦克雷多（Tancredo Neves），而反对军事独裁政权的官方候选人马鲁夫（Paulo Maluf）。2007年，该党改用现名。该党一般不参加总统竞选，而着力于各州州长的竞选。该党现在是最大的反对党，在联邦国会中占有第三多的席位。该党一般被认为是右翼政党，现任主席为罗德里格·玛雅（Rodrigo Maia）。（4）巴西社会民主党（Partido da Social Democracia Brasileira，PSDB），成立于1988年6月，由一批对民主运动党不满从而退出该党的人所组成。该党现为第二大反对党，在联邦国会中占有第四多的席位。该党主张实行议会制，完善民主制度，鼓励外国投资，改革分配制度，消除贫富差别。现任主席为塔索·热雷萨蒂（Tarso Jereissati）。

第二节 俄 罗 斯

俄罗斯② 的正式国名为俄罗斯联邦（РоссийскаяФедерация，Russian Federation）。俄罗斯的国土总面积达1707万多平方公里，居全世界第一位，

① 国家革新联盟是1964—1985年军政府统治期间的执政党。

② 中国人对俄国的称呼来自于较早接触俄国人的蒙古人。在蒙古语中鲜有以R辅音开头的词，所以在借用其他语言以R开头的词时，蒙古语都要加上相应的元音，于是俄语ROSIYA在蒙古语中就变成为OROS，汉语则据此音译为“俄罗斯”。

总人口则有1.4亿多（2009年估计），首都为莫斯科。俄罗斯联邦的国旗采用传统的泛斯拉夫色，为长方形的白蓝红三色旗。其中白色代表寒带一年四季白雪茫茫，蓝色代表亚寒带，又象征俄罗斯丰富的地下矿藏和森林、水力等自然资源，红色则是温带的标志，也象征俄罗斯历史的悠久和对人类文明的贡献。另一方面，白色也是真理的象征，蓝色代表纯洁与忠诚，红色则是美好和勇敢的标志。该旗帜最早是由彼得大帝效仿荷兰的三色国旗而为海军设计的，1883年正式成为俄国国旗，1917年后三色旗曾一度被取消，但1991年8月21日再次为俄罗斯采用为国旗。俄罗斯的国徽为一面红底盾徽，上面绘有一只头戴三顶皇冠的双头鹰（双头鹰来自于拜占庭帝国的国徽图案），两只鹰爪分别抓着王球和权杖，双头鹰的胸前还绘有骑着白马斩龙的英雄（传统上认为此人就是圣乔治，是俄罗斯的“主保圣人”，见图7-2）。

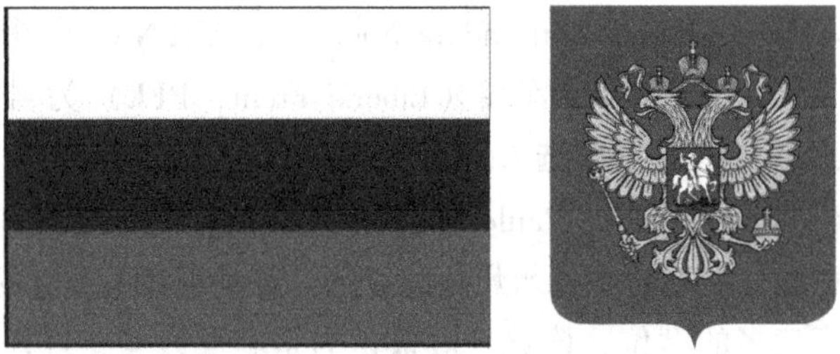

图7-2　俄罗斯的国旗与国徽

一、俄罗斯的形成与宪政史

（一）国家形成史

早在公元1世纪的时候，在中东欧的第聂伯河、奥得河、维斯瓦河和布格河流域便居住着斯拉夫人。到6世纪时，斯拉夫人分为东斯拉夫人、西斯拉夫人和南斯拉夫人三支，其中东斯拉夫人分布在第聂伯河中上游、奥卡河和伏尔加河上游以及西德维纳河一带，这就是后来俄罗斯人、白俄罗斯人和乌克兰人的先祖。

到七八世纪时，东斯拉夫人形成了两个准国家组织：以诺夫哥罗德为中心的斯拉维亚和以基辅为中心的库雅巴。862年，斯拉维亚各部落商议寻找一位王公来治理各部，以裁决纠纷，于是邀请斯堪的纳维亚的瓦良格人（即罗斯人，维京人的一支）的首领留里克来担任他们的大公，由此建立了第一个罗斯公国。接任留里克大公之位的奥列格于882年率兵南下，占领并定都于基辅，称之为“诸罗斯城市之母”，由此形成基辅罗斯公国。此后，奥列格率众继续征服周围的部落，将作为东斯拉夫人分支的斯洛文人、克里维奇人、德列弗利安人、谢维利安人、拉迪米奇人部落以及非斯拉夫人的麦里亚人、维西人和楚得人部落均置于控制之下。在此基础上，基辅罗斯公国不断向周围扩张，从而与拜占庭帝国多次发生战争，最终使其版图向东延伸至伏尔加河口，经克里米亚半岛迄多瑙河口，北起拉多加湖，沿波罗的海沿岸，南临黑海。而到了斯维亚托斯拉维奇和他的儿子弗拉基米尔一世统治时期，基辅罗斯公国还接纳了东正教，创立了东斯拉夫法典，从而达到鼎盛。不过弗拉基米尔一世死后，基辅罗斯公国逐渐陷于混战，最终分裂为18个公国。

1223年，巴特汗带领蒙古军队对基辅罗斯进行侦查，由此引发与各罗斯公国之间的战争。1240年，蒙古军队在成吉思汗的孙子拔都的带领下，最终占领基辅，从而开启了蒙古人对东斯拉夫人长达240年的统治时期。1242年，拔都在伏尔加河下游钦察草原的萨莱建都，正式立国，此即钦察汗国（亦称金帐汗国）。钦察汗国直接管辖南俄（乌克兰地区），并通过俄罗斯大公辅佐的方式来管理东俄，至于西俄，则直接交由蒙古将军管辖。

正是在蒙古人统治的时期，莫斯科（最初只是弗拉基米尔公国的一个并不太重要的货物集散地）逐渐成长为一个强大的公国。1263年，诺夫哥罗德王公（兼弗拉基米尔大公）亚历山大·涅夫斯基将莫斯科封给自己最小的儿子丹尼尔·亚历山德罗维奇作为领地，由此形成莫斯科公国。从此以后，莫斯科大公们卖力地发展莫斯科，他们巧妙地应对金帐汗国的蒙古统治者，争取东正教的支持，削弱其他王公的力量。1378年，莫斯科大公德米特里·顿斯科伊击败金帐汗国的军队，打破了蒙古人不可战胜的神话。到伊凡三世大公的时代，莫斯科公国最终摆脱了蒙古人的统治，并且消灭了大多数有封邑的公爵，基本完成了俄罗斯国家的统一。现代俄罗斯国家正是在此基础上形成的。

还在莫斯科公国的时代，在一些文献中，伊凡三世就已经被称作沙皇（царь）① 了。1547年，大公伊凡四世（1533—1547年作为莫斯科大公在位，1547—1584年作为沙皇在位）在莫斯科正式加冕为沙皇，莫斯科大公的头衔遂成为历史。不仅如此，正是从伊凡四世开始，历代沙皇们不断地开疆拓土，四面扩张，从而使莫斯科公国最终演变为一个庞大的俄罗斯帝国（Российская империя，通常也简称为俄国、帝俄、沙皇俄国或沙俄）。伊凡四世在位期间，

① 俄语 царь 一词是拉丁语 Caesar（恺撒）的音译，也就是“大皇帝”的意思。

首先对蒙古人发动攻击，向东南两面扩张地盘，其中包括：在1547—1552年的远征中灭掉了喀山汗国，1556年吞并了阿斯特拉罕汗国，然后又吞并了大诺盖汗国和巴什基尔亚，从而使北高加索许多民族都归附了俄罗斯。因此正是在伊凡四世统治的时期，俄罗斯开始成为一个多民族的国家。1557年，西伯利亚汗国也臣服于俄国并最终于1579年被占领；1572年沙俄还击溃了被称为"奥斯曼土耳其之鞭"的克里木汗国；1598年，俄军打败库楚姆汗，最终征服了西伯利亚汗国。

1613年1月，全俄贵族会议选举米哈伊尔·费多罗维奇·罗曼诺夫为沙皇，从而宣告罗曼诺夫王朝建立。这个王朝从此伴随了整个沙俄的历史。1696年，沙皇彼得一世亲政。彼得的中心思想是向西欧看齐，为此他不但向西欧学习，在国内实行改革，而且为了打通通向西欧的波罗的海出海口，他发动了与瑞典长达21年的北方战争，最终于1721年击败瑞典，获得了包括爱沙尼亚、拉脱维亚和芬兰附近的一片领土。1721年，彼得一世正式宣布俄罗斯为帝国。到叶卡捷琳娜二世做沙皇的时代，俄罗斯帝国继续向西南两面扩张版图，其中包括：通过两次俄土战争，俄国取得了黑海出海口，并将其势力伸入巴尔干半岛，还于1783年吞并了克里米亚；在西方，俄国趁波兰国势日虚之际，与普鲁士、奥地利三次瓜分波兰。沙俄在向西南两面扩张的同时，也从未停止过在东方的扩张行动。还在彼得一世当政时期，沙俄即已扩张到了中亚的希瓦汗国。克里米亚战争失败后，沙俄继续向中亚扩张，直到1877年占领全部的中亚地区。以西伯利亚和中亚为跳板，沙俄的扩张范围甚至到达了远东和北美洲。在远东，沙俄与中国清政府发生了冲突，但俄国并不满足于《中俄尼布楚条约》(1689年) 所确定的边界。1858年，俄国趁英法联军入侵中国之机，武力威胁中国签署了《瑷珲条约》，确定以黑龙江为中俄边界。1860年又迫使清政府签订《中俄北京条约》，将整个外东北地区和库页岛悉数吞并，还获得了海参崴这个不冻港。19世纪末，俄国向清政府租借大连，成立关东州，还得到东清铁路的建筑权，进一步侵略中国的东北地区，意图建立"黄俄罗斯"。1911年中国爆发辛亥革命后，沙俄一直策划外蒙古独立，并在实际上统治着外蒙古。自清代以来，沙俄通过战争、条约和调停等手段，总共从中国掠夺了150多万平方公里的领土，其中包括外东北地区、库页岛和新疆西部，具体包括（自东向西）：库页岛、乌苏里江以东、黑龙江北至外兴安岭、贝加尔湖以东和唐努乌梁海等。除直接侵占中国领土外，沙俄还策动外蒙古独立。除中国外，俄国在远东亦企图染指千岛群岛，从而与日本发生冲突。1875年，日俄签订《库页岛、千岛群岛交换条约》，俄国把千岛列岛北部交给日本，以换取对库页岛的主权。

沙俄在19世纪与20世纪之交深陷经济、社会与政治危机之中，1905年在日俄战争中失败更是导致民众对沙皇政权丧失了信心，俄国境内不断发生流血革命，而第一次世界大战则是摧垮帝国的最后一击。1917年3月，俄国首都圣彼得堡的市民发动反饥饿游行，由此引发“二月革命”①。3月15日，沙皇尼古拉二世宣布退位，并传位给弟弟米哈伊尔大公，但遭其拒绝，罗曼诺夫王朝由此终结，而沙俄帝国也因此覆灭。

在二月革命中，国家杜马与彼德格勒的苏维埃为政府的领导权发生了争执，最后双方和解，决定成立一个临时政府，由其主持俄国立宪会议（Всероссийское Учредительное Собрание，Russian Constituent Assembly）的选举，正式定国名为俄罗斯共和国（Российская республика，Russian Republic）。临时政府先由李沃夫王公担任总理，后由克伦斯基接任。在临时政府时期，俄国实际上处于临时政府与苏维埃的“双重政府”状态。苏维埃最初曾支持临时政府，但后来掌握了军队、工厂和铁路，又得到工人的支持，便拒绝加入政府。双重政府的状态严重限制了临时政府的执政能力，加之临时政府没有决定退出“一战”，决断犹疑，令民众不满，受到右派和左派的夹击，致使处境艰难，危机重重。最终，以列宁为首的布尔什维克党于11月7日推翻了临时政府。

布尔什维克党掌权之后，将俄国改名为俄罗斯苏维埃联邦社会主义共和国（简称苏俄）。在此期间，原属沙皇俄国统治范围的东欧、高加索和中亚等地区普遍地建立了独立国家（其中许多转变为苏维埃政权）。也正是在此期间，苏俄支持外蒙古从中国独立出去。1917年俄国发生革命后，中华民国北京政府以防止苏维埃主义扩散和西伯利亚局势动荡为由，驻军库伦。外蒙古共产主义运动和民族分离主义的先驱苏黑巴托尔和乔巴山于是寻求苏俄的帮助，谋求建立独立的蒙古国。在得到苏俄支持之后，苏黑巴托尔和乔巴山于1920年成立了由他们所领导的蒙古共产党，并于1921年3月成立了蒙古人民军和蒙古临时政府。6月，苏俄向外蒙派驻红军。1922年，苏俄率先承认外蒙古“独立”。

1922年12月30日，由苏俄、乌克兰、白俄罗斯和南高加索联邦共同组成的苏维埃社会主义共和国联盟（简称苏联）正式成立，俄罗斯的历史也随之进入苏联时期。苏联时期的领土变化情况主要是：1929年，中国东北当局

① 按照俄历，当时为二月。

宣布收回中东铁路的电报电话权，并遣送苏联职员回国，由此引发了史称“中东路事变”的大规模武装冲突，中方最后战败，苏联则顺势占领了黑瞎子岛。1939年，苏联采取“祸水西推”的策略，和德国秘密签订了《苏德互不侵犯条约》。“二战”一爆发，苏联即按照该条约所划分的势力范围，以“建立防止德国入侵的东方战线”为名，出兵攻打芬兰，与德国瓜分波兰并占领东欧部分地区，波罗的海沿岸的爱沙尼亚、拉脱维亚和立陶宛三国也被强行并入苏联。1944年10月，苏联吞并中国外蒙古西北部的唐努乌梁海地区，改名为“图瓦苏维埃社会主义自治共和国”。

苏联到20世纪80年代已是问题重重，由此引发了戈尔巴乔夫的改革，他的改革带来了意想不到的后果。东欧剧变后，苏联各加盟国纷纷效法，欲脱离苏联而独立。1990年3月11日，立陶宛率先宣布独立，接着格鲁吉亚（1991年4月9日）、爱沙尼亚（1991年8月20日）和拉脱维亚（1991年8月24日）亦宣布独立。而1991年8月24日，苏联最大的两个加盟国俄罗斯和乌克兰均宣布独立，这便意味着苏联的解体已是势不可当。当哈萨克斯坦于1991年12月16日最后宣布独立，苏联终于彻底瓦解。12月25日，戈尔巴乔夫宣布辞去苏联总统职务，26日，苏联最高苏维埃自我解散，苏联正式结束其存在。

苏联瓦解之后，俄罗斯恢复到一个单独国家的地位。实际上早在1990年6月12日，第一届俄罗斯人民代表大会就已通过《主权宣言》而宣布俄罗斯苏维埃联邦社会主义共和国是一个主权国家。1991年8月24日，俄罗斯苏维埃联邦社会主义共和国正式宣布从苏联独立。同年12月25日，俄罗斯的联邦最高苏维埃决定将国名改为现在所使用的俄罗斯联邦。单独成为一个国家的俄罗斯，承袭了原苏联将近80%的领土，但还是不可与沙俄时代同日而语。独立后的俄罗斯与周边许多国家都存在领土纠纷，在国内也存在分离主义运动。另据2004年《中华人民共和国和俄罗斯联邦关于中俄国界东段的补充协定》，中国收回半个黑瞎子岛的主权。黑瞎子岛的勘界立碑工作已于2007年底完成，据称，这标志着中俄长达4,300多公里的边界全线得到勘定。

（二）俄罗斯的宪政历程

俄罗斯脱胎于莫斯科大公国，并且迅速变成为一个沙皇专制的集权帝国。从一开始，俄罗斯便完全缺乏宪政文化与实践的传统。俄国人对宪政的追求，是从十二月党人起义开始起步的。17—18世纪，欧洲自由主义思潮开始进入俄国。在法国大革命和拿破仑战争之后，俄国国内的自由主义思想一度高涨，一批年轻的俄国贵族结成秘密团体，起草了《俄罗斯法典》和《宪法》，主张废除农奴制和等级制，建立共和国或者君主立宪制的联邦制国家。1825 年 11 月 19 日，沙皇亚历山大一世突然去世，这批青年贵族和知识分子决定起义。12 月 26 日，起义在彼得堡爆发，但终遭镇压而失败。这就是十二月党人起义，堪称俄国史上的第一次宪政运动。

十二月党人起义失败之后，那些追求宪政的俄国人士并未停止努力，他们继续提出宪政的要求，向沙皇政府施压。自由派人士于 1903 年成立了地方自治会，1904 年成立解放联盟，最后于 1905 年成立宪政民主党，要求实行君主立宪制。1904 年秋，自由派借机举行一系列的活动，要求进行更多的政治改革，实行立宪政体。11 月 30 日，莫斯科市政府通过一项决议案，要求成立一个由选举产生的国民议会，并保障完全的出版自由与宗教自由。其他城市与地方自治会，也陆续通过类似的决议或呼吁案。1905 年 5 月 24—25 日，大约 300 名来自各地方自治会和市议会的代表，齐聚莫斯科召开会议，要求成立一个全国性的议会。迫于国内这种强大的压力，加之外患不断，1905 年 8 月 19 日，沙皇尼古拉二世终于同意成立帝国国会，即国家杜马。10 月，财政大臣谢尔盖·维特等人向尼古拉二世呈献诏书，承认多项公民的基本权利，允许组建政党，允诺逐步实现普选，并赋予国家杜马以中央立法权。10 月 30 日，尼古拉二世最终签署了诏书。自由派人士对十月诏书表示满意，开始准备参加国家杜马的选举，但激进的社会主义人士与革命人士却对选举表示谴责，呼吁举行武装起义，以终结沙皇的统治。12 月，沙俄政府颁布了国家杜马选举法，定于 1906 年 3 月举行第一届国家杜马选举，限 25 岁以上的男性国民为合格选民，并对不同社会阶层的选票赋予不同的权重。在这种气氛下，包括宪政民主党在内的多个政党成立起来，一些老政党也重获合法地位。最后共有 566 人在国家杜马选举中当选，其中宪政民主党和劳动团体（代表农民）所获议席最多，社会民主工党（孟什维克）和十月党（自由派的少数派所组建的“10 月 17 日联盟”）也进入了杜马。社会革命党和布尔什维克党则因抵制而未参加国家杜马选举。1906 年 4 月 23 日，即国家杜马开始运作的前一天，沙俄政府颁布了“帝国基本法”，规定沙皇为绝对的领袖，完全控制行政、外交政策、教堂事务以及军事武力；限定国家杜马的政治地位，规定国家杜马议员的一半由选举产生，另一半由国务会议（国会上院）指派；规定法律必须在经国家杜马与国务会议核准后，再由沙皇核准才能生效，若国家杜马在休会期间，则允许法律由国务会议转予沙皇核准，而无需等待国家杜马审议。

俄国 1905—1906 年的这一次宪政改革以塑造君主立宪制为目标，但明显存在一些严重的缺陷。不过以俄国的基础，能够取得这样的进展也属不易，但就是这一点成果，也因为俄国宪政文化基础不牢，加上俄国因为经济、社会、民族、战争等问题而内外交困，而难以得到巩固，更谈不上有所进展了。到"一战"末期的1917年3月，俄罗斯再次爆发革命，罗曼诺夫王朝和沙皇制度均被推翻，俄罗斯走君主立宪制的宪政道路已被堵死。在这次革命中，自由主义者与部分社会主义者联合组成临时政府，其主要任务之一便是召开立宪会议，制定宪法，成立议会，建立宪政民主的共和制度，继续俄国的宪政之路。但鉴于前述的各种原因，临时政府直到11月7日为布尔什维克党所推翻，也没有能够召开立宪会议。

布尔什维克党夺权胜利后，当晚即召开第二次全俄苏维埃代表大会，宣布全部政权已归苏维埃，成立"工农临时政府"，建立人民委员会。该党还要求立即举行立宪会议选举。1917年11月12—15日，在布尔什维克党的主持下，全俄国进行了立宪会议的选举。到1918年初，立宪会议选举的最终结果揭晓：在总共707个席位中，布尔什维克获得175席，占24.7%；社会革命党获得410席（其中左派社会革命党占40席），占60%；孟什维克获得16席，宪政民主党获得17席，各民族政党获得86席，其余席位则分属几个小组织。初步的和最终的选举结果都对布尔什维克党明显不利，于是列宁就以到达的代表太少为由，而宣布推迟召开立宪会议。立宪民主党人对此表示反对，发起示威活动，要求"一切权力归立宪会议"，结果遭到人民委员会镇压，立宪民主党的当选代表或被捕、或逃亡、或被杀，立宪民主党也在事实上遭到取缔。1918年1月5日，立宪会议终于在没有立宪民主党人参加的情况下于首都彼得格勒的塔夫利达宫召开。会前，布尔什维克党调集忠于自己的军队进驻彼得格勒，实行戒严。开会当天，布尔什维克党的代表建议立宪会议按照人民委员会的要求，把权力交给苏维埃并自行宣布解散，但遭到多数立宪会议代表的拒绝，于是布尔什维克党和左派社会革命党的代表便先后退出会议，其余代表则坚持开会，直到第二天凌晨为布尔什维克党的军队所驱散，随即全俄苏维埃中央执行委员会宣布解散立宪会议。立宪会议被解散后，立宪民主党由于已被镇压因而失声无语，但社会革命党和孟什维克却表示极度愤慨。当天，彼得格勒和莫斯科都爆发了抗议的示威游行活动，但均遭镇压。随后，宣布罢工的全俄铁路总工会（俄国最大的行业工会）和其他非布尔什维克党控制的工会，以及除布尔什维克以外的其他政党，悉数遭到取缔。

20世纪80年代末期，随着戈尔巴乔夫推行政治改革，俄国民众再一次自发地组建了成千个非正式的组织和运动，其中最大的是人民阵线，此外还出现了社会党、民主联盟、立宪民主同盟、民主同盟等政党。根据1988年苏共第19次代表会议关于政治体制改革的日程安排，从1990年3月起，俄罗斯各级人民代表苏维埃①陆续举行了换届选举，苏共的“民主纲领派”、“跨地区议员团”、立宪民主党、自由民主党、社会民主党、社会党、无政府主义者和“保皇党”等政党和运动，与苏共的“主流派”一起参加了竞选，这是俄罗斯自1917年以来的第一次多党竞选。通过这次选举，苏共的“主流派”和“民主纲领派”以及“民主俄罗斯”运动都进入了俄罗斯最高苏维埃。5月，叶利钦当选为俄罗斯最高苏维埃主席（为当时的国家元首，同时也相当于议长）。1991年3月17日，叶利钦利用苏联举行全民公决的机会，将俄罗斯是否设立总统职位的议题提交俄罗斯公民进行全民公决，结果获得52%的俄罗斯选民赞成。5月21—25日，俄罗斯人民代表大会举行第四次会议，批准了《俄罗斯总统法》和宪法修正案，由此在俄罗斯形成总统和最高苏维埃的双头体制。6月12日，俄罗斯举行总统选举，叶利钦当选为第一任总统。

在双头体制下，作为总统的叶利钦最终与最高苏维埃（议会）发生了冲突。双方的权力争斗，也反映了双方在政治制度方案选择上的分歧：以议长哈斯布拉托夫为首的议会派主张通过议会制定一个议会制的共和宪法，而叶利钦总统则主张通过制宪会议来制定一个总统制的共和宪法。双方的冲突愈演愈烈。1993年4月23日，叶利钦抛开最高苏维埃，公布了自己的新宪法草案。25日的全民公决显示，75%的公民表示支持叶利钦。由于有民众的支持，叶利钦便在10月采取武力，逮捕了哈斯布拉托夫和副总统鲁茨科伊等人，强行解散俄罗斯最高苏维埃，并令地方各级人民代表苏维埃“自行解散”。10月7日，叶利钦发布总统令，规定在俄罗斯议会开始工作前，由总统以总统令的形式颁布法令，行使原议会的职权。10月11日和16日，叶利钦相继发布总统令，宣布在12月12日对俄罗斯新宪法草案进行全民公决，并举行俄罗斯新议会的选举。11月8日，叶利钦提交了俄罗斯宪法草案，12月12日，正好超过全部注册选民半数的俄罗斯公民参加了全民公决，最终58.4%的投票选民赞成新宪法草案，俄罗斯新宪法获得通过。与此同时，还进行了议会选举，有13个获准登记的竞选联盟参加竞选，最后产生了由联邦委员会（上院）和国家杜马（下院）两院组成的俄罗斯联邦国会。

1993年由全民公决所通过的宪法就是现行的俄罗斯宪法，另外，包括

① 根据苏共第19次代表会议的决议，苏联和各加盟国的苏维埃均改称为人民代表大会（其常设机构称最高苏维埃），其余的各级苏维埃均改称为人民代表苏维埃。

《全民公决法》、《宪法法院法》、《法院体系法》、《联邦政府法》、《俄罗斯联邦总统选举法》等在内的宪法性法律也是俄罗斯宪法的组成部分。俄罗斯宪法自通过后至今，只经历过一次修改。该宪法修宪案是由俄罗斯现任总统梅德韦杰夫提出来的，梅德韦杰夫已于2008年12月30日签字批准了该宪法修正案。根据此次修宪，总统任期从4年延长至6年，国家杜马的任期则从4年延长至5年，但该修正案要从下一届开始才适用。

二、国家结构制度

俄罗斯实行联邦制，由各种联邦主体（субъекты，subjects of the Russian Federation）所组成。1993年的俄罗斯联邦宪法明定俄罗斯由89个联邦主体所组成（见表7-4），其中包括21个共和国［республики，Republic（State）］、6个边疆区（края，Territory）、49个州（области，Region）、1个自治州（автономная область，Autonomous Region）、10个自治区（автономные округа，Autonomous Area）和两个联邦直辖市（федеральные города，Cities of Federal Importance）。根据该宪法的规定，联邦国会可就接受新成员加入联邦或者调整现有的联邦主体而制定宪法性法律；相关联邦主体相互同意后，可以调整它们之间的边界线。自2003年以来，俄罗斯对联邦主体进行了多次调整（见表7-5），由此导致俄罗斯的联邦主体减至83个，其中包括21个共和国、9个边疆区、46个州、1个自治州、2个联邦直辖市和4个自治区。现在俄罗斯还在酝酿进一步的调整计划。

表7-4　**俄罗斯宪法所规定的联邦主体**

编号	联邦主体	首府	所属联邦管区	所属经济区
共和国（республики）21个				
01	阿迪格 Адыгея，AD	迈科普 Майкоп	南部	北高加索
02	巴什科尔托斯坦 Башкортостан，BA	乌法 Уфа	伏尔加	乌拉尔
03	布里亚特 Бурятия，BU	乌兰乌德 Улан-Удэ	西伯利亚	东西伯利亚
04	阿尔泰 Алтай，AL	戈尔诺-阿尔泰斯克 Горно-Алтайск		西西伯利亚

续表

编号	联邦主体	首府	所属联邦管区	所属经济区
05	达吉斯坦 Дагестан，DA	马哈奇卡拉 Махачкала	南部	北高加索
06	印古什 Ингушская，IN	马加斯 Магас		北高加索
07	卡巴尔达-巴尔卡尔 Кабардино-Балкарская，KB	纳尔奇克 Нальчик		北高加索
08	卡尔梅克 Калмыкия，KL	埃利斯塔 Элиста		伏尔加
09	卡拉恰伊-切尔克斯 Карачаево-Черкесская，KC	切尔克斯克 Черкесск	南部	北高加索
10	卡累利阿 Карелия，KR	彼得罗扎沃茨克 Петрозаводск	西北部	北方
11	科米 Коми，KO	瑟克特夫卡尔 Сыктывкар		北方
12	马里埃尔 Марий-Эл，M E	约什卡尔奥拉 Йошкар-Ола	伏尔加	伏尔加-维亚特卡
13	莫尔多瓦 Мордовия，MO	萨兰斯克 Саранск		伏尔加-维亚特卡
14	萨哈（雅库特）Саха（Якутия），SA	雅库茨克 Якутск	远东	远东
15	北奥塞梯-阿兰 Северная Осетия-Алания，SE	弗拉季卡夫卡兹 Владикавказ	南部	北高加索
16	鞑靼斯坦 Татарстан，TA	喀山 Казань，Qazan	伏尔加	伏尔加
17	图瓦 Тыва，TY	克孜勒 Кызыл	西伯利亚	西西伯利亚
18	乌德穆尔特 Удмуртская，UD	伊热夫斯克 Ижевск	伏尔加	乌拉尔
19	哈卡斯 Хакасия，KK	阿巴坎 Абакан	西伯利亚	西西伯利亚
20	车臣 Чеченская，CE	格罗兹尼 Грозный	南部	北高加索
21	楚瓦什（恰瓦什 Чувашская（Чаваш），CU	切博克萨雷 Чебоксары	伏尔加	伏尔加-维亚特卡

续表

编号	联邦主体	首府	所属联邦管区	所属经济区
边疆区（края）6 个				
22	阿尔泰 Алтайский，ALT	巴尔瑙尔 Барнаул	西伯利亚	西西伯利亚
23	克拉斯诺达尔 Краснодарский，KDA	克拉斯诺达尔 Краснодар	南部	北高加索
24	克拉斯诺亚尔斯克 Красноярский，KYA	克拉斯诺亚尔斯克 Красноярск	西伯利亚	东西伯利亚
25	滨海 Приморский，PRI	符拉迪沃斯托克 Владивосток	远东	远东
26	斯塔夫罗波尔 Ставропольский，STA	斯塔夫罗波尔 Ставрополь	南部	北高加索
27	哈巴罗夫斯克 Хабаровский，KHA	哈巴罗夫斯克 Хабаровск	远东	远东
州（области）49 个				
28	阿穆尔 Амурская，AMU	布拉戈维申斯克 Благовещенск	远东	远东
29	阿尔汉格尔斯克 Архангельская，ARK	阿尔汉格尔斯克 Архангельск	西北部	北方
30	阿斯特拉罕 Астраханская，AST	阿斯特拉罕 Астрахань	南部	伏尔加
31	别尔哥罗德 Белгородская，BEL	别尔哥罗德 Белгород	中部	中央黑土
32	布良斯克 Брянская，BRY	布良斯克 Брянск		中部
33	弗拉基米尔 Владимирская，VLA	弗拉基米尔 Владимир		中部
34	伏尔加格勒 Волгоградская，VGG	伏尔加格勒 Волгоград	南部	伏尔加
35	沃洛格达 Вологодская，VLG	沃洛格达 Вологда	西北部	北方经济区
36	沃罗涅日 Воронежская，VOR	沃罗涅日 Воронеж	中部	中央黑土
37	伊万诺沃 Ивановская，IVA	伊万诺沃 Иваново		中部
38	伊尔库茨克 Иркутская，IRK	伊尔库茨克 Иркутск	西伯利亚	东西伯利亚

续表

编号	联邦主体	首府	所属联邦管区	所属经济区
39	加里宁格勒 Калининградская, KGD	加里宁格勒 Калининград	西北部	西北
40	卡卢加 Калужская, KLU	卡卢加 Калуга	中部	中部
41	堪察加 Камчатская, KAM	堪察加彼得罗巴甫洛夫斯克 Петропавловск-Камчатский	远东	远东
42	克麦罗沃 Кемеровская, KEM	克麦罗沃 Кемерово	西伯利亚	西西伯利亚
43	基洛夫 Кировская, KIR	基洛夫 Киров	伏尔加	伏尔加-维亚特卡
44	科斯特罗马 Костромская, KOS	科斯特罗马 Кострома	中部	中部
45	库尔干 Курганская, KGN	库尔干 Курган	乌拉尔	乌拉尔
46	库尔斯克 Курская, KRS	库尔斯克 Курск	中部	中央黑土
47	列宁格勒 Ленинградская, LEN	圣彼得堡 Санкт-Петербург	西北部	西北
48	利佩茨克 Липецкая, LIP	利佩茨克 Липецк	中部	中央黑土
49	马加丹 Магаданская, MAG	马加丹 Магадан	远东	远东
50	莫斯科 Московская, MOS	莫斯科 Москва	中部	中部
51	摩尔曼斯克 Мурманская, MUR	摩尔曼斯克 Мурманск	西北部	北方
52	下诺夫哥罗德 Нижегородская, NIZ	下诺夫哥罗德 Нижний Новгород	伏尔加	伏尔加-维亚特卡
53	诺夫哥罗德 Новгородская, NGR	诺夫哥罗德 Новгород	西北部	西北
54	新西伯利亚 Новосибирская, NVS	新西伯利亚 Новосибирск	西伯利亚	西西伯利亚
55	鄂木斯克 Омская, OMS	鄂木斯克 Омск		西西伯利亚
56	奥伦堡 Оренбургская, ORE	奥伦堡 Оренбург	伏尔加	乌拉尔
57	奥廖尔 Орловская, ORL	奥廖尔 Орёл	中部	中部

续表

编号	联邦主体	首府	所属联邦管区	所属经济区
58	奔萨 Пензенская，PNZ	奔萨 Пенза	伏尔加	伏尔加
59	彼尔姆 Пермская，PER	彼尔姆 Пермь		乌拉尔
60	普斯科夫 Псковская，PSK	普斯科夫 Псков	西北部	西北
61	罗斯托夫 Ростовская，ROS	顿河畔罗斯托夫 Ростов	南部	北高加索
62	梁赞 Рязанская，RYA	梁赞 Рязань	中部	中部
63	萨马拉 Самарская，SAM	萨马拉 Самара	伏尔加	伏尔加
64	萨拉托夫 Саратовская，SAR	萨拉托夫 Саратов		伏尔加
65	萨哈林 Сахалинская，SAK	南萨哈林斯克 Южно-Сахалинск	远东	远东
66	斯维尔德洛夫斯克 Свердловская，SVE	叶卡捷琳堡 Екатеринбург	乌拉尔	乌拉尔
67	斯摩棱斯克 Смоленская，SMO	斯摩棱斯克 Смоленск	中部	中部
68	坦波夫 Тамбовская，TAM	坦波夫 Тамбов		中央黑土
69	特维尔 Тверская，TVE	特维尔 Тверь		中部
70	托木斯克 Томская，TOM	托木斯克 Томск	西伯利亚	西西伯利亚
71	图拉 Тульская，TUL	图拉 Тула	中部	中部
72	秋明 Тюменская，TYU	秋明 Тюмень	乌拉尔	西西伯利亚
73	乌里扬诺夫斯克 Ульяновская，ULY	乌里扬诺夫斯克 Ульяновск	伏尔加	伏尔加
74	车里雅宾斯克 Челябинская，CHE	车里雅宾斯克 Челябинск	乌拉尔	乌拉尔
75	赤塔 Читинская，CHI	赤塔 Чита	西伯利亚	东西伯利亚
76	雅罗斯拉夫尔 Ярославская，YAR	雅罗斯拉夫尔 Ярославль	中部	中部

续表

编号	联邦主体	首府	所属联邦管区	所属经济区
联邦直辖市（федеральные города）2 个				
77	莫斯科 Москва，MO W		中部	中部
78	圣彼得堡，Санкт-Петербург，SPE		西北部	西北
自治州（автономная область）1 个				
79	犹太 Еврейская，YEV	比罗比詹 Биробиджан	远东	远东
自治区（автономные округа）10 个				
80	阿加布里亚特 Агинский-Бурятский，AGB	阿金斯科耶 Агинское	西伯利亚	东西伯利亚
81	科米彼尔米亚克 Коми-Пермяцкий，KOP	库德姆卡尔 Кудымкар	伏尔加	乌拉尔
82	科里亚克 Корякский，KOR	帕拉纳 Палана	远东	远东
83	涅涅茨 Ненецкий，NEN	纳里扬马尔 Нарьян-Мар	西北部	北方
84	泰梅尔（多尔干-涅涅茨）Таймырский（Долгано-Ненецкий），TAY	杜金卡 Дудинка	西伯利亚	东西伯利亚
85	乌斯季奥尔登斯基布里亚特 Усть-Ордынский Бурятский，UOB	乌斯季奥尔登斯基 Усть-Ордынский		东西伯利亚
86	汉特-曼西 Ханты-Мансийский，KHM	汉特-曼西斯克 Ханты-Мансийск	乌拉尔	西西伯利亚
87	楚科奇 Чукотский，CHU	阿纳德尔 Анадырь	远东	远东
88	埃文基 Эвенкийский，EVE	图拉 Тура	西伯利亚	东西伯利亚
89	亚马尔-涅涅茨 Ямало-Ненецкий，YAN	萨列哈尔德 Салехард	乌拉尔	西西伯利亚

注：表中编号为 24、38、41、59、75、80、81、82、84、85 和 88 的联邦主体涉及调整，已发生改变。

表 7-5 **俄罗斯联邦主体的调整**

公决日期	调整日期	调整情况（括号中数字为编号）
2003 年 12 月 7 日	2005 年 12 月 1 日	彼尔姆州（59）+科米彼尔米亚克自治区（81）→彼尔姆边疆区
2005 年 4 月 17 日	2007 年 1 月 1 日	克拉斯诺亚尔斯克边疆区（24）+埃文基自治区（88）+泰梅尔自治区（84）→克拉斯诺亚尔斯克边疆区
2005 年 10 月 12 日	2007 年 7 月 1 日	堪察加州（41）+科里亚克自治区（82）→堪察加边疆区
2006 年 4 月 16 日	2008 年 1 月 1 日	伊尔库茨克州（38）+乌斯季奥尔登斯基布里亚特自治区（85）→伊尔库茨克州
2007 年 3 月 11 日	2008 年 3 月 1 日	赤塔州（75）+阿加布里亚特自治区（80）→外贝加尔边疆区

根据联邦宪法的规定，在所有这些联邦主体中，共和国的地位由联邦宪法和各共和国自己制定的宪法来决定，其他联邦主体的地位则由联邦宪法和由这些联邦主体自己的立法（或代议）机构所制定的宪章（Charter）来决定。根据联邦与各联邦主体之间的相互协议以及联邦宪法性法律的规定，可以对联邦主体的地位进行调整。据此：（1）共和国是为那些聚居的少数民族而设的，在各种联邦主体中具有最大程度的自主性。各共和国均有权拥有自己的国徽、国旗、国歌、首府、官方语言乃至国籍，有权自定宪法（这在各种联邦主体中是唯一的，其他各种联邦主体只能制定宪章），并自主选举总统（行政首脑）和议会（立法机关），拥有一定的国际主权，甚至拥有自己的外交部，但它们无权实施独立的对外政策。（2）自治州与自治区类似，都是为以少数民族为主体的地区而设立的。其中自治州（即犹太自治州）是专为犹太人而设立的，但这里的犹太人为数极少（2002 年统计只有 2,000 多人），而且都是被苏联强制迁移到此地的。另外除楚科奇自治区外，其他各自治区既是一个联邦主体，又是另一个联邦主体之下的行政区划单位（涅涅茨自治区属于阿尔汉格尔斯克州，汉特-曼西自治区和亚马尔-涅涅茨自治区均属于秋明州）。自治州和自治区都有自己的官方标志，具有国际主权的一些要素，并自主选举州长（或区长）和议会，但不能制定宪法而只能制定宪章，因而其自主性低于共和国，但高于普通州。（3）州、边疆区和联邦直辖市的自主性相当，这些地区没有自己的国籍，以全联邦统一的俄语为官方语言，不过有权拥有自己的标

志，即州（区、市）旗、州（区、市）徽和州（区、市）歌。其中州是俄罗斯联邦境内最为普遍的联邦主体类型，通常以州政府所在地（也是州内最大城市）命名。各州均设民选的议会，但州长的选举比较特殊，其候选人由俄罗斯联邦总统与州议会事先协商后，再向州议会提名推荐，由州议会选举产生。如果州议会三次否决总统所提名的同一人选，则总统有权解散州议会而重新选举议员。由于采取这种特殊的选举方式，许多人便认为州长其实就是由总统任命的。边疆区相当于州，只是地处偏远而且地域更广。联邦直辖市（即莫斯科和圣彼得堡）也相当于州，但由于这是俄罗斯最大的两个城市（尤其是作为首都的莫斯科），因而具有特别的重要性。俄罗斯的这些联邦主体尽管大小不一，其自主性程度也不一样，但按照联邦宪法的规定，它们都是平等的联邦主体，具有相同的联邦参与权利，即在俄罗斯联邦委员会（联邦国会的上院）中均有两位代表。

俄罗斯联邦宪法对联邦与各联邦主体之间的权限划分作出了明确的规定：(1) 通过和修改联邦宪法和法律并确保其得到遵守，联邦的结构与领土，规定和保护人权与公民权利和自由，俄罗斯联邦的公民资格，规定和保护少数民族的权利等，这些都是属于联邦权限范围内的事务。(2) 规定各联邦主体的宪法或宪章及法律或法规与联邦宪法和法律相一致，保护人权和公民权利与自由，保护少数民族的权利，确保法治、法律与秩序、公共安全和边境政权等，这些则是属于联邦和各联邦主体共同权限范围内的事务。(3) 除了宪法明确授予联邦和由联邦与各联邦主体共同行使的权力外，各联邦主体应拥有全部的国家权力。不过联邦宪法也规定，联邦宪法和法律在全俄罗斯具有最高的效力，任何法律或法律行动都不得与之相冲突。

各种联邦主体均是具有宪法地位的，此外在俄罗斯还有一些不具有宪法地位的区划方式。2000 年 5 月 13 日，时任总统普京签发命令，决定按地域原则将俄罗斯全国划分为 7 个联邦管区，分别由一位由总统所委派的全权代表进行管治。另外，为统计之方便，全国还被划分为 11 个经济区。

总的来看，俄罗斯所实行的联邦制独具特色，与一般的联邦制模式有一些出入。比起其他联邦制国家来，俄罗斯各联邦主体（共和国除外）的自主性要更低一些，而联邦控制各联邦主体的倾向也要更突出一些。之所以会是这种情况，这可能跟俄罗斯联邦的历史基础有关。俄罗斯联邦是由从前的沙俄帝国演变而来的，因此这个联邦国家与世界上其他联邦制国家的形成路径就存在显著的差异：它不像其他联邦制国家那样，是通过联合而形成的，而是通过帝国征服而形成的；从前它一直都实行中央集权制，只是后来才由其全国性政府决定改行联邦制，因此难免不带有从前中央集权制的色彩。就此而论，尽管俄罗斯的宪法和国名都明确地宣称它是联邦制国家，但实际上说它实行的是地方自治制度倒可能更贴切一些。

除两个联邦直辖市外，各联邦主体之内的地方行政区划均分为两级，其中第一级地方行政区划的形式十分多样，有区、市、市镇和自治区同时具有联邦成员的地位）等。第二级地方行政区划也有多种形式，包括村、镇和城/乡居住区等。两个联邦直辖市则直接划分为市和区。

俄罗斯联邦宪法规定，地方实行自治。公民通过公投、选举以及其他直接表达民意的形式，并通过地方自治机关来行使地方自治权。地方公民独立地决定其自治机关的结构设置，地方自治区域的边界变动须取得相应地区民众的同意方可。地方自治机关应独立地管理地方的财产，编制、通过和执行地方预算案，确定地方的税收和收费，维护公共秩序，以及解决其他重要的地方问题。

三、联邦政府制度

俄罗斯联邦宪法规定，国家权力基于立法、行政和司法相分立的原则来行使，其中联邦总统和内阁掌握联邦行政权①，由联邦委员会和国家杜马两院所组成的联邦国会行使立法权，联邦法院则行使司法权。另外，俄罗斯还专设联邦宪法法院为违宪审查机构（宪法保障机构）。

（一）联邦总统与内阁

1. 总统

根据俄罗斯联邦宪法的规定，总统是国家元首，在国内外代表俄罗斯联邦，是俄罗斯联邦宪法以及人权和公民权的捍卫者。总统应根据宪法所规定的程序采取措施，捍卫俄罗斯的主权、独立与国家完整，保障国家权力机关协调地发挥职能并相互协作，并按照联邦宪法和法律制定国内外政策的基本方针。此外，尽管联邦宪法规定，联邦行政权由联邦内阁行使，但俄罗斯总统却是实际的行政首脑，这可以从其职权中看出来。因此，俄罗斯总统的主要职权就可以分作两方面来看：

（1）作为国家元首的权力，主要有：任免总统的全权代表，组建总统办

① 俄罗斯宪法上的直接用语是“政府”（Government）而非“内阁”，但为避免用语的混乱，本节在相应场合一律使用“内阁”一词。另外，联邦宪法明确规定行政权由联邦内阁行使，但实际上，联邦总统才是最高行政首脑。

公厅①。向国家杜马提出联邦中央银行行长的人选并提出将其免职的议题。向联邦委员会提出联邦宪法法院、联邦最高法院、联邦最高仲裁法院的法官以及联邦总检察长的人选以供任命，任命其他各级联邦法院的法官。决定实行赦免。调解联邦政府与联邦主体政府以及联邦主体政府之间的争端，如果调解不成，有权将争端提交相应法院来裁决。如果联邦主体的行政机关的行动与联邦宪法和法律或者联邦的国际条约发生了冲突，或者侵犯了人权与公民权利和自由，则总统有权中止该行动，直到相关法院作出裁决。解决俄罗斯联邦的国籍问题。解决给予政治庇护的问题。在与联邦国会协商后，任免俄罗斯驻外国和国际组织的外交代表，接收外交代表的召回国书。举行谈判并签署俄罗斯联邦的国际条约和协定。宣布国家杜马的选举，依法定程序解散国家杜马，向国家杜马提交法案，否决联邦国会所通过的法案，签署和公布联邦法律，每年向联邦国会作国情咨文报告。按照法律规定的程序，决定举行全民公投。宣布在俄罗斯联邦全境或部分地区实行戒严或紧急状态并立即将此决定通报联邦国会两院。授勋和授予荣誉称号，发布法令和命令（但不得与联邦宪法和法律相悖），签署批准文书。

（2）作为行政首脑的权力，包括：经国家杜马同意后任命联邦内阁总理，根据总理的提议任免副总理和部长，同意内阁提出总辞职的决定，也可以直接决定内阁总辞职。有权主持内阁会议，掌握联邦的外交政策。总统还是俄罗斯联邦武装力量的最高统帅，任免联邦武装力量的最高统帅部（Supreme Command），组成并领导联邦安全委员会②，批准联邦军事原则。

总统拥有豁免权，但如果总统被国家杜马指控犯有严重的叛国罪或其他重罪，则在联邦最高法院裁定总统的行动具备犯罪的要件，并且联邦宪法法院确

① 总统办公厅是总统的日常办事机构，其下设机构有：总统助理局，设若干名总统助理，协助总统工作；总统新闻局，协助总统制定新闻政策和管理新闻机构；国家法律管理局，协助总统制定有关法令和总统令；此外还有国籍问题委员会，妇女、家庭和人口问题委员会，慈善问题委员会，国家奖励委员会，人权委员会，政治镇压受害者恢复名誉委员会，体育运动协调委员会等。叶利钦在蝉联总统后，扩大了总统办公厅的权力。

② 联邦安全委员会是总统的咨询机构，其成员通常包括安全委员会秘书、国会两院议长、内阁总理、外交部部长、国防部部长、内务部部长、司法部部长、联邦反间谍局局长、对外情报局局长、民防事务和紧急状态以及消除自然灾害后果部部长等。秘书主持安全委员会的日常工作。与联邦安全委员会相关的还有一个国防委员会，成立于 1996 年 7 月 25 日，也是总统的常设咨询机构，负责研究军事建设，实施联邦安全委员会所制定的国防战略和政策，并起草相应决议。国防委员会由总统担任主席，内阁总理担任副主席。总统任命秘书，并批准其他组成人员。

认国家杜马遵守了提出指控的规则之后，联邦委员会就可以作出弹劾总统的判决。国家杜马提出对总统的指控，必须要有至少 1/3 的国家杜马议员动议，再由国家杜马所成立的特别委员会审议通过，最后经国家杜马全体议员的 2/3 同意，对总统的指控案才能成立。而联邦委员会也需以其全体议员的 2/3 同意，方可作出弹劾总统的决定。联邦委员会应在国家杜马提出指控后的三个月内作出决定，如果未能在此期间作出决定，则视为驳回了对总统的指控。

总统由全民直接选举产生，任期 6 年，连任不得超过两届。凡年满 35 周岁、在俄罗斯居住不少于 10 年的俄罗斯公民均有资格当选为总统。

根据联邦宪法和总统选举法（1995 年制定，2009 年修订）的规定，联邦委员会宣布举行俄罗斯总统选举，俄罗斯中央选举委员会（CEC）及其下属的各级选举委员会则具体负责筹备和实施，对公民选举权进行审核和监督，并统计和公布选举结果。

现任总统任期届满前的三至四个月内就应确定选举日，选举日为总统任期届满后的第一个星期日。

政党和选民均可提出总统候选人，由此分别形成政党候选人与独立候选人，但提名的条件十分严苛。就政党提名来说，只有在联邦委员会宣布举行总统选举之后依法进行登记的政党，才有资格提名总统候选人。而有资格进行登记的政党，必须要有至少 5 万名党员，在联邦 83 个地区（即 83 个联邦主体）中半数以上的地区都设有分部，且这些分部总共有至少 500 名党员，而且在其余的分部中有至少 250 名党员。这一登记条件从 2010 年以后将会逐渐放宽。从 2012 年起，有资格进行登记的政党，要求至少有 4 万名党员，在半数以上地区设有分部，且其中至少有 400 名党员，还在其余的分部中有至少 150 名党员。不过，那些在国家杜马中占有席位的政党（可称之为议会党），将自动获得提名总统候选人的资格。比如在 2008 年的总统选举中，统一俄罗斯（United Russia）、共产党（Communist Party）、自由民主党（Liberal Democratic Party）和公正党（Fair Russia）均作为议会党而自动地具备提名资格，但公正党却未提出候选人。另外，那些在 83 个地区中 1/3 的地区立法议会中均拥有席位的政党，也有资格提名总统候选人。除去这些议会党，其他政党若要提名总统候选人，就必须在将近一亿的选民中征集到 200 万份签名，并且在这些签名中，来自 83 个地区中同一个地区的签名不得超过 5 万份。在 2008 年的总统选举中，在非议会党中只有右翼力量联盟党（Union of Right Forces）才成功地提出了总统候选人，即前第一副总理涅姆佐夫（Boris Nemtsov），但后来他声称选举不公正，于是退出了竞选。不管是通过什么途径提名的，所有的政党候选人都必须持有所属政党给出的证明，并在宣布举行选举后的25日之内提交给中央选举委员会。对于由选民提出来的独立候选人来说，他们需要在正式宣布举行选举后的20天内，向中央选举委员会登记其支持团体，并且需要征集到200万份选民签名。在2008年的总统选举中，总共有11名独立候选人进行了登记，但有9名候选人未通过资格认证。

不管是政党候选人还是独立候选人，中央选举委员会都要进行审查，最终作出同意或拒绝登记的决定。对于中央选举委员会的决定，候选人可以向联邦最高法院提起上诉，联邦最高法院的判决是最终决定。在2008年的总统选举中，仅有5人成功地完成了各种提名手续，其中3人为政党候选人，两名为独立候选人，但是独立候选人、前总理卡西亚诺夫（Mikhail Kasyanov）由于征集了太多无效的签名，所以被中央选举委员会拒绝了。卡西亚诺夫并未向联邦最高法院提起上诉，只是从政治上进行了谴责。

获得中央选举委员会正式登记的总统候选人，每人可以有200名委托人帮助其进行竞选鼓动。竞选鼓动的期限从候选人获准登记之日起，到选举日前一天的当地时间零点为止。联邦国家机关、联邦主体的国家机关和地方自治机关以及相关的公务员，军队、军事机关和组织，慈善组织，教会，以及选举委员会的成员，都不得参与竞选鼓动或散发竞选材料。

中央选举委员会应在自选举日起的15日内确定总统选举的结果。如果有总统候选人获得半数以上的选票（根据总投票来计算，如表7-6所示），则当选为总统，如果没有人当选，则应在三周以后举行第二轮投票，由在第一轮选举中得票最多的两位候选人竞争，其中得票多的候选人即当选为总统。

表7-6 **2008年3月2日俄罗斯总统选举的最终结果**

总统候选人(所属政党)	得票	得票率(%)
Dmitry Medvedev(United Russia)	52,530,712	70.3
Gennady Zyuganov(KPRF)	13,243,550	17.7
Vladimir Zhirinovsky(LDPR)	6,988,510	9.3
Andrei Bogdanov(独立候选人)	968,344	1.3
合计(有效投票)	73,731,116	68.8(有效投票率)
无效投票	1,015,533	0.9(无效投票率)
总投票	74,746,649	69.7(投票率)
选民总数	107,222,016	—

注：表中候选人的得票率是根据总投票而非有效投票来计算的。

当选总统应在中央选举委员会正式公布选举结果之日起的第30天就职，而现任总统则行使职权直到当选总统就职为止。当选总统应在联邦国会两院议员和联邦宪法法院法官在场的情况下，向民众庄严宣誓。

在总统辞职、被解职或者因健康原因完全不能履职的情况下，联邦总理就将临时代理总统，但代理总统无权解散国家杜马、举行全民公决以及提出修宪案。在此情况下，总统选举应在总统权力提前停止行使后的三个月内举行。

2. 内阁

根据俄罗斯宪法的规定，内阁行使联邦行政权。内阁成员包括总理、副总理和各联邦部长。在这些成员中，总理是由总统在征得国家杜马同意后而任命的。新总统在上任后，或者总统在内阁总辞或在国家杜马否决总理人选后，都需要提出新的总理人选。如果国家杜马三次否决总理人选，则总统可直接任命总理，并解散国家杜马而重新选举。总理在获得任命后，应向总统提交联邦行政机关结构的建议，并向总统推荐副总理和各部部长的人选，由总统予以任命（或免职）。内阁可向总统提出总辞请求，由总统作出同意或反对的决定；总统也可以直接决定内阁总辞。

总理应根据联邦宪法和法律以及总统法令，决定内阁活动的基本纲领，并组织其工作。总统有权主持内阁会议，但通常是由总理来主持。总统代表可以出席内阁会议，各联邦主体的行政长官也可以列席会议。联邦宪法特别规定，如果内阁的行政法规和命令违反了联邦宪法、法律或总统令，则总统有权将其废除。

内阁的职权主要有：制定并向国家杜马提出联邦预算案并保障其执行，向国家杜马报告联邦预算的执行情况；确保在俄罗斯实行统一的金融、信贷和货币政策；确保俄罗斯在文化、科学、教育、卫生、社会保障和生态领域实行统一的国家政策；管理联邦财产；实施保障国家防御、国家安全和贯彻联邦对外政策的措施；实施保障法制和公民权利与自由、保护财产和社会秩序以及与犯罪现象作斗争的措施；由联邦宪法和法律以及总统令所赋予的其他职权。

内阁除了接受总统的最高领导，向总统承担责任外，还要向国家杜马承担政治责任。如果国家杜马通过了对内阁的不信任案，则总统可以决定内阁总辞职，也可以不同意国家杜马的决定。如果国家杜马在三个月内重提对内阁的不信任案，则总统可以宣布内阁总辞，也可以宣布解散国家杜马。总理也可以直接向国家杜马提交信任案以供表决，但如果遭到国家杜马的否决，则总统应作出内阁总辞或解散国家杜马而重新选举的决定。但是，在国家杜马被选出后的一年之内，在总统弹劾程序运行的期间，在俄罗斯全境实行戒严或紧急状态的时期，或者在总统任期届满前的6个月内，国家杜马均不得被解散。

（二）联邦国会

联邦国会是联邦政府的代议与立法机关，由联邦委员会（Federation Council，上院）和国家杜马（State Duma，下院）两院组成。

1. 联邦委员会

联邦委员会由各联邦主体分别选派的两名代表所组成，其中一名来自联邦主体政府的代议机关，另一名来自联邦主体政府的行政机关。俄罗斯现有83个联邦主体，故联邦委员会共有166名委员（议员）。联邦委员会在其成员中选举产生一名主席（议长）和若干名副主席（副议长）。

联邦委员会的职权主要是：批准联邦主体之间边界的变更；宣布举行总统选举，审理总统弹劾案，批准总统关于实行戒严和紧急状态的命令；任命联邦宪法法院、联邦最高法院和联邦最高仲裁法院的法官，任免联邦总检察长，任免审计院（Accounting Chamber）的副主席及其半数审计员；复审由国家杜马所通过的、涉及联邦预算、联邦税收和收费、金融、外汇、信贷与关税调节、货币发行、国际条约、联邦国界的状况与保卫以及战争与和平等问题的联邦法律；决定能否在俄罗斯境外动用联邦武装力量的问题。

2. 国家杜马

国家杜马由450名议员所组成，任期5年。根据2005年国家杜马议员选举法（2009年修订）的规定，全部议员均由选民按照比例代表制直接选举产生。也就是说，选举以全国为单一选区，各政党以名单方式提出候选人，并按得票比率在各政党之间分配议席。

俄罗斯总统宣布举行国家杜马选举，并由中央选举委员会及其下属的各级选举委员会具体负责筹备和实施。国家杜马届满后的第一个星期日即为选举日，从确定选举日到举行选举应不少于4个月。

在国家杜马议员的选举中，只有政党才能提出候选人，且这些政党必须根据2001年6月11日的政党法而进行登记。其他有关政党规模的条件，则与有资格提名总统候选人的政党相同，但不允许政党之间结成联盟。在2007年的国家杜马议员选举中，总共有11个政党获得了提名候选人的资格（即参选资格）：统一俄罗斯；共产党；自由民主党；公正俄罗斯：祖国、退休者、生活；俄罗斯农业党；雅博卢；公民力量；权利力量联盟；俄罗斯爱国者；社会公正党；俄罗斯民主党。对于每个有参选资格的政党来说，其候选人名单中可以包括有至多一半的非本党人士。每份政党名单上的候选人必须分组，包括一个由排名前三位的候选人所组成的全联邦组（all-federal group）和覆盖全联邦所有地区的至少 100 个地区组（regional groups）。另外，新选举法不再规定有效的选民投票率。

在分配议席时，按照新选举法的规定，那些得票率在 5%—7%之间的政党，首先分配议席。其中得票率在 5%—6%之间的政党各得一个议席，得票率在 6%—7%之间的政党各得两个议席。按此分配后所剩余的议席，再在其他得票率达到或超过 7%的政党之间，按照比例代表制的最大余数法进行分配。不过在 2007 年的国家杜马议员选举中，没有任何政党的得票率是在 5%—7%之间（见表 7-7）。

表 7-7　　**2007 年 12 月 2 日国家杜马议员的选举结果**

参选政党	得票	得票率（%）	议席	+/−
统一俄罗斯（Единая Россия）	44,714,241	64.30	315	+92
共产党（Коммунистическая Партия Российской Федерации）	8,046,886	11.57	57	+5
自由民主党（Либерально-демократическая Партия России）	5,660,823	8.14	40	+4
公正党（Справедливая Россия）	5,383,639	7.74	38	+1
农业党（Аграрная Партия России）	1,600,234	2.30	—	−2
民主党“雅博卢”（Российская Демократическая Партия “Яблоко”）	1,108,985	1.59	—	−4
公民权力（Гражданская Сила）	733,604	1.05	—	0
权利力量联盟（Союз Правых Сил）	669,444	0.96	—	−3
爱国者（Патриоты России）	615,417	0.89	—	0
社会公正党（Партия социальной справедливости）	154,083	0.22	—	0
民主党（Демократическая Партия России）	89,780	0.13	—	0
有效选票数	68,777,136	98.91	—	—
无效选票数	759,929	1.09		
总计（投票率 63.71%）	69,537,065	100.00	450	0
全部选民数	109,145,517	—	—	—

除去上述情况外，一个政党要有参加按比例代表制分配议席的资格，则其得票率必须达到7%，且此时必须至少有两个政党获得分配议席的资格，且它们的总得票率超过了60%。但如果得票率达到7%门槛的政党的总得票率等于60%或更少，则那些得票率未达到7%的政党也有分配议席的资格。这些得票率低于7%的政党将按其得票多少从高到低进行排列，直到参加议席分配的政党的总得票率超过60%为止。此外，如果有一个政党的得票率超过了60%，而且其他政党的得票率均低于7%，那么得票第二多的政党也有分配议席的资格。

根据新选举法的规定，当选议员不得改变其政党归属，否则就将自动丧失议员资格，而由原政党名单上排在其后的候选人递补，但当选议员可以退出政党而成为独立议员。

国家杜马在其议员中选举产生出一名主席（议长）和若干名副主席（副议长）。

国家杜马的主要职权是：同意总统对总理的任命，决定对内阁的信任投票；任免中央银行行长，任免审计院主席及其半数审计员，任免人权全权代表；准予大赦；对总统提出弹劾指控；在联邦宪法所授予的权限范围内通过决议，在联邦宪法未作特别规定的情况下，单独通过联邦法律，等等。

（三）法院体系

根据联邦宪法的规定，整个俄罗斯的法院体系由联邦宪法及其宪法性法律（即《俄罗斯联邦法院体系法》，1996年制定，2005年修订）来确立，并禁止建立特别法庭。具体来说，俄罗斯的法院体系包括联邦法院、宪法（或宪章）法院和联邦主体法院，其中属于联邦的法院有：联邦宪法法院；联邦最高法院，共和国、边疆区和州的最高法院，联邦直辖市法院，自治州法院，自治区法院，区法院，军事法院和专业法院；联邦最高仲裁法院、联邦地区仲裁法院（第二上诉审仲裁法院）、第一上诉审仲裁法院，联邦主体仲裁法院。在这些属于联邦的法院中，联邦宪法法院、联邦最高法院和联邦最高仲裁法院，只能根据联邦宪法的规定而设立和撤销，其他法院的设立和撤销则可以根据联邦法律而进行。属于联邦主体的法院包括：联邦主体的宪法（或宪章）法院、治安法院。联邦主体的宪法（或宪章）法院和治安法官职务的设立和撤销均由联邦主体来立法规定。其中，联邦主体的宪法（或宪章）法院负责裁决联邦主体的法律、联邦主体权力机关和地方自治机关所颁布的法规是否符合联邦主体的宪法（或宪章），并解释联邦主体的宪法（或宪章）。由联邦主体的宪法

(或宪章)法院根据其职权而作出的决定，其他法院不得重新审理。至于治安法官，则在其司法权限范围内，审理民事、行政和刑事的第一审案件。

从表面来看，俄罗斯的法院体系设置具有一些联邦制的色彩，但是《俄罗斯联邦法院体系法》却强调整个俄罗斯法院体系的统一性，这表现在：法院体系由联邦宪法和宪法性法律来规定；所有的联邦法院和治安法官均遵守联邦法律规定的诉讼程序；所有的联邦法院均适用联邦宪法和宪法性法律、联邦法律、公认的国际法原则与准则、国家条约，还有联邦主体的宪法（或宪章）和其他法律；生效的法院判决在全俄罗斯境内均具有强制执行力；立法保障法官地位的统一；联邦法院和治安法官的经费均由联邦预算来支付。

这里我们着重来看属于联邦的法院体系，这分为普通法院和专门法院两大类。

1. 普通法院

普通法院分为三级。联邦最高法院是普通法院的民事、刑事、行政和其他案件的最高司法机关。联邦最高法院相对于共和国、边疆区和州的最高法院、联邦直辖市法院、自治州法院、自治区法院、军事法院、舰队法院以及军舰和部队法院来说，是直接的上诉审法院。联邦最高法院在联邦法律所规定的情况下，也作为第一审法院审理案件。联邦最高法院还根据联邦法律所规定的程序，对普通法院以及军事和专业联邦法院，进行审判监督。最后，联邦最高法院负责对司法实践问题进行解释。

共和国、边疆区和州的最高法院以及直辖市、自治州和自治区的高等法院，在其司法权限范围内，可作为第一审和第二审法院。它们相对于各自辖区内的区法院来说，是直接的上诉审法院。

区法院在其司法权限范围内，作为第一审和第二审法院审理案件，并根据联邦宪法性法律的规定行使其他职权。相对于治安法官来说，区法院是直接的上诉审法院。

2. 专门法院

最主要的专门法院是仲裁法院，此外还有军事法院和其他专业法院等类型。其中仲裁法院主要负责解决经济纠纷案件。仲裁法院分为三级：联邦最高仲裁法院；联邦地区仲裁法院（第二上诉审仲裁法院）；第一上诉审仲裁法院和联邦主体仲裁法院。

联邦最高法院和联邦最高仲裁法院的法官均由联邦委员会根据总统的提名而进行任命，除此之外的其他联邦法官则由总统依法任命。所有法官均具有独立地位，只服从联邦宪法和法律。法官不可撤任，且除非根据联邦法律所规定的程序和理由，不得停止或者暂停法官的权力。法官还拥有豁免权，即除非根据联邦法律的规定，否则不得追究其刑事责任。另外，所有法院的资金只来源于联邦预算，联邦财政应确保法院充分而独立地行使司法权。

（四）联邦宪法法院

尽管俄罗斯联邦宪法和宪法性法律均将联邦宪法法院放在俄罗斯统一的法院体系中来进行处理，但其实它并不是一个普通的司法机关。根据《俄罗斯联邦宪法法院法》(1994 年制定，2005 年修订）的规定，联邦宪法法院是宪法监督机关，通过宪法诉讼程序独立行使司法权。

联邦宪法法院由 19 名法官所组成，由联邦委员会根据总统的提名而予以任命。凡品行端正、受过高等法律教育、有 15 年以上的法律工作经验、在法学领域具有公认的高级专业技术职称、年龄在 40 岁以上的俄罗斯联邦公民，均有被提名的资格。联邦委员会的成员、国家杜马议员、各联邦主体的立法（代议）机关、联邦的最高司法机关、联邦的法律主管部门、全俄法律联合会以及法律研究与教学部门，均有权向总统提出联邦宪法法院法官的人选。

联邦宪法法院的法官不得兼任联邦委员会、国家杜马及其他代议机关的议员，不得担任或保留其他国家机关的和社会的职务；不得从事企业经营活动或其他营利性活动。只是在不影响职责履行的情况下，可以从事教学、研究和其他创作活动，但未经联邦宪法法院许可，不得因此而随意缺席会议；无权在法院、仲裁法院或者其他机关中担任除法定代表人之外的辩护人或代理人职务，无权在获得权利和解除义务方面给予任何人以保护；不得参加任何政党与运动或提供物质上的帮助，不得参与政治运动、进行政治鼓动与政治宣传，不得参加国家机关和地方自治机关的选举派别，不得出席政党和运动的代表大会与会议，不得从事其他政治活动，甚至不得进入任何社会团体（即使这些团体并不带有政治目的）的领导层；无权在报刊和其他大众传媒上，或者当众发表讲话时，对有可能将在联邦宪法法院进行讨论、正在讨论或者正在进行讨论但却还未通过决定的问题，公开发表自己的看法。当然，联邦宪法法院法官自由表达公民个人意愿的权利以及在选举和全民公决中作为选民进行投票的权利，依然受到法律的保障。

联邦宪法法院法官具有独立性。首先，具有身份的保障。联邦宪法法院法官没有任期限制，实行终身任职制，只是不得超过 70 岁。在任职期间，除非依据法定的理由与程序，法官的职务不得被撤销，其职权不得被剥夺或中止，而且法官也具有豁免权，不受司法追究。其次，联邦宪法法院法官的独立性还有物质保障，这和普通法官是一样的。如果有法律规定给予联邦宪法法院法官更高的法律保护与社会物质保障，则以该法律的规定为准。不过，如果联邦宪法法院的法官违反《俄罗斯联邦宪法法院法》、联邦法官地位法以及由全俄法官代表大会所制定的法官道德法典，则联邦宪法法院可以对其进行纪律处分，包括予以警告和终止其职权。

在联邦宪法法院的全体会议上，法官以个人秘密投票的方式，按照相对多数当选制，从全体法官中选举产生一名院长、副院长和书记法官。他们均任期3年，可连选连任。

联邦宪法法院下设两院，分别由10名和9名法官所组成，均由抽签决定，但两院的所有成员均不得连续3年在同一院内任职，且院长和副院长不得在同一院内任职。

联邦宪法法院通过全体会议和两院会议，而对案件进行审议和审理。当有3/4以上的法官出席时，联邦宪法法院就可以开展工作。联邦宪法法院按照独立性、集体领导制、公开性、辩论制和权利平等的原则而运作。

根据联邦宪法和《俄罗斯联邦宪法法院法》的规定，联邦宪法法院的职权主要有：(1) 应总统、国家杜马、1/5的联邦委员会成员或者国家杜马议员、内阁、联邦最高法院、联邦最高仲裁法院、各联邦主体政府的立法和行政机关的要求，裁决下列法律文件是否符合联邦宪法：联邦法律，总统、联邦委员会、国家杜马或内阁所颁布的规范性文件，联邦主体的宪法或宪章，联邦主体所颁布的法律和法规，联邦与联邦主体以及联邦主体相互之间所签订的条约，尚未生效的联邦国际条约。(2) 裁决下列有关权限的争议：联邦国家机关之间的争议、联邦国家机关与联邦主体国家机关之间的争议，联邦主体最高国家机关之间的争议。(3) 根据公民就侵犯其宪法权利与自由的起诉以及法院的要求，审查在法院审理具体案件的过程中所适用或应该适用的法律的合宪性问题。(4) 应总统、联邦委员会、国家杜马、内阁或各联邦主体政府的立法机关的要求，解释联邦宪法。(5) 应联邦委员会的要求，裁决对总统犯有叛国罪或其他重罪的指控是否符合宪法所规定的程序。(6) 对其职权范围内的问题提出立法动议。(7) 由联邦宪法、联邦条约和联邦宪法性法律所赋予的其他职权。(8) 在不违反法律原则和不与其自身职责相冲突的情况下，可以行使由联邦国家权力机关和各联邦主体国家权力机关依据联邦宪法或所签订的权限划分条约而赋予联邦宪法法院的权力。

凡被联邦宪法法院裁定为违宪的法律或其条款即失去效力，而被裁定违宪的国际协议则不得予以施行。由联邦宪法法院全体会议和两院会议所通过的决定，统称为联邦宪法法院决定。在俄罗斯联邦全境内，所有的国家立法、行政与司法机关，地方自治机关，各企业、机关、组织、公职人员、公民及其团体，都必须执行联邦宪法法院的决定。

俄罗斯联邦宪法法院在组织、财政和物质技术等方面均独立于其他任何机关。联邦宪法法院的经费由联邦预算提供，并且应能保障其充分而独立地行使权力。为此，联邦预算每年应预留出供联邦宪法法院独自使用的资金，且联邦宪法法院的支出预算不能低于上一财政年度。

四、政治参与制度

俄罗斯联邦宪法专章对公民的权利和自由作出了规定。在政治参与方面，俄罗斯公民享有集会、游行、请愿、结社、选举、公投等权利。这里着重来看俄罗斯公民的政党结社情况。

目前俄罗斯有多党存在，但大党却寥寥可数，另外，俄罗斯政党的分化组合也比较频繁。根据 2007 年国家杜马议员选举和 2008 年总统选举的情况来看，现在俄罗斯可以说是一种一党独大的格局。

统一俄罗斯（Единая Россия，United Russia）无疑是俄罗斯的第一大党。该党不仅占据着国家杜马最多的议席（达到 70%），在联邦委员会中也占据最多席位，而且也是总统党。该党创建于 2001 年 12 月，由统一党（Unity）和祖国-全俄罗斯（Fatherland-All Russia）两党合并而成。统一俄罗斯在形式上由内政部长格雷兹洛夫（Boris Gryzlov）领导，而紧急状况与民防部长绍伊古（Sergei Shoigu）、莫斯科市长卢日科夫（Yuri Luzhkov）和鞑靼斯坦共和国总统夏米耶夫（Mintimer Shaimiev）为副主席。该党自称在 2007 年已有 150 多万名党员。该党将自己标为中间派，支持前任总统普京和现任总统梅德韦杰夫。

俄罗斯联邦共产党（Коммунистическая Партия Российской Федерации，Communist Party，КПРФ）是目前俄罗斯的第二大党，但远不能与统一俄罗斯相比。该党成立于 1990 年，1991 年 8·19 事件后被当局禁止活动，直到 1993 年才被允许恢复活动并参加选举。该党由久加诺夫（Gennady Zyuganov）领导。截至 2006 年，该党拥有党员 18 万多人。该党一般被认为是苏联共产党和布尔什维克的继承者。该党奉行爱国主义、共产主义、民主和社会主义政策，十年前曾经获得许多支持，但 2003 年以后已陷入颓势。

俄罗斯自由民主党（Либерально-демократическая Партия России，Liberal Democratic Party of Russia）是目前俄罗斯的第三大党，但也无法与统一俄罗斯相比。该党创建于 1989 年，由日里诺夫斯基（Vladimir Zhirinovsky）领

导。该党称其首要任务是“复兴强大的民主和繁荣的俄罗斯国家”。

最后一个进入国家杜马的政党，也是目前俄罗斯的第四大党，是公正俄罗斯（Справедливая Россия，Fair Russia）。该党成立于2006年，由生活党（Party of Life）、退休者党（Party of Pensioners）和祖国党（Motherland People's Patriotic Union）三个中左翼党派合并而成，全名为“公正俄罗斯：祖国、退休者、生活”（Fair Russia：Motherland，Pensioners，Life），合并后的党员人数达到了50万。该党现由联邦委员会主席、原俄罗斯生活党的领导人米罗诺夫（Sergei Mironov）领导。该党关注俄罗斯社会发展过程中所出现的问题，对社会问题有其独特的视角。

第三节 韩 国

韩国（한국）是大韩民国（대한민국）的简称，亦简称为南韩（남한）。① 韩国的国土面积为9.9万多平方公里，总人口4,900多万（2007年估计），首都为首尔（서울，旧称汉城）。韩国的国旗为太极旗：旗中央是红蓝色的太极图案，四周配以八卦图形。太极图中的红色代表阳，蓝色代表阴，阴阳合一代表宇宙的平衡与和谐。四角的卦象象征阴阳互相调和，还分别象征着正义、富饶、生命力和智慧。国旗底色为白色，象征韩国人民的纯洁和对和平的热爱。韩国的国徽正中为一朵盛开的无穷花，花的白色象征和平与纯洁，黄色象征繁荣昌盛。花的正中为红蓝色的太极图案。无穷花的外围环绕着一条白色饰带，上书“대한민국”（大韩民国）四字（见图7-3）。

一、韩国的形成与宪政史

在数十万年前，朝鲜半岛上就已有原始人类居住。一般认为朝鲜人是由生活在亚洲北部的阿尔泰语系民族逐渐迁移到朝鲜半岛而形成的。

1897年，朝鲜高宗国王在俄国的支持下称帝，成立大韩帝国，从此朝鲜改称为韩国。1906年，日本在首尔设立“统监府”，并于1910年迫使韩国签订《日韩合并条约》，设立朝鲜总督府，正式吞并朝鲜半岛，进行殖民统治。日本将韩国王室封为日本贵族，逼迫高宗退位，而拥立纯宗。从此时起一直到1945年“二战”结束，韩国一直处于日本的殖民统治之下。

① “韩（한）”在韩语中是“伟大”或“领袖”的意思，与“可汗”一词同源。

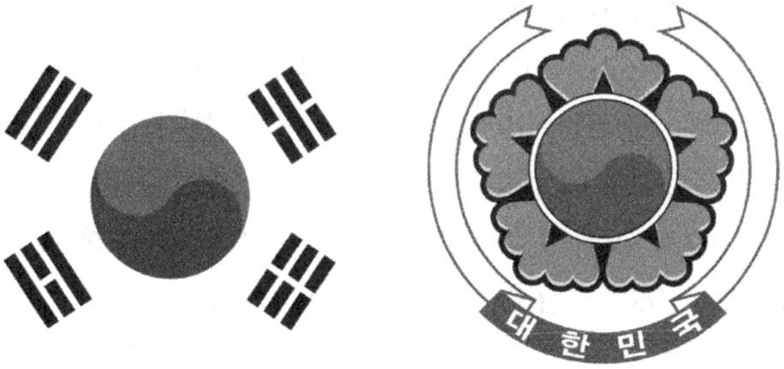

图 7-3　韩国的国旗与国徽

1919年3月1日，因日本禁止在学校内使用朝鲜民族语言，韩国人展开大规模的反抗活动，柳宽顺等青年学子在汉城的塔洞公园发表了“三一独立宣言”，由此引发“三一运动”。同年，韩国独立运动领导人先后在海参崴、上海和首尔成立临时政府，最后，三处临时政府于上海合并为“大韩民国临时政府”。临时政府得到了由孙中山所领导的“中华民国”护法政府以及法国、波兰等国的承认。1939年上海沦陷后，临时政府几经迁移，最终于1940年迁至重庆。在“中华民国”政府的帮助下，韩国复国运动人士在中国成立了“韩国光复军”和“朝鲜义勇队”。太平洋战争爆发后，临时政府亦向日本宣战。1942年，中国军事委员会决定将两支武装力量合并为韩国光复军，交由韩国临时政府直接统辖。1945年日本投降后，韩国临时政府迁回国内，光复军也于次年返国。

日本投降后，按照《雅尔塔协议》，朝鲜半岛以北纬38度线（三八线）为界，分别由苏联和美国军队接收。三八线以南由美军控制，以北则建立了共产党政权。1947年秋，美国在联合国提出朝鲜半岛问题，联合国随后通过一项决议，要求朝鲜半岛举行自由大选，待政府选出后，外国占领军即行撤离。但到了1948年，仅有南部举行了选举，于是在8月15日，大韩民国宣布成立；而北部则在苏联的支持下，于9月9日由金日成宣布成立朝鲜民主主义人民共和国。朝鲜半岛由此正式分裂，直至今天。

严格说来，韩国的宪政历程只是从“二战”后才开始的，而在此之前，韩国人所面临的更多的是民族独立问题。韩国的第一部宪法是于1948年7月17日通过的，此后被多次修改过，其中包括五次大规模的修改。据此，习惯上将1948年以后的韩国依次称为第一至第六共和国。在第一共和国时期，总统李承晚（1948—1960年在任）为寻求继续掌权而分别于1952年和1954年进行修宪。李承晚在1960年的“4·19革命”中下台，过渡政府随后进行了修宪，韩国进入第二共和国时期。1961年，军人朴正熙等人发动“5·16军事政变”而上台，并于1962年进行修宪，韩国进入第三共和国时期。为谋求继续掌权，总统朴正熙（1961—1979年在任）又分别于1969年和1972年进行修宪。1972年修宪后形成了所谓的“维新宪法”，从而结束了第三共和国而开启了第四共和国。1979年朴正熙被暗杀，随后军人全斗焕发动军事政变而上台成为总统（1980—1988年在任），并于1980年进行修宪，韩国进入第五共和国时期。经过反对力量施压，韩国于1987年10月27日再度通过新宪法，从而进入第六共和国时期。这是韩国最后一次进行修宪，从而形成了现行的韩国宪法。

尽管韩国自1948年立国之后政局多变，宪法亦被多次修改，但从总体上来看，韩国人并未放弃宪政的目标，国家的宪政制度框架也从未被彻底破坏，这就使得韩国能够在总统威权体制的基础上持续改进，直至最终确立和巩固宪政民主制度。

二、国家结构制度

韩国实行单一制，全国划分为8个道（도）、一个特别自治道（특별자치도，即济州道）、6个广域市（광역시）和一个特别市（특별시，即韩国的首都首尔市）。其下的二级行政区划为市、郡、区，三级行政区划为洞、统、班。另外韩国又从地理上分为六个地区。这当中，道是一个沿袭已久的传统的行政区划单位，发端于高丽王朝时期，当时全国分为8道。到朝鲜王朝末期的1896年，8道又被拆分为13道，这就是现在朝鲜半岛行政区划的基础。广域市相当于中央直辖市，但1991年以后逐渐成为韩国的地方自治团体。只有人口在100万以上的大城市才可以设为广域市（见表7-8）。

现行韩国宪法第8章确立了地方自治的原则。据此规定，地方政府负责处理与当地居民福利有关的行政管理事务，管理财产，并可在法律和法规的范围内制定有关地方自治的规定；地方政府设立民选的议会和民选的行政首长。有关地方自治的详情，则由韩国国会制定的地方自治法来予以规定。

韩国从立国之日起便在宪法中确立了地方自治的原则，并于1949年通过了地方自治法。但到1961年，地方议会为军政府所撤销，地方自治遭到废止，直到1988年才恢复，并修订了地方自治法。1991年，韩国举行了地方议会选举，1995年又举行了地方行政长官的选举。

表 7-8 **韩国的行政区划**

地区	一级行政区划	首府	二级行政区划
京畿	首尔特别市（서울 특별시）	中区	25 区
	京畿道（경기도）	水原	27 市 4 郡 13 区
	仁川广域市（인천 광역시）	南洞区	8 区 2 郡
江原	江原道（강원도）	春川	7 市 11 郡
全罗	全罗北道（전라 북도）	全州	6 市 8 郡 2 区
	全罗南道（전라 남도）	务安市	5 市 17 郡
	光州广域市（광주 광역시）	西区	5 区
庆尚	庆尚北道（경상 북도）	大邱广域市	10 市 13 郡 2 区
	庆尚南道（경상 남도）	昌原	10 市 10 郡 2 区
	釜山广域市（부산 광역시）	莲堤区	15 区 1 郡
	大邱广域市（대구 광역시）	中区	7 区 1 郡
	蔚山广域市（울산 광역시）	南区	4 区 1 郡
忠清	忠清北道（충청 북도）	清州	3 市 8 郡 2 区
	忠清南道（충청 남도）	大田广域市	6 市 9 郡
	大田广域市（대전 광역시）	中区	5 区
济州	济州特别自治道（제주특별자치도）	济州	2 市

三、中央政府制度

根据韩国宪法的规定，中央政府设总统作为国家元首，同时又设内阁，在总统的最高领导下掌握行政权；设一院制的国会掌握立法权；设独立的法院体系掌握司法权。此外还设宪法法院作为专门的宪法监督机构（宪政维护与保障机构）。

（一）总统与内阁

根据韩国宪法，总统是国家元首，对外代表整个国家。总统有义务维护民族独立、领土完整、国家的连续性和宪法，以及争取国家的和平统一。总统缔结和批准条约，派遣和接受外交使节，宣布战争或媾和，依法授勋和颁发嘉奖令，依法实施大赦、减刑和恢复权利。总统有权依照宪法和法律的规定任免公职人员。总统可以出席国会并发言，或向国会发表书面咨文。对于国会立法，总统有否决权，但宪法并未授予总统解散国会的权力。总统认为必要时，可将外交、国防、国家统一和其他有关国家安危的重大政策，交付国民投票表决。在发生内忧外患、自然灾害或重大的财政经济危机，总统认为有必要采取紧急措施而又无暇等待国会召开会议时，为维护国家安全和公共秩序，总统可采取最低限度的必要的财政经济措施，或者发布具有法律效力的命令；在处于危及国家安全的重大交战状态，总统认为有必要采取紧急措施而又无法召开国会时，为保护国家，总统可以发布具有法律效力的命令。在这两种情况下，总统都应立即通知国会，并获得国会的同意。在遇到战争、事变或类似的国家紧急状态，需动用兵力以满足军事需要或者为了维护公共安全与秩序时，总统可依法宣布戒严，这时总统应立刻通知国会，而当国会半数以上议员投票通过，要求解除戒严时，总统应遵照执行。

总统同时也是行政首脑，韩国宪法第 66 条明确规定，行政权授予以总统为首的行政部门。总统经国会同意后任命内阁总理，并根据总理提议任免国务会议（即内阁）的其他成员。总统全权领导国务会议、各类咨询机构和行政部门。总统还是全国武装力量的总司令，统帅军队。

总统依法采取的行动须以书面形式付诸实施，由此形成的文件由总理和其他相关的阁员副署，军事事务亦如此。

总统除非犯有内乱或叛国罪，否则在职期间就不受刑事追诉。但若总统在执行公务的过程中违反宪法或法律，则国会可对其提出弹劾动议。只有过半数的国会议员联合，才能提出对总统的弹劾动议，且须获过 2/3 的议员赞成方可通过。一旦国会通过弹劾案，宪法法院将立即进行审理，同时总统将暂停行使职权，直到宪法法院作出判决。对总统弹劾案的判决仅以罢免公职为限，但并不因此而免除其民事或刑事责任。2004 年 3 月 12 日，总统卢武铉遭到国会弹劾，这是韩国宪政史上第一起总统弹劾案。

韩国总统任期 5 年，不得连任，由选民直接选举产生。凡具有当选为国会议员资格的、选举时年满 40 岁的韩国公民，均有资格当选为总统。政党和选民均可以提出总统候选人，分别称作政党候选人和独立候选人。总统选举以全国为一个选区，实行相对多数当选制，即获得最多有效选票的候选人即当选为总统；但如果总统候选人只有一个，则其得票数必须至少达到全部选票的 1/3 方能当选为总统；若有至少两人获得了相同的最多选票，则由半数以上议员出席的国会通过召开公开会议，从中进行选择，得票最多者即当选为总统。韩国现行宪法不设副总统，因此当出现总统伤残、死亡或遭弹劾的情况时，就由总理或其他国务会议成员来临时代理总统之职。

总统之下设有内阁，即韩国宪法上所规定的“国务会议（State Council）”，总统主要通过国务会议来行使其各项权力。国务会议由总统、总理和15—30人的其他国务会议成员所组成，由总统担任主席，总理担任副主席。其中，总理是由总统经国会同意后而任命的，其他成员则经总理提议而由总统任免。总理还从国务会议的其他成员中提名各部部长，由总统任命。现役军人不得被任命为总理和其他国务会议成员。总理协助总统，统辖行政各部，其他成员也协助总统。

国务会议主要负责审议以下一些事务：国家事务的基本规划和行政总政策；宣战、媾和和其他重要的对外政策；宪法修正案、国民投票案、条约、法律和总统令；预算、决算、处理国有财产的基本计划，承担国家财政责任的契约，其他重要的财政事务；总统的紧急命令、紧急财政经济命令及其处理、戒严令及其解除令；重要的军事事务；召开国会临时会议的要求；荣誉称号的授予；赦免、减刑和恢复权利；行政各部的权限划分；在行政部门内部授予或分配权力的基本计划；对国家行政事务的评估和分析；行政各部重要政策的规划与协调；解散政党；向行政部门提出的、与政策有关的请愿及其答复；任命总检察长、参谋长联席会议主席、各军总参谋长、国立大学校长、驻外大使和其他由法律所规定的公职人员以及重要的国营企业管理者；由总统、总理或其他阁员所提出的其他事项。

内阁既向总统负责，又受国会监督，接受国会的调查和质询。总理、内阁成员或代表，也可以出席国会及其委员会的会议，报告行政工作情况或者陈述意见。由1/3的国会议员提议，并经半数以上议员赞成，国会可向总统建议解除总理和其他内阁成员的职务。总理、其他阁员和各部部长，若在执行公务的过程中违反宪法或法律，则1/3的国会议员就可对其提出弹劾动议，经半数议员同意通过后，即交由宪法法院审理，此时他们将暂停行使职权直至宪法法院作出判决。弹劾判决仅以免职为限，但并不因此而免除其民事或刑事责任。

除去国务会议，总统还通过元老咨议会（Advisory Council of Elder Statesmen）、国家安全委员会（National Security Council）、民主与和平统一咨议会（Advisory Council on Democratic and Peaceful Unification）、国民经济咨议会（National Economic Advisory Council）等咨询机构，以及审计检查委员会（Board of Audit and Inspection）、国家情报委员会、中央人事委员会等由总统直接控制的部门，来行使各项职权。这些部门的成员多由总统任命产生，其中元老咨议会的主席可由上届总统来担任，国家安全委员会则由总统自己担任主席，而总统任命审计检查委员会的主席须得到国会的认可。

（二）国会

韩国国会实行一院制。宪法规定国会的人数由法律来具体规定，但应不少于200人。根据国会于1994年所制定的统一的《公职选举法》(2009年最新修订）的规定，现在韩国国会的议员已由2004年的273人增加到299人。国会议员任期四年，由选民按两票制直接选举产生。首先，绝大部分议员（现为245名）从单选区中选举产生。单选区应限定在道/市的范围内，再结合人口、行政区划、地理、交通等条件来进行划分，一般不打乱区/市/郡的界限，每个道/市应至少划分为三个单选区。政党和选民均可以在单选区内提出候选人，前者为政党候选人，后者为独立候选人。选民在这些候选人中选择一位进行投票。在一个单选区内，获得最多有效票的候选人即当选为议员；如果获得相同最多有效票的候选人有两个或更多，则年长者当选；如果到投票日只有一个候选人，则不再进行投票，该候选人直接当选。其次，其余的少量议席（现为54个）以全国为一个选区，由各政党按比例代表制分配。这时只能由政党提出候选人，选民则对政党名单进行投票。只有获得至少3%的有效票，或者获得至少五个单选区议席的政党，才有分配议席的资格。有分配资格的各政党则根据其得票率（按其得票数除以全部有资格分配议席的政党的总得票数来计算)、按最大余数法来分配议席（如果余数相等，则由抽签决定)。韩国国会设一名议长和两名副议长，从其议员中选举产生。

韩国国会最重要的权能是立法。议员和行政部门均有权提出立法案（总统或半数以上的国会议员还有权提出修宪案)，由国会进行审议和表决（对于修宪案，国会须以2/3的多数议员赞成方可通过，而后还要提交全民公决)。国会的第二项重要权能是立法决定税收的种类和税率，审议和决定国家的预算案，同意行政部门发行公债或缔结会增加预算外的财政负担的合同。此外，国会还有权审批有关互助或双边安全的条约、重要的国际组织的条约、限制国家主权的条约、和平条约、有关立法事务的条约、会对国家或人民施加重要的财政负担的条约以及友好、通商和航海条约等，有权批准宣战、向国外派遣武装力量以及外国军队在本国境内驻扎，有权检查国家事务或者调查国家事务中的特定问题。最后，国会有权监督内阁，有权建议总统解除总理和国务会议成员的职务，并掌握对总统、总理、阁员、各部部长、宪法法院的法官、普通法官、中央选举管理委员会的委员、审计检查委员会的委员以及其他由法律所规定的公职人员的弹劾权。除总统外，国会对其他人员的弹劾，须由国会1/3的议员提出动议，并经过半议员同意方能通过。

（三）法院

法院掌握司法权。韩国设置统一的法院体系，不允许存在地方性的独立法院体系。韩国的法院体系包括最高法院、高等法院（或称上诉法院）和地区法院三级，还有作为专门法院的专利法院、家庭法院、行政法院和军事法院。

最高法院设在首尔，由 14 名大法官组成，其中包括一名首席大法官。首席大法官由总统经国会同意后而任命，任期 6 年，不得连任。其他的大法官由首席大法官推荐，总统任命，任期 3 年，可连任。最高法院有权对行政法规、规章或行动的合法性或合宪性作出最终的审查，并受理高等法院、地区法院、家庭法院和军事法院的上诉案件。

高等法院共有 5 所，分别设在韩国的 5 个大城市，每所高等法院由 3 名法官所组成。高等法院受理地区法院和家庭法院的上诉案件，并且只有高等法院才能对由个人或团体所提出的、控告政府的行政诉讼案件作出判决。

地区法院分别设在韩国的 13 个大城市。地区法院对大多数案件都拥有初审权，一般由一名法官主持审判。汉城以外的地区法院还在其辖区内承担行政法院的职能。各地区法院之下还设有分支法院和市法院，但仅限于审理轻微的案件。

在专门法院中，专利法院负责审查专利局所作出的决定，是一个受理专利上诉案件的中级司法机构，而最高法院是裁决专利纠纷的终审法院；家庭法院审理婚姻、少年和其他家庭案件；行政法院只受理行政案件；军事法院负责审理军队成员及其文职雇员犯罪的案件，军事法院所审理的案件应向最高法院上诉。

除最高法院大法官以外的其他所有法官，在经最高法院司法会议（Conference of Supreme Court Justices）同意后，由最高法院的首席大法官任命产生，任期 10 年，可连任，但有退休年龄限制。所有法官仅遵守宪法和法律，依其良心独立行使司法权，有身份的保障。

（四）宪法法院

宪法法院是在第六共和国时期才建立起来的，这是一个专门的宪政保障机关。宪法法院由 6 名法官所组成，由总统任命产生，其中 3 名是从由国会所挑出的人选中任命的，另有 3 名则是从由最高法院首席大法官所提名的人选中任命的。宪法法院的院长由总统在得到国会同意后，从宪法法院的法官中任命产生。所有法官任期 6 年，可连任。宪法法院的法官不得加入任何政党或参加政治活动。除非遭到弹劾或者被判决监禁以上的刑罚，宪法法院的法官不得被免职。

宪法法院有权应法院的请求，裁决法律是否违宪；还有权审理弹劾案，审理解散政党案，裁决中央国家机关之间、中央国家机关与地方政府之间以及地方政府之间的权限纠纷，以及审理有关宪法的申诉，以捍卫宪法和保护国民的基本权利。

宪法法院在作出某项法律违宪、弹劾成立、解散政党或认可有关宪法的申诉的决定时，必须要有 6 名以上的法官赞成方可。

四、政治参与制度

根据韩国宪法，韩国公民享有集会、结社、请愿、选举、担任公职、全民公投等政治权利。这里着重来看政党结社的情况。对此，韩国宪法专门规定，允许自由成立政党，保障多党制；政党的目标、组织和活动应符合民主原则，并应具有必要的组织形式，以便国民参与政治，表达其政治见解；政党受国家保护，可依法获得由国家提供的活动资金补助，但如果一个政党的目的或活动违背了基本的民主秩序，则内阁可提请宪法法院将其解散，政党得依宪法法院的裁决而解散。

韩国现在有多个政党存在，各党分化组合比较频繁且复杂。从韩国总统选举和国会选举的情况来看，目前在韩国最有影响的大党只有两个，即大国家党和民主党。

大国家党（한나라당，Grand National Party）成立于 1997 年，是由各种保守政党合并而成的，该党最早可追溯到 1963 年的民主共和党（Democratic Republican Party）。1980 年，该党重建并更名为民主正义党（Democratic Justice Party）。1988 年，该党成员卢泰愚引入了广泛的政治改革，包括总统直选和制定新宪法。1993 年，该党与其他政党合并组成民主自由党（Democratic Liberal Party），1995 年更名为新韩国党（New Korea Party），最后在 1997 年与更小的民主党（Democratic Party）和各种保守政党合并之后，更名为现在的大国家党。3 个月后，随着中间改革派民主党（Centrist Reformists Democratic Party）的成员金大中当选为总统，大国家党首次成为反对党，并从此丧失执政地位达 10 年。不过在 2000 年的国会选举中，该党保持了国会第一大党的地位（在 271 个议席中占据 147 个）。2004 年，由于国会弹劾总统卢武铉未获成功，该党在国会选举中遭遇失败（在 299 个议席中仅占 121 个），这是大国家

党在其历史上首次未能在国会中赢得最多席位。在 2008 年的选举中，该党再次赢回国会第一大党的地位，并且在前一年所进行的总统大选中，该党成员李明博成功当选为总统，从而结束了该党作为反对党的 10 年历史。大国家党主张自由市场经济、小政府、自由贸易、低税收和企业家精神，主张维持与美国和日本的牢固联盟关系，强烈要求审查北韩损害人权的状况。大国家党的现任主席是郑梦准，其他知名的从政党员有现任总统李明博和前总理韩升洙。

民主党（민주당，Democratic Party）的前身是2003 年成立的“我们的党”（Uri Party，或称“我们的开放党”），这是一个由当时在新千年民主党（Millennium Democratic Party）① 内忠于卢武铉的成员所组建的政党，那时大国家党也有成员加入，这些人寻求完成政治改革。在 2004 年的国会选举中，该党成功地成为国会的第一大党（在 299 个议席中占据 152 个）。到 2007 年，该党决定解散，而与一个新创建的自由党派，即大统合民主新党（United New Democratic Party）合并。2008 年 2 月 17 日，大统合民主新党又重新与民主党（Democratic Party，即从前的新千年民主党，2005 年改名为民主党）合并，从而形成为统一民主党（United Democratic Party）。2008 年 7 月，统一民主党更名为现在的民主党。民主党现在是国会中的第一大在野党，其现任党主席为丁世均。

① 该党建立于 1995 年，是随着金大中重返政治舞台而建立起来的，当时名叫新政治国民大会（National Congress for New Politics）。2000 年时，该党与新人民党（New People Party）合并后，更名为新千年民主党。

第八章
总统制国家之比较

在前面几章，我们以美国、法国、巴西、俄罗斯和韩国为例，介绍了总统制国家的政治制度状况。同样，在这些国家中，没有任何两个国家的政治制度是完全一样的，但它们之所以被统称为总统制国家，是因为它们的政府制度存在一些共性——这就是总统制的一般模式。下面我们就通过比较，来概括一下这个一般模式，同时也指出各总统制国家在政府制度上的一些主要差异。需要指明的一点是，这里的比较和概括都仅以各国的全国性政府为基准，而未涵盖各国的区域性政府。不过按照第四章所提出的兼容性定律，大多数总统制国家的区域性政府仍是总统制模式，只有像法国、俄罗斯等少数国家例外，但其区域性政府制度和全国性政府制度均属于宪政民主制度的范畴，因而能够相互兼容。除去政府制度，对于总统制国家政治制度的其他方面，我们将放在第三编进行综合比较。

一、总统制的一般模式

概括来说，所有的总统制国家，其政府制度（政体），即总统制的一般模式是：政府制度设计遵循分权制衡的原则；作为国家元首的总统同时掌握行政权，是宪法明确规定或未明确规定的最高行政首脑；总统由选民直接或间接选举产生（绝大多数总统制国家都实行总统直选，只有美国等极少数国家实行间接选举，但实际上和直接选举相当），但一定不是由掌握立法权的国会选举产生的；总统有任期限制，并受立法、司法等其他政府机关的权力制约，但无需对作为立法机关的国会负责。对此一般模式，我们需作以下一些说明：

第一，这里所概括的总统制的一般模式，是仅仅针对宪政民主国家来说的。对于那些非宪政民主的国家来说，尽管其中有相当多的一些国家也设有总统，而且总统既是国家元首，又掌握行政实权甚至更多的实权，甚至有时也举行总统选举，但这些国家却并非我们这里所说的总统制国家，因为：一则，这些国家的总统多是通过军事政变的方式而上台的，即使举行总统选举，那也是虚假的；二则，这些总统均不服从任期限制，除非被推翻，或者在国内民众或国际社会的压力下被迫下台，甚至是自然死亡，否则他们就将一直掌权下去；三则，这些总统也不服从分权制衡的原则，他们不但不受其他政府机关的权力制约，甚至反过来支配和控制其他政府机关。所以在这些设有总统的国家里，总统不过是集权专制独裁的传统君主的现代名词，这些国家并非我们这里所说的总统制国家。

第二，在宪政民主国家中，总统制是相对于议会制而言的另一种政体形式具有如下特征：(1) 在议会制国家，国家元首与行政首脑通常是分开的，而且国家元首也通常是虚职，但总统制国家的国家元首与行政首脑在实际上是合一的，并且是实职。(2) 在个别议会制国家，如瑞士和南非，尽管国家元首与行政首脑是合一的，且是实职，但它们的国家元首和行政首脑由作为立法机关的议会选举产生，而非由选民直接或间接选举产生，而总统制国家的总统（作为国家元首和行政首脑）则一定是由选民直接或间接选举产生的，而决不是由立法机关选举产生的。(3) 有些议会制国家的国家元首是世袭的无任期限制的君主，但总统制国家的国家元首（总统）一定是由选举产生且有任期限制的。(4) 在议会制国家，掌握行政实权的内阁（或瑞士那样的委员会）必须对作为立法机关的议会负责（尽管负责的形式多样），但在总统制国家，总统既掌握行政实权，也无需向立法机关负责。

第三，在总统制国家，总统既是国家元首，又是掌握行政实权的行政首脑，但在有的总统制国家，比如法国、俄罗斯和韩国，总统之下还设有以总理为首的行政内阁，并且总理也通常被视为是行政首脑（这被称作“双首脑制”），那么这是不是打破了总统制的一般模式呢？不是。因为我们仔细比较后就可以发现，在这些设有以总理为首的行政内阁的总统制国家，其实总统才是最高的行政首脑。如果说总理是行政首脑，那只不过是相对于其他内阁成员或各部部长来说的，他只是首席阁员或首席部长，但总统之为行政首脑，却是相对于整个内阁来说的，从而有最高的地位，是最高的行政首脑。总统作为最高行政首脑的地位表现在很多方面，比如说，不管是在法国、俄罗斯还是在韩国，总理均是由总统来任命的，其他阁员则由总统根据总理的提议而任免，俄罗斯总统甚至可以直接决定内阁总辞职；在这些国家，总统均有权主持内阁会议。此外，法国总统有权签署由内阁会议所决议的条例和命令；俄罗斯总统有权发布总统令，规范内阁的基本活动和组织，并有权废除由内阁制定的违反联邦宪法、联邦法律或总统令的行政法规和命令；韩国宪法则直接规定，行政权授予以总统为首的政府行政部门，总统全权领导内阁。可见在这些实行双首脑制的总统制国家，无论其宪法的规定是明确或含混，总统作为最高行政首脑的地位和权力还是清晰可辨的。

第四，所有总统制国家的政府均按照分权制衡的原则，除设置掌握行政权的总统外，还设置作为立法机关的国会。绝大多数总统制国家的国会均是两院制，只有韩国等少数国家实行一院制。从国会的设置、权能与运作各方面来看，总统制国家与议会制国家的差别并不大。如果说有差别的话，那主要是：(1) 总统制国家的国会（两院制情况下的下院）不掌握有令以总统为首的整个政府行政部门对其负责的权力，比如令其作报告，对其进行信任或不信任投票，等等。但是，在法国、俄罗斯和韩国这些总统制国家里，国会（两院制情况下的下院）却掌握有令以总理为首的行政内阁对其负责的权力（当然在韩国，这种负责的意味较弱）。(2) 在所有的总统制国家中，国会均掌握有弹劾总统的权力（在美国、巴西和俄罗斯，弹劾动议由国会下院提出，上院进行审理，但俄罗斯的联邦最高法院和联邦宪法法院也会参与到这个过程中来；在法国，国会任何一院均可以提出弹劾动议，并由两院组成高等法院进行审理；在韩国，国会提出弹劾动议，由宪法法院进行审理），并且对行政各部也有监督权。(3) 所有总统制国家的总统均有立法否决权，俄罗斯总统甚至还有立法提案权，而在法国、俄罗斯等国，总统还有解散国会下院的权力。

第五，在司法方面，所有总统制国家均奉行司法独立原则，由法院掌握司法权。不过在具体操作方面，相互之间又存在较大的差异，这就跟议会制国家的情况一样。首先，在法院体系的设置方面，联邦制国家和单一制国家之间存在较大差异。美国、巴西等联邦制国家，设有联邦和各州两套法院体系，相互之间基本独立，只有俄罗斯是例外，更加强调司法体系的统一性。而诸如法国、韩国等单一制国家，司法体系全国统一，不过法国又有特点，就是普通法院与行政法院分开，自成体系。其次，在法官的人事管理方面，美国、巴西、俄罗斯和韩国基本上是一个模式，即总统掌握法官的任命权（经国会或国会上院同意），但韩国有一点不同，即除最高法院大法官以外的其他法官不由总统任命，此外巴西的国家司法委员会也承担着重要的法官人事管理职能。而对于法国来说，以总统为首的高等司法委员会在法官的人事管理方面具有重要的作用。① 最后，在法院的权能方面，尽管普通司法无疑是各国法院最主要的权能，但美国和巴西的联邦最高法院还掌握违宪审查权，实际上韩国的最高法院

① 还有，美国许多州的法官都是由选民直接选举产生的。

也掌握部分的违宪审查权。另外，俄罗斯的联邦最高法院还参与总统弹劾案的运作过程，而法国的行政法院同时还是内阁的法律咨询机关。

第六，各总统制国家均建立了违宪审查制度，只不过在美国、巴西等国，实行的是司法审查制度，由普通法院承担违宪审查的权能，而除此之外的法国、俄罗斯、韩国等国，则建立了专门的违宪审查机构，即宪法委员会或宪法法院。另外，俄罗斯的联邦宪法法院还参与总统弹劾案的运作过程，而韩国的宪法法院则直接审理对总统和内阁成员的弹劾案。

二、总统制的亚类型：分权总统制与超级总统制

在政体上，各总统制国家之间不仅具有共性，而且也具有许多差异性，其中一种显著的差异性，即总统之下是否还设有以总理为首的行政内阁，让我们可以将总统制国家的政体形式分为两种基本的亚类型，即分权总统制和超级总统制。①

分权总统制国家以美国为代表，也可称之为美式总统制，目前主要分布在美洲，如巴西等国，在亚非和大洋洲也有一些国家效仿这种模式。这也是总统制最初所出现的形式。分权总统制国家的政体严格按照三权分立制衡的原则来设计和运作，其中总统既是国家元首，又是行政首脑，直接掌握行政权和行政部门，其下不设以总理为首的行政内阁（包括副总统在内的各部部长有时也被统称为内阁，但这只是非正式的称谓，而非正式的政府机构），国会则掌握立法权，法院掌握司法权（含司法审查权），三者之间地位均等，相互平行分权同时又相互制衡。比如说，总统作为国家元首和行政首脑，掌握立法否决权，反之，国会掌握弹劾总统并审理弹劾案的权力；司法独立，但法官由总统经国会上院同意后而予以任命，同时，法院掌握司法审查权，从而对总统和国会都形成权力制约。

总体来看，分权总统制的设计简洁明了，但超级总统制则不然。超级总统制以法国为代表，亦可称之为法式总统制，目前主要分布在欧亚大陆上，如俄罗斯、韩国等。超级总统制是结合了议会制的一些制度要素而形成的一种新形式的总统制。一般认为是法国（1958 年的第五共和国）开创了超级总统制，实际上，1947 年“中华民国”宪法所确立的正是超级总统制，这可能是世界上最早形成的超级总统制了（当然现在来看，这也可能是最弱意义上的超级

① 参见古洪能：《论分权总统制与超级总统制的区分》，载《太原师范学院学报》2008 年第 6 期。作者当时在文中对于南非的政体分类颇为犹疑，而暂时将其放在总统制国家之列，现在应予更正。南非其实是一个议会制国家。

总统制）。另外在理论界，一般把超级总统制称作半总统制、双首长制、混合制等，而少有将之称为超级总统制的，并且对于这种政体形式的归类也存在争论。有些人认为这是独立于总统制与议会制之外的第三类政体形式，还有些人则倾向于认为这是议会制的变体形式。在我们看来，上述观点均不能成立，超级总统制实际上还是属于总统制类型，只是与原初的分权总统制形式相比有一些差异，因而是一种新形式的总统制。

首先，超级总统制完全符合总统制的一般模式，但却与议会制模式格格不入。比如说，大多数议会制国家的国家元首与行政首脑都是分开的，前者为虚职，后者为实职，但超级总统制国家的总统既是国家元首，又是掌握实权的行政首脑。当然，在超级总统制国家，总统作为行政首脑，有可能有宪法的明确规定作为依据，比如韩国；也可能宪法未作明确规定，比如法国和俄罗斯。但是如前所述，从这些国家总统所掌握的权力可以看出，他们实际上就是最高的行政首脑。关于这个问题，下面再详述。在有的议会制国家，比如瑞士和南非，国家元首和行政首脑也是合一且有实权的，但他们均是由议会选举产生的，而超级总统制国家的总统（作为国家元首与行政首脑），却是由选民直接选举产生的。最关键的一点是，超级总统制国家的总统不必向作为立法机关的国会负责，但议会制国家的行政首脑却必须向议会负责。可见，超级总统制符合总统制的一般模式，却不符合议会制的一般模式。

其次，与分权总统制相比较，超级总统制的最大特点就是在总统之下还设有经国会（或国会下院）同意、由总统所任命的以总理为首的行政内阁，而且内阁要对国会（或者国会下院）负责并受其监督。这确实是议会制的制度因素，但是否就可以凭此而认为超级总统制是议会制的一种变体呢？不能。关键在于，这个内阁是接受总统的最高领导，总统掌握最高的行政实权。总统的确可以因为内阁向国会承担责任而自己不用承担政治责任，从而处于比较超然的地位，而且大多数超级总统国家的总统在行使许多权力时，都需要内阁副署，但这并不意味着他们也像议会制国家的总统那样，只是一个虚职。实际上，总统是掌握最高的行政实权的，如前所述，这表现在多个方面，比如不管是在法国、俄罗斯还是在韩国，总理均是由总统来任命的（法国宪法并未规定总统任命总理须取得国会下院的同意，只是在实践中通常任命下院第一大党的领袖为总理。但俄罗斯和韩国的宪法明确规定总统需取得国会或国会下院的同意而任命总理），其他阁员则由总统根据总理的提议而予以任免，俄罗斯总统甚至可以直接决定内阁总辞职；在这些国家，总统均有权主持内阁会议；此外，法国总统有权签署由内阁会议所决议的条例和命令，俄罗斯总统有权发布总统令，规范内阁的基本活动和组织，并有权废除由内阁制定的、违反联邦宪法、联邦法律或总统令的行政法规和命令，韩国宪法则直接规定，行政权授予以总统为首的政府行政部门，总统全权领导内阁。可见，尽管超级总统制国家引入了一些议会制的因素，但从权力的实际运作来看，总统还是最高的行政首脑，而内阁则更像是总统行使各种权力（包括行政权和国家元首权）的一个辅助机构。这种辅助性质表现在内阁辅助总统决策、执行决策并承担责任，而总统掌握最终和最高的决策权。对于这种辅助性质，尽管法国和俄罗斯的宪法均未明示，但实际上已经隐含于其中了，而韩国宪法则更是明确规定，总理协助总统，统领行政各部。鉴于此，将超级总统制看成是议会制的一种变体，显然难以成立。毋宁说，这是总统制的一种变体。

最后，与分权总统制相比，超级总统制的确具有一些显著不同的特点，所以说这是一种新形式的总统制。除了前述的显著特点外，与分权总统制下的总统（简称分权总统）相比，超级总统制下的总统（简称超级总统）具有更高的地位和更大的权力。就地位而论，分权总统与立法和司法机关地位均等，但超级总统在地位上却要高于立法、司法甚至宪法监督机关，而这是有宪法的明确规定为据的。不管是法国、俄罗斯还是韩国，其宪法均赋予总统作为国家和宪法捍卫者以及政府机关调解人的地位，这就意味着超级总统在地位上要高于其他各政府机关。不仅如此，根据这些国家宪法的规定，超级总统的权力也要大于分权总统的。分权总统通常仅掌握一般的国家元首权和行政权，但超级总统却通常掌握有解散国会下院、提出立法案、提议举行全民公投或者实施紧急处置的权力，这是分权总统一般都不具有的（不过巴西总统有紧急处置权）。

当然，在超级总统制国家之间也存在细微的差异，比如韩国总统就没有解散国会（韩国国会也是一院制的）和提出立法案的权力。就此而论，在我们所列举的三个超级总统制国家中，韩国可能算是最弱意义上的超级总统制国家，而俄罗斯则可能是最强意义上的，因为俄罗斯总统不但掌握上述的全部权力，而且所受的限制也最小。比如他可以不咨询任何人的意见而解散国家杜马，他宣布在俄罗斯联邦全境或部分地区实行戒严或紧急状态，然后立即将此决定通报联邦国会两院。相比之下，法国总统尽管也掌握上述的大部分权力，但却必须在咨询国会两院议长以及总理的意见后才能解散国民议会，并且只有当共和制度、国家独立、领土完整或国际义务之履行受到严重而危急的威胁，致使公权机关的正常运作受到阻碍时，才能经正式咨询总理、国会两院议长和宪法委员会后，行使紧急处置权。不过，尽管韩国总统是最弱意义上的超级总统，但比起所有的分权总统来，则又要强得多。

第三编

综 合 比 较

第九章

各国政治制度之综合比较

前面我们分国别地对一些宪政民主国家的政治制度进行了介绍，并在此基础上进行了分类比较（主要是就各国的政府制度进行比较）。现在我们则要全面地对这些宪政民主国家的政治制度进行综合比较。如导论中所述，由于任何国家政治生活的参与者都分为统治者与被统治者两方，因此一国的政治制度一般就可以分作两部分来看，一部分是有关统治者的组织与运作的政治制度；即一国的政权制度；另一部分则是被统治者参与国家政治生活的政治制度，即政治参与制度。其中，一国的政权制度通常又可以从纵向和横向两个角度来看。纵向来看，除了个别袖珍国外，绝大多数国家由于具有一定规模的国土面积和人口分布，所以除了设置一个全国性政权，还不得不按地域和人口分布的情况而设置区域性政权，这样全国性政权与区域性政权之间的规范关系，就形成为国家结构制度。而横向来看，不管是全国性政权还是区域性政权（此时我们可以分别称之为全国性政府和区域性政府），其自身的组织与运作都构成了政府制度的内容。在政治学上，政府制度即政体。显然，一国的政体既包括全国性政府层面上的，也包括区域性政府层面上的。根据前述的兼容性定律，一国在全国和区域层面上的政体必须兼容。因此，对于绝大多数国家来说，其政权制度都包括国家结构制度与政府制度（其中又包括全国性政府制度与区域性政府制度）两个方面。① 至于有关被统治者参与国家政治生活的政治参与制度，则首先需要明确的是，这并不是超时空的现象，而主要是近代以后且只是在部分国家中才存在的情况，因为这是民主运动的产物。就本书所主要考察的宪政民主国家来说，上述三个方面的政治制度都是具备的，即国家结构制度、

① 基于行文方便的考虑，在前面，我们均是将各国的区域性政府制度放在国家结构制度之下来进行介绍的，并且比较简略，而与之相对的做法则是将这些国家的全国性政府制度单列出来，着重而详细地予以介绍。

政府制度与政治参与制度，这就是我们在本章进行综合比较的基本框架。

第一节　国家结构制度比较

我们首先来比较各宪政民主国家的国家结构制度。按照一般的政治学知识，各国的国家结构制度一般可以分为单一制与复合制两大类，其中单一制又有强调全国性政府（此时可称为中央政府）集权的中央集权制与强调区域性政府（此时可称为地方政府）分权的地方自治制度之区别，而复合制则有强调国家整合性的联邦制与强调各组成部分的主权独立性的邦联制的区别。然而就我们所考察的这些宪政民主国家来说，尽管在国家结构制度上既有实行单一制的又有实行复合制的，但仔细辨别后就可以发现，这些国家不是实行（单一制中的）地方自治制度（或者正在进行实行地方自治制度的改革），就是实行（复合制中的）联邦制，而再没有实行中央集权制或邦联制的。这恐怕不是个偶然的现象，不能不引起我们重视。或许，这昭示了一种国际潮流或者说人类政治发展的趋势，同时也意味着只有地方自治制度或联邦制才能更好地与宪政民主制度兼容。换言之，宪政民主国家不得不或者最好应实行地方自治制度或联邦制。

尽管各宪政民主国家或行地方自治制度，或行联邦制，但实际上则可以说二者已经趋同。实行地方自治制度或者联邦制，这最多反映了各宪政民主国家不同的形成路径，换言之，是一国政治史的具体反映，但就实际运作来看，则地方自治制度与联邦制有异曲同工之妙。在我们所考察过的宪政民主国家中，英国、日本、土耳其、南非、匈牙利、法国和韩国采行单一制，实行地方自治制度，而德国、瑞士、澳大利亚、印度、美国、巴西和俄罗斯实行联邦制。根据这些国家的情况，我们可以看到：

一、地方自治制度的基本模式

在这些国家中，国家的宪法或宪法性法律（许多国家都颁布“地方自治法”）确立地方自治的原则，并对中央政府与地方自治政府之间的权能划分、地方自治政府的设置以及中央政府与地方自治政府之间产生争端的解决途径作出具体的规定。一般情况是，宪法或宪法性法律授予中央政府有关全国性事务，比如外交、国防、中央财政与税收、货币发行、度量衡的统一等方面事务的立法和行政权能；而诸如地方经济发展与规划、地方财政与税收、城市建设、教育、治安等地方性事务的立法和行政权能，则授予地方自治政府（有的国家的宪法甚至还准许地方制定自己的宪法或类似性质的自治章程，只是不能与全国性宪法相冲突)；还有一些属于全国性的但却有必要交由地方自治政府去处理的事务，则一般是由中央政府负责立法而地方自治政府负责执行；中央政府还可以将自己的某些权能委托给地方自治政府去处理。至于司法权能，则不作划分而全国统一。

就地方自治政府的设置来说，尽管各国的差异较大，但肯定都要设置一个由选民直接选举产生的代议与立法机关（即地方议会)，这可以说是地方自治政府的基本标志。至于地方自治政府的行政首脑，则要么由选民直接选举产生，要么由地方议会选举产生。至于地方行政首脑与地方议会之间的关系，则可能是总统制模式的，也可能是议会制模式的。

当中央政府与地方自治政府之间产生争议时，如果是立法上的争端，则一般中央政府的立法具有优先性，但也可能交由司法机关来裁决；如果是行政上的争端，则一般交由一个中立的争端裁决机构来处理，但也可以由司法机关来裁决。

因此，和中央集权制比较起来，地方自治制度的特点是十分鲜明的，即国家的宪法或宪法性法律首先确立地方自治或者说地方具有相对自主的地位和地方分权的合法性，而且地方自治政府与中央政府之间权能分明，尤其是地方自治政府掌握包括财政和税收在内的自主性权力，加之地方自治政府是由选民直接选举产生而非由中央政府所委任的，所以中央政府就不可能像在中央集权制的情况下，可以任意支配或干涉地方政府的行动，一切均得依宪法和法律的规定而行动。如果中央政府与地方自治政府之间发生冲突，也不再像是中央集权制的情况下地方政府绝对服从中央政府那样，而是依照宪法或法律的规定而进行裁决。可见，地方自治制度实际上就是在确立地方政府具有相对自主的地位的同时，而将分权制衡的原则贯彻到中央政府与地方政府之间的关系处理上。就实行地方自治制度而言，在上述的宪政民主国家中，日本无疑是最典型的，也可以说是最好的样板。

二、联邦制的基本模式

国家的宪法明确规定实行联邦制，并对联邦政府与联邦成员政府之间的权能划分、联邦成员政府的设置（的基本原则）和联邦政府与联邦成员政府之间产生争端的解决途径予以规定。就联邦政府与联邦成员政府之间的权能划分来说，联邦制国家的宪法一般都明确规定专属联邦政府的以及联邦政府与联邦成员政府共享的立法与行政权能范围。至于司法权能，一般也在联邦政府与联邦成员政府之间进行划分（但由于德国强调司法体系的横向划分，而印度和俄罗斯强调司法的全国统一性，所以在这些国家中，司法权能的划分不甚明显）。在权能划分方面，在联邦制国家，宪法通常还有一个保留条款，即联邦政府的权能仅限于由宪法所明确授予的范围，至于其余的所有权能，则由各联邦成员及其人民所保留。就联邦成员政府的设置来说，在联邦制国家，所有联邦成员均有权制定自己的宪法或类似性质的宪章（只有俄罗斯是例外，在其联邦成员中，只有部分成员有权制定自己的宪法或宪章。至于俄罗斯为何会在这方面处处表现出例外的色彩，我们已在第七章作出了解释），由此来规范其政府的设置和运作，而联邦宪法对此则仅仅作出为数极少的原则性规定，比如要求各联邦成员的宪法不得与联邦宪法相冲突，且联邦成员政府必须实行民主或共和政体，等等。但不管怎样，在联邦制国家，联邦成员政府肯定都包括一个由选民直接选举产生的代议与立法机关（议会），至于行政首脑，则或由选民直接选举产生，或由议会选举产生。而行政首脑与议会之间的关系，同样既可能遵循总统制的模式，也可能遵循议会制的模式。此外，在对司法权能也进行划分的联邦国家，各联邦成员政府甚至拥有自己独立的司法体系，有的甚至还设有自己的宪法监督机关。最后，在联邦制国家，联邦政府与联邦成员政府之间的争端，统统诉诸司法途径或者由宪法监督机关来裁决。美国和德国等国无疑是最典型的联邦制国家。

不考虑各自的产生背景，仅从制度安排或运作本身的角度来看，对比地方自治制度与联邦制，显然二者的主要差异在于，联邦制国家中的联邦成员政府比实行地方自治制度的国家的地方自治政府，具有更大的自主性和拥有更多的权力。但是仔细辨别后也不难发现，实际上地方自治制度与联邦制都贯彻了同样的原则，即分权制衡原则。二者的设计和运作原则均相同，唯有具体操作上的差别，这就是导致二者趋同的根本原因。南非的国家结构制度处于地方自治制度与联邦制之间的模棱两可的状态，以及俄罗斯那更像是地方自治制度的联邦制，这些都有力地证明了这一点。此外，即使是在联邦制国家，联邦成员以下的各个地方还是实行地方自治制度，这也充分地证明了地方自治制度与联邦制的兼容性和趋同性。

第二节　政府制度比较

此处所比较的政府制度，是包括全国性政府制度和区域性政府制度在内的。我们可以注意到，所有的宪政民主国家均遵循分权制衡的原则来安排它们的政府制度，但由于具体的操作方式有别，所以各国的政府制度又可被分作两大类型，即前述的议会制与总统制（如图 9-1 所示）。其中英式议会制是一种主流的议会制形式，此外还有一些非主流的议会制形式，而总统制则可以分为分权总统制和超级总统制两种形式。通过前面的比较，我们已经知道，议会制的一般模式是：在分权制衡的结构下，政府的行政部门对立法部门负责并受其监督（实际上除了日本、匈牙利的地方政府外，各议会制国家的政府行政部门还是由立法部门产生的）。在议会制类型中，主流的英式议会制的模式是：政府按照分权制衡的原则来安排和运作；作为政府行政部门的内阁由作为立法部门的议会选举产生（实践中通常由议会的多数党单独或者与小党联合组阁），向议会负责并受其监督，一旦议会通过对内阁的不信任投票或者未通过信任投票，则内阁要么集体辞职，要么提请国家元首解散议会重新大选；除此之外，内阁对议会负责并受其监督的其他形式还包括内阁成员接受议会的质询、调查甚至弹劾等。与主流形式相比，非主流的议会制形式的唯一不同之处在于，它不采取信任或不信任投票、或者因此而解散议会的形式。至于总统制，其一般模式是：在分权制衡的政府结构下，作为国家元首的总统同时掌握行政权，是宪法明确或未明确规定的最高行政首脑；总统由选民直接或间接选举产生（除美国外，绝大多数总统制国家都实行总统直选），但一定不是由作为立法机关的国会选举产生的；总统有任期限制，并受立法、司法等其他政府机关的权力制约，但无需对国会负责（即承担政治责任）。在总统制类型中，分权总统制的模式是：政府的设计和运作严格遵循三权分立制衡原则；总统既是国家元首，又是行政首脑，直接掌握行政权和行政部门，其下不设以总理为首的行政内阁；另外，国会掌握立法权，法院掌握司法权（含司法审查权），三者之间地位均等，相互平行分权同时又相互制衡。与分权总统制相比较，超级总统制的主要不同点在于：在总统之下还设有经国会（或国会下院）同意、由总统任命、以总理为首的行政内阁，内阁要对国会（或者国会下院）负责并受其监督，但同时又接受总统的最高领导，从而总统掌握最高的行政实权却不用向国会承担政治责任；另外，总统还是宪法所规定的国家和宪法的捍卫者以及政府机关的调解人，因而在地位上要高于立法、司法甚至宪法监督机关，并且其权力也要大于分权总统的（见图 9-1）。

下面我们根据各宪政民主国家政府机构的设置及其相互关系的情况，不分类别地、具体地来比较一下政府制度。首先需要明确的是，在政府机构的设置方面，各国之间存在较大的差异，全国与各区域层面也存在较大的差异，但在各国，不管是全国性政府还是区域性政府，有两种机构都是必设的，即政府的

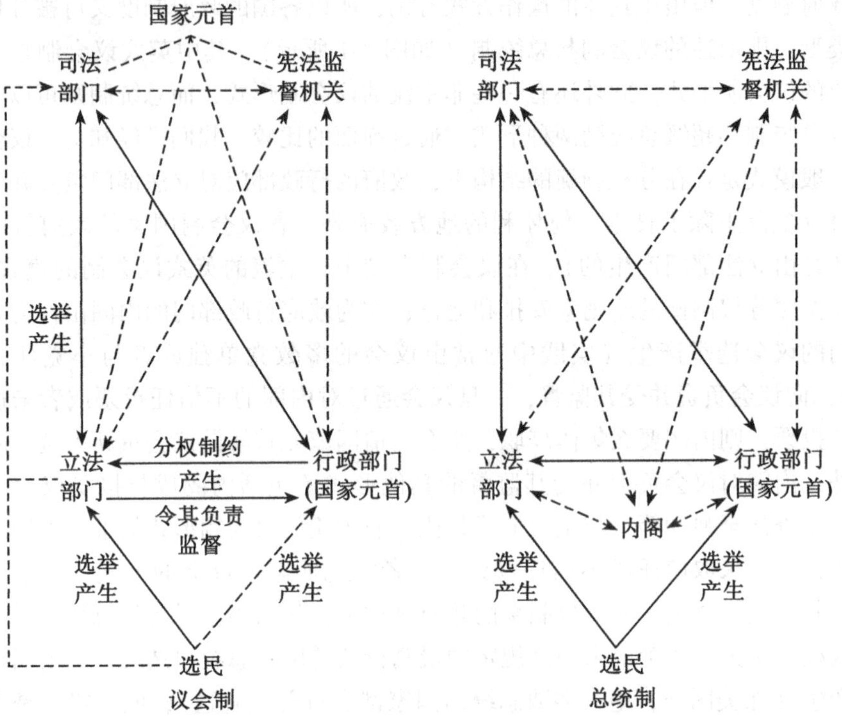

图 9-1　议会制与总统制的示意图

注：图中不带箭头的虚线表示相对软性的关系，带箭头的虚线表示可能存在的硬性关系，带箭头的实线表示硬性的关系；双向箭头表示互相分权制约，单向箭头则表示单方面的权力制约关系。

立法与行政机构。实际上，各国政府制度（政体）的分类主要就是依据这二者之间的关系而作出的。除此之外的其他政府机构，比如国家元首、内阁、司法机构和宪法监督机关等的设置，则因情况而异。比如说，各国的所有区域性政府当然不设国家元首；在强调司法统一的国家，区域性政府甚至不设司法机关；至于宪法监督机关，有的国家是以普通法院来承担的，有的则设置专门的宪法监督机关，但一般都是在全国性政府中设置，只有在部分联邦制国家中，其区域性政府中也设置宪法监督机关。政府机构的设置不同，相互之间的关系当然也就不同，这是我们需要注意的。

一、国家元首

各宪政民主国家，不管其政体如何，都设有国家元首，这是主权国家

（民族国家）时代的必然产物。国家元首是国家的人格象征，对内对外代表国家，但是这些国家元首仍存在诸多差异：

第一，几乎所有国家的国家元首都是个体形式，但像瑞士这样的极少数国家，其国家元首却是集体形式。不过如前所述，实际上瑞士也有朝向个体国家元首演变的趋势，即联邦委员会的轮值主席，一般在国际交往中也被当做瑞士的国家元首来对待。

第二，有一些国家的国家元首是世袭的、无任期限制的君主，一般称国王，比如英国、澳大利亚和日本，除此之外的其他国家的国家元首，则都是由选举产生的且有任期限制，一般称总统。但在以总统为国家元首的国家，情况也有差异。有一些国家的总统是由议会或由专门成立的机构选举产生的，如德国、瑞士、印度、土耳其、南非和匈牙利，另一些国家的总统却是由选民直接或间接选举产生的，如美国、法国、巴西、俄罗斯和韩国。实际上，议会制国家的国家元首，要么是世袭的君主，要么就是由议会或者由专门机构选举产生的总统；而总统制国家的国家元首，则都是由选民直接或间接选举产生的总统（实际上除美国外，几乎所有的总统制国家都实行总统直选）。

第三，在一些国家，国家元首与行政首脑在法理上和事实上都是分开的，比如德国、日本和匈牙利；而有一些国家，国家元首与行政首脑在法理上是合一的，但在事实上却是分开的，比如英国、澳大利亚、印度和土耳其；还有一些国家，国家元首与行政首脑在法理和事实上都是合一的，比如瑞士、南非、美国、巴西和韩国；最后有一些国家，其宪法对此的规定比较含混，或者明确规定二者是分开的，但实际上二者却是合一的，比如法国和俄罗斯。这种国家元首与行政首脑的分合关系，与政体是议会制还是总统制无关，比较复杂。

第四，国家元首与行政首脑的分合关系，与国家元首是有实权的实职还是无实权的虚职密切相关。一般说来，国家元首与行政首脑在事实上是合一的，则国家元首就是有实权的实职；否则，即使国家元首在法理上与行政首脑是合一的，也仍有可能是无实权的虚职。

第五，国家元首的权限与其是实职还是虚职密切相关。如果是虚职，则国家元首仅掌握象征性的、礼仪性的和程序性的权力，比如派遣和接受外交使节、授勋、签署法律、任免官员等。但如果国家元首是实职，则其权限就比较广泛了，而且与其作为行政首脑的权力也难以清晰地区分开来。但不管国家元首是实职还是虚职，除非是世袭的君主，否则就要受到权力约束，比如可以对其进行弹劾。

二、立法部门

立法部门就是政府中掌握立法权的机构。各宪政民主国家均设议会（在总统制国家，我们一般称之为国会）作为政府的立法机关，甚至在其区域性政府中一般也如此设置。议会既是政府的立法机关，也是代议机关，因为这是民主时代势不可当的产物。各宪政民主国家的议会既有相同之处也有不同之处。

首先，从形式上看，各国议会既有一院制的也有两院制的。一般说来，在全国性政府中的议会（简称为全国性议会），实行两院制的更为多见，一院制则比较少见（比如土耳其、匈牙利、韩国），这跟该国实行单一制还是联邦制并无直接关系。而在区域性政府中的议会（简称为区域性议会），则实行一院制更为多见，两院制相对少些。

其次，就各国议会的产生来看，如果实行一院制，则议会必定是由选民直接选举产生的，且有任期限制。至于一院制议会能否被提前解散，则因国而异。比如韩国国会不能被提前解散，匈牙利议会可以被提前解散，但有很严格的限制，土耳其议会则按照英式议会制的模式，可以被提前解散。如果议会实行两院制，则有关其产生的问题，就要区别两院来看待。一般说来，两院制议会的下院都是由选民直接选举产生的，至于上院，则既有由选民直接或间接选举产生的，也有由其他机构选举产生的，还有实行任命制或身份制的。比如瑞士联邦议会的上院（联邦院）、日本议会的上院（参议院）、澳大利亚议会的上院（参议院）、美国国会的上院（参议院）和巴西国会的上院（参议院）均由选民直接选举产生；而法国国会的上院（参议院）是由各省（包括各海外领地和海外侨民团体）选举团间接选举产生的；印度议会的上院（联邦院）则是由各邦（包括各联邦直辖区）议会选举产生的（但联邦院中也有少量由总统任命的成员）；除此之外，英国议会上院（贵族院）的成员，绝大多数都是由首相提请英王册封的终身贵族（此外还有少量的神职议员和世袭贵族议员，前者因其职位而成为上院议员，后者也由首相提请英王册封，然后由上院全院议员选举或由上院各党自行挑选），德国联邦议会上院（联邦参议院）的成员由各州政府的行政部门从其成员中任命产生（在实践中一般就是由各州政府的行政首长和部长来担任），南非议会上院（各省全国委员会）的成员由各省议会任命产生（省长作为当然成员除外），俄罗斯联邦国会的上院（联邦委员会）由各联邦主体分别选派的两名代表所组成。由于两院制议会的两院可能是经由不同的途径而产生的，因而在任期上也就可能存在差异。由于下院肯定是由选民直接选举产生的，因而均有任期限制，而且对于许多国家的议会下院来说，还有可能被提前解散而重新大选。但对于上院来说，除非上院是由选民直接或间接选举产生的，否则就无任期可言（即使有任期，一般也都较长，只是中途进行部分改选），而且不管出于什么原因，几乎所有的上院都不能被解散，更不要说被提前解散了。比如印度宪法就明确规定，联邦院是一个永久的议院，不能被解散。但澳大利亚却比较特殊，即当众议院所通过的立法案在参议院两次都不能获得通过时，总督就可以解散参众两院而全部重新选举。两院制议会的两院之所以会存在这些差别，这主要是因为两院的功能侧重有所不同。尽管两院均有立法权能，但是一般说来，下院是人民的代表，而上院是地区的代表。一国人民的意见与利益当然可能随时发生变化，但是一国的版图却显然不会轻易发生变化，因而代表各地区的上院，当然就要比下院更加稳定。两院的这种差异性，也导致它们之间形成相互制约的关系。

最后，就各国议会的权能来看，不管是议会制还是总统制国家，也不管是全国性议会还是区域性议会，以及议会是实行一院制还是两院制，各国议会均有两大共同的权能，即立法（或议决）和监督政府的行政部门。就立法权能来说，实际上各国也不是由议会来独享立法权能的。在议会制国家，政府的行政部门通常都掌握着一定的立法提案权，而在总统制国家，总统作为行政首脑，掌握着立法否决权，此外，在实行违宪审查制度的国家，宪法监督机关还掌握着对立法的违宪审查权。这种立法权能的共享状态是运用分权原则的结果，由此可达到各政府机构之间相互制约的效果，对此我们应有恰当的理解。另外需要指出的一点是，各宪政民主国家均将财政和税收的立法权交由议会来掌握。议会控制政府的钱袋子，这既是民主政治的要求（因为议会是人民的代议机关①），也是防止政府腐败的一个重要的制度保障措施。除去立法权能，各国议会通常还采取质询、调查、审查、批准等常规手段来监督政府的行政部门，至于非常规手段，则因政体的不同而各异。在绝大多数的议会制国家，如果必要的话，议会可以通过信任案或不信任案的投票，来促使内阁（作为行政部门的核心机关）倒台。当然瑞士比较特殊，不实行这种倒阁制度，但却要求联邦委员会（作为行政部门的核心机关）定期向议会作施政纲领的报告以及每年年终向议会作工作报告，以接受议会的审查。在总统制国家，如果可能的话，则国会可以通过弹劾案而促使总统（作为行政部门的核心）被免职。除去这两大共同的权能，各国议会所拥有的其他权能，则要区别议会制或总统

① 在议会实行两院制的情况下，财税立法权主要是由下院来掌握的，而下院所代表的就是人民。

制、一院制或两院制以及全国性议会或区域性议会来看待了，兹不赘述。

三、行政部门

行政部门是政府中掌握行政权的机构的总称，既包括核心的行政决策机构，也包括各种行政执行机构，但重点是前者，这是对行政制度类型进行分类的基本依据。作为行政部门核心的决策机构，都是由行政部门的领导者所组成的，其中既有最高领导者，即行政首脑，也有各执行机构的领导者。在形式上，各宪政民主国家的行政首脑，既有个体的形式，如总统、首相（当国家元首为世袭君主时）或总理，也有集体的形式，一般叫做委员会。总统制国家的行政首脑统统称作总统，一些议会制国家的行政首脑也称作总统（比如南非），但绝大多数议会制国家的行政首脑称首相或总理，此外，像瑞士这种特殊的议会制国家，则以委员会为集体的行政首脑。

在分权总统制国家，总统均是由选民直接或间接选举产生的（除美国外，大多国家都实行总统直选），总统再经国会（两院制国会的上院）同意，任免各执行机构的领导者。从法理上说，在分权总统制国家，总统作为行政首脑，就是行政部门的核心决策机构，但在实践中，总统通常都是在一些重要的执行机构的领导者以及一些专门机构的辅助下来行使权力的——当然总统掌握最终和最高的行政决策权。这种辅助总统行使权力，从而分享着行政决策权的团体，在非正式的场合，一般也被称作内阁，但却并非正式的政府机构。以总统为首的行政部门，尽管受到国会的权力制约，但却无需对其负责。

在超级总统制国家，总统也是由选民直接选举产生的，他再经国会（两院制国会的下院）同意，任命内阁总理，再根据总理的提议任免其他内阁成员（同时也是各执行机构的领导者）。由于在这种情况下，总统之下还设有以总理为首的内阁，而总理也被认为是行政首脑，所以一般也称之为双首脑制。但如前文所述，在这种情况下，其实总统与总理的地位并不是均等的，总统才是最高的行政首脑，以总理为首的内阁须接受总统的最高领导，其实也只是总统的辅政机构，只不过与分权总统制的情况相比，这个内阁具有正式的地位，且需要向国会（两院制国会的下院）承担政治责任，比如要接受其信任或不信任投票，并可因此而倒台。①

① 当国会通过对内阁的不信任案或未通过信任案时，总统也可以解散国会（下院）。不过就内阁向国会承担政治责任来说，韩国在这方面并不明显。另外在俄罗斯，总统也可以直接决定内阁倒台，而与国会无关。

在议会制国家，不管其行政首脑是称作总统还是称作首相或总理，他们几乎全都是由议会（或两院制议会的下院）选举产生的（在实践中，一般是由议会第一大党的党魁来担任）①，然后由其组织一个以他们自己为首的内阁，作为核心的行政决策机构。内阁成员通常来自于议会第一大党的议员（这叫单独组阁。如果有其他政党的议员加入，则为联合组阁），他们同时也是各执行机构的领导者。在这种情况下，内阁要向议会集体负责，并受其监督，通常是接受议会的信任或不信任投票，并可因此而倒台。② 像这样的行政制度就是所谓的内阁制。

另外，在瑞士这种特殊的议会制国家，行政部门是以一个委员会为集体行政首脑的，该委员会由议会两院的联席会议选举产生，各委员之间地位平等，权力相当，既集体掌握行政决策权，又分掌各执行机构。该委员会还集体对议会负责并受其监督，但却不实行倒阁制。瑞士这种特殊的行政制度就是所谓的委员会制。

因此我们可以看到，各宪政民主国家的行政制度实际上就是四种类型。但不管各国的行政制度存在多大的差异性，它们均实行公务员制度。也就是说，在行政部门的执行机构中，除了领导者外，大量的具体行政事务都是由一群公务员来承担的。这些公务员通常是通过专门的考试而选拔出来的，他们必须严守政治中立原则，不得参加任何政党或政治活动，但也因此不随选举或政治的变化而与政务官共进退，他们只要无过错即可终身任职，直至退休。公务员制度其实也是民主时代的产物，因为这样可以在实施选举政治的情况下，保证行政部门的连续性、稳定性和专业性，同时也可防止因选举政治而产生的、易于滋生腐败的政党分肥现象。

四、司法部门

司法部门是掌握司法权的政府机构，主要就是指法院。在个别国家（比如土耳其、法国），由于检察或公诉机关设置在法院内，因而也属于司法部门的范围。不过一些国家的宪法将宪法法院也纳入司法部门的范围，却是必须要

① 但日本地方政府的行政首脑（知事、市长、町长和村长）是例外，他们均由选民直接选举产生；匈牙利也与此类似。

② 在这时，内阁首相或总理一般也可以提请国家元首（国王或总统）解散议会（两院制议会的下院），但匈牙利是例外，除非匈牙利议会在其任期内的 12 个月里，多达 4 次通过了对内阁的不信任投票。

加以辨析的。我们认为宪法法院并非一般的司法法院，它其实是一种政治性质的机构，更准确地说，它是宪法监督或者宪法保障机关，因此需要单列出来进行处理。

各宪政民主国家的司法制度比较多样复杂，但都奉行司法独立的原则。司法独立，意味着司法人员和司法机构在行使职权的过程中，只服从宪法和法律，而不受其他权力机构的干扰。为保障这种独立性，各国均实行分权制，司法权主要由法院掌握；尽可能使司法管辖区域不与行政区划相重合，有的国家甚至明确强调司法体系的全国统一性，从而排除区域性司法体系的存在；一般单列司法部门的财政预算甚至由司法部门自己编制预算；法官一般由任命产生(若由选举产生，则可连选连任)，非因法定事由和经由法定程序，不得被解职，实行终身任职制（直至退休），并且有不得减少的薪俸保障。有的国家则设置独立的专门机构，来负责司法人员的人事管理工作。

除去奉行司法独立原则的一致性外，各宪政民主国家的司法制度在许多方面都存在差异。比如说，单一制国家都强调司法体系的全国统一性，联邦制国家则一般分为联邦与联邦成员两套司法体系，但德国的司法体系强调横向划分，而不是按照联邦制原则进行纵向划分，俄罗斯则强调司法体系的全国统一性，也基本上未按照联邦制的原则进行纵向划分。又如，大多数国家的法官都由任命产生（至于如何任命，又存在诸多差异），实行终身任职制，但瑞士的法官或由议会选举产生，或由选民直接选举产生，而且还有任期限制。再如，大多数国家都由议会（国会）掌握对法官的弹劾权，以此来约束司法部门，但在土耳其却是由法官与检察官最高委员会来承担此项权能的，法国的高等司法委员会亦与此类似。诸此种种差异，兹不赘述。

五、宪法监督机关

宪法监督机关是保障宪法的至高权威性和可操作性，从而维护宪法和整个宪政秩序的政府机构。在有的国家，这种机构是以普通法院来充当的，有的国家则设立专门的宪法监督机关。但并不是所有宪政民主国家都设有这种机构或制度，比如英国和瑞士就没有。

以普通法院作为宪法监督机关的做法，肇始于美国，由此形成所谓的司法审查制度，目前日本、澳大利亚、印度、（半个）南非、巴西和（半个）韩国①

① 南非和韩国之所以是半个实行司法审查制度的国家，是因为这两国同时又建立有专门的宪法法院。

均实行这种制度。不过需要注意的是，在大多数实行司法审查制度的国家，都仅限于由最高法院（或联邦最高法院）来掌握违宪审查权，但在南非，高等法院也有这种权力。

在专门设立宪法监督机关的国家，这种机构的名称一般叫做宪法法院（在法国称宪法委员会），目前德国、土耳其、南非、匈牙利、法国、俄罗斯和韩国都建立有这种机构（在一些联邦制国家，甚至在其联邦成员政府中也设有这种宪法监督机构）。这种专门设置的宪法监督机关，其成员一般都是由任命或由议会选举产生的，且有任期限制（但一般任期较长，且大多数国家都允许连任，而俄罗斯则已经取消了任期限制）。专门的宪法监督机关具有独立性，同时严守政治中立原则，议会（国会）可以对其成员进行弹劾。

不管是以普通法院充当的宪法监督机关，还是专门的宪法监督机关，其权能一般都包括：解释宪法；裁决各种政府之间以及政府机构之间的争端；审查和裁决法律、行政法规乃至行政作为的合宪性；审理和裁决宪法诉讼案件，以保护公民的基本权利。宪法监督机关的裁决具有普遍的和最终的效力，不可上诉。

第三节　政治参与制度比较

政治参与制度是指在承认民众（被统治者）享有政治参与的合法权利的基础上，对民众参与政治的主体资格、途径、方式、条件、过程和结果等进行规范的政治制度。政治参与制度不是从来就有或者普遍存在的，它只是民主时代的产物，迄今也只是在部分国家中才有。政治参与制度之能够出现和存在，要以承认民众享有政治参与的合法权利为前提，而这种政治观念，尽管在古代的西方世界曾经存在过，但就全世界来看，则主要是近代民主政治兴起以后才广为流传的。与之相对，在传统时代，几乎所有国家的统治者根本就不承认民众享有政治参与的合法权利，当然也就无所谓政治参与制度的存在了。于是民众的一切政治行动在那些统治者眼中都是非法的，而哪怕是采取最低限度的政治行动的民众，也会因此而被冠以“刁民”、“乱民”或“贼民”的称谓。也就是说，传统时代的统治者，他们所能接受的是臣民（顺民），而不是企图参与政治的公民。由于受这种政治文化的限制，所以在中世纪以前，全球几乎找不到一个民主国家，也就谈不上有政治参与制度的存在了。而到了现代，尽管民主潮流势不可挡，但仍然存在一些非民主国家，政治参与制度在这些国家中依然缺失。迫于民主潮流的冲击，这些国家的统治者可能也会假意承认民众享有政治参与的合法权利，也制定“宪法”，上面充满了公民享有各种政治参与权利的词藻。但这些都是假象，实际上政治参与制度并未真正建立起来，因为这些纸面上的规定从未真正落实，也没有任何力量可以保证这些规定能够落实。结果在这种国家中就出现了一幕幕荒唐的景象：一方面，“宪法”上写满了民众享有各种政治参与权利；另一方面，民众的一切政治行动却都被统治者定为是非法的，民众还是处于臣民的地位，而没有成为真正的公民。鉴于当今时代可能存在这种虚假现象，我们这里在对政治参与制度进行比较时，就不能仅凭其宪法的字面规定，而要考之以实际。

观察各宪政民主国家的政治参与制度，我们可以发现，各国公民所享有的各种政治参与权利，如果从参与方式来看，实际上可以分为两大类，即直接参与与间接参与，据此可将各国的政治参与制度分为直接政治参与制度与间接政治参与制度两类。直接政治参与制度所规范的是公民直接参与政治的活动，在各国最为常见的形式有公民担任公职、公民创制立法、公民复决、公民投票和公民大会；而间接政治参与制度所规范的公民间接参与政治的活动，则主要包括集会游行示威、请愿、结社、选举、罢免等形式。

一、直接政治参与制度

直接政治参与，意味着公民直接掌握和行使政府的权力，也就是实行直接民主。自卢梭创立人民主权学说以后，政府权力来自于人民的这种政治观念就逐渐地传播开来，现已成为各宪政民主国家政治制度的基石之一。① 不过在理论上一直存在争论的是，政府权力来自于人民，但人民需要直接掌握和行使政府权力吗？卢梭的回答肯定而坚决，在他看来，只有人民直接掌握和行使政府权力，即实行直接民主，才是民主的真义。② 但是另有一些政治思想家却不赞成这种观点，比如约翰·密尔，因为他们意识到，直接民主只在一些小国才具有可行性，而现代国家的幅员版图、人口规模和社会变迁的状况，都使其难以实行直接民主，从而只能实行代议制民主，即间接民主。也就是说，人民并不需要直接掌握和行使政府权力，而只需通过选举（这意味着授权）产生一个

---

① 实际上在洛克甚至霍布斯那里，就已经有了政府权力来自于人民的同意或授予的政治观念，只不过他们并未明确使用人民主权的概念。

② 卢梭之所以持有这样观点，是因为在他看来，人民本来就拥有政府权力，同时又直接掌握和行使政府权力，那么这时统治者与被统治者就不再分离，人民既是统治者，又是被统治者，实际上就是自己统治自己。按照卢梭的自由定义，那么这时所有人便获得了平等的自由——而这正是卢梭孜孜以求的东西。

政府，由其来代表人民行使政府权力。就现实情况来看，实际上在现在的各宪政民主国家中，直接民主与间接民主都同时存在，差别只在于，有的国家的直接民主的形式多一些，有的国家则少一些。

公民直接参与政治（直接民主）的第一种形式是公民担任公职。这意味着公民从被统治者进入统治者的行列，直接掌握和行使政府权力，只不过在这时，公民是以个体行动而非集体行动的方式来参与政治的。在现代的各宪政民主国家中，公民担任公职的制度主要表现为公民享有被选举权以及其他担任公职的权利，这是一种普遍存在的直接政治参与制度。公民担任公职这种直接政治参与形式的民主性，要通过与传统国家相比较才能清晰地显现出来。传统时代是一个强调等级和身份的时代，统治者就是一种等级和身份的象征，因而由统治者所把持的政府，基本上就是一个封闭的圈子，普通民众被排斥在外；不仅如此，那时的统治者大多还是“万年统治者”，没有常规的周期性的退出机制，甚至还实行继承制，由此就导致政府成为社会中某一部分人（具有统治者身份的）所固有的私人领地。而在民主时代，传统的等级与身份差异被消解了，社会中已不再有一部分人固定是统治者而另一部分人固定是被统治者。尽管社会中还是有统治者这个群体，但由他们所组成的政府却是一个开放的公共场所，公民有进入其中的资格，但也必须按照规定周期性地退出，以防止政府成为部分人的私人领地。

在现代的宪政民主国家，还有实行公民创制立法（People's Initiative）和公民复决（Referendum）制度的，这也是公民直接政治参与制度的形式。当然，这些国家建立和实施这两种制度的层次各异：或在全国层面上，或在区域层面上，或在各层面上都有。这两种直接的政治参与形式，意味着公民直接掌握和行使政府的立法权。所谓公民创制立法，是指一定数量的公民可以直接提出立法案（甚至包括修宪案），比如瑞士、匈牙利、美国许多州和巴西就建立有这种制度。而所谓公民复决，则是指公民通过投票，批准或者否决政府立法机构所通过的立法（甚至包括修宪案），瑞士、日本（地方）、南非、匈牙利、美国（许多州）、法国、巴西、俄罗斯和韩国均建立了这种制度。

另外，一些宪政民主国家还在各种层次上建立和实施公民投票（Plebiscite）和公民大会制度。这两种直接政治参与制度，意味着公民有权直接掌握和行使政府的决定权，所决定的都是事关重大的事务，比如加入欧盟、疆界调整等。一般说来，公民投票制度主要适用于大范围的区域（比如全国、单一制国家的一级行政区划和联邦制国家的各成员），而公民大会制度则仅适用于小范围的区域。英国（地方）、德国（部分州）、瑞士、日本（地方）、澳大利亚、匈牙利、美国（许多州）、法国、巴西、俄罗斯和韩国均建立有公民投票制度，而瑞士的格拉鲁斯州和内阿彭策尔州以及各州以下的绝大部分地方、土耳其最基层的地方、匈牙利地方和美国最基层的地方则建立有公民大会制度。

总的来看，瑞士和匈牙利是最为典型的实行直接民主制度的国家，而日本在地方层面上实行直接民主制度，也非常具有典型性。

二、政党结社制度

公民间接参与政治，意味着公民并不是直接掌握和行使政府权力，而是通过采取一些直接针对政府的行动，来影响政府行使权力。如前所述，公民间接参与政治的形式有很多种，由此形成各种间接政治参与制度，这里我们主要选择政党结社制度和选举制度来进行比较。

政党结社是公民组织起来参与政治的形式。在现代民主政治的过程中，公民若不组织起来结成政党，则几乎不可能发挥什么影响作用。在这个意义上，禁止公民的政党结社权利，就无异于取消公民的民主权利。鉴于此，现代各宪政民主国家的宪法普遍地确立了公民的结社权（其中当然包括政党结社的权利），有的国家甚至还在宪法中专门对政党结社予以规定（比如德国、瑞士、土耳其、匈牙利、法国、巴西、韩国等），并制定相应的、作为一项宪法性法律的政党法（德国是第一个专门制定政党法的国家）。还有一些国家虽然没有在其宪法中对政党结社专门进行规定，也没有专门制定政党法，但实际上却是通过选举法或竞选法来进行规范的（比如美国的《联邦竞选法》）。根据这些规定，各国的政党结社制度主要包括以下一些内容：确立公民有自由结成、参加和退出政党的权利；规定政党的目标、组织和活动必须遵守宪政民主的原则，并不得危害国家的生存，否则将予以取缔；对政党参加竞选、政党的财政以及国家对政党的资助进行规范；规定有权监督和审查政党的政府机构，比如法院或宪法法院等。在前述的各国中，应当说德国、土耳其、匈牙利、法国、巴西和韩国的政党结社制度都是比较典型的。

我们认为，宪政民主国家的政党制度，就是指上述的政党结社制度，至于人们经常听说或提起的一党独大制、两党制或多党制，则根本不是作为一种政治制度的政党制度，这里一直存在很大的误解。所谓一党独大制，指的是在一些宪政民主国家中，有一个党最为强大，长期在选举中获胜，从而长期执政的现象。比如日本的自由民主党和印度的国民大会党就曾经是这样。两党制是指在一些宪政民主国家，有两个政党最为强大，长期在选举中轮流获胜，从而轮流上台执政的现象。在英国，自由党与保守党就曾经长期轮流执政，现在则是保守党与工党轮流执政。在美国，民主党与共和党也是长期轮流执政。至于所谓的多党制，则是指在一些宪政民主国家，长期以来，多党林立导致各党的力量过于分散，从而导致既没有任何一个政党能够单独上台执政，也没有任何两个政党能够轮流上台执政，而只能是某个大党联合其他小党共同执政。德、法等国，便是典型的多党制国家。显然，所谓的一党独大制、两党制或多党制，实际上只是在宪政民主国家中所出现的一些政党政治模式，这是该国的选举制度、社会结构、民族分布以及政治文化等因素综合作用的结果，但从来都不是一种政治制度。须知，政治制度必须具有规范的意义，而上述的一党独大制、两党制或者多党制，都只是学界所使用的理论术语，而非这些国家的宪法或法律的明确规定，根本不具有规范的意义。并没有任何一个宪政民主国家的宪法或法律规定说，该国只能由某一个政党长期执政，或者由某两个政党长期轮流执政，或者某个大党联合其他小党上台执政。比如说所谓的一党独大制，如果说这也是一种制度规范，那么自 1993 年以后，日本的一党独大制就已经被打破了，甚至在刚刚结束的 2009 年众议院选举中，民主党已经取代了自由民主党而成为第一大党，这岂不是要被视为是违反制度规定的事件了么？显然这是荒唐的。所以所谓的一党独大制、两党制或多党制，都不是政治制度，而仅仅是宪政民主国家中政党政治运作的一些实际表现或结果。为防止再出现类似的误解，我们建议改变一下名称，不妨分别称之为一党独大模式、两党模式和多党模式。

三、选举制度

选举是公民通过投票的方式而挑选组成政府的公职人员的一种间接民主政治活动。① 选举是代议制民主或间接民主的核心所在，是公民影响政府行使权力的最重要的手段，因为它直接导致政府的形成。在这个意义上，如果一国既未实行直接民主制，又未实行选举制，则该国必定不是一个民主的国家。鉴于此，各宪政民主国家的宪法均确立了公民的选举权，而且还专门制定选举法，从而建立起选举制度。

选举制度所要规范的事项十分广泛，包括选举所应遵循的基本原则、所要

① 这里是从公民挑选公职人员的角度来说的选举。实际上在各国，还存在一些由政府机构或特殊机构挑选公职人员的情况（比如德国总统就是由专门的联邦大会选举产生的），通常这也包括在选举的范围内，但这不是此处所要探讨的问题。

选举的对象、公民参加选举的资格条件、选区的划分、选举主持机构的设立与权限、选举日的确定、候选人的资格条件与提名、选民投票的方式和程序、投票率（或参选率）的限制、计票与当选办法、选举监督与法律责任的确定、补选与重选等。对于如此庞杂的内容，这里我们不可能详细地逐一进行比较，而只能择其主要而论。

从选举原则来看，各宪政民主国家基本上确立了以下几项基本原则：普遍、平等、直接、秘密、自由、竞争。第一，普遍选举原则就是普选制的原则，指的是公民参加选举的资格对全体公民普遍开放，除了一些必要的限制（年龄、精神状况、违法状况等）外，全体公民均有权参加选举。在这方面，的确在许多宪政民主国家，普选制都是由民众逐步争取到的，从全世界来看，普选制都是较晚的产物；但今天，普选制已成为各宪政民主国家的普遍原则。第二，平等选举原则，指的是一人一票且每位选民的选票等值。这在一些宪政民主国家，也是经民众不懈的争取后才实现的。第三，直接选举原则意味着选民无需经过中介环节而直接针对选举对象（即政府的公职人员）进行投票。如果选民所选举的只是选举人或代表，再由选举人或代表去选举应选对象，则这叫间接选举。由于选举本已是公民行使间接民主权利的形式，所以间接选举显然会削弱公民的民主权利，而多重间接选举则更是无异于剥夺公民的民主权利。鉴于此，各宪政民主国家很少实行间接选举制，而广泛实行直接选举制。如我们所知，在前述的宪政民主国家中，凡是由公民选举的对象，只有美国的总统还由间接选举产生，其余各国的类似公职人员均实行直选。① 而在议员选举（包括区域性议会的议员）中，各宪政民主国家亦普遍实行直接选举制，只有个别两院制议会的上院（比如法国参议院）实行（一重的）间接选举制。第四，秘密选举原则指的是实行无记名投票，并且保护选民投票的秘密性。如果实行记名的公开投票，则选民难免会产生顾虑，因而秘密选举原则既是为了保证选民是按其本意来投票的，从而保护选民的民主权利，也是为了保证选举的真实性。第五，自由选举原则既是指保证选民按其自由意志来进行投票，也是指候选人参加竞选是自由的，选民和候选人都不得受到胁迫或利诱。显然这项原则也是为了保护公民的民主权利和保障选举的真实性。第六，竞争选举原则意味着应允许有多位候选人相互竞争。如果不允许竞争，则选民们就失去了选项，从而削弱了选举的意义，而公民们也因此丧失了参加竞选的机会。显

---

① 不过我们也应看到，美国总统的间接选举只是一重的，实际上也与直接选举的效果相当。

然，这项原则还是为了保护公民的民主权利和保障选举具有真实性。总的来说，如果说前两项原则主要是为了保证选举的平等性的话，那么后四项原则则主要是为了保证选举的真实性，而所有这些原则都是为了保护公民的民主权利。

从选举对象来看，必须要明确的一点是，在各宪政民主国家，尽管民主是其立国的基本原则之一，但这却并不意味着所有的政府公职人员都要由选民选举产生。实际上，除了一些政府公职人员是由选民选举产生的外，其余的公职人员则是由其他政府机构选举、任命或考试而产生的，甚至是基于身份而任职的。① 由选民选举所产生的政府公职人员，一般仅限于各级议会（即政府的立法机构）的议员（但在有些设置两院制议会的国家，议会上院的议员却不由选民选举产生）、总统制国家中的总统（政府的行政首脑）以及总统制国家的区域性政府中的行政首脑（但日本、匈牙利作为议会制国家，其区域性政府的行政首脑也由选民选举产生），至于政府中的司法人员，则一般都不适用于选民选举（只有瑞士州政府和美国许多州政府中的司法人员是例外）。②

通常来说，选举对象不同，则相应的选举制度也就有所不同（当然选举原则都是相通的）。比如说，在总统制国家，总统选举与国会议员选举，就会在选区的划分、选举日的确定、候选人的资格条件与提名、选民的投票方式与程序、计票与当选办法等多方面都表现出差异性来。不过综合来看，各宪政民主国家的选举制度主要有四种类型（这主要是从当选办法方面来说的，但这些类型也包含选举的其他方面）：多数制、比例代表制、半比例代表制和混合制。

（一）多数制（Plurality Voting System，亦称多数代表制）

多数制有时也被称作“胜者全得或赢家通吃制度”（the Winner-take-all System）。该制度意味着要计算各候选人的得票数，得票多者即当选，否则就落选。但“得票多”在各国具有不同的标准，据此，多数制又可以分为两种类型：

1. 相对/简单多数制（Relative/Simple Majority System）

---

① 既然各宪政民主国家以民主为立国的基本原则之一，但却为何不普遍适用选民选举呢？这其中的原因，或许可以从混合政体思想中得到解释。由此我们当加深理解的是，宪政民主国家并不是纯粹的民主国家，民主只是其立国的基本原则之一，这个原则还要受到宪政原则的约束。

② 除去上述对象，欧盟成员国的选民还选举欧洲议会的议员，这是比较特殊的。欧盟可以被看成一个超级的邦联制国家。

在各候选人中，得票最多者即当选，而不论其得票数是否超过半数。这种制度主要适用于选举对象是一个人或少数人的情况，多见于实行单选区（只有一个选举名额的选区）、小选区（只有两三个选举名额的选区）或中选区（一般是有 4—7 个选举名额的选区）的议员选举或其他选举，实行这种制度的总统选举比较少见（比如韩国总统选举）。其中，单选区相对多数制（Single-Member-District Plurality System，SMDP）在英美等国通常称作“领先者当选制”（First-Past-the-Post System，FPTP or FPP），而多选区（这里主要是指小选区和中选区）相对多数制（Multimember-District Plurality System）则在国际上通常称为“总投票制”（Block Voting；At-Large Voting）。

在实行单选区相对多数制（领先者当选制）的情况下，所有候选人都将被列在选票上（见图 9-2），选民则根据选票所规定的方式，从中选择一人。通过计票，在各候选人中，得票最多者即当选。目前英格兰地区各地方议会选举的部分选区、威尔士和苏格兰议会选举的部分选区、英国议会下院议员选举、印度议会人民院议员选举、巴西国会的参议院改选和韩国总统选举均实行这种选举制度。

<table>
<tr><td colspan="3">Official Ballot
Municipal Elections</td></tr>
<tr><td rowspan="6">DIRECTIONS TO VOTERS
1. To Vote: Mark an “X” in the box next to your preferred candidate
2. To vote for a person whose name is not printed on the ballot, write the candidate’s name on the extra line provided and put an “X” in the box next to the name.</td><td colspan="2">City Council Candidates
District One</td></tr>
<tr><td>Susan Rosen (Demoerat)</td><td></td></tr>
<tr><td>Nina Kleioberg (Republican)</td><td></td></tr>
<tr><td>Thomas Chou (Independent)</td><td></td></tr>
<tr><td>Edward Royce (Libertarian)</td><td></td></tr>
<tr><td>Write-In</td><td></td></tr>
</table>

图 9-2　实行单选区相对多数制的选票样本

单选区相对多数制可以确保多数选民得到代表，并且使所有地区都能在立法机构中有其代言人。这种制度还倾向于排斥第三党，限制极端主义小党，从而强化两党模式，并在立法机构中产生稳定的一党占优的多数。但另一方面，这种制度也可能使部分人（比如少数族裔、妇女等）得不到代表，并鼓励对选区做不规则划分，产生人为制造的多数，打击选民投票的兴趣，以及浪费太多的选票。

在实行多选区相对多数制（总投票制）的情况下，所有候选人也都将被列在选票上（见图9-3），但选民从中所选择的候选人数不得多于（即可等于或少于）该选区的应选名额（图中所示为五名）。每位选民每选择一位候选人，就相当于投了一票，所以每位选民都可拥有与该选区应选名额一样多的选票数，但每位选民不能重复选择同一名候选人。最后通过计票，得票最多的那些候选人（其总数为该选区的应选名额）就当选（如表9-1所示，在这里的案例中，得票最多的前五名候选人当选）。目前英格兰地区各地方议会选举的部分选区以及威尔士和苏格兰议会选举的部分选区、巴西国会的参议院改选均实行这种制度。实际上这种制度也主要是在一些国家的地方议会选举中实行。

<table>
<tr><td colspan="3">Official Ballot
Municipal Elections</td></tr>
<tr><td rowspan="14">Instructions to Voters
1. To Voter Mark on “X” in the box next to the candidate's name.
2. Vote foe no more than FIVE candidates.
3. To vole foe a person whose name is not printed on the ballot, write the candidate's name on one of the extra lines provided and put an “X” in the box next to the name.</td><td colspan="2">City Council Candidates</td></tr>
<tr><td>Joan Cocks (Democrat)</td><td></td></tr>
<tr><td>Steve Ellenburg (Democrat)</td><td></td></tr>
<tr><td>Vincent Ferraro (Republican)</td><td></td></tr>
<tr><td>Stephen Jones (Democrat)</td><td></td></tr>
<tr><td>Penny Gill (Republican)</td><td></td></tr>
<tr><td>Jean Grossholtz (Republican)</td><td></td></tr>
<tr><td>Kavita Khory (Rcpublican)</td><td></td></tr>
<tr><td>Chris topher Pyle (Democrat)</td><td></td></tr>
<tr><td>Preston Smith (Democrat)</td><td></td></tr>
<tr><td>Walter Stewart (Republican)</td><td></td></tr>
<tr><td>Write In</td><td></td></tr>
<tr><td>Write In</td><td></td></tr>
<tr><td>Write In</td><td></td></tr>
</table>

图9-3 实行多选区相对多数制的选票样本

多选区相对多数制能使最大的政党或团体得到代表，通常也能使一个城市的整体利益得到代表（假如该城市即为一个多选区的话）。和单选区相对多数

表 9-1　　　**实行多选区相对多数制的得票与当选情况示例**

Candidates & Parties	Vote Totals
* Jean Grossholtz(Republican)	65,000
* Walter Stewart(Republican)	62,000
* Kavita Khory(Republican)	60,000
* Vincent Ferraro(Republican)	57,000
* Penny Gill(Republican)	51,000
Christopher Pyle(Democrat)	50,000
Preston Smith(Democrat)	42,000
Joan Cocks(Democrat)	40,000
Steve Ellenburg(Democrat)	37,000
Stephen Jones(Democrat)	36,000
Total	500,000

* Winning candidates

Note: 100,000 voters casting five votes each.

制一样，该制度也有利于形成和维护两党模式，并在立法机构中形成稳定的一党占优的多数。由于在这种制度下不再进一步划分选区，因此这种制度也可以杜绝不规则划分选区的情况。但是相应地，这种制度也就使得局部地区得不到代表。此外还存在其他一些问题他比如使部分人不能得到代表，产生人为制造的多数，导致低投票率，浪费太多的选票，等等。而且，该制度甚至使相对多数制的一个共同问题被放大了。由于候选人仅凭其得票的相对多少而当选或落选，这就容易造成各党所获得的席位（或名额）数与其得票率不成比例，从而形成赢家通吃的局面（见表 9-1）。

2. 绝对多数制（absolute majority system）

这种制度适用于选举对象是一个人的情况，一般都是总统选举，或者单选区的议员选举。在这种制度下，候选人的得票数必须达到或超过法定的限额方可当选，这个限额一般为总选票的一半。该制度能保证当选者是得到绝对多数选民支持的，但是存在一些可行性的问题。当有两位或两位以上的候选人参加竞选时，完全有可能出现没有任何一位候选人的得票达到法定限额的情况，从而导致选举流产。为防止出现这种问题，各宪政民主国家绝少实行一轮绝对多数制，而一般都变通实行两轮多数决制或偏好投票制，或者采取其他的补救措施（比如美国总统与副总统选举，在选举人投票时，尽管实行的是一轮绝对多数制，但也以国会选举作为补救措施）。

两轮多数决制（Two-round Runoff System）的模式很简单，即在选民投票后，首先看是否有候选人的得票达到法定限额，如果有，则该候选人当选，如果没有，则由得票最多的两到三名候选人进行第二轮角逐，由选民从中选择投票，而后通过计票，得票最多的候选人即当选。因此可以说，两轮多数决制是绝对多数制与相对多数制的结合和相互补充。法国是实行这种制度的典型国家，目前法国绝大部分的地方议会选举、总统选举、国会的国民议会选举和部分参议员的选举（尽管是由选举团间接选举的）均实行两轮多数决制。此外，巴西总统和各州州长选举以及俄罗斯总统选举也实行这种制度。

相对于简单多数制而言，两轮多数决制无疑可以保证更大的代表性。当然，这种制度也有利于维护两党模式，并在立法机构中形成稳定的一党占优的多数。不过，这种制度与简单多数制一样，也存在使部分人不能得到代表、人为制造多数、不规则的选区划分、浪费太多选票等问题，而且该制度还存在另外两个问题，即增加了选举成本并使第二轮选举的投票率降低。

偏好投票制（Preferential Ballot or Preferential Voting，该名称流行于澳大利亚等国）有很多种名称，如可选投票制（Alternative Vote，AV，这是这种制度的旧式名称，主要流行于英国）、排序投票制（Ranked Choice Voting，在美国的称谓）或排序复选制（Instant-runoff Voting，IRV，理论界的称谓）。这种制度最早是由麻省理工学院（MIT）教授维尔（W. R. Ware）于1870年代设计出来的，所以有时也被称作维尔法（Ware's Method）。目前澳大利亚议会的众议院选举就实行这种制度。

偏好投票制主要适用于选举对象是一个人的情况。所有候选人都被列在选票上（见图9-4），选民则按其喜好，对所有候选人进行排序。在计票时，如果在所有排序第一的候选人中，没有人获得绝对多数票而当选，则将最少被排在第一位的候选人排除掉，其得票将根据相应选票所显示的情况而转移给排在其后（即排在第二位）的各位候选人，这时再统计各候选人的得票，看是否有排序第一的候选人获得了绝对多数选票而当选，如果仍没有，则重复上述步骤，直到决出当选者为止（见表9-2）。

<table>
<tr><td colspan="3">Official Ballot
Municipal Elections</td></tr>
<tr><td rowspan="8">INSTRUCTIONS TO VOTERS
Mark Your Choices by Filling in the Numbered Boxes Only
Fill in the number one [1] box next to your first choice, fill in the number two [2] box next to your second choice; fill in the number three [3] box next to your third choice, and so on. You may fill in as many choices as you please. Fill in no more than one box per candidate. Fill in no more than one box per column.</td><td>Candidates for City Council
Distriet One</td><td>Only one vote per candidate
Only one vote per cohlumn</td></tr>
<tr><td>Susan Rosen(Democrat)</td><td>[1] [2] [3] [4]</td></tr>
<tr><td>Nina Kleinberg(Rcpublican)</td><td>[1] [2] [3] [4]</td></tr>
<tr><td>Thomas Chou(Independent)</td><td>[1] [2] [3] [4]</td></tr>
<tr><td>Edward Royce(Libertarian)</td><td>[1] [2] [3] [4]</td></tr>
<tr><td>Write-In</td><td>[1] [2] [3] [4]</td></tr>
<tr><td colspan="2">To Vote for a Write-In Candidate: Next to the name you have written in.
mark a menbered box to indicate your choice of number for that candidate.</td></tr>
<tr><td colspan="2">Do Not Use Red To Mark Ballot</td></tr>
</table>

图 9-4　实行偏好投票制的选票样本

表 9-2　**实行偏好投票制的计票与当选示例**

	First Count	Second Count		Third Count	
Candidates & Parties	Original First Choice Votes	Transfer of Royce's Votes	New Totals	Transfer of Chou's Votes	New Totals
Susan Rosen(Dem.)	43,000	+0	43,000	+5,000	48,000
* Nina Klcinberg(Rep.)	42,000	+6,000	48,000	+4,000	52,000
Thomas Chou(Ind.)	8,000	+1,000	9,000	……	……
Edward Royce(Libert.)	7,000	……	……	……	……

* Winning candidate

表 9-3　**偏好投票制示例**

排序	选票	选票	选票	选票	选票	选票
1	甲	甲	乙	乙	丙	丙
2	乙	丙	甲	丙	甲	乙
3	丙	乙	丙	甲	乙	甲
总计（张）	100	20	100	50	30	100
候选人	甲		乙		丙	
排序第一的得票	120（30%）		150（37.5%）		130（32.5%）	
排除与转移	—		150+100（62.5%）		130+20（37.5%）	
结果	落选		当选		落选	

为更为浅显地说明偏好投票制，兹再举一例（见表 9-3）。设一个单选区内总共有选民 400 人（投票率为 100%），并有三名候选人（甲、乙和丙）参加竞选。在选民按偏好投票后，经统计，全部选票的情况为：有 100 张选票是按甲乙丙的顺序来排列候选人的，另外分别有 20、100、50、30 和 100 张选票，分别是按照甲丙乙、乙甲丙、乙丙甲、丙甲乙和丙乙甲的顺序来排列候选人的。显然，将甲排在第一位的选票总共就有 120 张，而将乙和丙排在第一位的选票则分别有 150 和 130 张。由于甲乙丙三人所获得的排序第一的选票均未过全部选票的半数（200 张），所以无人当选，这时就将最少被排在第一位的候选人甲排除掉，并将其所获得的选票，按其选票排序的情况，分别转移给排在其后的候选人，这样候选人乙新增加 100 张选票，候选人丙则增加 20 张选票。再次进行统计，由于这时乙所获得选票（250 张）已超过全部选票的半数，故而乙当选。

偏好投票制具有两轮多数决制的优点，即保证当选者具有较高的代表性，同时又避免了两轮多数决制的主要缺点，即选举成本太高和第二轮投票的低投票率。不过除此之外，偏好投票制仍然存在与其他多数制一样的问题，比如部分人不能够被代表、人为制造的多数、不规则的选区划分、低投票率、浪费太多的选票等。

（二）比例代表制（Proportional Representation System，PRS）

比例代表制是针对多数（代表）制而提出来的。英国人黑尔（Thomas Hare，1806—1891 年）、比利时人德洪特（Victor d'Hondt，又有译为“东特”或“顿特”的，1841—1901 年）、瑞士人哈根巴赫-毕肖夫（Eduard Hagenbach-Bischoff，1833—1910 年）和法国人圣拉格（A. Sainte-Lague，1882—1950 年）对于比例代表制的提出和设计都作出了重要的贡献。实际上，欧洲大陆各国在发展民主制时，都注意到了英国那种简单多数的选举制度存在重要的问题（主要是代表性不足），所以一开始就实行两轮或多轮多数决制。但是人们不久就发现，实行绝对多数制仍然不能完全杜绝英式选举制的问题，于是从 19 世纪晚期开始，比利时和瑞士首先进行了选举制度的改革，方向是实行比例代表制。正是在这次选举制度改革的浪潮中，由黑尔所提出的单记名可转移投票法（STV）和由德洪特所提出的政党名单比例代表制（party-list PR）得到了广泛的讨论和传播。1899 年，比利时成为第一个实行政党名单比例代表制的国家，到 20 世纪 20 年代，大多数欧洲大陆国家也都采用了这一选举制度。

比例代表制仅适用于选举对象为多人的情况，因而只在各国议会选举中实行。这种制度强调比例代表性，尽量确保各政党在立法机构中所拥有的席位与其得票率成正比。由于具体的操作方式不同，比例代表制也分为两种类型。

1. 政党名单比例代表制（party-list proportional representation）

大多数实行比例代表制的国家，实际上都采用这种形式。在这种制度下，各政党分别提出本党的一揽子候选人名单（此即所谓的政党名单。至于各条政党名单上所能够提出的候选人数量，则各国的规定不一），并分条印在选票上。政党名单又分为开放式的和封闭式的。如果是开放式政党名单（见图9-5)，那么选民就可以在选票上选择各政党名单中的候选人个人；但要是封闭式政党名单（见图9-6），则选民就只能针对选票上的各条政党名单进行投票(即选择了一条政党名单，就意味着选择了该名单上的全部候选人)，而不能选择名单中的候选人个人。由于针对开放式和封闭式政党名单的选票设计和投票方法都不同，因而相应的计票方法也有所不同。在开放式政党名单的情况下，选民每选择一位候选人，就相当于投了该候选人所属政党一票，因而最后同党候选人的选票加总起来，就是一个政党的总得票，同时各候选人的总得票也一目了然；而在封闭式政党名单的情况下，则只统计各政党（名单）的得票数，各候选人不予统计（独立候选人除外）。但不管计票方式有何不同，在

Official Ballot Election for the United States House of Representatives District One				
Voting Instructions 1. You only have ONE vote. 2. Place an X in the box next to the candidate for whom you wish to vote. 3. Youe vote counts both for your candidate and your party.				
Democratic	Republican	Reform	Green	Independent Candidate
Benjamin Pike	Fran Deutsch	Steven Wong	Tom Wartenberg	Robert Moll
Sam Rosen-Amy	Steve Grolnic	Deborah Gorlin	Juan Hernandez	
Megan Gentzler	Wndy Berg	Brad Crenshaw	Beata Panagopoules	
Ben Foster	Gerald Epstein	Daniel Czitrom	Alice Morey	
Colin Volz	Sarah McClurg	Meryl Fingrond	Sarah Pringle	

图 9-5　开放式政党名单选票样本

Official Ballot Election for the United States House of Representatives District One				
Voting Instructions 1. You only have ONE vote. 2. Place an X in the box UNDER the party for whom you wish to vote.				
Demoeratic	Republican	Reform	Green	Independent Candidate
☐	☐	☐	☐	☐
1. Benjamin Foster	1. Wendy Berg	1. Steven Wong	1. Tom Wartenberg	1. Robert Moll
2. Sam Rosen-Amy	2. Steve Grolnic	2. Deborah Gerlin	2. Juan Hernandcz	
3. Colin Volz	3. Sarah McClurg	3. Brad Crenshaw	3. Bcata Panagopoules	
4. Benjamin Pike	4. Gerald Lipstein	4. Danicl Czitrom	4. Alice Morey	
5. Megan Gentzler	5. Fran Deutsch	5. Mcryl Fingrntd	5. Sarah Pringle	

图 9-6　封闭式政党名单选票样本

这两种情况下，各政党都是依据其总得票率而按比例分配议席的，只是各党在将其所获得的议席落实到具体的候选人头上时存在差异：在开放式政党名单的情况下，本党得票最多的那些候选人就当选；而在封闭式政党名单的情况下，则按名单所列的候选人顺序来依次确定当选者。

在政党名单比例代表制下，一个复杂的问题是如何按比例为各党分配议席。在这方面各国的做法各异，但总体上可以分为两种办法，即最大余数法和最大均数法。

（1）最大余数法（the Largest Remainder Method）。这种方法在美国又被称作汉密尔顿法（Hamilton Method）。目前俄罗斯国会的国家杜马选举和南非议会的国民议会选举均采用这种方法（不过南非又混合了最大均数法）。

最大余数法的关键是确定当选基数，也就是一个政党至少需要多少票才能分得一个议席。在这方面，各国所采用的当选基数各不相同，主要有四种：黑尔基数（Hare Quota）= 总有效票数/总议席数①；哈根巴赫-毕肖夫基数（Hagenbach-Bischoff Quota）= 总有效票数/（总议席数+1）；祖普基数（Droop Quota）= 总有效票数/(总议席数+1）+1；因皮里亚里基数（Imperiali Quota）= 总

① 德国数学家尼迈尔也提出了这一计算公式，因而按照该基数进行议席分配的方法也称为黑尔-尼迈尔法（Hare-Niemeyer Method）。

有效票数/（总议席数+2）。在当选基数确定之后，那些总得票数超过了当选基数的政党，就可以先分得议席，即用其总得票数除以当选基数，由此所得的整数即为其所应分得的议席数。如果经过初次分配后，还剩有议席未被分尽，则进行第二轮分配。这时将比较各党所剩余的票数，并由高至低排列，其中余票最多的那些政党就依次各分得一席，直至将全部剩余议席分尽。各党最终所获得的议席就是初分议席加上次分议席的总和。

兹举一例（见表 9-4）：设有一大选区，全部有效选票为 10 万张，有 10 个议席待分配，共有 5 个政党参加竞选。这里使用各国最为普遍采用的黑尔基数计算法，因而当选基数就是 10000 票/席。比较各党的得票数，显然除摩尔（Moll）党外的其余 4 个政党先有资格分得议席。经过初次分配后，仍有两个议席未被分尽，故而进行第二轮分配。这时比较各党所剩余的票数，其中余票最多的共和党和摩尔党各分得一席，从而将全部议席分尽。

表 9-4 **最大余数法示例**

Partics	Votes	First Allocation Of Seats	Remaining Votes	Second Allocation of Seats	Final Seat Total	% of Vote to % of Seats
Republican	38,000	3	8,000	1	4	38%/40%
Democratic	23,000	2	3,000	0	2	23%/20%
Reform	21,000	2	1,000	0	2	21%/20%
Green	12,000	1	2,000	0	1	12%/10%
Moll	6,000	0	6,000	1	1	6%/10%

显然，黑尔计算法对小党有利。在上例中，摩尔党的得票只有绿党的一半，但两党所获得的议席却一样。如果采用其余几种当选基数计算法，则议席分配的结果又不一样。相对而言，黑尔基数计算法最有利于小党。

（2）最大均数法（the Highest Average Method）。这种方法比最大余数法运用得更加广泛，比如法国国会部分参议员的选举（尽管是由选举团间接选举的，且实行封闭式投票）和巴西众议院选举（实行开放式投票）就运用此法。最大均数法又可分为两种主要的方法，即德洪特最大均数法和圣拉格最大均数法，二者的计算过程是一样的，只是所选择的除数不同。

德洪特最大均数法（d' Hondt Method）在美国又称杰斐逊法（Jefferson

Method)，前述的瑞士联邦议会国民院和土耳其大国民会议选举就运用此法。德洪特法的特点在于以 1、2、3、4 等自然数依次来作除数。具体来说，在运用此法时，首先将各党按其得票的多少依次列出，并用 1 去除，在由此所得的结果中，数字最大者先分得一席。然后将已获得一席的政党的得票数除以 2（即其已获议席数加一），将此结果与其他各党的得票数相比较，其中数字最大者又分得一席。第三步，将所有已分得议席的政党的得票数，分别除以其所获议席数加一，将由此所得到的结果与其他各党的得票数相比较，其中数字最大者再分得一席。以此类推，直至将所有议席分完为止。

举例来说（见表 9-5），设某选区的全部有效选票为 3000 张，有 5 个议席名额待分配，并有甲、乙、丙、丁 4 个政党参加竞选，结果甲党获得 1200 票、乙党 900 票、丙党 480 票、丁党 420 票。按照德洪特最大均数法计算，首先用 1 去除各党的得票数，在此结果中，显然甲党的数字最大，因而甲党首先分得一席（第一席）。然后用 2（即甲党已获议席数加一）去除甲党的得票数，结果为 600，将此结果与其他各党的得票数比较，由于乙党的数字最大，因而乙党又分得一席（第二席）。现在甲乙两党各获得一席，而选区内的议席名额尚未分尽，因而再用 2 分别去除甲乙两党的得票数，比较由此所得的结果与其他各党的得票数，由于甲党的数字最大，因而甲党再分得一席（第三席）。如此进行下去，直至将全部议席分尽。最后甲乙两党各获得两席，丙党获得一席，丁党没有获得议席。

表 9-5 **德洪特最大均数法**

政党 / 除数	甲	乙	丙	丁	总计
1	12000（1）	900（2）	480（4）	420	3000
2	600（3）	450（5）	240		
3	400				
议席总计	2	2	1	0	5

注：表中括号里的数字表示获得议席的先后顺序。

在运用德洪特法的时候，有的国家（比如瑞士）为了解决小党代表不足的问题，允许两个或两个以上的政党结成选举联盟。选民对联盟各党仍然分别进行投票，但在计票时，联盟各党的得票混合在一起进行计算，如此可增加某些小党获得议席的机会。

圣拉格最大均数法（Sainte-Lague Method）在美国又被称作韦伯斯特法(Webster Method)。这种方法主要运用于丹麦、挪威和瑞典等国。圣拉格法与德洪特法类似，只是以1、3、5、7等为除数，甚至有时还用1.4代替1。同样以德洪特法中的案例来说，按照圣拉格法来操作，议席分配的结果就变了(见表9-6)。显然，圣拉格法比德洪特法更有利于小党。

表9-6 **圣拉格最大均数法**

政党 除数	甲	乙	丙	丁	总计
1	1200（1）	900（2）	480（3）	420（4）	3000
3	400（5）	300	160	140	
5	240				
议席总计	2	1	1	1	5

注：表中括号里的数字表示获得议席的先后顺序。

总之，与最大余数法侧重于各党的绝对得票数相比，最大均数法更看重的是各党的相对得票数，意在使各党赢取每一个席位所需要的票数尽量相等(当然不可能完全相等)。

同多数代表制比较起来，政党名单比例代表制能确保各政党在立法机构中具有比较准确的代表性，确保少数群体也能够被代表，并使选民在投票时有更多的选择，从而提高了投票率并降低了选票的浪费程度。该制度还减少了人为制造多数和进行不规则选区划分的机会。但是，该制度由于实行大选区制，因而不能保证地方得到代表。而且实行该制度通常难以形成一个稳定的议会多数党，大多导致联合执政，这容易引起政局不稳。此外，该制度还容易让极端主义小党进入议会，从而有可能危害宪政民主制度。为了控制这种议席过于分散的局面，各国通常都设定一个最低的当选门槛。也就是说，一个党只有获得一定比例的选票数，才有资格分配议席。

2. 单记名可转移投票法（Single transferable vote，STV，or Choice Voting）

该方法又称单记名可让渡投票制、可转移单票制、选择投票制。目前北爱尔兰议会、澳大利亚参议院选举和印度议会联邦院选举（尽管是由各邦立法院选举的）均实行这种方法。

Official Ballot Municipal Elections		
INSTRUCTIONS TO VOTERS Mark Your Choices by Filling in the Numbered Boxes Only Fill in the number one [1] box next to your first choice; fill in the number two [2] box next to your second choice; fill in the number three [3] box next to your third choice, and so on. You may fill in as many choices as you please. Fill in no more than one box per candidate. Fill in no more than one box per column.	Candidates for City Council District One (Three to be elected.)	*Only one vote per candidate* Only one vote per column
	Douglas Campbell Dem.	[1] [2] [3] [4] [5] [6] [7] [8] [9]
	Martha Dains Rep.	[1] [2] [3] [4] [5] [6] [7] [8] [9]
	Terry Graybeal Reform	[1] [2] [3] [4] [5] [6] [7] [8] [9]
	Robert Gomez Dem.	[1] [2] [3] [4] [5] [6] [7] [8] [9]
	Cynthia Daniels Indep.	[1] [2] [3] [4] [5] [6] [7] [8] [9]
	Robert Higgins Rep.	[1] [2] [3] [4] [5] [6] [7] [8] [9]
	Write In	[1] [2] [3] [4] [5] [6] [7] [8] [9]
	Write In	[1] [2] [3] [4] [5] [6] [7] [8] [9]
	Write In	[1] [2] [3] [4] [5] [6] [7] [8] [9]

图 9-7 实行单记名可转移投票制的选票样本

与政党名单比例代表制不同的是，在实行单记名可转移投票法的情况下，由各政党所提出的候选人，并不以政党名单的方式印在选票上，选票上只印有各候选人的姓名和所属党派（见图 9-7），而选民也是针对候选人个人而不是针对政党而进行投票的。不仅如此，选民还要根据其喜好来为所有候选人排序。计票以每位候选人为准，而不是以政党为准。在分配议席时，单记名可转移投票法与偏好投票制很相似，但过程更复杂一些（见图 9-8）。首先需要像最大余数法那样，计算一个当选基数（比如祖普基数）；然后统计每位候选人被排在第一位的得票数，凡有得票数超过当选基数者，则宣告其当选，如果没有人当选，则将排序第一的得票数最少的候选人排除，并将其得票转移给排在其后的其他候选人，然后重新计票，看是否有候选人因其排序第一的得票数超过了当选基数而当选。在已有候选人当选的情况下，如果选区内所有议席已被分尽，则分配过程结束，否则就将已当选的候选人的超出当选基数的多余选票，转移给排在其后的其他未当选的候选人，然后统计选票，看是否有候选人当选。如此反复进行，直至将所有议席分尽为止。

以图 9-7 和表 9-7 所示的案例来说，在该选区内，共有 3 个应选名额，6

名候选人参加竞选，总有效选票为10000张。按照祖普基数的计算公式，当选基数为2501张/席。由于只有候选人Robert Gomez的排序第一的选票数超过了当选基数，因此他宣布当选，但这时选区内的议席尚未分尽，因此接下来就将戈麦斯的多余选票转移给排在其后的其他未当选的候选人，由此候选人Douglas Campbell和Cynthia Daniels各获得300张和99张选票。这时又比较各候选人的排序第一的选票，由于没有任何候选人的得票数超过当选基数，因此就将得票数最少的候选人Robert Higgins排除掉，并将其选票转移给排在其后的候选人，为此候选人Martha Dains和Cynchia Daniels各获得500张和100张选票。这时再比较各候选人的选票，由于候选人邓思的得票数已超过当选基数，因此他宣布当选。如此反复进行下去，直到决出最后一位当选者丹尼尔斯。

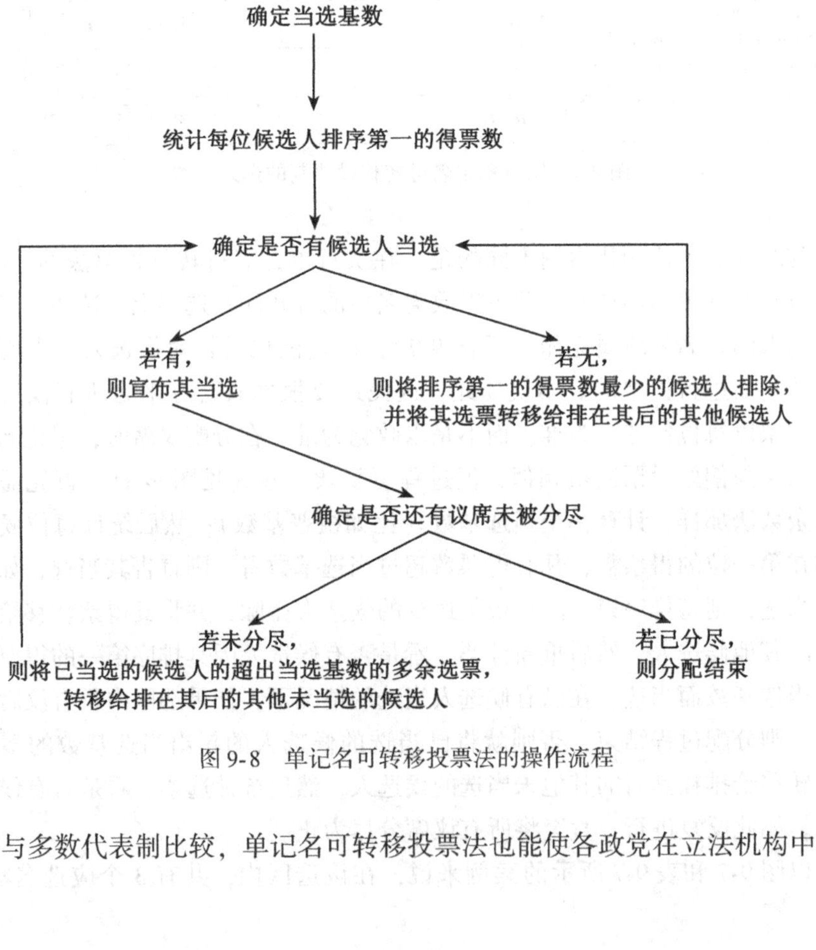

图9-8　单记名可转移投票法的操作流程

与多数代表制比较，单记名可转移投票法也能使各政党在立法机构中具有比较准确的代表性，使少数群体也能被代表，并使选民具有更多的选择，从而提高投票率，降低选票被浪费的程度。该制度也可以减少人为制造多数的机会。但是，如果在实行这种制度时，选区划分过小，则也可能会诱导对选区作不规则划分。相对于政党名单比例代表制来说，实行单记名可转移投票法的结果的比例性更低一些。另外，和所有比例代表制一样，该制度也难以产生稳定的议会多数党，从而导致联合执政，易引发政局不稳。

表 9-7　　　　**按单记名可转移投票法的分配结果示例**

	1st Count	2nd Count	3rd Count	4th Count	5th Count
Candidates	Number Of Votes	Transfer of Gomez's votes and results.	Transfer of Higgins' votes and results.	Transfer of Dains' votes and results.	Transfer of Campbell's votes and results
Douglas Campbell(Dem.)	400	+300 700	700	700	—
Martha Dains*(Rep.)	2,300	2,300	+500 2,800	2,501	2,501
Terry Graybeal(Reform)	2,000	2,000	2,000	+200 2,200	+100 2,300
Robert Gomez*(Dem.)	2,900	2,501	2,501	2,501	2,501
Cynthia Daniels*(Ind.)	1,800	+99 1,899	+100 1,999	+99 2,098	+600 2,698
Robert Higgins(Rep.)	600	600	—	—	—

* Winning Candidates.

（三）半比例代表制（Semi-proportional Method）

半比例代表制适用于选举对象为多人的情况，主要有单记名非转移投票制和累积投票制两种形式，二者都是总投票制（多选区相对多数制）的变体形式，不过其结果具有某种比例代表制的效果，这种比例性介于多数代表制与比例代表制之间。总的来说，这种制度在各国极少被运用。

单记名非转移投票制（Single Non-Transferable Vote System，SNTV）亦称有限投票制（Limited Vote，LV）。这种制度与总投票制几乎完全一样，适用于多选区，选民针对印在选票上的候选人个人进行投票。选民每选择一名候选人

Official Ballot Municipal Elections			
	City Council Candidates		
DIRECTIONS TO VOTERS 1. To Vote: Mark on "X" in the box next to the candidate's name. 2. Cast no more than TWO votes. 3. To vote for a person whose name is not printed on the ballot, write the candidate's name on one of the extra lines provided and put an "X" in the box next to the name.	Joan Cocks	(Democrat)	
	Stephen Ellenburg	(Democrat)	
	Vincent Ferraro	(Republican)	
	Kavita Khory	(Republican)	
	Christopher Pyle	(Republican)	
	Preston Smith	(Democrat)	
	Write In		
	Write In		

图 9-9 实行单记名非转移投票制的选票样本

即意味着投了一票。通过计票，得票最多的那些候选人（其总数为该选区的应选名额）即当选。但和总投票制不同的是，在单记名非转移投票制的情况下，每位选民所选择的候选人数必须少于该选区的应选名额。比如说在图 9-9 所示的案例中，该选区总共有 3 个应选名额，但选票上已说明，每位选民至多只能投两票，即至多只能选择两名候选人。

Official Ballot Municipal Elections			
INSTRUCTIONS TO VOTERS You may cast up to three (3) votes. Your may distribute your three votes in any way among the candidates: all three for one candidate, two for one and one for another, or one for cach of three candidates. Cast votes for candidates by filling in the numbered boxes next to their name. For example, to cast three votes for a candidate, fill in boxes [1], [2] and [3].	Candidates for City Council District One (Three to be elected.)		*You may cast no more than three (3) votes.*
	Enid Lakeman	Democrat	[1] [2] [3]
	Thomas Gilpin	Republican	[1] [2] [3]
	J. F. H. Wright	Democrat	[1] [2] [3]
	Clarence Hoag	Democrat	[1] [2] [3]
	John Humphreys	Republican	[1] [2] [3]
	Write In		[1] [2] [3]
	Write In		[1] [2] [3]
	Write In		[1] [2] [3]

图 9-10 实行累积投票制的选票样本

半比例代表制的另一种形式是累积投票制（Cumulative Vote，CV）。累积投票制也和总投票制大体一样，都适用于多选区，各候选人的名字也被印在选票上，选民针对候选人个人投票，每位选民都可拥有与该选区应选名额一样多的选票。通过计票，得票最多的候选人（其总数与该选区的应选名额相等）即当选。但与总投票制不同的是，在累积投票制的情况下，每位选民可以对一名候选人投上不超过其总投票数的任意票数。比如在图 9-10 所示的案例中，该选区的应选名额为 3 个，所以每位选民至多有 3 票。在投票时，每位选民既可以对其中 3 名候选人各投一票，也可以对其中一名候选人投两票，再对另一名候选人投一票，还可以将 3 票全部投给某一名候选人，以此类推。

（四）混合制（Mixed or Hybrid System）

这种制度在英国被称作附加议员制（Additional Member System，AMS）。混合制是多数代表制与比例代表制相结合的一种选举制度，仅适用于议会选举。德国是最早实行这种制度，而且也是最有代表性的国家。现在苏格兰议会、日本议会两院、匈牙利议会（不过还有一点特殊性）和韩国国会的选举也实行这种制度。

总的来说，混合制的基本做法是：划分两种选区，一种为单选区，其中的候选人既可由政党提出（政党候选人），也可以由选民提出（独立候选人）。选民针对候选人个人投票，得票最多的候选人即当选。由这种单选区相对多数制所产生的议员，只是全部应选议员的一部分。另一种选区为政党名单选区，其中的候选人只能由各政党以封闭式名单的方式提出来，选民则针对政党名单进行投票。由于每位选民都将投两票，所以这种选举制度也被称作两票制，相应的选票设计（见图 9-11）也充分地体现了这一特点。

不过，根据议席分配方式的差异，混合制也可被分为两种类型，即联立制与并立制。联立制又称混合比例代表制（Mixed Member Proportional Representation），在德国则称个性化的比例代表制（Personalized Proportional Representation）。联立制的主要特点是，依据选民对政党名单的投票而为各政党按照比例代表制的方式来分配总议席，然后从中扣除这些政党已在单选区中所获得的议席，由此所剩余的议席则根据各党所提出的政党名单来确定当选者。德国联邦议会众议院的选举就是实行联立制，故不再赘述。相对于联立制，并立制（Parallel Voting）则要简单得多。在这种制度下，两种选区的计票和议席分配都分开，互不相干。其中单选区按照相对多数制来决定当选者，由此产生部分议席；而政党名单选区则按照比例代表制来为各政党分配议席，由此产生其余的议席。日本议会两院和韩国国会的选举均实行并立制，这里也不再赘述。

相对于多数代表制来说，混合制能够使各党在立法机构中具有更准确的代表性，确保少数群体也能得到代表，还能保证每个地区在立法机构中都有代言人。这种制度也为选民提供了更多的选择，从而有助于提升投票率，并降低浪费选票的程度。该制度还降低了人为制造多数的可能性。不过，由于这种制度中包含有单选区，因而也可能诱使对选区进行不规则的划分。此外，该制度还是难以确保立法机构中出现稳定的多数党，由此所导致的联合执政，易于诱发政局不稳。

<table>
<tr><td colspan="3">Official Ballot
Election for the United States House of Representatives
District One</td></tr>
<tr><td colspan="3">You Have 2 Votes</td></tr>
<tr><td>District Vote</td><td></td><td>Party Vote</td></tr>
<tr><td>This vote decides who will be elected to the House of Representatives from this district. Vote by putting an "X" in the box immediately before the candidate you choose.
Vote for only one candidate.</td><td></td><td>This vote decides the share of seats that each of the parties listed below will have in the House of Representatives. Vote by putting an "X" in the box immediately before the party you choose.
Vote for only one party.</td></tr>
<tr><td>Vote Here</td><td></td><td>Vote Here</td></tr>
<tr><td>Fred Smith Republican</td><td></td><td>Republican Party
Kim, Dirks Case, Packard, Dentsch</td></tr>
<tr><td>Damon Washington Democrat</td><td></td><td>Democratic Party
Matteo, Myers, Lee. Bock, Gerr</td></tr>
<tr><td>Cheryl Houston New Party</td><td></td><td>The New Party
Mockarski, Pine, Lcharo, Fletcher, Deviop</td></tr>
<tr><td>Naomi Lintz US Taxpayers</td><td></td><td>US Taxpayers
Dowes, Chevslice, Brown. Noves, Parker</td></tr>
<tr><td>John Henderson Independent</td><td></td><td></td></tr>
<tr><td>Write In</td><td></td><td></td></tr>
</table>

图 9-11 实行混合制的选票样本

参考文献

【英】戴维·米勒、韦农·波格丹诺主编，邓正来中译本主编：《布莱克威尔政治学百科全书》，中国政法大学出版社 2002 年版。

古洪能：《政治博弈论》，中国言实出版社 2008 年版。

【德】汉娜·阿伦特著，林骧华译：《极权主义的起源》，生活·读书·新知三联书店 2008 年版。

【意】加塔诺·莫斯卡著，贾鹤鹏译：《统治阶级》(《政治科学原理》)，译林出版社 2002 年版。

【美】斯科特·戈登著，应奇等译：《控制国家：从古代雅典到今天的宪政史》，江苏人民出版社 2005 年版。

【英】M. J. C. 维尔著，苏力译：《宪政与分权》，生活·读书·新知三联书店 1997 年版。

【古希腊】柏拉图著，原江译：《政治家》，云南人民出版社 2004 年版。

颜一：《亚里士多德选集》(政治学卷)，中国人民大学出版社 1999 年版。

【英】霍布斯著，黎思复、黎廷弼译：《利维坦》，商务印书馆 1985 年版。

【英】洛克著，叶启芳、瞿菊农译：《政府论》(下篇)，商务印书馆 1964 年版。

【法】孟德斯鸠著，张雁深译：《论法的精神》(上册)，商务印书馆 1961 年版。

【法】卢梭著，何兆武译：《社会契约论》，商务印书馆 1980 年版。

【美】汉密尔顿等著，程逢如等译：《联邦党人文集》，商务印书馆 1980 年版。

【英】J. S. 密尔著，汪宣译：《巴代议制政府》，商务印书馆 1982 年版。

【美】加布里埃尔·A. 阿尔蒙德、西德尼·维巴著，徐湘林等译：《公民文化》，东方出版社 2009 年版。

【美】塞缪尔·亨廷顿著，刘军宁译：《第三波：二十世纪末的民主化浪潮》，上海三联书店 1998 年版。

【美】阿伦·利普哈特著，陈崎译：《民主的模式：36 个国家的政府形式和政府绩效》，北京大学出版社 2006 年版。

曹沛霖等：《比较政治制度》，高等教育出版社 2005 年版。

钱乘旦、许洁明：《英国通史》，上海社会科学院出版社 2002 年版。

施雪华：《当代各国政治体制：英国》，兰州大学出版社 1998 年版。

【德】迪特尔·拉夫：《德意志史》，波恩 Inter Nationes 出版社 1985 年版。

吴志成：《当代各国政治体制：德国和瑞士》，兰州大学出版社 1998 年版。

刘小林：《当代各国政治体制：日本》，兰州大学出版社 1998 年版。

夏吉生等：《当代各国政治体制：南非》，兰州大学出版社 1998 年版。

【美】塞缪尔·埃利奥特·莫里森等著，南开大学历史系美国史研究室译：《美利坚共和国的成长》(上卷)，天津人民出版社 1980 年版。

【美】詹姆斯·M. 伯恩斯等著，陆震纶等译：《民治政府》，中国社会科学出版社 1996 年版。

【美】文森特·奥斯特罗姆等著，井敏等译：《美国地方政府》，北京大学出版社 2004 年版。

【美】艾伦·格兰特著，刘世忠编译：《美国政府与政治》，台北五南图书出版有限公司 1996 年版。

【法】皮埃尔·米盖尔著，蔡鸿滨等译：《法国史》，商务印书馆 1985 年版。

吴国庆：《当代各国政治体制：法国》，兰州大学出版社 1998 年版。

孔寒冰：《当代各国政治体制：俄罗斯》，兰州大学出版社 1998 年版。

任晓：《当代各国政治体制：韩国》，兰州大学出版社 1998 年版。

维基百科网网站：http：//zh. wikipedia. org；http：//en. wikipedia. org。

英国议会网站：

http：//www. parliament. uk。

人大与议会网网站：

http：//www. e-cpcs. org。

比较宪法网网站：

http：//www. verfassungsvergleich. de。

行政区划网网站：http：//www. xzqh. org。

德国众议院网站：
http：//www.bundestag.de/htdocs_e/parliament/index.html。
德国参议院网站：
http：//www.bundesrat.de/EN/Home/homepage_node.html。
选举资源网网站：
http：//electionresources.org。
德国联邦宪法法院网站：
http：//www.bundesverfassungsgericht.de/en/index.html。
瑞士官方信息平台：
http：//www.swissworld.org/zh/。
瑞士中文网网站：
http：//www.swissinfo.ch/chi/index.html。
内阿彭策尔州在线：
http：//www.ai.ch/en/#。
澳大利亚议会网站：
http：//www.aph.gov.au。
澳大利亚政府网站：
http：//www.australia.gov.au。
印度议会网站：
http：//parliamentofindia.nic.in。
印度总理网站：
http：//pmindia.nic.in/。
印度最高法院网站：
http：//www.supremecourtofindia.nic.in/。
Photius Coutsoukis 网站：
http：//www.photius.com/。
匈牙利国家选举委员会网站：
http：//www.election.hu/en/ovb/index.html。
匈牙利最高法院网站：
http：//www.lb.hu/english/index.html。
匈牙利宪法法院网站：
http：//www.mkab.hu/en/enmain.htm。
美国白宫网站：

http：//www. whitehouse. gov。

美国众议院网站：

http：//www. house. gov。

美国参议院网站：

http：//www. senate. gov。

法国国民议会网站：

http：//www. assemblee-nationale. fr/english/index. asp。

法国参议院网站：

http：//www. senat. fr/lng/en/index. html。

法国外交部网站：

http：//www. diplomatie. gouv. fr/en。

虚拟巴西网网站：

http：//www. v-brazil. com。

俄罗斯选举网网站：

http：//www. russiavotes. org/index. php。

韩国全国选举委员会网站：

http：//www. nec. go. kr/english。

Mount Holyoke College 网站：

http：//www. mtholyoke. edu/acad/polit/damy/BeginnningReading/types. htm。

后　记

"比较政治制度"作为专业课程在乐山师范学院政法学院已开设了七年多的时间，并于2006年成为四川省的省级精品课程之一。作为主要承担这门课程教学任务的教师，我们一直在寻找一本合适的教材，但始终都觉得不甚如意，加之目前国内这方面的教材品种也较少，所以我们以自编讲义用于教学，却不曾想竟也集腋成裘。适逢今年乐山师范学院启动教材建设项目，得到学校教务处本科质量工程的大力支持和资助，促成我们将这些年来所积累起来的讲义编写为教材，正式出版，以推进这门课程的教学建设，也希望借此求教于各方专家，以帮助我们改进。

在一年多的时间里，课程组教师参阅收集了大量资料，形成了编写大纲和教材体例，对讲义进行了大幅度的调整、补充和修改。我们希望这本教材既能够克服同类教材的一些主要缺陷和吸收它们的一些优点，又能够具有自己的风格和特点。为此，在编写这本教材时，我们力图根据自己的教学经验和理解，使之适合于为教学所用，帮助学生开拓眼界以及进行理解和思考，特别注意杜绝体系不合理、资料陈旧、内容空泛枯燥、解说不明、意义苍白等问题。当然，我们不知道自己是否真的做到了这些，但这确实是我们的目标。

本教材是我们课程组教师多年教学积累和集体智慧的产物。本教材建设项目由陈天柱负责，牵头设计编写提纲，并组织写作班子，负责统稿。古洪能承担了主要的撰稿任务，负责提纲设计和统稿，编写了导论、第一章、第二章、第四章、第五章、第六章、第八章和第九章，张继兰编写了第三章，徐华府编写了第七章。

在本书的编写过程中，编者得到了学校教务处陈晓春、李朝晖等领导的指导和关心，政法学院肖勇、姜敬红、蒋政、苏祥等老师对本教材编写工作给予了许多帮助。本书初稿形成后，得到了教育部长江学者、中国人民大学行政学系博士生导师张康之教授的指导，他对我们给予了热情的帮助和肯定，并欣然作序。此外，本教材参考、借鉴了国内外众多专家的研究成果和资料，在此一并表示诚挚的谢意！

由于编写者才识有限，加之信息资料条件不是特别充裕，难免会出现一些疏漏和错误，故恳请各位学者和同行批评指正。

编者谨识

2010 年 7 月于乐山师范学院